Winfried Nolting

Die Dialektik der Empfindung

Winfried Nolting

Studien zu einer Geschichte der literarischen Empfindung I

Herausgegeben von
Helmut Arntzen

Winfried Nolting

Die Dialektik der Empfindung

Lessings Trauerspiele
„Miß Sara Sampson“ und „Emilia Galotti“

Mit einer Einleitung: Gemischte Gefühle
Zur Problematik eines explikativen Verstehens
der Empfindung

Franz Steiner Verlag Wiesbaden GmbH
Stuttgart 1986

CIP-Kurztitelaufnahme der Deutschen Bibliothek
Nolting, Winfried:
Studien zu einer Geschichte der literarischen Empfindung / Winfried Nolting. Hrsg. von Helmut Arntzen. – Stuttgart : Steiner-Verlag-Wiesbaden-GmbH.
1. Nolting, Winfried: Die Dialektik der Empfindung. – 1986

Nolting, Winfried:
Die Dialektik der Empfindung : Lessings Trauerspiele „Miss Sara Sampson" u. „Emilia Galotti" als Aufdeckung d. subjektiven Vermögens; mit e. Einl.: Zur Problematik eines explikativen Verstehens der Empfindung / Winfried Nolting. – Stuttgart: Steiner-Verlag-Wiesbaden-GmbH, 1986.
(Studien zu einer Geschichte der literarischen Empfindung / Winfried Nolting ; 1)
ISBN 3-515-04075-7

 Gedruckt mit Unterstützung der Deutschen Forschungsgemeinschaft.
Printed in the Fed. Rep. of Germany

INHALT

VORWORT

Der Autor des vorliegenden Werkes starb am 18. September 1984. Er hatte die ersten beiden Teile seiner Arbeit dem Fachbereich Germanistik der Universität Münster als Habilitationsschrift vorgelegt und war am 11. Februar 1983 habilitiert worden.

Er hatte sich als mein Schüler schon seit seiner Dissertation („Der totale Jargon. Die dramatischen Beispiele Ödön von Horváths." München 1976) mit der Frage des Verhältnisses von Sprache und Literatur beschäftigt.

Im ersten Teil dieses Werkes über die literarische Empfindung geht es zunächst darum, den Ort der Empfindung unter hermeneutischen Gesichtspunkten zu bestimmen und damit auch den eigenen Interpretationsansatz. In diesem Zusammenhang bespricht Nolting einmal den Ansatz Gadamers in dessen Auseinandersetzung mit Habermas, zum anderen die strukturalistischen Theorien und schließlich das Verhältnis von Hermeneutik und analytischer Philosophie, wie es sich bei Quine darstellt. Dagegen stellt Nolting seinen eigenen Ansatz, bei dem Empfindung unter dem Aspekt der Sprachwerdung gedacht und das Sprachverständnis vom Axiom der universellen Sprachlichkeit, wie es etwa bei Liebrucks gegeben ist, bestimmt wird.

Seine Interpretation soll unter dieser Voraussetzung den Weg von der Empfindsamkeit über die Dialektik der Subjektivität zur „Objektivität" als Deutung des Subjekts durch die Welt gehen.

Der Parameter neuzeitlicher Rationalität, die formale Logik, hat immer nur eine „Gehirnhälfte" berücksichtigt. Dagegen geht es dem Autor um ein Beispiel neuen ganzheitlichen Denkens, das Welt und Subjektivität nicht mehr trennt.

Drei Gattungen, drei Autoren und drei Epochen werden vorgestellt. Die Gattungen werden als Spezifizierungen des Empfindens aus der Mitte von Darstellung und Dargestelltem heraus betrachtet. Die Autoren sollen als Beispiele extremer Möglichkeiten poetischen Empfindens erscheinen, ohne in ein hierarchisches Verhältnis zueinander gesetzt zu werden. Gleichzeitig repräsentieren die Texte Epochen „sentimentalischer Dichtung".

Nach einem Kapitel über die Geschmacks- und Empfindungstheorie des 18. Jahrhunderts legt Nolting minutiöse Interpretationen zu Lessings „Miß Sara Sampson" und „Emilia Galotti" vor.

In der „Miß Sara Sampson" werde Differenz und Indifferenz zwischen Sprache und Empfindung intentional thematisiert. Alle Figuren des Dramas handelten aus ihrem Sprechen heraus, das zum Tode Saras führe. Pathos und Leiden bestünden *im* Trauerspiel aus dem Fehlen eines gültigen Ausdrucks; Pathos und Leiden *des* Trauerspiels aber entstünden aus Sprache als Verstellung und aus der Vorstellung von der Übereinstimmung von Sprache und Empfindung.

In der „Emilia Galotti" erhalte Empfinden die Form durchgestalteter hierarchischer Ordnung. Empfindung mache hier die Struktur des Dramas selbst aus. Der Tod der Emilia bedeute die Aufhebung der Trennung von Sprechen und Empfinden. Das Tragische aber liege darin, sich nicht verständlich machen zu können.

Zu Anfang des Hölderlin-Teils fragt Nolting nach der Semantik der Sinne bei Kant. Der Semantik des schönen Scheins geht er in Schillers „Briefen zur ästhetischen Erziehung" nach. Hegels Theorie der Empfindung versucht er schließlich ‚rückwärts' zu lesen, um Empfindung wieder als Quellgrund des verschütteten Außenbezugs der Subjektivität verstehen zu können.

Hölderlin wendet er sich unter dem Begriff der „Totalempfindung" zu, als Alternative zu Hegels universellem Rationalismus. Empfindung sei bei Hölderlin sowohl menschliches Vermögen als auch Vermögen der Welt. Für diese Konstellation komme der Sprache eine überragende Bedeutung zu und in ihr v.a. dem Metaphorischen. Totalempfindung sei nicht durch das Klischee von der Spontaneität einholbar, sie sei vielmehr immer sprachlich zu deuten.

Auch im Mittelpunkt dieses Teils steht die Interpretation, diesmal die lyrischer Texte: eines Epigramms, mehrerer Oden und der Diotima-Gedichte.

Die Dichtung Hölderlins vermittle den Raum für Empfindung. Aber die mit Hölderlin beendete Empfindsamkeit werde nicht durch ein Programm der Totalempfindung überragt, sondern durch die Objektivierung der Empfindung im Gedicht.

Im dritten Teil bestimmt Nolting in der Interpretation von Musils „Vereinigungen" das Verhältnis von Erzählen und Empfindung. Dieser Teil lag beim Tode des Verfassers erst in einer unredigierten Fassung vor, die noch der Durchsicht bedarf.

Die Arbeit stellt nicht weniger als den Versuch dar, Prolegomena zu einer neuen Poetologie vorzulegen. Ist diese bis zur Neuzeit fundiert im Mythos als Darstellung der Wirklichkeit, so schien sie sich im Zeitalter der Subjektivität notwendig in Reflexion zu fundieren, wobei die Schwierigkeit immer darin lag, daß dies gleichzeitig bedeutete, Reflexion ästhetisch bzw. literarisch zu machen, wenn Literatur nicht zu einem unbeträchtlichen Seitenzweig neuzeitlicher Erkenntnis verkümmern sollte. Umgekehrt sollten Gefühl, Sinnlichkeit, Phantasie, kurz das sogenannte Irrationale nicht ausgeschlossen sein, doch waren sie immer durch das andere, eben Reflexion, zu regulieren, ja zu vermitteln.

Wenn Nolting Empfindung als literarische Empfindung zur zentralen Vorstellung der Poesie der Moderne machen will, so findet damit nicht einfach ein Paradigmenwechsel statt derart, daß neuerdings wieder für Irrationalismus contra Rationalismus plädiert würde. Vielmehr soll es darum gehen, Empfindung als das aller Begrifflichkeit nicht bloß Vorauslaufende, sondern sie Umfassende auszuweisen, das aber keinesfalls amorph und chaotisch, sondern immer schon sprachlich ist und als solches darum vornehmlich in Literatur repräsentiert wird.

Die ganze Bedeutung wie die Schwierigkeit der Darstellung Noltings liegt darin, in den Bahnen des üblichen Diskurses, wenn auch an dessen Grenze die Unbegrifflichkeit wie die Sprachlichkeit von Empfindung als literarischer Empfindung *gleichzeitig* sichtbar zu machen.

Im September 1986 Helmut Arntzen

A. GEMISCHTE GEFÜHLE

ZUR PROBLEMATIK EINES EXPLIKATIVEN VERSTEHENS DER EMPFINDUNG

VORBEMERKUNG

Wir wollen nicht die Diskussion, die Lessing mit Nicolai und Mendelssohn führte, vorziehen und behaupten, der beste aller möglichen Menschen *entstehe* aus „vermischten Empfindungen".[1] „Gemischte Gefühle", das ist hier nur ein etwas freskenhafter Titel für das, was wir zunächst und zuletzt haben: unsere Unsicherheit. Diese Unsicherheit bleibt uns, weil wir keine Geschichte der empfindsamen Literatur, sondern eine Geschichte der literarischen Empfindung zu schreiben versuchen. Sowohl der Gegenstand dieser Arbeit als auch die Methode, die streng genommen nicht für sich erläutert werden kann, sollen vorab unter diesem Titel skizziert werden. Das hermeneutische Subjekt findet sich in der Verfassung des hermeneutischen Objekts wieder.

Nach einer Abgrenzung von gegenwärtigen hermeneutischen Vorschlägen und literaturwissenschaftlichen Verfahren wird ein positiver Ansatz formuliert werden, der die Empfindung als hermeneutisches Objekt oder Medium zuläßt. Trotz der hermeneutischen Einengung des Feldes lassen wir uns nicht um eine mögliche Ausweitung der Perspektive bringen, die etwas über das ‚Selbsterhaltungsgesetz' von Literatur sagen läßt.

Sodann, im zweiten Teil (II), werden die historischen und systematischen Ansätze besprochen, von denen diese Arbeit ausgeht. Es sei nicht verschwiegen, daß der ursprünglich gedachte Rahmen, Empfindung theoretisch als (Geschmacks-)Urteil und poetologisch als das Idyllische (gegenüber dem Satirischen[2]) zu besprechen, sich nicht einhalten ließ.

Allenthalben befinden wir uns bei unserem Vorhaben in „gemischten Gefühlen". Es läßt sich wohl auch als das Unternehmen denken, Vernunft und Verstand zu vereinigen. Wenn in diesem Verhältnis dem weiblichen Faktor einmal die Sensibilität zugesprochen werden darf, dann müßte sie die Einbettung des bestimmenden Verstandes besorgen. „So entsteht die ganz eigene Erscheinung eines Gefühls, in welchem fröhlicher Spott, Ehrfurcht und Wehmuth zusammenfließen."[3] Schiller, von dem diese Bemerkung stammt, hatte zuvor, freilich im Bezug auf unsere Erregung durch das „Naive der Denkart",[4] zu verstehen gegeben: „Eben aus diesem Widerspruch zwischen dem Urtheile der Vernunft und des Verstandes geht die ganz eigene Erscheinung des gemischten Gefühls hervor".[5] Das gilt wohl überall dort, wo Empfindung und Vernunft sich ins Benehmen setzen müssen,[6] ohne den Verstand zu betrügen.

Der sentimentalische Mensch bleibt davon nicht verschont. „Der sentimentalische Dichter hat es daher immer mit zwey streitenden Vorstellungen und Empfindungen, mit

1 Zur Diskussion stellt reichhaltiges historisches Material bereit G. Sauder: Empfindsamkeit. Bd. 1. Voraussetzungen und Elemente. Stuttgart 1974; Bd. 3. Quellen und Dokumente. Stuttgart 1980. (Siehe dort die Register.)

2 Zum modernen Satire-Begriff vgl. die Schriften meines Lehrers H. Arntzen, insbes.: Satirischer Stil. Zur Satire Robert Musils im „Mann ohne Eigenschaften". Bonn ³1983; Literatur im Zeitalter der Information. Aufsätze, Essays, Glossen. Frankfurt a. M. 1971; Karl Kraus und die Presse. München 1975. Vgl. meinen Versuch der Adaptation (in der Akzentuierung des Begriffs der „Totalen Satire") am Beispiel Ödön von Horváths: Der totale Jargon. Die dramatischen Beispiele Ödön von Horváths. München 1976.

3 F. Schiller: Ueber naive und sentimentalische Dichtung. Schillers Werke. Bd. 20. 1. Teil. Hg. B. v. Wiese. Weimar 1962. S. 413–503, 417. (Nationalausgabe.) Vgl. Schillers ausführliche Anmerkung zum „Gefühl des Naiven" bei Kant: S. 417 f.

4 A.a.O. S. 416.

5 Ebd.

6 Vgl. zum Verhältnis von empirischer Erfahrung und moralischer Vernunft a.a.O. S. 489 ff.

der Wirklichkeit als Grenze und mit seiner Idee als dem Unendlichen zu thun, und das gemischte Gefühl, das er erregt, wird immer von dieser doppelten Quelle zeugen."[7]

Nun hatte schon Lessing zu mehr Mut geraten, so daß angesichts dieses weiten Feldes einer „unendlichen Mannichfaltigkeit"[8] nicht nur die Literaturwissenschaft *nicht* in Trostlosigkeit verfallen muß. Zwar sei ja bekanntermaßen in der Natur „alles mit allem verbunden",[9] aber es sei zum Troste die „Bestimmung der Kunst", „uns die Fixirung unserer Aufmerksamkeit zu erleichtern".[10]

Daran versuchen wir uns zu halten, wobei wir, da wir eben keine Künstler sind, doch vieles von der Mannigfaltigkeit unterschlagen müssen. Es handelt sich um keine außergewöhnliche Entscheidung aus nur privaten Vorlieben fürs Künstlerische heraus. „Dieses Vermögen üben wir in allen Augenblicken des Lebens; ohne dasselbe würde es für uns gar kein Leben geben; wir würden vor allzu verschiedenen Empfindungen nichts empfinden; wir würden ein beständiger Raub des gegenwärtigen Eindruckes seyn; wir würden träumen, ohne zu wissen, was wir träumten."[11]

Nun, versuchen wir unseren Eindruck von literaturwissenschaftlichen und hermeneutischen Strukturierungen unserer Aufmerksamkeit kurz und konzentriert wiederzugeben, wobei uns bewußt bleibt, daß wir träumen könnten und erst die Aufmerksamkeit der Kunst, das heißt an dieser Stelle der poetische Text oder die *literarische* Empfindung, uns präzise sagen kann, was der Inhalt des gegenwärtigen Lebens ist.

Eine allmähliche und wenig pompöse Renaissance der Hermeneutik in ihrer Funktion für die verschiedensten Wissenschaften scheint sich in den letzten Jahren zu vollziehen.[12] Trotzdem bleibt sie, was sie immer war, ein wenig verpönt. Als Spezialdisziplin geduldet, erschien doch ihr Anspruch, Grundlagenwissenschaft zu sein, dem philosophisch strengen Auge stets ein wenig zu hoch gegriffen. Dennoch bleibt besonders der Literaturwissenschaftler ohne sie hilflos.[13] Der Literaturwissenschaftler K. Weimar beansprucht, im ehrwürdigen Sinne eine „Enzyklopädie der Literaturwissenschaft" geliefert zu haben, und kommt zum Schluß dieses Unternehmens zu den beiden Paragraphen: „§ 376. Durch die Hermeneutik wird die Literaturwissenschaft als selbständige Wissenschaft begründet."[14] Und: „§ 377. Die Literaturwissenschaft ist als selbständige Wissenschaft begründet und gerechtfertigt."[15]

7 A.a.O. S. 441. Vgl. ganz bes. „Ueber die ästhetische Erziehung des Menschen in einer Reihe von Briefen", 19. Brief, a.a.O. S. 368–373. Zu dem aus Lust und Unlust gemischten Gefühl vgl. insbes. M. Mendelssohn: Über die Empfindungen (1755). In: ders.: Ästhetische Schriften in Auswahl. Hg. O.F. Best. Darmstadt 1974. S. 29–110, 50 u. 104.

8 Hamburgische Dramaturgie. 70. Stück. In: G.E. Lessing: Sämtliche Schriften. Hg. K. Lachmann. 3. Aufl. besorgt durch F. Muncker. Bd. 10. Stuttgart 1894. S. 82.

9 Ebd.

10 Ebd.

11 Ebd.

12 Vgl. allein die Diskussion (mit zahlreichen Publikationshinweisen) in: Seminar: Die Hermeneutik und die Wissenschaften. Hgg. H.-G. Gadamer / G. Boehm. Frankfurt a. M. 1978. Siehe neuerdings U. Nassen (Hg.): Texthermeneutik. Aktualität, Geschichte, Kritik. Paderborn/München/Wien/Zürich 1979; ders.: Klassiker der Hermeneutik. Paderborn/München/Wien/Zürich 1982. – Vorher schon zum Problem einer speziellen literarischen Hermeneutik: P. Szondi: Einführung in die literarische Hermeneutik. Hgg. J. Bollack / H. Stierlin. Frankfurt a. M. 1975; K. Weimar: Historische Einleitung zur literaturwissenschaftlichen Hermeneutik. Tübingen 1975.

13 Trotz eines möglichst zeitgemäßen Kommunikationsprogramms siehe auch H.R. Jauß: Ästhetische Erfahrung und literarische Hermeneutik. Bd. 1. Versuche im Feld der ästhetischen Erfahrung. München 1977. – Siehe auch die Diskussion der interdisziplinären Forschungsgruppe, die seit nunmehr über zehn Jahren unter dem Titel „Poetik und Hermeneutik" im Fink Verlag in München erscheinen.

14 K. Weimar: Enzyklopädie der Literaturwissenschaft. München 1980. S. 226.

15 A.a.O. S. 227.

Trotzdem oder gerade wegen solcher statements haben wir uns einem Verdacht zu stellen, den P. Ricoeur formuliert hat: „die Hermeneutik wird in den Augen des Logikers immer im Verdacht stehen, eine sträfliche Nachsicht gegenüber zweideutigen Bedeutungen zu hegen".[16] Und Ricoeur, der die ‚Philosophie' von Marx, Nietzsche und Freud selbst als Übersetzungsarbeiten beziehungsweise Interpretationen versteht, räumt ein: „Die Forderung nach Eindeutigkeit gilt nur für eine Rede, die sich als *Argument* darstellt: die Reflexion aber argumentiert nicht, sie zieht keinerlei Schlüsse, sie deduziert und argumentiert nicht".[17] In der Mehrdeutigkeit von Ausdrücken, die nicht auf ihre „Informationsfunktion"[18] zu reduzieren sind, mag wohl auch der Grund für diejenigen gemischten Gefühle liegen, die man beim „interpretierenden Denken" hat, denn es steht leider fest, daß sich solches „Denken nicht durch eine Argumentenlogik ausmessen läßt".[19]

Viel schlimmer noch: *Die* Hermeneutik gibt es nicht. „Die Aufgabe besteht nicht allein darin, die Zuflucht zu irgendeiner Art von Interpretation zu rechtfertigen, sondern die Abhängigkeit der Reflexion von bereits bestehenden Hermeneutiken zu rechtfertigen, die sich gegenseitig ausschließen."[20] Vor nunmehr fast zwei Jahrzehnten sprach Ricoeur von drei ‚Krisen', die nur zusammen gelöst werden könnten: „Krise der Sprache, Krise der Interpretation, Krise der Reflexion".[21]

Werfen wir einen Blick auf die Literaturwissenschaft der letzten zwanzig Jahre und charakterisieren wir kurz das hermeneutische Feld, das nicht mehr fest in deutschen Händen ist, sondern maßgeblich von französischen (diskurskritischen, strukturalistischen) und angelsächsischen (onto-logischen) Einflußnahmen (1.b. und c.) zeugt. Versuchen wir einen Weg zu finden, die Empfindung einem explikativen Verstehen, der schriftlichen Auslegung der Schrift, zugänglich zu machen.

16 P. Ricoeur: De l'Interpretation. Essai sur Freud. Paris 1965. Dt.: Die Interpretation. Ein Versuch über Freud. Frankfurt a. M. 1974. S. 65 f.
17 A.a.O. S. 66.
18 A.a.O. S. 64.
19 A.a.O. S. 67.
20 A.a.O. S. 55. Vgl. auch S. 68.
21 A.a.O. S. 69.

I. HERMENEUTISCHE PRINZIPIEN UND EMPFINDUNG ALS HERMENEUTISCHES PHÄNOMEN

EINLEITUNG

Die gegenwärtige Literaturwissenschaft *nach* ihrem ideologischen Syndrom der 60er und 70er Jahre steht vor einem methodischen Trümmerfeld, *über* dem der sachfremde Eifer von einst gerade noch spürbar ist und aus dessen Resten die anscheinend unzerstörbaren Elemente philosophisch-historischer Methoden ebenso tröstlich wie vereinzelt den ziemlich bescheidenen interpretatorischen Sehnsüchten entgegenkommen. Dem entspricht die Situation in der hermeneutischen Diskussion in der Gegenwart auf philosophischer Seite: Die verschiedenen Schulen bieten ein derart verwirrendes Bild der Theorie des Verstehens und Interpretierens, daß der gesamte Problembestand gleichsam atomisiert erscheint. Dies ist für die Literaturwissenschaft um so schlimmer, als sie m.E. darauf angewiesen ist, gerade aus der philosophischen Disziplin der Hermeneutik die Rechtfertigung ihrer methodischen Ansätze zu beziehen. Man mag sich immerhin damit trösten, daß es anderen im Augenblick auch nicht besser geht: Dem literaturwissenschaftlichen Autor ist damit nicht geholfen. Weil das so ist, wird er sich vor seiner eigentlichen Aufgabe darauf verpflichtet sehen, das Dickicht zumindest der hermeneutisch relevanten Diskussion der Gegenwart mit dem Mut der Verzweiflung zu betreten, um die Orientierung nicht völlig zu verlieren. Wir können die Problemlage nur sehr vereinfacht wiedergeben. Weit entfernt davon, den hermeneutisch relevanten Diskussionsstand auch nur annähernd zu repräsentieren, spiegeln unsere Versuche doch das Bemühen, wenigstens die Brandherde der Diskussion einzukreisen. ‚Brandherde' insofern, als innerhalb der philosophischen Theorien der letzten Jahre vor allem solche Konjunktur hatten, die an die Wurzeln der Hermeneutik Feuer legten. Über das Ausmaß der Verwüstung, das hier von der Philosophie über die Hermeneutik auf die Literaturwissenschaft zukommt, sollte man sich keine Illusionen machen. Die harmlosesten Konsequenzen sind noch die, die die Skeptiker unter den Philosophen ziehen. Und unter diesen ist wiederum O. Marquard sicherlich der freundlichste, wenn er sagt: „Hermeneutik ist die Kunst, aus einem Text herauszukriegen, was nicht drinsteht: wozu – wenn man doch den Text hat – brauchte man sie sonst? Aber braucht man sie überhaupt? Was ist das eigentlich, was man da braucht, wenn man das Interpretieren, die Hermeneutik, braucht: wie muß, wie kann die Hermeneutik selber verstanden und interpretiert werden?"[22]

Man wird aus dem nachfolgenden Argument ersehen können, daß das Spiel, welches der hermeneutische Skeptizismus treibt, ihm mit mehreren Rechten umgekehrt vergolten werden kann.[23] Denn offenbar ist eine solche Interpretation dessen, was Hermeneutik genannt wird, also eine Hermeneutik der Hermeneutik, selber wiederum die Kunst, aus der Hermeneutik herauszubringen, was nicht drin steht: ‚wozu – wenn man die Hermeneutik hat – braucht man die Hermeneutik der Hermeneutik sonst?'

Mit einem solchen ‚Überrumpelungsversuch' (Heidegger) der hermeneutischen Skepsis sollte man sich indes nicht schon zufrieden geben. Die Frage bleibt leider bestehen: Weiß

22 O. Marquard: Frage nach der Frage, auf die die Hermeneutik die Antwort ist. In: Philosophisches Jahrbuch 88 (1981). S. 1–19, 1.

23 Zu dieser Formulierung vgl. Kant, KrV B 276.

man, was man hat, wenn man die Hermeneutik hat und deshalb eine Hermeneutik der Hermeneutik als entbehrlich ansieht? Vielleicht ‚hat' Man ja die Hermeneutik nur so, wie man eine Krankheit hat: man fühlt sich elend und weiß nicht warum. Und so, wie es viele Krankheiten gibt, könnten sich unter dem Titel ‚Hermeneutik' viele Hermeneutiken verbergen, die vielleicht nur das eint, was die einzelnen Krankheiten eint: Wenn man eine hat, fühlt man sich nicht besonders gut. Aber es könnte auch so sein, daß ein bißchen Hermeneutik niemandem schadet. Übermäßiger Genuß an Hermeneutik dagegen führt zu Suchterscheinungen, an deren Ende das sogenannte hermeneutische Delirium steht, das in jedem Unsinn Sinn sehen läßt. Hier hilft nur eine Entziehungskur. Aber diese hat, wie üblich, Entziehungserscheinungen zur Folge. Strikte Hermeneutik-Abstinenz nach übermäßigem Hermeneutik-Genuß führt nämlich dazu, daß man beim besten Willen auch in klaren Argumenten keinen Sinn mehr entdecken kann. Dieses Syndrom nennt man auch ‚generalisierten Sinnlosigkeitsverdacht', der heutzutage bei einem Teil der Bevölkerung unter dem Titel ‚no future' habituell geworden ist. Zu viel Hermeneutik läßt also Unsinn blühen, gar keine führt zu Sinnverlust. Was wir brauchen, wäre sozusagen Hermeneutik in homöopathischen Dosen, um zwischen Sinn und Unsinn den Kurs halten zu können. Diesem Bedürfnis sind daher auch die folgenden einleitenden Untersuchungen gewidmet, um, ausgehend von einer Diagnose dreier Problemstellungen, mit der die Philosophie aufs Ganze gesehen die gesamte hermeneutische Diskussion zu sprengen droht, in einem zweiten Abschnitt eine Sicherung der hermeneutischen Dimension unter veränderter Perspektive in Angriff zu nehmen, die den veranschlagten Bedenken Rechnung trägt. In einem dritten Abschnitt der Einleitung werden wir eine Einengung des hermeneutischen Feldes vornehmen, um den Skopus unserer Arbeit und ihrer Methode deutlicher hervortreten zu lassen. Der Vorteil unserer Orientierung am literarisch gebrochenen Phänomen der Empfindung ist dabei der, daß wir mit ihr einen ebenso materiellen wie idealen Gegenstand haben: Empfindungen sind etwas, was physiologische Wurzeln hat und zugleich unseren Stimmungen jene semantischen Energien liefert, ohne die selbst die Sprache leblos und einsam wäre. Man könnte vorsichtiger formulieren: Empfindung ist etwas, das in physiologischen und philosophischen Sprachsystemen eine Rolle spielen kann.

Die nachfolgende Diskussion einiger Probleme der Hermeneutik folgt also, um es im einzelnen anzudeuten, in den ersten beiden Punkten (1. a., b.) zunächst der europäischen Diskussion im Ausgang von H.-G. Gadamers großem Buch „Wahrheit und Methode". Dabei wird im ersten Punkt die Kontroverse um das normative Defizit der Hermeneutik ihren wesentlichen Argumenten nach in der Auseinandersetzung zwischen Gadamer und J. Habermas vorgestellt. Eine positive Lösung dieser Kontroverse wird erst im zweiten Abschnitt dieser Einleitung geliefert, wo in 2. a. die traditionellen Grundlagen der *Streitvoraussetzungen* sichtbar gemacht werden, die, weil undurchschaut, die Kontroverse als solche erst möglich machten. Im Kapitel 1. b. weiten wir die Diskussion der Gadamerschen Hermeneutik auf die strukturalistischen Theorien in Frankreich aus, um hier mit Hilfe einer Arbeit von M. Frank den Antagonismus einer sinnverstehenden Hermeneutik mit der strukturalistischen Preisgabe des hermeneutischen Subjekts im Namen der Semiologie vorzustellen, den Frank durch einen Rückgang auf Schleiermacher zu unterlaufen versucht. Es wird sich zeigen, daß dieser Weg eine positive Lösung des Streits um das hermeneutische Subjekt deshalb verfehlt, weil Auslegen als etwas verstanden wird, das bestenfalls, mit Schleiermacher, Kunstcharakter haben kann. Diese traditionelle Auffassung wird im Kapitel 2. b. durch Rückgang auf das, was wir den ‚hermeneutischen Prozeß' nennen, positiv ersetzt. In 1. c. kommen wir auf ein hermeneutisches Problem der Analytischen Philosophie zu sprechen, dessen Brisanz für alle weiteren hermeneutischen Überlegungen nicht verkannt werden darf. Zu einer Zeit, in der der Gegensatz zwischen analytischer und hermeneutischer Philosophie sich verflüchtigt,[24] versuchen wir mit der Aufnahme des Problems der ‚radikalen Übersetzung', wie es von W.V.O. Quine formuliert wurde, die hermeneutisch geleitete Grundlagendiskussion literaturwissenschaftlicher Methoden um eine Dimension zu bereichern, die zwar auch in der europäischen Diskussion nicht übersehen, als Problem jedoch unterschätzt wurde. Bei Quines Verständnis von ‚Übersetzung' ist natürlich kaum noch an etwa das Hamanns oder Benjamins zu denken. Aber wenn Auslegung der anspruchsvollste Begriff der Übersetzung ist, dann werden aus Quines Überlegungen, also aus einer ‚strengeren Sicht' als der Hamanns oder Benjamins, die *prinzipiellen Grenzen der Adäquatheit jeder möglichen Auslegung sichtbar*. Dies geht bei ihm allerdings Hand in Hand mit einer Liquidierung des hermeneutischen Mediums, nämlich der Bedeutung, die in 2. c. durch Rückgang auf ein in der Empfindung ebenso empirisch gegebenes wie semantisch bedeutungsvolles Medium restituiert zu werden vermag.

Im Kapitel 3. a. wird die universale hermeneutische Perspektive der bisherigen Diskussion verlassen, um den für unsere weiteren Untersuchungen geeigneten hermeneutischen Rahmen in methodischer Absicht zu rechtfertigen. Im Ausgang von Ricoeur identifizieren wir einschränkend gerade die Empfindung als hermeneutisches Kerygma, das den methodisch gesicherten hermeneutischen Prozeß der nachfolgenden Auslegungen ebenso leitet wie legitimiert.

Kapitel 3. b. bietet einen Überblick über die Arbeit und eine Reflexion dessen, was thetisch als *Hinweis* soll gelten können auf Ergebnisse, die sich – meiner Ansicht nach – konfigurativ ergeben haben. Im zweiten Abschnitt (II.; 1., 2.) dieser Einleitung entlassen wir uns aus der für sich gestellten hermeneutischen Selbstreflexion und wenden uns dem Beispiel der historisch und systematisch prägnantesten Theoreme über die Empfindung zu. Es soll damit ein erster Versuch gemacht werden, Hermeneutizität (Semantizität) und Ästhetizität der Empfindung zu vermitteln, um auf ihre Literarizität zu sprechen zu kommen.

1. SYSTEMATISCHE SCHWIERIGKEITEN DER GEGENWÄRTIGEN HERMENEUTIK

a. Das Problem einer wirkungsgeschichtlichen Hermeneutik und die Preisgabe ihres kritischen Anspruchs

Wenn man auf die deutsche Diskussion jenes auch von seinen Kritikern in seiner Bedeutung und seinem Rang sehr wohl anerkannten Werkes „Wahrheit und Methode" von Gadamer zurückblickt, dann erkennt man bald, daß sich hier *drei Phasen* unterscheiden lassen, die ein gutes Jahrzehnt kritischer Diskussion umfassen.

Die *erste* Phase setzt etwa drei Jahre nach Erscheinen des Buches (1. Aufl. 1960) ein, und zwar bezeichnenderweise zunächst mit der Arbeit eines Theologen, nämlich W. Pannenbergs (1963).[25]

Die *zweite* Phase wird durch einen Abschnitt in Habermas' Studie „Zur Logik der Sozialwissenschaften" eingeleitet (1967),[26] die man als die Auseinandersetzung der jüngeren Kritischen Theorie mit der Hermeneutik betrachten kann.

24 Vgl. R. Rorty: Der Spiegel der Natur. Eine Kritik der Philosophie. Frankfurt a. M. 1981.

25 Hermeneutik und Universalgeschichte. In: Zeitschrift für Theologie und Kirche 60 (1963). S. 90–121. Kürzlich wieder abgedruckt in: Seminar: Die Hermeneutik und die Wissenschaften, a.a.O. (siehe Anm. 12). S. 283–319. – Im selben Jahr erschien auch die Rezension von K.-O. Apel in: Hegel-Studien 2 (1963). S. 314–322.

26 Philosophische Rundschau. Beiheft 5 (1967). Vgl. bes. S. 149–195. Diese Arbeit von J. Habermas

Die *dritte* Phase schließlich kann als die Zeit der Ernte bezeichnet werden. Die angelaufene Diskussion wird gesichtet und noch einmal überdacht, wie zum Beispiel in der Festschrift für H.-G. Gadamer „Hermeneutik und Dialektik" (1970),[27] in der sowohl Kritiker wie Anhänger zu Worte kommen, und schließlich in dem Sammelband „Hermeneutik und Ideologiekritik" (1971).[28] Man könnte durchaus sagen, daß die *programmatische Kritik* und Diskussion der philosophischen Hermeneutik, die vor allem dem Universalitätsanspruch dieses Unternehmens gewidmet war, in diesem Sammelband zum Abschluß gebracht worden sind.

Im folgenden möchte ich auf die Kontroverse zwischen Habermas und Gadamer zu sprechen kommen. Hier kann man nämlich wirklich von einer Auseinandersetzung mit Rede und Gegenrede sprechen, was sonst nicht der Fall ist, da sich Gadamer mit seinen Kritikern gewöhnlich nur ziemlich pauschal in den Vorworten zu den Neuauflagen von „Wahrheit und Methode" beschäftigte. In diesem besonderen Fall aber reagierte Gadamer auf den kritischen Abschnitt in Habermas' Arbeit „Zur Logik der Sozialwissenschaften" mit einem eigenen Aufsatz: „Rhetorik, Hermeneutik und Ideologiekritik. Metakritische Erörterungen zu ‚Wahrheit und Methode'".[29]

Hierauf antwortete Habermas wiederum, also quasi meta-meta-kritisch mit der Arbeit „Der Universalitätsanspruch der Hermeneutik".[30]

Dieser Arbeit und K.-O. Apels einschlägigem Aufsatz „Szientistik, Hermeneutik, Ideologiekritik"[31] widmete Gadamer schließlich und endlich eine „Replik".[32] Damit war die Kontroverse abgeschlossen, und zwar, wie das in der Philosophie üblich ist, ohne daß sich jemand geschlagen gegeben hätte. Dennoch ist es unverkennbar, daß Gadamer wohl das Damokles-Schwert über dem Hals der Hermeneutik gespürt haben mag. Auf die neuralgischen Punkte seines Ansatzes möchte ich hier eingehen.

(1. Habermas' Kritik der Hermeneutik:)

Habermas setzt genau da an, wo Gadamer die Garantie für den universalen Anspruch der Hermeneutik sieht: an Gadamers These von einem übergreifenden Wirkungsgeschehen der Tradition, dem wir uns in allen Akten der Verständigung und des Verstehens nicht entziehen können.

ist 1970 bei Suhrkamp/Frankfurt a. M. auch mit Materialien als selbständiges Buch erschienen (zit. Text).

27 R. Bubner / K. Cramer / R. Wiehl (Hgg.): Hermeneutik und Dialektik. H.-G. Gadamer zum 70. Geburtstag. Bd. 1. Tübingen 1970.

28 Hermeneutik und Ideologiekritik. Mit Beiträgen von K.-O. Apel, C.v. Bormann, R. Bubner, H.-G. Gadamer, H.J. Giegel, J. Habermas. Frankfurt a. M. 1971.

29 Zuerst in: H.-G. Gadamer: Kleine Schriften. Bd. 1. Philosophie. Hermeneutik. Tübingen 1967. S. 113–130; wiederabgedruckt in: Hermeneutik und Ideologiekritik, a.a.O. S. 57–82 (zit. Text).

30 Zuerst in: Hermeneutik und Dialektik. Bd. 1, a.a.O. S. 73–104; wiederabgedruckt in: Hermeneutik und Ideologiekritik, a.a.O. S. 120–159 (zit. Text).

31 Zuerst in: Wiener Jahrbuch für Philosophie 1 (1968). S. 15–45; wiederabgedruckt (mit dem Untertitel: Entwurf einer Wissenschaftslehre in erkenntnisanthropologischer Sicht) in: Hermeneutik und Ideologiekritik, a.a.O. S. 7–44. Auf Apels Beitrag in der Diskussion zur Hermeneutik will ich hier nicht näher eingehen, da A.C. Marcal wichtige seiner Argumente in seiner Dissertation (siehe Anm. 40) verarbeitet hat. Ich möchte hier aber doch ausdrücklich darauf hinweisen, daß ohne Apels Argumente Habermas wohl nicht den Schritt von der Ideologiekritik zur Erkenntniskritik so fruchtbar hätte vollziehen können. Dies gesteht Habermas auch zu in einer Anmerkung seines Aufsatzes „Theorie der Gesellschaft oder Sozialtechnologie? Eine Auseinandersetzung mit Niklas Luhmann". In: J. Habermas/N. Luhmann: Theorie der Gesellschaft oder Sozialtechnologie – Was leistet die Systemforschung? Frankfurt a. M. 1971. S. 299: „Mit der Reformulierung meiner Analyse der Erkenntnisinteressen im Bezugssystem von Handlung und Diskurs möchte ich auch einem Einwand Rechnung tragen, den K.-O. Apel gegen eine unvermittelte Identität von Erkenntnis und Interesse erhoben hat: K.-O. Apel, Wissenschaft als Emanzipation, in: Zschrft.f.allgem.Wiss.theorie [sic!], Bd. 1, Heft 2, 1970, p. 173 ff., hier S. 193."

32 In: Hermeneutik und Ideologiekritik, a.a.O. S. 282–317.

Auf diesen Punkt einer übergreifenden und unverfügbaren Macht der Tradition hin – die, wie auch immer aus der Menschheitsgeschichte gespeist, letztlich doch nur als ein anonymes Geschehen verständlich zu machen ist, dem wir in allem unserem Tun überantwortet bleiben, – auf diesen Punkt hin hat Gadamer seine Hermeneutik in der Tat bewußt angelegt: „Nicht, was wir tun, nicht, was wir tun sollten, sondern was über unser Wollen und Tun hinaus mit uns geschieht, steht in Frage."[33]

In dieser Zuspitzung erscheint das *Traditionsgeschehen*, vielleicht wider Gadamers Absicht, als eine Art säkularisiertes *Heilsgeschehen* oder zumindest als universalgeschichtliches Geschehen nach dem Muster der Hegelschen Totalvermittlung von Wahrheit und Geschichte.[34]

Dieser Eindruck wird noch unterstützt durch Gadamers These: „Das Verstehen ist selber nicht so sehr als eine Handlung der Subjektivität zu denken, sondern als Einrücken in ein Überlieferungsgeschehen, in dem sich Vergangenheit und Gegenwart beständig vermitteln."[35]

Bei Gadamer erhält Schleiermachers Fassung der existentialen Basis der Religion als ‚Gefühl einer schlechthinnigen Abhängigkeit' gewissermaßen eine profane Neuauflage in der These von einer ‚schlechthinnigen Abhängigkeit' des Verstehens von der Tradition. Habermas sieht in dieser Ohnmachtserklärung des Verstehens nun das ausgesprochene Risiko, die Möglichkeit einer Kritik schal gewordener Tradition und Korrektur überholter Vorurteile aus den Augen zu verlieren beziehungsweise schließlich ganz aus der Hand zu geben: „Gadamers Vorurteil für das Recht der durch Tradition ausgewiesenen Vorurteile bestreitet die Kraft der Reflexion, die sich doch darin bewährt, daß sie den Anspruch von Traditionen auch abweisen kann."[36]

Diese kritische Kraft teilen sich nach Habermas (und auch Apel) die Wissenschaften auf der Ebene technischen Wissens mit den Geisteswissenschaften auf der Ebene praktischen Wissens. Beide entfalten durchaus auch emanzipatorisches Potential, das im Aufklärungsgeschehen des Abendlandes ja auch wirksam geworden ist. Und wenn auch heute angesichts einer szientistischen Verkürzung des Wissenschaftsbegriffs das aufklärerische Potential der Wissenschaften verschüttet sein mag, dann hebt doch die Ideologiekritik im Rücken des Szientismus gerade diese Verstellung wieder auf in der Freilegung zum Beispiel erkenntnisleitender Interessen. Deshalb darf die Reflexion gleich in welcher Gestalt dem Traditionsgeschehen gegenüber nicht so ohnmächtig angesetzt werden, wie Gadamers hermeneutischer Ansatz es vorsieht. An dieser Stelle werden die Grenzen seiner Konzeption unübersehbar: „Das Recht der Reflexion erfordert die Selbsteinschränkung des hermeneutischen Ansatzes."[37]

Gadamers Verteidigung des Universalitätsanspruchs der Hermeneutik gegenüber dieser Kritik wirkt nun wie ein Rückzugsgefecht. Um den unüberholbaren Ansatz der Hermeneutik retten zu können, gibt er nämlich unter der Hand und tendenziell den inhaltlichen Anteil des Überlieferungsgeschehens preis und behält nur das historisch wirksame Sprachgeschehen als Apriori möglichen Verstehens bei.

Die Sprache ist nun, was auch für Habermas und Apel unstreitig ist, in der Tat *das*

33 Wahrheit und Methode. Grundzüge einer philosophischen Hermeneutik. Tübingen ²1965. Einleitung, S. XIV.

34 Vgl. zu diesem Gesichtspunkt vor allem die in Anmerkung 25 genannte Arbeit von W. Pannenberg, a.a.O. S. 112. (Seminar: 308 f.)

35 Wahrheit und Methode, a.a.O. S. 274 f.

36 Habermas, Zur Logik der Sozialwissenschaft, a.a.O. S. 284.

37 A.a.O. S. 285. – Zu dem Versuch der Vermittlung von hermeneutischer Methode und Reflexionsphilosophie vgl. auch Ricoeur, a.a.O. S. 50–70.

Vorurteil aller kommunikativen Handlungen.[38] So zieht sich Gadamer zunächst geschickt aus der Schlinge. Er bleibt jedoch immer noch den Nachweis schuldig, wie die Hermeneutik dem kritischen Potential traditionsbrechender Reflexion gerecht zu werden vermag. Hier kann Gadamer den universellen Ansatz der Hermeneutik nur dadurch retten, daß er die Fähigkeit zur Kritik repressiver Traditionen als eine abgeleitete Fähigkeit vorgängigen Verstehens erklärt, insofern ja hier Kritik auch auf das Verständnis repressiver Vorurteile eben *als* repressiver angewiesen ist und bleibt: „Als ob nicht gerade jede Ideologie, als ein falsches sprachliches Bewußtsein, sich nicht nur als verständlicher Sinn gäbe, sondern gerade auch in ihrem ‚wahren' Sinn, z.B. dem des Interesses an Herrschaft, verstanden werden kann."[39]

Keine Frage, daß damit Habermas' Kritik nicht entkräftet worden ist, was sich übrigens auch im Laufe der Kontroverse nicht ändert. Aus welchen Gründen verstehe ich ein Interesse denn als ein Interesse der Herrschaft? Diese Frage will doch zunächst beantwortet sein, wenn dieses Interesse sich meinem Verstehen in seiner ‚Wahrheit' aufschließen soll. Was hier verlangt wird, sind natürlich Normen, Begründungen dessen, was durch sie erst beurteilt und verstanden werden kann. Solche Normen oder Begründungen sind aber auf der ontologischen Ebene der Gadamerschen Leitsätze (‚Sein, das verstanden werden kann, ist Sprache' und ‚Verstehen ist ein Geschehen') nicht zu thematisieren. So erscheint Gadamers zunächst geschickt angelegter Rückzug auf das formale Apriori des Sprachgeschehens bei näherem Zusehen schließlich doch als Gang in die Sümpfe. Diesen Mangel teilt die Gadamersche Hermeneutik mit dem Quellgrund dieser Sümpfe, mit Heideggers Fundamentalontologie: Fragen nach Normen des Handelns und Geltungsfragen sind hier effektiv nicht zu stellen, und zwar legitimerweise deshalb nicht, weil die ontologische Orientierung an dem Verständnis dessen, *was ist*, um den Preis des ‚naturalistic fallacy' keinen Schluß auf das zuläßt, was *sein soll*.

(2. A. C. Marcals Kritik der Hermeneutik:)

Es gehört zu den auffallenden Eigenarten der zu Anfang der 70er Jahre in Deutschland zum Abschluß gekommenen Diskussion der Hermeneutik Gadamers, daß sie sich im wesentlichen auf eine begründete Kritik seines *Programms* beschränkte, jedoch eine *Durchführung dieser Kritik* bis in die einzelnen Argumentationsschritte in „Wahrheit und Methode" hinein vermissen ließ.

Diese Lücke füllte nun eine Arbeit von A. C. Marcal aus, mit der der Autor bei K.-O. Apel an der Universität Frankfurt 1977 promovierte.[40]

Marcal gliedert seine Arbeit in vier Teile. Der erste arbeitet die Fragestellung des Gadamerschen Werkes heraus, der zweite analysiert den philosophischen Rahmen der Durchführung dieser Fragestellung, der dritte Teil ist überschrieben „Die Gadamersche Ausarbeitung der hermeneutischen Phänomenologie Heideggers und das Selbstverständnis der Geisteswissenschaften", und der vierte Teil bringt schließlich Überlegungen zum universalen Aspekt der Hermeneutik.

In der Einleitung rechtfertigt Marcal seine erneute Beschäftigung mit Gadamers Hermeneutik und gibt auch das Motiv an, das ihn persönlich zu einer detaillierten Auseinandersetzung veranlaßt hat: „Eigentlich sind wir auf WM [= Wahrheit und Methode] durch seine Kritiker gestoßen."[41]

38 Später sagt Habermas ausdrücklich, daß er „den Typus des auf Verständigung abzielenden Handelns für fundamental halte" (Was heißt Universalpragmatik? In: Sprachpragmatik und Philosophie. Hg. K.-O. Apel. Frankfurt a. M. 1976. S. 174–272, 174).

39 Gadamer, Rhetorik, Hermeneutik . . ., a.a.O. (siehe Anm. 29). S. 70 f.

40 A.C. Marcal: Das Problem einer transzendentalen Hermeneutik in „Wahrheit und Methode" von H.-G. Gadamer. Frankfurt a. M. Diss. 1977.

41 A.a.O. S. 6.

Dieses Geständnis des Autors ist aber nicht dahingehend mißzuverstehen, daß er nun mit klirrenden Waffen in das subtile Argumentationsgespinst Gadamers einbricht, vielmehr setzt Marcal nach allen Regeln der hermeneutischen Kunst – und zudem mit Methode – so an, daß er zunächst dem Anspruch der Gadamerschen Hermeneutik nachgeht, wie er in den Vorworten der ersten beiden und dem Anhang und Nachwort der 3. Auflage von Gadamer selbst in Auseinandersetzung mit einigen Einwänden seiner Kritiker deutlich wird. An diesem eigenen Anspruch wird hernach aber Gadamers Buch in seiner Durchführung bemessen, so daß sich hier Ansätze zur Kritik von Gadamers Hermeneutik immanent ergeben.

Natürlich kann ich hier Marcals Analysen nicht im einzelnen nachzeichnen. Ich will mich vielmehr auf diejenigen Resultate beschränken, die dem Anspruch der Gadamerschen Hermeneutik in systematischer Hinsicht den Boden entziehen.

(a.) Zunächst möchte ich Gadamers Hermeneutik durch folgende Basisannahmen (*Bedeutungspostulate*) charakterisieren.[42]

(1.) x ist derart, daß es verstanden werden kann, d.h. x ist Sprache. (Dieser Satz ist umkehrbar).

Gadamer drückt dies bekanntlich so aus: ‚Sein, das verstanden werden kann, ist Sprache'. Stellt dieses Bedeutungspostulat sicher, daß wir uns über Sein nur verständigen können, wenn wir bereit sind, über die Sprache zu reden (und umgekehrt: wir können nur über die Sprache reden, insofern wir über Sein reden, das verstanden werden kann), so betrifft das folgende Bedeutungspostulat den Sinn dessen, was Gadamer offenbar unter ‚Verstehen' verstanden haben will, – ein Postulat, das im Gegensatz zu (1.) allerdings nicht umkehrbar ist, also nicht auch ‚rückwärts' gilt:

(2.) x ist Verstehen, d.h. x ist Überlieferungsgeschehen.

Man kann nämlich nach Gadamer, um es negativ auszudrücken, nicht über ‚Verstehen' reden, als handele es sich um ein Tun des Menschen, das er auch gelegentlich unterlassen könnte. Vielmehr muß der, der über ‚Verstehen' redet, zugleich auch bereit sein zuzugeben, daß er eben nicht über ein arbiträres Handeln, sondern über ein Geschehen spricht, genauer: über ein Überlieferungsgeschehen, an dem er per Sprachkompetenz nur teilhat, aber dies unausweichlich, ob er nun will oder nicht. Damit gilt aber für das Verstehen ersichtlich dasselbe, was für Erfahrung überhaupt gilt: *Wir können dem Verstehen*, Gadamers Konzeption zufolge, *so wenig ausweichen wie der Erfahrung*. Damit gilt ferner:

(3.) x ist Verstehen, d.h. x ist Erfahrung.

Schließlich will Gadamer uns darauf verpflichten, jene unverfügbaren und immer schon zuvorgekommenen Bedingungen des Verstehens als Bedingungen eines alethischen Offenbarungsgeschehens zu begreifen, das er mit Heidegger schon als Wahrheit begriffen haben will. So gilt endlich auch folgendes Bedeutungspostulat:

(4.) x ist Bedingung des Verstehens, d.h. x ist Wahrheit.

Diese vier Bedeutungspostulate, die gewiß nicht bloß als sprachliche Normierungen aufzufassen sind, sondern den Sinn dessen zu exhaurieren beanspruchen, was als das selbstverständliche Selbstverständnis verstehenden Tuns anerkannt und wirksam ist, – sind gewissermaßen als die Säulen aufzufassen, auf denen die Hermeneutik Gadamers ruht. Im Begriff des Verstehens hat diese Hermeneutik auf wohl bestimmte Weise Sein, Wahrheit und Erfahrung mitgedacht.

Und genau hier ergeben sich nach Marcal systematische Schwierigkeiten, die in der Tat schwerwiegend sind. Im Grunde genommen sind nämlich die Bedeutungspostulate (2.) bis (4.) *zu großzügig* angelegt. Sie verwischen Konturen, auf die eine Reflexion nicht nur der Geistes-, sondern auch der Naturwissenschaften nicht verzichten kann, wenn sie ihrem

42 Vgl. hierzu W. Hogrebe: Archäologische Bedeutungspostulate. Freiburg/München 1977.

Gegenstand gerecht werden will. So wird zum Beispiel nach (3.) der Erfahrungsbegriff so global gefaßt, daß ihn am Ende die Hermeneutik exklusiv beanspruchen kann. Mithin können daher die Naturwissenschaften, die wegen (4.) auch nur, wenn überhaupt!, sehr indirekt am Wahrheitsgeschehen teilnehmen, da ihr methodisches Vorgehen dieses Geschehen gleichsam verstellt,[43] schließlich nicht einmal mehr Erfahrung im vollen Sinne beanspruchen.

(b.) Damit verkennt Gadamer, so Marcal zu Recht, daß auch die wissenschaftliche Erfahrungsart dem Entdeckungsgeschehen des griechisch gedachten Wahrheitsbegriffs gegenüber so fremd nicht ist, wie Gadamer wohl wahrhaben möchte. Denn gerade auch da, wo sich die Wissenschaften *methodisch* auf falsifizierbaren Wissensgewinn verpflichten, haben sie jene Offenheit, die Gadamer eigentlich nur der hermeneutischen Erfahrung vorbehalten will, als prinzipielle Unabgeschlossenheit ihrer Erkenntnisbemühung bewahrt: „Gadamer hält der modernen wissenschaftlichen Methodenauffassung entgegen, daß der Wesenszug der Erfahrung ‚Offenheit' ist. Ist vielleicht die Praxis der Wissenschaft anders? Ist nicht auch das wissenschaftliche Experiment grundsätzlich offen? Das scheint uns der Sinn der Verifizierung bzw. Falsifizierung zu sein."[44] Und an anderer Stelle: „Gadamer genügt es offensichtlich" zu zeigen, „wie Offenheit den teleologischen Aspekt in sich einschließt, sonst hätte er die Offenheit auch im wissenschaftlichen Experiment finden können."[45]

Marcal hat hier zweifellos einen ganz wunden Punkt der Gadamerschen Hermeneutik getroffen. Gerade an der Praxis der Wissenschaften läßt sich zeigen (und ist gezeigt worden, man denke hier allein einmal an die Arbeiten von Apel), daß der wissenschaftliche Forschungsprozeß, um es salopp auszudrücken, von Hermeneutik geradezu durchsetzt ist. Dies betrifft nicht nur das von Marcal angeführte Moment der Offenheit des Experiments (bis in die Problematik eines experimentum crucis hinein!), sondern vor allem natürlich auch den Prozeß der Theorienbildung, der ohne die Wirksamkeit eines background knowledge (R. Carnap) gar nicht in Gang kommen kann.[46]

Es ist klar, daß mit diesem Argument Gadamers Buch (mit seiner wie immer zurückhaltend stilisierten Entgegensetzung von Wahrheit und Methode) erst um seine Pointe gebracht wird, und zwar im Sinne einer Importation der Hermeneutik in den Prozeß des wissenschaftlichen Erkenntnisvorgangs gerade durch Methoden!

Auch Habermas hatte in einem ersten Schritt diese Expandierung der Hermeneutik von ihrer Orientierung an dialogischer Verständigung in den Bereich monologischer Theorienbildung hinein verlangt: „Über das hermeneutische Bewußtsein [. . .] hinausgehend, müßte die Hermeneutik nun die Bedingungen klären, die es ermöglichen, aus der Dialogstruktur der Umgangssprache gleichsam herauszutreten und Sprache für strenge Theorienbildung und für die Organisation zweckrationalen Handelns monologisch zu verwenden."[47]

Freilich sieht Habermas die Grenze einer solchen Expandierung der Hermeneutik da, wo sie die vorsprachliche Dimension operativen Denkens auch noch einbeziehen müßte, die die genetische Erkenntnistheorie J. Piagets wahrscheinlich gemacht habe und die in die Konstitution der Erfahrungswelt eingehen. Dies kann die Hermeneutik aber nicht leisten, da sie dann das Bedeutungspostulat (1.) aufgeben und das heißt, ihren sprachbezo-

43 Man denke hier an Heideggers Begriff des „Ge-stells".

44 Marcal, a.a.O. S. 169. Vgl. zu dem zweideutigen Verhältnis von ‚Erfahrung' und ‚Offenheit' auch C.v. Bormann: Die Zweideutigkeit der hermeneutischen Erfahrung. In: Hermeneutik und Ideologiekritik, a.a.O. S. 83–119.

45 A.a.O. S. 174.

46 Vgl. hierzu G. König: Was heißt Wissenschaftstheorie? Düsseldorf 1971. (S. 18–27 zur „Konsequenz von Hermeneutik und Wissenschaftstheorie".)

47 Habermas, Der Universalitätsanspruch der Hermeneutik, a.a.O. S. 130.

genen Ansatz, wenn nicht sprengen, so doch erheblich relativieren müßte. Daher gilt mit Habermas: „Wenn es zutrifft, daß die operative Intelligenz auf vorsprachliche kognitive Schemata zurückgeht [. . .], dann findet der Universalitätsanspruch der Hermeneutik an den Sprachsystemen der Wissenschaft und den Theorien rationaler Wahl eine Grenze."[48]

Zusammenfassend läßt sich der Ansatz Gadamers in seinem Verhältnis zu den Naturwissenschaften also wie folgt kritisieren: Was den wissenschaftlichen Forschungsprozeß angeht, ist diese Hermeneutik zu eng gefaßt, und was die Konstitution der Erfahrungswelt der Wissenschaften angeht, ist ihr Anspruch zu weit. –

(c.) Wenn mit Gadamer das Überlieferungsgeschehen jedes Verstehen nicht nur inhaltlich präformiert, sondern auch formal überhaupt erst möglich macht, dann erhält die Überlieferung wahrheitsaufschließende Funktion. So scheinen auch für Marcal alle in dieser Sache erheblichen Äußerungen Gadamers „darauf hinzuzielen, Verstehen mit Wahrheit gleichzusetzen, so daß die Verstehensbedingungen zugleich die Wahrheitsbedingungen darstellen. Das wird durch die Berufung auf Heidegger verstärkt: nur für und durch das menschliche Dasein gäbe es Wahrheit, und Verstehen wäre die Seinsweise des Daseins."[49]

Wenn zudem die Verstehensbedingungen in der Tradition verankert sind, dann wird automatisch eine zudem teleologisch begriffene Geschichte zu dem einzigen Wahrheitsgeschehen. Diesem Problem einer Universalgeschichte[50] kann Gadamer dann nicht mehr ausweichen: „Die Geschichte ist somit die Wahrheitsgeschichte selbst. Die ihr innewohnende Teleologie sorgt immer schon dafür, daß nur das Bedeutungshafte erhalten bleibt. In der zwar unbewußten, aber immerhin wirkenden Teleologie spiegelt sich die Gadamersche Auffassung einer anonymen und schon vorhandenen Wahrheit wieder."[51]

Gadamer konfundiert, wie zunächst auch Heidegger vor E. Tugendhats Einwänden, Wahrheitsbedingungen und Wahrheit.[52] Dadurch wird die Bedingung schon zu dem, was durch sie erst möglich werden soll und auch verfehlt werden kann. Hier ist auch der Grund dafür, daß Gadamer im Rahmen seiner Hermeneutik keine Geltungsfragen thematisieren kann. Geltungsfragen setzen nämlich voraus, daß die Möglichkeit der Wahrheit *und* Unwahrheit des begründeten Urteils *und* des unbegründeten, eines gelungenen *und* eines verfehlten Konsens etc. gleichermaßen gesichert ist. Marcal zeigt,[53] daß Gadamer die Möglichkeit, solche Geltungsfragen zu behandeln, dadurch aus der Hand gibt, daß er den transzendentalen Status seiner Hermeneutik überzieht.

Dies wird besonders deutlich an der Weise, wie Gadamer an Kant anknüpft. Zwar expliziert Gadamer den Einsatz seiner Hermeneutik zunächst so: „Sie fragt, um es kantisch auszudrücken: Wie ist Verstehen möglich?"[54] Hierbei unterschlägt Gadamer jedoch den Umstand, daß Kant nicht nach der *faktischen* Möglichkeit der naturwissenschaftlichen Erkenntnis fragt, denn die ist immer empirisch, sondern nach den Bedingungen der faktisch wirklichen Allgemeinheitsfähigkeit und Objektivität naturwissenschaftlicher Sätze. Marcal kommentiert diesen Umstand so: „Gadamer scheint uns damit eine unzulässige Verkürzung der Kantischen transzendentalen Fragestellung vorzunehmen. [. . .] Geht nicht mit der so ausgelegten Berufung auf Kants Fragestellung jegliche normative Relevanz seiner philosophischen Hermeneutik verloren?"[55]

48 A.a.O. S. 131. Vgl. hierzu auch K. Lorenz / J. Mittelstraß: Die Hintergehbarkeit der Sprache. In: Kant-Studien 58 (1967). S. 187–208.
49 Marcal, a.a.O. S. 52.
50 Vgl. hierzu die in Anmerkung 25 genannte Arbeit von W. Pannenberg.
51 Marcal, a.a.O. S. 143.
52 Vgl. hierzu a.a.O. S. 286.
53 Vgl. hierzu a.a.O. S. 24 ff.
54 Wahrheit und Methode, a.a.O. S. XV.
55 Marcal, a.a.O. S. 25 f.

Im Schlußkapitel seiner Arbeit radikalisiert Marcal diese Kritik mit dem Hinweis, daß Gadamers Ausklammerung des Geltungsproblems seine Hermeneutik sogar um ihren transzendentalen Status bringt: „entweder sind die sogenannten transzendentalen Bedingungen der Möglichkeit des Verstehens bzw. der Erkenntnis effektiv transzendental und als solche auch transzendentale Bedingungen der Gültigkeit, oder sie stellen gar keine transzendentalen Bedingungen dar."[56]

Die Frage, die sich aus dieser Feststellung aufdrängt, ist nun allerdings: Welchen Status hat die Hermeneutik Gadamers, wenn sie schon nicht transzendental sein kann, dann?

Vermutlich würde Marcal antworten: einen ontologischen. Und wahrscheinlich würde er sogar noch hinzufügen: Ein in *diesem* Sinne intendierter ontologischer Status der Hermeneutik ist nicht haltbar. Denn Gadamer werde genau deshalb *in die Ontologie gedrängt*, weil er die Reflexionsphilosophie mit Hegel unterlaufen will, ohne sich dabei zugleich Hegels Totalvermittlung aller Wahrheit durch Geschichte einzuhandeln (was ihm nicht gelungen ist).

Hieraus wird Marcal zufolge vor allem deutlich, „daß die seinsgeschichtliche Reflexion Gadamers, allen ausdrücklichen Gegenversicherungen zum Trotz, die dialektische Überlegenheit der Reflexionsphilosophie im Grunde verkennt."[57]

Man könnte noch hinzufügen: Gadamer verkennt nicht nur die dialektische Überlegenheit der Reflexionsphilosophie, er verkennt vor allem auch die Schwächen der Ontologie und Seinsgeschichte. Denn diese Unternehmen verschleiern eigentlich nur den Umstand, daß die effektiven Bedingungen des Verstehens nicht losgelöst von der Gattungsgeschichte behandelt werden können. Wenn nun Gadamer schon die Geltungsprobleme des Verstehens ausklammert, dann verkennt er, daß hiermit nicht eine Seinsgeschichte aufgerufen ist, sondern allenfalls so etwas wie eine Archäologie der Rationalität.[58]

Damit hat Marcal den systematischen Unterbau der Hermeneutik Gadamers, der ihren Anspruch tragen soll, derart unterminiert,[59] daß ihr Anspruch – man möchte nicht sagen: zusammenbricht, sondern vielmehr: – heimatlos wird. Gewiß stellt sich hier sofort die positive Aufgabe, den zweifellos vorhandenen und unverlierbaren Einsichten der Hermeneutik Gadamers ihr wenn auch eingeschränktes Recht im Rahmen eines Denkens zuzuweisen, das weder nur hermeneutisch noch gar ontologisch im Heideggerschen Sinne, wohl aber transzendental ist und natürlich sowohl Wahrheit als auch Methode ist und ebenso nicht nur der Hermeneutik, sondern auch der sprachanalytischen Philosophie wohl gesonnen ist.

Marcal selbst wirbt, wer könnte es ihm verdenken, für das Programm seines Lehrers K.-O. Apel. Insofern setzt er Gadamers Option für eine wohlverstandene Autorität schließlich doch noch ins Recht.

Dieser ‚way out' ist natürlich für einen Literaturwissenschaftler in gewisser Weise unbefriedigend, da er nur eine Perspektive, aber keine Argumente liefert, die Gadamers Einsichten *positiv* Rechnung tragen könnten, ohne zugleich den ganzen Problembestand zu ignorieren, der hier diskutiert wurde. Diese Aufgabe werden wir in dem folgenden Abschnitt (2. a.) noch eigens in Angriff nehmen müssen.

56 A.a.O. S. 279.

57 A.a.O. S. 288.

58 Zum Begriff der Archäologie in derart geistesgeschichtlichen Zusammenhängen vgl. Ricoeur, a.a.O. S. 429–504; M. Foucault: Archäologie des Wissens. Frankfurt a. M. 1973; Hogrebe, a.a.O. Einleitung u. S. 18 ff.

59 Insofern brauche ich die Detailkritik Marcals nicht im einzelnen zu explizieren. Sie betrifft vor allem auch den vagen, fast mystischen Grundton der Gadamerschen Ausführung (vgl. Marcal, a.a.O. S. 177, 266, 288); den latenten Protestantismus bei Gadamer, der in der Tat das normative Defizit seiner Hermeneutik ersetzt (vgl. a.a.O. S. 87, 141, 176, 196).

b. Die strukturalistische Hermeneutik und der Verlust des hermeneutischen Subjekts

Unsere Arbeit ist an der Phänomenalität und Semantizität der literarischen Texte orientiert. In diesem „und" steckt eine außerordentliche Aufwertung des „Sehe-Punckts",[60] der nicht innerhalb einer für sich methodologisch kontrollierbaren Redeweise zu finden ist. Wohl würde ein „Versuch einer allgemeinen Auslegungskunst",[61] die sich auf den Vogelflug ebenso versteht wie auf das Schriftzeichen, unhaltbar schwanken zwischen „Philologie und Mantik",[62] aber die sprachlichen Potentiale des Verstehens sind mit dieser Spannweite wohl seit Schleiermachers Divinations-Begriff[63] gut anzudeuten. Im Gegensatz zu Gadamers Auffassung kann die „Wirkungsmächtigkeit der Schleiermacherschen Hermeneutik bis in unsere Tage"[64] nicht geleugnet werden: „Für diese fortwirkende Produktivität spricht nun allein schon die innerhalb der hermeneutischen Diskussion von F. Lücke, A. Böckh und W. Dilthey bis hin zu E. Betti, E. D. Hirsch, P. Szondi und M. Frank nicht abreißende positive Bezugnahme auf Schleiermacher".[65]

Franks Buch „Das individuelle Allgemeine. Textstrukturierung und -interpretation nach Schleiermacher"[66] hat das Verdienst, sich neueren Angriffen auf ‚die Hermeneutik' zu stellen, nachdem der Zwist zwischen Hermeneutik und Ideologiekritik sowie Wissenschaftstheorie „und auch die literaturwissenschaftlichen ‚Methodendiskussionen' weitgehend im Sande verlaufen sind".[67] Während R. Rortys Buch „Der Spiegel der Natur"[68] im angelsächsischen Bereich sich der Analytischen Philosophie stellt, aber auch den Konzeptionen Gadamers und Derridas, ist Franks Arbeit besonders auf dem Hintergrund des sogenannten ‚Poststrukturalismus' in Frankreich entstanden. Hermeneutik fungiert also mittlerweile „als Gegenbegriff zu *Strukturalismus* und *Psychoanalyse* (Ricoeur), *Diskursanalyse* und *‚Archäologie'* (Foucault), zur *Ideologiekritik* (speziell der *‚Kritischen Theorie'*), zur *Analytischen Philosophie* en bloc, zur *positivistischen Wissenschaftstheorie* und ihrem methodologischen *Monismus* (von Wright), schließlich zu jeglicher *systematischen Fundamentalphilosophie* und *Erkenntnistheorie* (Rorty)".[69]

Man kann auch weiter zurückgehen und Hermeneutik – die ja keine eigene Philosophie vorträgt, sondern an das ihr vorliegende Denken gebunden bleibt – an die philosophische Tradition anschließen, wenn man etwa an die Hegelsche Kant-Kritik in seiner „Differenzschrift" denkt: „Es bleibt außer den objektiven Bestimmungen durch die Kategorien ein *ungeheures* empirisches *Reich der Sinnlichkeit und Wahrnehmung*, eine absolute Aposte-

60 J.M. Chladenius: Einleitung zur richtigen Auslegung vernünftiger Reden und Schriften. Leipzig 1742. (Nachdruck mit Einleitung von L. Geldsetzer. Düsseldorf 1969.) S. 187 et passim (§§ 309 ff.). Der „Sehe-Punckt" vermittelt bei Chladenius die seelische, leibliche oder personhafte *Notwendigkeit* der Perspektive, „eine Sache so, und nicht anders" vorzustellen. Dazu Szondi, a.a.O. S. 79–86; Gadamer (kritisch), Wahrheit und Methode, a.a.O. S. 171.

61 G.F. Meier: Versuch einer allgemeinen Auslegungskunst. Halle a.d.S. 1757. (Nachdruck mit Einleitung von L. Geldsetzer. Düsseldorf 1965.)

62 So H. Birus in seinem informativen Aufsatz: Zwischen den Zeiten. Friedrich Schleiermacher als Klassiker der neuzeitlichen Hermeneutik. In: ders. (Hg.): Hermeneutische Positionen. Schleiermacher, Dilthey, Heidegger, Gadamer. Göttingen 1982. S. 15–58, 56 (Anm. 121).

63 Dazu H. Schaefer: Divinatio. Die antike Bedeutung des Begriffs und sein Gebrauch in der neuzeitlichen Philosophie. In: Archiv für Begriffsgeschichte 21 (1977). S. 188–225, 195. (Hier zu drei Bedeutungen des Begriffs als ‚Vermutung', als juristischer terminus technicus, als ‚Mantik' – wahrscheinlich die ursprüngliche Bedeutung, zu der ‚divinatio' das lateinische Äquivalent bildet.)

64 Birus, Einleitung, a.a.O. S. 17.

65 A.a.O. S. 16 f.

66 Frankfurt a. M. 1977.

67 Birus, a.a.O. S. 5.

68 A.a.O. (siehe Anm. 24.)

69 Birus, a.a.O. S. 6.

riorität, für welche keine Apriorität als nur eine subjektive Maxime der reflektierenden Urteilskraft aufgezeigt ist; d.h. *die Nichtidentität wird zum absoluten Grundsatze erhoben*".[70] J. Simon kommentiert im Bezug auf B. Liebrucks so: „Man hat in dem Begriff einer transzendentalen *Einheit* der Subjektivität also durchaus immer schon eine Reduktion gesehen. Nur wollte man nicht dabei stehen bleiben, sie als ‚kritische Notwendigkeit' gelten zu lassen".[71]

Es bleibt allerdings die dringliche Frage, welche Form von Einheitlichkeit oder Kohärenz (zwischen Komparation und Divination, grammatischer und psychologischer Auslegung) die Hermeneutik anzubieten hat, um gegen die Wissenschaftspostulate, die ja selbst bestimmte Vorschläge für ‚Einheitlichkeit' implizieren, etwa des Strukturalismus[72] oder der methodischen Sprachanalyse bestehen zu können.

Frank macht einen Vorschlag, den wir hier zunächst, da die Arbeit nicht leicht zu lesen ist, dem Gang der Argumentation nach referieren wollen. Unter 2. b. werden wir uns kritisch zu Franks Lösungsvorschlag äußern. –

Die Überschrift des letzten Abschnitts beschreibt das Programm von Franks Arbeit: „Die Überwindung des Konflikts zwischen strukturaler Textanalyse und sinnverstehender Interpretation".[73] Die Diagnose dieses Konflikts bindet Frank im Eingangskapitel entsprechend an die „strukturalistische Herausforderung" der „existenzialen Hermeneutik",[74] und er trägt diesen Konflikt in den folgenden Kapiteln aus im Rückgriff auf hermeneutische Einsichten Schleiermachers, die in diesem Zusammenhang zu Zeugnissen einer neuen, von Frank konzipierten hermeneutischen Theorie werden. Auf diese Weise realisiert auch der Untertitel der Arbeit, „Textstrukturierung und -interpretation *nach* Schleiermacher", den von Frank selbst intendierten und angezeigten Doppelsinn des „*nach* Schleiermacher" im Sinne von: „après" und „selon" Schleiermacher.[75]

Um zuerst die strukturalistische Herausforderung der existenzialen Hermeneutik in voller Schärfe zu verdeutlichen, kontrastiert Frank den Subjektbegriff der existenzialen Hermeneutik mit seinem strukturalistischen Schicksal. Im einzelnen sieht das so aus:

70 G.W.F. Hegel: Differenz des Fichte'schen und Schelling'schen Systems der Philosophie (1801). Werke. 20 Bde. Hgg. E. Moldenhauer / K.M. Michel. Frankfurt a. M. 1970 f. Bd. 2. S. 10. (Hervorhebung von mir, W.N.)

71 Sprachphilosophie. Freiburg/München 1981. S. 151. – B. Liebrucks: Zwei Sprachstufen. In: ders.: Erkenntnis und Dialektik. Zur Einführung in eine Philosophie von der Sprache her. Aufsätze aus den Jahren 1949–1971. Den Haag 1972. S. 219–264.

72 Zum, muß man inzwischen schon sagen, Strukturalismus vor dem Poststrukturalismus vgl. Simon, a.a.O. S. 216–234 und S. 248–261 insbes. zu Foucault und Derrida: hier spielen, oft auf dem Hintergrund der Philosophie von Heidegger und Husserl, eine Rolle die Begriffe der Präsenz (S. 248) der verbalen Abläufe gegenüber der Evidenz (S. 251) des Sprachsystems oder Ursprungs, der einem gleichermaßen intuitionistischen wie diskursanalytischen Denken zugänglich sein soll, – des weiteren besonders bei Derrida die Begriffe der Schrift (S. 252 f.) und der Repräsentation (S. 254 f.). In der von Derridas „Grammatologie" für Sprache primär gesetzten Schriftlichkeit hat die angenommene ‚Gleichzeitigkeit' der Zeichen in ihrer Ausschließlichkeit und gleichgültigen Relevanz zur Folge, daß den Subjekten die Struktur entzogen ist und Bedeutungen (Referenzen) allenfalls in den buchstäblichen Prozeß hineinzuspielen scheinen (vgl. ebd.). Man meint, damit die „Epoche des Zeichens" (S. 257) schon überwunden zu haben, tendiert aber so eigentlich auf die Überwindung des eigenen Denkens (vgl. 261), das sich aller Rationalität – und so doch eigentlich auch jedem Verstehen – entziehen sollte. *Der grundsätzlich in Anschlag gebrachte Begriff der Differenz meint an sich nurmehr die Qualität der Differenz, nicht mehr eine zwischen zwei Relaten vorzustellende.* Dennoch, ob Differenz zwischen Diskurs, Verben und System, Ursprung oder Ähnlichem gemeint ist, bleiben die Gegenstände, wenn auch im uninteressanten Dunkel, so doch ein Reich für sich. – Siehe aber die Auseinandersetzungen Franks, die wir im folgenden wiedergeben.

73 A.a.O. S. 247.

74 A.a.O. S. 13.

75 A.a.O. S. 11.

1. Zunächst werden rezente Theorien des hermeneutischen Subjekts und zwar (a.) von Heidegger/Gadamer, (b.) von Habermas/Apel und (c.) von Sartre entwickelt.

(a.) Nach der im Anschluß an Heidegger im wesentlichen von Gadamer ausgeführten *wirkungsgeschichtlichen Theorie des hermeneutischen Subjekts* ist das verstehende Subjekt gerade von den Bedingungen des Verstehens her in einen wirkungsgeschichtlichen Kontext eingelassen, der sich in jedem aktuellen Verstehen immer zugleich mit-aktualisiert: „Das Verstehen ist selber nicht so sehr als eine Handlung der Subjektivität zu denken, sondern als Einrücken in ein Überlieferungsgeschehen, in dem sich Vergangenheit und Gegenwart vermitteln.“[76]

(b.) An diese Konzeption zunächst anknüpfend, entwickeln Habermas und Apel eine stärker an der Zukunft ausgerichtete *kritische Theorie des hermeneutischen Subjekts* in der Absicht, es aus seinem ohnmächtigen Ausgeliefertsein an das Überlieferungsgeschehen herauszuholen und ihm an der Idee einer kontrafaktisch antizipierten idealen Kommunikationssituation ein Maß der Kritik auch an der Überlieferung zu geben. Frank vermutet bei dieser Kritik an Gadamer jedoch einen „Rückfall der Kritischen Theorie in einen Idealismus der Reflexion“.[77]

(c.) Diesen Rückfall vermeidet indes, so Frank, die *dialektische Theorie des hermeneutischen Subjekts* von J.-P. Sartre, ohne daß diese Theorie jedoch wieder die Möglichkeit zur Kritik in praktischer Absicht preisgebe. Die Möglichkeit zu dieser Kritik erwächst dem hermeneutischen Subjekt aber nun nicht, wie bei Habermas/Apel, aus einer des Idealismus verdächtigen Reflexion, sondern aus dem Umstand, daß Sartre in seiner Ontologie des Subjekts dieses als ebenso angewiesen auf den Traditionszusammenhang (étant été) zu verstehen gibt wie diesen, wenn es nur es selbst sein will, verneinend (néantisation). So erhält das hermeneutische Subjekt bei Sartre seine kritische Kompetenz schon im Begriff seiner Möglichkeiten und nicht erst nachträglich durch ideale antizipierende Reflexionen: „Das Ideal existiert nie anders denn als ein sprachlich schematisierter Entwurf des Sinns von Sein, der relativ ist auf das gleichermaßen traditionsgeprägte wie traditionsüberschreitende praktische Selbstverständnis des Entwerfenden“.[78]

So reklamiert Frank im Hinblick auf Sartre gegen Habermas erneut einen Universalitätsanspruch der Hermeneutik.

2. Diese nach Ansicht Franks wohl stärkste Theorie des hermeneutischen Subjekts in der Linie Heidegger/Gadamer/Sartre stellt er nun der strukturalistischen Kritik dieses Subjekts gegenüber, und zwar im Rückgriff auf die Theoreme von J. Derrida und J. Lacan.

(a.) Die strukturalistische Herausforderung der existenzialen Hermeneutik besteht in erster Linie in einer *Paralyse des hermeneutischen Subjekts* auf dem Boden eines semantikfreien semiologischen Positivismus, der eine sinnfreie und präsignitive Sprachstruktur unterstellt, über der die kommunikative Stabilisierung des Selbstbewußtseins nicht mehr positiv als ein Wahrheits-, sondern nurmehr als ein systematisches Verkennungsgeschehen zu verstehen ist.[79] Als Schrittmacher dieser gegen Heidegger und den europäischen ‚Logozentrismus‘ und ‚Semantismus‘ angesetzten fundamentalsemiologischen Revision des phänomenologischen Vokabulars (Phänomen, ἀλήθεια, Präsenz, Repräsentation, Sinn etc.) kann Derrida gelten. Dessen Begriff der ‚differ*a*nce‘ versucht das abendländische Einheitsdenken durch die Konzeption einer ursprünglichen und ihr eigenes Zentrum und ihre Identität verfehlenden wirksamen Differenz zu ersetzen, wie sie zum Beispiel schon in der Konstitution des Zeichens paradigmatisch greifbar sei. Mit diesem Rekurs

76 Vgl. Gadamer, Wahrheit und Methode, a.a.O. S. 271 f.; Frank, a.a.O. S. 23 (Gadamer-Zitat korrigiert!).
77 A.a.O. S. 40 f.
78 A.a.O. S. 48.
79 Vgl. a.a.O. S. 53.

auf eine ursprüngliche und wirksame Differenz ist natürlich zwangsläufig auch die Preisgabe des Subjektbegriffs verbunden.[80]

(b.) In die Risse des geborstenen Subjektbegriffs zieht Frank nun psychoanalytische Überlegungen von Lacan hinein, um sie auch für seine linguistisch-literaturwissenschaftliche Konzeption fruchtbar zu machen. Die Genese des Selbst wird nach Lacan nicht mehr (um es äußerst knapp zu referieren) als ein Akzeptationsgeschehen verstanden, demzufolge das Selbst zu begreifen ist als etwas, das sich wie immer auch (und immer schon) narzißtisch selbst angenommen hat, sondern als ein Verweigerungsgeschehen, wonach das Selbst als etwas zu begreifen ist, was sich wie immer auch (und immer schon) seiner selbst verweigert hat, wodurch der sich so eröffnende Spielraum (das Intervall) als Ort des Es-Selbst-Werdenden-Ichs plausibel werden soll: „Wo Es war, soll Ich werden."[81] Und: „Ich denke, wo ich nicht bin, also bin ich, wo ich nicht denke."[82]

Damit *anonymisiert* Lacan gleichsam das Zentrum des Subjekts und faßt es als wirksames Drittes, das in keiner Weise mehr im heiteren cartesischen oder dialektisch-hegelschen Selbstgenuß aufgehoben werden kann.

In dem Maße nun, in dem Lacan dieses Dritte als das wirksame Ungesprochene jedes Gesprächs denkt – das kommunikativ auf keine Weise mehr einzuholen ist und nicht deswegen wirksam ist, weil es sich im Gespräch schließlich doch repräsentiert, sondern deswegen, weil es gerade dem Gespräch grundsätzlich als das ganz Andere (nach Art einer negativen Theologie)[83] entzogen bleibt –, entzieht er sich grundsätzlich allen idealistisch-dialektischen Subjekttheorien, die dieses Dritte immer als Repräsentanz des Seins zu verstehen geben, sei es über das Traditionsgeschehen (Gadamer), sei es über den objektiv werdenden Geist (Hegel).[84]

Hieraus zieht Frank für „eine vor der Falle des Narzißmus gewarnte Interpretationstheorie"[85] den Schluß, daß jede Theorie eines textkonstituierenden Subjekts, das sich im Interpretationsgeschehen wie aus einem Spiegel entgegenkommt, verfehlt ist, denn dies wäre nur ein „trügerisches Angebot einer Rückkehr zur Identität des Sinns mit dem Signifikanten, die es nirgends gibt."[86] –

Dennoch sieht Frank die Preisgabe des hermeneutischen Subjekts *dann nicht* als geboten an, wenn sich nur eine Subjekttheorie ausfindig machen ließe, die vor den narzißtischen Fallstricken gefeit wäre. In dieser Absicht läßt sich nun auch die Subjekttheorie Schleiermachers, die für seine Hermeneutik von erheblicher Bedeutung ist, gegen die vom Strukturalismus empfohlene Verabschiedung des hermeneutischen Subjekts aufbieten, wobei diese Theorie sogar schon Einwänden gegen das hermeneutische Subjekt Rechnung getragen hat, die der Strukturalismus erst in unserer Zeit ausformulierte. So verfällt, nach Franks Ansicht, Schleiermachers Subjekttheorie vor allem nicht (wie die Hegels) dem Repräsentationismus, wie ihn die Strukturalisten (Derrida) mit Recht kritisieren, und ist dennoch nicht genötigt, das Subjekt überhaupt preiszugeben. Dies gelingt, nach Franks Ansicht, Schleiermacher vor allem dadurch, daß er das Selbstbewußtsein nicht auf der Ebene der Reflexion entwickelt, sondern erst dadurch, daß er es in ein *‚Gefühl der schlechthinnigen Abhängigkeit'* (Schleiermacher) verlegt, den Fallstricken des Narzißmus entzieht.

80 Vgl. a.a.O. S. 58.
81 Freud; vgl. Frank, a.a.O. S. 74 ff.
82 Lacan; vgl. Frank, a.a.O. S. 79 f.
83 Vgl. a.a.O. S. 110.
84 Vgl. a.a.O. S. 80–82.
85 A.a.O. S. 86.
86 Ebd.

Hier schlägt Frank Kapital aus dem Umstand, daß Lacans Psycho-Semiologie deutlich Züge einer negativen Theologie trägt, wenn er die These ‚Gott ist der ganz Andere' (K. Barth) semiologisch und psychologisch transformiert bis zur Wendung ‚Dieu est inconscient'.[87] Dennoch bleibt, nach Ansicht Franks, Schleiermacher dem Strukturalismus insofern überlegen, als er die Krise des Subjekts nicht durch seine voreilige *Liquidierung* (Derrida) oder *Anonymisierung* (Lacan) verabschiedet, sondern diese Krise in die Theorie des Subjekts gerade *positiv* mit hinein nimmt: „Er läßt das Subjekt seine Krise reflektieren, ohne es abdanken zu lassen."[88]

Dies wird besonders deutlich, wenn man das berühmte Schleiermachersche ‚Gefühl' nicht mit Hegel als Ort der Repräsentation des Absoluten und autonomer Selbstvermittlung versteht, sondern im Hinblick auf die Derridasche ‚differance' liest und interpretiert. Mit dieser vorläufigen Beiziehung Schleiermachers zur Einführung einer gegen den Strukturalismus haltbaren Subjekttheorie kann es indes nicht schon sein Bewenden haben, wenn anders er wirklich zum Zeugen für eine Hermeneutik berufen werden kann, die schließlich dem Angriff des Strukturalismus nicht nur standhalten, sondern den Konflikt zwischen strukturaler und sinnverstehender Interpretation zu überwinden hilfreich sein kann.

Dazu greift Frank im zweiten und dritten Abschnitt ausführlich auf die Hermeneutik Schleiermachers zurück und erneuert von ihr her den Universalitätsanspruch der Hermeneutik im großen Stil.

Dies scheint deshalb möglich zu sein, weil die Schleiermachersche Hermeneutik in der Geschichte der Hermeneutik eben jene sei, „der im Bereich der verstehenden Wissenschaften eine Kants ‚kopernikanischer Wende' im Bereich der analytischen Wissenschaften durchaus vergleichbare Tragweite zukommt".[89]

Die *Wende in der Hermeneutik durch Schleiermacher* sieht Frank näher in der Umkehrung des Primats von Verstehen und Nicht-Verstehen. Galt in der vorschleiermacherschen Hermeneutik die *grundsätzliche Verständlichkeit* von Texten als das Primäre, so daß die Hermeneutik als Kunst des *richtigen* Verstehens erst da notwendig wird, wo Unverständliches gemessen am Maßstab des neuzeitlichen Rationalitätsbegriffs (der keine Widersprüche duldet) auftaucht, wo mithin Hermeneutik eine Kunst ist, die zur Wiederherstellung des Normalfalls einer durchgängigen Verständlichkeit dient, so geht Schleiermacher gerade umgekehrt von der *grundsätzlichen Unverständlichkeit* von Texten als der Normallage aus, so daß Hermeneutik nicht mehr bloß Kunst des richtigen Verstehens wird, sondern *Kunst des Verstehens überhaupt*.

Diese Neubestimmung der Hermeneutik sieht Frank angezeigt in Schleiermachers „Option für die letzte der von ihm 1805 aufgezeichneten ‚Zwei entgegengesetzten Maximen beim Verstehen. 1.) Ich verstehe alles bis ich auf einen Widerspruch oder Nonsens stoße 2.) ich verstehe nichts was ich nicht als nothwendig einsehe und construiren kann. Das Verstehen nach der lezten Maxime ist eine unendliche Aufgabe' (Hk 31)."[90]

Gewiß verkennt Schleiermacher nicht, wie Frank auch hervorhebt,[91] daß sprachliche Kommunikation sich immer schon in einer unüberholbaren Ausgelegtheit dessen, was ist, bewegt und in diesem Sinne Verständlichkeit primär ist. Aber der Typ dieses primären Verständnisses, auf den nach Schleiermacher eine ‚laxere Praxis' der Hermeneutik und

87 Frank, a.a.O. S. 110.
88 A.a.O. S. 111.
89 A.a.O. S. 151.
90 HK = F.D.E. Schleiermacher: Hermeneutik. Nach den Handschriften neu herausgegeben und eingeleitet von H. Kimmerle. Heidelberg 1959. (S. 31); Frank, a.a.O. S. 154. Wir zitieren Schleiermacher nach der verbesserten und erweiterten zweiten Auflage von 1974.
91 Vgl. a.a.O. S. 160 u. 185.

insbesondere die von ihm so bezeichnete ‚grammatische Interpretation' angewiesen ist, widerstreitet nicht der radikalen Einsicht in die Grundlosigkeit dieses ‚durchschnittlichen' Verstehens, das stets ein schlechthin abhängiger Entwurf in die Dimension einer wirksamen ursprünglichen Unverständlichkeit (differ*a*nce) bleibt.

Im Ausgang von diesem Ansatz diskutiert Frank nun im einzelnen sprachphilosophische Erwägungen Schleiermachers auf dem Niveau ihrer Relevanz für heutige Einsichten, und zwar unter anderem in dem Sinne, daß die Idee einer durch die Sprache geleisteten Organisation und Aneignung von Welt, die im 20. Jahrhundert gleichsam erst Resultat eines neuen Einsatzes der Sprachphilosophie mit Wittgenstein war, nicht nur Humboldt zum Ahnen hat, sondern ebenso Schleiermacher.[92] – Mit dieser Zurüstung stellt sich Frank in einem umfangreichen Schlußkapitel der Zielaufgabe einer ‚Überwindung des Konflikts zwischen strukturaler Textanalyse und sinnverstehender Interpretation'.

Dabei nimmt er wiederum Schleiermacher als Zeugen für die Abstraktheit dieses Gegensatzes in Anspruch, denn eine Überwindung des Konflikts zwischen strukturaler und sinnverstehender Interpretation sei schon genau dann erreicht, wenn nur seine Voraussetzung als unhaltbar erwiesen werden könne, nämlich die These, daß dieser Gegensatz überhaupt begründet ist.

So findet sich bei Schleiermacher zunächst die zur Unterscheidung von strukturaler und sinnverstehender Interpretation analoge Differenzierung von *grammatischer und psychologischer,*[93] wobei der Typ einer grammatischen Interpretation den Text von der Frage her angeht, inwiefern der *Verfasser ein Produkt der Sprache* ist,[94] während umgekehrt eine Interpretation psychologischen Typs ihren Text von der Frage her angeht, auf welche Weise *seine Sprache Produkt des Individuums* (Autors) ist. In der weiteren Ausformulierung dieser beiden Interpretationstypen wird immer deutlicher, wie sehr sie ineinander verzahnt und miteinander vermittelt sind und jedenfalls nicht feindlich gegeneinander ins Spiel gebracht werden dürfen.

Die Idee dieser Vermittlung sieht Frank dabei von Sartre auf die knappe Formel gebracht: „‚Je fais la langue et elle me fait.'"[95]

Entfaltet findet sich diese Einsicht indes ansatzweise bereits in der ‚positiven Formel' der Hermeneutik Schleiermachers, derzufolge die Hermeneutik als Auslegungskunst „in dem ‚geschichtlichen und divinatorischen objectiven und subjectiven Nachconstruiren der gegebenen Rede'"[96] besteht.

Das vierfache Verständnis dieser Formel entzieht einer bloß grammatischen/strukturalen *oder* psychologischen/sinnverstehenden Interpretation ihren Autonomieanspruch.[97] Weitere sachliche Belege für die Einsicht in die Vermitteltheit von struktureller und sinnverstehender Analyse sieht Frank in dem Phänomen des hermeneutischen Zirkels[98] und

92 Vgl. a.a.O. bes. S. 185–199.
93 Vgl. a.a.O. S. 248.
94 Vgl. hierzu a.a.O. S. 262–273.
95 A.a.O. S. 147.
96 A.a.O. S. 289; vgl. hierzu noch die Differenzierungen von Birus: 1. „‚objectiv geschichtlich' heißt einsehen wie sich die Rede in der Gesamtheit der Sprache und das in ihr eingeschlossene Wissen als ein Erzeugniß der Sprache verhält. – ‚O[bjectiv] prophetisch' heißt ahnden, wie die Rede selbst ein Entwicklungspunkt für die Sprache werden wird." Und: 2. „‚Subjectiv geschichtlich' heißt wissen wie die Rede als Thatsache im Gemüth geworden ist, ‚s[ubjectiv] proph[etisch]' heißt ahnden, wie die darin enthaltenen Gedanken noch weiter auf ihn und in ihm fortwirken werden." (A.a.O. S. 37) Schleiermacher teilt also die Aufgaben der Hermeneutik ein in „Verstehen in der Sprache" und „Verstehen im Sprechenden" (Schleiermacher, a.a.O. [siehe Anm. 90] S. 56).
97 Vgl. Frank, a.a.O. S. 290–293.
98 Vgl. a.a.O. S. 305–331: „Verschiedene Anwendung des hermeneutischen Zirkels"; vgl. auch Birus (a.a.O. S. 31) zum scheinbaren Zirkel, der durch die „Ahndung des Ganzen" (Divination) aufzuheben ist.

im ‚divinatorischen' Verstehen im Sinne Schleiermachers, wobei er eine Ehrenrettung des über die Lebensphilosophie und ihren Surrogat-Begriff ‚Einfühlung' diskreditierten Begriffs der Divination vornimmt[99] in dem Sinne, daß eine methodisch angesetzte Interpretation den fortgesetzten Vergleich von Textstellen ohne divinatorische Investitionen der Interpretation weder beginnen noch zum Abschluß bringen könnte: Komparation ohne Divination läuft sich leer, Divination ohne Komparation bleibt dumpfe und blinde Ahnung.[100]

So bekundet sich in der *vergleichend realisierten und unendlichen Divination* der *Kunstcharakter der Auslegung*[101] ebenso wie die Allgemeinheit des Individuellen und das individuelle Allgemeine, das zum Titel von Franks Arbeit wurde: „Auf diese Weise zeugt die These vom Kunstcharakter der interpretatorischen Arbeit, insofern sie unlösbar verbunden ist mit der Anerkennung ihrer Unendlichkeit, besonders eindrücklich für die historische Bedeutung jenes Paradigmenwechsels, der die Macht des idealistischen Subjekts in die Krise trieb."[102]

c. Das Problem der radikalen Übersetzung und die Preisgabe des hermeneutischen Mediums

Wenn die ursprüngliche Bedeutung von ἑρμηνεύω in der Regel an die Kunst des Dolmetschens gebunden war, dann darf sich auch ein anspruchsvoller Begriff der Hermeneutik nicht so weit von dieser entfernen, daß er seiner Herkunft keinen Raum mehr ließe. Das heißt: Wie facettenreich der Begriff des hermeneutischen Phänomens auch entwickelt werden mag, die Verbindung zum Phänomen der Übersetzung muß gewahrt bleiben, wenn anders man den Terminus ‚Hermeneutik' nicht besser aufgeben sollte.

Wenn das so ist, dann wird sich jede theoretische Einlassung zur Hermeneutik heute mit einem Problem konfrontiert sehen, dem sie nicht ausweichen kann, ohne Gefahr zu laufen, ihren Voraussetzungen entfliehen zu wollen. Ich meine hier das Problem der radikalen Übersetzung, das W.V.O. Quine in seinem Buch „Word and Object" (1960)[103] exponiert hat. „Radikal" nennt er dabei eine Übersetzung, die Sätze einer bislang völlig unbekannten Sprache in eine bekannte transponiert. Da Quine von einem tiefen Mißtrauen gegenüber dem, was bei einer solchen übersetzenden Transformation *dasselbe* bleiben soll, nämlich der *Bedeutung*, erfüllt ist, rekurriert er vorsichtiger auf das, was er „Reizbedeutung" nennt. Damit gibt er sich, wie fast alle Sprachphilosophen, als Nominalist zu erkennen.[104] Quines ‚Flight from intension' eliminiert den traditionellen Bedeutungsbegriff; da jede extreme Kritik an der Existenz von Universalien prädikative Aussagen zunächst unmöglich macht, muß der ‚Sinn' der Aussage als Möglichkeit der Verifikation neu konstituiert werden. Anstelle von ‚Gegenstand', ‚Beobachtung', ‚Sinneseindruck' wählt Quine die außersprachliche ‚stimulation', das ist „das Unbestimmte, das uns sagen läßt, wir empfänden einen Reiz".[105] In diesem Sinne hat Quine keine Bedeutungstheorie, sondern eine Referenztheorie im Auge.[106] Um aber nun doch der Notwendigkeit

99 Siehe Frank, a.a.O. S. 314.
100 Vgl. bes. a.a.O. S. 327–331.
101 Siehe a.a.O. S. 340 ff. u. 351 ff.
102 A.a.O. S. 364.
103 Wir zitieren die deutsche Übersetzung: Wort und Gegenstand. Stuttgart 1980. Vgl. hier das 2. Kap. „Übersetzung und Bedeutung" (S. 59–147).
104 Vgl. Simon, a.a.O. S. 36 f.
105 A.a.O. S. 37.
106 Siehe W.V.O. Quine: Bemerkungen zur Referenztheorie. In: M. Sukale (Hg.): Moderne Sprachphilosophie. Hamburg 1976. S. 75–82. – Die Übersetzer von Quines ‚Word and Object' wenden

„metaphysischer Postulate" zu entgehen, muß man sich bei der Quineschen Referenz immer eine Referenz auf „nichts Bestimmtes" vorstellen.[107]

Bei Dilthey übrigens, der ja auch eine Bedeutungstheorie zu umgehen versuchte, war ‚das Leben' das Referenzobjekt. Solche ‚Hermeneutiken der Faktizität' (Heidegger), die nicht wie Schleiermacher oder Humboldt die Totalität eines Sprachbegriffs einführen wollen, weisen ganz vergleichbare Problematiken auf, auch wenn sie die Etablierung der Hermeneutik im 20. Jahrhundert (in der Linie Dilthey/Heidegger/Gadamer) in diesem großen Stile erst ermöglichten.[108]

Empfindung ist also bei Quine der ontische Bezugspunkt, von dem wir nur eine sprachanalytische Onto*logie* haben können. Sie ist nicht mehr als der „Reiz, der veranlaßt, etwas zu tun".[109]

Die ‚Sache', die es nur als intendierte Sache gibt, hat schon immer Probleme aufgeworfen. Simon kann deshalb behaupten: „Die Krise der Referenz, wie sie vor allem bei Quine sichtbar geworden ist, ist also nicht erst neueren Datums. Es hat vielmehr niemals eine befriedigende Referenztheorie der Bedeutung"[110] gegeben.

Das Problem der Metasprache (besonders prägnant an Tarskis Wahrheitsbegriff hervorgetreten[111]) scheint auf dieser Folie ebenso unlösbar zu sein wie das der Synonymie[112] (Austauschbarkeit oder Übersetzbarkeit von Ausdrücken). Daraus resultiert Quines Unbestimmtheitsthese.[113] Quine versucht nicht, aus dieser These, die sich ja auch auf die mehreren gleichsprachigen Gesprächspartnern gemeinsamen Bedeutungen erstreckt, positives Kapital zu schlagen, indem etwa wie bei Humboldt und Hamann, für den *alles* Sprechen ein Übersetzen war, ein ‚proto-ontologisches' Sprachdenken ins Recht gesetzt würde.[114]

Reizbedeutungen sind bei Quine Bedeutungen in behavioristischer Sicht, also das, was in der Erprobung des Sprachverhaltens die Disposition eines Sprechers umfaßt, auf einen gegebenen (Reiz-) Gegenstand mit einer sprachlichen Äußerung zu reagieren. Der Grund des Mißtrauens gegenüber Bedeutung ist für Quine einfach der, daß es für Bedeutungen keine *Identitätskriterien* gibt, und wenn zudem gilt: „no entity without identity",[115] dann sind Bedeutungen jedenfalls keine Entitäten mit irgendeinem Sonderstatus. Daher gibt Quine Bedeutungen auf und behält nur das von ihnen bei, was man sehen kann:

sich übrigens scharf gegen die neologische Verwendung des Begriffs ‚Referenz' im Deutschen. Er bedeute nichts Spezifischeres als ‚Bezug auf . . .' (Siehe: Wort und Gegenstand, a.a.O. S. 11 f.)

107 Vgl. Simon, a.a.O. S. 40.

108 M. Heideggers Terminus in: Sein und Zeit. 1. Hälfte. Halle a.d.S. [5]1941. S. 72. (Seit dem Wintersemester 1919/20 übrigens hielt Heidegger Vorlesungen unter diesem Titel, woraus letztlich ‚Sein und Zeit' entstanden ist.) Zur Problematik vgl. Birus, a.a.O. S. 10; zu Dilthey den Aufsatz von H. Anz: Hermeneutik der Individualität. Wilhelm Diltheys hermeneutische Position und ihre Aporien. In: Birus, a.a.O. S. 59–88, 73.

109 Simon, a.a.O. S. 65. – Zum Terminus der „Reizbedeutung" siehe den ersten Abschnitt von Quines Aufsatz: Bedeutung und Übersetzung. In: Sukale, a.a.O. S. 83–103, 83–86.

110 Simon, a.a.O. S. 75.

111 Vgl. a.a.O. S. 76 f. Der ganze Band von Sukale (a.a.O.) zeigt, welch wichtige Rolle die Tarskische Wahrheitsdefinition noch in der heutigen Sprachphilosophie spielt.

112 Vgl. Simon, a.a.O. S. 82.

113 Vgl. auch a.a.O. S. 80 ff.

114 Siehe a.a.O. S. 80–91.

115 Siehe W.V.O. Quine: Ontologische Relativität und andere Schriften. Stuttgart 1975. S. 37 et passim; zur „Reizbedeutung" hier auch: S. 214–218. Das Problem der „Identität" wird jenseits von Psychologie verhandelt. Für uns wird es unter anderem zu dem sprachlich-poetologischen Problem der Identität zwischen Empfindung und Ausdruck werden. Der Begriff des Ausdrucks wird seit dem 18. Jahrhundert selbst in zweierlei Hinsicht verwendet: vgl. Gadamer, Wahrheit und Methode, a.a.O. S. 474–476 (siehe auch Anm. 145).

sprachliche Reaktionen auf sinnliche Reize. Das ist für Hermeneuten keine schöne Situation, aber auf die Absicherung des hermeneutischen Mediums werden wir erst unter 2. c. zu sprechen kommen. Nach dieser Preisgabe der Bedeutungen zugunsten von Reizbedeutungen bleibt aber immer noch die Frage bestehen, ob es Kriterien dafür gibt derart, daß übersetzte Sätze dieselbe Bedeutung haben können wie die Sätze der bisher unbekannten Sprache. Das Resultat der Untersuchungen Quines lautet: Nein, eine Übersetzung salva intensione im strengen Sinne mag es zwar geben, aber wir haben keinerlei Kriterien an der Hand, eine solche zu erkennen. Das besagt natürlich nicht, daß wir nicht zu mehr oder weniger gelungenen Erst-Übersetzungen kommen könnten. Aber dies ist immer nur ein *pragmatischer* Erfolg. Ein trennscharfes Kriterium für definitive Äquivalenz von empirisch gehaltvollen Sätzen haben wir trotzdem nie. Wenn das so ist, dann folgt daraus, daß wir nie eindeutig bestimmen können, was ein Sprecher meint, sobald wir den Boden gemeinsamer Erfahrung unter den Füßen verlieren.

Dieses Resultat klingt nach Whorf und mag daher noch nicht sonderlich überraschen, aber seine Bedeutung wird erst aus den Konsequenzen ersichtlich, die es hat.[116] Denn das Theorem von Quine gilt *nicht nur* für den Fall der radikalen, sondern im Prinzip für *jede* Übersetzung. M. Sukale faßt das so zusammen: „Nach Quine ist es denkbar, daß wir ein und denselben Sprecher in verschiedener Weise verstehen können, ohne je entscheiden zu können, welche unserer eventuell unvereinbaren Verstehensweisen die richtige ist."[117]

Aber damit nicht genug. Sukale zieht noch eine viel weitergehende Konsequenz aus Quines Theorem: „Da ich meine eigenen Sätze ebenfalls in verschiedener, eventuell unvereinbarer Weise aufeinander abbilden kann, so raubt mir die Unbestimmtheitsthese die Hoffnung, ein ‚richtiges' Selbstverständnis zu erlangen, sofern ein Selbstverständnis von einer solchen Eigenabbildung abhängig ist."[118]

Wenn das so ist, verfügt jeder Sprecher auch nur über einen *pragmatischen* Begriff der Selbstidentität, und er ist theoretisch immer ein bißchen schizophren. Ja, er müßte es sein, weil er sonst überhaupt nicht sprechen könnte, vorausgesetzt, daß auch jedes Selbstgespräch ein Übersetzungsprozeß im Individuum ist. Wegen dieser und ähnlicher weitreichenden Konsequenzen ist die Unbestimmtheitsthese der radikalen Übersetzung eines der meist diskutierten Theoreme der gegenwärtigen sprachanalytischen Philosophie in Amerika. Nach Sukale wirkt die These Quines „in den Vereinigten Staaten noch immer wie eine philosophische Bombe [. . .], deren Zerstörungsradius noch nicht übersehen werden kann. Ein Kommentator hat sogar behauptet, diese These sei das faszinierendste und meistdiskutierte philosophische Argument seit Kants transzendentaler Deduktion."[119]

Versuchen wir nun die Konsequenzen abzuschätzen, die dieses Theorem für die Hermeneutik hat. Wenn die hermeneutische Tätigkeit als das Geschäft der Auslegung nur ein anspruchsvoller Begriff der Übersetzung ist, dann gilt: *Es gibt kein Kriterium für eine adäquate Auslegung sensu strictu*. Es gilt ferner: Dies gilt nicht nur für den Interpreten eines Autors, sondern auch für den Autor selbst.[120] Das Beste, was man hermeneutisch gewinnen kann, ist ein *pragmatischer* Begriff der Adäquatheit einer Auslegung.

116 „Ontologische Relativität" ist aber nicht mit „linguistischer Relativität" zu verwechseln. Quine möchte nur den „ontologischen Gürtel um einige Löcher enger schnallen" (Ontologische Relativität, a.a.O. S. 29). Siehe auch ders.: Bedeutung und Übersetzung, a.a.O. S. 103. – Sehr prägnant nimmt Simon zur linguistischen Relativitätsthese Stellung: a.a.O. S. 85 et passim.

117 M. Sukale: Wahrheit, Referenz und Bedeutung in der modernen Sprachphilosophie. In: ders. (Hg.), a.a.O. S. 11–51, 42.

118 Ebd.

119 A.a.O. S. 36 f.

120 Zu dem bekannten Diktum Schleiermachers, man müsse „einen Autor besser verstehen als er sich selbst verstand", siehe Frank (a.a.O. S. 360 f.), der neben der philologischen Kritik die Aufgabe der Reflexionsarbeit betont, die das poetische Werk ‚erhöht', sofern sie sich nicht als Reflexion

Nun wird dieses Resultat einen Literaturwissenschaftler kaum überraschen. Die prinzipielle Offenheit jeder Auslegung ist ja gerade eine zentrale Einsicht der Hermeneutik. Aber die Frage ist natürlich, mit Hilfe welcher Kriterien wir gleichwohl die gelungene von einer weniger gelungenen Auslegung unterscheiden. Denn wenn das nicht möglich wäre, gäbe es überhaupt keinen vertretbaren Begriff einer Literatur*wissenschaft*. Wir wissen jedenfalls, daß solche Kriterien nicht anspruchsvoller sein dürfen als die Bedingungen, unter denen wir überhaupt auslegen können. Und vor allem wissen wir auch: Es gibt keine kontextinvarianten Kriterien einer gelungenen Auslegung. Zwar gibt es das Postulat: Beschaffe dir so viele Informationen wie möglich über einen Text und das, was mit ihm zusammenhängt, aber Postulate sind keine Kriterien. Denn es könnte sein, daß eine Auslegung auf einer großen Basis von Informationen immer noch weniger adäquat ist als eine, die glaubt, mit wenig Informationen auszukommen, selbst wenn das im Prinzip wieder nicht entscheidbar ist. Bevor der Hermeneut hier das Handtuch wirft, sollte er sich die Kritik von D. Davidson an Quines Unbestimmtheitsthese zu eigen machen,[121] die wir in 2. c. diskutieren werden im Zusammenhang mit dem Versuch, das von Quine preisgegebene Medium der Bedeutung auf dem Boden der Empfindung wieder zu restituieren.

2. RESTITUTION DER DEFIZITE DER HERMENEUTIK

a. Der traditionelle und der diskurstheoretische Ort der Hermeneutik

In 1. a. hatten wir die Diskussion um die Grenzen des Gadamerschen Entwurfs der Hermeneutik verfolgt und vor allem den Vorwurf erörtert, daß ihr Universalitätsanspruch mit der von ihr nicht positiv bestimmbaren traditionsbrechenden Kraft der Reflexion (Habermas) unverträglich sei. Wir hatten schon angedeutet, daß dieser Streitpunkt möglicherweise auf den undurchschauten Ort der Hermeneutik als ganzer zurückgeht und diese Kontroverse erst möglich macht. Es kommt uns jetzt darauf an, die Stellung der Hermeneutik so zu präzisieren, daß der Vorwurf eines normativen Defizits sie nicht mehr treffen kann, weil sie für normative Fragen gar nicht zuständig ist, ohne daß sie zugleich ihren Universalitätsanspruch (in allerdings abgeschwächter Form) aufgeben müßte. Zu diesem Zwecke müssen wir zunächst die von Gadamer vorgesehene universelle Stellung der Hermeneutik, die bei ihm dadurch definiert ist, daß „Sprache als Horizont einer hermeneutischen Ontologie"[122] fungiert, modifizieren. Natürlich ist die Sprache in einem gewissen Sinne Horizont alles menschlichen Tuns und Könnens, aber das ist trivial. Es muß uns vielmehr gelingen, die Hermeneutik in einen diskurstheoretischen Horizont zu stellen, der sie, auf den Horizont der Sprache überhaupt bezogen, gegenüber anderen Unternehmungen zu spezifizieren gestattet. Zu diesem Zweck greifen wir auf eine Arbeit von H. Schnädelbach zurück. In seinem Buch „Reflexion und Diskurs"[123] liefert er nämlich eine für unsere Problemlage einschlägige Trans-

über etwas, sondern als eine Reflexion vollzieht, deren ‚Subjekt' das Werk selber (im Sinne Benjamins) ist. Dessen selbstreflexive Geschichtlichkeit ist *sein* unendlicher Prozeß der Reflexion, obwohl „es dasselbe Werk bleibt" (Gadamer, Wahrheit und Methode, a.a.O. S. 355). Schleiermachers Diktum würde also zu einseitig ausgelegt, erklärte man seine Berechtigung im Bezug auf den Autor nur hinsichtlich der „Lehre von dem unbewußten Schaffen", wie W. Dilthey es tat: Die Entstehung der Hermeneutik (1900). Gesammelte Schriften. Bd. 5. 1. Hälfte. Stuttgart/Göttingen ²1957. S. 317–331, 331. Vgl. zu Schleiermachers Diktum auch Birus, a.a.O. S. 16.

121 Siehe zunächst die deutsche Übersetzung von „Truth and Meaning" bei Sukale, a.a.O. S. 104–123; zu Davidsons Theorie siehe auch Simon, a.a.O. S. 79.

122 Wahrheit und Methode, a.a.O. S. 415 ff.

123 Reflexion und Diskurs. Fragen einer Logik der Philosophie. Frankfurt a. M. 1977.

formation von traditionellen reflexionstheoretischen Methoden in diskurstheoretische. Man kann hier sehr schön zeigen, wie Gadamers Entwurf der Hermeneutik aus einem solchen Transformationsprozeß nicht ohne Veränderung herauskommt.

Schnädelbach zeigt, daß drei traditionelle methodische Zugriffe der Philosophie, gemeint sind die phänomenologische, die geltungstheoretische und die sinnexplikative Reflexion, sich unter Bedingungen des ‚linguistic turn'[124] einer Umschreibeprozedur unterziehen müssen, um nicht an den Bleigewichten ihrer mentalistischen Einbettung unterzugehen. Auf diese Weise wird die phänomenologische Reflexion in den deskriptiven Diskurs überführt, die geltungstheoretische in den normativen, die sinnexplikative in den explikativen. Wenn man sich nun die Frage stellt, welches dann die für die Hermeneutik vermutlich angemessene Diskursform sein könnte, wird man zweifellos den explikativen Diskurs favorisieren. Das heißt aber, daß die Hermeneutik nicht beanspruchen darf, in normative oder deskriptive Diskurse einzugreifen, wenn anders, wie Schnädelbach zeigt, nicht pathologische Argumente die Folge sein sollen.[125] Unter dem Stichwort ‚Diskursvermengungen' macht er deutlich, daß eine unzulässige Vermischung von deskriptivem und explikativem Diskurs die klassischen argumentativen Fehlformen der ‚Reifikation', ‚Subreption' etc. zur Folge hat, während andererseits eine Vermischung von explikativem und normativem Diskurs zur irrigen Identifikation von hermeneutischer Explikation mit Begründungen führt. Gerade bei dieser letzten Diskursvermengung ist es lehrreich, darauf zu achten, daß sie von beiden Seiten aus gelesen werden kann. Wer im normativen Diskurs operiert, kann fälschlich behaupten, mit seinen normativen Entscheidungen (zum Beispiel Definitionen) zugleich die Sache zu klären, während umgekehrt derjenige, der im explikativen Diskurs operiert, hermeneutische Explikation fälschlich als Begründungen ausgeben könnte.[126] Wenn man den Mechanismus dieser Diskursvermengungen einmal begriffen hat, dann wird sofort klar, daß man der Hermeneutik gar kein normatives Defizit vorwerfen *kann*, weil sie den normativen Diskurs nicht mit abdeckt; aber ebensowenig kann man einen *diskursübergreifenden* Universalitätsanspruch der Hermeneutik reklamieren, wie dies Gadamer tut und deshalb die Frage nach der normativen Kompetenz der Hermeneutik erst provoziert.

Freilich soll nicht übersehen werden, daß sogar nach der diskurstheoretischen Transformation der Hermeneutik diese in einem abgeschwächten Sinn doch noch einen Anspruch auf Universalität geltend machen kann, und zwar deshalb, weil der explikative Diskurs gegenüber normativen und deskriptiven Diskursen eine Sonderstellung hat, die herausgearbeitet zu haben Schnädelbachs besonderes Verdienst ist. Die Sonderstellung des explikativen Diskurses liegt darin begründet, daß Explikationsprobleme nicht dadurch gelöst werden können, daß man auf den normativen und deskriptiven Diskurs zurückgreift. Während es umgekehrt so ist, daß sich deskriptiver und normativer Diskurs immer erst der explikativen Klärung ihrer Termini versichert haben müssen, um angemessen beschreiben und begründen zu können. Diese Sonderstellung des explikativen Diskurses rechtfertigt daher einen *formalen*, aber keineswegs materialen Universalitätsanspruch der Hermeneutik. Letzteren, so unsere These, vertritt die Literatur selbst.

Insbesondere hat die von Schnädelbach herausgearbeitete Sonderstellung des explikativen Diskurses auch für die Literaturwissenschaft die wichtige Bedeutung, daß sie ihrem Wesen nach tatsächlich nur durch die Hermeneutik wissenschaftstheoretisch untermauert werden kann und zum Beispiel nicht durch die Soziologie.

124 Das ist heutzutage ein nicht mehr nur auf die Sprachwissenschaft bezogener allgemeiner Begriff; siehe z.B. Simon, a.a.O. S. 105.

125 Schnädelbach, a.a.O. S. 341 ff.

126 Vgl. bes. a.a.O. S. 345.

b. Der hermeneutische Prozeß

In 1. b. sahen wir uns mit dem Antagonismus eines reflexionstheoretisch monopolisierten hermeneutischen Subjekts auf der einen und der Preisgabe eines hermeneutischen Subjekts an das anonyme Deutungsgeschehen signifikanter Strukturen auf der anderen Seite konfrontiert. Frank versuchte dieses Dilemma dadurch zu unterlaufen, daß er mit einem durchweg überzogen interpretierten ‚Klassiker',[127] nämlich Schleiermacher, auf den Kunstcharakter jeder Interpretation rekurrierte. Der Kunstcharakter der Interpretation ermögliche es, weder das hermeneutische Subjekt noch die Einsicht des Strukturalismus in die nicht-subjektiv determinierte Verstehensleistung aufzugeben.[128] Tatsächlich zahlt Frank dafür einen hohen Preis. Der Kunstcharakter der Interpretation, der ja seit der Romantik und noch von E. Staiger postuliert wird, sorgt dafür, daß die literaturwissenschaftliche Praxis im Grunde genommen nicht mehr weiß, was sie tut. Das mag in Einzelfällen unproblematisch, ja sogar besonders reizvoll sein, aufs Ganze gesehen ginge sie unter diesen Vorzeichen allerdings ihres Wissenschaftscharakters verlustig und hätte zum Beispiel keinen Anspruch mehr auf akademische Institutionalisierung. Der Weg von Frank ist daher nur der verzweifelte Versuch, aus dem selbstgestellten Dilemma durch Flucht nach vorne herauszukommen, und zwar in eine reflexionstheoretisch ‚artifinalisierte' Hermeneutik,[129] für die Schleiermacher nur noch den Namen hergibt. Frank ahnt mehr, als er wirklich begreift, was die positive Konsequenz aus der von ihm zutreffend diagnostizierten Situation wäre: „nicht der Autor, sondern der Rezipient entscheidet über die Bedeutung des Diskurses, insofern jede Lektüre – da sie die Regel selbst erfinden muß, als deren Anwendung sie sich begreifen wird, – ein durchaus offenes Kommunikationsgeschehen darstellt, innerhalb dessen die Intention des Autors nicht mehr ist als ein unangewandtes Zeichen, dessen bestimmte Interpretation die Tat seines Lesers sein wird."[130]

Die Frage ist nur, wie mit einem solchen ‚offenen Kommunikationsgeschehen' methodisch umgegangen werden muß, wenn nicht der Kunstcharakter der Auslegung bloß ein Deckname für Beliebigkeit sein soll. Hier stellt sich zunächst die Frage, ob jenes ‚offene Kommunikationsgeschehen', welches das „wirkungshistorische Schicksal"[131] von Texten aus sich entläßt, nicht selbst unterbestimmt bleibt, solange nicht deutlich wird, daß es sich hierbei nicht um ein völlig beliebiges Geschehen handelt, sondern genau genommen um den methodischen Überlegungen zugänglichen Begriff einer arbeitsteiligen Interpretationsgemeinschaft über die Generationen hinweg. So scheint mir auch das Geheimnis des Gegensatzes von hermeneutischem Subjekt und seiner Preisgabe letztlich auf die undurchschaute interpretatorische Praxis zurückzuführen zu sein, die gerade durch Arbeitsteiligkeit definiert ist. Und das heißt für den einzelnen Interpreten: Er nimmt an einem historischen Interpretationsprozeß teil, für den er genau so wesentlich ist, wie das Bestehen dieses *hermeneutischen Prozesses* für ihn als Interpreten. Man braucht sich daher gar nicht zu wundern, daß auf der einen Seite das hermeneutische Subjekt den Ausgangspunkt der Überlegungen ausmacht und auf der anderen Seite gerade von eben diesem abgesehen werden kann. Der hermeneutische Prozeß bindet Subjekte ein und läßt sie

127 Auf den Widerspruch, daß jemand zum Klassiker wird, der – nach Dilthey – doch *„großenteils nur* Aperçus und Trümmer *von dem*, was ihm vorschwebte" (Leben Schleiermachers. Bd. 2: Schleiermachers System als Philosophie und Theologie. Hg. M. Redeker. Göttingen 1966. [Gesammelte Schriften. Bd. 14. 1. Halbband.] S. 32), hinterließ, ist aufmerksam zu machen.

128 Vgl. Frank, a.a.O. S. 315 f. u. 364.

129 Vgl. a.a.O. S. 340 ff. u. 351 ff.

130 A.a.O. S. 357 f.; vgl. auch zur erstaunlich selbstverständlichen Affirmation der Thesen der Rezeptionsästhetik: S. 352.

131 A.a.O. S. 350.

ineins als unwesentlich erscheinen. Dies ist auch kein exklusives Phänomen interpretierender Wissenschaften, sondern gilt allgemein für alle kulturellen Prozesse.

Warum die Interpretation überhaupt und damit auch die eines Textes aber prinzipiell arbeitsteilig sein muß und niemals von einem Einzelnen und für alle Zeiten verbindlich geleistet werden *kann*, werden wir im nächsten Kapitel klären.

Doch muß der einzelne Interpret aus ebenfalls hermeneutischen Gründen so tun, als ob er das Ganze erfasse, weil er sonst sinnvoll gar nicht einzelne Aspekte besprechen könnte. Das gilt, so sei hier ausdrücklich gesagt, um einem neuen pluralistischen Relativismus und einer Arbeits*entlastung* gerade vorzubeugen, bei der Bildung eines jeden Satzes, ja für jede Erfahrung. Liebrucks gibt zu bedenken: „Jeder Mensch erkennt von dem her, was er für Wissen hält. Er wird immer bereit sein, sein Wissen von dem Wissen zu korrigieren. Aber solange er erkennt, muß er wissen, daß es zur Wahrheit jeder einzelnen Satzbildung gehört, dieses Wissen während der Satzbildung für absolut zu nehmen."[132] Wir setzen also eine gar nicht gegenständlich zu machende Totalität des hermeneutischen Prozesses im engsten (ein Satz) und weitesten Sinne (Überlieferungsgeschehen und Rezeptionsgeschichte) voraus.

Jetzt will ich noch auf einige strukturelle Gesichtspunkte des hermeneutischen Prozesses eingehen. Er hat nämlich Eigenschaften, die ihn zum Beispiel vom Prozeß naturwissenschaftlicher Theorienbildung tiefgreifend unterscheiden, obwohl die Findung einzelner Interpretationshypothesen über einem gegebenen Datenmaterial strukturidentisch ist mit dem Vorgehen anderer Wissenschaften.[133] Was ihn aber unterscheidet, ist vor allem der immerfort einfließende Energiestrom neuer Fragen an dieselben Texte. Dadurch erhalten auch die bisherigen Interpretationen ein neues Licht und verlieren nicht notwendig an Farbe. So gibt es eine entscheidbare Theorienkonkurrenz eigentlich nur, wenn dieselbe Fragestellung an dieselbe Textbasis gestellt wird und unterschiedliche Interpretationen herauskommen. In solchen Fällen wird in der Regel eine Interpretation den kürzeren ziehen. Aber schon wenn verschiedene Fragen an dieselbe Textbasis oder dieselbe Frage an verschiedene Textbasen gestellt werden, sind die resultierenden Interpretationen einer Konkurrenz gegeneinander weitgehend entzogen. Das bedeutet nicht, daß sie nicht kritisiert werden könnten, aber diese Kritik setzt voraus, daß man sich auf dieselbe Fragestellung und dieselbe Textbasis einläßt, sofern man nicht zeigen kann, daß gemessen am Anspruch der Interpretation Abstriche gemacht werden müssen. Das aber heißt aufs Ganze gesehen: Der hermeneutische Prozeß läßt eine Regulierung seines Flußbettes nicht zu.

> Was aber jener thuet der Strom,
> Weis niemand.
> (Hölderlin: „Der Ister"; Schlußverse)

Welche Richtung er nimmt, hängt nicht nur von der Masse der in ihn investierten interpretatorischen Energie ab, sondern ebenso von Faktoren, die mit ihm eigentlich gar nichts zu tun haben, wie zum Beispiel Motivationen für Fragestellungen an Texte. Und weil das so ist, spiegelt der Strom des hermeneutischen Prozesses in viel klarerem Maße den Geist

132 B. Liebrucks: Sprache und Bewußtsein. Bd. 5. Frankfurt a. M. 1970. S. 329.

133 Zum keineswegs exklusiv hermeneutischen Zirkel vgl. W. Stegmüller: Der sogenannte Zirkel des Verstehens. In: ders.: Das Problem der Induktion: Humes Herausforderung und moderne Antworten. Der sogenannte Zirkel des Verstehens. Darmstadt 1975. S. 63–88. Siehe auch Birus, a.a.O. S. 34 f. Zur Adaptation auf die Literaturwissenschaft siehe H. Göttner: Die Logik der Interpretation. Analyse einer literaturwissenschaftlichen Methode unter kritischer Betrachtung der Hermeneutik. München 1973.

einer Zeit als zum Beispiel die Geschichte der Naturwissenschaften. Was ihm an kontrollierbarer Zielstrebigkeit fehlt, liefert der hermeneutische Prozeß an Informationen über die Zeit, aus der diejenigen stammen, die an ihm teilhaben durften.

Bevor wir nun im folgenden Kapitel das Kriterium des Verlaufs dieses Prozesses hermeneutisch noch näher bestimmen, einige tröstende Worte. Literarische Interpretation soll ja nicht nur über die Interpreten und deren (sprachgeschichtliche) Situation Auskunft geben, sondern doch ebenso und im gleichen Zuge über die poetischen Texte.

Wurde in der Empfindung immer schon, zumindest seit Kant, der „Bezug zur Realität"[134] namhaft gemacht, so ist einerseits zwar Quines extremer Nominalismus und Extensionalismus zu verstehen,[135] andererseits aber anzunehmen, daß man immer schon die Voraussetzung macht, Empfindung könne zur Sprache kommen. Denn, so könnte man ein bißchen überraschend argumentieren, ihr Begriff muß ja selbst die *Bedeutung* von ‚Realität' beinhalten.[136] Nun haben wir zwar schon die Schwierigkeiten, die eine *Theorie* der Bedeutung macht, kennengelernt, aber wir akzeptieren ‚lebensweltlich' sogar ungewöhnliche Bedeutungen, ja diese, wie am Beispiel der Dichtung besonders gut zu exemplifizieren, erhalten sich im Verstehen einer Gemeinschaft, obwohl das Verstehen selbst überhaupt nicht als Einheit oder Identität durchsichtig gemacht werden kann. „Anderenfalls wird, als Kennzeichen des Sprachverfalls, das Symbol zum bloßen Symptom für einen unverständlich bleibenden Empfindungsausdruck. ‚Gesundheit' und ‚Zerfall' der Sprache sind Kategorien, die im Zusammenhang mit der Reflexion der Verwurzelung von Bedeutung in Lebensformen ihre Stelle haben."[137] Weshalb ja auch in der gegenwärtigen hermeneutischen Situation die Psychoanalyse eine so relevante Rolle übernommen hat. Sie akzentuiert ein Moment an Sprache, das Humboldt schon erkannte, – welches heute aber zu einer krisenauslösenden Lebensrelevanz geworden zu sein scheint. Denn Sprache erhält „erst im Individuum [. . .] ihre letzte Bestimmtheit",[138] *und* sie gehört „notwendig zweien"[139] (Humboldt; vgl. das folgende Kapitel) an.

Nach Simon insistierte Hamanns Sprachdenken sogar darauf, „daß Sinnerweiterungen über paradigmatisch eingespielte Weisen des Verständigtseins auf Sinn hinaus möglich bleiben, ohne aber nach Gesichtspunkten eines sich selbst durchsichtigen Denkens intendierbar zu sein".[140] Diese Art von Vernunft, die Hamann gegen die Kantische Vernunft hält, kann keine bestimmten Sprachverwendungen verbindlich vorschlagen, wohl aber den eigenen Sprachgebrauch legitimieren. Die Hamann eigene Esoterik – wir könnten sagen, überhaupt die Esoterik – ist nichts anderes als der Eindruck, den eine bestimmte Metaphorik im Gegensatz zu einem eingespielten Bedeutungs- als Begriffsgebrauch – mit Nietzsche: dem Gebrauch geronnener Metaphern[141] – macht.

Das ist im hermeneutischen Prozeß, in dem niemand normativ auftreten kann, mitzubedenken. Nun aber zu den tröstenden Worten, die Empfindung als Bedeutung anerkennen lassen, ohne auf Deutlichkeit verzichten zu müssen. Wir denken an die Deutlichkeit, die seit Baumgarten den poetischen Texten zugeschrieben wurde, – die sich zwar teilweise explizieren läßt, dem Interpreten aber überlegen bleibt. Sie bestimmt sein Tun so, daß er weder vor sich selbst völlig ‚durchsichtig' agieren kann noch eben, wie gesagt, auch nur

134 Simon, a.a.O. S. 132.
135 Ebd.
136 Vgl. a.a.O. S. 133 und auch S. 170.
137 A.a.O. S. 134.
138 W.v. Humboldt: Gesammelte Schriften in 17 Bden. Akademie-Ausgabe. Hg. A. Leitzmann. Berlin 1903–1936. Bd. 6. 1. Hälfte. S. 182.
139 A.a.O. S. 180; siehe auch a.a.O. Bd. 5. S. 288; a.a.O. Bd. 7. S. 63; dazu Simon, a.a.O. S. 91 et passim.
140 A.a.O. S. 167.
141 Über Wahrheit und Lüge im außermoralischen Sinn. Zit. Simon, a.a.O. S. 195.

den Gang des hermeneutischen Prozesses regulieren oder prophezeien könnte. „Wenn begriffliche Adäquatheit nicht dadurch möglich ist, daß alle verdeutlichenden Begriffe auch ihrerseits deutlich sind, dann ist entweder eine adäquate Deutlichkeit überhaupt nicht möglich, oder es muß noch einen anderen Begriff von Deutlichkeit als den analytischen oder logischen geben."[142]

Ebenso methodisch wichtig wie auch lebensweltlich wunderbar ist der Umstand, der ansonsten in die Psychoanalyse treiben könnte, daß die ästhetische Deutlichkeit zu verstehen ist, – daß sie für „zwei" (Humboldt) möglich ist, obwohl die Bedeutungsfülle nicht regelhaft auf einen allgemeinen Sinn bezogen werden kann. Deshalb muß aber der Interpret nicht zum Künstler werden. Er liest Bedeutungen, die je schon den Bezug (Referenz) zur „Realität der Empfindung"[143] qualifiziert haben, so daß „Sinne und Leidenschaften" (Hamann) zu allgemeinen Organen des Verstehens avancieren können.

Dilthey wäre zwar anzuführen gegen das Postulat, Literaturwissenschaft zu treiben, indem man Begriffe erklärt auf ihre Bedeutungen hin, die dann Merkmale oder Implikate der Begriffe sein müßten.[144] Gegen seine Auffassung ist aber geltend zu machen, daß Bedeutung nicht unmittelbar durch Empfindung respektive Erlebnis zu substituieren ist. Wir haben und sehen die literarischen Manifestationen. Von ihnen her ist sowohl die Empfindung als auch das Verstehen zu verstehen. Diese Manifestationen sind also der deutliche *Status* von Empfindung (Realität), nicht nur deren Ausdruck.[145] An ihnen kann unser eigener Status gespiegelt werden. Wir behalten also sozusagen trotz mangelnder methodischer Transparenz oder orientierender Bedeutungstheorie die feste Währung einer Realität, die durch und durch Bedeutung ist – und das wiederum in dem Begriff der literarischen Empfindung selbst. Hinsichtlich dieser sprachlichen Sicherheit des „Stroms", an dessen Ufern wir stehen und uns mit dem Bau von Schiffen und Brücken beschäftigen, wäre in hermeneutischer Selbstvergessenheit das Ideal zu formulieren, welches sich für uns in einer Rede erfüllen würde, „in der kein Ausdruck mehr erklärungsbedürftig erschiene und alles nur Symbolische sich in ästhetische Deutlichkeit aufhöbe."[146] Simon meint: „In sprachlichen Kurzformen (z.B. in der Lyrik) kann sich dieses Ideal subjektiv erfüllen."[147] Meistens haben wir mit längeren Texten zu tun und bekommen das „Verhältnis von Sprache und Zeit"[148] deutlich zu spüren, das heißt der Hermeneutiker hat ja faktisch mit dem Gegenteil dieser Utopie zu kämpfen. Er muß aus dieser Not die Tugend der Reflexion machen, die ein guter Platz für Spontaneität bleiben sollte. Trotzdem war es vielleicht nicht unwichtig, dieses Ideal (der Spontaneität) einmal zu nennen. Denn es hat durchaus leitende Funktion bei der Erforschung analytisch nicht zugänglicher ‚Bedeutung' und bei dem politisch nicht zu regulierenden Prozeß des Verstehens. Freiheit muß nicht in dem durch ausgetretene Pfade geregelten Chaos des „Geredes" (Heidegger) verschwinden. Sie könnte mit Simon auch einmal verstanden werden als „Freisein von der Möglichkeit einer

142 A.a.O. S. 172.
143 A.a.O. S. 170; siehe auch S. 172.
144 Vgl. Simon, a.a.O. S. 171; vgl. W. Dilthey: Der Aufbau der geschichtlichen Welt in den Geisteswissenschaften (1910). Gesammelte Schriften. Bd. 7. Stuttgart/Göttingen ²1958. S. 117–120.
145 Parallelen zu Diltheys Konzeption bei G. Lukács: Die Kunst als ‚Ausdruck' und die Mitteilungsformen der Erlebniswirklichkeit (1912/14). Abgedruckt in: Neue Hefte für Philosophie 5 (1973). S. 1–32. – Gadamer weist darauf hin, daß der Begriff des ‚Ausdrucks' im 18. Jahrhundert weniger hinsichtlich der in ihm mitgeteilten als der durch ihn veranlaßten Empfindungen gebraucht wurde: Wahrheit und Methode, a.a.O. S. 474–476.
146 Simon, a.a.O. S. 179.
147 Ebd.
148 Ebd.

erklärenden Begründung und damit von der nur äußeren Bestimmtheit des Sprachgebrauchs".[149]

In dieser Freiheit aber kann das Subjekt, das dichtende so wie das denkende, „die letztlich nicht begründbare Adäquatheit seines Sprechens"[150] erfahren. „Als Kriterium" freilich, so ist einzuschränken, „bleibt nur der Anschein intersubjektiv gelungener Verständigung, wie er sich mit der Antwort anderer einstellt, die sich auf den Sprachgebrauch verstehend *einlassen*. Es muß offen bleiben, ob das mehr als nur Anschein ist und ob sich die Subjekte ‚im Selben' verstanden haben."[151] Das liegt nicht nur an der Individualität der poetischen Texte und der Rezipienten, sondern vornehmlich daran, daß Sprache als Sprechen vor Begriffen und Sachverhalten den „ontologischen Vorrang"[152] hat. Daraus resultiert ebenso die Verunsicherung der hermeneutischen Gemeinschaft beziehungsweise die Notwendigkeit von Hermeneutik zumindest in der Neuzeit – wie man auch deshalb die Dichtung als primum nicht nur des Verstehens, sondern allen Philosophierens anerkennen könnte. Denn im literarischen Sprechen haben wir die erste Botschaft (3. a.) des Empfindens oder ‚der Realität', die doch sprachkritisch (in dem seit Wittgenstein geläufigen Sinne) nicht mehr, auch nicht als Bedeutung, einholbar zu sein scheint.

c. Vom Medium der Bedeutung zum Medium der Empfindung

Wir hatten in 1. c. in der Diskussion von Quines Unbestimmtheitsthese der Übersetzung das doppelte Resultat, daß einmal das für jede Hermeneutik lebenswichtige Medium der Bedeutung einem behavioristisch gefaßten Sprachverhalten geopfert wurde und daß zum anderen die Unbestimmtheitsthese dafür zu sorgen scheint, daß wir gelungene und weniger gelungene Auslegungen nicht mehr voneinander unterscheiden können. Hier will ich jetzt versuchen, beide Probleme einer positiven Lösung zuzuführen. Beginnen wir mit dem zuletzt genannten Problem. Vergegenwärtigen wir uns noch einmal die Ausgangslage: Quine ging davon aus, daß wir in Situationen, in denen wir Sätze einer bisher unbekannten Sprache und Kultur übersetzen, insofern keine Kriterien einer gelungenen Übersetzung haben, als wir zum Beispiel gar nicht entscheiden können, worauf der Eingeborene referiert, wenn er „Gavagai" sagt, ob auf den Gegenstand Hase, wie wir, oder auf Hasenteile oder vielleicht nur auf Hasenphasen.[153] Wir benötigen hier die das Referieren leitende Ontologie des Eingeborenen, um zu einer Lösung des Referenzproblems zu gelangen. Diese Auffassung setzt aber offenbar voraus, daß es eine klare Trennung zwischen der Ontologie, das heißt dem Weltbild oder dem sprachlichen Rahmenwerk eines Sprechers, und der Welt gibt. Diese Voraussetzung braucht jedoch nicht unproblematisch zu sein. Dieses Argument hat D. Davidson ausgearbeitet.[154]

Er behauptet, daß die Adäquatheit eines sprachlichen Rahmenwerks *weder* eine Sache der Welt *noch* eine Sache der die Welt spiegelnden Erfahrung sein kann. Anders ausgedrückt: Dinge machen Sätze nicht wahr, Tatsachen machen Sätze nicht wahr, sondern der Umstand, daß *unsere Erfahrungen einen bestimmten Verlauf nehmen*. Tatsachen sind ja das, was der Fall ist, wenn wir einen Satz wahr nennen. Mit anderen Worten: Das, was

149 A.a.O. S. 181.
150 Ebd.
151 Ebd. (Hervorhebung von mir, W.N.)
152 A.a.O. S. 182.
153 Ausführungen dieses Beispiels bei Quine, etwa: Wort und Gegenstand, a.a.O. S. 65 ff. Oder: Bedeutung und Übersetzung, a.a.O. S. 83 ff.
154 D. Davidson: On the Very Idea of a Conceptual Scheme. In: Proceedings and Adresses of the American Philosophical Association 47 (1973/74). S. 5–20. Vgl. dazu Sukale, a.a.O. S. 143; vgl. weiterhin S. 28; siehe auch Davidsons Aufsatz der hier (a.a.O. S. 104–122) abgedruckt ist.

wir Tatsache nennen, ist nicht unabhängig davon greifbar, was wir einen wahren Satz nennen. So können Tatsachen nicht das sein, was Sätze wahr macht. Der Satz ‚Draußen regnet es' ist wahr genau dann, wenn es draußen regnet. Der Umstand, daß es regnet, ist selber das, was der Fall ist, wenn der Satz ‚Draußen regnet es' wahr ist und eben dann ‚Tatsache' genannt wird. ‚Umstände, daß . . .' sind also *weder* etwas, was der Welt, *noch* etwas, was Tatsachen, noch einer Erfahrung zu entnehmen ist, sondern sie sind identisch damit, *daß unsere Erfahrung einen bestimmten Verlauf nimmt*. Sukale hat dieses Argument von Davidson so zusammengefaßt: „Wenn wir Denkschemata auf ihren Wahrheitsgehalt hin untersuchen, wird also die Dichotomie zwischen Denkschema und Welt überflüssig, wenn nicht gar hinfällig. Ein akzeptables Denkschema ist dann ein solches, welches (weitgehend) wahr ist, und die Frage, ob es radikal verschiedene Denkschemata gibt, läßt sich nun auf die Frage zuspitzen, ob es ein von meinem verschiedenes Denkschema geben kann, das zwar weitgehend wahr, aber unübersetzbar ist. Die Frage kann natürlich nur dann entschieden werden, wenn wir ‚Wahrheit' und ‚Übersetzbarkeit' unabhängig voneinander definieren. Aber hier stellt sich nun heraus, daß dies unmöglich ist."[155] Unmöglich deshalb, weil jeder Wahrheitsbegriff die (Tarski-)Bedingung erfüllen muß: ‚p' wahr $=_{\text{Def.}}$ p.

Und dieses *Definitionsschema* ist ein *Übersetzungsschema*! Mit anderen Worten: Das allgemeine Kriterium für das, was wir unter ‚wahr' verstehen, ist gerade die Übersetzbarkeit von objektsprachlichen Sätzen in die Metasprache.

Mit diesem Argument ist so viel gewonnen: Die Möglichkeit von einem alternativen wahren, aber prinzipiell unübersetzbaren Denkschema ist hinfällig.

Mit diesem Argument von Davidson wollen wir nun die Konsequenzen für die Hermeneutik prüfen. Wir hatten ja in 1. c. gesehen, daß nach Quines Unbestimmtheitsthese alternative Auslegungen nach ihrer Güte nicht mehr unterschieden werden können. Jetzt können wir mit Davidson entgegenhalten, daß die Adäquatheit einer Interpretation weder Sache des Textes noch des interpretatorischen Rüstzeugs ist, sondern *Sache eines kohärenten verstehenden Erfahrungsverlaufs mit dem Text*! Damit haben wir zugleich eine theoretische Rechtfertigung für das in 2. b. vorgestellte Konzept des ‚hermeneutischen Prozesses' gewonnen, das seinerseits das Dilemma des Antagonismus von sinnverstehender und strukturalistischer Hermeneutik löste, indem das hermeneutische Subjekt weder monopolisiert noch der Anonymität der strukturalen Zeichenprozesse geopfert wurde, sondern im hermeneutischen Prozeß als Voraussetzung seiner Selbstorganisation und der historischen Randbedingungen namhaft gemacht wurde. Die Adäquatheit von Auslegungen bemißt sich jetzt daran, inwieweit sie den Leser an einem kohärenten Verlauf einer Verstehenserfahrung mit dem Text teilhaben lassen. Damit ist die Bedrohung, die von Quines Unbestimmtheitsthese der Übersetzung für das Problem der Adäquatheit von Auslegungen ausgeht, abgewehrt und ein interpretatorischer Relativismus vermieden.

Nun bleibt die Frage noch offen, wie wir mit dem ersten Problem, das Quines Analysen aufwarfen, nämlich der Preisgabe des hermeneutischen Mediums der Bedeutung, verfahren. Implizit rekurriert Quine ja eigentlich auf die Doppelbedeutung von ‚Sinn' als Empfindung und Bedeutung. – Man wird nicht versuchen können, den Entitäten-Status der Bedeutungen zu retten, weil Quines Einwände hiergegen nicht nur argumentativ, sondern intuitiv überzeugend sind. Ein hermeneutisches Medium mit freischwebenden Bedeutungen als Entitäten-sui-generis gibt es offenbar nicht. Trotzdem wird man intuitiv die Preisgabe der Bedeutungen an das Reiz-Reaktions-Schema des beobachtbaren Sprachverhaltens im Sinne Quines auch als unbefriedigend einschätzen. Was man benötigt, ist ein Begriff der Bedeutung, der ontologisch nicht zu aufwendig, aber andererseits auch nicht

155 Sukale, a.a.O. S. 44. (Vgl. auch unser Kap. 1. c.).

so anspruchslos ist wie Reaktionen auf Reize hin, – ohne daß auch diese verloren gingen. Den ersten Schritt vollziehen wir am Leitfaden unserer bisherigen Resultate zum hermeneutischen Prozeß. Wir müssen darauf bestehen, daß man an Verläufen einer Verstehenserfahrung auch *teilhaben* und sie *nicht nur* von außen *als ein Verhalten* beobachten kann. Damit verlassen wir bereits den behavioristischen Rahmen Quines, und Reize werden uns etwas, was wir in seiner auslösenden Funktion *nicht nur erschließen, sondern erfahren können*. Bereits an dieser Stelle können uns Überlegungen hilfreich sein, die Herder in seiner Preisschrift „Vom Erkennen und Empfinden der menschlichen Seele" (1778)[156] und ihren Vorstufen hierzu seit 1774 ausgeführt hat, weil er hier gerade der semantischen Metamorphose von Reizen in Empfindungen nachgegangen ist. Mit anderen Worten: In dem Maße, in dem Reizbedeutungen im Sinne Quines als Nachfolgekonzeption eines in der Tat unhaltbaren gegenstandstheoretisch gefaßten Bedeutungsbegriffs der behavioristischen Außensicht der Reize verhaftet bleiben, sind sie ungeeignet, in die Theorie des hermeneutischen Mediums aufgenommen zu werden. Erst die auf Teilhabe an Erfahrungsverläufen des Verstehens abgestellte Neufassung von Reizen als das, was man tatsächlich empfindet, verbürgt den Zugang zu einem Bedeutungsbegriff, der in der Bedeutungshaltigkeit der Empfindungen terminiert und daher tatsächlich in einem *semantischen Begriff der Empfindung* erfaßt werden kann.[157]

Der universale Anspruch der Hermeneutik war eigentlich schon seit Schleiermacher bedroht, weil das Verstehen selbst derart universalisiert wurde, daß mit diesem Begriff nichts Spezifisches mehr zu erfassen war. Da die Dinge an sich ihren Bedeutungsgehalt nicht mehr sicher hatten, den eine mittelalterliche Hermeneutik hätte exegieren können,[158] wurden verschiedene Konfundierungen des Verstehensbegriffs unternommen. Das beginnt, soweit ich sehe, mit Herders Begriff des ‚Lebens', des Reizes im engeren.[159] Dilthey bezieht in systematischer Absicht den Begriff des ‚Erlebens' ein, Heidegger den des ‚Entwurfes', Gadamer den der ‚Erfahrung'.[160]

Nun gehört es aber nach Schleiermacher zu den „bestimmten Grenzen der Hermeneutik", daß sie es „immer nur mit dem in der Sprache producirten zu thun haben kann".[161] Und genau das beachtet Herder, indem er die Sprache als „Summe der Würksamkeit aller Menschlichen Seelen"[162] auffaßt und des (noch) näheren zu unserem Gegenstandsbereich bereits in den ‚Fragmenten' ausführt: „Die Litteratur wuchs in der Sprache, und die Sprache in der Litteratur: unglücklich ist die Hand, die beide zerreißen, trüglich das Auge, das eins ohne das andere sehen will."[163] Obwohl dieser Zusammenhang bis auf den heutigen Tag noch keineswegs theoretisiert worden ist, ist diese Perspektive für uns wichtig, denn die Legitimität eines hermeneutischen Universalanspruchs für die Empfindung hängt ganz von einem Sprachbegriff ab, der für Literatur wie für Empfindung gleichermaßen muß gelten können.

156 Mit dem Untertitel: Bemerkungen und Träume. In: J.G. Herder: Sämtliche Werke. Hg. B. Suphan. 33 Bde. Berlin 1877–1909. Bd. 8. S. 165–235.

157 Siehe auch unsere Besprechung von Hölderlins Fragment „Über die Verfahrungsweise des poëtischen Geistes", in dem Empfindung ebenfalls als Bedeutung konzipiert wird.

158 Vgl. dazu bes. eindringlich F. Ohly: Vom geistigen Sinn des Wortes im Mittelalter. In: ders.: Schriften zur mittelalterlichen Bedeutungsforschung. Darmstadt 1977. S. 1–31 und H. Brinkmann: Mittelalterliche Hermeneutik. Darmstadt 1980. S. 21 ff.

159 Zum Begriff der Totalität des Lebens als Empfindung bei Herder siehe auch a.a.O. S. 199: „Aber wie unser Erkennen nur menschlich ist und also seyn muß, wenn es recht seyn soll; so kann auch unser Wollen nur menschlich seyn, mithin aus und voll menschlicher Empfindung."

160 Vgl. Birus, a.a.O. S. 9 u. 27.

161 Schleiermacher, a.a.O. S. 152; vgl. Birus, a.a.O. S. 23.

162 Abhandlung über den Ursprung der Sprache (1773). Sämtliche Werke, a.a.O. Bd. 5. S. 1–147, 136.

163 Ueber die neuere Deutsche Litteratur. Fragmente. Erste Sammlung. Sämtliche Werke, a.a.O. Bd. 2. S. 1–108, 19.

In der Fassung von 1775[164] seiner Arbeit „Vom Erkennen und Empfinden" formuliert Herder den für unsere Fragestellung einschlägigen Ausgangspunkt so: „Wir betrachten also den Keim der Empfindung, wo sie für uns im dunkeln stamine anfängt, beim Beginn der Organisation, im *Reize*."[165] Für Herder sind Reize der dunkle Beginn der Empfindung. Nun ist zunächst davon auszugehen, daß bereits die ersten Gestalten der Empfindungen ja offenbar bereits Weisen sind, wie der Organismus *sich* in der Außenwelt empfindet. Die Frage ist also: „Wie einet sich der reizbare und sinnliche, der innere und äußere Mensch?" Herders Antwort ist so einfach wie modern: „Durchs Nervengebäude!"[166] „Was er auch sei, dieser innere Geist, der Elektrische Strom, der Aether, die fortzündende Flamme in unsern Sehnen: er ist, was das Licht dem Auge, der Schall dem Ohr ist, *Medium der Empfindung für den geistigen Menschen*".[167] Als ein solches Medium ist ‚dieser innere Geist' „weder Reiz noch Gedanke, aber Mittler zu beiden".[168]

Andererseits ist hier für die Hermeneutik, der vorzüglich die Auslegung von Texten ansteht, wichtig, daß Sprache (in Texten) sowohl die Nerven wie das Gehirn beschäftigt, also ebenso als Reiz wie als Gedanke *empfunden* werden kann. Die Empfindung als Mittlerbegriff ist hier hermeneutisches Geschehen; es ist hermeneutisches Geschehen in dem zweifachen Sinne, daß es Geschehen und Verstehen ist.

Gedanke und Reiz sind so nur graduell voneinander geschieden, das Medium der Empfindung verbindet beides im ‚gemischten Gefühl', und zwar so, daß der maximale Grad der Klarheit der Empfindung eben diese sich selbst empfinden läßt, so daß der Gedanke zunächst eine Art *Empfindungsempfindung* ist: „die Seele *erkennet*, daß sie empfinde."[169] Das Medium der Empfindung, jener ‚innere Geist', wird daher sich selbst durchsichtig, wird „Medium von Absonderungen, Bildern, Karakteren, Geprägen",[170] das heißt Sprache: „Sie ist der ausgedrückte *innere Sinn* (νοῦς λόγος)".[171] Wenn sich die Dinge so verhalten, ist folgende Konsequenz Herders zwingend: „*Erkenntniß* ist nicht ohne *Empfindungen* möglich: wie kann ich erkennen, wo nichts ist? Wo meine Seele nichts berühret? Wo ist Bewußtseyn da nichts ist, das und dessen es bewust werden kann? – Und tiefer noch ist *Erkenntniß* nicht ohne *Empfindungen* möglich. Der Gegenstand muß [...] er muß würklich *intereßiren*, d.i. zwischen treten, mit geheimen Banden an mir hangen, würklich ein Theil meines Ichs seyn oder werden."[172]

Herder gibt so die Empfindung als semantisches Medium der Sprache zu verstehen, ohne das die Worte ihren Sinn verlieren müßten. Dies sagt er auch ausdrücklich: „Erkenntniß ohne Empfindung und Reiz des Gegenstandes, ist Spinnweb, das in der Luft flattert, wie das Medium solcher Erkenntniß, *Wort* ohne Sache, *Bild* ohne Wesen. Du wirst nie in die Sache hineindringen, die dich nicht zog und hinüber locket, deren Geist

164 Herder, Bd. 8, a.a.O. S. 263–333.
165 A.a.O. S. 272.
166 A.a.O. S. 285. – Eine interessante Neuauflage des physiologischen Konstitutionsproblems bietet übrigens im Bezug auf Husserl Y. Reenpää: Wahrnehmen, beobachten, konstituieren. Phänomenologie und Begriffsbestimmung der ersten Erkenntnisakte. Frankfurt a. M. 1967. S. 113–151.
167 Herder, a.a.O. S. 285 f.
168 A.a.O. S. 286.
169 A.a.O. S. 287.
170 A.a.O. S. 291.
171 Ebd. – An der Stelle übrigens, wo Simon über die nicht artikulierte Empfindung spricht, nimmt er selbst Zuflucht zu einem Bild der individuellen Bedeutung, die als sich selbst im Bild bewußt werdende Empfindung beschrieben wird: „Soll die ‚Realität der Empfindung' den ‚äußeren' Bezugspunkt der Referenz darstellen, so haben alle Zeichen die gleiche Referenz, solange die Empfindung nicht sprachlich artikuliert und darin (z.B. *als* gemessener Druck) qualifiziert ist." (A.a.O. S. 170.)
172 Herder, a.a.O. S. 293.

und Duft ein lebendiges Glied deines Verständnißes, sich nicht hinübersehnte. Dem Wortphilosophen mangelt jener Zauberstab inniger Berührung, der Sache in Geist, Worte in Sinn und Kraft wandelt –".[173]

Man benötigt also nicht Bedeutungen als jene freischwebenden Gegenstände, von denen Quine zeigt, daß sie nicht möglich sind, man braucht nicht einmal zu verneinen, daß sie etwas mit Reizen zu tun haben, wie Quine es exklusiv aus seiner verhaltenstheoretischen Außenperspektive behauptet, man kann *Bedeutungen als semantischen Begriff von Empfindungen* fassen und hat sich auf diese Weise mit Herder jenes hermeneutische Medium erhalten, auf das die Literaturwissenschaft nun einmal angewiesen ist.

Aber dieses Medium gehört offenbar so sehr zum Wesen der Sprache, daß es, mit Ausnahme einer behavioristisch verkürzten Sicht, immer schon so gesehen wurde. Auch Humboldt macht hier keine Ausnahme: „Die Sprache lässt sich nicht unmittelbar mit jenen thatsächlichen Aeusserungen [sc. einer Kultur] überall in Verbindung bringen. Es muss das Medium gefunden werden, in welchem beide einander begegnen und, aus Einer Quelle entspringend, ihre verschiedenen Wege einschlagen. Dies aber ist offenbar nur das Innerste des Gemüths selbst."[174]

So mag es schließlich die Losung Herders sein, die den Literaturwissenschaftler in diesem Medium heimisch sein läßt. Denn: „Dem Wortphilosophen mangelt jener Zauberstab..."

Bei diesen kurzen Hinweisen auf die uns wichtigsten Denker der Empfindung als Sprache könnten wir es einleitend belassen. Stil und Entwurf dieser Arbeit sind aber von Hamann, Herder, Humboldt mehr beeinflußt, als wir jeweils ausdrücken können.[175] Denn unser Denken konzentriert sich als Geschichtsschreibung darauf, auf dem Hintergrund der Leistungsfähigkeit anerkannter diskursiver Zugriffe (besonders der klassischen deutschen Philosophie) die noch nicht erreichten verborgenen Entwicklungsstufen literarischer Empfindung herauszuarbeiten.

Hamann macht einen der wenigen ‚philosophischen' Anträge, die Empfindung nicht nur als Ausgangsstadium des Denkens, sondern auch als dessen Intention zu begreifen. Sokratisch verstanden ist Empfindung für ihn nicht verworren, sondern wissend-unwissend. Wir wollen entgegen der chronologischen Folge seine knappen Bemerkungen am Schluß dieses Kapitels besprechen, nachdem wir noch einmal auf Humboldts Einleitung zu seinem „Kawi"-Werk eingegangen sind.

Die Überführung des Bedeutungsbegriffs in den Empfindungsbegriff hat – das muß noch einmal ausdrücklich betont werden – keine Liquidierung eines universellen Sprachbegriffs zur notwendigen Folge. Sie sollte bisher nur aus hermeneutischen Gründen einiges Recht für sich beanspruchen können. Die hermeneutische Einführung des Empfindungsbegriffs bietet die Möglichkeit, die Individualität, *eigenartige* Deutlichkeit, energetische Fähigkeit und ontologische Konstitutivität des Sprechens zu akzentuieren und zu überprüfen.

Bei unserem Studium befinden wir uns natürlich immer, wie Humboldt einleitend sagt, „durchaus in eine geschichtliche Mitte versetzt".[176] Humboldt verweist auf eine frühere Bemerkung von sich mit der ontologischen Einschränkung, daß die Sprache, „gerade in dem Punkte ihrer eigentlichen Erzeugung, unerklärbar"[177] sei. Zwischen dem Moment

173 A.a.O. S. 293 f.

174 W.v. Humboldt: Ueber die Verschiedenheit des menschlichen Sprachbaues und ihren Einfluß auf die geistige Entwicklung des Menschengeschlechts, a.a.O. Bd. 7.1. S. 186.

175 Siehe auch W. Nolting: Literatur oder Kommunikation. Anstelle fremder Wissenschaftsofferten. Orientierungen eines positionslosen Denkens. Münster 1982.

176 A.a.O. S. 47.

177 A.a.O. S. 39.

des Aufhörens und Erscheinens von Sprache (als Sprechen) liegt „immer die Kluft, welche das Etwas vom Nichts trennt".[178] Dieser Aspekt wird generalisiert: „Alles Begreifen des Menschen liegt nur in der Mitte von beiden".[179]

Es müßte der „individuelle Drang, vermittelst dessen eine Nation dem Gedanken und der Empfindung Geltung in der Sprache verschafft",[180] erforscht werden. Empfindung ist aber nicht nur als Substrat der Sprache zu verstehen, sondern als ihre *Form*! Vermittels der Fähigkeit des artikulierten Lauts, ihr Ausdruck zu sein, wird der Empfindung Geltung verschafft; das geschieht natürlich nur mittels der „Acte [. . .] wirklichen Hervorbringens", die die ‚Totalität der Sprache' ausmachen.[181] Die „Form" schließt das „Allerindividuellste"[182] ein, jedoch nicht als eine „isolirte Thatsache".[183] Der wirkliche Stoff ist der Laut. Insofern kann ‚Stoff' in jeweils anderer Hinsicht wieder Form sein. „Gleich mit dem Alphabete beginnt die Erforschung der Form einer Sprache",[184] – und auf solch „kleinlichen Einzelnheiten", nicht nur auf dem „Grossen, Geistigen" beruht der „Totaleindruck der Sprachen".[185]

Ohne Laut ist weder das Denken deutlich noch der Gegenstand *ein* Gegenstand. Was wir stets nur als Investitionen unserer kognitiven Vermögen begreifen wollen, ist in Wirklichkeit ebenso das objektive Vermögen der Dinge, unseren Denk- und Empfindungsleistungen so zu entsprechen, daß sie, die Dinge, Laut und Gedanke werden können.[186] Diese Versammlung „in Einem Punkt"[187] ist die subjektiv-objektive Leistung der Sprache, „nicht bloss in der Beziehung derselben auf die Rede und den Vorrath ihrer Wortelemente als ihr unmittelbares Erzeugniss sondern auch in ihrem Verhältniss zu dem Denk- und Empfindungsvermögen".[188] So gibt „die Sprache selbst immer zugleich mit dem dargestellten Object die dadurch hervorgebrachte Empfindung"[189] wieder. Nun vermischen sich Selbsttätigkeit und Empfänglichkeit in der Sprache durch und durch. „Subjective Thätigkeit bildet im Denken ein Object."[190] Das kann aber sprachlich, also zum Beispiel mit den Ohren wieder aufs neue wahrgenommen werden. „Die Vorstellung wird also in wirkliche Objectivität hinüberversetzt, ohne darum der Subjectivität entzogen zu werden. Dies vermag nur die Sprache".[191] Humboldt kommt folgerichtig auf das Problem des Verstehens zu sprechen, das dieser Erläuterung prinzipiell zugeordnet ist: „Alles Sprechen, von dem einfachsten an, ist ein Anknüpfen des einzeln Empfundenen an die gemeinsame Natur der Menschheit."[192] Aber in heutiger Zeit ist sehr zu beachten: „Die gemeinsame Rede ist nie mit dem Uebergeben eines Stoffes vergleichbar. In dem Verstehenden, wie im Sprechenden, muss derselbe aus der eignen, innren Kraft entwickelt werden".[193] Das muß nicht zwangsläufig zu einer resignativen Hermeneutik führen, wie wir im folgenden Kapitel ausführen werden. Hermeneutik überhaupt müßte zu den Grenzen des Sprachdenkens vorstoßen, die Humboldt nun wieder als ontologische und ge-

178 Ebd.
179 Ebd.
180 A.a.O. S. 47.
181 Siehe auch a.a.O. S. 46.
182 A.a.O. S. 50.
183 Ebd.
184 Ebd.
185 Ebd.
186 Vgl. a.a.O. S. 52 f., bes. aber S. 213.
187 A.a.O. S. 53.
188 Ebd.
189 A.a.O. S. 55.
190 Ebd.
191 Ebd.
192 A.a.O. S. 56.
193 Ebd.

schichtliche ‚Kreisbewegung' der Sprache ins Auge faßt. Obwohl das Wort aus der „subjektiven Wahrnehmung" des Gegenstands entstehe, sei es nie „ein Abdruck des Gegenstandes"; jedes Wort mache sich wieder „mit einem Zusatz von Selbstdeutung zum Object".[194] Jetzt kann Humboldt von „objectiver Wahrnehmung"[195] sprechen. Zur geschichtlichen Bewegung sagt Humboldt, daß „auch die ferne Vergangenheit sich noch an das Gefühl der Gegenwart knüpft, da die Sprache durch die Empfindungen der früheren Geschlechter durchgegangen ist".[196] Mithin kann Sprache nun wie die Natur zum Medium für „immer noch Unbekanntes" werden und „die Empfindung noch nicht auf diese Weise Gefühltes wahrnehmen".[197] Hiermit ist nun das soeben schon angedeutete hermeneutische Problem vermittelt. Denn einerseits erhält Sprache „in dem jedesmal Sprechenden [. . .] ihre letzte Bestimmtheit"[198] (vgl. 2. b.), andererseits gilt deshalb gerade: „Keiner denkt bei dem Wort gerade und genau das, was der andre, und die noch so kleine Verschiedenheit zittert, wie ein Kreis im Wasser, durch die ganze Sprache fort. Alles Verstehen ist daher immer zugleich ein Nicht-Verstehen, alle Uebereinstimmung in Gedanken und Gefühlen zugleich ein Auseinandergehen."[199] Wir haben in 2. b. betont und können uns hier noch einmal auf Humboldt berufen, daß darin ein „Princip der Freiheit"[200] zu sehen ist, weshalb man nicht unbedingt resignieren muß.

Dem ‚lautehauchenden Gedanken' wird zwar nicht der Stillstand eines hermeneutischen Konsens versprochen, wohl aber die sofortige hörbare Rückgabe eines euphonischen, rhythmischen, begeisternden Prinzips.[201] Das ist die eine Seite der stets ursprünglichen Sprachgeschichte, deren Prinzip ja ein Reflexionsprinzip im wörtlichen Sinne ist. Das heißt, eine auf Sinnfeststellung verpflichtete Hermeneutik muß nicht vor einem Chaos versagen; sie ist aufs engste von der energeia der Sprache her zu verstehen und zu fordern. Die andere Seite der Sprachgeschichte, für die die Hermeneutik sozusagen sinnerneuernde Funktion haben könnte, nennt Humboldt ebenfalls: „Dagegen nutzen sich Metaphern [. . .] im täglichen Gebrauch so ab, dass sie kaum noch empfunden werden."[202]

Halten wir, was man die menschliche Freiheit nennen könnte, noch einmal als die hermeneutische crux[203] fest: „Sprache wird durch Sprechen gebildet",[204] und das Sprechen ist individuelle Empfindung[205] mit „allen Nüancen menschlicher Eigenthümlichkeit".[206] Sprache „baut wohl Brücken von einer Individualität zur andren und vermittelt das gegenseitige Verständniss, den Unterschied selbst aber vergrössert sie eher".[207] Fälschlich meint man beim Gefühl völliger Verständigung ‚Synonymien' gebildet zu haben.[208] – Sogar die „Verbindung des Lautes mit seiner Bedeutung"[209] ist selbst unerforschlich.

194 A.a.O. S. 59 f.
195 A.a.O. S. 60.
196 A.a.O. S. 62.
197 Ebd.
198 A.a.O. S. 64.
199 A.a.O. S. 64 f.
200 A.a.O. S. 65.
201 Vgl. a.a.O. S. 94–96 (zu „Poesie und Prosa" siehe S. 193–209).
202 A.a.O. S. 94.
203 „Der wahre Vorzug einer Sprache ist nur der, sich aus einem Princip und in einer Freiheit zu entwickeln" (a.a.O. S. 164).
204 A.a.O. S. 166.
205 „Ja es ist sogar sehr wahrscheinlich, dass der erste Gebrauch der Sprache, wenn man bis zu demselben hinaufzusteigen vermöchte, ein blosser Empfindungsausdruck gewesen sey. Ich habe mich schon weiter oben gegen die Erklärung des Ursprungs der Sprachen aus der Hülflosigkeit des Einzelnen ausgesprochen." (A.a.O. S. 175) Deshalb hier unsere direkt identifizierende Formulierung!
206 A.a.O. S. 168.
207 A.a.O. S. 169.
208 Vgl. a.a.O. S. 190 f.
209 A.a.O. S. 171.

Ohne dagegen einer speziellen Lautsymbolik das Wort zu reden, führt Humboldt nun aber zur Verbindung des Lautes *mit der Empfindung* noch folgendes aus. (Dieser Aspekt scheint eher für die Poesie im engeren Sinne von Bedeutung zu sein, gilt selbstverständlich aber auch für die ‚Eurhythmie des Gedankens', also die literarische Prosa, sofern er von Humboldt ja für die Sprache überhaupt festgehalten wird.)

„Weder in den Begriffen noch in der Sprache selbst steht irgend etwas vereinzelt da. Die Verknüpfungen wachsen aber den Begriffen nur dann wirklich zu, wenn das Gemüth in innerer Einheit thätig ist, wenn die volle Subjectivität einer vollendeten Objectivität entgegenstrahlt."[210] Wir bewegen uns tatsächlich im Kreise: „Einheit" kann nach Humboldts Auffassung wieder nur durch sprachliche Synthesis hergestellt werden. Die ‚andere Einheit', nämlich die des Entgegengesetzten (Subjektivität/Objektivität), ist auch nach Humboldt genau dann möglich, wenn „in der Seele wahrhaft das Gefühl erwacht, dass die Sprache nicht bloss ein Austauschungsmittel zu gegenseitigem Verständniss, sondern eine wahre Welt ist".[211] Dennoch läßt sich Empfindung nicht einfach unter Voraussetzung einer Sprachtheorie, die zum Beispiel, wie gesehen, gar keinen Wahrheitsbegriff explizieren könnte, erforschen. Wir werden weiterhin interpretieren *müssen*. Denn im Zusammenwirken der Laute entsteht „unaufhörlich, Neues",[212] das wieder auf die Sprache zurückwirkt. „Dies setzt aber ein Zwiefaches voraus, ein Gefühl, dass es etwas giebt, das die Sprache nicht unmittelbar enthält".[213] Der hermeneutische „Geist" oder „Trieb" muß es ergänzen *und* „wiederum alles, was die Seele empfindet, mit dem Laut [. . .] verknüpfen".[214] Beides eben, fügt Humboldt hinzu – und das erleichtert nicht unsere Arbeit, gibt ihr aber die Richtung (bei Hamann werden wir die *Empfindung* nicht mehr nur *als Reiz und Gedanke* [Herder], auch nicht nur *als Sprache* [Humboldt], sondern sogleich *als Poesie* anerkannt finden) –, beides „entquillt der lebendigen Ueberzeugung, dass das Wesen des Menschen Ahndung eines Gebietes besitzt, welches über die Sprache hinausgeht und das durch die Sprache eigentlich beschränkt wird, dass aber wiederum sie das einzige Mittel ist, dies Gebiet zu erforschen und zu befruchten, und dass sie gerade durch technische und sinnliche Vollendung einen immer grösseren Theil desselben in sich zu verwandeln vermag. Diese Stimmung", so fährt Humboldt nun fort, wirke „nach der sinnlichen Form der Sprache und nach der Tiefe des Gemüths hin".[215] *Von diesem selbst her* besteht die „Forderung", „was nur irgend innerlich wahrgenommen und empfunden wird, auch äusserlich mit Laut zu umkleiden".[216]

Ist Empfindung also einmal als Grundform der Erfahrung des Außen („Ahndung eines Gebiets") im Sprechen anzusehen, so wird sie für uns zu einem Begriff, der daran überprüft werden muß, welche Möglichkeiten er der Interpretation, die sich an die Stelle der Entfaltung des Begriffs begibt, eröffnet, um *das Positive* der Literatur explizieren zu können, also die Geschichte der Empfindung doch wieder im ‚Kreise der Sprache' zu verstehen. – Die von Humboldt durchaus angedeutete *Differenz* von Empfindung und Sprache wird uns die ganze Arbeit hindurch beschäftigen. Sie muß es, wollen wir mit der These von der Universalität der Sprache als Hypothese von der Totalität der Sprache in Dichtung wirklich arbeiten, das heißt sie testen und nicht nur unsere Theorie bestätigen. Und wir sind m.E. zu keinem schärferen Test des Sprachbegriffs berechtigt als gerade durch die Empfindung. Vorweg sei aber trotzdem schon behauptet, daß nicht nur für uns,

210 A.a.O. S. 176.
211 Ebd.
212 A.a.O. S. 177.
213 Ebd.
214 Ebd.
215 A.a.O. S. 177 f.
216 A.a.O. S. 187 f.

was trivial ist, sondern auch für unser Thema, nämlich die Empfindung, gilt, was Humboldt vom empfindenden und handelnden Menschen sagt: „Durch denselben Act, vermöge dessen er die Sprache aus sich herausspinnt, spinnt er sich in dieselbe ein".[217]

Damit, glaube ich, schließt sich der Kreis zu unserem ersten Humboldt-Zitat in diesem Kapitel,[218] wo das Gemüt oder das Empfindungsvermögen als Mittler eingesetzt wurde zwischen gänzlich entäußertem Sprechen (von Kulturen und Nationen) und dem intimsten Selbstgespräch (zum Beispiel eines Organismus).

Auch Herder nahm in seiner Abhandlung „Über den Ursprung der Sprache" keinen Sprung von der „Naturfähigkeit" in die Sprachfähigkeit des Menschen an. Wenn der Mensch sich Sprache erfinden mußte, dann mußte er auch immer schon diese Fähigkeit besitzen. Sie wollen wir als Empfindung beschreiben. Für Humboldt lautete die eigentliche Aufgabe für die ‚Grundlegung einer allgemeinen Sprachwissenschaft': „die Sprachfähigkeit des Menschengeschlechts auszumessen".[219] Wird also einerseits das „Gemüt" (siehe oben) als Vermittlungsbegriff bemüht, so ist andererseits Sprache „ein dem Menschen ohne sein Zuthun und über alles sein im Bewusstseyn liegendes Vermögen hinaus gegebenes Instrument", das in jedem Ton einen nur nach und nach erkannten Gehalt bewahrt, das für die weiteste Tonleiter der Empfindungen besaitet ist, und indem es nur dem Geist und dem Gefühle zu folgen scheint, beiden erst die rechten Bahnen anweist".[220]

Nun, die Humboldtschen Bemerkungen konnten wir ganz affirmativ wiedergeben, da sie von einer intuitiven Sicherheit, die aus umfänglichen Forschungen entstanden ist, sind, aber auch von einer manchmal doch verwirrenden („Instrument" zum Beispiel) oder auch zu großzügigen Metaphorik getragen werden. Das mag manch einem nicht in einem methodologischen Diskurs vertretbar sein. (Bei Hamann gehen wir noch einen Schritt weiter.) Aber was bei aller Strenge (etwa der Quines) herauskam, nämlich ‚Unbestimmtheit', ist wohl nur in einem solchen, Humboldt etwa vergleichbaren, Denken *positiv* zu wenden. Frank beispielsweise, dessen hermeneutische Vorschläge weitaus spröder ausfallen, weil er natürlich die Exaktifizierungsvorstellungen der Gegenwart nicht ignorieren kann, geht an der entscheidenden Stelle – einer Lösung des hermeneutischen Problems – viel weiter als Humboldt und eskamotiert den Wissenschaftscharakter der Interpretation. Denkt man aber einmal daran, was seit Platon und dann im deutschen Idealismus als ‚Wissenschaft' gelten konnte, so wird man schwerlich die Humboldtschen Überlegungen zur Vermittlung von Sprache und Empfindung so verstehen können, daß der Interpretation nur noch übrig bliebe, Kunst zu sein.

Halten wir von Humboldts *scheinbar* unsystematischen Äußerungen so viel fest: Empfindung ist energeia der Sprache, Sprache ist energeia der Empfindung. Wir versuchen diese Dialektik dort zu fassen, wo beide einmaligerweise als ergon zu begreifen sind, ohne ihren Status als energeia verloren zu haben. Dies sei jedenfalls als These über den poetischen Text zunächst einmal zu sagen erlaubt. Hamann würde es wohl für die „Spontaneität unserer Begriffe", die er gegen Kantische Unterscheidungen (Apriori – Aposteriori, analytische – synthetische Urteile) setzt, überhaupt reklamieren. „Vor allem aber", so führt Simon aus, „ist der ingeniöse Gebrauch gemeint, der das Feld des Sinnvollen so erweitert, daß Empfindung von ‚etwas' neu ermöglicht wird. Deshalb ‚verstehen' die Sinne auch nicht eine unbestimmte Gegenwart einer Materie der Empfindung, sondern ‚nichts als Bilder', als *anfängliche* Auslegungen, und erst im Gelingen der

217 A.a.O. S. 60.
218 Siehe Anm. 174.
219 Gesammelte Schriften, a.a.O. Bd. 7. 2. Hälfte: Einleitung in das gesamte Sprachstudium, S. 619–628, 622.
220 A.a.O. S. 625.

Bilder beginnt ‚die Empfindung von der Gegenwart der Dinge' als dasjenige, was sprachliche Gebilde (Intensionen) bewahrheiten könnte. Es kommt im Licht der sprachlich gelungenen Metapher zum Vorschein."[221]

In seiner „Aesthetica in nuce" setzt Hamann den Ursprung der Sprache in die Poesie: „Poesie ist die Muttersprache des menschlichen Geschlechts; wie der Gartenbau, älter als der Acker: Malerey, – als Schrift: Gesang, – als Deklamation: Gleichnisse, – als Schlüsse: Tausch, – als Handel."[222]

Hamann universalisiert hier die Einsicht, daß die selbstverständlich gewordenen Kulturleistungen des Menschen nichts Unvermitteltes sind und eine Geschichte haben: Sprache, Ackerbau, Schrift und Rhetorik, Logik und Ökonomie. Er setzt den Ursprung des Geistes in den Schlaf: „Ein tieferer Schlaf war die Ruhe unserer Urahnen; und ihre Bewegung ein taumelnder Tanz."[223]

Das Erwachen aus diesem Schlaf ist für Hamann die Vollendung der Schöpfung: „Sieben Tage im Stillschweigen des Nachsinns oder Erstaunens saßen sie; – – und thaten ihren Mund auf – zu geflügelten Sprüchen."[224]

Die Seele erwacht aus diesem Nachsinn und Erstaunen zur Sprache der Sinne und Leidenschaften: „Sinne und Leidenschaften reden und verstehen nichts als Bilder. In Bildern besteht der ganze Schatz menschlicher Erkenntniß und Glückseeligkeit".[225] Im ersten Wort der Schöpfung, der Ur-Aufklärung, sind für Hamann diese „erste Erscheinung und der erste Genuß der Natur"[226] noch vereinigt: „Es werde Licht! hiemit fängt sich [sic!] die Empfindung von der Gegenwart der Dinge an."[227]

‚Die Empfindung fängt sich an', – Hamann denkt die Empfindung als die sich selber mitteilende Präsenz, als die Gegenwart der Dinge. Sie wird hier von Hamann nicht als charakteristische Art subjektiver Begegnung gedacht, sondern von dem her verstanden, was wie begegnet. Diese Auffassung drückt er an anderer Stelle auch so aus: „Die Natur würkt durch Sinne und Leidenschaften? Wer ihre [!] Werkzeuge verstümmelt, wie mag der empfinden?"[228]

Die Herabsetzung der Natur oder der vermittels der Sinnlichkeit wirksamen Welt durch die Philosophie, die den Mord der Natur per Abstraktion betreibt, möchte Hamann rückgängig machen: „Eure mordlügnerische Philosophie hat die Natur aus dem Wege geräumt, und warum fordert ihr, daß wir selbige nachahmen sollen? – Damit ihr das Vergnügen erneuren könnt, an den Schülern der Natur auch Mörder zu werden –".[229]

So wünscht sich Hamann im Namen der Empfindung eine „Muse wie das Feuer eines Goldschmieds, und wie die Seife der Wäscher", denn: „Sie wird es wagen, den natürlichen Gebrauch der Sinne von dem unnatürlichen Gebrauch der Abstractionen zu läutern, wodurch unsere Begriffe von den Dingen eben so sehr verstümmelt werden, als der Name des Schöpfers unterdrückt und gelästert wird."[230]

Hamann empfiehlt, ironisch genug, als Mittel, um die, gerade auch im aufklärerisch avancierten Rückgang auf die griechisch als Bildungsgut genießbare, Natur wieder unverstellt zu erreichen, den Rückgang zur arabischen Magie: „Wodurch sollen wir aber die aus-

221 Simon, a.a.O. S. 168 f.
222 J.G. Hamann: Schriften zur Sprache. Hg. J. Simon. Frankfurt a. M. 1967. S. 105–127, 107.
223 Ebd.
224 Ebd.
225 Ebd.
226 Ebd.
227 Ebd.
228 A.a.O. S. 116.
229 Ebd.
230 A.a.O. S. 117.

gestorbene Sprache der Natur von den Todten wieder auferwecken? – – Durch Wallfahrten [. . .] nach den Morgenländern, und durch die Wiederherstellung ihrer Magie".[231]

Dieser korrespondiert seine Wendung gegen das Interesse des Rationalismus seiner Zeit am Griechenland der begriffenen Wahrheit im Namen seiner Mysterien: „Wagt euch also nicht in die Metaphysik der schönen Künste, ohne in den Orgien und Eleusinischen Geheimnissen vollendet zu seyn. Die Sinne aber sind Ceres, und Bacchus die Leidenschaften; – alte Pflegeeltern der schönen Natur."[232]

J. Simon weist nun in seiner Einleitung zu Recht darauf hin, daß ‚Empfindung' für Hamann ein kritischer Begriff sei: „Empfindung ist die Kraft der Relativierung des allgemein Geltenden und des Selbstbewußtseins der Individualität als ihre Öffnung gegenüber der Erfahrung."[233] Aber zugleich soll gelten: „Auch Empfindung drückt nicht unmittelbar Natur, sondern sich in der bestehenden Sprache aus."[234]

Die Empfindung wird so zum Medium, in dem sich allerdings entgegen Simons Ansicht die Sprache der Natur und der Götter dem Menschen mitteilt. Ich glaube nämlich nicht, daß Empfindung von Hamann auf die menschliche Sprache relativiert wird, wie Simon anzunehmen scheint: „Sie bleibt allerdings relativierend [. . .] auf das in der Rationalität des vorherrschenden Begriffsgefüges Bestehende bezogen und bedeutet keineswegs abstrakte Innerlichkeit."[235] Wirkt sich an dieser Stelle eine einseitige Orientierung an Hegel aus, da es bei Simon so scheint, als könne die Empfindung, wenn sie nicht auf das Allgemeine des in der Rationalität des vorherrschenden Begriffsgefüges Bestehenden bezogen bleibt, nur noch Index abstrakter Innerlichkeit sein? Dagegen wäre aber festzuhalten, daß die Empfindung für Hamann gar kein Organ des Subjekts, sondern Organ der Natur ist[236] und von daher weder Allgemeinheit von Gnaden der Rationalität des vorherrschenden Begriffsgefüges noch ‚abstrakte Innerlichkeit' von Gnaden der Subjektivität, sondern das individuelle Allgemeine ist.[237] Nur auf diese Weise kann Hamann der Aufklärung auch die Rechnung im Namen der Empfindung aufmachen: „ein klein Licht das jenes ganze Sonnenheer an Glanz übertrift; das ist eine Nacht, in die sich Poeten und Diebe verlieben. – – Der Poet am Anfange der Tage ist derselbe mit dem Dieb am Ende der Tage – –".[238]

Jenes „kleine Licht" nennt Hamann auch die „Erstgeburt der Schöpfung",[239] nämlich das Wort: ‚Es werde Licht!', womit *sich* die Gegenwart der Dinge anfängt.[240] Was sich selbst mit etwas anfangen kann, ist niemals etwas, was wir haben, sondern etwas, das uns geschenkt wird. Doch können wir, was uns geschenkt wird, vernehmen und manchmal verstehen.

231 A.a.O. S. 121.
232 A.a.O. S. 111.
233 A.a.O. S. 35.
234 Ebd.
235 Ebd.
236 Siehe a.a.O. S. 139, 144 (Des Ritters von Rosencreuz letzte Willensmeynung über den göttlichen und menschlichen Ursprung der Sprache: S. 137–145).
237 Vgl. hierzu Frank, a.a.O.; siehe auch Humboldt, a.a.O. S. 148: „Wir meinen [. . .] nicht dieses oder jenes einzelne Seyn des Individuums, sondern das allgemeine, das in jedem einzelnen bestimmend hervortritt" – das meinen wir, wenn wir „Seyn" vom „Wirken" unterscheiden.
238 Hamann, a.a.O. S. 116.
239 Ebd.
240 Vgl. a.a.O. S. 107.

3. DIE EINENGUNG DES HERMENEUTISCHEN FELDES

a. Empfindung als Kerygma

Es gehört zu den noch nicht in ihrer ganzen Tragweite durchdachten Eigenarten des seit Aristoteles disziplinierten Wortgebrauchs von ἑρμηνεύω, daß er mit dem Titel des zweiten Buches seines ‚Organons' „περὶ ἑρμηνείας" auf eine Bedeutung von Hermeneutik aufmerksam gemacht hat, die zwar ebenso alt wie die des Dolmetschens und Auslegens ist, aber bei weitem – und schon wegen Platon – philosophisch nicht so populär wurde, nämlich ἑρμηνεύω im Sinne von Auslegung der Empfindungen (τὰ παθήματα) und Gedanken.

„Τὰ παθήματα" vertreten einerseits bereits die subjektiv-objektive Identität eines Reflexionsprodukts, wie sie etwa auch im Sehen als Einheit von Wahrnehmung und Wahrgenommenem sich zeigen läßt.[241] Andererseits bezeichnet sie Aristoteles als „ἀρχὴ τῶν ὄντων".[242]

So untersucht die ‚Hermeneutik' (De interpretatione) des Aristoteles im Grunde genommen nur die sprachliche *Geburt des Gedankens, der erst noch wahr oder falsch wird*. Er ist an dem Phänomen interessiert, wie sich der Gedanke der Seele in die Sprache auslegt[243] und welches die Wahrheitsbedingungen der Gedanken und ihrer sprachlichen Gestalt sind. Hermeneutik ist für Aristoteles Hermeneutik des Gedankens, und die Hermeneutik des Gedankens ist das Sprechen, speziell die wahrheitsfähige Rede.

Ricoeur hat in seinem Buch „De l'Interpretation, Essai sur Freud" (1965) die beiden gleich ursprünglichen, aber wohl zu unterscheidenden Bedeutungen des hermeneutischen Phänomens gesehen und namhaft gemacht.[244] Ricoeur selber möchte diesen Gegensatz aufheben, indem er das hermeneutische Phänomen in seiner modernen Gestalt in einer Konfliktzone ansiedelt, die durch den Antagonismus des ‚hermeneutischen Feldes' charakterisiert ist: „Das hermeneutische Feld [. . .] ist in sich selbst zerspalten."[245]

Wie ist trotzdem dem „Wunsch nach Kohärenz"[246] zu genügen?

Wir haben Ricoeurs Buch eingangs erwähnt und möchten im folgenden Kapitel zur spezielleren Vorstellung unserer Arbeit übergehen. Drei Schwierigkeiten sind vorweg zu nennen, ehe wir hier Ricoeurs Lösungsvorschläge wiedergeben, die sich auf eine philosophische Integration der Psychoanalyse richten, welche als moderne Hermeneutik veranschlagt wird, da sie – analog Marx und Nietzsche – den Sinn der Rede woanders zu finden versucht als in dem Bewußtsein der Rede beziehungsweise des Sprechenden. Der Sinn sei geradezu das Andere des Bewußtseins.[247] Auch Ricoeur nimmt so etwas wie

241 Siehe Aristoteles: De anima: III, 2; 425b 20–27 und I, 1; 403a 5–10 und I, 2; 404b 25–30. Bei Aristoteles stehen übrigens die Begriffe ‚ἐνέργεια' für Wirklichkeit, ‚ποίησις' für Einwirkung, ‚αἰσθάνεσθαι' für Empfinden. Im Begriff der ‚ἐνέργεια' ist die Wirklichkeit des Wahrnehmbaren und der Wahrnehmung ein und dieselbe.

242 Ricoeur skizziert seine Ausgangsstellung ebenfalls – neben der Anknüpfung an die Tradition der biblischen Exegese – im Bezug auf Aristoteles: a.a.O. S. 33–37. „Fallacy of ambiguity" muß nicht die notwendige Alternative zu ‚Definition' sein, wenn man schon bei Aristoteles beachtet, „daß die philosophische Rede sich nicht der logischen Alternative des Eindeutigen und Zweideutigen unterordnet, weil das Seiende keine ‚Gattung' ist; zwar wird das Seiende ausgesagt, doch ‚es wird auf vielfache Weise ausgesagt'." (Aristoteles' Metaphysik: 1006b 7; Ricoeur: a.a.O. S. 67; vgl. auch S. 36.) Dennoch muß hier nicht näher erläutert werden, warum die Bedeutung von ἑρμηνεύω eine zu institutionalisierende Relevanz erst in der Neuzeit erhielt.

243 Vgl. Aristoteles: De interpretatione: 16a 10.

244 Zit. wird weiterhin die deutsche Übersetzung (a.a.O.). Vgl. hier S. 33 f., S. 37 f.

245 A.a.O. S. 40; vgl. auch S. 55.

246 A.a.O. S. 61.

247 Siehe a.a.O. S. 18, 46 f., 69. – Den ‚Triebschicksalen' sei nur durch ‚Sinnschicksale' beizukommen. „Hierin liegt der tiefe Grund aller Analogien zwischen Traum und Witz, Traum und Mythos,

eine Grundkategorie der *Differenz* an, wenn er den heutigen „Umkreis des Sinns" als Integrationsfeld mit der Frage kennzeichnet: „Wie bringt der Wunsch das Wort zum Scheitern und scheitert selbst am Sprechen? Dieser neue Ausblick auf die Gesamtheit des menschlichen Sprechens, auf das, was der begehrende Mensch sagen möchte, verleiht der Psychoanalyse einen Anspruch darauf, an der großen Debatte über die Sprache teilzunehmen."[248]

Man könnte nun einer Äquivokation aufsitzen, wenn Ricoeur nach der „Semantik des Wunsches"[249] fragt und andererseits den semantischen Aspekt den abstraktesten nennt.[250] Besonders das psychoanalytische Symbol ist für ihn durch „Doppelsinn"[251] gekennzeichnet – und so muß man wohl an eine zwiefache Semantik denken, die aber doch wie der ‚Doppelsinn' jedes Sprechen kennzeichnet?

Wir fragen in literaturwissenschaftlicher Absicht nach der Vermittlung von Sprache (bei Humboldt von uns prononciert als Laut) und Empfindung. Unsere Probleme sind in der gegenwärtigen Situation vergleichbar der Psychoanalyse, sofern sie als Interpretation verstanden wird. Diese Arbeit leistet Literaturwissenschaft seit jeher, ja Interpretation ist ihr Inbegriff. Insofern sollte ihre Art der „Sammlung des Sinns" immer schon die „Anamnese des Seins" sein.[252] Die verwirrende Dichte des Sinns mußte nicht zur Verzweiflung treiben; sie war als hermeneutische Fülle zu affirmieren,[253] falls man die Deutung nicht damit beauftragte, den poetischen Text zu schonen und zu entlasten und seine Ambiguität zu nivellieren. Aber das hilft uns methodologisch noch nicht sehr viel weiter, sofern wir uns nicht immer auf den Gegenstand berufen wollen, woran letztendlich natürlich kein Weg vorbeiführen sollte. Wie ist von der Fülle des Sinns oder des Seins oder der Empfindung zu sprechen, wenn doch nicht direkt semantisch, – wenn doch Sinn in ebenso differenter wie indifferenter Beziehung zu den Verlautbarungen sich befindet?

Wir stehen vor den drei Problemen: 1) Empfindung als Realität und als Sprache anerkennen zu müssen[254] und erkennen zu wollen. 2) Auslegung betreiben zu müssen, die sich

Traum und Kunstwerk, Traum und religiöser ‚Illusion' etc." (S. 18) Alle „psychischen Produktionen" sind für Freud „Analoga des Traumes", „im Wahnsinn und in der Kultur" (ebd.).

248 A.a.O. S. 18.

249 A.a.O. S. 18 f.

250 Vgl. a.a.O. S. 51.

251 A.a.O. S. 20 et passim.

252 Vgl. a.a.O. S. 49.

253 Vgl. a.a.O. S. 63.

254 In seiner historischen Darstellung verweist Simon darauf, daß der Begriff der Sprache sich im Laufe der Zeit entscheidend verändert habe. Nicht nur entwickelt sich ein neues empirisches Relativitätsverständnis, sondern es wurde auch seit Baumgarten der Blick gelenkt auf die sinnlichen Funktionen der Sprache, die man als Erkenntnisfunktionen zu begreifen begann. Dennoch gibt es bis heute keine stringente Darstellung des Zusammenhangs von Sprache und Kunst, Sprache und Literatur. Darüber wird meistens nur in essayistischer Form und oft genug von den Schriftstellern selbst gesprochen. Wir versuchen in dieser Arbeit einige Hinweise auf eine mögliche Systematisierung der Diskussion dieses Themas zu geben, indem wir von dem scheinbar diesem Thema nur benachbarten Phänomen der Empfindung ausgehen. Aber für diesen Ansatz kann ein durchaus historischer Bezugspunkt im 18. Jahrhundert angegeben werden. Simon führt aus: „An die Stelle des Realitätsbezuges durch Begriffe trat der Realitätsbezug durch ‚Empfindung'. Die Notwendigkeit der sprachlichen Artikulation von Empfindungen, die sonst dunkel bleiben müßten, wurde als Sprachimpuls und sogar als Sprachursprung gedeutet (Condillac, Hamann). [...] Das bringt zunächst nichtrationalistische Züge in den Sprachbegriff. Es ist aber für die systematischen Aspekte der Sprachphilosophie festzuhalten, daß der Anlaß dafür derselbe ist wie der für die Zuwendung zur Empirie, deren letzte Basis die nicht oder zumindest nicht objektiv zu artikulierende Empfindung sein muß. [...] Die ästhetisch-poietische Produktion von diakritischen Zeichen wird nun als *Bedingung* und keineswegs nur als ‚Bezeichnung' in einer schon im ‚reinen' Denken möglichen logischen Deutlichkeit angesehen." (A.a.O. S. 130 f.)

einerseits an den Entdeckungen von Widersprüchen in älteren oder noch geltenden Interpretationsparadigmen konturieren mag, aber andererseits explizit oder implizit Begriffsverwendungen vorschlagen muß in einem möglicherweise nicht gewöhnlichen Sprach- und Interpretationsverhalten, das „auf Akzeptation angewiesen ist. Findet sie statt, erweitert sich das Paradigma. Die Auslegung erscheint als möglich."[255] 3) Begriffe als „diskursiv-auslegendes Vermögen" zu besitzen, aber ihren „defizienten Modus" gegenüber dem „intuitiven Verstand"[256] einzusehen – und weder ein metaphysisches Denken zu etablieren, noch eine Alternative dazu nennen zu können.

Es kann „keine ‚denkbare' Alternative zur Metaphysik und zum metaphysischen Sprachverständnis geben".[257] Aber wir treiben natürlich auch mit keinem Wort nur „Physik". Was der Literatur in ihrem Status der Fiktion erlaubt ist, ist uns verwehrt. Sie ist aber eben keine bestimmte Sprechweise, die aus dem allgemeinen Sprechen ausgegliedert und diszipliniert werden könnte. Wir werden sie weiter unten als Botschaft der Empfindung bezeichnen: Damit tragen wir der „Sorge um das *Objekt*" Rechnung, die „in Gestalt eines ‚neutralen' Willens nach *Beschreibung* und nicht nach *Reduktion*" auftritt und dieses ‚Objekt' wie ein mystisches Etwas umkreist;[258] ferner erlauben wir uns einen „post-kritischen Glauben", der sicherlich „nicht mehr jener erste Glaube des Köhlers, sondern der zweite Glaube des Hermeneutikers" ist, denn er ist vernünftig und naiv, da er interpretiert, um zu glauben, und glaubt, um zu verstehen, das heißt kritische Vernunft und „zweite Naivität" entstammen selbst dem hermeneutischen Zirkel zwischen Glauben und Verstehen;[259] darüberhinaus wollen wir die Haltung der *Erwartung* zu einer methodisch sinnvollen Haltung aufwerten, der „ein Vertrauen in die Sprache zugrunde" liegt,[260] das heute meistens methodisch in Zweifel gestellt wird, welches aber, der Husserlschen epoché vergleichbar, auf das Etwas wartet, das als Empfindung im Sprechen sich an mich wenden und in mir erfüllen könnte, indem es mich zum „angerufenen fernen Subjekt macht".[261] Das Erwarten der Empfindung ist ein Erwarten „einer neuen Aktualität des Wortes".[262] Aber in dieser Form sind das wohl noch keine seriösen Vorschläge. Ich will nun zeigen, daß es sich hierbei jedoch nicht um metaphysische Wünsche und Möglichkeiten handelt, sondern um eine hermeneutische Notwendigkeit. Dabei werden keine Probleme gelöst. Es geht nur darum, die Fragen richtig zu stellen, um sich „Gewißheit darüber zu schaffen, daß sie nicht des Sinns ermangeln, sondern in der Natur der Dinge und der Sprache liegen."[263]

Ausgegangen war ich von Ricoeurs Behauptung, das hermeneutische Feld sei *in sich* zerspalten. Wie sieht nun diese Spaltung des näheren aus? Vereinfacht gesagt handelt es sich um den Antagonismus zwischen Sinnstiftung und Illusionszerstörung: „Auf der einen Seite wird die Hermeneutik aufgefaßt als die Manifestation und Wiederherstellung eines Sinns, der in der Art einer Botschaft, einer Verkündigung oder, wie es zuweilen heißt, eines *Kerygma* an mich gerichtet ist; auf der anderen Seite wird sie verstanden als Entmystifizierung, als Illusionsabbau."[264] Hinter diesem Antagonismus des hermeneutischen

255 A.a.O. S. 164 f.

256 A.a.O. S. 264; hier auch S. 265: „Erst seitdem die Sprachanalyse auf ihrem eigenen Felde an die genannten Grenzen stößt, gibt sie sich auch selbst als Metaphysik zu erkennen. Damit entsteht auf sprachphilosophischem Boden weltweit die Frage nach einer Alternative zur Metaphysik. Nietzsche sah sie nicht. Das ist der eigentliche Grund seiner ‚tragischen Philosophie'."

257 A.a.O. S. 265.

258 Ricoeur, a.a.O. S. 42.

259 A.a.O. S. 41.

260 A.a.O. S. 43.

261 A.a.O. S. 45.

262 Ebd.

263 A.a.O. S. 61.

264 A.a.O. S. 40.

Phänomens sieht Ricoeur eine doppelte Motivation, die die Moderne wirksam beherrscht: „die Hermeneutik scheint mir von dieser doppelten Motivation getrieben: Wille zum Zweifel, Wille zum Horchen; Wunsch nach Strenge, Wunsch nach Gehorsam; wir sind jene Menschen, die noch nicht damit zu Ende sind, die Idole zu töten und gerade erst damit beginnen, die Symbole zu vernehmen.“[265]

Dieser von Ricoeur namhaft gemachte Antagonismus, durch den das ‚hermeneutische Feld‘ heute definiert ist, wird für unser Vorhaben dadurch außer Kraft gesetzt, daß wir den im folgenden einzuleitenden hermeneutischen Prozeß auf die sinnstiftende Funktion der Empfindung hin anlegen werden. Die Botschaft der behandelten Texte wird uns die Botschaft der Empfindung sein. Wie und auf welche Weise die ausgewählten Texte das Kerygma der Empfindung zur Sprache bringen, ohne daß diese im philosophischen Sinne wahrheitsfähig sein muß, sondern dem Prozeß dieser Sprachwerdung der Empfindung allein verpflichtet bleibt, das wird der Gegenstand unserer Interpretationen sein. In dieser Einengung des hermeneutischen Feldes schließen wir nichts aus, was den ausgewählten Texten noch abzuringen wäre, übersehen wir nichts, was sie *außerdem* noch zu sagen hätten. Aber gerade *diese* Texte fügen sich uns zu einer Geschichte *und drängen* die in dieser Arbeit *gewählte* Perspektive *auf* und zwingen uns dazu, die sinnstiftende Kraft der Empfindung als Kerygma exklusiv auszuhalten. Insofern haben die folgenden Interpretationen teil an einem hermeneutischen Prozeß, der über die Deutung des Buchstaben-Sinns hinaus die anagogische Kraft des Symbols in seiner modernen, das heißt trostlosen Gestalt zum Gegenstand hat: „Die moderne Sorge um die Symbole bringt einen neuen Wunsch zum Ausdruck, den Wunsch, angerufen zu werden, jenseits von Schweigen und Vergessen, die durch die Manipulation der leeren Zeichen und die Konstruktion formalisierter Sprachen immer größer werden.“[266]

b. Anlage der Arbeit

Die Geschichten des Empfindungsbegriffs und des Gefühlsbegriffs zeigen, wie nicht anders zu erwarten, mannigfache Überschneidungen.[267] Ich weiß es nicht, möchte aber bezweifeln, daß noch sehr oft in der Geschichte eines anderen Begriffs derart viel definitorische Spontaneität und Energie auf die ‚Sache‘ verwendet worden ist wie hierauf.

Zumeist geht es in der Neuzeit als der Zeit des „universalen Zweifels“[268] um Unterscheidungen und abwechselnde Anerkennungen der Empfindung als sensation, sentiments, reflexion, idées. Wenn wir Namen wie Descartes, Malebranche, Berkeley, Locke und Leibniz nennen, haben wir das Spektrum der Begriffs*extension* schon angedeutet. Wir werden innerhalb dieses Spektrums keine grundsätzlichen intensionalen Entscheidungen fällen,

265 Ebd. – Ricoeurs Äußerungen sind nicht, da er von ‚Symbol‘ spricht, von vornherein veraltet. In meinem Buch „Literatur oder Kommunikation“ (a.a.O. S. 152) habe ich auf die Möglichkeit einer ‚symbolisierenden Reflexionsart in der Literaturwissenschaft‘ hingewiesen – ausgehend von Liebrucks' Erklärung: „Der Weg von den Bildern zu den Symbolen ist noch kaum angetreten, und schon erklären kluge Leute, die Bestimmung der Sprache vom Symbol her gehöre zum weltanschaulich erledigten Idealismus. [. . .] Bilder sind Gemälde, die Sprache malt nicht, sondern symbolisiert. Sie bringt – im Bilde zu sprechen – den Halbkreis des Allgemeinen mit dem Halbkreis der Individualität zusammen. Dieses Bild muß aber in das Symbol übersetzt werden. Erst dann begreifen wir und stellen nicht mehr bildlich vor, daß das Allgemeine das Einzelne ist.“ (Sprache und Bewußtsein. Bd. 1. Frankfurt a. M. 1964. S. 457 f.)

266 Ricoeur, a.a.O. S. 45.

267 Vgl. die beiden Artikel im Historischen Wörterbuch der Philosophie. Hg. J. Ritter. Bd. 1. S. 555–580.

268 A.a.O. Bd. 2. S. 456.

uns allenfalls für die ‚ganze Geschichte' entscheiden und versuchen, sie präsent zu halten. Das hat für unsere Arbeit eine *Freistellung des Begriffs in terminologischer Hinsicht* zur Folge.

Waren Empfindungen bei Descartes nur Glieder, und zwar nicht gerade die profiliertesten, innerhalb der Kette unbezweifelbarer Erkenntnisse, so erhalten sie bei Leibniz außer einer erkenntnistheoretischen auch eine ontologische Bedeutung. Innerhalb der monadischen Perzeption sind sie mit Erinnerung begabt, bleiben aber konfuse Vorstellungen. Ihr „je ne sais quoi" wird in der sogenannten „Geschmacksdebatte" (wir beginnen im folgenden Kapitel mit J. U. König) diskutiert. Für Leibniz' System war mit dieser Ungewißheit keineswegs die „Empfindung einer Vollkommenheit" ausgeschlossen, die zwar nicht dem Verstand zukommt, wohl aber dem Gemüt. Diese Position wurde in Deutschland für die Konstituierung einer Ästhetik relevant (das folgende Kapitel schließt mit Bezug auf Baumgarten).

Wir beobachten verschiedenste Integrationsstrategien, mit denen ‚Empfindung' in Systeme integriert werden soll, sehen aber nur einen *systematisch* relevanten Versuch *in poetologischer Hinsicht*, Empfindung nicht als Subphänomen zu veranschlagen. Gemeint ist Schillers Versuch, „Über naive und sentimentalische Dichtung", der Analogisierung und wechselweisen Konstituierung von Empfindungsweisen und Dichtarten (II, 2). (In diesem ‚wechselweise' liegt allerdings das Problem.[269])

Das 18. Jahrhundert bietet die Spannweite des Begriffs sowohl zwischen Gefühl und Wahrnehmung und Erkenntnis als auch zwischen Individualität und Gattungshaftigkeit, die bis heute nicht mit überzeugenden Gründen restringiert werden konnte.

Weniger hermeneutische Schwierigkeiten scheint mir nun die Vermittlung zwischen häufig so genannter innerer Empfindung und äußerer Empfindung zu bieten in einer – über Schiller hinausgehenden – Hermeneutik der poetischen Empfindung. Bei der Bewältigung dieser Schwierigkeiten muß unser Sprachbegriff, wie wir ihn bisher vorgestellt haben, aushelfen. Im Medium dieses Sprachbegriffs ist die Vermittlung *und* Differenzierung zu leisten zwischen der poetischen Empfindung und der Empfindung überhaupt, das heißt zwischen der Empfindung in und als poetischem individuellen System und allen anderen (Sprach-)Systemen – von denen der Physiologie bis zu denen des deutschen Idealismus, um die Spannweite möglicher *Wissenschaft der Empfindung* anzudeuten –, in denen die Empfindung einzig Substratfunktion hat.

Um diesen Zweck zu erreichen, dürfen wir keine begrifflichen Vorentscheidungen fällen, denn Gegenstand ist die unbegriffliche Erkenntnis als Seinsweise der Literatur. Wohl können und sollen unsere Interpretamente konkurrieren mit und profitieren von den profiliertesten Theoremen (von J. U. König über Kant und Schiller bis Fichte, Hegel, Schelling.[270]) Aber Theorem oder Begriff sind jeweils nur eine Zwischenstufe der Interpretation,[271] welche ihren jeweils größeren Ertrag dann abliefert, wenn sie wirklich Differen-

269 P. Szondi bespricht Schillers Revision der Gattungspoetik (neben der Schellings, Schlegels, Hölderlins), indem er den Akzent darauf legt, daß Empfindungsweisen nur von der Form der Darstellung abgeleitet werden können: Hölderlin-Studien. Mit einem Traktat über philologische Erkenntnis. Frankfurt a. M. 1970. S. 166. Vgl. dort auch S. 121: Es besteht nicht nur die Frage, wie denn verschiedene Empfindungsweisen in einer Dichtart möglich sind, sondern auch, wieso wir die verschiedensten Dichtarten immer als zugehörig zu einem Kontinuum betrachten, nämlich *der* Dichtung.

270 Die besonders für den Musil-Teil geltende, aber auch im Verhältnis zwischen Hegel und Hölderlin sowie in unserer Anordnung Kants ‚nach' Schiller erscheinende Ungleichzeitigkeit in den Vergleichen ist berechtigt, da es uns nicht um eine chronologisch verfahrende Historie des Gedankens als Bewußtsein geht. Die häufige Ungleichzeitigkeit des Bewußtseins in Diskurs und Literatur mag eine weitere Berechtigung ergeben.

271 Die theoretischen Kapitel der Arbeit sind für sich explikativ genug, selbst resümierend, insofern

zierung und Vermittlung zwischen Begriff und Begriffslosem ist. Inwieweit letzteres einen Rest behält, der nicht zu deuten ist, kann ebensowenig gesagt werden, wie bestimmt werden kann, wann die Interpretation *fertig* ist. Sie kann *für sich* erst abschließen, wenn die wohl *zu verstehende* Überlegenheit des Begriffslosen am höchsten Stand der uns im Augenblick möglichen Begriffe und Zugriffe nachgewiesen ist. Ansonsten kann die Interpretation sich nur fortsetzen oder selbst im Begriff enden. Letzteres hieße: den Gegenstand methodisch nivellieren.

Um dieser Gefahr zu entgehen, stellen wir den Begriff der Empfindung nicht nur im intensionalen, sondern auch im extensionalen Sinne frei. Wir denken uns nicht nichts darunter, sondern ja schon in der Auswahl von Beispielen *etwas*, das noch approximando zu bestimmen ist als eine poetische Selbstdeutung. Anstelle vorgängiger Definitionen nehmen wir drei Gattungen, Autoren und, wenn man das unter Verzicht auf präzise Termini und chronologische Ausgewogenheit sagen darf, Epochen.

Die Gattungen werden nicht deduktiv (aber auch nicht induktiv) als Empfindungsweisen besprochen. Vielmehr ist aus der Mitte von Darstellung und Dargestelltem die literarische Spezifizierung des Empfindens zu erarbeiten. Am Beispiel des Dramas ist das besonders gut zu verdeutlichen. Die Empfindungen der Figuren – darin und darüber hinaus die Empfindungsprogramme der Aufklärung – müssen in eins mit der Empfindung als Darstellung, also als trauerspielhaftes Sprechen des Dramas, besprochen werden. Die *Identität* des Gegenstands als Dramensprache *verbietet* jede *Hierarchisierung* auch zum Beispiel im gewohnten dramentechnischen Sinne: Orte erhalten ihre ganze Bedeutung, Figuren werden zu einer ‚einheitlichen Vorstellung' *im Laufe der Sukzession* der dramatischen Sätze – und dieser Prozeß ist zum erstenmal abgeschlossen mit dem letzten Satz des Dramas. So beispielsweise, daß sich mit dem letzten Satz des Dramas die im Anfang vorausgesetzte Einheit von „Miß Sara Sampson" und „Emilia Galotti" – als *Namen für Figuren und für das Drama* im ganzen – ergeben hat.

Also verbietet sich eine Hierarchisierung dergestalt, daß der Interpret Konstabilität von Figur, Charakter, Szene, Handlung annimmt, innerhalb derer dann auch gesprochen wird.[272] Vielmehr entsteht erst aus dem Sprechen – das vielerlei Empfindungen (der Figuren) thematisiert, aber auch als poetische Empfindung dieses Sprechens selbst ein Trauerspiel ist – allmählich das, was man gewöhnlich und fälschlicherweise voraussetzt, um unter diesen Voraussetzungen auch den Dialog zu interpretieren.

zu dieser Einleitung hinzuzulesen. Das gilt auch für das Kant/Hegel-Kap.: Resümee und Eröffnung einer weiter ausgreifenden Perspektive, deren Ränder zunächst nur transzendentalphilosophisch angegeben werden können, während Hegels Dialektik die wohl weitesten Räume bisherigen philosophischen Denkens mit seiner ‚Methode' ausmaß. Unsere theoretischen Kapitel sind vergleichsweise einfach zu lesen, nicht im Sinne einer – notwendig vagen – allgemeinen Verständlichkeit (darauf als Übersetzbarkeit haben wir in dieser Einleitung unter 1. c. abgehoben), sondern aus dem Grund, daß die besprochenen Texte wegen ihrer Theoriehaftigkeit schneller nachvollzogen und zu ‚Gedanken' komprimiert werden können. Die explikative Anstrengung der literarischen Interpretation hingegen hatte auch auf den ‚Reiz' (im Herderschen Sinne; auf das „reizende Wort": Hölderlins Ode „Ihre Genesung") zu reagieren.

272 Der Sprache würde dann gewohntermaßen ein Kapitel unter anderen gewidmet. Wegen der Signifikanz der Titel einige Beispiele:
a) A. Hübler: Drama in der Vermittlung von Handlung, Sprache und Szene. Eine repräsentative Untersuchung an Theaterstücken der 50er und 60er Jahre. Bonn 1973. (Hübler bespricht Stücke mit außermedialen und innermedialen [sprachlichen] Inhalten. Das heißt wiederum einmal: den „Inhaltsaspekt" als Handlung und den „Formaspekt" als Sprache.)
b) W.W. Kirchesch: Das Verhältnis von Handlung und Dramaturgie. Fragwürdige Theorie zum modernen Drama. München Diss. 1962.
Man versuchte neue konstitutive Begriffe einzuführen.
c) H. Strehle: Mienen, Gesten und Gebärden. Analyse des Gebarens. München/Basel ³1960.
d) K. Weigand: Situation und Situationsgestaltung in der Tragödie. Frankfurt a. M. Diss. 1941.

Eine andere hierarchisierende Voraussetzung wird fallengelassen, wie schon angedeutet wurde: Es wird *nicht* dieser Text *als Teil* des oeuvre einerseits und als Etappe in der Gattungsgeschichte andererseits *innerhalb* der Epoche beschrieben. Diese jeweils ‚größeren' Einheiten sind verschiedene, nur gelegentlich homogene Erscheinungsweisen, die wir zu Empfindungsweisen ‚zerlegen' werden, um sie *gemäß der Einheit des literarischen Werks* und in Differenz dazu mitinterpretieren zu können. ‚Differenz' schließt natürlich nicht aus, daß Epochales in Übereinstimmung mit Partikeln des Werks (zum Beispiel mit Figurenmeinungen) steht. So wird es sogar in der Regel sein. Aber es steht dann als Dargestelltes schon in der grundsätzlichen ‚Differenz' zur Darstellung. Wenn von grundsätzlicher Differenz (auch der zwischen Empfindung und Sprache) die Rede ist, darf diese auf keinen Fall in einem vertikalen Sinne verstanden oder sonst irgendwie ‚verräumlicht' werden: ideologisch als Meinungspositionen, psychologisch als Seele und Ausdruck, anthropologisch als Natur und Geschichte o.ä. Es handelt sich, wie bei dem Verhältnis von Mimem und Mimese immer um ‚Differenz im Gleichen'.

Wir interpretieren also Handlung, Szenentechnik, Figuren usw. aus dem ‚Strom des Sprechens' in der Einheit des einzelnen Werks *heraus*, folgen dabei weitgehend dem einfachsten Prinzip der Sukzession und erlauben uns nur jeweils eine Dominantsetzung. Beide Dramen werden nämlich im Bezug auf jeweils einen ihrer Sätze interpretiert, der herausgehoben und den Interpretationen als Motto vorangestellt wurde. Die Interpretationen selbst müssen zeigen, daß dies kein Lehrsatz wie in der Hierarchie des frühaufklärerischen Dramas mehr sein kann.

Die moderne Interpretation wird dadurch erschwert und notwendig gemacht, daß zum Beispiel in der Dramensprache die Identität von Falschem und Wahrem, Richtigem und Unwahrem möglich gemacht ist. Die Interpretation der Gattung muß sich also als Spezifikation der Empfindung verstehen, die einerseits zum dargestellten (Figuren-)Sprechen hin dialektisch und kritisch zu verfahren hätte und – so jedenfalls unsere methodologische Entscheidung (3. a.) – zum Sprechen der Darstellung hin analytisch, affirmierend. Daß das aufgrund der auch materiellen Identität des Sprechens (von Figuren und Drama) sehr schwierig ist, ist allein deshalb leicht einsehbar, weil es sich bei den ausgewählten Texten bewußtermaßen um nichtsatirische Texte handelt.

Die Gattung kann zur Bedingung unserer ‚Urteile' werden, aber nicht zum Kriterium. Seit Herder muß das Problem ‚wunderbarer' Individualitäten in die Gattungsreflexion aufgenommen werden. Dennoch bietet der Gattungsbegriff ‚sicherere' Perspektiven, als etwa aus der Kategorie der Schönheit zu gewinnen sind.[273]

Gattungen werden als „zentrale heuristische" und hermeneutische Kategorien[274] von Nutzen sein. Das können sie gut sein, sieht man einmal linguistisch ihren Sonderstatus zwischen parole und langue. Unter ihrer ‚Annahme' kann man eine Klasse von Texten[275] ebenso erhalten wie unter ‚Annahme' eines Autor- oder Epochennamens für ein einheitliches Textensemble. Sie können eine historische Bestimmung „in re" sein und einen

273 Vgl. dazu und zur Geschichte des Gattungsbegriffs seit Aristoteles mit vielen bibliographischen Hinweisen, die zum Teil dem Gattungsnominalisten B. Croce verpflichtete Arbeit von M. Fubini: Entstehung und Geschichte der literarischen Gattungen. Tübingen 1971. Zu Neuansätzen in der Gattungsreflexion bei Szondi, W. Krauss, L. Müller (Die literarischen Gattungen und die ‚Leistungen der Sprache'. In: Festschrift für K. Ziegler. Hgg. E. Catholy / W. Hellmann. Tübingen 1968. S. 427–434) und bei R. Tarot: vgl. K.W. Hempfer: Gattungstheorie. Information und Synthese. München 1973. Vgl. weiterhin den zweiten Band von „Poetik und Hermeneutik", den Band über die Stuttgarter Germanistentagung (1972): Historizität in Sprach- und Literaturwissenschaft. Hg. W. Müller-Seidel. München 1974, sowie E.D. Hirsch: Prinzipien der Interpretation. München 1972, bes. S. 93–162, 321–330.

274 Hempfer, a.a.O. S. 114.

275 Vgl. a.a.O. S. 104–106.

vorkonstituierten Erwartungshorizont (bei den russischen Formalisten; H.-R. Jauß) bilden.[276] Wir entgehen den Vorentscheidungen, da wir uns entschieden haben, nach Kenntnisnahme von Schillers Konzeption, nicht Gattungs-, Werk-, Sozial-, Themen- oder Motivgeschichte zu treiben, sondern das Verhältnis von Gattung und Empfindung zum Ausgangspunkt *punktueller* Interpretationen zu machen, in denen Werk und Epoche berücksichtigt werden.

Die Gattungsfrage wurde in letzter Zeit konzeptualistisch, konstruktivistisch, psychologistisch, phänomenologisch (im Sinne von Husserls Apriorismus), kommunikationstheoretisch aufgeweicht. Croce verglich die Ordnung nach Gattungen mit irgendeiner beliebigen Ordnung, nach der eine Bibliothek zusammengestellt werden könnte.[277] Der Biographismus (Beispiel: Gundolf) wußte ebenfalls mit Gattungen nicht viel anzufangen. An Dilthey anschließend ergaben sich Fundierungsversuche psychologischer, anthropologischer und ideologischer Art gemäß der ‚von Ideen mitgeformten Erlebnisformen'.[278] Von Hirt bis Staiger stellte man die „merkwürdigen" drei Naturformen fest.[279] Sollte man sie nicht gemäß der Dreistrahligkeit der semantischen Relation zwingender als Sprachformen fundieren können?

K. Hamburgers Versuch, die klassische Trias über das Kriterium der Wirklichkeit des Aussagesubjekts zu differenzieren, kann ebenfalls als gescheitert gelten.[280] (Lyrik gilt nach wie vor als *die* „Dichtung des Gefühls".[281] Ist das seltsam oder selbstverständlich? Warum gibt es trotzdem keine Untersuchung zur ‚Empfindung', in der diese nicht selbst wiederum – wie das Erlebnis – als Erklärung eingesetzt würde? Wie kann diese hermeneutische Vorannahme fruktifiziert werden?)

Was bedeutet die Trivialität, daß wir doch von *der* Dichtung sprechen, wenn es nun scheinbar keine „universale Poesie" gibt? Reicht W. Lockemanns Lakonie: mit Hilfe der Gattungen „konstituiert sich Dichtung, das ist alles"?[282] Wieso und wann *werden* einige Gattungen erst zur Dichtung, zum Beispiel das Sonett neben der Ode? Natürlich kann man Gattungen als historische (!) Strukturtypen verstehen, aber wieso sind es so relativ zeitenthobene Typen, die doch für das Entstehen von Dichtung gelten sollen?[283] Wenn Staiger sagt: „Ich habe vielmehr vom Lyrischen, Epischen und Dramatischen eine Idee",[284] so ist damit die „ideale Bedeutung"[285] Husserls gemeint. Das klingt zunächst so, als sei es mit dem Empfindungsbegriff etwa in Schillers Sinne vereinbar, aber dann es heißt, „die Frage nach dem Wesen der Gattungsbegriffe" müsse „auf die Frage nach dem Wesen des Menschen" führen,[286] und es klingt so, als sei sie dort zu lösen.

Und das Lyrische repräsentiert wiederum den letzten erreichbaren Grund, das „sunder warumbe".[287] Ist das nun zum Verhältnis der Gattungen untereinander gesprochen oder auch anthropologisch gemeint?

276 Vgl. a.a.O. S. 110–114.
277 Vgl. a.a.O. S. 38 ff., 51 f., 92 ff., 118 f.
278 Siehe a.a.O. S. 62–69.
279 Vgl. a.a.O. S. 63 ff.
280 Vgl. a.a.O. S. 170–175 u. 175 f. (zu R. Tarot: Mimesis und Imitatio. In: Euphorion 64 [1970]. S. 125–142).
281 Zur Tradition dieser Auffassung siehe a.a.O. S. 259 f. (Anm. 107).
282 W. Lockemann: Lyrik, Epik, Dramatik oder die totgesagte Trinität. Meisenheim a.d.G. 1973. S. 6.
283 Vgl. a.a.O. S. 59 f.; siehe auch zur Differenzierung von Dichtung und Literatur S. 361: Im Literaturbegriff bilden, nach Ansicht Lockemanns, Werk und Autor eine publikumsbezogene Einheit. Für die Dichtung gelte: „das Werk ist etwas anderes als eine Meinungsäußerung".
284 E. Staiger: Grundbegriffe der Poetik. Zürich 1946. S. 9.
285 Ebd.
286 A.a.O. S. 12; siehe auch S. 245 f.
287 A.a.O. S. 54; siehe auch S. 223. Staiger behauptet, seine Konzeption entspreche auch den von E.

Diese Andeutungen und Fragen zu Gattungsproblemen lassen wir hier unausgeführt und unbeantwortet. Allerdings haben wir dieses Spektrum ein bißchen zweifelnd vorgestellt, obwohl es natürlich das Feld absteckt, auf dem unsere Interpretation versuchen muß, Antworten zu geben. Wenn wir Gattungen als Intention und Realisation der Empfindung als bestimmter und bestimmender (Fichte), als konstituierter und konstituierender auffassen, so eben immer auch erst einmal als einzelnen Text. Kategorisierungen und Gliederungen könnten allenfalls folgen.

Gattungs*technische* Gesichtspunkte und Elemente sind also miteinzubeziehen an den Stellen, wo sie der Interpretation für die Erklärung eines Text*teils* hilfreich sein können; sie können aber nicht als Voraussetzungen der Interpretation genommen werden. Interpretation heißt für uns, Empfindung als Konstituens *und* Intention zu erkennen. Einen wichtigen und für uns vorbildlichen Schritt in diese Richtungen haben Benjamin, der das Trauerspiel als Idee in seinen allegorischen Konfigurationen interpretierte, und H. Arntzen getan, der Komödien als individuelle Subjekte interpretierte, die die Idee der ernsten Komödie als eigene Intention an sich haben und entwerfen.[288]

Wenn wir nun nicht nur die Intention, sondern auch die Realisation, Darstellung und Dargestelltes unter einen einheitlichen Aspekt zu bringen versuchen, der für sich gesehen noch nicht einmal gattungsspezifisch ist, dann ist klar, daß wir diesen Aspekt mit dem Begriff der Empfindung nur benennen können, wenn wir ihn in terminologischer Hinsicht freistellen.

Einerseits sind die ausgewählten Gattungsbeispiele, die ja nicht uncharakteristisch für ihre Epoche sind,[289] hinsichtlich der Empfindung als Differenzierungen und Spezifizierungen, andererseits als Konstitutionen zu beschreiben. Ontologische und geschichtliche Interessen durchkreuzen sich dabei.

Ganz ähnlich sind die Schwierigkeiten für die Autoren, hier Lessing, und ihre Werke zu charakterisieren. Kann der Name des Autors als Initial für die Einheit eines oeuvre gelten, so auch für die Individualität eines Textes gegenüber der Allgemeinheit von Gattung und Epoche. Nun sollen unsere Studien gerade unter Berufung auf Individualität eine Geschichte der literarischen Empfindung ermöglichen. Das heißt, sie werfen für die Lessing-, Hölderlin-, Musilforschung gerade soviel ab, wie der Anteil der Autoren an der Entwicklung der literarischen Empfindung bedeuten kann, deren Sinn wir als eine Geschichte explizieren müssen. (Die Auswahl der Autoren ist gerechtfertigt, wenn es gelingt zu zeigen, daß unter ihren Namen die bisher extremsten Möglichkeiten des poetischen Empfindens öffentlich realisiert wurden – und daß diese Extreme die Mitte oder den Zusammenhang der Geschichte ausmachen, innerhalb derer oder von der her gesehen sich durchaus andere Texte lokalisieren ließen. Letzteres wird nur angedeutet, zumeist nur im Bezug auf andere Texte desselben Autors.)

Auch von dieser Seite verbieten sich also vorgängige Hierarchisierungen, etwa die Vor-

Cassirer besprochenen Stufen der Sprache (S. 224), aber wir haben durch unsere Zitate implizit den Staigerschen Eklektizismus angedeutet, der keineswegs auf absolute Setzungen verzichtet: „Alles bedeutet, daß in lyrischer Dichtung keinerlei Abstand besteht." (S. 55)

288 W. Benjamin: Ursprung des deutschen Trauerspiels. Frankfurt a. M. 1972; H. Arntzen: Die ernste Komödie. Das deutsche Lustspiel von Lessing bis Kleist. München 1968.

289 Zum Platz der *Ode* in Hölderlins Werk vgl. M. Kommerell: Die Dichtung in freien Rhythmen und der Gott der Dichter. In: ders.: Gedanken über Gedichte. Frankfurt a. M. ²1956. Abgedruckt in: ders.: Dame Dichterin und andere Essays. Hg. A. Henkel. München 1967. S. 185–239, 207. Zur Exzeptionalität dieser Form, vergleicht man Hölderlins Dichten mit dem Goethes, Schillers, Eichendorffs, siehe E. Trunz: Die Formen der deutschen Lyrik in der Goethezeit. In: Gratulatio. Festschrift für Ch. Wegner. Hamburg 1963. S. 110–129, 112 ff. –
Für das Drama im 18. Jahrhundert und die Erzählung im 20. Jahrhundert mag sich eine Erläuterung erübrigen, ebenso für die Tatsache, daß *Lyrik* in Hölderlins Werk und Zeit am Ende des 18. und im Übergang zum 19. Jahrhundert ‚ausgereift' ist.

aussetzung einer quasi definitorischen Kanonisierung der Bedeutung eines Autors, von der man sich schon ein Bild gemacht hat. Das soll nicht ignoriert werden, und es wird ja auch mit Hilfe der Forschungsliteratur zitiert. Aber es ist nicht als zu verifizierende, modifizierende *oder* falsifizierende These vorangestellt.

Weiterhin verbietet sich aus genannten Gründen eine Hierarchisierung innerhalb *dieser Geschichte* der literarischen Empfindung, denn das würde nur zu unsinnigen Beurteilungen und Benotungen führen, die einem explikativen Diskurs nicht anstehen. Begründungskategorien für solche Beurteilungen stehen nicht nur der Literaturwissenschaft nicht zur Verfügung. Solche Beurteilungen gehören, wie gesehen (2. a.), zur Diskursvermischung. Die Explikation der Texte urteilt durch die eigene Arbeit, die sich an ihnen vollziehen läßt.

Nach dieser ausführlicheren Begründung einer Freistellung des Empfindungsbegriffs in terminologischer Hinsicht darf ich jetzt vielleicht ein wenig knapper gehaltene Argumente für zwei weitere Aspekte nennen. Zunächst möchte ich auf eine *Freistellung des Begriffs der Empfindung in systematischer Hinsicht* eingehen.

Es wäre für unseren Anlaß völlig unfruchtbar, eine anthropologische oder gar physiologische Definition vorweg zu geben, um dann die poetische Empfindung als Sonderfall oder Illustration des Allgemeineren zu beschreiben. Umgekehrt ermöglicht die poetische Empfindung natürlich *der Interpretation*, physiologische und anthropologische Hinweise zu formulieren.

Wenn wir den Satz Hamanns bedenken, daß *sich* die Empfindung anfängt und mit ihr die Gegenwart der Dinge (2. c.), dann drängt es sich fast auf, was wir bei Hölderlin erst formuliert finden, nämlich das literarische Werk als Totalempfindung zu verstehen. Die literarische Empfindung ist der Prozeß von der Empfindung zum poetischen Bewußtsein der Empfindung. Aber dieser Prozeß ist ebenso wie der zwischen Empfindung und Sprache überhaupt (Humboldt: 2. c.) als eine Kreisbewegung zu verstehen, aus der das hermeneutische Bewußtsein, das sich auf den Text eingelassen hat und somit im poetischen Bewußtsein befindet, allenfalls hinausschauen kann. Wenn nun für Empfindung ebenso Funktionalität wie Substantialität des (poetischen) Sprechens angenommen werden können, dann ist nicht mehr von einer Hierarchie der Erkenntnis- oder Sprechvermögen (wie beispielsweise noch bei Sulzer) auszugehen. Das Werk ist ‚Empfindungsempfindung' (2. c.; in der Reflexionsstruktur ist das sozusagen vertikal gedacht), und es ist ‚Totalempfindung'. Empfindung kann Betäubung und Transparenz der Reflexion bedeuten. Das Werk kann Prozeß und Gefängnis der Empfindung sein. Es ist das Sprechen der Empfindung und das Empfinden des Sprechens. Deshalb verbietet es sich, das Werk als eine bestimmte Sprechweise anderen bloß gegenüberzustellen oder in andere Sprachsysteme einzugliedern. Es ist als besonderes Sprechen selbst total oder absolut. Also ist kein systematischer Empfindungsbegriff anzusetzen, von dem nun Einzelteile durch die einzelnen Werke und Gattungsweisen realisiert werden.

Die Enthierarchisierung ‚der Sprachen' läßt sich sogar gut *innerhalb* unseres (ersten) Beispiels (Lessings) erkennen. Die im eigenen Sinne und Interesse scheiternde Sprache der Intrige, die mögliche Identität von ‚rhetorischer' und ‚herzlicher' Sprache zeigen, daß die ‚Sprache der Aufklärung' auch nur *eine* Sprache ist innerhalb des Sprechens der Literatur (der Aufklärung). Die Aufklärung der Literatur ist etwas anderes – nämlich eine totale oder eine Totalempfindung – als etwa eine strategisch bevorzugte Sprache der Aufklärung.

Aufgrund ihrer Sprachlichkeit kann Empfindung total (als Werk) erscheinen, gibt es aber andererseits keine Begriffe und Kategorien für Literatur oder Interpretation, auf die diese sich von vornherein verlassen können.

Ich möchte drittens auf eine *Freistellung in paradigmatischer Hinsicht* aufmerksam machen. Dagegen scheint sogleich die Heraushebung der beiden ‚Lehrsätze' bei Lessing zu sprechen. Aber sie können besonders gut die methodische Anlage der Arbeit verdeutlichen. Mit ihnen wird sozusagen horizontal, nicht vertikal gearbeitet. Sie begleiten wie auch andere Paradigmen unser Sprechen über Literatur. Unter Paradigmen verstehe ich hier sich wiederholende Zitate, also Textteile, Themen und Begriffe. Bei Lessing werden sie aus dem Kosmos des Miteinandersprechens gewonnen.

Würden Beispiele und Themen systematisch hierarchisiert, wie es konventionellerweise das Inhaltsverzeichnis noch andeuten muß, hätte die Interpretation anders auszusehen, als sie in der Tat aussieht. Es stände keine ausdauernde Explikation im Vordergrund, sondern eine doch zu einseitig von der begriffsimmanenten Stringenz her verfaßte Gliederung, die mit Interpretationen nur gefüllt werden könnte. Das hermeneutische Problem der Interpretation würde dann zu sehr auf die Verfahrensart der Applikation verlagert und das Auslegen durch das Sammeln oft unterdrückt.

Gleichwohl bliebe unser interpretatives Sprechen unendlich, hätte es nicht einerseits die Grenze der poetischen Texte, an denen es seine Approximation überprüfen kann, und andererseits solche Paradigmen als Erinnerungen des Verlaufs, an denen es seine Sättigung messen kann.

Ohne systematisiert zu sein, müssen solche Paradigmen die Durchgängigkeit der Untersuchung, ihre Kohärenz, nachweisen, von der her erst über Stringenz der ‚am Ort' aufgestellten einzelnen Interpretationsthesen geurteilt werden kann.

‚Erinnerung' hat für die Argumentation auch die Funktion der Erwartung. Ein Beispiel mag etwa der Begriff der „defekten Familie" gegenüber sozialgeschichtlichen Erfüllungen der Erwartung sein; ein anderes Beispiel der Begriff des mantischen Sprechens, der sowohl in unserer Methodologie als auch für das Sprechen von Dramenfiguren Verwendung findet.

Der Begriff des Ortes taucht konventionell auf (zum Beispiel für das Gasthaus bei Lessing), aber dann auch als ‚bedeutender Schauplatz' und sodann für eine Figur (Sara) als Schauplatz des Sprechens. Umfänglichere Begriffe – das heißt aber zunächst einmal nur: häufiger auftauchende, insofern an der Gesamtkonfiguration beteiligtere Begriffe – sind Trauerspiel – Tragödie, Tugend – Laster. Definierten wir sie vorweg, so könnten sie zwar unsere Aufmerksamkeit strukturieren, würden uns aber vieles von der Aufmerksamkeit des einzelnen Kunstwerks (im Sinne Lessings) nicht wahrnehmen lassen. Außerdem wollen wir uns *von dem* einzelnen *Werk erklären lassen*, was ein Trauerspiel ist.

Sodann gibt es natürlich die in den Überschriften (siehe Inhaltsverzeichnis) selbst genannten Paradigmen, die allesamt Anspruch erheben können, durchweg, also nicht nur bei Lessing (oder Hölderlin oder Musil) verwendbar zu sein aufgrund ihrer direkt einsehbaren Affinität zum Gesamtthema und aufgrund dessen, daß sie weniger semantisch dazu verführen, sie mit ‚Belegstellen' zu ‚füllen'. Sie eignen sich dazu, als Kalkül eingesetzt zu werden, so daß die Interpretation die Entfaltung der Begriffe im extensionalen und intensionalen Sinne ersetzen kann. Wir stoßen dabei auf schon vollzogene Verstandesbestimmungen in der Geschichte der Paradigmen, ohne jeweils *deren* Herkunft würdigen zu können. Implizite Würdigung steckt darin, daß sie als *Momente* des literarischen Problems mitverstanden werden können. Solche häufiger auftretenden Paradigmen sind: Traum, Schlaf, Wahnsinn, Hellsicht, Betäubung, Tod, Sterben, Liebe, – Unmittelbarkeit, Totalität, Differenz, Indifferenz, Zeit, Raum, neben Begriffsparadigmen, die das Verhältnis von Empfindung und Sprache unmittelbar sprachlich charakterisieren wie das der permanenten Metaphorik.

Man könnte mit G. Frege sagen: Zunächst ist der Begriff immer eine Leerstelle im Satz.[290] Formallogisch könnten wir uns dann mit den ontologischen Derivaten etwa des

290 Vgl. dazu A. Menne: Einführung in die Logik. München ³1981. S. 24 f.

Empfindungsbegriffs herumschlagen. Da Empfindung sich aber aus der begrifflichen Bestimmung entläßt, kann und muß sie literarisch gedacht werden, soll ‚Neues' gesehen werden. Um aber ‚Neues' an der Literatur zu sehen, schlagen wir den Empfindungsbegriff vor, der sich durch ‚Erinnerungen' *im* Verlauf des hermeneutischen Prozesses (2. b.) ‚füllen' muß.

(*Exkurs*)

Im Rücken unserer Freistellungen können wir nun noch einmal, losgelöst von einer Reflexion des Verfahrens, den Gang der Abhandlung thesenhaft zusammenfassen, ohne allzusehr die Intention auf dialektische Konfiguration und kontinuierliche Sinnexplikation zu unterdrücken.

Die literarischen Positionen entdecken sich sogleich als dialektische zur Zeit der Aufklärung bei Lessing. Wir interpretieren die Empfindung nicht als empfindsame (Partikel der Epoche), sondern als trauerspielhafte. Nirgends begegnet die Dialektik der Empfindung so ‚natürlich', menschlich und sprachgebunden wie in den Trauerspielen des 18. Jahrhunderts; nirgends weist sie in den durch sie ausgelösten Krisen von Moral, Sitte, Vernunft, ja den obsolet werdenden Bräuchen der Gesellschaft überhaupt so deutlich auf die eigene Gefährdung hin wie in den sogenannten bürgerlichen Trauerspielen, zumal in den beiden Paradigmen Lessings, die die Qualifizierung eines ästhetischen facts als bürgerlichen sekundär erscheinen lassen. Als sekundäre kann diese Qualifizierung natürlich wichtig werden.

Priorität besitzt die Bestimmung der ästhetisch-semantischen Relevanz. In ihr sind anthropologische oder politische Relevanzen mitenthalten, erkannt und verändert. In dieser literarischen Veränderung des Bedeutungsspektrums von ‚Gefühl' und ‚Wahrnehmung' wird das Wissen von Empfindung geschichtlich und möglicherweise konsistent – ‚leider' als Trauerspiel. Es wird zum Werk.

Wir entfernen uns also von der häufig primären Besprechung der Wirkung und Erziehung *mittels* Literatur, damit von der regulativen Überlegenheit des Diskurses. Doch wird für den öffentlichen Diskurs gerade jetzt dasjenige, was in Lessings Trauerspielen die Domäne ist, immer wieder zum Thema und zu seinem Widerstand: die Empfindung als das ästhetisch Besondere, als die Vermittlung von Einzelnem und Allgemeinem, Idee und Wirklichkeit, sei es in der Reflexion des Sterbens (Sara), sei es im Paradox des Todes (Emilia).

Es ist wichtig, zunächst einmal zu sehen, daß Empfindung dieser Dialektik für fähig erachtet werden muß, um geschichtlich eventuell einmal als Bewußtsein der Subjektivität die Garantie für Bedeutung übernehmen zu können. Lessings Trauerspiele sind eine geschichtliche Initiative – und, gewollt oder ungewollt, oft Vorbilder menschlichen Handelns geblieben. Das gilt gerade auch für diese Epoche des ‚Optimismus', in der bürgerliche Trauerspiele eigentlich ein Skandal sein müßten, falls sie sich nicht auf Ständekritik reduzieren lassen – und dann doch eigentlich Satiren wären oder nur die pragmatische Vernunft aufregten. Ginge es nur um eine historisch-pragmatische Möglichkeit, Konflikte zu lösen, könnten heute nicht mehr „Furcht und Mitleid" (Lessing) empfunden werden.

Wir müssen also zunächst festhalten, daß dem empfindenden Subjekt aufgebürdet wird, die Bedeutung – auch des eigenen Tods – zu stiften. Dann erst vermögen wir den Ausdruck „Totalempfindung" (Hölderlin; aber auch schon während der Empfindsamkeit als „Totaleindruck", „Totalvorstellung" gebräuchlich) als Gedicht zu denken und die sich in der Empfindung als Erzählung (Musil) realisierende Nähe und Ferne eigener Evidenz zu erkennen.

Die Verallgemeinerungsfähigkeit von Empfindung nicht nur als Interesse einer Figur oder Partei wurde auf theoretischem Gebiet erst allmählich entdeckt und aus erkenntnistheoretischen Gründen als ästhetische eingeschätzt. Damit hatte sich der Diskurs (zum Beispiel auch der politische) einen Bärendienst erwiesen. Man wurde auf das Alltägliche des ‚vermischten Empfindens' erst kritisch *und* apologetisch aufmerksam, als man seine ästhetische Relevanz bemerkte. Man war gezwungen, das untilgbare Phänomen der Sinnlichkeit als sprachliches und das Sprechen als sinnliches Phänomen zulassen zu müssen („oratio sensitiva" bei Baumgarten). Die die Epoche bestimmende Diskussion verläuft in der Spannung zwischen Gemeinsinn und Individualität der Empfindung, die nur in dem Kantischen Prädikat „schön" lösbar oder als Konsens aufhebbar zu sein schien.

Lessings Trauerspiele entdecken im Kern der Empfindung selbst die Struktur von Differenz und Indifferenz. Diese Struktur ist nicht nur bezeichnend für das kommunikative Verhältnis zwischen Figuren, nicht nur für das subjektive Verhältnis zwischen Sprecher und Sprechen, sondern auch für das ‚objektive' Verhältnis zwischen Sprache und Empfindung.

Wir haben für den Beginn Lessings Trauerspiele ausgewählt, weil aus den eben genannten Gründen in ihnen common sense (Epoche) und Empfindung nicht mehr nur nach dem Maße von gegenseitiger Bestätigung und Abweichung funktionieren (anders noch in „The London Merchant" und in „Rhynsolt und Sapphira"). Wenn diese Gründe auch diejenigen für die oft bemerkte ‚Geschwätzigkeit' („Sara") sind, können wir die herzhafte, Furcht und Mitleid erregende Seite des Geredes einschätzen. Als Handlung (Drama) interpretieren wir das Dramatischwerden des Sprechens aus Gründen des Empfindens, zu dem Sprache in keinem einfachen Nachahmungsverhältnis mehr stehen kann. Bereits die erste Szene von „Miß Sara Sampson" konstituiert sich selbst als eine Deutung von Handlung und Empfindung, deren Unbegrenzbarkeit und Wirkungsqualität zu keinem ‚malerischen' Stillstand gebracht werden können. Der implizite Sprachbegriff hat sich hier also schon geändert (siehe auch Lessings „Laokoon"). Die literarische Sukzession als Darstellung in Prosa entspricht dem. Selbst Saras Sterben verliert die räumlich prägnante, körperliche Präsenz des Augenblicks.

Wenn Empfindung ganz und gar als Sprechen, ja aus dem (dramatischen) Apriori des Gesprochenwerdens zu verstehen ist, dann ist die Besprechung von Prinzipien der Kommunikation, Offenheit, Unmittelbarkeit, Echtheit, Aufrichtigkeit, Zweifel, Parallelität von Figuren, von Traum und Realität, von Differenz und Indifferenz mit dem anonymen ‚Etwas' wohl begründet.

Gegen diese ‚horizontale Veranlagung' des Trauerspiels weist „Emilia Galotti" einige charakteristische Widerstände auf. Emilia stirbt ‚mit einem Satz auf den Lippen'. Führte in „Sara" das schleichende Gift zum Tode, so hier der plötzliche Dolchstoß. Kann man an der Montage heroischer Versatzstücke nachweisen, daß das Drama „Emilia·Galotti" gar nicht die Intentionen des Dramas „Miß Sara Sampson" fortsetzt? In *einem* Moment soll ein Bürgermädchen zu dem ‚bürgerlichen Subjekt' in seiner allgemeinsten Bedeutung werden? Reicht wieder einmal, wie Benjamin für die Tragödie behauptete, die Rede nicht an die Bedeutung des heldenhaften Schweigens heran? Wir halten dagegen, daß Emilias ‚Rosen-Sentenz' (V, 7) selbst die gültige Patho-logie der Bedeutung ist.

Für alle Figuren und durch die Stände hindurch aber gilt, daß das neuzeitliche Ziel der Eindeutigkeit nicht zu erreichen ist. Darüber hinaus zeigt dieses Drama, daß das auch gar nicht zu wünschen ist, indem es dem individuellen Tod einer Figur zur Zeit, da begonnen wird, statistische Berechnungen und Sicherungen des Lebens zu unternehmen, eine Bedeutung verleiht, die ganz und gar (sprachliche) Empfindung ist. Das heißt, die Bedeutung ist von einer individuellen Allgemeinheit, die nur das Drama und auch nicht ansatzweise mehr irgendein Begriff einlöst. Bei einer Analyse und begrifflichen Klärung von

Emilias Satz ergibt sich nichts anderes als die Identität von ‚nichts' und ‚alles', ‚Tod' und ‚Leben'. Diesem Dilemma entkommt nur das Pathos der Prosa, der literarische Satz selbst als Empfindung.

Es ist hier also ein Trauerspiel gelungen, das nicht am Semantischen der Umgangssprache und nicht am Formalen des Pathos scheitert.

Emilias Satz erscheint dem Lesenden sinnvoll, aber er liest keinen Sinn *in* dem Satz. Insofern haben wir auch eine Identität von Sinn und Sinnlosigkeit in Emilias Tod. Deshalb ist nicht nur die Indifferenz zwischen Form und Bedeutung zu nennen, sondern auch die immanente gegenseitige Negation von Form und Bedeutung des Satzes. Der Satz vertritt Irrsinn, Un-Sinn und Sinn gleichermaßen. Auch der Nicht-Sinn ist diskursiv nicht zu fassen. ‚Er' stellt sich als Bedeutendes wieder ein. Die Erschütterung der Reflexion dieses Satzes ist nicht zu beenden. Es entsteht ein Bedeuten der negativen Bedeutung, die die ganze Empfindung ist. Das ist literarisches Sprechen.

Unsere Interpretation des Dramas ist der Frage gewidmet, wie konnte es zu diesem Satz kommen. Sie nimmt damit die oft gestellte Frage auf: „Warum stirbt Emilia?" –

Lessings Trauerspiele haben ein Wissen der Empfindung geschichtlich gemacht, dessen Konstitutivität für die weitere Literatur- und Sprachgeschichte der Empfindung nachzuweisen wäre.

II. ÄSTHETISCHE IMPLIKATE DER EMPFINDUNG ALS HISTORISCHEN UND POETOLOGISCHEN PHÄNOMENS

1. GESCHMACK UND EMPFINDUNG IM 18. JAHRHUNDERT

(Geschmack als Metapher – Empfindung als Urteil: „fertige Empfindung" – Begriffsvermögen der Empfindung – Problem des allgemeinen Geschmacks – Universalität von „Ab- oder Zuneigung" – Trennung von Wahrheit und Wahrscheinlichkeit – Sprache [„Begriff"] als Medium der Ähnlichkeit und Unähnlichkeit zwischen Poesie und Natur – Gegenwärtigkeit und Gedächtnis – Proportion und Bildbegriff – vermischte ästhetische Empfindungen – Wirklichkeit und Wahrheit des Besonderen – das Schöne: Ästhetik – Empfindung als Junktim zwischen Literatur und Leben – ästhetische Erkenntnis und Wissenschaft – „Morgenröte" als Medium und Konstitutionsgrund der schönen Empfindung – Bedeutung und Schönheit – Ästhetik und Metaphysik des Individuellen – Deutlichkeit versus Objektivität und Evidenz der Empfindung)

J. Hermand bemängelt in einem Aufsatz über Schiller und die Popularphilosophie, daß die Tradition für Schillers ästhetisch-theoretische Schriften zumeist gerade nur bis auf Kant zurückverfolgt werde, wobei die Abhandlung „Über naive und sentimentalische Dichtung" als eine der letzten Schriften Schillers in ihrer großen Eigenständigkeit gewürdigt werde. Auch hier soll nicht die Beziehung Schillers zur Popularphilosophie des 18. Jahrhunderts untersucht werden. Unserer Anordnung gemäß besprechen wir aus systematischen Gründen Schillers Aufsatz in diesem einleitenden Kapitel. Er ist für uns der systematische Höhepunkt in der Besprechung des Junktims zwischen Dichtung und Empfindung in geschichtsphilosophischer und gattungspoetischer Reflexion – mit der Absicht, „Empfindung gesetzgebend zu machen".[291] Widersprüchlichkeiten werden zu bedenken sein, Rhetorik und Fremdheit in Schillers Begrifflichkeit und erste ‚Abweichungen' der Interpretation müssen kontrolliert werden.

Die Geschmacksdebatte als Tradition der Ästhetik wird historisch eingeschätzt. Kant löst diese Debatte in erkenntnistheoretischer Absicht auf. Wir besprechen seine „Kritik der Urteilskraft" – aber erst im zweiten Teil – aus Interesse an dem *universellen Vermögen der Empfindung* im Gang der wechselseitigen Erhellung des Empfindungsbegriffs beziehungsweise der Empfindungsgeschichte, das heißt am historischen Ort nach Lessing, da Kant dem systematischen Rahmen unserer Arbeit nicht als Vorlage dienen kann wie Schiller, sondern über poetologische Reflexionen hinaus die Perspektive für die Besprechung Hölderlins erweitern hilft.

Eine äußerst verkürzte Skizze der Geschmacksdebatte soll einen Eindruck erwecken, in welch ursprünglich sicher nicht beabsichtigte Dialektik das ästhetisch-anthropologische Denken durch die Respektierung des Empfindungsvermögens gerät.

Unter dem Zeichen des „Geschmacks" führte in Deutschland erstmals J.U. König ein nicht nur privates Empfindungsvermögen ein. Die beanspruchte Allgemeinheit dieses Vermögens war im französischen „goût" schon vorgegeben. Wir fragen nun aber nicht, wie es dazu kam und wem König verpflichtet ist, sondern was diese Aktion für die Geschichte der Subjektivität und ihrer Dialektik bedeutete, um dann an Hölderlin und Musil die Grenzen subjektiver Konstitutionsansprüche aufzeigen zu können, ohne – das ist

291 J. Hermand: Schillers Abhandlung „Über naive und sentimentalische Dichtung" im Lichte der deutschen Popularphilosophie des 18. Jahrhunderts. Abgedruckt in: K.L. Berghahn (Hg.): Friedrich Schiller. Zur Geschichtlichkeit seines Werkes. Kronberg/Ts. 1975. S. 253–279, 253. Das Schiller-Zitat auf S. 257.

äußerst wichtig! – in einen stets im Hintergrund noch vorhandenen frühaufklärerischen Objektivismus zurückfallen zu müssen.

J.U. König führt in seiner Schrift „Untersuchung von dem guten Geschmack in der Dicht- und Rede-Kunst. Anhang zu: Des Freyherrn v. Canitz' Gedichte. Leipzig/Berlin 1727“[292] eine Reihe von Gegensatzbegriffen ein, deren Vermittlung oft sehr sprunghaft vollzogen wird – und konsistent erst in Kants, allerdings ungegenständlicher, Analyse eines universellen (eine jede Erkenntnis zumindest begleitenden) Vermögens gelungen zu sein scheint.

Gottsched, die Gottschedianer, die Bremer Beiträger, die Schweizer bieten spezifische Verlagerungen dessen, was sich bei König in gar nicht unvorteilhafter Schwebe und begrifflicher Unbestimmtheit vorfindet. König verfährt so, daß er sich auf den sensus communis eines Begriffs vom „Geschmack“ als „bekannter massen“ einem „von den fünf äusserlichen Sinnen“[293] beruft. Ungehindert gehen physiologische, erkenntnistheoretische und spekulative Bestimmungen eine Verbindung ein. Der Weg vom „Eindruck“ über die „Nerven“ zum „Gehirn“ und letztlich in die „Seele“ scheint hinlänglich bekannt und gesichert zu sein.[294] Ohne Verzug gelangt König zu der „innerlichen Empfindung“,[295] die Kant als die einzig ihn interessierende wieder „Gefühl“ nennen wird. König kann sich berechtigt fühlen zur Annahme dieser qualitativen Entität, da er, wie auch Gottsched, Bodmer und Breitinger, die *Metaphorizität* des Begriffs ‚Geschmack‘ oder des Ausdrucks, der Begriff werden soll, ebenso erkennt wie seine *Ambiguität*. „Also wird der Geschmack für eine jede Empfindung genommen“.[296] Er sei – auch diese Übertragung ist ein von König erkanntes metaphorisches Verfahren – ein „Gefühl des Verstandes“; in dieser Bezeichnung ist der Weg zur begrifflichen Erfassung des Geschmacks schon vorgezeichnet, obwohl er so vieles „auf einmahl bezeichnet“.[297] Das Beunruhigende und Potente der Empfindung als Geschmack liegt für den Theoretiker, der für diese Sache eintritt, darin, daß die Reflexion der Empfindung sich genötigt sieht, von deren primärer ‚Sprachlichkeit‘ auszugehen, von der bereits in dem natürlichen Sprechen dominierenden Metaphorizität und Ambiguität: Begriff und Diskurs sind von vornherein also Sekundärphänomene auch der *Abhandlung* über potentiell Poetisches. Deshalb stößt König auf unverächtliche Schwierigkeiten bei der Vermittlung, beziehungsweise er umgeht sie durch pure Setzungen. Nachdem er mit „den entfernten beyden Metaphoren“ den Begriff „Geschmack des Verstandes“ gebildet hat,[298] verkündet ein vorschneller rationalistischer Optimismus: „Dann ist es von Natur eine Übereinstimmung zwischen der Beschaffenheit eines uns angenehmen Gegenstandes und der Eigenschaft seines Eindruckes, wie hinwiederum zwischen diesem und unserer Empfindung, die darauf folgt.“[299] (Leibniz' ‚Annäherungstheorie‘ läßt ihn von Adäquation sprechen.) Die selbstverständliche Analogie („wie hinwiederum“), in der die adaequatio rei et intellectus postuliert wird, läßt auch die auf König folgende Diskussion immer wieder zwischen rezeptions-, produktions- und werkästhetischen Bestimmungen changieren. Empfindung – als Geschmackssinn den Menschen

292 Zit. A.v. Bormann (Hg.): Vom Laienurteil zum Kunstgefühl. Texte zur deutschen Geschmacksdebatte im 18. Jahrhundert. Tübingen 1974. S. 179. Aus Bormanns sehr verdienstvoller Sammlung zitieren wir König. Die Sammlung hat zu ihrer Zeit bei der Mannigfaltigkeit der vielen Ansätze und Bemerkungen sehr dazu beigetragen, *einen* Begriff wie den der „Geschmacksdebatte“ zu prägen.
293 Zit. Bormann, a.a.O. S. 17.
294 Ebd.
295 Ebd.
296 A.a.O. S. 18.
297 Ebd.
298 A.a.O. S. 19.
299 Ebd.

immer schon mitkonstituierend – gewinnt ein aus der Geschichte des Bewußtseins nicht mehr zu eliminierendes Vermögen erst, da sie ästhetisch besprochen wird.

König schreibt die *Fähigkeit zu urteilen* der Empfindung zu – gerade eben der Empfindung und nicht dem Verstand. Er assoziiert dabei noch, was eigentlich in ein Begründungsverhältnis zueinander gestellt werden müßte. Geschmack sei „etwas mehrers"[300] als das Urteil: „Dann es bedeutet, nebst der Beurtheilung, auch noch eine gewisse Ab- oder Zuneigung für einen Gegenstand".[301]

Nach Mendelssohn wird Kant im „Gefühl der Lust oder Unlust" nicht nur den Index für den ästhetischen Zustand des Subjekts erkennen, sondern es als universelle Empfindung reklamieren, die all unsere Erkenntnis ursprünglich begleitet – und, nebenbei gesagt, die gesicherteste Position gegen einen gänzlichen Skeptizismus abgeben könnte, so daß der Anspruch auf wahre Sätze oder Wissenschaft vorausgesetzt und gewonnen wird eigentlich aus der Tatsache einer vorhergehenden wahren oder „fertigen Empfindung".[302] Diesen Begriff benutzt König. Es ist höchst bedeutungsvoll, daß er in seiner Zeit diese Art der Empfindung als Urteilskraft entdeckte. Andererseits stellt sich ja das Problem des allgemeinen und „guten Geschmacks",[303] der durch Erziehung, Kultivierung, „Wissenschafft"[304] anerzogen werden soll, während doch die Urteilsfähigkeit der Empfindung „einiger maßen angeboren"[305] sei. Eingeführt mit der Urteilsfähigkeit ist zugleich die Irrtumsfähigkeit der Empfindung. Dieses Problem kann allerdings noch durchaus rationalistisch gelöst werden. „Demnach ist der Geschmack eine fertige und das Urtheil eine bedachtsame Untersuchung".[306] Nun sah aber König im „Geschmack des Verstandes [...] nichts anders, als die zusammengesetzte Krafft der Seele zu empfinden und zu urtheilen".[307] Somit wurde hier kein spezielles Vermögen, das man systematisch hätte integrieren können und müssen, entdeckt, sondern ein universelles, dessen Integration nicht gelingt. Denn die Empfindung ist selbst mit der Gabe der Sagazität (ein Begriff, den Ch. Garve und auch Kant verwenden) ausgestattet: „Aber das, was uns gefällt oder mißfällt, kommt allemahl unserer Überlegung oder Untersuchung zuvor, unsere Seele findet dabey eine Zu- oder Abneigung, ohne die deutlichen Begriffe des Verstandes vorher darüber zu Rathe zu ziehen."[308] Das heißt, die Empfindung liefert, wie auch Gottsched und Bodmer, im Anschluß daran Baumgarten durchaus noch in der Leibniz-Wolffschen Tradition sagen werden, klare, aber nicht deutliche Begriffe.[309] Sie liefert in diesem Sinne keine analytischen, sondern mit Ambiguität versehene Begriffe, also eigentlich Metaphern; immerhin sind sie Träger und Ergebnisse von Urteilen, in denen sich eben „das Vollkommene" des (schönen) Gegenstands derart geltend macht, daß eine „Ueber-

300 A.a.O. S. 23.
301 Ebd.
302 A.a.O. S. 22, 23.
303 A.a.O. S. 22, 25.
304 A.a.O. S. 23.
305 A.a.O. S. 22.
306 A.a.O. S. 24.
307 A.a.O. S. 20.
308 A.a.O. S. 19 f.
309 Das ist ein wenig ungenau gesagt. Für *Descartes* ist Klarheit ein Unterbegriff zu Deutlichkeit, die distinkte Erkenntnisse sichert. Für *Leibniz* gibt es eine verworrene (confusa) und eine deutliche Klarheit. Für *Baumgarten* wiederum gibt es die dann als sinnlich-ästhetische Erkenntnisart aufgewertete klare *und* konfuse Erkenntnis, die sich von der deutlichen durch ihre semantische und sinnliche Fülle, die nicht intensional definiert, also deutlich gemacht werden muß, unterscheidet. Siehe dazu U. Franke: Kunst als Erkenntnis. Die Rolle der Sinnlichkeit in der Ästhetik des Alexander Gottlieb Baumgarten. Wiesbaden 1972. S. 44 ff.; E. Cassirer: Die Philosophie der Aufklärung. Tübingen ^{3}1973. S. 453 ff.

einstimmung zwischen unsern Begriffen und unsern Empfindungen"[310] erzeugt wird. (Kant wird ähnlich argumentieren, aber sozusagen ohne das kosmologische Sicherungsverfahren durch den Begriff der „Vollkommenheit".)

Die Fertigkeit der Empfindung meint also im doppelten Sinne durch „Urtheilungs-Krafft erzeugte Fertigkeit".[311] Diese aber muß nun, da eine Ästhetik erst allmählich eingeführt werden und nicht sogleich als Revolution ihrer selbst und des allgemeinen Denkens überhaupt auftreten kann, eine „Fertigkeit des Verstandes"[312] heißen, welcher zwar „eine jede Sache nach ihrer besonderen Art richtig abzumessen"[313] imstande ist, aber durch „Verknüpfung oder Trennung unterschiedener Begriffe, durch Beweis-Gründe schließt".[314] Die „Kenntniß der Regeln" ist und bleibt unentbehrlich, obwohl schon allein die „Empfindung ein Kennzeichen der Gewißheit"[315] sein soll. Selbst Kant hat – allerdings nicht sehr deutlich – unterschieden zwischen dem reinen Geschmacksurteil, dessen transzendentale Bedingungen er erläutert, und der historisch gebildeten und einzuschätzenden Urteilsfähigkeit des Geschmacks. Diese Unterscheidung – man könnte auch sagen, zwischen dem reinen ästhetischen Urteil und dem Geschmacksurteil im kommunen Sinne – wird uns für die Interpretation der Tragweite seines Ansatzes unentbehrlich werden.

In aller Unvermitteltheit ist dieser Ansatz Königs reflektierter als etwa der von E. Staiger vorgeschlagene Ausgangspunkt bei einem unmittelbaren *Gefühl*, welches die Wissenschaft hernach als „Kunst der Interpretation" zu *begreifen* habe. Die Empfindung liefert durchaus schon Begriffe, anders wissenschaftlicher Verstand sie auch nie verarbeiten könnte. Aber wir sind heute davon entfernt zu glauben, diese Begriffe zu deutlichen, „richtigen",[316] analytischen, beweismächtigen disziplinieren zu können. Diskurskritiken dieser Tage weisen darauf nachdrücklich, wenn auch verspätet hin. Wir halten als geschichtlichen Bestand fest die Entdeckung und das Postulat der Fertigkeit der Empfindung.

Bei allem gegenwärtigen Skeptizismus, langer Weile und der Beliebigkeit eines nur noch aus Meinungen bestehenden Kosmos ist der Universalitätsanspruch, banal gesprochen, von „Zu- oder Abneigung" noch zu spüren. Man darf das vielleicht einmal übersetzen in die ‚Lust der Prädikation'[317] als Reflexion von Gegenständen, die wir nicht nur bestimmen wollen, sondern die als schöne („vollkommene", sinnliche Einheiten) *uns* so *bestimmen*, daß wir uns als „zusammengesetzte Krafft"[318] erfahren. Auch die wahren Sätze des Diskurses, die abgeschmackt und poesielos geworden sind, könnten ursprünglich aus dieser Wahrheit der Empfindung stammen. (Wir werden das auch zu Baumgarten sagen können.)

Für J.J. Bodmer sind „metaphorischer Geschmack oder das natürliche Urtheil"[319] vergleichbar. Auch J.Ch. Gottsched spricht von ersterem.[320] Er übernimmt viele Bestimmungen des Geschmacks von König.[321] Wenn auch die Richtigkeit der Empfindung ratio-

310 König; zit. a.a.O. S. 20.
311 Ebd.
312 Ebd.
313 A.a.O. S. 21.
314 A.a.O. S. 23.
315 A.a.O. S. 21.
316 Ebd.
317 Siehe W. Hogrebe: Die ursprüngliche Lust der Prädikation. In: Akten des 5. internationalen Kant-Kongresses. Teil I, 2. Bonn 1981. S. 731–736.
318 König; zit. a.a.O. S. 20.
319 J.J. Bodmer: Von dem Einfluß und Gebrauche der Einbildungs-Krafft... Frankfurt/Leipzig 1727. (Nachdruck Stuttgart 1966.) S. 18.
320 J.Ch. Gottsched: Versuch einer Critischen Dichtkunst (1730). Leipzig ^{4}1751. (Nachdruck Darmstadt 1962.) S. 120.
321 Für die Zeit bis 1740 vgl. H.-P. Herrmann: Naturnachahmung und Einbildungskraft. Zur Entwicklung der deutschen Poetik von 1670–1740. Bad Homburg v.d.H./Berlin/Zürich 1970. S. 92–161.

nalistisch zu fordern bleibt, so hat König diese Ansprüche von vornherein gelockert hinsichtlich eines Wahrheitsanspruchs der sinnlichen Erkenntnis. Eindeutig wird dieser Gedanke von Gottsched wieder ausgemerzt. Da der „metaphorische Geschmack“[322] „nur mit klaren, aber nicht ganz deutlichen Begriffen der Dinge zu thun hat“, kann die „bloße Empfindung“,[323] die aber – wie noch heute nicht genügend betont werden kann – auch schon ein Begriffsvermögen ist, erst in der „Vernunftlehre“[324] ihre, das heißt gerade nicht mehr ihre, „Fertigkeit“[325] erlangen. Gottsched ist in Verlegenheit: „Ich rechne zuförderst den Geschmack zum Verstande; weil ich ihn zu keiner andern Gemüthskraft bringen kann.“[326]

Kant wird dem Geschmacksurteil, der reflektierenden Urteilskraft überhaupt, keine „Begriffe der Dinge“ mehr zugestehen. Kann aber zum Beispiel das Prädikat „schön“ nur die Beziehung des Gegenstands auf das Subjekt prädizieren? Im strengen erkenntnistheoretischen Diskurs sicherlich. Ist aber der zwar klare, jedoch undeutliche Begriff „schön“, wenn er als Begriff verstanden wird, den die *Geschmacksempfindung* erzeugt, nicht doch als *Begriff der Sache* in aller, wenn auch irrtumsfähigen, Gewißheit postuliert? Erscheint *in ihm* wiederum nicht vielmehr ein ästhetisches und semantisches Postulat der Dinge selbst?

Wenn ja, so muß der Begriff der Bedeutung in Opposition zu dem der Deutlichkeit als Eindeutigkeit gestellt werden. Das tut Gottsched, wenn man so will, allenfalls höchst unfreiwillig. „Er beurteilet; aber alles nach einen Leisten, oder verwirrt durch einander.“[327] Diese zutreffende Kritik I.J. Pyras ließe sich umkehren; dann würde Gottscheds Konzeption doch ein Wahrheitsmoment gegenüber Nominalismen und Empirismen aufweisen. „Ist es nicht höchst unvernünftig, von den Würkungen der Einbildungskraft und des Witzes, wie von den Würkungen der Vernunft zu urteilen?“[328] fragt Pyra. Während von König und Gottsched noch für die ‚Begriffe und Empfindungen‘ durch die Sprachlichkeit der Empfindungen und substantiellen Wirklichkeitssubstrate der Begriffe eine Einheitlichkeit des Denkens ermöglicht wird und damit, wenn natürlich auch subordiniert, doch ein Allgemeinheitsanspruch des Urteils beibehalten wird, muß Pyra der Kunst und der Rezeption „die Lust der Wahrheit“[329] absprechen. So richtig und wichtig dieser Einspruch geschichtlich wurde, da über diese Negation erst allmählich ein eigener poetischer Wahrheitsanspruch formuliert werden konnte, so erleichtert er eigentlich doch nur das rationalistische Spiel: „Das philosophische muß allemal wahr seyn; das poetische nur wahrscheinlich“.[330] Die Metapher des Wahrscheinens, einmal zum Begriff der Wahrscheinlichkeit geronnen, erleichtert es, das Denken der Poesie zu entnehmen und es der Poesie als immer fremder werdendes Verfahren gegenüberzusetzen; womit die Maßstäbe zunehmend poesiefremd, hierarchisch und als partikulare absolut werden. Kants ‚Phänomenalismus‘, in welchem auch die Wahrheit vertretenden Ideen auftauchen, hätten der Diskussion eine ganz gegensätzliche Richtung geben können. Aber die ästhetische und zumal die literaturtheoretische Diskussion wird auch nach Kant im wesentlichen vorkantisch und frühaufklärerisch weitergeführt.

322 Gottsched, a.a.O. S. 120 et passim.
323 A.a.O. S. 121.
324 A.a.O. S. 118.
325 Ebd.
326 A.a.O. S. 123.
327 I.J. Pyra: Erweis, daß die Gottschedianische Sekte den Geschmack verderbe. Hamburg/Leipzig 1743. Zit. Bormann, a.a.O. S. 55.
328 Ebd.
329 A.a.O. S. 56.
330 Ebd.

J.E. Schlegel hütet sich auf sehr interessante Weise vor so schroffen Entscheidungen wie denen Pyras. Er fordert bekanntlich die ‚Unähnlichkeit in der Nachahmung'[331] und auch, wie Pyra, das Wahrscheinliche zum Zwecke des „Vergnügens“.[332] Dieses vermittelt sich bei ihm über ein Wiedererkennen „der allgemeinen Meynung der Leute“.[333] Scheint dies in einer frühen Phase der Konstitution des Subjekts durch die eigene Meinung und deren Konsensfähigkeit durchaus affirmativ gedacht zu sein, so hat Schlegel doch einen modernen Gegenstand der Literatur benannt, der heute kritischer Darstellung fähig ist. Er sagt selbst: „Wenn wir die Beschaffenheit der Begriffe der Menschen untersuchen, so werden wir sie in noch mehrern Dingen falsch befinden.“[334] Schlegel bemerkt, daß die poetische Ähnlichkeit zwischen Nachahmung und Natur nur sprachlicher Art sein kann. Und das Vorbild ist nicht in einer kruden und für sich kompletten Empirie vorhanden. Als solches wäre es gar nicht poesie- und nachahmungsfähig; „alle Empfindung der Aehnlichkeit“[335] ist ambivalent oder sogar mehrdeutig. Nur die *Ähnlichkeit* qua Empfindung mit unserem Begriff, etwa dem des „Herkules“,[336] erweckt Vergnügen, nicht eine quasi empirisch zu verifizierende Ähnlichkeit, der gemäß dieser Herkules ja auch zum Beispiel in seinen schwachen und unbedeutenden Stunden gezeigt werden müßte. Deshalb muß Poesie, um die Empfindung der Ähnlichkeit zu erreichen, den Begriff „gleichsam [. . .] bilden“.[337] Poesie wird also als Mimesis und Fiktion verstanden, hier als „Kunststück, Unähnlichkeit in die Nachahmung zu bringen“.[338] Indem nicht die Sache, sondern die Begriffe von ihr nachgeahmt werden, also Wirklichkeit in ihrer Redehaftigkeit, Mitteilbarkeit und ‚Empfindsamkeit', stellt sich die Frage: „Wovon hat man aber Begriffe, die mit der Sache selbst genau übereinkommen?“[339]

Damit ist der geschichtliche Aspekt menschlichen Wissens zumindest eingeführt, wenn Schlegel seine Frage beantwortet: „Zur Noth von demjenigen, was zu unsern Zeiten geschieht, und auch von diesem nicht allezeit.“[340] Ganz wesentlich in einer der letzten Anstrengungen des Nachahmungsbegriffs taucht hier für die Tätigkeit der Empfindung des Geschmacks, ja des Werks selbst, die Vermittlungsinstanz des Begriffs auf, in dem Wirklichkeit und Literatur ihre Ähnlichkeit finden können. Das bedeutet: Sie werden an sich der Sprache gemäßer und unmittelbar gegeneinander unähnlich. „Ist es aber wahr, daß wir nachahmen, damit andre die Aehnlichkeit unsrer Bilder mit ihren Vorbildern merken, so müssen wir so nachahmen, daß unser Bild mit dem Begriffe, welchen andre von dem Vorbilde haben, übereinkömmt.“[341] Die Intelligenz dieses Programms konnte leicht übersehen werden, da Schlegel sowohl den Begriff des ‚Begriffs' wie den der ‚Unähnlichkeit' scheinbar konventionell einbettet, obwohl es doch überraschen müßte, daß er hier einen Begriff der *Differenz als Vermittlungs*stufe einführt, die nicht selbst wiederum überwunden werden kann und soll.

J.J. Bodmer bedient sich des gleichen Verfahrens wie König, wenn er die Fähigkeit, „Speisen durch die Empfindung zu erkennen“, Geschmack nennt, und sogleich überleitet

331 J.E. Schlegel: Abhandlung, daß die Nachahmung der Sache, der man nachahmet, zuweilen unähnlich werden müsse. In: Neue Beyträge zum Vergnügen des Verstandes und des Witzes. Bd. 1. 5. Stück. 1745. Zit. wird: J.E. Schlegel: Aesthetische und dramaturgische Schriften. Heilbronn 1887. (Nachdruck Nendeln/Liechtenstein 1968.) S. 96–105.

332 A.a.O. S. 101.

333 A.a.O. S. 100.

334 A.a.O. S. 101.

335 A.a.O. S. 102.

336 A.a.O. S. 101.

337 Ebd.

338 Ebd.

339 A.a.O. S. 99.

340 Ebd.

341 Ebd.

zum „metaphorischen Geschmack", der in Fragen der „Beredtsamkeit", „Gedancken" und „Schriften" weniger eine „machinale Kraft" als eine „geübte Fertigkeit" sei.[342] Den bis heute nicht gelösten Streit, ob Geschmack ein angeborenes oder historisch gebildetes Vermögen sei, löst Bodmer lapidar: „alles was natürlich/ist allgemein".[343] Aus welchem Interesse auch immer zielen alle anthropologischen oder universalistischen Begründungsversuche bei der Entdeckung des individuellen Vermögens auf dessen Allgemeinheitsfähigkeit.

Wie aber soll „man durch gute Gründe demonstriren" können, „warum man etwas liebet"?[344] Zumal, möchte man schon einwenden, die „Beredtsamkeit" noch den gleichen Status für ein Geschmacksurteil hat wie die Dichtkunst: Darauf beziehen sich in gleicher Form „der metaphorische Geschmack oder das natürliche Urtheil",[345] „der figürliche Geschmack", „der sinnliche und der Poetische Geschmack".[346] Dennoch soll vom „Gemüthe" nicht gesagt werden können, daß es „einer Machine" gleiche.[347] Denn Bodmer spricht in seinem „Brief-Wechsel" auch von der im 18. Jahrhundert viel bedeutenden Ambivalenz der Empfindung als „etwas leidendes" und „als etwas würckendes".[348] Letzteres „Vermögen des Gemüthes hatte die Natur allen Menschen ohne partheyliche Verkürtzung, oder Vervortheilung mitgetheilet".[349] Aber diesem Allgemeinheitsanspruch mißtraut Bodmer. Die Enttäuschungen der Konsensbildung würden einen „vollkommenen Scepticismus"[350] begünstigen. „Wirft man diese Empfindung zum Richter auf, so muß sie nothwendig entweder unfehlbar seyn, oder zuweilen irren können".[351] Auf kaum etwas wird im Zeitalter der gesunden Vernunft so ausdrücklich hingewiesen wie auf Verderbnis und Krankheit, die sich als die Ausnahmen, welche verbreiteter sind als die Regeln, subversiv so erhalten und durchsetzen, daß sie etwa bei Schiller zum Ausgangspunkt seiner Poetik des Sentimentalischen werden können.

Der „Betrug in der Empfindung" kann auch nicht „durch eine wiederholte und nachfolgende wahrgenommen, und ihm [sic!] gesteuret werden", nur „durch gründliche Schlüsse und Beweise" kann der „krancke Geschmack und die verdorbene Empfindung" einer „Nation gestärcket und wieder hergestellet" werden.[352] Die Regeln befördern, wie auch Gellert auf seine Weise immer wieder mit sanftem Nachdruck vortrug, die Freiheit des Geschmacks, wenn die Menschen nur „die Grundsätze und die Vorschrifft der reinen Vernunfft zur Richtschnur ihrer Urtheile setzen würden".[353] So naiv rationalistisch argumentiert Bodmer; aber dadurch wurde etwas in die Welt gesetzt, deren sie bis heute nicht mehr Herr wurde. Gegenüber den Haupt- und Staatsaktionen der großen allgemeinen Leidenschaften wird die Empfindung als Sensibilität die besonderen Qualitäten der Subjektivität und der Gewißheit des bene vivendi für sich beanspruchen. Übrigens wird gerade durch sie der Gedanke der Geschichtlichkeit, der die Systeme zerstört, eingeführt, obwohl

342 A.a.O. S. 16.
343 Ebd.
344 A.a.O. S. 18.
345 A.a.O. S. 17.
346 J.J. Bodmer: Brief-Wechsel von der Natur des Poetischen Geschmackes. Zürich 1736. (Nachdruck Stuttgart 1966.) S. 11 f.
347 A.a.O. S. 12.
348 Ebd.
349 A.a.O. S. 13.
350 A.a.O. S. 44.
351 Ebd.
352 A.a.O. S. 45 f.
353 A.a.O. S. 13.

hier nur „*ferne die Empfindung* in dem Systema, dem ich das Wort rede, Statt und Platz"[354] haben soll; anstatt ‚obwohl' könnte auch ‚weil' eingesetzt werden. Diese Art der ‚fernen Evidenz' irritiert nicht nur alle Systeme; zumindest sie ist ein Status der Empfindung, der geschichtlich nicht mehr rückgängig gemacht werden kann. Die „naturähnlichen Dinge" wahrzunehmen, soll nun aber bei Bodmer noch eine Sache des Witzes und des Verstandes sein: „die Empfindung wird damit ihrer richterlichen Gewalt entsetzet, und vor den Richterstuhl der Vernunft gefordert".[355] Es ist die Frage, ob wir hier nicht neu ansetzen wollen, nachdem der andere Weg gegangen zu sein scheint; zurück zum „Irrthum der Empfindung", die aber sehr wohl die „Vollkommenheit in der Proportion" spüren kann![356]

Bodmer spricht den „fünff Sinnen", die „unsere ersten Lehr-Meister" seien, die aufklärerische Eigenschaft der Neugierde zu, spezifiziert: eine nicht mehr ganz rationalistische, „aufmercksame Wundergierigkeit/neben einer Liebe zu allem was ihm neu ist".[357] Zuvor hatte er schon gegen zu krude Anthropologismen die Metapher gesetzt: „Die Welt ist eine Academie"; deshalb bleibt es auch auf dieser Folie der traditionellen Buch- und Buchstabenmetapher die Bestrebung, „von jeglichem Dinge einen klaren Begrieff" zu erhalten.[358] Das leistet schon die Wahrnehmung. „Der Sinn des Gefühles reichet uns Begrieffe [...] die subtilsten Gattungen des Geschmackes".[359] Allerdings empfangen wir nach Bodmer „Begrieffe und Empfindungen" nur „von gegenwärtigen Dingen".[360] Nun aber bricht Bodmer nicht gleich die Diskussion ab mit dem Hinweis auf die Gewalt der Vernunft. Er führt eine neue Vermittlungsinstanz ein, welche die Überlieferungsfähigkeit der Menschen nicht von der Empfindungsfähigkeit rigoros abschneidet. Der „Vatter der Menschen" erlaubt nicht nur „Begrieffe und Empfindungen", sondern er hat die Seele auch „mit der besondern Krafft begabet/daß sie die Begrieffe und Empfindungen/so sie einmal von den Sinnen empfangen hat/auch in der Abwesenheit und entferntesten Abgelegenheit der Gegenstände nach eigenem Belieben wieder annehmen/hervor holen und aufwecken kann: Diese Krafft der Seelen heissen wir die Einbildungs-Krafft".[361] Damit gerät der Arrangeur Breitingerscher Ideen in einen erheblichen Konflikt mit der Treue zu den Prinzipien reiner Vernunft, ohne diesen auszutragen.

Zwar seien „insgemein die Vorstellungen der Einbildung nicht so deutlich" wie die der Empfindung, aber sie bekommen „einen grossen Zusatz von Klarheit",[362] so daß wir Wirklichkeit und Nachahmung, Traum und Realität manchesmal verwechseln könnten. Der Leser vergißt, „daß er nur die Beschreibungen der Sachen lieset/und fällt auf den Wahn/ er sehe die Dinge selber vor sich".[363] Das alte Realismusthema der Illusion hat eine Berechtigung, als Wahn der Empfindung diskutiert zu werden, aus der Begriffe, Wahrheit und Überlieferung als stets gewisse, aber doch veränderbare stammen; wohingegen Bodmer und Breitinger diesen Gedanken aus der aporetischen Reflexion der Dichtkunst als „poetischer Schilderey"[364] gewinnen. Genau diese traditionsreiche Sprachreflexion muß

354 A.a.O. S. 53 (Hervorhebung von mir, W.N.).
355 A.a.O. S. 46.
356 A.a.O. S. 54.
357 Von dem Einfluß und Gebrauche der Einbildungs-Krafft, a.a.O. S. 1 f.
358 Ebd.
359 Ebd.
360 A.a.O. S. 3.
361 A.a.O. S. 4 f.
362 A.a.O. S. 6.
363 A.a.O. S. 9.
364 J.J. Breitinger: Critische Abhandlung von der Natur, den Absichten und dem Gebrauche der Gleichnisse. Zürich 1740. (Nachdruck Stuttgart 1967.) S. 8.

verändert werden, um die Voraussetzungen dafür zu gewinnen, die sprachliche Vermitteltheit von Wahn und Wirklichkeit der Empfindung erklären zu können.

Breitinger beruft sich auf die Tradition der Rhetorik, kommt aber ebenfalls von diesem Ansatz zu einer Einschätzung der Empfindung, die er nur mit der bekannten Horazischen Maxime begreifen und theoretisch ‚beruhigen' kann.

„Zahl, Gewicht und Maß" sind die platonischen Kriterien („Nomoi") für die „Übereinstimmung des Mannigfaltigen", welche gegen „Verschwendung" gehalten wird, die auch Quintilian für „straffwürdig" erachtete.[365] Gegen „Zierrath", der „die Aufmercksamkeit" störe, von der „Haupt-Materie" ablenke, hebt Breitinger die „Aehnlichkeit mit dem Urbild" hervor, welche „die Deutlichkeit der Begriffe" garantiere.[366] Nun, vom Urbild zu sprechen, bedarf es bereits einer Vorstellbarkeit der Wirklichkeit als Bild. Was soll in diesem wie in dem Abbild die „Haupt-Materie" sein, konstituiert sich doch ein Bild aus gleichermaßen wichtigen Teilen? Diese ergeben, und in der Poesie sogar sukzessive, eine Vorstellung, die man unter Umständen Bild nennen könnte. Breitinger nennt selbst dafür ein Kriterium: die Notwendigkeit alles Vorhandenen, „daß man nichts hinein schieben, noch was heraus nehmen kan".[367] Daraus entstehe die „Harmonie der Empfindungen", die, so simpel funktioniert noch die adaequatio rei et intellectus, „so wohl in der Welt der würcklichen Dinge, als in einem guten Gedichte, welches uns das Systema einer möglichen Welt vorstellet", eintreten kann.[368] Nur muß die Welt, soll sie kein Traum sein, tatsächlich als Maschine (im Wolffschen Sinne[369]) vorgestellt und die mögliche Welt als System denkbar sein, so daß Bild und Begriff größte Affinität aufweisen. Das können sie aber nicht zugunsten des einen oder anderen, der „Denck-Bilder" oder der „Gleichniß-Bilder",[370] wie Breitinger behauptet. Vermittelt müßten sie beide sein im Begriff der Sprache, genauer dem Begriff prinzipiell metaphorischen Sprechens. So nur kann es eine vernünftige Lust an der unergründlichen Harmonie der Empfindungen geben. Breitinger allerdings sucht deren „Grund-Gesetze".[371]

Die „Denck-Bilder des Verstandes" liefern den „Saamen" auch für die höheren oder tieferen „Grund-Wahrheiten", den „Stof zu den Sätzen".[372] Die Begriffe sollen nicht intensional und isoliert ergründet werden, sondern ihr Wesen offenbaren „nach ihrer Verbindung und ihrem Verhältnis gegen einander".[373] Deshalb hat auch die Einbildungskraft „einer gewissen Logik vonnöthen".[374] Wichtiger, als die Unbestimmtheit dieser Aussagen anzuprangern, scheint mir der Hinweis darauf zu sein, daß die heutige Sprachwissenschaft bei der Bestimmung eines Begriffs von Bedeutung vor denselben Problemen steht.

Das ‚cörperliche Bildniß" stammt ebenso, ist jedoch gegen Breitinger zu sagen, aus „Armuth der Sprache" wie die Begriffe, „die sich nur gedenken lassen".[375] Eine Parallele zieht Breitinger, aber zum Nutzen einer Dichotomie. Wenn nur die „Sinnen-Bilder [. . .] mit einander verbunden werden, so entstehen in der Logik der Phantasie die Gleichniß-Bilder, wie in der Vernunft-Lehre aus der Verknüpfung der Begriffe, die sich gedencken

365 A.a.O. S. 239.
366 A.a.O. S. 241.
367 A.a.O. S. 243.
368 J.J. Breitinger: Critische Dichtkunst. Zürich 1740. Bd. 1. (Nachdruck Stuttgart 1966.) S. 429.
369 Vgl. Herrmann, a.a.O. S. 261 f.
370 Breitinger, Critische Abhandlung, a.a.O. S. 5, 9 et passim.
371 Breitinger, Critische Dichtkunst, a.a.O. S. 428.
372 Breitinger, Critische Abhandlung, a.a.O. S. 5.
373 Ebd.
374 A.a.O. S. 6.
375 A.a.O. S. 7.

lassen, die Sätze hervorwachsen."[376] Erstaunlich, daß solch deutliche sprachliche Übereinstimmungen im Interesse einer Verschiedenheit wahrgenommen werden. Es kann sich wirklich um keinen kategorialen Unterschied handeln. An ihm liegt Breitinger aber sehr viel. Zwar existiere immer nur eine „ziemliche Verwandtschaft", treffe man „in der gantzen Natur nicht zwey einander vollkommen ähnliche Dinge" an, aber es geht ihm darum, „unsere undeutlichen und ungewissen Begriffe klar zu machen".[377] Klarheit war den poetischen Begriffen nie abgesprochen worden, die undeutlich, weil vielbedeutend und homogen sind: Aber dies seien eben nur, wie charakteristischerweise für jeden Versuch der Abweichung von Gottsched ‚eingeräumt' wird, die „wahrscheinliche", während „die wahren Begriffe", also eigentlich die bedeutungsarmen, „in ihrer nackenden Gestalt den Weltweisen" überlassen werden.[378] Und doch sagt Breitinger, ohne etwa den pädagogischen Zweck als Legitimation der Poesie in den Vordergrund zu stellen: „Es giebt eine Menge Dinge, von welchen niemand andere als dunckele Begriffe haben kan".[379] Die Wahrheit als das Wesen der Dinge wird zunehmend aus den Begriffen entweichen, andererseits manifestieren sich Empfindung und Einbildungskraft immer schon in Sätzen. Da Dichtung mit Fiktionen des Wirklichen (siehe auch Schlegel) arbeitet, nicht mit der empirischen Wirklichkeit selbst, insofern also mögliche Welten entwirft, liefert sie klare, aber referentiell undeutliche Anschauungen der Vollkommenheit. Diese Anschauungen haben aber bei M. Mendelssohn den ästhetischen Mangel oder auch Vorzug, daß sie „aus einem Mißfallen an dem Gegenstande, und aus dem Wohlgefallen an der Vorstellung zusammengesetzt"[380] sein können. Es handelt sich um das Paradethema der Trauerspieldiskussion, nämlich die „vermischte Empfindung".[381] Diese ist nicht völlig gleichbedeutend, aber vergleichbar mit Schillers Begriff des „gemischten Gefühls", das bei Schiller prototypische Funktion besitzt – nicht nur in seinen Abhandlungen „Über das Erhabene" und „Über naive und sentimentalische Dichtung", sondern auch in „Über den Grund des Vergnügens an tragischen Gegenständen".

Mendelssohn löst sein Dilemma durch die Einführung des Begriffs der „Vorstellung",[382] wobei die (angenehme oder unangenehme) Empfindung die Beziehung auf die Existenz des Gegenstands und auf das Gefühl des Subjekts herstellt, die im Schmerz „gleichsam in einander fallen".[383] So kann natürlich besonders die Kunst vom „Bewußtseyn des Gegenwärtigen" entsetzen und gleichermaßen den Betrachter an „Täuschungen" gewöhnen,[384] wie es seine „Aufmerksamkeit" zurückrufen kann auf die „Ungleichheit der Materie der Nachahmung von der Materie der Natur".[385] So kann Mendelssohn sogar von dem „Reiz"[386] sprechen, den das Erdbeben von Lissabon erzeugte.[387]

Die Intention auf einen über die Begriffe von Vorstellung und Vollkommenheit sinnlich vermittelten Begriff objektiver Schönheit wird erst Kant aufgeben.

376 A.a.O. S. 8 f.
377 A.a.O. S. 10, 12.
378 A.a.O. S. 12.
379 A.a.O. S. 13.
380 M. Mendelssohn: Rhapsodie oder Zusätze zu den Briefen über die Empfindungen (1761). In: ders.: Ästhetische Schriften, a.a.O. S. 127–165, 130.
381 A.a.O. S. 137 ff. et passim.
382 A.a.O. S. 127.
383 A.a.O. S. 130.
384 A.a.O. S. 134.
385 A.a.O. S. 135.
386 A.a.O. S. 127.
387 Vgl. a.a.O. S. 128, 133.

Mendelssohn spricht in der „Rhapsodie“[388] gar nicht mehr so entschieden von der Unterlegenheit oder Überlegenheit der „sinnlichen Erkenntnis“,[389] die das Gefühl vervollkommne und die er doch zwischen dem Erkenntnis- und Begehrungsvermögen ansiedelt mit dem ausdrücklichen Hinweis, daß sie es mit den Phänomenen zu tun habe, weshalb ihren Urteilen Sicherheit allenfalls aus der „Gewohnheit“[390] zukomme. Neben dieser könne eben nur die „anschauende Erkenntniß“[391] Beweggründe zu tugendhaftem Verhalten liefern. „Die sinnliche Erkenntniß kann gleichfalls mächtiger werden, als die Vernunft, 1) durch die Menge der Merkmale, die wir wahrnehmen, 2) durch ihre beständige Gegenwart, und 3) durch die Geschwindigkeit, mit welcher wir uns alles das Gute vorstellen, das in einer sinnlichen Erkenntniß enthalten ist.“[392]

Damit könnte gerade die sinnliche Erkenntnis, wenn sie sich, so müssen wir hinzufügen, auf Welt als Vorstellung *oder* Darstellung totaler Realität bezöge, – Beweggründe zur Tugend bereitstellen, nach Mendelssohn, in anhaltenden Übungen oder durch „anschauende Erkenntniß“. Diese verfährt problematischer, als er zunächst zugibt. „Geschichte“ oder „Dichtkunst“ scheinen noch das Vermögen bestimmender Urteilskraft zu besitzen, wenn sie nur die Aufgabe haben, Begriffe in Beispiele zu verwandeln. Doch das Verhältnis von Besonderem und Allgemeinem ist auch für Mendelssohn komplizierter. Es gilt, vom Besonderen auf Besonderes zu schließen. Die anschauende Erkenntnis „ist auch überdem trüglich, indem unsere Urtheilskraft leicht verführt werden kann, wenn sie sich mit Beyspielen ohne Beweise begnügt. Endlich kommen die Beyspiele so leicht nicht ins Gedächtniß zurück, um so oft es nöthig ist, in den Willen wirken zu können. Wenn unsere Seele von dem Besondern auf das ähnliche Besondere kommen will; so nimmt sie ihren Weg durch das Allgemeine. Denn da die beiden besondern Fälle nur in dem Allgemeinen übereinkommen; so findet unsere Einbildungskraft keinen andern Uebergang, als von dem Besonderen aufs Allgemeine, und sodenn vom Allgemeinen auf einen andern ähnlichen Fall, der jenem das Beyspiel seyn soll.“[393] Fehlt heute auch das tertium comparationis des Allgemeinen, so bleibt der Weg der Bestimmung für das Geschmacksurteil nach wie vor eine metaphorische Methode der Übertragung. Das Ähnliche muß begriffslos ähnlich sein, insofern es auch ein Besonderes ist. Das Dilemma zwischen Diskursivität und Metaphorizität für die Beobachtung besonderer Empfindungen als Darstellungen der Welt ist damit wissenschaftlich etabliert.

Das zwischen Erkenntnis- und Begehrungsvermögen lokalisierte Empfindungsvermögen strebt, die „objektivische Beschaffenheit der Sache“ mit „unserm Begriffe“[394] zu identifizieren und dabei gegebenenfalls die Objekte zu verändern. In der Weise, wie sich Empfindung auf Objekte beziehen lasse, könnte sich auch die „Erdichtung“ auf „unser Empfindungsvermögen“ beziehen; dieses verschafft „Lust oder Unlust“.[395]

388 Diese Erweiterung der Schrift von 1755 („Über die Empfindungen“) ist die wichtigste Abhandlung für unser Thema. Vgl. auch L. Pikulik: „Bürgerliches Trauerspiel“ und Empfindsamkeit. Köln/Graz 1966. S. 76 ff.; dazu Sauders Stellungnahme, a.a.O. S. 170 ff.

389 Mendelssohn, a.a.O. S. 136.

390 A.a.O. S. 159.

391 A.a.O. S. 129, 143, 157 et passim.

392 A.a.O. S. 158. Den Begriff der Fertigkeit, der im 18. Jahrhundert für die Empfindung eine große Rolle spielt, versteht Mendelssohn folgendermaßen: „Eine *Fertigkeit* bestehet in einem Vermögen, eine gewisse Handlung so geschwinde zu verrichten, daß wir uns nicht mehr alles dessen bewußt bleiben, was wir dabey vornehmen.“ (A.a.O. S. 159)

393 A.a.O. S. 165.

394 Siehe auch Mendelssohns Kollektaneenbücher „Ueber objektive und subjektive Unterhaltungsfähigkeit“ (1776) und „Über das Erkenntnis-, das Empfindungs- und das Begehrungsvermögen“ (1776). In: Ästhetische Schriften, a.a.O. S. 270 f. u. 271 f., 271.

395 Ebd.

Mendelssohn erkennt hierin kein mögliches Substitut für Wahrheit; „bey der Vorstellung des *Schönen*“ solle man nicht „all zu sehr auf das *Wahre*“ sehen.[396] Doch sehen wir hier unausgearbeitet zwei komplementäre Gedanken. Erstens haben die Gegenstände „eine objektive Fähigkeit, uns zu beschäftigen“.[397] Zweitens könnte einmal theoretisch bedacht werden, was Mendelssohn nur andeutet: inwieweit Empfindungen oder Bedeutungen eine Ähnlichkeit haben oder sogar strukturell identisch sind mit den menschlichen Wünschen. Mendelssohn konstatiert eine „tote Kraft des Wunsches“, wo „das Moment“ der „Empfindnisse [. . .] selbst = O“ ist.[398]

„Sinnliche Erkenntniß hat subjective den höchsten Grad der Gewißheit und Evidenz.“[399] Der Objektivitätsanspruch solcher Gewißheit bezieht sich „blos auf Harmonie“.[400] Diese kann aber nur als Produkt einer menschlichen Intersubjektivität verstanden werden; „nicht blos individuell [. . .], sondern wenigstens in dem gegründet, was die Menschen unter allen diesen gemeinschaftlichen Umständen gemein haben“.[401]

Sind „Wunder“ wahr, wenn viele an sie glauben, Träume hingegen nicht wahr beziehungsweise „Schein“, weil „blos subjective oder gar individuelle Ideenverbindung [. . .] prädominirt“?[402]

Das Problem der Subjektivität ist nicht mehr rationalistisch zu lösen, aber auch nicht allein durch die Einführung einer Kommunikationskategorie wie der der Intersubjektivität, denn wenn wir wach sind, träumen wir vielleicht gerade. Der Wirklichkeitsbegriff ist nicht mehr leicht zu bändigen. Mendelssohn führt in einer sehr späten Notiz an: „Heraklit behauptete, daß wir alle nur so lange, als wir wachen, eine einzige gemeinschaftliche Welt hätten, und daß ein jeder im Schlaf und Traum gleichsam in seiner eigenen Welt verkehre“.[403]

Die annähernd traumhaft wirkende Einzelheit wird verbunden mit der geradezu maschinell gesicherten Ordnung der Welt im Begriff der Schönheit.[404]

Es existieren durchaus während der Domäne des Rationalismus ahnungsvolle Formulierungen vor Kant und Schiller. „Jede Regel der Schönheit ist zugleich eine Entdeckung in der Seelenlehre.“[405] Die nicht nur psychologischen und anthropologischen, aber auch nicht logischen Erkenntniswerte des Ästhetischen[406] wird Kant philosophisch präziser bestimmen und dabei die Bestimmbarkeit selbst eingrenzen. Gerade Kant rekurriert dabei wieder auf den Begriffsgebrauch von „Geschmack“, nicht auf den von „Ästhetik“, den er in der „Kritik der reinen Vernunft“ gegenüber dem „vortrefflichen Analyst Baumgarten“[407] der Lehre von der Sinnlichkeit vorbehielt. Das ist um 1790 fast schon ein später Rückgriff auf den Geschmacksbegriff, der außer Kurs geraten ist. Bei Schiller ist verächtlich von den „Zaunhütern des Geschmacks“ die Rede; schon Baumgarten wollte keine Regeln des „bloßen Geschmacks“ liefern. Er installierte den Begriff der Ästhetik als

396 A.a.O. S. 272.
397 A.a.O. S. 270.
398 A.a.O. S. 272. Zum Begriff „Zero“ als Nichtbewußtsein siehe auch „Über die Empfindungen“, a.a.O. S. 60 f. u. 76 f., 100 f. et passim.
399 „Über Wahrheit und Schein“ (1781). In: Ästhetische Schriften, a.a.O. S. 272–274, 273.
400 Ebd.
401 Ebd.
402 Ebd.
403 A.a.O. S. 272 f.
404 Ein von Ch. Wolff vermittelter Gedanke. Vgl. Herrmann, a.a.O. S. 261 f.
405 M. Mendelssohns ‚Über die Hauptgrundsätze der schönen Künste und Wissenschaften‘. Zit. O.F. Best: Einleitung zu: Ästhetische Schriften, a.a.O. S. 14.
406 Siehe auch H.J. Schneider: Moses Mendelssohns Anthropologie und Ästhetik. Zum Begriff der Popularphilosophie. Münster Diss. 1970. S. 146–167 („Erkenntnistheorie“), S. 248–251 („Kritik an der Baumgartenschen Ästhetik“).
407 B 35 Anm.

Wissenschaft beziehungsweise philosophischer Disziplin. In systematischer Hinsicht ist eigentlich hiermit die Geschichte der Geschmacksdebatte beendet und geht in eine Geschichte der Ästhetik über, deren Begründer neben und nach Baumgarten gerade Kant ist, obwohl er eine ‚Kritik des Geschmacks' schrieb.

In der Zeit während und nach Lessings Produktion wirken im wesentlichen nur Winckelmann und Herders Diskussionen des Geschmacks.[408] Besondere Wirkung haben Winckelmann und Herder auch für die auf die Aufklärung folgenden Epochen. Ein weiterer Grund, sie hier nicht ausführlich zu besprechen, besteht darin, daß in ihren Schriften schon eine eigene Entwicklung des Empfindungsbegriffs neben der Besprechung des Geschmackssinns einsetzt. Während das Interesse am ‚Geschmack' nachläßt, wird erstaun-

408 J.J. Winckelmann setzt auf die Vermittelbarkeit von „Grazie" (Von der Grazie in den Werken der Kunst [1759]. In: Winckelmanns Werke in einem Band. Hg. H. Holtzhauer. Weimar/Berlin ^{2}1976. S. 48–55. Siehe auch: Abhandlung von der Fähigkeit der Empfindung des Schönen in der Kunst und dem Unterrichte in derselben, a.a.O. S. 138–165) und Vernunft, Genie und Geschmack. Neben dem seit König gängigen Thema von angeborenen und erwerbbaren Vermögen wird auch das zweite Thema angeschlagen, nämlich die Ordnungsfähigkeit des Geschmacks sowohl gegenüber bloßer Undeutlichkeit der Empfindung wie gegenüber den produzierenden Kräften des Genies (vgl. a.a.O. S. 159, 165).
Pocht Winckelmann auf den pädagogischen Auftrag gegenüber auch dem Schönheitsempfinden, so stellt Herder eben solche Bildungsfähigkeit der Empfindung in den weiteren diskursiven Rahmen solcher Überlegungen, die die Geschichte des Geschmacks und des Empfindens betreffen. „Wer lehret uns das große Naturgesetz der Veränderungen des Geschmacks aus der Geschichte?" (Ursachen des gesunknen Geschmacks bei den verschiednen Völkern, da er geblühet [1775]. Werke, a.a.O. Bd. 5. S. 595–655, 599.) Bekanntlich inhärieren seinen Geschichtsvorstellungen durchaus organologische Naturvorstellungen. Diesem Denken entstammt auch sein Schönheitsbegriff, wobei er weiterhin für eine ‚Physiologie der Erkenntnis- und Seelenkräfte' plädiert. (Schon Herders Dissertation widmete sich einer ‚Philosophie der Physiologie'; siehe auch Herders sinnesphysiologischen Grundlegungsversuch der Literaturreflexion im vierten „Kritischen Wäldchen" und die sich im „Journal meiner Reise" [1769] dokumentierende ‚Übergangsphase'.)
Dabei ist Schönheit ein ‚langsamer Begriff'. Als Ordnung der Geniekräfte muß es zu diesem Begriff erst kommen. Die Gesetzlichkeit der Seelenkräfte muß sich stets neu herstellen, bleibt aber der Bezugspunkt geschichtlicher Prozesse und Urteile. Dadurch entsteht so etwas wie eine evolutionäre Zyklentheorie, in der sowohl die Spontaneität wie die Traditionalität beachtet wird. In seiner Abhandlung über das „Erkennen und Empfinden der menschlichen Seele" (Bd. 8, a.a.O.: vgl. I, 2. c.) von 1774/75 wird er der Empfindung „erste Empfängniß" von „Aehnlichkeit" (S. 170) der Welt mit uns zugestehen, einen „inneren Reiz" im „Fibernbau" (S. 172), der sich anders als ein banaler äußerer Reiz wie „Ebbe und Flut" (S. 173) bewege, wie das nichtmechanische „Atemholen", das als „geistiges Band" (S. 174) nicht erklärt, nur geglaubt werden könne, – „ohne welches der Sinn weder zum Gegenstande, noch der Gegenstand zum Sinne innig gelangen könnte" (S. 186). Gegen die Abenteuer in der „Pathologie der Seele" plädiert Herder für die Dichter als wahrhaftere Physiologen (182 f.). Herders durchaus auch psychosomatisch (vgl. S. 192) einsichtige Thesen müssen wir qua Interpretation zunehmend in eine eigene Rationalität transformieren, in der die Sprache nicht nur ein Wink ist, durch den der (wirkliche oder geträumte: S. 193, 213 f.) Gegenstand zu uns kommt (S. 197). Die Ehe zwischen Empfinden und Denken nennt Herder gesund (S. 233; vgl. 213 ff.). „Einigen drückenden Empfindungen entgehn zu wollen, dadurch, daß man die Bürde dieses Lebens abschüttelt, ist ein gefährlicher Schritt, denn Träume, wie Hamlet sagt, oder wie wir sagten, Empfindung und Gedanken müssen wieder kommen" (S. 234). Gesund, aber: „Der tiefste Grund unsres Daseins ist individuell, so wohl in Empfindungen als Gedanken", und „so rasen wir alle sehr vernünftig" (S. 207).
Eine ‚literarische Physiologie' könnte der metaphorische Titel für viele noch unausgearbeitete Perspektiven lauten, zum Beispiel könnten in geschichtlichen Interpretationen quasi ontologisch zu charakterisierende Momente des Empfindens aufgesucht werden.
Wir wollen aber jetzt kurz auf den systematischen Abschluß der Geschmacksdebatte in der Ästhetik (Baumgarten) schauen, um dann mit einer historischen Linie der *literarischen* Empfindung beginnen zu können. In nuce, war behauptet worden, sind Grenzen und Möglichkeiten des Theoretisierens über Empfindung schon bei J.U. König zu studieren. *Erweiterungen* können sich nur durch gezielt *restringierte* Untersuchungen ergeben wie der ästhetischen Kants oder der gattungspoetischen Schillers. Falls man nicht aus der Dichtung selbst lernen will . . .

licherweise der Empfindungsbegriff nicht wesentlich weiter entwickelt, obwohl er in allen psychologisch und annähernd ästhetisch orientierten Schriften eine Frequenz wie kein zweiter aufweist. Das mag zum einen an der anhaltenden philosophischen Degoutierung liegen, zum anderen gerade an seiner besonderen Qualität der Unbegrifflichkeit. So haben wir zwar noch nicht einmal viele Versuche zu einer Theorie der Empfindung, wohl aber ständige Berufungen auf Empfindung bis ins 20. Jahrhundert, auch was die Fundierungsvorschläge für Gattungspoetiken betrifft.[409] Von geistesgeschichtlichen bis zu morphologischen, biographisch-positivistischen bis lebensphilosophischen Bemühungen, vermittelt zumeist durch Goethes Diktum von den „Naturformen der Poesie", werden Konstitutionsverhältnisse vermutet und behauptet, an denen Bedürfnis und Anstrengung abzulesen sind, die sich auf den Ort eines vermuteten Junktims richten zwischen Literatur und ihren wechselnd favorisierten Kontexten; ob diese extensiv ‚Gesellschaft', ‚Zeit' und ‚Volk', ‚Leben' oder intensiv ‚Erlebnis' genannt werden. Weder wird bis heute u.E. bei den Theoretisierungsversuchen Schillers Anmerkung (zur Idylle) genau gelesen noch Hölderlins avantgardistisches Scheitern im Diskurs über Empfindung beachtet; geschweige denn die Entwicklung der Empfindung in literarischen Texten selbst untersucht, falls diese nicht gerade einmal offensichtlich geschichtliche Inversionen betreiben, also etwa im Heineschen Sinne die Reimmöglichkeiten von „Herz" parodistisch ausnutzen.

Aber, anders als der ‚Geschmack', hat ‚Empfindung' einen Beziehungsreichtum zu allen relevanten ästhetischen Fragen bewahrt. Noch deutlicher als ‚Geschmack' ist ‚Empfindung' ja das Ingrediens der „Ästhetik". Auf den Wortsinn dieser Bezeichnung geht A.G. Baumgarten unmittelbar und ausführlich ein. Baumgarten, „so recht ein Kind seines Jahrhunderts",[410] überliefert uns nicht nur heute vielleicht wieder interessierende Momente eines ‚relativen Determinismus'. In ihm und mit ihm erscheint (zum Abschluß dieses Kapitels) nicht nur die Zeit von 1680 bis 1750, nicht nur eine ‚metaphysische Koryphäe' („metaphysicorum coryphaeum" nennt ihn Kant in seiner Habilitationsschrift[411]), sondern er betreibt unter dem Titel der „Ästhetik" eine Lehre von, wie wir sagen würden, Empfindung als Erkenntnis. Er macht erstmals wieder den systematischen Versuch, Rhetorik mit dem Wahrheitsanspruch, doxa mit episteme zu vermitteln. Verständlicherweise konnte und sollte bei dem Autor einer „Metaphysik" (1739) und einer „Ethik" (1740) eine „Ästhetik" (1750/58) nur unter der Bedingung entstehen, daß die ästhetischen Postulate in Konkurrenz zu metaphysischen zu bringen sind. Auch dieser Streit wird von Kant gelöst werden. Wir beachten jetzt nicht so sehr das, was Baumgarten noch nicht zur Entscheidung brachte, als vielmehr die ästhetischen Rechte der „evidentia aesthetica", die er schon einführte.

Baumgarten will nicht „über den blossen Geschmack diskutieren"; eine Ästhetik des „schön Gedachten" umfasse ein weiteres Gebiet als das „der Rhetorik und Poetik" (§ 5).[412] Sie ist „Kunst" sowohl als auch „Wissenschaft", eben eine „Fertigkeit" (§ 10), zu der man „geboren" (§ 11) wird. Es entsteht eine Undeutlichkeit. Nicht immer ist streng zwischen dem Theoretiker und dem Künstler, Diskurs und Kunst selbst unterschieden (vgl. § 68, 71, 503). Es gibt noch schöne Wissenschaft und nicht nur Kritik.

409 Vgl. K.R. Scherpe: Gattungspoetik im 18. Jahrhundert. Historische Entwicklung von Gottsched bis Herder. Stuttgart 1968. S. 269–274; dazu w.u.

410 B. Poppe: Alexander Gottlieb Baumgarten. Seine Bedeutung und Stellung in der Leibniz-Wollfischen Philosophie und seine Beziehung zu Kant. Nebst Veröffentlichung einer bisher unbekannten Handschrift der Ästhetik Baumgartens. Münster/Borna/Leipzig Diss. 1907. S. 1.

411 Zit. Poppe, a.a.O. S. 2.

412 Wir geben die zitierten Paragraphen im fortlaufenden Text an. Zitiert wird nach der deutschen Übersetzung bei H.R. Schweizer: Ästhetik als Philosophie der sinnlichen Erkenntnis. Eine Interpretation der ‚Aesthetica' A.G. Baumgartens mit teilweiser Wiedergabe des lateinischen Textes und deutscher Übersetzung. Basel/Stuttgart 1973.

Erheblich ist gerade der Mangel eindeutiger Festlegungen dieser Fertigkeit. Sie ist auch wohl „Kritik", und zwar „logische" (§ 5). Insofern es natürlich noch um „Regelung" geht, dominiert die Auffassung als Wissenschaft (§ 8). Doch ist damit nicht nur eine neue Disziplin gegenüber einer normativen Poetik gefordert, sondern sogleich auch ihr Gegenstand: „Erkenntnis, welche zuerst die Schönheit zum Ziele hat" (ebd.). Zwar wird diese bekanntermaßen als „analogon rationis" bezeichnet, aber es soll gerade nicht eine Läuterung oder Überführung in logische, d.i. deutliche Erkenntnis veranstaltet werden. Ästhetik soll sein und bleiben „die Wissenschaft der sinnlichen Erkenntnis" (§ 1); es geht um „sinnliche Deutlichkeit" (§ 629), um „die Leuchtkraft, die Klarheit und die Deutlichkeit [. . .], *aber die ästhetische*" (§ 614; Hervorhebungen von mir, W.N.). Weder der reine Begriff noch das gänzlich Artikulationslose sind ästhetisches Gebiet: „Um diejenigen Vollkommenheiten der sinnlichen Erkenntnis, die so tief verborgen sind, dass sie uns überhaupt dunkel bleiben oder dass wir sie nur denkend betrachten können, kümmert sich der Ästhetiker als solcher nicht." (§ 15)

Einerseits fehlt hier zum Beispiel der Schillersche transitorische Optimismus, der Empfindung als zukünftige Wahrheit veranschlagt (vgl. „Die Künstler"). Andererseits beharrt Baumgarten auf der Eigenständigkeit ästhetischer, sinnlicher, geschmacklicher Erkenntnis. Das allerdings noch um den Preis ihrer minderen Einstufung als verworrener Erkenntnis, die jedoch schon universellen Ansprüchen genügt, ja eben auch Vollkommenheit, als Zusammengesetztheit oder Ordnung der Dinge überhaupt (vgl. § 24), in der Erscheinung erkennt. „Das Ziel der Ästhetik ist die Vollkommenheit (Vervollkommnung) der sinnlichen Erkenntnis als solcher. Damit aber ist die Schönheit gemeint." (§ 14) Ästhetik ist im Leibnizschen Sinne ontologisch gerechtfertigt. „Die Schönheit der sinnlichen Erkenntnis und die Feinheit der ästhetischen Gegenstände selbst stellen zusammengesetzte Vollkommenheiten dar, und zwar allgemeingültige." (§ 24) Man darf sich von dem scheinbar übermächtigen philosophischen Hintergrund dieser Töne, der auch die Geschmacksdebatte bestimmte, nicht täuschen lassen. Sie sind neu. Und wir erkennen die Chance, den *präzisesten Ausdruck der Empfindung in der Literatur* finden zu können, wenn wir sie nicht nur semantisch (Teil I: Bedeutung), sondern auch ästhetisch (Teil II: Schönheit) als Inbegriff von Gegenstand und Erkenntnis ausgewiesen finden.

Vielleicht können einige Ansätze heute wieder zur Geltung gebracht werden, wenn man sie auch aus einem *voraus*gesetzten Determinismus zu lösen hätte. Baumgarten nennt seinen Anspruch als Aufgabe, den „universalen und allgemeingültigen Schönheitsbegriff" (§ 17) zu prüfen. Zwar hat Baumgarten für das Denken des Schönen und das schöne Denken nur die hoffähigen, scheinbar diskreditierenden Namen des Rationalismus, aber er erkennt die im Empfindungsbegriff abgelagerte universelle Notwendigkeit des Empfindens: der „Erkenntnis überhaupt" haftet „notwendigerweise ein Rest verworrenen Denkens" (§ 7) an; „sinnliche Empfindungen" sind „ein so bedeutender Teil der menschlichen Erkenntnis" (§ 6). Die „Verworrenheit" sei die „Mutter des Irrtums" (§ 7); sie ist jedoch nicht als Beliebigkeit, Willkür, Chaos treffend charakterisiert, denn sie kann durchaus klare Begriffe liefern, die aber im Sinne der Eindeutigkeit undeutlich bleiben. Zum Ersatz dafür bleibt sie aber „eine unerläßliche Voraussetzung für die Entdeckung der Wahrheit" (ebd.). Wir sind geneigt, folgenden Satz als *Gesamtmetapher der Baumgartenschen Ästhetik* zu nominieren: „Aus der Nacht führt der Weg nur über die Morgenröte zum Mittag." (ebd.)[413]

413 Die Metapher der Morgenröte als Medium der ästhetischen Erkenntnis taucht beispielsweise in pädagogischen Zusammenhängen auch bei Winckelmann auf (a.a.O. S. 147). In der Helle des Mittags scheint aber auch für die ‚Erwachsenen' kein guter Aufenthalt mehr möglich zu sein. Nietzsches Zarathustra fühlt sich dort wohl. Da es aber um die Konstitution des Menschen (bei Mendelssohn und Lessing: durch vermischte Empfindung, Mitleid) geht – und noch nicht um die

Von hierher mag eine Interpretation der ‚Deutlichkeit', die auf einen logischen oder analytischen Begriff bezogen ist, gestattet sein. Die Morgenröte, eine frühe Schwester der Hegelschen Dämmerung, verschafft die Klarheit eines Gesamteindrucks, sozusagen schöne Konnotationen, in denen die Dinge gegründet erscheinen, bevor sie als einzelne ausgemacht werden und bestimmbar sind. Die Empfindung eines Ganzen liefert eine Fülle von Bedeutungen „in Folge der Angefülltheit der Welt" (Leibniz). Deutlichkeit erscheint heute nicht mehr so wünschenswert angesichts der Defizite technischer und jargonhafter Weltbeherrschung. Sie ist Gegenbegriff zur Ambiguität, Bedeutungsfülle. Ihre Leistung am Mittag ist eine sekundäre, stets abgeleitete. Insofern ist auch heute Erkenntnis wieder auf Kunst rückführbar. In Dichtung erscheint die Natur des Lebens zwar zwielichtig, aber als Zusammenhang. Erst später und um den Preis dieses Zusammenhangs entstehen die Begriffe, welche deutlich die distinkten Identitäten der Dinge verbürgen oder erzwingen. Der referentielle Gegenstandsbezug, der Satz der Identität, ohne Zweifel auch eine interpretatorische Leistung, tritt immer erst in Geltung, nachdem wir die *Dinge* schon empfunden haben, aber nicht als sie selbst, sondern *in ihrer Bedeutung* für eine Empfindung der von der „lux aesthetica" erhellten und zusammengehaltenen Welt. Darin liegt der primäre Gegenstandsbezug: In Wirklichkeit ist schon, was wahr werden könnte.

Eines der wichtigsten Begehren und Temperamente des Ästhetikers nennt Baumgarten die „Begeisterung für das Bedeutende" (§ 45). Von primärer Relevanz sind gerade nicht die referentiell erschlossenen Gegenstände oder „Sachen", sondern Schönheit als in Erscheinung tretende „Harmonie der Gedanken", das heißt die „Übereinstimmung [. . .] unter sich zur Einheit" (§ 18). So können – was für Baumgartens Zeit keineswegs selbstverständlich ist: „hässliche Dinge [. . .] als solche schön gedacht werden" kraft der „Morgenröte", die, eigentlich nur Medium, alles Interesse auf sich zieht; weiterhin begeistert die Harmonie „der Reihenfolge", der „Disposition", der „Ordnung" selbst und darin die der „Ausdrucksmittel" (ebd.) und letztlich sogar die vertikale Harmonie all dieser Harmonien.

Vollkommenheit ist *ein* Grund der Empfindungen.[414] „Die ästhetische Wahrheit erfordert die absolute und die hypothetische Möglichkeit ihrer Gegenstände, soweit sie sinnlich erfasst wird. Jede Möglichkeit erfordert Einheit" (§ 439).

Erst von der Romantik werden in der Neuzeit wieder kosmologische Ansprüche eines jeden ästheticons formuliert werden. Baumgarten spricht bereits von einer „heterokosmischen Wahrheit" (§ 411). In der Fiktion kann der Kosmos Wahrheit und Individuum zugleich sein. („Wir haben schon einmal angedeutet, dass es eine Art ästhetische Notwendigkeit gibt, nicht nur dasjenige darzustellen, was vollständig gewiss und im strengen Sinne wahr ist" (§ 491), lautet eine zurücknehmende, aber doch auch innovativ zu lesende Äußerung.)

Baumgarten führt einen vermittelnden Begriff ein. „Die ästhetikologische Wahrheit ist entweder die Wahrheit der Allgemeinbegriffe und der Begriffe überhaupt, auch der allgemeinen Urteile, oder die Wahrheit der Einzeldinge und der individuellen Vorstellungen" (§ 440). Nun heißt es aber: „je allgemeiner [. . .], desto weniger metaphysische Wahrheit" (ebd.). Besonders das Verfahren der Interpretation könnte man gut als ästhetikologisches bezeichnen. Der Ästhetiker nun zieht nach Baumgarten „den allgemeineren, den abstraktesten und umfassendsten Wahrheiten die bestimmteren, weniger

des Übermenschen – , ist uns die Metapher der Morgenröte für den Konstitutionsgrund vorerst lieber.

414 Schweizer zit. unter § 24 den § 444 der ‚Metaphysik' Baumgartens: „In der ‚besten Welt' herrscht nicht nur die ‚grösste', sondern auch die ‚am meisten zusammengesetzte Ordnung'".

allgemeinen, weniger abstrakten und den allgemeinen überhaupt die individuellen so weit wie möglich“ (ebd.) vor. Trotz des Leibnizschen Hintergrunds ist diese Favorisierung des Individuellen äußerst erstaunlich. Das Motiv dazu liegt in der „ästhetischen Würde“ der „Bedeutsamkeit und [. . .] Fülle“ (ebd.). In der Empfindung erscheint eine Einheit als Mannigfaltigkeit sinnlicher Bedeutungen. Baumgartens Schrift könnte einige Veranlassung bieten, ein neues Konzept für die Vermittlung von Hermeneutik und Ästhetik zu entwerfen. ,,In dieselbe Richtung wird er [der Ästhetiker] durch das Prinzip des Reichtums geführt, denn je bestimmter ein Gegenstand ist, den man vor sich hat, desto mehr Unterschiede und daher auch mehr Merkmale kann man in das schöne Denken über ihn miteinbeziehen.“ (ebd.) Es ist vom Hang des Ästhetikers zum Individuellen die Rede – hier wohl nicht als bürgerliche Resignationserscheinung zu qualifizieren. ,,Die Wahrheit des Einzelnen ist entweder die Wahrheit des Innern des grössten und besten Seienden oder der schlechten zufälligen Dinge. Die zufälligen Dinge werden nur dann als Einzeldinge vorgestellt, wenn sie Möglichkeiten einer uneingeschränkt ganzen Welt darstellen.“ (§ 441)

In der Auswahl unserer Zitate unterstützen wir absichtlich die Argumente für ein Denken im Sinne und im Lichte der „Morgenröte“, in der sich wieder wohl fühlt, wer in der grellen Mittagssonne die Dinge äußerst scharf gesehen hat und dann – geblendet – sie schon nicht mehr sieht. Hier jedoch ist ihm angeboten, in einem zunächst zufälligen Gegenstand die ganze Welt zu sehen. Dagegen – „was bedeutet die Abstraktion anderes als einen Verlust?“; ,,die Gegenstände methodischen Denkens“, „und zwar in Form von Allgemeinbegriffen“, mußten „mit einem grossen und bedeutenden Verlust an materialer Vollkommenheit“ (§ 560) erkauft werden. Die Klarheit und Bedeutung des als schön Empfundenen erweist sich nicht in der Reinheit eines stets weiter zu steigernden, ‚fortschrittlichen‘ Denkens, sondern durch Fülle. „Alle ästhetische Leuchtkraft, die man in den Sachen zur Geltung zu bringen sucht, liegt also in der sinnlichen Deutlichkeit der Dinge selbst, in der Klarheit, die durch die Menge der Merkmale an Umfang gewinnt“ (§ 18). Wir lesen das als einen höchst modernen Gedanken über die Vermittlung von Komplexität und Prägnanz. Das Konkrete ist das Bedeutende in präsenter Fülle, die nicht im Fortschritt des Denkens gesteigert oder geläutert oder zu sich gebracht werden kann. Baumgarten verwendet häufig die Metaphern der „Frische“ und des „Glanzes“ (§ 618 et passim) – neben der der „Fülle“. Die Fülle erscheint stets anarchisch und doch (an-) geordnet, nicht überbietbar. Sie erscheint zufällig, überraschend und zeigt doch die ganze, fertige Welt. Dieser konnte man eine Atmosphäre zusprechen, die tendenziell in jeder Empfindung vermittelt wird. Im Lichte einer neu gewonnenen Bestimmbarkeit durch die Empfindung macht sich das Gefühl der Bestimmtheit des in der Empfindung Vermittelten geltend. Die Identität von Macht und Ohnmacht der Poesie könnte hinsichtlich dieses Gedankens besprochen werden.

An den „individuellen Erscheinungen“ bemerken die Sinne ,,eine unbegrenzte Fülle bedeutender Einzelheiten“ (§ 559). Deren „vollkommene Klarheit“ müßte nun nicht mehr „irgendein Allgemeinbegriff“ (ebd.) erstellen. Der Allgemeinbegriff ist durch die Empfindung selbst zu substituieren, aus deren poetischer Fassung wohl wiederum Begriffe entspringen mögen. Ästhetik und Interpretation könnten die Aufgaben der Philosophie übernehmen. – Auch Philosophie bestände dann in einem umfassenden Sinne aus Ästhetik und Interpretation. Man könnte auch so formulieren: Hermeneutik – in einem auch auf Hegel zu applizierenden Sinne – könnte in sich Ästhetik und Metaphysik, die Wissenschaften der Sinne und Ideen aufheben.

Wenn es wahr wäre, daß hinsichtlich der Kunst die Aufgabe des ,,Allgemeinbegriffs“ von der Empfindung übernommen wird, so wäre Poesie als Sprechen die schärfste Probe dieses Anspruchs. – Baumgarten scheint, wenn auch nicht ausdrücklich, einen Unterschied wie den zwischen bestimmender und reflektierender Urteilskraft anzugeben. Beschäftigt sich das wissenschaftliche oder das rationale Denken überhaupt „hauptsächlich" mit „Allgemeinbegriffen", „in denen ihr Gegenstand enthalten ist", so geht die ästhetische „Aufmerksamkeit vor allem auf die untergeordneten Begriffe, die derselbe *Gegenstand unter sich* zusammenfasst." (§ 569; Hervorhebungen von mir, W.N.) Zwischen solchen Zeilen drängt sich die Einsicht auf, daß alles Denken als analogon aestheticae zu verstehen ist. Die „ästhetische Denkart" gehe „in der Weise quer durch die Wissenschaften hindurch, dass man sagen kann, ungefähr in jeder Wissenschaft beginne die ästhetische Denkart dort, wo die logische aufhört" (ebd.).

Die mittägliche, logische Denkart ist nicht ohne Ende, die ästhetische ist eine des Übergangs selber; allgegenwärtig macht sie besonders auf sich aufmerksam an den Anfängen und Enden der Eindeutigkeit, die in den Zuordnungen von Gegenständen zu Begriffen erreicht wird. Die poetische Empfindung bietet in ihren Metaphern die Gegenstände selbst als Manifestation von „Begriffen", wie Baumgarten sagt, als unendlich bedeutende, könnten wir sagen. Diese Art der Rationalität des Individuellen, vor der sich die Wissenschaften zu legitimieren hätten, kann sich nach Baumgarten auf dreierlei Weise realisieren. „Das unbedingte, auf ästhetische Erkenntnis gestützte Streben nach Wahrheit tritt, im Verhältnis betrachtet, auf der höchsten Stufe auch seiner materialen Vollkommenheit und in seiner höchsten Intensität in der historischen Art und Weise, ästhetisch zu denken, in die Erscheinung." (§ 580) Die Historizität des ästhetischen Denkens, also wiederum sowohl der Kunst, insbesondere der Poesie, als auch der Theorie, ist Merkmal zugleich der Darstellung und des Dargestellten als

1) Beschreibung „vergangener Einzelereignisse" (ebd.),
2) Darbietung eines „gegenwärtigen Geisteszustands" (ebd.),
3) „Utopie" (§ 584) eines „Zukünftigen" (§ 580).

Baumgarten bezeichnet diese Denkarten als „entweder historisch im engeren Sinne oder empirisch oder mantisch" (ebd.).

Schillers Utopie des Vergangenen stützt sich häufig auf die Erinnerung an die Poesie Homers. Gerade in dessen Epen erschien die Mantik als Vorform einer Rationalität, die durch Dichtung tradiert und erneuert wird. Denkt man sich diese dreierlei Arten vereinigt in einem Artefakt poetischer Empfindung, so ist der Ästhetiker angehalten, semantisch die „heterokosmische Wahrheit" der Empfindung zu interpretieren, indem er die mantischen Potentiale der Dichtung im gegenwärtigen Zustand von Vergangenem freilegt. Vergangenes taucht anarchisch auf in der (augenblicklichen) individuellen Empfindung, deren poetische Ordnung aber ohne Begriffe und Anweisungen Deutung der Zukunft ist. Man könnte dies eine Gnade der Gegenwart nennen, eine bis heute höchst unmerklich gewordene eschatologische Lust am Anbruch des Tages, in den hinein die Nacht noch wirkt.

Obwohl Baumgarten vorgehalten werden kann, weder streng zwischen subjektiven und objektiven Vermögen unterscheiden noch die Stellung des sinnlichen Subjekts exakt expliziert zu haben, hat er nicht nur nachhaltig die Kategorie des Individuellen als nicht auflösbare oder subsumierbare Zusammengesetztheit eingeführt, sondern dieses Individuelle als Gegenstand wissenschaftlichen Denkens habilitiert.[415]

Die begriffliche Vagheit der Bedeutungen muß nicht mehr bloß als Defizit, sie kann auch als ursprünglicher Reichtum empfunden werden. Nachdem und immer wenn die mühsam errungenen referentiellen Identitätssicherheiten unsicher zu werden beginnen, tut sich in der einzelnen Empfindung eine archaische Sprachfähigkeit kund, die auf Poesie tendiert. In dieser ist zu erfahren, daß der ästhetische Bezug auf Gegenstände dem ratio-

415 Vgl. Franke, Kunst als Erkenntnis, a.a.O.

nalen vorhergeht, daß dieser aber keinen anderen Grund als jenen hat. Auch in Schillers schon einmal genanntem Gedicht „Die Künstler“ beginnt Wirklichkeit mit der Schönheit, dem Ideal der Sinnlichkeit; sie konstituiert sich allererst ästhetisch in der Empfindung. Dem Begriff gegenüber ist die Empfindung undeutlich, und zwar um so undeutlicher, je objektiver und evidenter sie ist.[416]

416 Diese Objektivität und Evidenz nun können sich in die Unbestimmtheiten des Lebens verlieren, die etwas kategorial Verschiedenes zu der in begrifflicher Hinsicht von Baumgarten erläuterten Undeutlichkeit der Kunst sind. Letztere gewinnt Prägnanz als Werk – und das ja sogar in der Poesie auf die allgemeinen *und* differenzierten Weisen, die wir Gattungen nennen.
Relativ früh diente der Empfindungsbegriff im Verein mit dem Nachahmungsbegriff einer Differenzierung in der Gattungspoetik. Ch. Batteux zum Beispiel unterscheidet hiermit noch (wie heute wieder K. Hamburger) die lyrische Poesie von den im eigentlichen Sinne mimetischen Gattungen, in denen Handlungen nachgeahmt werden. Auch bei Gottsched, Mendelssohn und J.J. Engel sind nicht nur Handlungen, sondern auch Empfindungen Gegenstände der Dichtung (siehe Scherpe, a.a.O. S. 261). Es gibt sogar „genaue Vorschriften für die Art der Verknüpfung von Haupt- und Nebenempfindungen“ (ebd.), eine bis zu Schiller reichende Tradition. So wird dann nicht nur Lyrik, da sie auch nachahmt, in das Gattungssystem integriert, sondern Empfindung als bedeutender Gegenstand zunächst auf Lyrik als ‚analogon actionis‘ beschränkt. Baumgarten übrigens liefert als erster in Deutschland die triadische Einteilung (Epos, Lyrik, Drama) in seiner Dissertation von 1735 („Meditationes Philosophicae de Nonnullis ad Poema Pertinentibus“). Erweitert kann der Empfindungsbegriff Gegenstand aller Gattungen werden, denkt man an die durch Baumgarten ausgelöste Gattungskritik, die von seinem Diktum von der „oratio sensitiva“ herrührte. Zwar zumeist psychologisch verstanden, ist dies doch eine Gegenstandscharakterisierung, die sich gegen die Anwendung normativer Begriffe sperrt. Auch Gottsched hatte ja „Gemüthskräfte“ als Ursprung der Poesie bezeichnet. Sie kamen aber nur in Betracht, sofern sie sich einer strengen Läuterung auf begriffliche Wahrheit hin unterziehen ließen.
„Johann Adolf Schlegel, Sulzer und Herder wenden Baumgartens Ästhetik als ‚Wissenschaft von der Empfindung‘ ins Psychologische.“ (A.a.O. S. 265) Das ist (von Scherpe) sehr einseitig gesagt. Aber richtig sind Scherpes Hinweise, daß Sulzer zum Beispiel die „Launen“ der Dichter als Grundelemente für den Aufbau der Gattungen einführt, Herder eine Poetik plant in strenger Analogie zum „Bau der menschlichen Seele“. Nicht nur eine subjektivistische Wende scheint damit einzutreten, sondern die Ablösung sowohl rhetorischer Darstellungskriterien als auch des Nachahmungskriteriums für die Einteilung der Poesie. – Zunehmend wirkt auch die historische Einmaligkeit der Produkte als Irritation. So tritt schon bei Herder und auch bei Humboldt (vgl. seine Abhandlung über „Herrmann und Dorothea“, siehe w.u.) das erkenntnistheoretische Problem zutage, intentionale Gattungsbegriffe aus einzelnen Vorkommnissen gewinnen zu müssen. Empfindungen zu beschreiben, indem man ihre literarische Geschichte als die verschiedener Gattungen beobachtet, heißt gattungsorientierte Literaturgeschichte zu schreiben, die weder nur historisierend noch nur psychologisierend verfährt (wie noch J. Petersen, der 38 Dichtungsarten fand). Weder gibt es gattungslose Empfindungen, noch nennen die Gattungsbezeichnungen direkt die Realität darstellender und dargestellter Empfindungen. Sie sind weder reine Gattungen noch gänzlich gattungslos vermischt.
Schiller versucht ja in seiner Anmerkung (zur elegischen Dichtung, die ja nicht widerspruchslos mit der großen Anmerkung zur idyllischen Dichtung zusammenstimmt: siehe das folgende Kap.) ein nicht primär dichtungsorientiertes Sprechen über Dichtung, also ein etwa nur psychologisches Besprechen von Themen und Verfahren in der Poesie hintanzuhalten. Dieser Gefahr scheint sogar Herder – ob der Physiologe oder der Geschichtsdenker – nicht ganz zu entgehen, wenn er wie dann F. Schlegel durch „Assoziation der Gattungsbegriffe“ „Entwicklungsstufen der Geschichte und Dichtungsgeschichte“ (Scherpe, a.a.O. S. 271) parallelisieren möchte, die sehr schnell wie etwa bei E. Staiger (siehe I, 3. b.), aber auch andernorts nach dem ersten Weltkrieg zu Grundbegriffen überhaupt werden konnten und damit leicht zu Stützen willkürlicher Weltbilder – eine, so scheint es, besonders im Dreierschema stattfindende, höchst deutsche Erscheinung.
Es muß sich zeigen, ob eine poetische Konsistenz von Empfindung durch Gattungen, Epochen, individuelle Gesamtwerke hindurch und in ihnen zu erkennen ist, ohne in die Fehler geschichtsphilosophischer Spekulationen, anthropologischer Vermutungen, von Gattungstypologien oder historisierenden Originalitätsbestimmungen zu verfallen. Denn Dichtung erkennen wir nicht nur als Archiv der Empfindungen, sondern gleichermaßen als Konstitution des Empfindens. Dabei zeigen sich die Wirklichkeitsbezüge der Dichtung als ihre Idee. Jenseits spezifischer Einflüsse neh-

2. GATTUNG UND EMPFINDUNG IN SYSTEMATISCHER HINSICHT (SCHILLERS TOTALISIERUNG DER ANALOGIE)

(Vollständiger Ausdruck der Menschheit – Antithetik und Medialität von Empfindung, Dichtung, Geschichte, Natur – Einteilungsgründe: Idee und Geschichte – Darstellung als Reflexion der Reflexion – Überraschung – Teil und Ganzes – Wirklichkeit der Idee und Objektivität der Empfindung – Erwartung als „gemischtes Gefühl“ – der „naive Ausdruck“ – Sprachlichkeit als Natürlichkeit – Natur als Subjekt – das Sentimentalische und Naive des Metaphorischen – Autonomie als Antimedialität – Empfindung als Gesetz – intentionale Identität von Empfindung und Gattung – Widersprüche als Wirklichkeitsbezüge – „das energische Prinzip“ – Vollständigkeit des Teils – Schönheit und Wahrheitswunsch)

Er rede von keinem anderen *Begriff der Poesie* als dem, „der Menschheit ihren möglichst vollständigen Ausdruck zu geben“ (S. 437).[417] Wie nicht mehr anders möglich, verschafft Schiller der Literaturtheorie hiermit einen *intentionalen Begriff*, den er teils auf dialektische Weise, an manchen Stellen seiner Ausführung nur zwiespältig zu entfalten versucht. Das Entscheidende an diesem Versuch ist für uns die Fundierung der Poesie in menschlichen Empfindungsweisen, und das durchaus nach Abschluß der Epoche der Empfindsamkeit.[418] Sollte Literatur implizit als Geschichte an der Vervollständigung des Ausdrucks gearbeitet haben, sollten wir den Begriff der Poesie in deren Geschichte besitzen, so hat sich gezeigt, daß die Empfindung durch die Gattungen hindurch diese konstituieren kann, ohne an sie als ihre notwendige Konsequenz gebunden zu sein. Gattungs-

men wir Tradition wahr in der Vergleichbarkeit solcher sich verändernder Bezüge. Diese selbst können als Empfindungen verstanden werden. Erst unter dieser Voraussetzung kann *auch* eine Identifizierung oder Analogisierung von Gattung und Empfindung einsetzen. Wir haben also keinen neuen Titel für unser Verfahren, machen nur auf die hermeneutische Gleichrangigkeit der ästhetischen Verhältnisse zwischen verschiedenen Texten hinsichtlich Epoche, Gattung, Autor aufmerksam. Ein wenig favorisiert wird im folgenden die Gattung als Intention eines einzelnen Textes und als objektivierteste Weise der Empfindung, schon allein aus dem Grunde, weil bisherige biographische (Autor) oder sozialgeschichtliche (Epoche) Versuche zur Erklärung der ästhetischen Verhältnisse der Empfindung nicht annähernd eine solche Tragweite und ‚Modernität‘ aufweisen wie Schillers selbst nicht immer konsistente Hinweise auf die poetische Konsistenz der Empfindung als Gattung.

417 Die Zitat-Stellen werden direkt im Text mit Seitenzahlen belegt. Zitiert wird „Ueber naive und sentimentalische Dichtung“ nach: Schillers Werke, Bd. 20, a.a.O.

418 Da uns nach dem kurzen Einblick in die Theoriegeschichte der Empfindung während der Anfänge der Ästhetik in Deutschland Fortgang und Spezifizierung dieser Geschichte zur Gattungstheorie interessiert, weil das für die nach Zeit, Autor und Gattung gegliederte Anlage dieser Arbeit von Bedeutung ist, vernachlässigen wir so manches andere reichhaltige Material, hier besonders Schillers Briefe über die ästhetische Erziehung des Menschen, die wir nur kurz noch einmal im Kant-Kapitel zitieren. Eine stringente geschichtsphilosophische Ergründung von Dichtarten hatte es nicht gegeben, eine andere, nicht nur kulturgeschichtliche von Empfindungsweisen gibt es bis heute nicht.
Heute ist nicht nur zu sagen, daß das Naive das Sentimentalische ist (P. Szondi: Das Naive ist das Sentimentalische. Zur Begriffsdialektik in Schillers Abhandlung. Zuletzt abgedruckt in: ders.: Schriften. Bd. 2. Hgg. J. Bollack u.a. Frankfurt a. M. 1978. S. 59–105), sondern daß das sentimentalische Verhältnis des Menschen zur Welt selbst auf seine prozessuale Überwindung tendiert, nun aber nicht mehr zum Ideal oder zur natürlichen Wirklichkeit hindrängt, die Schiller dialektisch vermitteln möchte. Unsere Auffassung geht dahin, daß die Empfindung in den Trauerspielen schon geschwätzig oder paradoxal erscheint, in Hölderlins Oden zur Selbstempfindung des Sprechens wird und in Musils Erzählungen gleichermaßen begleitende ferne Evidenz des Tuns und das Tun selbst ist. Und das scheint mir vorerst der Weisheit letzter Schluß zu sein.

gebunden ist sie in umgekehrter Weise, da sie durch die Dichtart konstituiert wird. Diese Möglichkeit ist bei Schiller ausdrücklich zugegeben (vgl. S. 466 f.; siehe dazu w.u.).

Der Diskurs reicht nicht weiter als zu solchen formellen Bestimmungen. Schillers Abhandlung ist teilweise rhetorisch, die Argumentationsfolge bricht ab, kann in ständigen Neuansätzen sich scheinbar erhalten, weil Schiller immer wieder auf Oppositionsverhältnisse und letztlich auf das Verhältnis von Dichtung und Empfindung rekurriert. Hölderlins Diskurs bleibt unvollendet, weil er die „Verfahrungsweise des poëtischen Geistes" nicht mehr derart antithetisch verstehen kann. Das Naive und das Sentimentalische zum Beispiel sind stets da aufgehoben, wo Empfindung Dichtung geworden ist. Da das aber nicht etwa gemäß der Schemata ‚Erlebnis und Dichtung' als ein Übersetzungsverhältnis zu verstehen ist (von etwas in Sprache), ist sogleich umgekehrt – und über Schiller hinaus – zu sagen, daß Empfindung konsistente Erfahrung nur wird als Dichtung; von dieser her sich erst ergibt. Wenn wir immer schon sprachlich empfinden, empfinden wir auch schon immer Sprachliches als Wirklichkeit. Und Dichtung bringt dieses Empfinden so zu seiner höchsten und gemäßen Erscheinung, daß Sprache als Sprechen empfunden werden kann und sich selbst als Empfindung gibt. (Zu solchen Annahmen wurden wir zwar durch Schillers Konzeption des Idyllischen gereizt, aber sie gelten natürlich für alle Dichtung, wie ja auch Schiller *Gattungen* nur *als Akzentuierungen* des ‚sentimentalischen Verhältnisses' oder des „gemischten Gefühls" zuläßt.)

Dichtung als „möglichst vollständiger Ausdruck" ist nicht in sich theoretisch weiter auf den Begriff zu bringen, ohne wieder auf Empfindungsweisen zu rekurrieren.

Es ist untersucht worden, wie sehr die Entdeckung Schillers und gleichzeitig sein Entwurf der Empfindungsweisen als gattungspoetisch und geschichtsphilosophisch zu besprechende Dichtarten mit Aporien und Begriffsantinomien behaftet sind.[419] Dennoch liegt in Schillers Ansatz eine große theoretische Chance. Ebenso, wie man das Satirische nicht mehr als restringierte historische Gattung, sondern als Intention, die vielerlei Gattungen innewohnt, interpretieren kann,[420] – können die anderen Dichtarten, hier insbesondere die elegische, im Kern aber die idyllische, nunmehr als Idee und geschichtliche Wirklichkeit der Menschen verstanden werden, sofern man streng darauf achtet, wie wenig Schiller im heutigen Sinne psychologisiert oder eine Lebensphilosophie entwirft.[421] Gerade Schillers scheinbar entwicklungspsychologische Beispiele (‚das Kind') dienen keinen genetischen Kausalerklärungen, sondern sind sowohl ontogenetische wie phylogenetische Utopien: Es geht ihm um *„Kindlichkeit, wo sie nicht mehr erwartet wird"* (S. 419; dazu w. u.). Der Begriff der negativen Erwartung, die an kein Wunschprogramm gekoppelt ist, rechtfertigt einen solchen des Wartens, das – als „Annäherung zu einer unendlichen Größe" – gleichbedeutend mit „Fortschritt" (S. 438) sein kann. Denn ähnlich den Kleistschen Ansätzen im „Marionettentheater" ist in solcher Haltung der unendliche Fortschritt des Ganzen inbegriffen als der eine Zusammenhang von „Gliedermann" und „Gott", deren Abstand zur Theorie führt beziehungsweise die Abhandlungen verursacht. Unter der Bedingung des Zusammenhangs ist der Fortschritt als einer im

419 Vgl. G. Lukács: Goethe und seine Zeit. Bern 1947. S. 78–109; O. Sayce: Das Problem der Vieldeutigkeit in Schillers ästhetischer Terminologie. In: Jahrbuch der deutschen Schillergesellschaft 6 (1962). S. 149–177.

420 Vgl. die Schriften von Arntzen, a.a.O. (siehe Anm. 2).

421 Auch als kleine Gattung hat das Idyllische ‚gewirkt'. Obwohl zumeist mindere Artefakte aufweisend, ist die Geschichte der Idylle bis in heutige Umgangssprache vorhanden geblieben. An den Verzerrungen erkennt man die ungeheure Wirklichkeit von Gattungsintentionen, die des engeren trotz der Vorstellungskraft idyllischen Empfindens gerade nicht brillant literarisch realisiert werden konnten. (Siehe aber auch den Versuch der Adaptation gerade auf ‚das Drama': H. Kraft: Über naive und sentimentalische Dichtung. In: Studien zur Goethezeit. Festschrift für L. Blumenthal. Hgg. H. Holtzhauer / B. Zeller. Weimar 1968. S. 209–220.)

„Ausdruck“ zu denken – bis hin zur „Grazie“ (bei Schiller S. 425; dazu w.u.), also doch als ein Fortschritt der Empfindungsweise.

Man hätte sich die Lösung einiger Aporien versprechen können, wären Schillers Überlegungen konsequenter auf einen Sprachbegriff gegangen, wie ihn W. v. Humboldt dann entwickelte.[422] Er hätte vielleicht schon *in allem* Sprechen ein „gemischtes Gefühl“ (S. 416, 441) bemerkt. Dieses, so unsere These, bringt Literatur intentional zur Evidenz und zu transparenter Totalität.

„Vollkommenheit“ (S. 414, 428, 438 et passim), oder historisch neutraler: Vollständigkeit als Selbständigkeit, ist demnach nicht ein Modus, der ‚in the long run‘ realisiert wird, sondern am Orte des Werks. Darauf nun mag Schiller allein den naiven Dichter verpflichten, der das Erreichbare als ‚endliche Größe‘ (s. S. 438) wirklich erreicht. Aber welche Funktion hat sonst die Idee des Naiven im *Sentimentalischen*, ist doch letzteres erst die *Möglichkeit*, Empfindungen *zu empfinden*, den eigenen Modus zu vergegenständlichen (vgl. S. 431)?

In der Empfindung liegt das Wissen, das ihr einstiger Modus zu dem geworden ist, was im Objekt gesucht wird. In diesem auch überindividuellen Zirkel erhält der Empfindende sich: wartend, sich kultivierend usw. Er weiß, da er sich seiner selbst als Empfindender bewußt ist, von der Differenz, geschichtlich: zu den Alten, genetisch: zur Kindheit, ontologisch: zur Natur. Im ganzen geht es um die Differenz zwischen Produzieren und Werk, zwischen Reflexionsgeschichte und Empfindung.

Die geschichtlichen und differentiellen Potentiale der gedichteten Empfindung hat Schiller freigelegt. Das gelang vielversprechend gerade darum, weil er die Empfindungsweisen nicht ohne Bezug auf die Darstellung von ‚Ganzen‘ (Dichtung), die (im Plural) nach Humboldt jede Rede bildet, dachte.

Die alten Bezeichnungen der „Dichtungsarten“ beziehen sich bei Schiller nur auf die jeweils „herrschende *Empfindungsweise*“ (S. 449). Auch jene versteht Schiller nicht als nachträgliche Klassifizierungen eines anthropologischen Chaos. Von diesem Ansatz aus geht Schiller weiter, um nun umgekehrt einzelne Dichtungen als Arten von Empfindung je nach der herrschenden Intention zu beschreiben.

Es ist fast von theoretischem Vorteil, wenn es unsere Aufgabe auch nicht gerade erleichtert, daß Schiller oft dichotomisch verfährt, wobei für den ganzen ‚Stamm, der sich solchermaßen gabelt‘, stets nur unausgeführte Begriffe wie der der „Idee der Menschheit“ (S. 437 et passim) eingesetzt werden. (Und dieser soll zugleich den geschichtlichen Gang der Menschheit und des einzelnen Menschen ausdrücken [vgl. ebd.].) Auf die Frage ‚was ist Empfindung‘ müssen wir auf verschiedene Dichtarten in verschiedenen Epochen der Neuzeit zeigen. Auf die Frage ‚was ist Dichtung‘ zeigen wir auf verschiedene Empfindungsweisen. Wir geraten unversehens von einer Frage in die andere. Aus einem solchen Kontinuum des Geratens und Wartens besteht vielleicht das, was wir hernach einmal als unsere Geschichte und „Idee“ werden akzeptieren können. –

Trotz vielfacher Bezüge geht Schillers Interesse von Anfang an über eine empiristische und psychologische Ästhetik hinaus.[423] Dabei hilft eine sofortige Differenzierung von „Sinnen“ und „Empfindung“ (S. 413), die eigentlich erst die Natur als Natur wahrnehmen und lieben läßt. So hat die Empfindung im allgemeinen Verstande ein Wahr-

422 Siehe unser Kap. I, 2. c.; zu Humboldts Gattungsverständnis siehe vom ‚frühen Humboldt‘: „Zustand allgemeiner Beschauung entgegengesetzt dem Zustande einer bestimmten Empfindung“. Abschnitt 55 in: ders.: Ästhetische Versuche. 1. Teil. Ueber Göthes Herrmann und Dorothea. Gesammelte Schriften, a.a.O. Bd. 2. S. 113–323, 228.

423 Vgl. den Aufsatz von W. Düsing: Ästhetische Form als Darstellung der Subjektivität. Zur Rezeption Kantischer Begriffe in Schillers Ästhetik. In: Berghahn (Hg.), Friedrich Schiller, a.a.O. S. 197–239, bes. S. 198, 230.

nehmungssubstrat, ist sie andererseits aber Prädikator einer Identität durch die Einzelheiten der Erscheinung hindurch. Sie verschafft nicht „unmittelbar durch Betrachtung" (S. 414), sondern durch Mittelbarkeit eben doch die Erfahrbarkeit von Ideen, die an anderer Stelle nur dem Vermögen der Vernunft zugesprochen wird. Zusätzlich noch auf den Typus des „feineren Menschen" (S. 413) bezogen, wird, vielleicht ungewollt, das Geschmacksurteil spezifischen historischen, kultivierten Bildungsstufen vorbehalten. Neben dem Wahrnehmungs- und Vernunftsubstrat besitzt die Empfindung die Vermittlungsqualität des Gefühls im ausgezeichneten Paradigma der Liebe. Das ist, nebenbei erwähnt, mehr als „Empfindsamkeit" (S. 415). Die einzelnen Gegenstände („Natur in Pflanzen...", S. 413) sind Verkörperungen und Repräsentationen. Aber wir lieben nicht sie, sondern das Ganze, was in ihnen jeweils erscheint. Wir empfinden mithin in der „Betrachtung" den Begriff einer Idee. Das wäre unsprachlich gar nicht nachvollziehbar – und ist dennoch kein subjektiver Idealismus.

Um die Frage, wie und für wen sich auf diese Weise Wesen und Erscheinung vermitteln, kreisen die ästhetischen Versuche bis heute. Schiller sagt: durch Überraschung; wenn man „in künstlichen Verhältnissen und Situationen mit dem Anblick der einfältigen Natur überrascht wird" (ebd.). Später wird er das Naive der Überraschung von dem der Gesinnung (vgl. S. 417–424) zugunsten des letzteren differenzieren (auch von Kants Begriff des Naiven als Opposition zur Verstellung beeinflußt; siehe die Anm. S. 417f.). Doch erscheint „Überraschung" hier als notwendiger positiver Gegenbegriff zu dem, den Schiller von der Zeit als Entfremdung hat. Wenn von Empfindung die Rede ist, kann die Idee durchaus als wirkliche Idee vorgestellt werden, das Eigentliche als Einfaltung des Vielfältigen oder das Vielfältige als Entfaltung der einen Idee, die übrigens nicht nur in „Mineralen", sondern auch in „Denkmälern der alten Zeit" (S. 3) anzutreffen ist. Von vornherein ist die Empfindung nicht nur wie für Hegel („Enzyklopädie") ein magnetisches und tellurisches, sondern ein ästhetisches Vermögen. Dabei bleibt die Entscheidung – und das muß sie wohl – zwischen diesem als kosmischem oder subjektivem Vermögen ganz in der Schwebe. Dieser Umstand aber berechtigt uns, alle Hoffnungen auf die Empfindung zu setzen. Sollte sich erweisen, daß sie mit Dichtung in einem wechselseitigen Generierungsprozeß steht, so hätten wir bei aller Freiheit an der Kunst die Wirklichkeit unseres uranischen und tellurischen Verhaftetseins zu studieren; aber nur, falls wir Ideen haben.

Der naive Dichter verhält sich gerade unempfindlich (siehe S. 433, vgl. auch S. 440 f.). Er ist Medium (siehe S. 432 f.). Er kann unwesentlich, gleichsam nichts sein, wenn eine Verbindlichkeit namhaft gemacht werden kann, die als Ganzes oder Allgemeines menschheitsgeschichtliche oder epochale Geltung besitzt. Wenn solche Verbindlichkeiten als Kosmos oder allgemeine Bewußtseinsstrukturen wegfallen, würde sich das Medium selbst eigenmächtig als Substanz, Struktur, System, Programm setzen müssen. Ist aber das Subjekt als Rechtsgrund der Geschichte erst einmal anerkannt worden, dann auch kann die Berufung auf Subjektivität/Individualität/Personalität keine mehr auf Spontaneität sein.

Wie legitimiert das Subjekt, welches sich tendenziell als selbständig und vereinzelt erfährt, seine Sätze und sein Tun? Durch Reflexion. Es ist keine andere Verbindlichkeit zu erhoffen als die der Reflexion des Subjekts, dessen Idee es ist und bleibt, Übereinstimmung mit der Welt als ganzer und sinnhafter zu empfinden.

Ohne daß die beiläufige Relativierung, es möge wohl noch einige wilde Naive geben (S. 435), sehr ins Gewicht fällt, liegt in diesem geschichtsphilosophischen Sachverhalt der Grundriß für Schillers Dichtungs- und Empfindungsverständnis. Der Dichter stellt die Reflexion dar. Darstellung ist Reflexion nicht nur subjektiver Reflexionen, sondern des geschichtlich objektiven Reflexionsverhältnisses. Sie entnimmt diesem ihre Objektivität im Maße der Gegenständlichkeit der Reflexion qua Empfindung.

Da also Empfindung gegenüber den Sinnen als Vermittlungsinstanz beansprucht wird, muß *sie* in der Entfremdung die *wirkliche* Idee zur Erscheinung bringen. – Das „Bestehen der Dinge durch sich selbst" (S. 413) ist eine aus der Kunst des künstlichen Zeitalters entstandene Leitidee. Es handelt sich dabei um eine eigentümliche, vermittelte Autonomie; um eine sowohl moralische als auch ästhetische Idee. Die Idee der Einheit mit sich selbst ist kein unmittelbares Ideal, denn „wir sind frey und sie sind nothwendig" (S. 415). Auf dieser Folie unternimmt Schiller nun einige Geschichtsprojektionen, zum Beispiel auf die *„Kindlichkeit, wo sie nicht mehr erwartet wird"* (S. 419). Die Unendlichkeit *möglicher* Bestimmung und Entwicklung rührt uns. Das Empfindungsvermögen ist hier dem der Vernunft näher, während der Verstand uns sagt, es handele sich auch bei dem Kind nur um eine Addition zu dem zufälligen, historischen Gesamtvolumen; die *Erwartung* werde umschlagen in die *Feststellung* von etwas Bestimmtem. Aber aus beiderlei Insinuation entsteht gerade das *„gemischte Gefühl"* (S. 416) oder, wie Schiller auch formuliert, „die ganz eigene Erscheinung eines Gefühls" (S. 417). Die hier hinein verlagerte Naivität – eigentlich ein Vernunftbegriff – bleibt eine „Beschämung der wirklichen Welt" (S. 421).

So wird am Beispiel des Kindes, welches das Ideal grenzenloser Bestimmbarkeit vergegenwärtigt, deutlich, daß gerade die Bestimmung oder, wie wir auch sagen könnten, der Begriff in der Gefahr steht, dieses Ideal zu verletzen. Anders formuliert, es würden im diskursiven oder didaktischen Zuschnitt die transzendentalen Bedingungen einer Welt für uns ignoriert. Das heißt, die im Leben vollzogenen Bestimmungen können ihren ‚Grund', die Bestimm*barkeit* der Welt, nicht explizieren beziehungsweise offen und gegenwärtig halten.

Das gerade ist dem Naiven oder dem Genie kein „Geheimniß" (S. 425). Wohl sind beide es sich selbst (vgl. S. 424–426). – Um hier von der Problematik weiterer Geschichtsprojektionen abzusehen, sei sogleich auf die Konkretion eingegangen, die Schiller für den „naiven Ausdruck" expliziert – und die wir literaturtheoretisch nutzen können:

„Aus der naiven Denkart fließt nothwendigerweise auch ein naiver Ausdruck sowohl in Worten als Bewegungen, und er ist das wichtigste Bestandsstück der Grazie. Mit dieser naiven Anmuth drückt das Genie seine erhabensten und tiefsten Gedanken aus; es sind Göttersprüche aus dem Mund eines Kindes. Wenn der Schulverstand, immer vor Irrthum bange, seine Worte wie seine Begriffe an das Kreuz der Grammatik und Logik schlägt, hart und steif ist, um ja nicht unbestimmt zu seyn, viele Worte macht, um ja nicht zu viel zu sagen, und dem Gedanken, damit er ja den Unvorsichtigen nicht schneide, lieber die Kraft und die Schärfe nimmt, so giebt das Genie dem seinigen mit einem einzigen glücklichen Pinselstrich einen ewig bestimmten, festen und dennoch ganz freyen Umriß. Wenn dort das Zeichen dem Bezeichneten ewig heterogen und fremd bleibt, so springt hier wie durch innere Nothwendigkeit die Sprache aus dem Gedanken hervor, und ist so sehr eins mit demselben, daß selbst unter der körperlichen Hülle der Geist wie entblößet erscheint. Eine solche Art des Ausdrucks, wo das Zeichen ganz in dem Bezeichneten verschwindet, und wo die Sprache den Gedanken, den sie ausdrückt, noch gleichsam nackend läßt, da ihn die andre nie darstellen kann, ohne ihn zugleich zu verhüllen, ist es, was man in der Schreibart vorzugsweise genialisch und geistreich nennt." (S. 425 f.)

Das Naive erscheint wie bei Kleist in Zeiten, da das philosophisch explizierbare *Bewußtsein* noch universelle Ansprüche stellt, als „Grazie". Für die *Sprache* entwickelt Schiller den gleichen Gedanken wie in seinen anderen Projektionen. Dem heterogenen und scheinbar arbiträren Verhältnis zwischen Zeichen und Bezeichnetem stellt er das auf Gedanken bezogene Sprechen gegenüber. Gegenüber dem auf Bestimmtheit zielenden und kreuzigenden Begriff, der aber nur verständliches Geschwätz erzeugt, existiert der potentiell poetische „Geist" im freien und festen Umriß. Er ist die eigentliche Bestimmung. Es wird hier fast eine Ontologie seiner metaphorischen Potenz geliefert. Wenn Sprache „wie durch innere Nothwendigkeit“ aus den Gedanken, das heißt letztlich, doch wiederum aus sich selbst hervorgehen kann, dann wird sie kein unmittelbares Abbild der Natur sein. Liegt ein Gedankensprung vor; wo ist hier von der Natur die Rede? Ihre Bedeutung und generierende Kraft wird im Naiven zu sentimentalischer Zeit offensichtlich. ‚Natur‘ wird ja immer auch als Idee der Einheit mit sich selbst und der Zugehörigkeit zum Ganzen aufgefaßt. – Und jetzt bezieht Schiller sie implizit auf Sprache, aus der heraus, können wir hinzufügen, sie von vornherein nur als eine solche ‚Natur‘ konnte verstanden werden. Explizit auf Sprache bezogen ergibt der Begriff der Natur den der Literatur. Es ist die Rede von der Idee eines Sprechens als „Existenz nach eignen und unabänderlichen Gesetzen“, als „Bestehen ... durch sich selbst“ (S. 413). Wo im Sentimentalischen die Trennbarkeit von Sache, Gedanke und Wort, von Welt, Wirklichkeit und Sprache als Voraussetzung erreicht und überdeutlich geworden ist, scheint Ästhetik immer zu einer Art von Gegen-Ästhetik zu werden. Der reine Gedanke ist ein idealer Name für Sprache in ihrer Steigerung zur Naivität. – Wir überanstrengen damit vielleicht die Schillersche Aussage, nicht aber seine Intention. Wohl ist von einer „körperlichen Hülle“ die Rede, aber der Geist ist doch ganz Sprache, während die logische Begriffssprache verhüllend wirkt. In der ästhetischen ‚Umkehrung‘ der Sprache auf sich selbst hin wird Natur als Geist erfahrbar.

Der Geist der Sprache ist unsere Natur. Er entfremdet und befremdet uns ebenso, wie er das uns Natürliche ist. Wollen wir den Gedanken ein wenig weiter fassen, so ist zu sagen, daß auch die Natur als Ensemble von Gegenständen und Landschaften erst, da wir uns der Sprachlichkeit unseres Lebens bewußt werden, sich uns in Form der „Grazie“ zeigen kann. Das Schöne an der Grazie ist aber nicht ihr ästhetisches Spiel, das wir hin und wieder mit uns treiben lassen, sondern der Sachverhalt, der sie möglich macht. Das Vergnügen besteht daran, daß dieser Sachverhalt im Metaphorischen notwendig geworden ist.

Das Gefühl hierfür gleicht der Empfindung eines Kranken für die Gesundheit (vgl. S. 431). Ist die Empfindung selbst krank oder ist sie vom Gegenstand präfiguriert? Ergibt sich hier ein unlösbares Paradox?

Ein wenig gegen den „empfindsamen Freund“ (S. 428) Rousseau gerichtet, betont Schiller, daß erst der *Verlust* des Glücks dessen auch moralische Idee ergibt. Eine andere Projektion läßt von ‚dem Griechen‘ sprechen. Er brauchte sich nicht sentimentalisch zu verhalten, weil er nicht in moralischer „Empfindsamkeit“, sondern mit „Wißbegierde“ (S. 429) an der Natur hing. Aber in der Natur herrschte für ihn nicht die „Nothwendigkeit des Vernunftlosen“ (S. 430), woraus unser Vorzug der Willensfreiheit hervorgeht. Er konnte nicht nur idealiter naiv sein, weil – der Blick ist natürlich auf die Dichtung gerichtet – die Welt sprach: „die menschliche Natur schon in der unbeseelten Welt“ anfing, (göttlicher) Wille in der „blinden Nothwendigkeit“ (ebd.) herrschte. Unter diesen Voraussetzungen auch nur könnte die antike Mantik als *Rationalität* der Lebenssicherung verstanden werden.[424] Diese Rationalität ist durchaus als genuiner Vorläufer der unsrigen anzuerkennen. Nicht nur bis in heutige prognostische Versuche reicht sie, sondern in jeden Satz, der Erwartung ankündigt oder manifestiert. Der Gegensatz scheint mir – im Blick auf die Dichtung als Sprechen – nicht so schroff ausfallen zu können, wie Schiller ihn hervortreibt. Bedeutung war mithin nicht ein zufälliges Produkt der Subjektivität und ihrer Zeichen. Sie war, was sie in Dichtung immer wieder werden kann: objektiver Gegen-

424 Vgl. W. Hogrebe: Initialien prognostischer Rationalität. In: Zeitschrift für philosophische Forschung 37 (1983). S. 21–35.

stand, das aber heißt: „Natur“ als *„Subjekt“* (S. 431), das die „Phantasie“ (S. 430), welche zugleich Wißbegierde und Verstand ist, beschäftigt.

Aus Naturwidrigkeit „uneinig mit uns selbst, und unglücklich in unsern Erfahrungen von Menschheit“ (S. 431), wollen wir die Wahrheit physisch (siehe die ‚Kind‘-Vorstellungen) auch in der „unbeseelten Welt [. . .] wieder antreffen“ (S. 430). Die Griechen „empfanden natürlich, wir empfinden das natürliche“ (S. 431). Auf den Begriff gebracht, in dem potentiell alles erscheinen kann, ist uns das Natürliche jetzt die Sprache als Dichtung. Diese können wir so empfinden, weil wir in jener leben.

Die Erfahrung der Natur *als Subjekt* kann man eine Erfahrung der mich deutenden Welt nennen. Sie geht in die Dichterwelt ein „als *Idee* und als *Gegenstand*“ (ebd.). Ist hier schnell an Märchen, Fabeln, ja überhaupt an ‚Schicksale‘ in der Dichtung zu denken, so muß festgehalten werden, daß Schiller die Aufstellung zweier Supergattungen der Dichtung (naiv und sentimentalisch) durch gesellschaftliche und geschichtliche Argumente differenziert. Da diese zumeist das Moment der Verderbnis betreffen, können aber die Konstitutionsbedingungen des Dichtens nicht von sogenannten Kontexten her bestimmt werden, sondern müssen aus dem Text selbst nach Maßgabe seiner ‚Erfindung‘ gewonnen werden. So erst kann ‚der Kontext‘ einbegriffen werden als Negation beziehungsweise Reduktion des Möglichen, Natürlichen und Notwendigen. Den Blickwinkel liefert der Text, nicht der Kontext, – der Zeuge und das Ereignis, die ‚Rache‘ (S. 432).

Die geschichtlichen Ideen von Gattungen und Empfindungsweisen sind nicht mehr als Elemente festzuhalten. Und andererseits fallen die Empfindungen im Verhältnis zum „Ausdruck“ durch die Maschen jeder größeren geschichtlichen Betrachtung. (Man kann ohne Detailinterpretation, und ohne das hermeneutische Problem der Empfindung zu erkennen, fast immer nur ideologiegeschichtlich von diesem Verhältnis als offensichtlicher oder verschleiernder Aussprache ausgehen, um schnell zu größeren Zusammenhängen zu kommen.)

Scheinbar wieder dichotomisch verfährt Schiller am Schluß dieser ‚Einleitung‘, wenn er das Naive und Sentimentalische trennt, als gehöre es nicht in diesen einen Blickwinkel (siehe ebd.).

Aber „Bewahrer“ und „Zeuge“ von etwas, das verlorenging – und doch als Sprache in der Dichtung oder in günstigen Augenblicken wieder sichtbar wird, kann man nur als dessen „Rächer“ (ebd.) sein. Zwar wird das Sentimentalische oft als Oppositionsbegriff zum Naiven verwendet, aber wesentlich scheint es uns einen *Begriff für Übergänge* abzugeben, Übergänge zwischen Text und Kontext, Übergänge zum „poetischen Ideal“ (des vollständigen Ausdrucks der Menschheit). Das Naive ist stets Idee, vergangen und zukünftig – gegenwärtig als empfundene Sprache; Sprache selbst aber ist in ihrer Geschichtlichkeit und – wie wir besonders betonen möchten – in ihrer Metaphorizität naiv und sentimentalisch zugleich, so daß sich eine schroffe Dialektik verbietet. Vielmehr wird eine Progression anvisiert, in der Goethe ebenso Platz hat wie Schiller selbst. In der Bestimmung von Zeit und Kunst scheint auch die Statik von Kants wirkungsästhetischer Subjektivität gegenständlich überwunden zu sein.[425]

Empfindung realisiert die „Natur“ als Sprache. Und es ist gar nicht so unvorteilhaft, daß der Begriff der „Natur“ am Ende des 18. Jahrhunderts so schillernd geworden ist. Mit und in ihm ist die Idee einer moralischen Selbstbestimmung laut geworden. (Neben dem Gedanken der Triebhaftigkeit ist ja der der „Humanität“ im „Ganzen der menschlichen Natur“ [S. 463] möglich.) Da Vollkommenheit nicht das Verdienst der Natur (ihrer Wahl) ist, kann es ein Interesse für die Bestrebungen geben, unsere Freiheit mit ihrer Gesetzmäßigkeit (Notwendigkeit ihrer Erscheinungen) zu vereinigen. Gesetzmäßig-

425 Das ist Szondis Auffassung; vgl. a.a.O. S. 80 u. 97 ff.

keit verlangt als Vorbild nur, dem „Gesetze der Übereinstimmung" (S. 420) ungehindert zu folgen. ‚Autonomie' möchten wir im hier skizzierten Sprachzusammenhang vorerst nur negativ verstehen als Antimedialität. Der „naive Ausdruck" zeigt einen notwendigen (gesetzmäßig ohne Gesetz) internen Zusammenhang zwischen Zeichen und Bezeichnetem. Hierin liegt die eigentlich sprachliche Natur des Menschen, die Idee und Gegenstand der Literatur ist. Wir leben nun in Vermittlungen. Dichtung mag als Ausdruck der Natur „zum Muster" (S. 428) dienen. Wenn sie einen individuellen „Beweis für die Allgemeinheit" einer „Empfindungsweise" (S. 415) erbringt, dann dürften durch sie wohl „Gefühle" zu „Gesetzen für alle Zeiten" (S. 424) werden. –

Wir haben bis hierher versucht, deutlich zu machen, daß eine Diskussion des Verhältnisses von Empfindung und Gattung nicht voraussetzungslos begonnen werden kann. Die Grundlagen für das Verhältnis von Empfindung und Darstellung zu skizzieren, ist uns bei Schiller wichtiger als eine Adaption seiner Gattungsbezeichnungen selbst. Wichtiger als die Klassifizierung eines ganzen Textes (: satirisch, idyllisch, elegisch) ist die Interpretation punkthafter und intentionaler Vermittlungen zwischen Empfindung und Sprechen. Wir können aber bei Schiller etwas für die aufeinander zu beziehende Intentionalität von Empfindung und Dichtung lernen.

In den beiden großen Anmerkungen (S. 449 u. 466 f.) betont Schiller noch einmal eigens, welches Verhältnis Empfindung und Dichtung in seiner literaturtheoretischen Gattungspoetik eingehen. Die „Eintheilung" der Dichtarten muß „von der Form der Darstellung hergenommen werden" (S. 449). Zwar will Schiller die Gattungen des Satirischen, Elegischen, Idyllischen gemäß der in ihnen „herrschenden *Empfindungsweise*" (S. 449) „deduciren" (S. 466), aber er leitet nicht Dichtung als ein Teilsystem aus einem vorweg zu konstituierenden Gesamtsystem ab, das nach gesellschaftlichen oder psychologischen oder sozialhistorischen oder anthropologischen Gesichtspunkten vorweg erstellt werden müßte.[426] Einer solchen Erstellung eines Gesamtsystems, die übrigens schwerlich nur *ein* spezifisches erkenntnisleitendes Interesse haben könnte und in der zusätzlich eine eigene Erkenntnisperspektive für Literatur angelegt sein müßte, stellt Schiller das Denken einer Bewegung gegenüber. Zwar gründe sich seine Einteilung „auf den Unterschied in der Empfindungsweise" (S. 449), bestimme aber gerade nichts „in der Eintheilung der Gedichte selbst und der Ableitung der poetischen Arten" (ebd.). Damit wird der Gattungsbegriff erstmals eindeutig zu einem intentionalen, und er ist immer mehr im Bezug auf die herrschende Empfindung zu bilden. Ein Begriff wird hinsichtlich der Empfindung gesucht, das heißt das Verhältnis von Dichtung und Empfindung besteht von vornherein, leitet die Lektüreerfahrung und wird durch den gefundenen Begriff bestätigt; nicht sind Dichtung und Empfindung für sich Gegenstände der Lektüreerfahrung, die dann doch immer nur in ein rhetorisches Verhältnis als Manier oder als Thema treten könnten. Die nunmehr erkannte Komplexität von Dichtung, die nicht mehr primär in Elementen und Merkmalen zu finden ist, bedingt auch eine Mehrzahl von Empfindungen in den einzelnen Gattungen wie zum Beispiel „Epopee" (sic!) „Roman", „Trauerspiel u.a.m." (S. 466). Zusammengefaßt, je nach Dominanz der verschiedenen Empfindungen, gibt es, nach Schiller, „ausserhalb den Grenzen naiver Dichtung, nur diese dreifache Empfindungsweise und Dichtungsweise", wobei Schiller überbetont, daß dabei „von den Mitteln abstrahirt" (ebd.) werden könne. Nach der je besonderen Intention ist der literarische Text zu bestimmen; das heißt am Eingang der sich theoretisch vergewissernden Hochklassik: nach dem dargestellten Verhältnis von „Idee"

426 *Andersherum* bietet er am Schluß seiner Abhandlung an, eine mögliche Perspektive vom primären ästhetischen Denken her zu gewinnen, zum Beispiel für einen „psychologischen Antagonism" (S. 491) zwischen dem idealistisch und realistisch eingestellten Menschencharakter.

und „Wirklichkeit". Man könnte sagen, aus dem Wirklichkeitsbezug des moralischen Gemüts und aus den Ideen der ästhetischen Empfindung gewinnt Schiller grosso modo drei Empfindungsweisen, die Dichtarten *sind*. Konkret liegen diese Empfindungen als Gegenstand vor, insofern sie Text in einer bestimmten Art sind. Der Text ist *nicht* die *Verarbeitung* von Empfindung.

So kann Schiller sagen, daß jedes Werk die Gattung verändert und erzeugt. In der „sentimentalischen Poesie" ist „keine einzige Gedichtart ganz das geblieben [...], was sie bey den Alten gewesen" (S. 467) ist. Reine Gattungen gibt es nur noch epigonal. Als pure Reproduktionen sind sie überflüssig. Auch deshalb kann nicht erst über Empfindung und dann über Dichtung gesprochen werden. Jede Dichtart ermöglicht und hat einen neuen Wirklichkeitsbezug, der als Empfindung zu besprechen ist. Der Interpret muß das Satirische, Elegische, Idyllische *finden*. Gemäß der Schillerschen ‚sentimentalischen Definition' dieser Gattungen bedeutet das eigentlich, daß der Interpret Widersprüche als Wirklichkeitsbezüge finden muß.

Natürlich vernimmt man in Schillers Abhandlung immer auch den Gestus der Deduktion. Die *Idylle* beispielsweise *muß* zur elegischen Gattung gehören, weil vorausgesetzt wird, daß in der sentimentalischen Dichtung und in deren Zeit Natur und Kunst, Ideal und Wirklichkeit sich grundsätzlich entgegengesetzt sind. Der „Widerspruch", der auch in der „*energischen Ruhe*" (S. 466) herrscht, nun muß sich hier *zeigen*, nicht unbedingt ausgedrückt werden, das heißt, er muß der Empfindung (des Autors oder/und des Rezipienten; das wird nicht differenziert!) zugänglich sein, ja von ihr realisiert werden. Das „eigene Herz" soll bei der *satirischen* Darstellung das „Bild der reinen Natur" der „Erfahrung des Verderbniß gegenüber stellen" (S. 449). Dieses Prinzip umgekehrt, entsteht daraus die *elegische* Empfindungsart, im engeren die Idylle. Grundsätzlich zeigt sich der Widerspruch oder „das energische Princip" (S. 460) im Werk als dessen Sprache, die immer schon „den Geist der Zeit an sich trägt" (S. 499). Dieser Gedanke wird von Schiller nicht systematisiert. Deshalb wird die Möglichkeit der Idylle in moderner Zeit (im 20. Jahrhundert ja die Möglichkeit nichtsatirischer Literatur überhaupt) kein grundsätzliches Problem für ihn, ja selbst naive Dichtung sah er, allerdings nicht unwidersprochen, von seinen Zeitgenossen realisiert (zum Beispiel durch Voß' „Luise" [S. 471 f.]), während ihm die Empfindungen in Lessings „Nathan" zu vermischt erschienen (S. 446). Deshalb hüten wir uns aber auch davor, die von uns besprochenen Texte, die wir zunächst einmal nur als nichtsatirische bestimmen, als Idyllen zu definieren.

Ohnehin ist man jenseits der Definition nur in der Lage, etwa Idyllisches, nicht Idyllen zu interpretieren. Widersprüche tauchen im Sprechen der Werke selbst auf. Doch erscheint die ästhetische Brisanz nicht darin, daß das sich Widersprechende zur gegenseitigen polemischen Vernichtung antritt oder zur dialektischen Erfüllung – etwa der Gattung Trauerspiel, sondern darin, daß Widersprüche *eine* Empfindung ausmachen. Das ist in philosophischer Terminologie nur unvollkommen zu beschreiben, etwa als ein Aufhebungsprozeß; dieser ist literarisch möglich und als Sprachprodukt wirklich.

An den Dichter

Laß die Sprache dir seyn, was der Körper den Liebenden; er nur
Ists, der die Wesen trennt und der die Wesen vereint.[427]

427 Siehe zu diesem Epigramm H. Arntzen: Information oder Literatur. Über das Verhältnis von Sprache und Subjektivität. In: Literaturwissenschaft und Geschichtsphilosophie. Festschrift für W. Emrich. Hgg. H. Arntzen u.a. Berlin/New York 1975. S. 120–133. Wieder in: ders.: Zur Sprache kommen. Studien zur Literatur- und Sprachreflexion, zur deutschen Literatur und zum öffentlichen Sprachgebrauch. Münster 1983. S. 64–76; W. Nolting: Die Sinngedichte an den Leser. Zu Theorie und Geschichte des Epigramms. In: Literatur für Leser. Zeitschrift für Interpretationspraxis und geschichtliche Texterkenntnis 1 (1979). S. 11–32.

Eine mächtige Philosophie des „und"[428] und des „sein" könnte sich aus diesem Schillerschen Epigramm ergeben. Ist es nicht eine sentimentalische Idylle? Wenn diese Bezeichnung zulässig ist, dann betrifft auch unsere Arbeit Idyllisches, falls wir dessen „energisches Princip" (S. 460) damit meinen, wovon wir literarisch Botschaft erhalten. Allerdings ist der Widerspruch im Werk nicht vager psychologischer Observanz zu überlassen. Musils Idylle ist die *eine* Empfindung von Treue und Untreue, innerem Sprechen und äußerem Geschehen, unendlicher Sukzession und gegenständlicher Vorstellung. Hölderlins Ode ist „Die Heimath" der totalen Empfindung: „zu lieben gemacht, zu leiden" (Schlußvers). In diesem Vers schafft der Dichter mit der Normalität *oder* Ungeheuerlichkeit eines Satzzeichens (Komma) das „und" als eine Empfindung eines Ganzen, welches der Widerspruch ist. Solche quasi physische Reflexion ist Sprache selbst, die ganze Wirklichkeit, darüber hinaus sich nichts empfinden läßt. Doch die Sicherheit, daß es sich um eine universelle und doch wirkliche Empfindung handelt, kann sich nur in Literatur ergeben. Erst solche Selbstreflexion macht das Ganze und Primäre ästhetischen Weltbezugs aus; sie erscheint im Gedicht. Hölderlins Worten ist in demselben Vers ein „Schein ich" vorausgesetzt, Schillers Epigramm ist Aufforderung. Die außerliterarische Wirklichkeit wird nicht etwa vom ästhetischen Anspruch beherrscht, sie ist nicht immer schon ganz und gar in Literatur erschienen, durch diese fixiert oder sogar determiniert. Aber da Kunst „allein" Besitz der Menschen ist (siehe „Die Künstler") und diese sich möglicherweise in allen anderen Tätigkeiten übertroffen fühlen müssen, ist es die Poesie, die zu wirklichen Prozessen auffordert und sie undogmatisch veranlassen will. Sie ist in der ‚Aufforderung' oder dem ‚Schein' der Geschichte der Menschen im Sinne des Ursprungs so voraus, daß sie das Ganze schon gesagt hat, die Empfindung schon fertig ist. Deshalb kann sich auf die Empfindung gerade der Wahrheitswunsch des Menschen gründen.

> was wir als Schönheit hier empfunden,
> wird einst als Wahrheit uns entgegen gehn
> („Die Künstler"; Strophe V, Vers 11 f.).

Was auf uns zukommt, wird aber greifbar sein wohl immer nur als unser Entwurf. Und das Schöne bleibt etwas durchaus Gemischtes: elegisch, idyllisch, satirisch. Doch nur in ihm sind sich die Widersprüche einig als die Teile eines Textes, ist andererseits die „Wurzel alles Übels", „daß nur Einer und Eines nur sei" (Epigramm Hölderlins), ausgerottet. In der *Empfindung*, welche die Widersprüche konstituiert, haben, nach Schiller, Idee und Wirklichkeit ihren gleichen Ort, denn in der *Dichtung* sind „Geist" und „Stoff" vereinigt, so daß der „ästhetische Gehalt" nur in der begriffslosen „vereinigten Beziehung eines Produktes auf das Gefühlvermögen und auf das Ideenvermögen enthalten ist" (S. 60). In Schillers ästhetischem System kann also gar nicht Empfindung oder Dichtung, Geist oder Stoff, Wirklichkeit oder Idee, Natur oder Kunst, Poesie (naiver Ausdruck) oder (entartete) Sprache, Ruhe oder Bewegung, das Naive oder das Sentimentalische für sich *Gegenstand der Interpretation* werden, sondern nur die Differenz dazwischen, das heißt die *Energie des Widerspruchs* dazwischen, unter Voraussetzung allerdings – sonst wäre es ein billiges Spiel – der Vereinigung als Empfindung, als Dichtung.

(Diese Einigkeit läßt uns andererseits immer wieder von einer merkwürdig absoluten Differenz sprechen. Wir sagen dann zwar ‚Differenz zwischen . . .', aber dem folgen nicht im üblichen Sinne die Relate, deren Annäherung man betreiben oder beobachten könnte

428 Das ist ja der Versuch von B. Liebrucks: Sprache und Bewußtsein. Bd. 7. Bern/Frankfurt a. M./Las Vegas 1979. Der Titel dieses Bandes lautet: „Und". Die Sprache Hölderlins in der Spannweite von Mythos *und* Logos, Realität *und* Wirklichkeit. Das Gesamtunternehmen lautet: Sprache *und* Bewußtsein. (Hervorhebung von mir, W.N.)

wie in der Geschichte der Mimesisdiskussion etwa die zwischen Mimem und Mimese. Da das ‚Zwischen' zugleich Ort des Einsseins ist, gibt es nicht Zweierlei, das für sich bestimmt werden könnte – und doch kann ohne ‚Differenz' nicht gesprochen werden. So verfährt Schiller selbst oft dichotomisch, obwohl er doch die Gattungen ganzheitlich und letzten Endes in der Einheit aller Poesie zu denken versucht.)

Das Ideal, naiv und doch sentimentalisch zu sein, Körper und doch Sprache, das Trennende als Vereinigendes zu erfahren, ist die Wahrheit als schöne Wirklichkeit der Empfindung. Mit solcher Wirklichkeit wird der sentimentalische Dichter wohl oft und angeblich „für das wirkliche Leben verstimmen" (S. 474). Aber hierauf gründet sich ein der Sache nach berechtigter Anspruch der Dichtung, „allgemein zu gefallen", der eben deshalb auch nicht empirisch eingelöst werden kann, weil eine psychologisch verstandene Realität dem „Dichter alle Hoffnung benimmt" (S. 491). In dieser gibt es nicht die eine Empfindung als die vielen.

Deren Ausdruck und Erzeugung ist Dichtung, die in Differenzen ihre Identität findet, also nicht die Differenzen des Lebens aufhebt, wofür dann zur Erklärung der Behelf des reichlich vagen, immateriellen Begriffs der ‚Gestalt' eingeführt werden müßte. Die Differenzen werden materialiter im Vers als eine Empfindung glaubhaft gemacht, indem verschiedene Ansichten, Stimmungen, Sprechweisen, Lebensformen zu einem wirklichen corpus werden, der ganz aus menschlicher Sprache besteht und doch die engelhafte Gleichheit von Wort und Sache (im Sinne Hamanns) sentimentalisch (in bezug auf den empirischen Rezipienten) empfinden läßt. In solcher Empfindung bleiben die Widersprüche Widersprüche, die Individuen Individuen, die Verrückten Verrückte, Selbstbestimmungen Selbstbestimmungen, aber jedes ist an seinem Ort und deshalb wahr, weil es Orte des Ganzen sind, nicht simplerweise nur Teile des Textes. Das gattungshafte Ganze verwirklicht sich natürlich nur in den Teilen, das heißt aber jetzt an seinen eigenen Orten.

Was hier umständlich angedeutet wird, sagt sehr einfach und komplex das Schillersche Sinngedicht, ein wahrhaft didaktisches, in dem Sinnlichkeit und Sinn identisch sind, „der Gedanke selbst poetisch" (S. 453) bleibt. Deshalb ist es im Schillerschen Sinne erholsam (vgl. S. 489 ff.). Es liegt ein Sprechen vor, das sich selbst begreift, qua Form das Ganze des durch ihn zu empfindenden Widerspruchs ist. Verdorbene Wirklichkeit und Sprache, Utopie und Physis der Literatur, die ebenfalls aus dieser Sprache ist, werden hier tatsächlich zu einer naiv-sentimentalischen Empfindungsweise. Diese Weise ist weder idealistisch noch realistisch. Auf solche Weise könnte eine Empfindung Gesetz werden, naiv *„unter den Bedingungen der Reflexion"* (S. 473 Anm.). Auf die Rezeption durch eine freilich utopische „Volksklasse" übertragen: So könnten „ihre *Gefühle* dem allgemeinen Urteil Gesetze geben" (S. 3 f.). So könnte eine Empfindung Gesetz werden und doch Empfindungsweise, das heißt eine Dichtungsart als ein Gedicht bleiben. So könnte im Kleinen, nicht im geschichtlich stets Zukünftigen, im Isolierten, ein Ganzes gegeben, die Aufgabe, der „Menschheit ihren möglichst vollständigen Ausdruck zu geben" (S. 437), gelöst werden.

Alle Empfindung ist nach Schiller wahr und wirklich, auch die „überspannte Empfindung" (S. 483), aber es mangelt dieser am richtigen Gegenstand. Weil sie nicht sinnlich genug ist, übersteigt sie „die Grenzen menschlicher Wahrheit" (S. 484). Die „sinnliche Gegenwart ihres Objekts" muß die Empfindungen der Ideen „in ihre Grenzen" (S. 485) zurückweisen. So kann Dichtung auf neue Weise dem (sinnlichen) „Vergnügen" und der (moralischen) „Veredlung" (S. 486) dienen, was Schiller in einen ebenfalls neuen Begriff der „Erholung" (ebd.) faßt. „Wir nennen Erholung den Übergang von einem gewaltsamen Zustand zu demjenigen, der uns natürlich ist." (ebd.) Das ist eine höchst erregende Erholung, die „Wiederherstellung unseres Naturganzen nach einseitigen Spannungen" (ebd.); „seine ganze Natur muß man beysammen haben" (S. 487) in dem Geschäft der Erholung.

Das bedeutet, von Kant vermittelt und auf den Gegenstand übertragen: „Die Schönheit ist das Produkt der Zusammenstimmung zwischen dem Geist und den Sinnen, es spricht zu allen Vermögen des Menschen zugleich und kann daher nur unter Voraussetzung eines vollständigen und freyen Gebrauchs aller seiner Kräfte empfunden und gewürdiget werden." (ebd.) Schiller spricht vom „wahren und energischen Schönen" (ebd.); keineswegs blind gegen die empirischen Behinderungen der Rezeption (vgl. S. 485–491), legt seine energische Ästhetik die Postulate des Dichtens als solche des wahren Empfindens frei. Gegenüber Kant aber mußte er sich in Widersprüche bei der Übertragung des Bemerkens von Schönheit auf das Schöne selbst verstricken, zumal das missing link zwischen der Erscheinung des Gegenstands und der des rezeptiven Gefühls nicht in einen universellen Ansatz gebracht, sondern nur beiläufig des öfteren erwähnt wird: Das Sprechen des „Produkts" aus der „Zusammenstimmung" erzeugt eine sprechende, sich mitteilende „Zusammenstimmung" (S. 487). Es muß zu hoffen sein, daß in diesen zweierlei Arten des Sprechens das Prinzip der Entsprechung waltet, anders nie eine Empfindung wirklich würde.

Gegenüber einem „magnetischen Schlaf", den man „auf dem weichen Polster der *Platitüde* pflegen" (S. 488) kann, ist auf dem „Verdruß" der Erholungsbedürftigen zu bestehen, die plötzlich entdecken, „daß ihnen jetzt erst eine Kraftäußerung zugemuthet wird" (ebd.). Anders als die „Kunstrichter" gewöhnlich technisch-theoretische Urteile fällen, sind „*ästhetische* Urtheile" zu „bilden, welche immer das Ganze umfassen müssen, und bei denen also die Empfindung entscheiden muß" (ebd.). Nur in solchen ästhetischen Entscheidungsverfahren dürfte sich das „Individuum zum Repräsentanten des allgemeinen Gefühls aufstellen" (S. 489).

Der „Begriff der Erholung" (S. 93) kann auch moralisch ausfallen, idealistisch-realistisch, weil Dichtung in der eben genannten Weise durch die Freiheiten *und Beschränkungen* des Empfindens bestimmt ist. Dieser Begriff kann deshalb von Dichtung auch ‚veredelnd' so erfüllt werden, daß sie die „Menschheit zwar von allen zufälligen Schranken befreyen soll, aber ohne ihren Begriff aufzuheben und ihre nothwendigen Grenzen zu verrücken" (ebd.).

Das Pendant zum „Begriff des Poetischen" (S. 491), über den „Begriff der Erholung" gewonnen, ist also der Gedanke an einen empirischen Rezipienten. Dieser ‚Rezipient' ist eine Empfindungsgemeinschaft („Volksklasse"), in der, wie schon zitiert, „*Gefühle* dem allgemeinen Urtheil Gesetze geben" (S. 490) würden; die „poetische Stimmung" sei schon „ein selbständiges Ganzes", aber „im gemeinen Leben" werden „Verschiedenheit und Bedürftigkeit in demselben Grade merklicher, als sie den poetischen Charakter ablegen" (S. 491). Deutlich spielt bei dieser einsichtigen Differenz von Literatur und Leben die uneinsichtige von Poesie und Sprache eine große Rolle. Doch die imaginierte Empfindungsgemeinschaft, von der erst Sätze über die Welt erwartet werden können, die wahr (Gesetze als Urteile) werden könnten, ist naiv und sentimentalisch zugleich, eine „innige Verbindung beyder" (ebd.) Empfindungsweisen. So treten auch für Schiller die Hauptbegriffe aus dem dialektischen Status von These und Antithese heraus. Damit ist das „Ideal schöner Menschlichkeit ganz" (ebd.) erschöpft.

Und ohne ins romantische Fach greifen zu müssen, können wir abermals, wie am Ende des vorhergehenden Kapitels, sagen: Die Welt muß schon poetisch empfunden werden, bevor Menschen daran denken können, wahre Sätze zu bilden. Wir können auch sagen: Der möglichst vollständige Ausdruck der Menschheit muß nicht einer – wie auch zu konsituierenden? – Geschichtsutopie anheimfallen; er liegt schon als *Gedicht* vor, die Wirklichkeit ist schon Mythos oder Metapher, bevor wir uns *Gedanken* machen, oder: Wir empfinden schon – nicht nur als Einzelsubjekte, sondern als Menschheit in der Dichtung –, bevor wir uns fragen, was wahr sein könnte. Da diese Frage nie gegenständlich wird beantwortet werden können, kommen wir immer wieder auf die Bedingungen und Voraussetzungen des Fragens zurück, die als Empfindungen schon Wirklichkeit sind. Hier und im folgenden wird danach gesucht: des näheren nicht nach dem satirischen Angriff, nicht nach elegischer Abwesenheit und Utopie, sondern nach der als Empfindung vorhandenen hermeneutischen und ästhetischen Energie der Dichtung.

B. DIE DIALEKTIK DER EMPFINDUNG

LESSINGS TRAUERSPIELE ALS AUFDECKUNG DES SUBJEKTIVEN VERMÖGENS*

*) Zitiert wird nach der Ausgabe G. E. Lessing: Sämtliche Schriften. Hg. K. Lachmann. 3. Aufl. besorgt durch F. Muncker. 23 Bde. Stuttgart/Leipzig/Berlin 1886–1924. Band- und Seitenzahl stehen im Anschluß an das Zitat. „Miß Sara Sampson" und „Emilia Galotti", die im Band 2 der Ausgabe abgedruckt sind, werden nur mit Seitenzahl (teilweise zusätzlich mit den Ziffern für Aufzug und Auftritt) dokumentiert.

EINLEITUNG: DURCH EMPFINDUNG INSZENIERTE KRISEN

(Anthropologisches Vermögen und Urteilskraft – Gemeinsinn – rationalistische Postulate – Empfindsamkeit als historische Erscheinung – Mitleid – Sprache des Herzens – Krise des Bürgertums – „rebellisches Etwas" – väterliche Bedeutungen – neue Bedeutung des Todes)

Die Verallgemeinerungsfähigkeit von Empfindung wird auf theoretischem Gebiet erst allmählich entdeckt und aus erkenntnistheoretischen Gründen als ästhetische eingeschätzt. Allenfalls sehr vermittelt kündigt sich hierin ein gesellschaftlicher Zwang an.[1] Damit ist der Geschmack nicht um seine revolutionären Fähigkeiten gebracht und eingesargt. Das in ihm konstitutive Moment unmittelbarer Gewißheit wird ja gerade beglaubigt als Rechtstitel von Prädikation (Urteilskraft) überhaupt.

Die Empfindung wird zunehmend zu einem anthropologischen Vermögen,[2] das der ästhetischen Erprobung bedarf, nur in dieser Erprobung sich als sie selbst, das heißt frei entwickelt. Sie zeigt sich in dieser Entwicklung als genuin ästhetisches Vermögen, das nicht selbstverständlich in anthropologische Komplexe integrierbar ist oder diesen einfach (abbildmäßig) entstammt, – allenfalls Ausdruck einer „unbewußten Ästhetik"[3] ist. Sehr deutlich zeigt sich die Verschiebung der wesentlichen Nuance in der Diskussion zwischen Mendelssohn und Lessing. Bereits für beide ist aber der Umstand kennzeichnend, daß sie die Diskussion immer mehr auf das Phänomen der „vermischten Empfindungen" lenken und damit zu dem theoretischen Trauerspielthema „Furcht und Mitleid" kommen. Das ist zunächst einsichtig, aber gar nicht so leicht zu erklären durch die sich weiter erhaltende Dominanz des Trauerspiels aus dem vorhergehenden Jahrhundert. „Mitleid" als das Paradigma der Empfindung, nicht zum Beispiel „Liebe", macht den ‚besten Menschen'. Darüber zu sprechen, bedeutet aber für die beiden Briefsteller immer schon, daß sie diese (vermischte Empfindung) nicht nur als Konstituens von Literatur (hinsichtlich einer Gattung) verstanden haben, sondern vielmehr Literatur als paradigmatische Konstitution dieser Empfindung in Werk und Wirkung.[4]

1 Auf diese Meinung trimmt Bormann zuguterletzt die von ihm verdienstvoll dokumentierte „Geschmacksdebatte". A.v.B. (Hg.): Vom Laienurteil zum Kunstgefühl. Texte zur deutschen Geschmacksdebatte im 18. Jahrhundert. Tübingen 1974. S. 15 f.

2 Der Begriff ‚Anthropologie' wird hier in einem weiten unspezifizierten Sinn gebraucht. Dennoch soll er anzeigen, daß das Problem besonders der gemischten Empfindungen nun eine Rolle im säkularisierten Bereich spielt, wie A. Langen es im Blick auf die ‚Mischung' der Empfindungen und Gefühle behauptet hat. Siehe den materialreichen ersten Band von G. Sauder: Empfindsamkeit. Bd. 1. Voraussetzungen und Elemente. Stuttgart 1974. (Hier S. 188.) – Vgl. auch den Lexikonartikel „Empfindsamkeit" (Handlexikon zur Literaturwissenschaft. Hg. D. Krywalski. München 1974. S. 106–110) von R. Knoll, die besonders die Vermittlerrolle Hamanns hervorhebt. – H. P. Herrmann: Naturnachahmung und Einbildungskraft. Zur Entwicklung der deutschen Poetik von 1670–1740. Bad Homburg v. d. H./Berlin/Zürich 1970.

3 Dieser Ausdruck stammt aus einem frühen Aufsatz von R. Alewyn: Die Empfindsamkeit und die Entstehung der modernen Dichtung (1931); zit. Sauder, a.a.O. S. 25. Es handelt sich eigentlich nicht um einen Aufsatz, sondern um einen Vortrag, aber auch um den nicht, sondern um Alewyns eigenen Bericht über diesen Vortrag. Seinen Schülern wie denen von A. Langen sind die ersten ausführlichen Arbeiten über die historische Empfindsamkeit zu verdanken. Der Begriff der „unbewußten Ästhetik" ist kompatibel dem damaligen anthropologischen Interesse als einem an dem ‚ganzen Menschen' (J. K. Wezel, K. F. v. Irwing). Siehe Sauder, a.a.O. S. 106 f.

4 G. E. Lessing / M. Mendelssohn / F. Nicolai: Briefwechsel über das Trauerspiel. Hg. J. Schulte-Sasse. München 1972.

Im ganzen wurde man also auf das Alltägliche des Fühlens erst kritisch und apologetisch aufmerksam, als man seine ästhetische Relevanz bemerkte. Diese Qualität bezog die Empfindung nicht von außen her, sondern dadurch, daß das untilgbare, ja vorherrschende Phänomen der Sinnlichkeit als sprachliches („oratio sensitiva" bei Baumgarten) begriffen wurde, und zwar stets schon in metaphorischem (Baumgartens „Morgenröte") und beispielhaftem Verfahren (Lessings Briefwechsel über das Trauerspiel, dort das Beispiel des Bettlers).

So wird dann für Kant nicht nur eine Subjektivierung kaum etablierter Ästhetik festzustellen sein, die nicht allein Schiller aufzuheben versuchte, die nicht nur H.-G. Gadamer,[5] sondern auch alle sozialgeschichtlich orientierten Interpreten störte. Vielmehr geschieht hier eine bisher kaum beachtete Fundierung aller Erkenntnis im Gefühl (der Lust oder Unlust).[6] Empfindung wird zu einem die Epoche bestimmenden Begriff in der Spannung von Gemeinsinn und Individualität. Nur innerhalb dieses Rahmens gewinnen die Exkurse über Originalität, Genie, Charakter, Leidenschaft, Affekt, Mitteilbarkeit, Menschlichkeit, Bürgertum wesentliche Funktion.

Der in aller Erkenntnis vorausgesetzte, nur aber in der ästhetischen ‚Erkenntnis' freie innere Konsens macht die Idee aus, unter der einerseits kommuniziert werden und andererseits die Suche nach Wahrem beginnen kann. Was gesucht wird und gefunden werden soll, sind allemal Sätze und Gegenstände in eins, deren Identität und ununterbrechbare Korrelation im Prädikat „schön" erreicht zu sein scheint.[7]

Es ist nicht einzusehen, inwieweit die Ausweitung des Geltungsanspruchs der Empfindung bürgerliche Rechte verschwinden läßt oder gar zu imperialistischen Unrechten macht. Empfindung ist Realität und Index der Bedingung und Bedingtheit des zentralen Prädikats. Und es ist weiterhin nicht einzusehen, warum die Ausarbeitung dieses Prädikats damit kritisiert wäre, daß man sagt, sie führe letztlich zur Romantik und Klassik,[8] und weiterhin bemängelt, daß sie zum Beispiel nicht durch die Französische Revolution beendet worden sei. Die Favorisierung des Geschmacksbegriffs allerdings läßt nach,[9] ohne daß darum auf das Recht der Empfindung als Urteilskraft und als Index des Daseins verzichtet werden müßte.

5 Wahrheit und Methode. Grundzüge einer philosophischen Hermeneutik. Tübingen ²1965.

6 Vgl. W. Hogrebe: Die ursprüngliche Lust der Prädikation. In: Akten des 5. Internationalen Kant-Kongresses. Teil I, 2. Bonn 1981. S. 731–736. Nicht nur für Kant, auch schon für Mendelssohn ist unter Hinzuziehung des Begriffs der „Vollkommenheit" hiervon auszugehen. Vgl. L. Pikuliks Besprechung in seinem vielbeachteten Buch: „Bürgerliches Trauerspiel" und Empfindsamkeit. Köln/Graz 1966. S. 76. Siehe dazu Sauder, a.a.O. S. 189–192. Besonders zu beachten hierfür ist Mendelssohns Schrift, die wir auch in der Einleitung besprochen haben und die seine revidierten und ausgeführten Gedanken zu den vermischten Empfindungen aufweist, nämlich die „Rhapsodie".

7 Dabei sollte man diesem Prädikat weniger distinkte Prädikation zusprechen. Besser faßt man es als Synsemantikon auf, welches jeweilige (innere) Konsensbildungen indiziert. So kann im Gefühl der Lust das Objekt mich be-deuten, da sich meine Freiheit in ihm reflektiert. Siehe dazu W. Hogrebe: Kant und das Problem einer transzendentalen Semantik. Freiburg/München 1974. S. 183–187. Es ist die Frage, ob dieses zentrale Prädikat fundamental genug verstanden werden kann von einer Hermeneutik, die den Titel des ‚Gemeinsinns' doch nur in der Bedeutung, die ihm die Geschmacksdebatte des 18. Jahrhunderts gab, einführt und tendenziell Ästhetik völlig in sich als Hermeneutik verschwinden lassen möchte. Diesen Vorwurf könnte man Gadamer machen, der bei seinem eigenen Vorwurf der ‚Subjektivierung der Ästhetik' die bedeutende Dimension der Intersubjektivität übersieht, die das Prädikat in auch erkenntnistheoretischer Hinsicht bei Kant besitzt.

8 Vgl. die Einleitungen und Kommentare von Bormann und Schulte-Sasse (a.a.O.). Genauer, aber auch überpointiert ist vielleicht im Anschluß an Knoll (a.a.O.) zu formulieren, daß die Klassik an der Empfindsamkeit ihren defizienten Modus hat.

9 Die schnell einsetzenden Pejorationen des Geschmacksbegriffs werden in Tiecks „Der gestiefelte Kater" (1797) drastisch wiedergegeben. Siehe Bormann, a.a.O. S. 1.

Die ästhetisch erprobte Empfindung, die als solche auch zukünftig eines der wichtigsten philosophischen Probleme bleibt, hat den historisch einsehbaren Tatbestand geschaffen, daß beispielsweise alle Wahrnehmung ästhetisch strukturiert ist, daß aber auch alle begriffliche Erkenntnis von letztlich ästhetischer Lust fundiert ist.

Die ästhetische Diskussion der Empfindung versetzt sowohl in Theorie als auch qua literarischer Darstellung die rationalistischen Postulate in Bewegung und irritiert schon dadurch deren Postulatcharakter. Vornehmlich gelingt dies dem Drama: geeignet zur Abbildung des Weltlaufs im Verhalten von Menschen; fähig zur Dialektik von Welt und Ich in der literarischen Dialektik des Sprechens, das von Figuren vollzogen – diese als von Welt geprägte und sie selbst herstellende darstellt; angewiesen auf bedeutende Handlung, nicht nur sprechende Allegorien;[10] prädestiniert zur Darstellung von Konflikten und Krisen nicht nur zwischen Figuren, sondern schon zwischen deren einzelnen Sätzen. Selbst an Stellen des „Sterbenden Cato" (Gottsched) übrigens werden die Substantive des Rationalismus zu Dispositionsbegriffen.

Ähnliches gilt für die Prädikate der Empfindung, für die es bald ‚eine Sprache' zu geben scheint. Gerade da sie zum ersten Mal massiv in die historische Erscheinung Deutschlands tritt, nämlich in der „Miß Sara Sampson", scheint sie sich rationalistischer und rhetorischer Praktiken zu bemächtigen, um sich überdeutlich bemerkbar zu machen. Paradoxerweise erscheint der antinominalistische Effekt bei den empfindsam Sprechenden als „Wortgrübelei"[11] oder als ein Sprachrealismus, der höchst rhetorisch verfährt. Immerhin in dieser Hinsicht könnte man das ‚erste bürgerliche Trauerspiel'[12] würdigen, nämlich als indirekt politische Tat: in den formell gesicherten Universalitätsansprüchen der Vernunft Individualitätsansprüche geltend zu machen, die allerdings jenen zum Verwechseln ähnlich sehen. Das Private sei das allgemein Menschliche. Unter der Sigle der „Meinung"[13] hat solche Reflexions- und Distanzlosigkeit bis heute ihre Herrschaftsansprüche auf demokratische Art totalisiert.

Deshalb könnte heute über den Aufwand, den Sara treibt, nur noch gelacht, keineswegs mehr Furcht und Mitleid empfunden werden. Es muß durch Interpretation erst wieder die Möglichkeit eines – im Lessingschen Sinne[14] – auf uns selbst bezogenen Mitleids und damit der Furcht freigelegt werden, da die Struktur phrasenhaften Sprechens sich historisch verschoben hat – und wir immerhin die älteren Phrasen zu erkennen glauben.[15]

Die ‚Sprache des Herzens' hat es historisch nie gegeben, denn es wäre immer schon eine Sprache gewesen; andererseits hat es nie empfindungslose Sprache gegeben, denn sie ist Gesprochenes. Auch darauf macht vornehmlich das Drama aufmerksam. In ihm noch eher als in der Lyrik mußte m.E. die literaturgeschichtlich relevante Entdeckung der Empfindung vollzogen werden. Im Drama vorzüglich kann das Sprechen selbst Kritik und Apologie des Sprechens der Empfindung sein. In der Empfindsamkeit, in der spezifische Gattungen naturgemäß favorisiert waren, die aber auf breiterer Ebene im Gedicht und im Roman

10 Siehe Nicolais Beiträge zum Begriff der Handlung im „Briefwechsel", a.a.O. S. 11 f., 15 f., 19 f., 47 f.

11 J. Schröder: Gotthold Ephraim Lessing. Sprache und Drama. München 1972. S. 11 et passim.

12 R. Daunicht: Die Entstehung des bürgerlichen Trauerspiels in Deutschland. Berlin 1963; K. S. Guthke: Das deutsche bürgerliche Trauerspiel. Stuttgart [2]1976.

13 Siehe auch Sauders Differenzierungen, a.a.O. S. 3.

14 Lessing verändert und erweitert ja seine Auffassung gegenüber der „Vorrede" zu „Des Herrn Jacob Thomson sämtliche Trauerspiele" von 1756 in dem bekannten 74. Stück der „Hamburgischen Dramaturgie" vom 15.1.1768.

15 Man vergleiche etwa auch die zeitgenössischen Kritiken, von denen einige abgedruckt sind bei G. Grimm: Rezeptionsgeschichte. Grundlegung einer Theorie. Mit Analysen und Bibliographie. München 1977. S. 162–183 (zu „Emilia Galotti").

sich niederschlug, sei es in anakreontischen Versen,[16] sei es in dem zunächst als monumentales *sprachliches* Ereignis gewürdigten „Messias", sei es in den Gedichten des späteren Göttinger Hain, – in dieser Empfindsamkeit, auf die sich die Oden Hölderlins beziehen ließen, ohne daß sie in deren Aporie verfielen, wird ein Sprechen aus Empfindung positiv beansprucht und damit die Konstitution der jeweiligen Gattung aus jeweiliger Empfindung. Das Dichten ist noch weitgehend konventionsbildend und -stabilisierend. So spricht man von ‚Erlebnislyrik' erst seit Goethe. Doch die Aporie liegt ja schon in der Annahme einer Konstitution der Gattung aus jeweiliger, unmittelbarer und abstrakter Empfindung. Empfindung, als allgemeines Phänomen ebenso ungreifbar wie als einzelnes, macht die Diskussion darüber allenfalls als eine Kultur greifbar, die wichtige historische Indizes liefern mag. Empfindung soll hier aber als besondere und damit erst allgemeine Erscheinung der Aufklärung begriffen werden.

Nur aus deren literarischen Konstellationen ergibt sich die geschichtswürdige Besonderheit der Empfindung. Die Konstellation im Drama ist von vornherein komplex. Einerseits werden die Bastionen der Zeit, seien es die, für die oder gegen die das Bürgertum eintritt, durch Selbstbehauptung von Empfindungen in eine Krise versetzt. Doch während diese Versetzung keineswegs als Entsetzung, sondern als Erfüllung des Ganzen verstanden werden soll, zeigt sich die Dialektik der Empfindung selbst. Sie soll an dieser Stelle noch nicht genauer bestimmt werden. Das durchaus auch mit Optimismus angesehene Problem der Empfindung hat – nicht eingefriedet zu einer Angelegenheit der Empfindsamkeit – gerade an den fiktionalen Orten überlebt, an denen es zum Tode führte.

Das ist der schreckliche, aber der Voraussicht nach wahre Skandal nicht nur dieser Epoche. Im Trauerspiel involviert die Krise durch die Empfindung schon eine Krise der Empfindung. Es ist immer die Krise zwischen Empfindung und Wirklichkeit, das heißt eine Sprachkrise gewesen, die die ‚Vernünftigen' fälschlicherweise glaubten vermeiden zu können.

Es gab viele bürgerliche und adlige Rührstücke, es gibt nur sehr wenige Trauerspiele, die heute „Furcht und Mitleid" erzeugen können, weil sie am Beginn der Rebellion weder nur unterdrückte Empfindungen noch unversehens unvernünftige Vernunft oder gar nur Interessen zeigen. Lessings Trauerspiele, „Emilia Galotti" im besonderen, lassen im Anfang das Ende erkennen,[17] ohne auf den Anfang zu verzichten. Die Krise ist keine der Empfindung oder der Vernunft, sondern eine Krise des Ganzen, welches peinlicherweise als Trauerspiel Gestalt gewinnt. Innerhalb dieser Gestalt verflüchtigt sich aber nicht die Linie des Sinns von einer positiven Ästhetik des Ausdrucks[18] in eine quasi negative Ästhetik.

Das „rebellische Etwas" (Sara; 215), welches nicht für sich spricht, sondern jemanden sprechen macht,[19] ist geschichtlich da. Es ist keine Position, aber ein Bewußtsein. Die Frage ist, ob es sich „im nicht-positionellen Modus" (J. P. Sartre)[20] erhält, ohne noch

16 Hierin versucht der frühe Lessing selbst kritisches Potential freizulegen. Vgl. die dialektische Struktur von Thema und Ausführung im „Lob der Faulheit" (Bd. 1. S. 74).

17 Auch diese Struktur gibt es schon als ausgesprochenen Topos der Empfindsamkeit: „Vorzeit wie Zukunft" (Stolberg). Siehe Knoll, a.a.O.

18 Pikulik, a.a.O. S. 31. Siehe hierzu auch Lessings Affirmation des Gefühlsbegriffs.

19 Knoll (a.a.O.) hält einen ähnlichen Gedanken bei Jacobi fest, der eine vergleichbare Potenz der Empfindung zuschreibt, die bereits im Begriff steht, das Terrain der Empfindsamkeit zu verlassen.

20 J.-P. Sartre: Entwurf einer Theorie der Emotionen. In: ders.: Die Transzendenz des Ego. Drei Essays. Reinbek 1964. S. 151–195, 175. Nicht unbedingt eklektisch könnte eine Hinzuziehung der Schlegelschen „Theorie des menschlichen Bewußtseins im besondern" ausfallen, in der er das menschliche Bewußtsein als abgeleitetes aus dem ‚höheren Bewußtsein' behandelt, trotz dieses naiven Transzendentalismus aber anregende Beschreibungen des Bewußtseins als „Gefühlszustand" gibt: Sehnsucht, Liebe, Traum, Wahnsinn (F. Sch.: Philosophische Vorlesungen [1800-1807].

einmal wieder zum barocken Emblem der Hinfälligkeit der Welt, also zur Leiche zu werden, zum Träger anderweitig vergüteter Bedeutungen, – ohne aber auch jegliche Struktur von Verbindlichkeit zu zerstören oder sich selbst als Wahnsystem zu setzen.

„Miß Sara Sampson" scheint, wenn das so abstrakt ausgesprochen werden darf, als Selbsterkenntnis der Krise die positive historische Einführung einer neuen Sprachfähigkeit zu gelingen, deren Grenzen gleichwohl literarisch bewußt bleiben, in denen der Sprachenthusiasmus einer Figur als Verzweiflung zurückbleibt. Im langsamen Sterben Saras (fünfter Aufzug) begreift sich diese Verzweiflung ohne Hoffnungsverzicht als das Leben im Sprechen. Diese Intention wollen wir hervorheben, denn u.E. überlebt sie die dramaturgischen Schwächen des Stücks.[21] In der „Emilia Galotti" verzichten bereits die Figuren auf die ‚Sprache der Empfindsamkeit'.[22] Emilias Problem ist, verkürzt gesagt, nicht: sprechend Echtheit *und* Sozialität der Empfindung zu erreichen, sondern empfindend sprechen zu lernen. Es gelingt im Augenblick ihres plötzlichen Todes. Es ist dies ein „eigener Tod" (Rilke) durch fremde Hand, aber auch ein fremder Tod (Virginia) durch vertraute Hand. Er hat ja die meisten Rezipienten zweier Jahrhunderte unbefriedigt gelassen trotz der anerkannten oder gescholtenen genauen Konstruktion dieses Dramas.[23] Nicht zeigen in der Reflexion die Empfindungen der Sterbenden ihr eigentliches und dramatisches Leben, sondern Emilia stirbt überraschend, ebenfalls noch den Vater anerkennend („Ah – mein Vater"; 450), mit *einem* pathetischen Satz auf den Lippen, durch den sie den Vater und alles Verbürgte in die Bedeutung ihres Todes hineinzieht.[24] Das neue Pathos dieses Satzes („Eine Rose gebrochen, ehe der Sturm sie entblättert"; 449) liegt im semantischen Paradox von Form und Inhalt. In solchem Satz, so werden wir zu zeigen versuchen, kulminiert eine geschichtlich neue Bedeutung der Empfindung, deren adäquater Ausdruck der Tod ist.[25] Punktuell und universell erscheint hier eine Identität

1. Teil. Hg. J.-J. Anstett. Bd. 12. München/Paderborn/Wien/Zürich 1964. S. 391–408, bes. S. 393–395. [Kritische Ausgabe]).

21 Vgl. aber M. Durzak: Äußere und innere Handlung in „Miß Sara Sampson". Zur ästhetischen Geschlossenheit von Lessings Trauerspiel. In: Deutsche Vierteljahrsschrift f. Literaturwiss. u. Geistesgesch. 44 (1970). S. 47–63. G. Labroisse: Zum Gestaltungsprinzip von Lessings „Miß Sara Sampson". In: Amsterdamer Beiträge zur neueren Germanistik 1 (1972). S. 75–102.

22 Natürlich ist und bleibt auch die gewissenhafteste historische Rekonstruktion solch einer ‚Sprache' ein begriffliches Konstrukt. Hingewiesen sei auf die Arbeiten von A. Langen, F. Brüggemann (Der Kampf um die bürgerliche Welt- und Lebensanschauung in der deutschen Literatur des 18. Jahrhunderts. In: Deutsche Vierteljahrsschrift f. Literaturwiss. u. Geistesgesch. 3 [1925]. S. 94–127), H. Boeschenstein (Deutsche Gefühlskultur. Studien zu ihrer dichterischen Gestaltung. Bd. 1. Bern 1954; Bd. 2. Bern 1966), C. Lappe (Studien zum Wortschatz empfindsamer Prosa. Saarbrücken Diss. 1970), W. Doktor (Die Kritik der Empfindsamkeit. Bern/Frankfurt a. M. 1975).

23 Noch heute spricht Schröder (a.a.O. S. 179) in seinem doch sehr aufschlußreichen Buch vom „Triumph der dramatischen Technik". Diese Beurteilung hat sich seit F. Schlegel über Goethe, Schiller u.a. fortgesetzt. Zur Interpretationsliteratur vgl. Grimm (a.a.O.) und R. Meyer: „Hamburgische Dramaturgie" und „Emilia Galotti". Studie zu einer Methode des wissenschaftlichen Zitierens, entwickelt am Problem des Verhältnisses von Dramentheorie und Trauerspielpraxis bei Lessing. Wiesbaden/Frankfurt a. M. 1973. Vgl. auch H. Steinmetz (Hg.): Lessing – ein unpoetischer Dichter. Dokumente aus drei Jahrhunderten zur Wirkungsgeschichte Lessings in Deutschland. Frankfurt a. M./Bonn 1969.

24 Eine andere, wenn auch kritische Intention scheinen Dramen des ‚Sturm und Drang', besonders Lenz' „Hofmeister" aufzuweisen. Vgl. dazu W. Michel: Sozialgeschichtliches Verstehen und kathartische Erschütterung. Lenz' Tragikomödie ‚Der Hofmeister'. In: ders.: Die Aktualität des Interpretierens. Heidelberg 1978. S. 34–57.

25 Die innovative Funktion des Todes bei Lessing ist gut zu erkennen auf der Folie von Klopstocks „Adam". Vgl. I. Strohschneider-Kohrs: Klopstocks Drama „Der Tod Adams". Zum Problem poetischer Form in empfindsamer Zeit. In: Deutsche Vierteljahrsschrift f. Literaturwiss. u. Geistesgesch. 39 (1965). S. 165–206. Hierzu siehe auch K. Eibl: Identitätskrise und Diskurs. Zur themati-

von Anfang und Ende,[26] hegelisch gesprochen, die Idee, welche absolut und natürlich ist. Diese Identität, nur paradoxal abgesichert, ist als Eröffnung zugleich der Widerstand für eine literarische Geschichte der wahren Empfindung.

Das Trauerspiel „Emilia Galotti", welches man nach zu erhärtenden Vermutungen auch als Tragödie bezeichnen könnte, liefert diese Identität als Indifferenz einer Sentenz. Mitgegeben aber mit diesem Postulat der Indifferenz ist das Postulat der Differenz (für Sara zum Beispiel die zwischen Empfindung und ihrem Ausdruck).[27] Für die Geschichte der literarischen Empfindung wird entscheidend werden, ob das Gedicht (Hölderlin) *einen* Ausdruck des Differenten und ob die Erzählung (Musil) eine *Geschichte* aus der Indifferenz gewinnen kann.

schen Kontinuität von Lessings Dramatik. In: Jahrbuch der deutschen Schillergesellschaft 21 (1977). S. 138–191, 140 u. 168.

26 Auch Leibniz tendierte zu einer positiven Einschätzung der sensibilité, der ‚faculté générale'. In einem Denken der ‚Entelechie' bildet die Seele den Inbegriff der Substanz. In der Wolffschen Vermittlung als ‚begrenztem Verstand' ist das kaum noch zu ahnen. Vgl. aber auch die „Betrachtung der Unmöglichkeit körperlicher Gedächtnis-Eindrücke und eines materiellen Vorstellungs-Vermögens" von Dr. Reimarus in: Göttingisches Magazin der Wissenschaften und Litteratur (Hgg. G. Ch. Lichtenberg / G. Forster) 1 (1780). 4. Stück. S. 27 ff.

27 Für die Philosophie hätte alles darauf anzukommen, ob daraus ein begrifflicher Prozeß als System sich herstellen läßt. Auch hier könnte einmal auf Schlegels Gedanken zur „Entstehung der Welt" hingewiesen werden. Er mutmaßt und fordert, daß das Welt-Ich Sehnsucht nach Ausdehnung habe, während die Leerheit die Ahnung unendlicher Fülle bewirkt („Theorie der Entstehung der Welt": a.a.O. S. 429 ff., 480).

I. „MISS SARA SAMPSON“

„Jetzt, mein Vater, oder niemals. Bald werde ich nicht mehr seyn! Zu glücklich, wenn ich noch einige Augenblicke gewinne, Ihnen die Empfindungen meines Herzens zu entdecken. Doch nicht Augenblicke, lange Tage, ein nochmaliges Leben würde erfordert, alles zu sagen . . .“

1. DAS ZURSPRACHEKOMMEN DER EMPFINDUNG

a. Entstehung des neuen Trauerspiels aus den Metaphern der Empfindung

(Lessings Sprachbegriff – common sense – „Miß Sara Sampson“ als Drama der Empfindsamkeit – Sprache der Empfindsamkeit als nachahmende Sprache – Differenz und Indifferenz zwischen Sprache und Empfindung – Wahrheit und Kommunikation – metaphorische Wirkungen [Träne] – Geschwätzigkeit – Privatheit, Individualität, Allgemeinheit – Möglichkeit der Verstellung – Empirismus, Sensualismus – rhetorisches Sprechen – ‚Freiheit und Sprache‘ – nachahmende Sprache [J. Schröder] – Handlung – Intrige – Identität von Sprache und Drama – Erwartung und Aufschluß: das Gesprochenwerden der Sprache – ‚notwendiges Verhalten zueinander‘ – das Besondere der Empfindung, Problem von Pathos und Individualität – Ähnlichkeit)

Entscheidend für das Drama (nicht nur, aber hier offensichtlich) ist nicht das Problem der Empfindung, sondern: *wie Empfindung zur Sprache kommt.* Dieser Prozeß als Werk ist der Gegenstand unserer Untersuchung.

Unterstützt wird dieser Ansatz durch einen Blick auf ‚Lessings Anfänge‘[28], die unter anderem eine Theorie begründen, auf die sich auch J. Schröder[29] bezieht. Besonders dann in seinen theologisch-philosophischen Schriften („Das Testament Johannis“, „Eine Duplik“, „Axiomata“, „Anti-Goeze“) entwickelt Lessing scheinbar en passant ein Konzept von Sprache, deren Dialektik sich aus der Polemik entweder gegen die Buchstaben zugunsten des Geistes oder für den Buchstaben und das Werk (bei Übersetzungskritiken,[30] „Rettungen“) entwickelt. Die ‚Rede‘ wird sozusagen zur Supergattung einer nicht instrumentell zu verstehenden Sprache, – und sie ist als Sprechen die stets schon vorhandene Realisation der Sprache.[31]

Der Rezensent Lessing bildet seine Individualität als Vorbild *und* auf der Folie mög-

28 K. Briegleb: Lessings Anfänge 1742–1746. Zur Grundlegung kritischer Sprachdemokratie. Frankfurt a. M. 1971. K. Bohnen: Geist und Buchstabe. Zum Prinzip des kritischen Verfahrens in Lessings literarästhetischen und theologischen Schriften. Köln/Wien 1974.

29 Siehe das Vorwort, a.a.O. S. 9–12.

30 Bei Schröder wird der Begriff der Übersetzung wichtig, da er ihn zur Bezeichnung für das Sprechen der Figuren in „Miß Sara Sampson“ selbst vorschlägt. Ansonsten zur konventionellen Relevanz des Übersetzens in dieser Epoche vgl. Th. Huber: Studien zur Theorie des Übersetzens im Zeitalter der deutschen Aufklärung 1730–1770. Meisenheim a.d.G. 1968.

31 Deshalb können Lessings Kritiken Anspruch auf Gültigkeit und Originalität erheben, d.h. in eins auf Individualität: im „Anti-Goeze“ verteidigt er seinen Stil, in den „Axiomata“ verteidigt er die Form der Mitteilung gegenüber einer nichtsituativen logischen Ordnung der Rede, im Brief an den Bruder Karl vom 15. Januar 1779 verteidigt er die Interpunktion, die gerade für die Schauspieler sehr wichtig sei. – Neuerlich gilt das Modell des „Nathan“ geradezu als Lösungsvorschlag von trauerspielhaften Kommunikationskrisen. Siehe Eibl, a.a.O. S. 185–191.

lichen Gemeinsinns aus. Dieser entstehe aus dem Konsens von artikulierter Empfindung.[32] Zu kurz greift deshalb die Behauptung, daß Lessing eine Kollektivierung von Gefühl beabsichtige.[33]

> Schön! – aber sind das Empfindungen? Sind Ausschweifungen der Einbildungskraft Empfindungen? Wo diese so geschäftig ist, da ist ganz gewiß das Herz leer, kalt.
> („Briefe, die neueste Litteratur betreffend", 8. Brief. Bd. 8, S. 17)

> Man ist nicht Herr von seinen Empfindungen; aber man ist Herr, was man empfindet, zu sagen.
> („Der Recensent braucht nicht besser machen zu können, was er tadelt". Bd. 15, S. 63)

> Ein bürgerliches Trauerspiel! Mein Gott! Findet man in Gottscheds critischer Dichtkunst ein Wort von so einem Dinge? Dieser berühmte Lehrer hat nun länger als zwanzig Jahr seinem lieben Deutschland die drey Einheiten vorgepredigt, und dennoch wagt man es auch hier, die Einheit des Orts recht mit Willen zu übertreten. Was soll daraus werden?
> (Berlinische privilegirte Zeitung vom 3.5.1755; wahrscheinlich eine Selbstrezension Lessings. Bd. 7, S. 26)

Der Brief selbst, im großen Stil die Zeitungen wären legitime Gattungen für die Artikulation von Empfindung, falls sie als öffentliche Arbeit Intimität bewahrten. So sollte der Journalismus zwar aus geselligem Räsonnement entstehen, wäre aber nur legitim als lautes Denken, nicht schon als Kommunikation schlechthin. Erst eine solcherart hergestellte Vielfalt, an der sich Goeze stieß, könnte den Boden bürgerlichen Selbstbewußtseins abgeben, das in der Rede, im Sprechen als Subjekt der Geschichte erscheint und, wie wir mittlerweile wissen, selbst der sprachlichen Dialektik, die nicht nur eine der Aufklärung ist,[34] nicht entgeht. Wird beispielsweise der „common sense" (gegenständlich geworden etwa in Rousseaus Thema der „Natur") nicht als Utopie gelesen, so könnte die einzelne Empfindung sich gar nicht entwickeln, sondern nur affirmieren oder negieren.

Diese Entwicklung der Empfindung wird im literarischen Werk dramatischer Gegenstand und Handlung. Die Totalitätsaspekte unserer Akzentuierung sprechen nicht dagegen, daß man „Miß Sara Sampson" durchaus als ein Drama der Empfindsamkeit lesen kann.[35] (Wir werden aber diesen Vorschlag ständig modifizieren müssen.) Es besteht sogar die Berechtigung bei einer allerdings keineswegs selbstverständlichen Parallelisierung von Empfindsamkeit und Bürgerlichkeit,[36] die Geschichte des bürgerlichen Trauerspiels eben hier und nicht beispielsweise mit „Rhynsolt und Sapphira" beginnen zu lassen,[37] da Martinis Trauerspiel, noch sehr an Lillos „The London Merchant" orientiert, „common sense" und Empfindung nur vereinheitlicht oder gegenüberstellt. Um unsere These zu stützen, müßte gezeigt werden, daß beispielsweise „Tugend" und „Empfindung" nicht in ein einheitliches oder auch oppositionelles Verhältnis gebracht werden können, da sie in „Miß Sara Sampson" oft ohne Bewußtsein der Figuren zu verschiedenen *Kategorien* geworden sind, aus denen Literatur sich nicht mehr herschreibt, das heißt die sie nicht mehr nur illustriert.

32 Hier ist der Gemeinsinn ein primär kritisches oder ästhetisches Phänomen. Vgl. „Der Recensent braucht nicht besser machen zu können, was er tadelt" (Bd. 15. S. 62–65).

33 So P. Weber: Das Menschenbild des bürgerlichen Trauerspiels. Entstehung und Funktion von Lessings „Miß Sara Sampson". Berlin ²1976. Weitere Dokumente, auch zum Forschungsstand, im Kommentarband von K. Eibl: Gotthold Ephraim Lessing. Miß Sara Sampson. Ein bürgerliches Trauerspiel. Frankfurt a. M. 1971.

34 Th. W. Adorno / M. Horkheimer: Dialektik der Aufklärung. Philosophische Fragmente. Frankfurt a. M. 1971.

35 Das schlägt auch, keineswegs undifferenziert, Eibl vor (Identitätskrise und Diskurs, a.a.O. S. 163).

36 Auf die mit Pikulik aufgekommene Diskussion dieses Verhältnisses gehen ausführlich ein: Eibl (a.a.O. S. 150), Sauder (a.a.O. S. XIII f., 170 ff. et passim).

37 Siehe Daunicht (a.a.O. S. 237 ff.), Guthke (a.a.O. S. 23 f.).

Auch tritt hier erstmals eine aus der Geschichte der literarischen Empfindung nicht mehr wegzudenkende Berufung auf die Sprache der Empfindsamkeit auf, worunter wir jetzt die Berufung auf eine Sprache als Nachahmung der Empfindung verstehen wollen. Aber in diesem Sprach- und Empfindungsbegriff erscheinen nur Teilaspekte des ganzen Problems.

Aus den epochalen Strömungen, die man gewöhnlich als ‚Empfindsamkeit' versammelte, taucht dieses Trauerspiel auf, weil in ihm doch schon darüber und über die eigenen ‚technischen Mängel' hinaus die Differenz *und* Indifferenz zwischen Sprache und Empfindung *intentional* thematisiert sind. Weder repetiert es, noch bereitet es das gängige Thema von ‚Herz und Mund' vor, von Seele und Sprechen, wie es dann Schillers Epigramm wieder aufnimmt,[38] sondern die Intention einer höchst fragilen Identität wird am Beginn des Denkens ihrer subjektiven Möglichkeit zur *Idee unendlichen Sprechens* innerhalb eines endlich gestalteten corpus. Das Trauerspiel bewahrt diese Identität sowohl im Aufweis intentionaler Indifferenz wie tendenzieller Differenz. Die in beiden Verhältnissen liegende Identität kann nur das *Trauerspiel selbst* zur *Idee* haben. Sie, also letztlich die trauerspielhafte Empfindung, generiert Kommunikation, die aber durch die Möglichkeit von Wahrheit bedingt ist. Wahr jedoch, so die natürliche Implikation des Dramentextes, ist nur das Trauerspiel selbst. Das im Trauerspiel durch die Figuren Nichtgesagte (und Spürbare), welches im Sagen der Figuren identisch mit ihnen wird, ist intentional realisiert, – pointiert gesprochen: zwar als Literatur, aber als diese Gattung.

Die Bedingungen der Entstehung dieses Trauerspiels oder die Wirklichkeitsbezüge erhalten sich und erscheinen in der Idee einer von Empfindung regulierten Sprache und einer sprachorientierten Empfindung, aber nur dann, wenn man hier nicht einerseits die ‚Sprache der Empfindung' schon realisiert sieht und dabei bald die Empfindung sich einstellt, es handele sich um Geschwätz, – und wenn man andererseits nicht die Figur der adligen Sara als positive Aufmüpfigkeit des Bürgertums versteht, die leider unterdrückt wurde oder sich nur als sterbende Innerlichkeit begreifen konnte.

Einige Hinweise auf den Text werden zeigen, daß derartige Interpretationen variable Konkretionen von Bedeutungen sind, die eigentlich nur bemüht sind, die mangelnde Aktualität zu kompensieren oder die „Miß Sara Sampson" als historisches Dokument zu lesen. Doch scheinen Interpretationen dieses Dramas als Konkretionen *der* Bedeutung sinnvoll zu sein, die aktuell Idee und Prozeß der Empfindung als Sprechen ist.

Der erste Aufzug besteht aus neun Auftritten. Einige davon werden sogleich besprochen werden. Die Exposition dieses Dramas gehört mit Sicherheit nicht zu den mißlungenen Partien; sie bietet eine Fülle dramaturgischer Motivationen.[39] Der alte Sampson und Waitwell erscheinen als erste auf der Bühne, die den Saal eines Gasthofs vorstellt. Ihr Gespräch vermittelt die Vorstellung von einer längeren Anwesenheit der Tochter und ihres „verfluchten Verführers" (268) an diesem Ort. So nennt ihn der Vater, der aber zuvor auf

38 Sprache

Warum kann der lebendige Geist dem Geist nicht erscheinen!
Spricht die Seele so spricht ach! schon die *Seele* nicht mehr.

Leider ist es verständlich, daß dieses Epigramm weit mehr Beachtung gefunden hat als das zumindest ebenso wichtige folgende:

An den Dichter

Laß die Sprache dir seyn, was der Körper den Liebenden; er nur
Ists, der die Wesen trennt und der die Wesen vereint.

Zur Interpretation siehe: W. Nolting: Die Sinngedichte an den Leser. Zu Theorie und Geschichte des Epigramms. In: Literatur für Leser. Zeitschrift für Interpretationspraxis und geschichtliche Texterkenntnis 1 (1979). S. 11–32.

39 Lessing diskutiert den Sinn von „motiviert" in der „Hamburgischen Dramaturgie" im Zusammenhang auch mit dem Wahrscheinlichkeitsbegriff.

Waitwells klagende Worte über das „Sarchen", welches „so verführt werden" (267) mußte, reagiert: „O schweig! Zerfleischt nicht das Gegenwärtige mein Herz schon genug?" (268) und „Aendre deine Sprache, wenn du mir einen Dienst thun willst." (ebd.)

Auf sehr zarte Weise wird eine Funktion des Sprechens hier angedeutet, die auch den Figuren bewußt zu sein scheint. Dienerschaft kann im Sprechen quer durch die Stände zur Freundschaft werden, an dieser Stelle um den Preis gewaltsamer Disziplinierung, das heißt der Verbergung eigener Empfindungen, die dann jedoch dem Herrn selbst nicht gelingt, wenn er in die von ihm verbotenen Vergangenheitsvorstellungen zurückfällt: „sage, daß Sara nie tugendhaft gewesen, weil sie so leicht aufgehört hat es zu seyn; sage, daß sie mich nie geliebt, weil sie mich heimlich verlassen hat." (ebd.)

Dieser Rückfall hat ausgezeichnete expositorische Funktion. Darüber hinaus zeigt er, daß das Wahrheitskriterium des Sprechens die gegenwärtige Empfindung sein soll („Waitwell. Sagte ich das, so würde ich eine Lüge sagen; eine unverschämte böse Lüge"; ebd.). In die Gegenwart der Empfindung muß nicht bestimmend das Gegenwärtige der Wahrnehmung eingehen. Dieses erfüllt nicht jene Gegenwart der Empfindung, gehört aber wenigstens als Anlaß hinzu.[40] Das Gegenwärtige im Sprechen ist mit diesem nicht identisch, aber noch für die Beurteilung der Vergangenheit wahrheitsstiftend. Das Wahrheitskriterium der Gegenwärtigkeit behauptet sich formell, nicht als konsensuelles Prädikat. Gegenwart und Vergangenheit tauchen hier bereits zwiespältig auf. Wahrheit heißt unter anderem auch, es sich nicht in einer eindeutigen Empfindung bequem zu machen, also sein Leiden zu genießen als Abdruck temporal und kausal motivierten Geschehens. Gerade das wäre eine böse Lüge, die das schlechte Gegenwärtige aus glückloser Vergangenheit herleitete. Das Wahrheitskriterium liegt nicht in der Macht einer Figur. Konfrontierte man das zerfleischend Gegenwärtige mit der „Erinnerung an vergangne Glückseligkeiten" (ebd.), dann existierte die Identität der Empfindung als bloße Differenz. Gesprochen aber – und darin liegt die energetische Wahrheitsfunktion der Empfindung – wird über das *Sprechen* als Empfindung der Gegenwart und Vergangenheit. In dem Befehl „O schweig!" – auf ähnliche Weise wird ständig das Empfinden des Sprechens als Gegenstand des Dramas konturiert – erhält sich der Hinweis auf die unausgesprochene Gleichheit der Empfindung für beide Figuren. Da Empfindungen stets in der Metaphorik ihrer Wirkungen (Tränen, Zerfleischen des Herzens) auftauchen, ist Wahrheit weder in den Wirkungen noch an einem historisch fixierten oder einem völlig fremden Ort unmittelbar zu greifen. Sie kann nicht in der Mißachtung des Gegenwärtigen sich realisieren als bloße Erklärung der Empfindung aus einer Folge von Begebenheiten (Handlung, nach Lessing), zumal diese Erklärung im Drama Empfindungen ja wiederum erzeugt, die zudem noch die Wirkung des Gegenwärtigen verstärken.

Das gängigerweise als „wahr" Anerkannte, in dem Waitwell und der Vater übereinstimmen, kann durch und als bloßes Sagen kritisiert werden. Der Befehl zu sprechen dagegen würde auch nur eine Übereinstimmung erzeugen, die sich gegen die Empfindung des Befehlenden selbst richtet. Befohlenes, inszeniertes Sprechen, so zeigt sich hier schon (nicht erst in Marwood), ist Lüge; Schweigen wäre es ebenfalls. Wird aber die Produktion „blutiger Thränen" (267) durch das Sprechen nur gesteigert, so scheinen die vorausgesetzte Übereinstimmung der beiden Figuren und die Indifferenz zwischen der Fülle der Worte und der Stabilität der einen (traurigen) Empfindung mit dem dramatischen Gesetz der Freundschaft zu kollidieren, die sich ja erst aus dem Sprechen als „Dienst"

40 Vgl. auch, neben Sauder (a.a.O.), die Definitionsversuche zu „Empfindnis", „Fühlung", „sensation", „sentiment" von Th. Abbt, K. D. Küster, S. J. E. Stosch, J. H. Campe. Auszüge ihrer diesbetreffenden Schriften sind abgedruckt in: Empfindsamkeit. Theoretische und kritische Texte. Hgg. W. Doktor / G. Sauder. Stuttgart 1976. S. 5–17.

ergeben kann und soll. Die Gefahr zwischen den Figuren ‚einer Position‘ ist die, daß wegen der Übereinstimmung der Empfindungen eigentlich keine Worte gemacht zu werden brauchten. Andererseits zeigen die gemachten Worte erst die Empfindungen und erzeugen sie zugleich in ihren metaphorischen Wirkungen. Drittens aber muß gerade zu diesem Zeitpunkt sich das Sprechen entzweien und zum Gespräch werden. Das nun scheint nur möglich bei doch stets mitgefühlter Übereinstimmung, wenn über das Sprechen gesprochen wird. So ist gerade die Art des Sprechens der Diskussion ausgesetzt, die direkt die Empfindung erzeugt, von der das Sprechen herzukommen scheint. Sir William und Waitwell einigen sich wieder, und jetzt kann der Diener befehlen: „Trocknen Sie Ihre Thränen ab“ (268). Der Aufweis der Empfindung kann weggewischt, zu den Geschäften (Verhandlungen mit dem Wirt) übergegangen werden. Sobald aber,wie hier schon zu sehen, die Empfindungen auf den Plan treten, tun sie das nie jenseits aller Diskussion. Daß die Figuren unmittelbar in Sprachdebatten verfallen, kann also nicht als Abfall von der Leitung durch Empfindung interpretiert werden, auch nicht, wie besonders in diesem Fall zu sehen, als Differenz der Empfindungen. Die oft bemerkte ‚Geschwätzigkeit‘ (siehe unten) in diesem Stück wollen wir der Intention des Trauerspiels gemäß interpretieren. Die Sprachdebatten zeigen die unendlich ernsthafte Seite der Empfindung,[41] die die Diskurse der ‚Tugend‘ und ‚Vernunft‘ keineswegs stürzen will, sie aber ins eigene Sprechen mitverwickelt.

In I, 5 fragt der Herr Mellefont seinen Diener Norton: „was soll ich thun? was soll ich sagen?“ (272), nachdem er sich die Augen getrocknet hat. Er will für seine Empfindung nicht nur eine Identität in der allgemeinen Metaphorik der Wirkung (Tränen) erreichen, die ihm vordem mühelos die rhetorische „Gabe der Verstellung“, durch die „ich seyn und sagen konnte, was ich wollte“ (ebd.), verschafft hatte. Sowohl gegen Identitätsangebote im bloßen Sprechen, welches eine ununterscheidbare Metaphorik der Wirkung erzeugen kann, stellt sich die Dramaturgie als auch gegen die trockene Indifferenz vagen Schweigens. Würde dieses doch in Wirklichkeit eine nicht zu bewältigende Vielfalt oder Allgemeinheit von Bedeutungen provozieren, die ebenso bequem wie unartikuliert bloß allgemeinem Einverständnis oder Mißverständnis dienten.

In I, 7 wird ebenfalls die Angewiesenheit der Empfindung auf individuelle Artikulation betont. Darin eigentlich liegt deren Sprengkraft. Ihre Wirkung kann noch nicht eingeschätzt werden. Weder Übereinstimmung in bloß privaten und bloß allgemeinen Gefühlen noch die in bloß persönlichen oder bloß definitorischen Begriffen ermöglicht eine Lösung des Konflikts. Sara zu Mellefont: „Umsonst habe ich es, nur wieder erst den gestrigen langen Abend, versucht, Ihre Begriffe anzunehmen, und die Zweifel aus meiner Brust zu verbannen, die Sie, itzt nicht das erstemal, für Früchte meines Mißtrauens angesehen haben.“ (274) Sara geht es um das persönlich-allgemeine Interesse, ihre Liebe in der „Ceremonie“ (273, 274) einer Ehe zu legalisieren.

„Umsonst“ wäre aber auch das Gelingen ihres Versuches, nämlich zu verzichten und Begriffe nur „anzunehmen“. Daraus könnte sich vielleicht ein empfindsamer Roman, eine Abenteuerepisode, nicht das Trauerspiel entwickeln. „Begriffe“ stehen hier interessanterweise für die illegitime Privatheit eines nur auf die Empfindung der Liebe sich berufenden Sprechens, der wiederum das „Herz und ein inneres Gefühl“ (274) sich widersetzten. Die Fähigkeit zu Allgemeinheit wie die zu Individualität werden gleichermaßen der Empfindung zugesprochen. Sie wird als das Kriterium des Sprechens entdeckt, das aber selbst nicht eigens erläutert werden kann. Der Vorteil der Gattung des Dramas besteht darin, sie in Aktion zeigen zu können. Ihre Rationalität liegt beispielsweise auch darin, gewisse Aktionen zu verweigern, Begriffe nicht anzunehmen, obwohl es die des Geliebten sind.

41 Formuliert nach Novalis' „Monolog“ in: Novalis: Schriften. Bd. 2. Hgg. R. Samuel / H.-J. Mähl / G. Schulz. Darmstadt ³1981. S. 672 f.

„Ich, Mellefont, denke darauf nicht, weil ich in der Welt weiter von keiner Ehre wissen will, als von der Ehre, Sie zu lieben. Ich will mit Ihnen, nicht um der Welt Willen, ich will mit Ihnen um meiner selbst Willen verbunden seyn." (275 f.)

In der späteren Komödie wird Minna den Begriff der „Ehre" als interessegeleitete Tautologie entlarven.[42] Die Worte Saras könnten ein Ideal der Empfindsamkeit formulieren, das hier aber sogleich irritiert wird. Spricht nur das Ich, so betont es schon den Namen des Geliebten wie den eines Antagonisten und kennt schon die Begriffe, die zu ihm selbst passen oder nicht. Es erscheint durchaus auch im Sprechen nicht nur eine die Empfindung tötende Allgemeinheit, sondern eine ebenfalls attackierende Privatheit, die im Begriff („Ehre") sich eine Allgemeingültigkeit erschleicht und diese gegen den Geliebten wendet. Weder dessen Ansprüche noch die Saras sind tadellos. Die Berufung auf die Privatheit der Liebe interpretiert Begriffe um. Um ihrer „selbst Willen" will Sara ein gesellschaftlich akzeptables Geständnis der Liebe erzwingen. Keineswegs inakzeptabler wäre aber die Verweigerung des Begriffs und der Wirklichkeit der „Ehe" (320) durch Mellefont, ginge es nur um die Berufung der Empfindung auf sich selbst. Wiederum stehen also die begrifflichen Formen der Berufung, nicht unmittelbar die Empfindung, zur Debatte. Doch bleibt zur Entscheidung solcher Debatten als Kriterium nur wieder die Empfindung übrig.

Auch die Herrin Marwood fragt ihre Dienerin Hannah: „Was soll ich sagen?" (283) Ging es bei der zwiespältigen, sich sozusagen in Entwicklung befindenden Figur Mellefont[43] schon um die Identität von Sagen und Sein, so hier noch offensichtlich um die von Sagen und Schein: „Welche Miene soll ich annehmen?" (ebd.) Doch die angedeuteten Verhältnisse können sich möglicherweise verkehren, wenn es späterhin berechtigt war, etwa Marwood als leidenschaftlichen Charakter zu qualifizieren, Mellefont aber als einen Zauderer. Hier allerdings ist die grundsätzliche Möglichkeit der Verstellung in Sprache gesetzt. Auch die andere ‚Sprache des Herzens' (284–297) ist verfügbar: Der Doppelcharakter der Sprache ist aktuell in Verstellung und Aufrichtigkeit, als Rhetorik und Ausdruck. Schein und Sein sind nicht für sich unterscheidbare Kategorien, von denen her Sprechen beurteilt werden könnte. Sprache ist Bedingung für beide Weisen von Wirklichkeit. So wird einerseits das Sprechen zum, oftmals täuschenden, Kriterium von Empfindung werden, andererseits ermöglicht Empfindung eine Distanz, die im Sprechen falsches vom richtigen Sprechen unterscheiden läßt. „Ach! dein Mund sagt nein; und deine eignen Thränen sagen ja" (III, 3; 303), entscheidet Sara, nachdem sie von Waitwell selbst gefordert hatte („Widersprich mir doch, Waitwell!"; ebd.) zu behaupten, ihr Vater habe es zu Tränen „nicht kommen lassen" (ebd.). Dann aber: „Was für Schwerdter gehen aus deinem einfältigen Munde in mein Herz!" (306) Sara nimmt in Anspruch, die Worte Waitwells für wahrer zu halten, als diesem bewußt sein könne; Waitwell selbst: „so muß mir ein guter Geist haben reden helfen. Aber nein, Miß, meine Reden haben dabey nichts gethan, als daß sie Ihnen Zeit gelassen, selbst nachzudenken" (307 f.). Zuvor hatte sie ihn aufgefordert: „Rede weiter, Waitwell, rede weiter!" (307)[44] So ist in einer Szene die

42 Siehe: W. Nolting: Klassenbegriff und Literaturbegriff. Zur Verwendung von Begriffen in der Literaturwissenschaft – am Beispiel von Lessings „Minna von Barnhelm oder das Soldatenglück". In: Zeitschrift für Ästhetik und allgemeine Kunstwissenschaft 25 (1980). H. 1. S. 51–73. – Siehe auch: H. Rempel: Tragödie und Komödie im dramatischen Schaffen Lessings. Berlin 1935. (Nachdruck Darmstadt 1967); K.-D. Müller: Das Erbe der Komödie im bürgerlichen Trauerspiel. Lessings „Emilia Galotti" und die commedia dell'arte. In: Deutsche Vierteljahrsschrift f. Literaturwiss. u. Geistesgesch. 46 (1972). S. 28–60.

43 F. v. Ingen: Tugend bei Lessing. Bemerkungen zu „Miß Sara Sampson". In: Amsterdamer Beiträge zur neueren Germanistik 1 (1972). S. 43–73; G. Labroisse (a.a.O.); A. Scott: The rôle of Mellefont in Lessing's „Miß Sara Sampson". In: The German Quarterly 47 (1974). S. 394–408.

44 Vgl. auch: 308, 312, 314 f., 316 f.

Rede als eine angenehme Lüge, tiefere Wahrheit und differentes Produkt des Verstehenden selbst gedeutet. Der empfindsame Gepflogenheiten aufnehmende Briefaustausch[45] im dritten Aufzug zeigt das Sprechen und Schreiben nicht nur als allmähliche Selbstbestimmung der Empfindung, auch nicht nur als Selbstgenuß. Vielmehr steht die Empfindung in einem noch undurchdringlichen Verhältnis zum Sprechen, einem Verhältnis zwar gegenseitiger Läuterung, in der aber die Gefahr wechselseitiger Verabschiedung oder Substitution erscheint. Im Maße ihrer literarischen Entdeckung verfallen „Vernunft", „Tugend", „Natur" unausweichlich derselben Dialektik des Sprechens.

„Und was empfindet man denn, wenn das Herz, vor lauter Empfinden, in einer tiefen Betäubung liegt? – Ich muß doch schreiben – Ich führe ja die Feder nicht das erste Mal" (III, 4; 309), lautet eine problematische Passage aus Saras Monolog, die aber nicht problematisch hinsichtlich des Trauerspiels ist (eher problematisch wäre eine scheinbar reine Sprache der Empfindsamkeit, des Herzens usw.), sondern die am trauerspielhaften Problem partizipiert und es keimhaft in sich trägt.

Es gibt bereits eine, in Deutschland allerdings noch nicht breit rezipierte Diskussion des Empirismus und Sensualismus vor der Empfindsamkeit (zum Beispiel bei Spinoza, Descartes). Auch wenn man einige Thesen von Locke, Hume, Berkeley, Smith und Condillac verallgemeinert, so ist doch anzumerken, daß die Seele nie als „white paper" aufgefaßt wurde: „nihil est in intellectu quod non antea fuerit in sensu".[46] Wie aber könnte von hier aus rhetorisches Sprechen beurteilt werden? Saras Könnerschaft im Federführen garantiert allein weder eine Wiedergeburt noch eine Rechtfertigung[47] der Empfindung, die nicht eine Betäubung wäre.

Die Vereinigung von „Kopf und Herz" war ein Anliegen der gesamten Aufklärung. Noch ein Epigramm von Hölderlin nimmt das Thema wieder auf.[48] Bei Herder wird das Thema selbst als Text, nämlich als ein „Gewebe" aus Empfindung und Denken bezeichnet.[49] Wie aber kann Saras Schreiben wahre Sätze produzieren? Zunächst einmal müßte eine Durchdringung von (empfindsamer) Konvention und Betäubung stattfinden. Denn im Trauerspiel ist nicht nur, „als wo der Liebhaber zu Füssen fällt", eine Handlung, sondern „auch jeder innere Kampf von Leidenschaften, jede Folge von verschiedenen Gedanken, wo eine die andere aufhebt" (‚Abhandlungen über die Fabel'. Bd. 7, S. 435). Das gilt nach Lessing sogar für die Fabel, eben weil dort die Tiere „Sprache und Vernunft" haben (S. 450). „Haben wir ihnen einmal Freyheit und Sprache zugestanden, so müssen wir ihnen zugleich alle Modificationen des Willens und alle Erkenntnisse zugestehen, die aus jenen Eigenschaften folgen können, auf welchen unser Vorzug vor ihnen einzig und allein beruhet." (S. 463) Das Junktim von *„Freyheit und Sprache"* wird nicht mehr im Drama, nur noch in der Fabel einseitig spezifiziert: „Nur ihren Charakter, wie gesagt, müssen wir durch die ganze Fabel finden" (ebd.). Diese animalische Qualität ist der einzige literarisch-technische Vorzug der Fabel. Die Gattung leistet diese Vereinheitlichung, die für Lessing schon ungleich schwieriger etwa im Drama handelnder

45 Siehe J. Habermas: Strukturwandel der Öffentlichkeit. Untersuchungen zu einer Kategorie der bürgerlichen Gesellschaft. Neuwied/Berlin [5]1971.

46 Zur Empirismus- und Sensualismus-Debatte siehe Sauder (a.a.O. S. 65–72).

47 Vgl. zur Einseitigkeit des Pietismus-Bildes seit R. Unger: Sauder (a.a.O. S. 58).

48 Guter Rath

Hast du Verstand und ein Herz, so zeige nur eines von beiden,
Beides verdammen sie dir, zeigest du beides zugleich.

Siehe dazu unsere Besprechung im Hölderlin-Teil.

49 Herders Schrift zu der Preisfrage der Berliner Akademie von 1773 mißachtet schon die Fragestellung (siehe dazu neben unserem Einleitungskapitel Sauder, a.a.O. S. 119 f.); sie lautet „Uebers Erkennen und Empfinden in der Menschlichen Seele" (1774) – erweitert zu „Vom Erkennen und Empfinden, den zwo Hauptkräften der Menschlichen Seele" (1775).

Menschen ist. Auch im nichtliterarischen Bereich geht es primär um die „Darstellung", die man „der Sprache wegen lesen müsse" („Ueber eine zeitige Aufgabe". Bd. 16, S. 297, 300[50]), handele es sich um enthusiastische, schwärmerische oder spekulative Abhandlungen. Das Gesagte ist nicht rationalisierbar, das Rationalistische nur eine Funktion der Darstellung. Das wird unmittelbar bei dem Versuch, Charaktere in Lessings Dramen (ab „Miß Sara Sampson") festzulegen, deutlich, auch für die Titelfiguren, denn in Saras Monolog zum Beispiel spricht nicht nur sie, sondern es vollzieht sich sogleich auch eine dramatische Kritik empiristischer und rationalistischer Leitideen. Empfindung und Sprache sind zu den leitenden und verstörenden Handlungssubstraten geworden.[51]

J. Schröder hat das neuerdings für „Miß Sara Sampson" als Problem einer „nachempfindenden Sprache" formuliert.[52] Das Unberechenbare gewinne einen erhöhten integrierten Funktionswert erst in der „Emilia Galotti". – Es ist aber in „Miß Sara Sampson" an jeder Stelle schon wirksam, was die Beziehung von Empfindung und Sprache betrifft, nicht nur dort, wie Schröder meint, wo jemand sich zum Rätsel wird (zum Beispiel Mellefont in IV, 2; dort ist das Problem nur auf die Figurenebene verlagert). Deutlich genug erscheint aber die Struktur des dramatischen Sprechens als Versuch empfindsamen Sprechens aus Verstellung oder Selbstgewißheit. Keinem dieser beiden Versuche ist ein Gelingen selbstverständlich, wenn man die dramatische Idee der Individualität als Übereinstimmung von innerem und äußerem Gemeinsinn streng veranschlagt.

Da hier das Problem liegt, reagieren die Figuren, wie Schröder richtig bemerkt, auf den „Inhalt von Worten".[53] Schröder aber sagt, erst das sei das Problem, nämlich eines des „einseitigen Dialogs".[54] Hieraus entwickelt er seine Konzeption.

Doch ist ja in solchem Reagieren auf Sprechen, worin das Empfindungssubstrat gesucht wird, eine positive Hemmung bloßen Kommunizierens zu sehen. Sicherlich könnte man „Miß Sara Sampson" ein Reflexionsdrama nennen, aber es ist natürlich nicht ohne Handlung im Lessingschen Sinne. Schröder sieht die dramatische Handlung nur im Auftreten der Intrigantin motiviert, was viele vor ihm schon kritisiert haben. Tatsächlich scheint hier ein Dualismus vorzuliegen, zumindest aber werden die Motivationen, die sich streng genommen alle auf den Titel eines Stücks beziehen lassen müßten, von Sara sozusagen nachgeholt (fünfter Aufzug) und in ihrem Traum vorweg angenommen.

Ein durchgängiges Handlungsmoment war bereits in I, 1 zu sehen, obwohl außer der Ankunft von Sir William und Waitwell nur deren beider Gemeinsinn demonstriert werden konnte. *Handlung ist das Dramatischwerden des Sprechens aus Gründen des Empfindens.* Dieses ist in der Tat das „vermittelnde Dritte"[55] als Träger des Sprechens, nicht bloß, wie oft von den Figuren gemeint, als Inhalt der Worte.

50 Siehe in diesem Text auch die Würdigung des Begriffes „Wortgrübelei" (S. 295).

51 Vgl. auch folgenden Dialog:

Ernst. Wovon ich einen Begriff habe, das kann ich auch mit Worten ausdrücken.

Falk. Nicht immer; und oft wenigstens nicht so, daß andre durch die Worte vollkommen eben denselben Begriff bekommen, den ich dabey habe. (Bd. 13. S. 345)

Eben an solchen Einsichten und an der aus gleicher Intention schon viel früher hervorgehenden Konstellation der Dramen ist das Problem des Subjektivismus neu zu konturieren. Vgl. H. Steinmetz: Die Komödie der Aufklärung. Stuttgart ³1978; H. Hettner: Literaturgeschichte des 18. Jahrhunderts. 3. Teil. Braunschweig 1862. (Neudruck mit Textrevision von G. Erler. 2 Bde. Berlin 1961); G. Kaiser: Aufklärung, Empfindsamkeit, Sturm und Drang. München ²1976.

52 A.a.O. S. 163 ff.

53 Siehe a.a.O. S. 171.

54 Ebd.

55 Ebd.

Erst da das Ich sich zum Rätsel werde, habe sich das Intriganten- und Lügnerschema überholt.[56] Auch das trifft zu nur auf einen sehr vagen Handlungsbegriff von Mitteln und Zweck. Als Verstellung ist die Intrigenhandlung zum Sprachproblem geworden. Schröder folgert zwar richtig, daß Sprache und Mensch in keinem gesicherten Nachahmungsverhältnis mehr stünden. Aber ist nicht das Ich, wo nicht sich selbst, doch schon dem Drama in und ab I, 1 zum Rätsel geworden, das heißt gegenüber dem Fabeltier zum Menschen?

Die Figuren *sind* also nicht, wie Schröder sagt, sondern sie verstehen sich als „Nachahmer“. Die zeitgenössische Rhetorik, in der es die Ressorts (Sprache der Liebe, des Bluts, des Blicks, des Edelmuts, der Lust) gibt, steht u.E. auch schon in „Miß Sara Sampson“ auf dem Prüfstand, gerade weil Sara noch moralische Sätze im Sinne Gottscheds aussprechen kann. Das Angebot rhetorischer Methodik durchschneidet manchmal hilfreich das Bedürfnis, eigene Empfindungen auszudrücken und durchzusetzen. Daher erscheint es mir sehr fragwürdig, noch einen Fonds „zärtlicher unverstellbarer Sprache“[57] anzunehmen, die als nicht nachahmende Sprache nicht nachgeahmt werden könne. Auch Schröder spricht hier nur von einem Postulat. In diesem Postulat soll aber das Intrigenschema schon außer Kraft gesetzt sein?

Nach dem Abfall von einer rhetorischen Sprachauffassung ist nicht unmittelbar der Weg freigelegt zum ‚Ausdruck des Individuums‘,[58] zumal in diesem Drama die Intrige nicht nur ein Moment unter anderen ist.

Mit dieser Einschränkung und teilweise aus noch zu erwähnenden Gründen ist der These zuzustimmen, daß der Grund für die Erneuerung, das Vorkommen des Trauerspiels (in der Aufklärung) überhaupt, in der Idee einer individuell-allgemeinen, natürlichen ‚Sprache der Empfindung, des Herzens‘ zu sehen ist. Es handelt sich eigentlich um eine aus den *Metaphern* der Empfindung geborene Idee.

So sehr für Lessing Drama und Sprache identisch sein mögen, können wir doch nicht zustimmen, diese Identität sei „die spezifische Ausstrahlung eines ursprünglich dialogischen Kernes“, „dem seine kritischen Schriften sogar näher stehen als die dramatischen“,[59] sofern in dieser anthropologisch-ästhetischen Bestimmung nicht die Differenz mitbedacht wird und das Verhältnis von Drama und Dialog mit dem von Sprache und Kommunikation identifiziert wird.[60] Literatur wird zu mißverständlich als Subphänomen von Sprache klassifiziert,[61] und diese letztlich nach dem idealen Muster von Kommunikation beurteilt. „Die Figuren unterhalten sich über die Sprache, die sie sprechen, und lassen sich von ihr dirigieren. Anstatt miteinander zu reden, machen sie ihren Dialog zum Gegenstand des Gesprächs.“[62] An solche Anfänge und Mühen eines Sprachbewußtseins, das nicht herrschen kann, ist heute bei allen Veranstaltungen des Miteinanderredens durchaus positiv zu erinnern. Literatur bringt Sprache zur Erscheinung. Schröder parzelliert einerseits Sprache und macht andererseits den Vorwurf, daß keine Figur die transzendentale Rolle der Sprache spiele. Die „epigrammatische Struktur“[63] des Dramas (zwischen Sara und Marwood) erzeugt Erwartungen ja nicht im Subphänomen Literatur hinsichtlich der Sprache überhaupt (als Aufschluß), sondern das Gesprochenwerden ist der Sprache selbst apriorisch, was vom Drama besonders anerkannt wird, so daß Gesprochenes eine Erwartung erzeugt, die als verborgenen Aufschluß die Empfindung schon

56 A.a.O. S. 165 ff., 184.
57 A.a.O. S. 184.
58 Vgl. a.a.O. S. 168.
59 A.a.O. S. 22.
60 Vgl. a.a.O. S. 37 ff.
61 Siehe beispielsweise a.a.O. S. 25.
62 A.a.O. S. 169.
63 A.a.O. S. 171.

in sich hat. Diese Struktur mag zuweilen in zwei Figuren als verteilten Rollen erscheinen.

Zusammenfassend läßt sich unsere Interpretationsidee von der sehr aufschlußreichen Studie Schröders in folgender Kritik abgrenzen: unter Voraussetzung der Einheit und Ganzheit eines Personalstils wird „Sprache" zum unliterarischen Ego aller Gattungen. Die angesetzte durchgängige Struktur („Wortgrübelei" – „einseitiger Dialog") läßt das Apriori aller Dramenrezeption mißachten: das Gesprochenwerden von Sprache – oder man versteht dieses verkürzt als Kommunikation, um es wegen der Abstraktion eines „objektiven Dritten" zu kritisieren. Epoche und Gattung werden dadurch auf verschiedene Weise ignoriert. Autor und Werk aber erscheinen als zu unterschiedliche Kategorien.

Sobald die dargestellte Rhetorisierung im Sprachringen oder -wählen der Figuren mit der Intention der Darstellung gleichgesetzt wird, wird das Verhältnis von Sprechen und Sprecher, Rede und Figur unterbelichtet. Aus diesem Grunde wird zum Beispiel für Marwood nicht deutlich, daß sie nicht mehr Subjekt der Bedeutungen sein kann. Die obsolete Utopie einer „Sprache des Herzens" stellt sich trotz Schröders monolithischen Sprachansatzes ein, weil das Gattungsspezifische der Darstellung verfehlt wird. Daran sich zu orientieren, würde von den bekannten Rückführungsstrategien der Interpretation befreien, die hier zu Garanten redlichen Sprechens führen sollen.[64]

Im Monolog Saras,[65] aber auch noch im Gespräch mit Marwood[66] hat die Figur durchaus die Möglichkeit, sich selbst zu begreifen, aber zuerst verlagert sie die Aufgabe auf die ‚geübte Feder', und dann gibt sie Marwood selbst den Anlaß zu meinen, daß Tötung der notwendige Ausgang des Gesprächs sein müsse. So befinden sich die Figurenreflexionen, die schon Anspruch auf ein Selbst erheben, noch im Vorraum möglicher Individualität.

Ihre hier als trauerspielhaft zu erfahrende „Geschwätzigkeit"[67] könnte sich als notwendig in dreierlei Hinsicht erweisen: als konstitutiv für die Gattung,[68] als Geschwätzigkeit der Zeit,[69] aber eben auch als Vorbedingung zu gewinnender Individualität, die nicht aus originellen ‚Einsätzen', ‚Einfällen' oder ‚Abweichungen' zu gewinnen ist, sondern in der Konstellation immer schon historisch und auch traditionell (im engeren Sinne: literarisch) orientierten Sprechens.

Der Konflikt im Rahmen dieses ‚Reflexionsdramas' ist einer der Reflexionen von Empfindungen zwischen den Möglichkeiten, Individualität zu gewinnen, Person beziehungsweise Charakter zu sein und in der Auseinandersetzung mit anderen Figuren Subjekt zu werden.

Das Sprechen ergibt die Tiefenstruktur einer Figurenkonstellation, in der die Gegenwart des Abwesenden immer mitgeneriert ist. Schon damit ist das Problem eines emp-

64 Siehe etwa auch in einem heutigen ‚Arbeitsbuch' die Bemerkungen zur „Moral des Herzens": W. Barner u.a.: Lessing. Epoche, Werk, Wirkung. München 1975. S. 144.

65 Siehe aber auch S. 183, 272, 280 f., 283.

66 Siehe bes. S. 335 f.

67 Eibl, Kommentarband, a.a.O. S. 148. – G. Fricke spricht vom „moralischen Schauturnen": Bemerkungen zu Lessings „Freigeist" und „Miß Sara Sampson". In: Festschrift für J. Quint. Hgg. H. Moser / R. Schützeichel / K. Stackmann. Bonn 1964. S. 83–120, 117.

68 „Geschwätzigkeit" müßte nicht nur ein Phänomen des neueren Subjektivismus sein. Zu differenzieren wäre auch ihre Funktion etwa für barocke Dramen (z.B. Lohensteins). Einen allgemeineren Gesichtspunkt thematisiert H. Steinmetz: Aufklärung und Tragödie. Lessings Tragödien vor dem Hintergrund des Trauerspielmodells der Aufklärung. In: Amsterdamer Beiträge zur neueren Germanistik 1 (1972). S. 3–41.

69 Sie wird hier viel besprochen, ist aber auch noch gegenüber unserem Zeitalter abgrenzbar; der Vorwurf gilt zumeist ‚der Empfindsamkeit', ‚den Romanen' usw., was ja noch im ‚Sturm und Drang' satirisiert wird (z.B. im „Hofmeister"). Zunächst bewirkt das einen Aufschwung der Literatursatire; später zeigt sich dieser Aspekt im Gegenstand als etwas, das sich zunehmend totalisiert und autonom wird: Kraus' Dichtungen stehen dem gegenüber; M. Foucault spricht mit ontologischem Gestus von unendlichem Gemurmel; ein heutiger Dichter, B. Strauß, schreibt den Roman „Rumor".

findenden Subjekts zu einem des ganzen Trauerspiels, nicht nur ein Thema in ihm, geworden, – überschreitet die Dynamik der Reflexion die regelpoetischen Anweisungen für die Gegenwärtigkeit des Geschehens (‚drei Einheiten'), ist die Statik purer Konfrontation (anders als in Gottscheds „Cato") überwunden.

Das neue Bürgerliche ist nicht einfach eine erzwungene dramatische Planierung der Innerlichkeit, deren politische Defizite dann kritisiert werden können, auch nicht nur ein neues Gewand für moralische Sätze, sondern der Prozeß zwischen Empfindung und Artikulation als einer Form des Wissens, die zumindest eine autonome Identität von Sprecher und Sprechen *formell* antizipiert, um die Antizipation eines wirklichen Wissens darin erscheinen zu lassen. Man spürt schon, wie wirklicher Gemeinsinn aussehen müßte, denn das Trauerspiel ist dessen Form auch ex negativo verpflichtet – im ‚notwendigen Verhalten der Figuren zueinander' (Hegel).[70]

Letzteres erzwingt dramatisch kein Staatsbegriff mehr: „ein Staat ist ein viel zu abstrakter Begriff für unsere Empfindungen." („Hamburgische Dramaturgie", 14. Stück. Bd. 9, S. 239) Nicht „Fürsten und Helden", „ihr Stand", sondern Empfindungen, „Menschen" (ebd.) sorgen für ungleich schwieriger zu erfüllende Rahmenbedingungen dramatischer Konstellation.[71]

„Das Allgemeine existiret nur in dem Besondern, und kann nur in dem Besondern anschauend erkannt werden." (‚Abhandlungen über die Fabel'. Bd. 7, S. 443) Das Besondere soll aber nicht „bloß als möglich betrachtet" werden, sondern als „wirklich", denn es soll „Individualität erhalten, unter der es allein wirklich seyn kann" (S. 444). Bezieht man das nicht nur auf ein ästhetisches Programm („Fabel"), sondern auf den sich mit diesem Postulat des Jahrhunderts mehr und mehr affirmierenden Gegenstand, so bietet sich als potentiell allgemeines, mögliches, wirkliches und besonderes Konstituens auch des Dramas die Empfindung an. Pathos und Sympathie eines auf Mitleid bezogenen Leidens scheinen dieser wirklichen Individualität zumindest da zugesichert, wo diese sich selbst zum Problem wird. Damit wird aber die dramatische Erkenntnis zu Zeiten ihrer innovativen Apologie des Individuellen selbst problematisch. Lessing trennt Werk und Wirkung (in Leiden und Mitleiden)[72] und umgeht damit noch die Schwierigkeiten der Konzeption von Empfindungen, die ja ebenso auf Chaos *tendieren* wie auf wirkliche Allgemeinheit.

„Die Wirklichkeit kömmt nur dem Einzeln, dem Individuo zu; und es läßt sich keine Wirklichkeit ohne die Individualität gedenken." (S. 442) Daß dies ein Problem ist, wird weniger genau von Lessings Diskurs erkannt als vielmehr von dem Werk, das Trauerspiel ist. Diesem zunächst aufgebürdet bleibt die „anschauende Erkenntniß", die „vor sich selbst klar" (S. 443) sein mag, aber ein interpretatorisches Stimulans geblieben ist, weil Anschauung als sprachliche erkannt werden mußte und nicht unmittelbar einer anthropologisch zu begründenden Empfindungs- oder Meinungsfähigkeit obliegt. Nachdem Leibniz diese Erkenntnisart nur Gott zukommen ließ, wurde sie von Baumgarten zum ästhetischen Vermögen erklärt. Weiter aber ist ihre theoretische Realisierung nicht fortgeschritten, so daß bisher nur das literarische *Vorbild* der Empfindung als individueller Wirklichkeit und allgemeiner Anschauung zugleich tradiert werden konnte.

70 Vgl. in Hegels Ästhetik das Kapitel „Das Prinzip der Tragödie, Komödie und des Dramas" in: Werke. 20 Bde. Hgg. E. Moldenhauer / K. M. Michel. Frankfurt a.M. 1970 f. Bd. 15. S. 520–534.

71 Das wird von P. Szondi kritisch zitiert (siehe unsere Besprechungen weiter unten): Die Theorie des bürgerlichen Trauerspiels im 18. Jahrhundert. Der Kaufmann, der Hausvater und der Hofmeister. Hg. G. Mattenklott. Frankfurt a.M. 1974. S. 166.

72 Lessing, nicht nur Wirkungsästhetiker, bestimmt Katharsis und Pathos (des Werks): „Denn Mitleid und Furcht sind die Leidenschaften, die in der Tragödie wir, nicht aber die handelnden Personen empfinden" („Hamb. Dramat.", 78. Stück. Bd. 10. S. 115). Der metaphorische Sinn, den „Katharsis" bei Aristoteles schon hatte, wird in die Reflexion des Rezipienten verlegt, um um so deutlicher zu machen, daß die „Reinigung" im Drama mißlingt.

Wir können vorderhand nicht in einen „schönen Enthusiasmus" („Ueber eine zeitige Aufgabe". Bd. 16, S. 301) verfallen, uns etwa mit Sara gegen Marwood identifizieren. Es bleibt die höchst ambivalente Aufgabe, Empfindungen „in deutliche Ideen aufzuklären" (S. 297), „Leidenschaften in tugendhafte Fertigkeiten" („Hamburgische Dramaturgie", 78. Stück. Bd. 10, S. 117) zu verwandeln. Die Ambivalenz tritt nicht, wie vielleicht für das historische Bewußtsein, nach und nach in Erscheinung, sondern bereits mit der ersten Szene des ersten bürgerlichen Trauerspiels. Es ist das Problem der „Ähnlichkeit"[73] auf dem Hintergrund der Subjektivität, – nicht nur zwischen Figuren, zwischen Empfindungen, zwischen Werk und Wirkung, sondern im Kern zwischen Sprache und Empfindung. Subjektivität konstituiert sich weder in bloßer Übereinstimmung noch aus der Betäubung durch Empfindung oder in der Geübtheit des Sprechens, sondern als deren Beziehung, gegenseitige Verallgemeinerung und Individualisierung; das wäre der Prozeß der Konkretion, welcher als Subjektivität „fest in sich selber zu bleiben hat", gerade „je unendlicher und ungeheurer die Umstände auseinandergezogen und je zerreißender die Widersprüche sind".[74]

b. Emotion und Konsens

(Exposition – metaphorische Gegenwart – Wirkung als Superstrat des Geschehens – Konflikt- und Spannungslosigkeit – Tugend, Laster und die Art des Sprechens – Einsamkeit und Gesellschaft – Drama und Kritik der Empfindsamkeit – Langweiligkeit – irritierende Zärtlichkeit [Vergebung] – „Philotas": der neue Vater – Bedeutung des Todes – Prosa – Lessings Trauerspielbegriff – Philanthropie – Katharsis und Gattungsintention – die neue Konfliktfähigkeit: Irritation der Menschenrechte – Allgemeinheitsfähigkeit des aufklärerischen Gefühls – Empfindsamkeit [Szondi] – Empfindung als Paradigma der Wahrheit – Empfindung als Flucht – Pathos der Prosa – sensible Vernunft – Selbstthematisierung des Trauerspiels – Unbewußtes – der beste Mensch – die neuzeitliche Kategorie des Individuums – Widersprüche in Theorien und Programmen – beschriebener und gesprochener Raum – Lessings Empfindungsbegriff – Ende und Entstehung der Dialoge)

Aus dem Vorhergehenden wurde schon deutlich, wie zwar die Empfindung als Vermögen des Geschmacks herausgestellt werden konnte, nun aber zunehmend ästhetisch auf sich gestellt zum Wirklichkeitsträger überhaupt wird.[75] Doch spielt die allgemeine, auch moralische Geschmacksqualität der Empfindung[76] weiterhin eine wichtige Rolle in den Figurenäußerungen.

Das Drama beginnt mit der Äußerung einer Emotion, die nicht eindeutig als moralische *oder* sentimentale (im Sinne des 19. Jahrhunderts) zu qualifizieren ist. Saras Vater und dessen Diener treten in einen „Saal im Gasthofe" „in Reisekleidern" (267) ein. In die Exposition gehen sofort weitere Bestimmungen ein; das Drama verfertigt sich selbst, indem es die Vorstellung nicht nur der vorhandenen Figuren inhaltlich mit der im Sprechen gegenwärtigen Empfindung verbinden kann und indem Sir William seinen Diener auffordert zu schweigen, weil das sichtbar „Gegenwärtige" (268) sein Herz zerfleische.

73 Das ὅμοιον spielt ja in Lessings Aristoteles-Rezeption eine zentrale Rolle, welche die theoretisch-praktische Trennung von Werk und Wirkung überwindet. Das Mitleid andererseits hat ebensolche integrative Funktion, Faktum, Vorstellung, Affekt und das Bewußtsein davon so zu vermitteln, daß der Schrecken überwunden werden kann.

74 Hegels Ästhetik, a.a.O. Bd. 13. S. 234.

75 Zum Geschmack in ästhetisch-dramatischer Hinsicht siehe R. Meyer (a.a.O. S. 32 ff.).

76 Zur „moral sense"-Theorie siehe die Materialien bei Sauder (a.a.O. S. 73–85); jetzt auch G. Sauder: Empfindsamkeit. Bd. 3. Quellen und Dokumente. Stuttgart 1980. S. 3–26 (zur Pädagogik); S. 27–58 (zur Popularphilosophie); S. 59–84 (zur Seelenkunde und Erfahrungsseelenkunde).

Nicht aber die Phänomene, sondern deren Bedeutungen konstituieren eine einheitliche metaphorische Gegenwart.

Sir William. Hier meine Tochter?
Hier in diesem elenden Wirthshause? (267)

Die Tragödie beginnt erstmals an einem öffentlichen Platz, der Komödien einen geeigneten Raum bieten würde. Das Drama beginnt mit einer sichtbaren Veränderung (Ankunft nach einer Reise), die auf eine vorausliegende, zum Zustand gewordene Veränderung zielgerichtet trifft: „Ich kann sie länger nicht entbehren" (Sir William; 268). „Aber die neunte Woche, Mellefont, die neunte Woche fängt heut an, und dieses elende Haus sieht mich noch immer auf eben dem Fuße, als den ersten Tag." (Sara; I,7; 273)

Es ist etwas geschehen, aber wir erkennen das Geschehen in seiner Wirkung. Diese ist das dramatische Superstrat des Geschehens. Das gilt oft auch für das Verhältnis von Szenenanmerkung und Dialog. Tränen sehen wir dadurch, daß geredet wird: „Ach, Sie weinen schon wieder, schon wieder, Sir! – Sir!" (267) Sir William bittet, ihn weinen zu lassen. Und daraus besteht das primäre dramatische Geschehen; es leitet weiter zur Nennung des verführten „Sarchens" (ebd.) und ihres „verfluchten Verführers" (268) und weiteren Sprachbefehlen an Waitwell, die nur die Zärtlichkeit des Vaters beweisen sollen: „mache mir aus meiner Zärtlichkeit ein Verbrechen" (ebd.). Der Vater will vergeben: „Es war der Fehler eines zärtlichen Mädchens, und ihre Flucht war die Wirkung ihrer Reue. Solche Vergehungen sind besser, als erzwungene Tugenden – Doch ich fühle es, Waitwell, ich fühle es; wenn diese Vergehungen auch wahre Verbrechen, wenn es auch vorsetzliche Laster wären: ach! ich würde ihr doch vergeben." (ebd.)

Die historische Initiation des bürgerlichen Trauerspiels und die dramatische Exposition scheinen damit zu beginnen, daß es keine dramenfähigen Konflikte mehr gibt und daß so zu charakterisierende Ereignisse der Vergangenheit angehören. Über diese spricht man zwar noch, aber im Sprechen zeigt sich dieses selbst nicht einmal mehr als Medium vergangener Taten, sondern beispielsweise im empfindsamen Emblem der Träne als einer Weise des Handelns, das sich selbst will und bedeutet. Wenn man diese Neuerung nicht als bürgerlich bezeichnen möchte,[77] sollte man auch gleich darauf verzichten, sie als nichtbürgerlich zu klassifizieren, sei es ideen- oder seelengeschichtlich.[78] Die Spannungslosigkeit dieses Dramas oder die spezifisch durch diese Exposition *verlangte* Spannung bezeugen einen Wandel des dramatischen Endzwecks,[79] zumindest eine Minderung seiner herkömmlichen Dominanz.

Der Zuschauer kann zunächst kaum mehr als den Vollzug oder die Retardierung der Vergebung erwarten. Soziologischer Ort des zentralen dramatischen Gefühls der Liebe ist die ‚Familie ohne Mutter'. Der Liebe wird hier ihr empfindsames Recht des Selbstmitleids, nämlich prinzipiell unglücklich zu sein,[80] zunächst verweigert. „Tugend" und „Laster" spielen dabei zwar ihre paradigmatisch-epochale Rolle. (Wir haben diese beiden Begriffe schon einmal verkürzt als rationalistische Postulate erwähnt und werden sie noch häufiger verwenden müssen als Beispiele für begriffliche Allgemeinheit und moralisch-existentielle Beurteilung überhaupt.) Aber sie sind nicht mehr unmittelbare Charakterisierungsqualitäten oder durch Charaktere repräsentierte Instanzen. Sie gehören zur Vergangenheit gegenwärtigen Sprechens. Sie stehen als Bedeutungen immer auch in Differenz zu den direkt die Figuren charakterisierenden Arten und Weisen des Sprechens. Darin höch-

77 Vgl. schon früh J. Kruuse: Det følsomme drama. Kopenhagen 1934. S. 321–326.
78 Pikulik,a.a.O. S. 3.
79 A.a.O. S. 105 ff.
80 A.a.O. S. 19 ff., 65 ff.

stens wären Elemente der sächsischen Komödie, der Rührkomödie und sogar der Alexandrinerkomödie auszumachen.[81]

Allenfalls der Absicht der Figuren nach ist das Sprechen sentimental und zugleich von den Themen des „moral sense“ bestimmt, die noch die Energien der Emotionalisierung zu liefern scheinen.[82] So verfertigt sich das Sprechen zwischen den Modi sittlicher Verbindlichkeit und Meinungshaftigkeit. Es wird nicht vorherrschend als direkter Ausdruck von Sinneswahrnehmungen aufgefaßt.[83] Der Wunsch Sir Williams, nur über das „Gegenwärtige“ zu sprechen oder zu schweigen, hat keinen Erfolg. Neben physischer Empfindsamkeit werden moralische Zärtlichkeit, Reizbarkeit und Gesinnungen ausgedrückt.[84] Der pejorative Sinn empfindsamen Sprechens wird erst später deutlich (1770–1780) werden. „Grundtypen“[85] lassen sich weder formal noch thematisch systematisieren. Denn bei allem Anschein subjektivierter Moral bleibt „Moral“ Statthalter des Allgemeinen; im Drama ist es zumeist das gemeinsame Thema des Dialogs; die Zugangsweisen, das Sprechen selbst, sind nicht pure Subjektivierungen, aber auch nicht formaliter zu Gegensatzpaaren zu typisieren wie etwa ‚bürgerlicher Hausvater‘ und ‚empfindsame, natürliche Neigungsmoral‘, wobei letztere sozusagen auf untergründig thematische Weise die Epoche des „Sturm und Drang“ generiere.[86] Auch lassen sich die Positionen von „Einsamkeit“ und „Gesellschaft“ nicht einfach gegenüberstellen.[87] Wir befinden uns im Wirtshaus, niemand ist allein, aber kein Liebesverhältnis ist durch seinen bloßen Tatbestand legitimiert. Die Figuren fühlen, im Dialog einsam und gesellig zu sein. Die Empfindsamkeit selbst verstand sich schon in ihrer Frühgeschichte als ein sehr geselliges und stets aus Einsamkeit geborenes Phänomen.[88] Nicht aber hieraus entstehen die primären Konflikte. Vielmehr ist „Miß Sara Sampson“, lange Zeit als eines der langweiligsten Dramen angesehen, gerade deshalb als Drama der Empfindsamkeit, wie im vorigen Kapitel behauptet, zu interpretieren, weil die empfindsame Figur Sara keine Irritation ihrer Identität nach Maß der dialogischen Themen (zum Beispiel „gefallene Tugend“) zu kennen scheint. Daher müssen paradoxerweise die entspannenden Vergebungsangebote ihres Vaters sie irritieren.[89] Durch das

81 A.a.O. S. 9, 105, 155.

82 Sentimentalität ist eigentlich ein Begriff des 19. Jahrhunderts. Er taucht allerdings erstmalig im Postscript zu Richardsons „Clarissa“ auf (in Deutschland bei der Gottschedin, 1757), allerdings nicht in einem selbstverständlichen Junktim mit „feeling“; dieser Begriff ist vielmehr in der Schule Shaftesburys, Humes, Hutchesons und A. Smith's profiliert worden. Vgl. Sauder, Bd. 1, a.a.O. S. 3.

83 Siehe die These von P. Michelsen: Laurence Sterne und der deutsche Roman des 18. Jahrhunderts. Göttingen 1962. S. 67–69.

84 So das Verständnis J. J. Ch. Bodes. Vgl. Michelsen, ebd.

85 Darauf laufen letztendlich neben denen von Pikulik auch die Versuche von H. Birk hinaus: Bürgerliche und empfindsame Moral im Familiendrama des 18. Jahrhunderts. Bonn 1967. (Zum Beispiel „Inhalte der bürgerlichen Moral“, S. 28 ff. – „Inhalte der empfindsamen Moral“, S. 124 ff.)

86 Birk, a.a.O. S. 190, 205 f.

87 Pikulik, a.a.O. S. 96 ff. Zu dem in der damaligen Zeit recht strittigen Thema der „Einsamkeit“ vgl. auch G. Hay: Darstellung des Menschenhasses in der deutschen Literatur des 18. und 19. Jahrhunderts. Frankfurt a.M. 1970. S. 74 ff. (mit besonderem Bezug auf J. G. Zimmermanns Hauptwerk „Ueber die Einsamkeit“).

88 Siehe auch W. Martens: Die Botschaft der Tugend. Die Aufklärung im Spiegel der deutschen Moralischen Wochenschriften. Stuttgart 1968; ders.: Bürgerlichkeit in der frühen Aufklärung. In: Jahrbuch für Geschichte der oberdeutschen Reichsstädte 16 (1970). S. 106–120. Vgl. fernerhin E. Trunz: Seelische Kultur. Eine Betrachtung über Freundschaft, Liebe und Familiengefühl im Schrifttum der Goethezeit. In: Deutsche Vierteljahrsschrift f. Literaturwiss. u. Geistesgesch. 24 (1950). S. 214–242; F. Brüggemann, a.a.O.; B. Kahl-Pantis: Bauformen des bürgerlichen Trauerspiels. Ein Beitrag zur Geschichte des deutschen Dramas im 18. Jahrhundert. Frankfurt a.M./Bern/Las Vegas 1977. S. 3 ff.

89 Vgl. Eibl, a.a.O. S. 133; siehe auch Eibl, Kommentarband, a.a.O. S. 150. Diese Vergebungsofferten charakterisiert Pikulik als überraschend unbürgerlich – wie u.a. auch die Gleichgültigkeit gegenüber

Phänomen dieser Zärtlichkeit wird Sara irritiert. Vorderhand bleibt unentschieden, wenn auch der Eindruck in I,1 entstehen mag, ob dieses zärtliche Verhalten, nach M. Ringeltaube die Vernunftähnlichkeit der „Liebe und Empfindungen der Thiere und Menschen“,[90] aus Egoismus resultiert. Wenn ja, dann ist es ein Egoismus des „Bewußtseyns“,[91] das nicht sich einpaßt in Saras Vernunft- und Tugendbegriffe, an denen sie als empfindsames Opfer festhalten möchte. „Empfindsamkeit sitzt im Kopfe, Grundsätze aber wohnen im Herzen“,[92] lautet eine andere Stimme der Kritik, die die Empfindsamen ständig an den Empfindsamen üben. Damit ist sowohl das Leitmotiv bürgerlicher Ethik angegeben, nämlich „Zufriedenheit“, als auch schon dessen Problematik als dramenfähig angedeutet, denn Zufriedenheit, die der Vater will, kann nicht von Anfang an dieselbe sein, die Sara zu wollen scheint. Bleibt die Frage, wer eigentlich hier der „Empfindungsschwärmer“[93] ist, auf wen „Clarissa“ und „Grandison“[94] größere Auswirkungen hatten. Am Ende des 18. Jahrhunderts scheint „Miß Sara Sampson“ zur „Lektüre der Teutschen Lese-Welt“ hinzuzugehören, obwohl in ihr bereits diese mißliche Literaturgeschichte vorreflektiert ist, da gerade Sara keineswegs ein Vorbild der „Dame mit dem Siegwart in der Hand und Thränen im Auge“[95] zu sein scheint. Die dramatische „Geschichte des Selbstgefühls“[96] Saras, ihre „Total-Empfindung“ als „Subjekt“[97] ist weder auf Zärtlichkeit als frühe sittliche noch als sinnliche Form der Empfindsamkeit einzuschränken. Sie ist nur über ihr Sprechen zu gewinnen, in dem rationalistische Themen vorherrschen, ex negativo ebenso beim Vater. Angelegt ist dieser ‚umgekehrte Konflikt‘ übrigens auch für Philotas, der als Sohn die Tugenden der Väter zu vertreten versucht: „Was ich für mein größtes Glück hielt, die zärtliche Liebe, mit der mich mein Vater liebt, wird mein größtes Unglück.“ (Bd. 2, S. 358)[98] Während sich Philotas im Monolog ermahnt: „ich bin zu gütig gegen mich“ (361), benennt der andere Vater Aridäus die Struktur des Stücks: „Wir Väter wollen uns unsere Söhne nicht lange vorenthalten.“(360)

Auch in „Emilia Galotti“, in der der vom bürgerlichen Trauerspiel erwartete Vater auftritt, ohne den eine wichtige Konfrontationsmöglichkeit „sittlicher Berechtigung“ (Schil-

‚den Leuten‘. Es sei „besser, aus Gefühl lasterhaft zu werden, als aus Gefühllosigkeit tugendhaft zu bleiben“ (a.a.O. S. 41).

90 Von der Zärtlichkeit. Breslau/Leipzig 1765. S. 43; zit. Doktor / Sauder, Empfindsamkeit, a.a.O. S. 21.

91 A.a.O. S. 48; zit. ebd.

92 Anonymus: Gedanken über die Gefahr empfindsamer und romanenmäßiger Bekanntschaften. In: Hannoverisches Magazin vom 24. April 1778; zit. Sauder, a.a.O. S. 127.

93 J. J. Hottinger / J. R. Sulzer: Brelocken an's Allerley der Groß- und Kleinmänner. Leipzig 1778; zit. Doktor / Sauder, Empfindsamkeit, a.a.O. S. 42.

94 I. Iselin: Vermischte Schriften. Bd. 2. Zürich 1770. S. 236 f. („Eudoxus, oder von der Liebe“); zit. a.a.O. S. 43.

95 K. A. Ragotzky: Über Mode-Epoken in der Teutschen Lektüre. In: Journal des Luxus und der Moden (November 1792); zit. Doktor / Sauder, Empfindsamkeit, a.a.O. S. 118.

96 M. I. Schmidt: Die Geschichte des Selbstgefühls. Frankfurt/Leipzig 1772. Schmidt formuliert in der historisch prägnantesten Phase das Verhältnis von Selbstgefühl und Empfindung folgendermaßen: „*Jede Empfindung ist nichts anderst als das verschiedentlich modificirte Selbstgefühl.* Alles, was in der Seele vorgeht, ist *Bewustseyn* entweder der Wirkung, die ein Ding außer uns auf den Körper und Seele macht, somit der Veränderung, die dadurch in dem *Selbst* hervorgebracht wird; oder einer solchen Veränderung, die ihren Grund in der Seele selbst hat, oder doch zu haben scheint. Diese Veränderungen sind ins unendliche möglich.“ (A.a.O. S. 7; zit. Sauder, a.a.O. S. 211.)

97 H. B. Weber: Vom Selbstgefühle und Mitgefühle. Ein Beytrag zur pragmatischen Anthropologie. Heidelberg 1807. S. 9; vgl. auch K. F. v. Irwing: Erfahrungen und Untersuchungen über den Menschen. Bd. 3. Berlin 1779. S. 216 f.: „jedwede Vermehrung der Gefühle muß zugleich eine Erweiterung des Selbstgefühls seyn; denn jedes neue Gefühl zieht die Aufmerksamkeit auf einen neuen Gegenstand und vermehrt also nicht allein den Umfang der Dinge, die uns interessiren, sondern lehrt uns auch dabey allemal eine neue Seite von uns selbst kennen.“

98 Vgl. auch: „ich muß weinen“. „Es ist kein kindisches Weinen“ (S. 358).

ler, Hegel) hinsichtlich der Idee und Wirklichkeit der Liebe fehlt, realisiert die Tochter einen Teil väterlicher Ordnungsvorstellungen, was allemal zum Tode führt, immerhin aber das empfindsame Chaos vor dem vielbeschworenen „Objektverlust"[99] bewahrt.

Philotas widersetzt sich: „Ihr wollt mich mit Gewalt lebendig?" (375), und Aridäus wird unter Zwang zum ‚alten Vater': „Stirb nur! stirb! Aber nimm das mit, nimm den quälenden Gedanken mit: Als ein wahrer unerfahrener Knabe hast du geglaubt, daß die Väter alle von einer Art, alle von der weichlichen, weibischen Art deines Vaters sind. – Sie sind es nicht alle! Ich bin es nicht! Was liegt mir an meinem Sohne?" (376)

Trotz der heroischen Relikte, die in der Forschung oft überbetont werden, als handele es sich um einen gänzlichen Rückfall in überkommene Strukturen, schließt dieses Drama mit dem zweimaligen „Umsonst" des Königs ab, in dem die Bedeutung des Todes negiert wird, die im Zeitalter der Subjektivität neu gewonnen werden muß. Das geschieht vorbereitend im Sprechen der sterbenden Emilia als unauflösbare Verbindung von Unsagbarem mit dem Sprechen in der Form von Emilias Tod.

Gerade aber Sara spricht von einer unendlichen Reihe von Empfindungen, die ihr Sprechen nie vollständig würde nachahmen können. Demgegenüber zeigt die Dramensprache selbst, daß die Empfindungen andererseits Nachahmungen des Sprechens der Figuren sind.

Das nun findet erstmals in Prosa statt. Darin deutet sich eine Horizontalität des Sprechens und Empfindens in Werk und Rezeption an, die die funktionslos gewordene Vertikalität und Gebundenheit, die Tiefendimension des Verses im Drama ersetzen können soll. Lessing schwärmt, bei der Aufführung des „Kaufmann von London" von Lillo seien „auch von den Unempfindlichsten, mehr Thränen vergossen worden, als bey allen möglichen Vorstellungen" („Vorrede" zu „Des Herrn J. Thomson sämtliche Trauerspiele". Bd. 7, S. 68) des „Sterbenden Cato" von Gottsched. Lessing macht einen kategorialen Sprung in der Argumentation und bestimmt diese ja nicht allegorischen, sondern nur unbestimmt empirischen Tränen: „Und nur diese Thränen des Mitleids, und der sich fühlenden Menschlichkeit, sind die Absicht des Trauerspiels, oder es kann gar keine haben." (ebd.)[100]

Demnach wäre die in der Selbstreflexion einer Empfindung sich konstituierende Subjektivität das Allgemeinste, das der Einzelne an „Menschlichkeit" fühlen kann, indem er dessen Ausdruck liefert. Das ist selbst ein durchaus metaphorischer Gedanke, der sich aus der Ununterbrochenheit der empirischen Rezeption und damit auch der „Täuschung" im Gegenstandsbereich herschreibt.[101] Später problematisiert Lessing das „sympathetische Gefühl der Menschlichkeit" als „Philanthropie" („Hamburgische Dramaturgie", 76. Stück. Bd. 10, S. 108). Auch hier ist unentschieden, obwohl ja zweifellos die „Träne" als Ausdruck einer wenn auch bruchstückhaften Gattungsreflexion zu deuten ist, – ob dieses Gefühl schon als „Zärtlichkeit des Geistes" zu verstehen ist, „welche die Schönheit einer Sache fühlet" (‚Literatur-Briefe', 15. Bd. 5, S. 77); die Frage könnte auch lauten: ob nur empirisch-psychologische Wechselbeziehungen zwischen Rezipient und Werk herrschen oder ob die weinenden Zuschauer nicht Natur als solche, sondern als „die mühsamen Vollkommenheiten der Kunst" („Briefe, . . .", 17. Brief. Bd. 8, S. 43) erkennen? Weshalb man

99 Pikulik, a.a.O. S. 90 f. Dagegen Sauder, a.a.O. S. 190 f.; vgl. hier auch S. 21, 30, 70, 141, 166.

100 Später („Hamburgische Dramaturgie") geht Lessing über eine solche wirkungsästhetische Bestimmung hinaus, wenn er zum Beispiel „vier Klassen von Begebenheiten" nennt, die nach Aristoteles „Schrecken und Mitleid" erregen (37. Stück. Bd. 9. S. 339 f.).

101 Siehe „Hamb. Dramat.", 42. Stück. Bd. 9. S. 363; siehe aber auch zur Einheitlichkeit ‚der Franzosen' in bezug auf die Motivationen des Auf- und Abtretens der Personen: 44. Stück. Bd. 9. S. 370.

unter dreißig Jahren keine Trauerspiele schreiben sollte („Briefe, ...“, 81. Brief. Bd. 8, S. 216).[102]

Wenn Lessing selbst später in aufklärerische Pädagogik zurückzufallen scheint, weil er Katharsis als „Verwandlung der Leidenschaften in tugendhafte Fertigkeiten“ („Hamburgische Dramaturgie“, 78. Stück. Bd. 10, S. 117) verstanden wissen möchte, dann ist doch sogleich zu sublimieren: Von wesentlicher Bedeutung ist nicht mehr ein Programm für die Tugend – höchstens ein formeller Begriff für die Mitte zwischen Extremen –, sondern ganz und gar primär sind die Bestimmungen der Gattungsintention, die zu große oder zu geringe Furcht als Modi des Mitleids verhindern sollen: „Das tragische Mitleid muß nicht allein, in Ansehung des Mitleids, die Seele desjenigen reinigen, welcher zu viel Mitleid fühlet, sondern auch desjenigen, welcher zu wenig empfindet.“ (ebd.) Lessing beachtet hier also die Differenz literarischer und empirischer Empfindung. In dieser Hinsicht ist Lessing nicht nur ein „Mann von Geschmack“, sondern „Kunstrichter“ („Der Recensent ...“. Bd. 15, S. 62), der sich nicht nur auf „allgemeine Begriffe“ verläßt, da er die Gefahr kennt, „in den Werken der Kunst widerlegt“ („Laokoon“, 26. Bd. 9, S. 156) und verurteilt zu werden.

Auf der alltäglichen Ebene der Wirkung von Gesprächen[103] und nicht im erfüllten Augenblick – im Horizont des Lebens als eines Sterbens werden die neuen Bedingungen für die Hinwendung zum Individuum gewonnen. Unter ihnen entsteht erst wieder die menschliche Kompetenz der Konfliktfähigkeit. Die allmähliche Konstituierung eines Selbstbewußtseins ist sogleich eine erste Form der Ungleichheit der Menschen. Wenn diese notwendige Voraussetzung ignoriert wird, kann man Empfindung nicht mehr als charakteristischen Ausdruck der Aufklärung verstehen, ohne ideologisch zu verfahren. In diesem Verständnis dagegen könnte der dramatische Ausdruck der Empfindung eine vorweggenommene Irritation des Pathos des klassischen Dramas bedeuten, welches zum Teil die in der Französischen Revolution wirkungsvoll gewordenen Explikationen der Menschenrechte auf seine Weise kritisieren mußte. Die dramatische Erkenntnis von Empfindung mußte aber nicht zu eindeutigen Programmen gerinnen. Sie versetzte die Vernunft als einheitliches Sicherungsverfahren[104] aus den Sphären des Allgemeinen und erfand den Menschen im endlosen Dialog, der als Trauerspiel endliche Gestalt zu gewinnen vermochte.

Empfindung ist weder nur literarisch noch außerliterarisch zu verstehen. Gegen Szondis These, Empfindsamkeit, zu der auch Lessings Trauerspiele gezählt werden, sei die Flucht der Aufklärung ins Private, damit die Bankrotterklärung der Aufklärung,[105] ließe sich der dramatische Zweck der Tränen halten. Empfindung ist kein literatur- und sozialgeschichtliches Durchgangsstadium. Die Allgemeinheitsfähigkeit des Gefühls steht hier auf dem Spiel. Dessen Sprachlichkeit ist Leistung und Selbstfundierung des Trauerspiels zugleich.

Nach unseren Einschätzungen der „Miß Sara Sampson“ als Drama der Empfindsamkeit, wobei Drama Rettung und Kritik zugleich bedeutet, fassen wir noch einmal die Fragen, die in den Programmen der Aufklärung angelegt sind, zusammen. Gesetzt, die Szondi-

102 Vgl. zu dem Stück des jungen Dichters Ch. L. Martini, das so oft als das erste bürgerliche Trauerspiel genannt wird: 1. Stück. Bd. 9. S. 184 f.; ebd. zu J. F. v. Cronegks „Codrus“; siehe auch 7. Stück. Bd. 9. S. 210 f. und zu seinem eigenen Stück: 13. Stück. Bd. 9. S. 238 f. Vgl. zu der bei Lessing stets beachteten Gattungsbezogenheit der Rezeptionsbestimmungen: 1. Stück. Bd. 9. S. 182; 79./80. Stück. Bd. 10. S. 122 f.

103 Diese Profilierung widerspricht nicht Lessings Handlungsbegriff. Um das Kontinuum seiner Reflexion kennenzulernen, können auch seine kunsttheoretischen Schriften herangezogen werden, obwohl sie später als „Miß Sara Sampson“ entstanden sind, z.B. „Laokoon“, 16. Bd. S. 94 f., 100; 21. Bd. 9. S. 129 f. Auch hier ist zu erkennen, daß der häufig so genannte wirkungsästhetische Ansatz Lessings aus einer Gegenstandsreflexion entstanden ist.

104 Szondi, a.a.O. S. 71; vgl. S. 175.

105 Siehe a.a.O. S. 90, 146 f., 157, 165, bes. 177; zu Pikulik vgl. 110 f.

These ist *nicht* adäquat, das heißt sie wird dem Phänomen der Empfindung, das nicht nur eines der Empfindsamkeit im engeren, sondern auch eines der Lessingschen Trauerspiele ist, nicht gerecht, so stellt sich die Frage: Wie ist Empfindsamkeit (im weiten Sinne)[106] als charakteristischer Ausdruck der Aufklärung verständlich zu machen?

Was bedeutet es für die Literaturgeschichte, daß der Charakter einer Literatur durch die für sie leitende menschliche Kompetenz (,Empfindung', ,Vernunft', ,Erinnerung' etc.) bestimmt ist? Wie findet sich die für eine Zeit paradigmatische Kompetenz? Was bedeutet es nicht nur für die Literaturgeschichte, sondern für eine Epoche überhaupt, daß eines ihrer wesentlichen Werke durch eine solche Kompetenz (beispielsweise wie bei Proust durch die ,Erinnerung') charakterisiert ist?

Offenbar wird die Kompetenz und ihr Ausdruck zum epochalen, paradigmatischen Träger der Wahrheit. Das setzt voraus, daß die Kompetenz allgemeinheitsfähig wird. Allgemeinheitsfähigkeit haben wir nur in Sprache, im engeren die dem sprachlich Besonderen eigene Allgemeinheit nur in der Literatur. In diesem Zirkel bewegen sich unsere Beobachtungen. Und nur, wenn sie sich dessen bewußt sind, könnte die Allgemeinheitsfähigkeit menschlicher Kompetenz als Leitfaden für die Charakterisierung einer Epoche genommen werden. Was sind die Bedingungen dafür, daß im 18. Jahrhundert gerade das Gefühl/die Empfindung zum Träger der ästhetischen Wahrheit arriviert? Diese Frage ist identisch mit der folgenden: Was sind die historischen Bedingungen der Allgemeinheitsfähigkeit des Gefühls im 18. Jahrhundert? Wir haben die Geschmacksdebatte, in der die Allgemeinheitsfähigkeit der Sinnlichkeit gespürt wurde, aber sehr disparat und zum Teil wieder geknebelt erschien, besprochen und Schillers theoretischen Begründungsversuch der Dichtung aus Empfindung und umgekehrt erwähnt. Nun geht es aber darum, ob Literatur, das Trauerspiel schon vollbringt, was diskursiv nur mehr anzudeuten ist.

Die herrschende Prämisse des 18. Jahrhunderts bleibt die Annahme der Gleichheit aller Menschen. Das repräsentiert bereits die erste Szene von „Miß Sara Sampson"; wenngleich im sukzessiven Sprechen immer auch schon störende Momente erscheinen. Unter dieser herrschenden Anschauung, die sich selbst erst durchsetzen mußte – und gerade deshalb oft eine selbstverständliche Homogenität zur Schau trug, liegen besonders im Trauerspiel die Potentiale der Differenz, nicht nur zwischen Subjekten, sondern auch des Bewußtseins zu einem Selbst. Und hier schon kann gesagt werden, daß nicht eindeutig das eine nur in Sprache, das andere als Empfindung sich manifestiert. Es muß wegen der genannten Prämisse auch das Gefühl gleichheitsfähig, das heißt Ausdruck der Menschheit sein. Ist doch unter anderem aus der Entdeckung von jenem die Vorstellung von dieser entstanden.

So kann das Gefühl zum Programm, aber auch zum möglichen Träger von Wahrheit werden. Während die Wahrheit der Sentenz in der Frühaufklärung schal wird, vollzieht sich der Übergang zur Wahrheit des Sentiments. Es ist vielleicht zu fragen, warum unter veränderten Bedingungen in den Dramen der Klassik, in Schillers Dramen insbesondere, der Weg zu Sentenz und Vers zurückgegangen wird.

Das Sentiment nun ist nur in der Interaktion darstellbar; weshalb die Haupt- und Staatsaktionen vom privatmenschlichen Konflikt abgelöst, anstelle der Feld- nun Zimmerschlachten ausgeführt werden. Die Entstehung des bürgerlichen Trauerspiels läßt sich aus dem Geiste der für das bürgerliche Leben typischen Konfliktsituationen erklären. Diese lassen sich aus der literarischen Eruierung einzelner, privater, allgemeiner Empfindungen erklären, welche als Metaphern und zunächst als Lücken im System auftreten. Sie verkommen entweder zum privaten Fluchtpunkt oder zum rhetorischen Schema. Im Trauerspiel

106 Die Wortgeschichte referiert G. Jäger: Empfindsamkeit und Roman. Wortgeschichte, Theorie und Kritik im 18. und frühen 19. Jahrhundert. Stuttgart/Berlin/Köln/Mainz 1969. S. 11–44.

sind die wechselseitigen Möglichkeiten von Flucht und Subordination zwar immer mitbedacht, aber nicht mehr konstitutiv. Das in die Krise gebrachte vernünftige System läßt den Unruhestifter selbst nicht unbehelligt. Empfindsamkeit ist *nicht* Flucht der Aufklärung ins Private, sofern sie fürs Trauerspiel charakteristisch ist.

„Mitleid“ bedeutet besonders für heutige Rezipienten mehr als die von Lessing und vielen anderen[107] beschriebenen empirischen Auswirkungen. Man kann nicht von einer Absage an Konflikte[108] durch bloße Rührung, die den erlahmenden Flügel des Fühlens (Benjamin)[109] darstelle, sprechen. Es kann auch nicht mehr bloß um die Darstellung dessen, was verhindert werden soll, gehen. Erhabenheit wird nicht durch die große Zahl beeindruckter Menschen ersetzt;[110] hat aber auch nicht unmittelbar mehr das überlieferte Pathos als vertikalen Ausdruck tiefsten Gefühls zur Verfügung. Es gibt sozusagen nur noch das sukzessive Pathos der Prosa.

Das Problem nicht buchhälterischer, protestantisch-calvinistischer, sondern sensibler Vernunft ist das literarische Problem selbst. Das, was vermittelt wird, läßt sich nicht abtrennen: als der Inhalt oder die Empfindung. Das Trauerspiel der Aufklärung teilt nicht etwas Bestimmtes mit, oder anders gesagt: Es teilt allein sich als Trauerspiel mit. Es ist nicht nur eine Gattung in einer Epoche, sondern im Drama kommt das Wesentliche von Aufklärung so zur Sprache, daß diese zum Trauerspiel wird. Das Trauerspiel thematisiert sich selbst als eines der Empfindungen in der Aufklärung – diese Vermittlung ist der literarische Inhalt, die literarische Empfindung. Wiederum anders und noch einmal gesagt: Es geht gar nicht um das Gefühl, es geht allein um die Vermittlung. *Nicht das Gefühl ist Gegenstand und Konstituens des Trauerspiels, sondern wie es zur Sprache kommt.* So gesehen bleibt die Darstellung der Empfindung zugleich Kritik des Sprechens, dem gerade überantwortet ist, die Vernünftigkeit der Sensibilität zu erproben. Wie kann die Wiedergabe einer Besonderheit eine ganze Gattung treffen und das heißt auch einen möglichen Zusammenhang der Subjekte zu Beginn eines subjektivistischen Zeitalters herstellen? An der Empfindung erscheint der Abdruck eines allgemeinen Konflikts.

Führt ein Weg durch das 19. Jahrhundert etwa zu dem psychoanalytischen Bewußtsein des Unbewußten, der Spaltung des Ich? Angelegt ist solche Entwicklung ja in der skandalöserweise von Trauerspielen durchsetzten Zeit des angeblichen Optimismus.

Wie kommt das Trauerspiel dazu? Wie kommt es zu solchen Trauerspielen? Wo sich doch um die Mitte des Jahrhunderts die fortschrittlichste Trauerspieltheorie mit den „Tränen der sich fühlenden Menschlichkeit“ zu begnügen scheint. Haben die Menschen sich fälschlicherweise in der folgenden Zeit damit begnügt – und sich heute ausgeweint, nachdem sie einst hemmungslos schluchzten? Diese Fragen müssen ästhetisch entschieden werden: Wie können die Berufungen auf die Empfindung in einer horizontalen Handlungsmatrix dramatischen Wert erhalten?

Immerhin ist die Empfindung nicht primär als Privatangelegenheit entdeckt worden. Im Drama ist die prinzipielle Öffentlichkeit der Empfindung als Träger literarischer Allgemeinheitsfähigkeit postuliert. Die Bedeutung des empfindsamen Dramas liegt in dessen literarischem Status als Kreation des Menschen.

Indem die Figuren über Empfindungen sprechen, erzeugen sie die Vorstellung von Empfindungen, erzeugt das Drama potentiell den besten, in der damaligen Theorie den

107 Materialien im Kommentarband von Eibl (a.a.O.) und in der von Steinmetz (a.a.O.) dokumentierten Wirkungsgeschichte. Gegen die Flucht ins „siegreiche“ Gefühl des Mitleids siehe Szondi, a.a.O. S. 181.
108 Szondi, a.a.O. S. 90.
109 Dieses Aperçu Benjamins („Deutsche Menschen“) verwertet Szondi, a.a.O. S. 116.
110 Szondi, a.a.O. S. 28 f.

mitleidigsten Menschen.[111] Die Familie war realiter im literarischen Text nie die „Pflegestätte des Gefühls“.[112] Es kommt alles darauf an, ob diese These bereits an der „Miß Sara Sampson“ zu erhärten ist. Andererseits sind „Emilia Galotti“ und etwa Schillers „Kabale und Liebe“ nicht aus dem Entwicklungsgang auszuschalten, weil dem „Anspruch des Herzens“ eine „Grenze“ gesetzt werde, „das empfindsame Element“[113] zurücktrete. Sie bewahren vielmehr das bis heute bedeutende Ingrediens der Literatur, nämlich Empfindung. Empfindung und Trauerspiel können wir somit nicht als Bankrotterklärung der Aufklärung verstehen, wir können nur das Verständnis von Aufklärung entscheidend modifizieren, wenn wir sie als deren Konstituentien einschätzen.

Damit sind freilich, wenn wir die Neuzeit als ein Zeitalter verstehen, das wesentlich von der Kategorie des Individuums geprägt ist, noch nicht die Hinwendungsbedingungen des 18. Jahrhunderts geklärt. Wir erwarten Aufschluß über die Geschichte des Individuums nicht von der historischen Situation, in denen die Werke entstanden, sondern von den Werken selbst, in denen die Darstellung von Situationen historische Empfindungen eine dramatische Rolle spielen läßt.

Man spricht vom ‚Individuum‘ in dreierlei Weisen: als Postulat, als allgemeine Utopie, als Tatsache eines privaten bis abenteuerlichen oder heldenhaften Lebens. Und man spricht von einer Struktur beziehungsweise deren Abwesenheit: als individualistischer Gesellschaft. (Alles wird mehr oder weniger auch durch den Namen ‚bürgerlich‘ abzudecken versucht.)

Die Geschichte des Individuums ist besonders kontrastreich eingeschrieben in die dramatischen Formen der Mitteilbarkeit von Empfindung. Sozusagen parallel und langatmiger verläuft die Gewinnung eines Empfindungs-, Geschmacksbegriffs in der Ästhetik.

Wurden Leidenschaften allenfalls als Kontur und Ränder der Vernunft zugelassen, waren sie dialektisch zu vermitteln, wie heute der Wahnsinn als produktives Ingrediens der Vernunft, so wurde ein viel sublimerer Störfaktor in die dialektische Geschichte des Individuums getrieben durch den Anspruch der Sensibilität, die einzig akzeptable Form der Vernunft zu sein. Das Widerständige mußte in Literatur nicht auf herkömmliche Weise dialektisiert oder gar eliminiert werden. Es selbst erhielt einen Kontext und erhielt sich bis heute positiv als Trauerspiel-Text. So nur konnte die Besonderheit zur Aufhebung des Allgemeinen werden und das Widerständige zum Standhaften. „Das Schöne allein genießen wir als Individuum und als Gattung“.[114]

In der Dramentheorie ergründet sich noch keineswegs das Individuum ganz. Unsere Einwände gegen die Auffassungen der Aufklärung und der Empfindsamkeit oder Lessings in der Aufklärung richteten sich gegen die gleich mitbetriebenen Vereinnahmungen der Dichtung. Tatsächlich steckt, darauf zurückzukommen, in Lessings Schrift von 1756 das Postulat der Gleichheit und eines Solidaritätsgefühls. Insofern *kann* die Träne im Parkett Erkenntnismedium sein. Über Verordnungen hinaus zeigt sich schon ein Allgemeinheitsmoment, welches sich nicht mit dem Bestehenden deckt. Es ist keine Handlungsanweisung, aber wohl die Provokation jeweils eigenen Wollens. Das ist begründet in der Empfindung der konsensfähigen Emotion *und* des noch uneingelösten Anspruchs des Individuums (sich fühlen) auf *seine* Allgemeinheit (Menschlichkeit), die nur in ihm sich realisieren kann. Dazu aber müßte der Weg des Trauerspiels gegangen werden von der kollektiven empirischen Träne ‚zurück‘ zur metaphorischen Träne. Nur in ihr ist die

111 Siehe Lessings Brief an Nicolai vom November 1756, Briefwechsel über das Trauerspiel, a.a.O. S. 55.

112 Pikulik, a.a.O. S. 174.

113 A.a.O. S. 175.

114 F. Schiller: Ueber die ästhetische Erziehung des Menschen in einer Reihe von Briefen. Schillers Werke. Bd. 20. 1. Teil. Hg. B. v. Wiese. Weimar 1962. S. 309–412, 411. (Nationalausgabe.)

Empfindung als dauerhafte Erkenntnis zu Hause, in einer ‚natürlichen‘, jedem zugänglichen Sprache.

Die Figuren der „Miß Sara Sampson“ streiten noch drum. Die Schwierigkeiten sind nicht so simpel, daß sie nur ‚Mut‘ haben müßten, sich ihres „*eigenen* Verstandes zu bedienen“.[115] Das mag nach Kant, sehr spät formuliert, der „Wahlspruch der Aufklärung“[116] sein, der aus dem vorherrschenden Selbstverständnis der Epoche als „philosophisches oder kritisches Jahrhundert und als Jahrhundert der Vernunft“[117] herrührte. Schon bevor sich die Ansatzpunkte der Aufklärung programmatisch vereinigen, während noch Vernunft als die eine und allgemeine postuliert wird, müssen die Dramenfiguren aus Empfindung sprechen, wird der Versuch, Eigenheit zu realisieren, zum trauerspielhaften Konstituens, da es der Versuch ist, Sprache zu verändern und im allgemeinen ganz wesentlich Individuum zu sein, was nur der Gattung selbst gelingt, und auch nur als konkretes Sprechen, nicht als Sprechen innerhalb einer durch Regeln gesicherten Einheitlichkeit der Gattung. Das wird sogar in Gottscheds „Sterbendem Cato“ deutlich in den Anfangsversen, die, wenn auch auf unbestimmtere Weise, einen konkreteren mehrdeutigen Raum des Sprechens konstituieren (Arsene [an Phenice] will „hier“, „allhier“ verweilen) als die Beschreibungen des Schauplatzes nach dem Verzeichnis der dramatis personae.[118]

Die Gegenwärtigkeit des Schauplatzes ist, weil auf Empfindungen und ihre Mitteilbarkeit bezogen, in der ersten Szene von „Miß Sara Sampson“ noch konkreter. Darin ist Lessings Theorie vorweggenommen, die Beurteilung nach „Empfindung“ (‚Thomson-Vorrede‘. Bd. 7, S. 67) verlangt und hieraus unter anderem die Gottsched-Kritik bezieht: „schulmäßiges Gewäsche“ (S. 68). Lessing geht es darum, „Leidenschaft“ (ebd.) in ihrer Entstehung zu zeigen. Das scheint in „Miß Sara Sampson“ nicht immer gelungen zu sein, betrifft aber eine grundsätzliche Funktion literarischer Sätze, in denen das Gesagte als Variable des Sprechens *erscheint*. Von hierher gesehen sind auch die „Regeln“, die Lessing ja grosso modo einhält und deren Beibehaltung er in seinen „Beyträgen zur Historie und Aufnahme des Theaters“ (Bd. 4, S. 55 f.)[119] sozusagen unentschieden empfiehlt, Funktionen der Empfindungen als literarischer Sätze. Damit ist der mimetische und didaktische Charakter der Literatur verunsichert. Er ist eben deshalb, wie Lessings spätere kunsttheoretische Bemühungen zeigen, auch im ‚Zeitalter der Vernunft‘ nicht mehr diskursiv greifbar, weil kein direkt zugänglicher Satz den Begriff des Ganzen abgibt.

115 So Kant in seiner „Beantwortung der Frage: Was ist Aufklärung?“ in der Dezember-Nummer der Berlinischen Monatsschrift (1784). Abgedruckt in: Werkausgabe. 12 Bde. Hg. W. Weischedel. Frankfurt a. M. 1977. Bd. 9. S. 53–61, 53 (A 481).

116. Ebd.

117 W. Schneiders: Die wahre Aufklärung. Zum Selbstverständnis der deutschen Aufklärung. Freiburg/München 1974. S. 12. Man denke aber z.B. auch an die ‚Bremer Beiträger‘, die sich Gottsched gegenüber angeblich so abtrünnig verhielten.

118 J. Ch. Gottsched: Sterbender Cato. Hg. H. Steinmetz. Stuttgart 1973. S. 21 (Vers 1 f.), 19. Für K. O. Conrady (Gottsched. Sterbender Cato. In: Das deutsche Drama. Vom Barock bis zur Gegenwart. Hg. B. v. Wiese. Bd. 1. Düsseldorf 1958. S. 61–78, 62) ist im Stück nichts, das einer „eindringlichen Einzelbetrachtung wert wäre“. Vgl. dagegen H. Arntzen: Von Trauerspielen. Gottsched, Gryphius, Büchner. In: Rezeption und Produktion zwischen 1570 und 1730. Festschrift für G. Weydt. Hgg. W. Rasch / H. Geulen / K. Haberkamm. Bern/München 1972. S. 571–585. Wieder in: ders.: Zur Sprache kommen. Studien zur Literatur- und Sprachreflexion, zur deutschen Literatur und zum öffentlichen Sprachgebrauch. Münster 1983. S. 137–150. – Siehe neben den in der genannten „Cato“–Ausgabe von Steinmetz wiedergegebenen Kritiken auch J. Birke: Der junge Lessing als Kritiker Gottscheds. In: Euphorion 62 (1968). S. 392–404. Birke spricht von „heftigen Tiraden“ Lessings (S. 402).

119 Natürlich werden sie nicht einfach, d.h. unhistorisch, verabschiedet. Das wird selbst in den späteren Diskussionen der ‚Naturnachahmung‘ („Hamb. Dramat.“, 69. Stück. Bd. 10. S. 76 ff.), der Einheit der Handlung (46. Stück. Bd. 9. S. 377 ff.), der Wirkung (78. Stück. Bd. 10. S. 114 ff.) deutlich.

Theorie, Diskurs, Interpretation können Literatur nicht mehr rückgängig machen auf den „moralischen Lehrsatz“,[120] Stoff, Problem, Tendenz oder Thema hin. Noch F. Nicolai versuchte über das von ihm selbst betonte Unsystematische des Gegenstandes eine Abhandlung zu schreiben, wenn auch keine „vollständige“, kein „Lehrgebäude der Regeln“.[121] Selbst aus der Situation (eines Preisausschreibens) geschrieben, hat seine Abhandlung den Briefwechsel zwischen Lessing, Mendelssohn und ihm initiiert. Es ist interessant, daß gerade der Versuch einer Abhandlung zu einem Briefwechsel, und zwar zu einem solchen führte. Die Aporien des Diskurses über Empfindung und Literatur werden zumindest implizit durch die Art des weiteren Verfahrens erkannt;[122] soll doch nun über den Zweck gesprochen werden, daß der Zuschauer „diese Leidenschaften selbst *fühlt*, und nicht blos fühlt, ein andrer fühle sie“.[123] Der Begriff eines solchen emotionellen Konsenses kann wohl nicht einfach als „konservativer Standpunkt“, Beharren auf „moralischem Nutzen“[124] degradiert werden, ist doch das Alte im Begriff der ‚Moral‘ neu zu interpretieren als mögliche Form der Allgemeinheitsstiftung,[125] übrigens, nach Lessings Verständnis, für „den Mann von Verstande sowohl als den Dummkopf“[126] möglich. Lessing interessiert sich allerdings seltener für die Unmittelbarkeit der Wirkung, aufgrund derer Mendelssohn das Mitleid von der Bewunderung differenziert.[127]

Auch für den Lessing-Interpreten M. Kommerell ist Mitleid gegenüber der Bewunderung ein Affekt, der „Gleichsein voraussetzt und Gleichheit stiftet“.[128] Die Dialektik von differentem Selbstbewußtsein und Gleichheitspostulat in der Empfindung wird von der Theorie also nicht weiter ausgearbeitet.[129]

Ebenfalls (wie im „Cato“) im ersten Satz der „Miß Sara Sampson“ fällt die Bestimmung „hier“ in einer Klage des Vaters. Einerseits wird sogleich ein Kontrast von Ort und Sphäre des Sprechens, von Privatheit („Tochter“) und Öffentlichkeit („Wirthshaus“)[130] konstelliert, andererseits eine mögliche Identität mit den Entfernten, in der eine mindestens ebenso große Gefahr liegt: Auch Marwood wohnt in einem Gasthaus. Die Schematik des Denkens in und über Tugend und Laster wird, wenn sie auch in der Figurenrede

120 J. Ch. Gottsched: Versuch einer Critischen Dichtkunst. Leipzig [4]1751. S. 611. (Nachdruck Darmstadt 1962.)

121 In seiner „Abhandlung vom Trauerspiele“, die im „Briefwechsel“ abgedruckt ist: a.a.O. S. 11.

122 Siehe P. Michelsen: Die Erregung des Mitleids durch die Tragödie. Zu Lessings Ansichten über das Trauerspiel im Briefwechsel mit Mendelssohn und Nicolai. In: Deutsche Vierteljahrsschrift f. Literaturwiss. u. Geistesgesch. 40 (1966). S. 548–566, 553. Michelsen erkennt einen Wendepunkt in der Theoriehaftigkeit der Literatur- und Gattungsreflexion. Ob dies schon für Nicolais Abhandlung anzusetzen ist, oder ob noch ein „Tragödienmodell“ in Gottschedischer Manier erstellt werde, soll hier nicht entschieden werden. Zu letzterer Auffassung siehe Steinmetz, Aufklärung und Tragödie, a.a.O. S. 11.

123 Brief an Nicolai vom November 1756, a.a.O. S. 54.

124 Michelsen, a.a.O. S. 554.

125 Undifferenziert versteht Lessing ‚Moral‘ ohnehin in einem weiten Sinne als „jede allgemeine Betrachtung“ oder, wie er auch sagt, als „generalisirte Empfindung“ („Hamb. Dramat.“, 3. Stück. Bd. 9. S. 195).

126 Im „Briefwechsel“: a.a.O. S. 66.

127 Vgl. ebd.

128 M. Kommerell: Lessing und Aristoteles. Untersuchung über die Theorie der Tragödie. Frankfurt a.M. [3]1960. S. 89.

129 Und doch ist hierin auch schon eine völlige Wendung im Begriff des ‚Bürgerlichen‘ angedeutet. Im Neudruck von 1772 fehlt das Epitheton „bürgerlich“ (vgl. Guthke, a.a.O. S. 50), das zuerst vielleicht auch wegen einer möglichen Opposition zum bürgerlichen Trauerspiel „Sterbender Cato“ gewählt wurde. Vgl. die Rezension von Lessing in der „Berlinischen privilegirten Zeitung“ (3.5. 1755) gegen Gottsched: „und dennoch wagt man es auch hier, die Einheit des Orts recht mit Willen zu übertreten“ (Bd. 7. S. 26).

130 Vgl. auch Begriff und Geschichte der „Öffentlichkeit“ bei Habermas, a.a.O. S. 45 ff.

noch erscheinen muß, nicht durch die ganze Anlage des Dramas unterstützt. Die Raumkonstitution konterkariert schon andeutungsweise die Verteilungen charakterlicher Qualitäten durch andere (Vater und Diener). Auch Mellefont ist es aufgegeben, sich selbst darzustellen,[131] allerdings in Zusammenhängen, in denen er wie Sara immer schon fixiert zu sein scheint. Wegen dieser beiden Aspekte gerät neben „Emilia Galotti“ auch schon „Miß Sara Sampson“ zu einer Auseinandersetzung mit Empfindsamkeit.

Bereits im Anfang ist der Tod nicht mehr das vernünftig-natürliche Ende des Trauerspiels. Es gibt nicht mehr den Chor, der das Selbstverständliche weiß, und es sollte eigentlich keine „rhetorische Sprache“ („Hamburgische Dramaturgie“, 59. Stück. Bd. 10, S. 30[132]) mehr geben, in der es sich realisiert. Deutlich und klar, im Baumgartenschen Sinne (§ 53), scheinen nur noch die Empfindungen zu sein. Im „scheinen“ liegt das ganze Problem, auch für die Figuren, die von einer persönlichen Wahrheit ausgehen, die es noch nicht gibt. Die Wahrheit des persönlichen Gefühls streitet Lessing übrigens dem Enthusiasten ab („Ueber eine zeitige Aufgabe“. Bd. 16, S. 300). Sie, ebenso wie Deutlichkeit und Klarheit, ist realiter ja oft nur eine Betäubung, der „Taumel unsrer Empfindungen“ („Briefe, . . .“, 49. Brief. Bd. 8, S. 133). Die Wahrheit müßte nach Lessing in den auszudrückenden „Nüancen der Empfindung“ (ebd.) liegen, die in der Empfindsamkeit wortreich überspielt[133] beziehungsweise unproblematisch beansprucht werden durch die leichtfertige Negation des Denkens als Widersachers der Empfindung.

Die zunächst nur enthusiastische Frage „wer will mir mein eignes Glück abstreiten?“ („Ueber eine zeitige Aufgabe“. Bd. 16, S. 300) ist für Lessing nicht mehr zu ‚rationalisieren‘, noch läßt sie sich, wie die Trauerspiele selbst auch nicht, aus Zusammenhängen von Aufklärung eliminieren. Weder ‚Gefühl‘ selbst noch ‚Begriff‘ ergeben Wahrheit. „Denn“, so lautet eine noch recht unentfaltete Bemerkung Lessings, „die Empfindung ist etwas Inneres, von dem wir nur nach seinen äußern Merkmalen urtheilen können.“ („Hamburgische Dramaturgie“, 3. Stück. Bd. 9, S. 193) Diese Bemerkung zur Schauspielkunst zeigt immerhin ein Bewußtsein, das Differenzen denkt innerhalb enthusiastischer Empfindsamkeit. Es ist auf noch unentschiedene Weise eigenständig zwischen Rationalismen und Empirismen, ohne sich, wie Kant, um eine erkenntnistheoretische Vermittlung zu bekümmern.[134]

Weniger deutlich als die Negationen in Lessings Denken und Werk ist die Position der Empfindung, der es an einem Vermittlungsbegriff zwischen Innerlichkeit und Entäußerung mangelt. Hierzu heißt es gegen eine abstrakt rationalistische Allgemeinheit, aber auch gegen eine ebenso abstrakt empiristische Abbildhaftigkeit, daß das Drama auf keine dieser beiden Weisen Illustration, Wiedergabe von Modellen usw. ist, sondern das Bewußtsein „eines größern Grads unsrer Realität“.[135] Dazu ist das Drama in der Lage, weil – Lessing

131 Vgl. W. Mauser: Lessings „Miß Sara Sampson“. Bürgerliches Trauerspiel als Ausdruck innerbürgerlichen Konflikts. In: Lessing-Yearbook 7 (1975). S. 7–27.

132 Vgl. „Ueber eine zeitige Aufgabe“. Bd. 16. S. 300; vgl. weiterhin „Briefe, die neueste Litteratur betreffend“ (49. Bd. 8. S. 132 f.).

133 Siehe zur Präzisierung dieser leichtfertigen Behauptung am Beispiel Klopstocks G. Kaiser: Denken und Empfinden. Ein Beitrag zur Sprache und Poetik Klopstocks. In: F. G. Klopstock. Sonderband aus der Reihe „Text und Kritik“. Hg. H. L. Arnold. München 1981. S. 10–28.

134 In den einzelnen Ismen werden ja selbst stets Vermittlungen angestrebt. Sie sind also nicht immer nur einseitig, sondern Akzentuierungen. Im Empirismus eines D. Hume beispielsweise besteht keine kategoriale Differenz zwischen „thoughts“ und „perceptions“; jene sind nur, das ist die umkehrende Akzentuierung, schwächere Perzeptionen: „Kurz, aller Stoff des Denkens ist entweder von unserem äußeren oder inneren Gefühl (outward senses or inward sentiment) abgeleitet“ (D. H.: Eine Untersuchung über den menschlichen Verstand. Hamburg 1973. S. 19; vgl. auch S. 90).

135 „Briefwechsel“, a.a.O. S. 101.

bietet hier nur die schon genannte, unausgeführte Vorstellung an – es „die magische Kunst" ist, „jede Leidenschaft vor unsern Augen entstehen, wachsen und ausbrechen zu lassen" (‚Thomson-Vorrede'. Bd. 7, S. 67). Die Frage nach dem Verhältnis von Sprache zur Empfindung ist demnach falsch gestellt. Sie muß in die Frage nach den Räumen des Empfindens im Sprechen überführt werden. Alles hängt dabei von der Entscheidung ab, ob unsere Literaturerfahrung uns dazu bringen kann, diese Überführung nicht nur am Beispiel der Literatur, des Dramas im engeren, gelten zu lassen, sondern für das menschliche Sprechen überhaupt. Es hieße unter anderem in Zeiten der totalen Medialität heute noch einmal das Verständnis vom medialen Charakter des immer auch dramatischen, dialogischen Sprechens zu verlassen; was übrigens selbst Sara nicht und Emilia nur an einer Stelle, die der Ort ihrer Tötung ist, gelingt.

Da die Sprache des Herzens grundsätzlich der Verstellung zugänglich ist, ja dorthin zu tendieren scheint, verzichtet Lessing konsequent darauf, ihren Anschein etwa besonders im Monolog herzustellen. Jede der vier Hauptfiguren wird in Dialogen mit den jeweiligen Dienerfiguren eingeführt und stellt sich hierin immer wieder vor. So drängt gerade in der Eingangsszene alles zum Dialog, obwohl die Situation und die Empfindungen diesem Verlauf ungünstig zu sein scheinen. Der Dialog muß durch die Figuren, die scheinbar übereinstimmend fühlen, explizit hergestellt werden: „Aendre deine Sprache, wenn du mir einen Dienst thun willst." (268)

Konsens der Emotionen scheint ein abrufbarer Wirklichkeitsbezug des Sprechens zu sein, aber das scheint nur so. Er soll und muß sich erst über differentes Sprechen herstellen. Das dramatische Recht des Dialogs ist nicht nur eine gattungsbedingte Behinderung des Empfindens. Es zeigt die Vorgängigkeit dialogischer Intention im Sprechen und Empfinden und damit *beider* Sprachlichkeit, aus der sie sich herleiten. Sprechen und Empfinden sind engstens aufeinander bezogen, können aber wegen ihres prozessualen Charakters nicht identisch werden, zumal die Figuren den prozessualen Charakter der Empfindung an entscheidenden Stellen gerade leugnen, ihn sozusagen immer erst hinterher einsehen. Empfindungen werden erst erkannt in der Reflexion durch das Sprechen des anderen, paradoxerweise oder im Sinne der Sprachlichkeit konsequenterweise dadurch, daß der Diener nicht so spricht, wie der Herr fordert, sondern an der Stelle des Befehls („sage, daß Sara nie tugendhaft gewesen . . ."; ebd.) eine Sprachreflexion einsetzt: „Sagte ich das, so würde ich eine Lüge sagen. . ." (ebd.) Wo der Dialog quasi angeordnet wird – warum eigentlich? (im Sinne einer unsprachlich verstandenen Empfindung könnte unter Tränen geschwiegen werden) –, entsteht an der Stelle einer Anordnung der eigentliche Dialog, in dem wiederum spezifische Sprechangebote verweigert werden. So erst kann das Entstehen von Leidenschaften auf ‚magische Weise' gezeigt werden. Das ist keine alte Magie mehr, sondern die literarische Erkenntnis von der Sprachhaftigkeit des Unsprachlichen. Der Dialog kommt für eine Zeit zum Erliegen, wenn annäherungsweise auf der Folie fremden Sprechens die eigene Empfindung erkannt und in Sätze gebannt zu sein scheint: „Wenn sie mich noch liebt, so ist ihr Fehler vergessen" (ebd.); „ach! ich würde ihr doch vergeben." (ebd.) In dieser ersten Szene, wie in vielen anderen, scheint das Drama tendenziell beendet zu sein. Was sollte sich noch ereignen, wenn wirklich die Empfindung gültig zum Satz und dieser ein gelungener Ausdruck der Selbsterkenntnis geworden wäre. Der jeweilige Abschluß des Gesprächs wird erreicht um den Preis, daß das Empfinden der privaten Genugtuung dient. An dieser Stelle hat Sara noch nicht einmal den Mund aufgetan. Das mögliche Ende des Dramas erscheint jeweils im Undramatischen – als ein Empfinden, das seine Dialoghaftigkeit aus bloß subjektiven Gründen ignorieren möchte. Deshalb zeigt der trockene Schlußsatz Waitwells eine subtile Übereinstimmung und eine lakonische Kritik dieser Art, den Dialog zu beenden. Völlig zu Recht, in innerer Übereinstimmung mit dem dialogischen Geschehen aus Sprache und Empfindung, fordert jetzt der Diener: „Trocknen Sie Ihre Thränen. . ." (ebd.) In solcher Kritik kann sich das Drama weiterschreiben.

Neben dieser Kritik, anderen schon genannten ‚kritischen Punkten', ist auch noch die Implikation zu nennen, die in den Sentenzen des empfindsamen Vaters stecken: „Solche Vergehungen sind besser, als erzwungene Tugenden" (ebd.). Dem paradoxalen Inhalt nach sehr modern, den dramatischen Gepflogenheiten nach so modern, daß eigentlich kein Drama, zumal ein Trauerspiel daraus entstehen kann –, weisen solche Sätze am Beginn der Geschichte des bürgerlichen Trauerspiels auf die Möglichkeit hin, daß es damit schon vorbei sein könnte. Es ist die Gefahr eines neuen, semantisch insubstantiellen, totalen Konsenses, in den Sara zunächst, wie es scheint, nur widerspenstig nicht einwilligen mag. Das ist gemäß der Empfindsamkeit als (melancholischer) Genuß am Leiden interpretiert worden. So könnte man dieses Drama wirklich vergessen. Es hätte in den steten Vergebungsangeboten sein Ende nur überspielt. Gemäß dem auch theoretischen Ansatz Lessings interpretiert, geht es aber schon um folgendes: Wo Tugenden nicht mehr erzwungen werden sollen, können auch solche Sätze (neue Maximen) nicht mehr richtig sein.[136] Sätze sollen die Emotionen nicht mehr maßregeln, auch nicht verzeihend. Wie die Emotionen so muß auch die ‚Tugend' vor unseren Augen *entstehen*. Sara erhält vom Dramatiker des bürgerlichen Trauerspiels Gelegenheit, tugendhaft zu werden; weder in Aneignung alter Tugendvorstellungen noch in Verwirklichung neuer, die doch weiterhin „Vergehungen" heißen müßten. Ihre Empfindungen müssen sich im Sterben so äußern, daß sie in ihren Sätzen als ihre Tugend entstehen.

Um den Preis von Saras (fiktiver) Existenz erhält sich ein Geflecht von Sätzen, welche aus existentieller und auch historisch bedingter Resignation heraus die Utopie des Trauerspiels in der Weise behalten, daß sie den Entstehungsgrund möglicher Empfindungen präsentieren, die weder jemals „Vergehungen" noch „Tugenden" in der Väter Sinn sein können.

2. DIE UNENDLICHE DIFFERENZ DES EMPFINDENS

a. Tautologische und äquivoke Beständigkeiten

(Mitleid der Figur und des Zuschauers [Begriff und Reflexion] – Empfindungsgarantie von Begriffen – constantia als Verzögerung – gestörte Identität von „seyn" und „sagen" – naive und verstellende, funktionale und konventionelle Bedeutung [Tränen] – Dialektik der Verführung – keine „Psychometrie" der Empfindung, sondern eine „reflectirte Idee" – Nachahmung des Unbegrifflichen, Unähnlichen, Unerlebten)

Unglück soll, in der Figurenreflexion, Unglück bleiben. Die tautologische Form wird in eine historisch-zeitliche Syntax überführt. Damit ist der Umfang des Begriffs „Tautologie" natürlich über Gebühr erweitert. Indem wir ihn wörtlich nehmen, wird er wieder metaphorisiert. Wir führen einige wenige Beispiele an, die allerdings nicht im neueren urteilslogischen Sinne (d.i. scheinbare Tautologie wie „Spiel ist Spiel") als Tautologien gelten können. Es soll vorläufig hingewiesen werden auf die oft auch nur pleonastische Art und Weise der Figuren, sich in ihrem privatgeschichtlichen Rahmen Beständigkeit und sehr problematische Identität zu verschaffen. Eine in diesem Sinne geschichtliche Tautologie als Matrix oder Syntax ihres Selbstverständnisses und Handelns wäre ansonsten ein Widerspruch in sich selbst. Wörtlich genommen, soll mit den beiden Begriffen nur auf das Problematische einer Kontinuitätssicherung hingewiesen werden, die die Bezeichnung des-

136 Vgl. dagegen Emilias ‚Sentenz' in V, 7.

selben durch verschiedene Ausdrücke ebenso unbewußt in Regie nimmt wie die verschwiegene Ambiguität des scheinbar identischen Ausdrucks. Eine solcher Tautologien, deren Gefährlichkeit besonders in Komödien entlarvt werden kann[137] – auch schon durch die Figur,[138] vertritt Mellefont in I, 3. Sie *verunsichert* aber sein Handeln in I, 5 schon auf Nortons Ankündigung hin, die doch in das allgemeine ‚tautologische Gefühl' bestens integrierbar sein müßte. Zusätzlich verbleibt die Identifizierung von (Um-)Welt und Ich eben nicht bei sich selbst als eine Identifikationssicherheit; sie gehört nicht zu den Bescheidenheiten eines Ich, sondern tritt imperialistisch auf und vereinnahmt die Umwelt, von Mellefont sogar beabsichtigt: „Doch ich will nicht, daß ein Mensch um mich glücklich sey. – Norton!" (270) Der Diener pariert diese Herrschaftsansprüche, aber schon hier ist eine Stagnation der Empfindung angedeutet und kritisiert, wie sie sich auch auf Sara übertragen wird, trotz der Glückwünsche Mellefonts für Sara. Auf des Herrn Bitte, Mitleid mit ihm zu haben, sagt Norton: „Mitleiden, mein Herr? Mitleiden mit Ihnen? Ich weiß besser, wo das Mitleiden hingehört." (ebd.) Eine zwiespältige Anweisung an den Rezipienten. Die vom Trauerspiel und seiner Theorie in diesem Jahrhundert geforderte Empfindung kann nicht genau diejenige sein, die sich die Figuren erbitten. Eine Empfindung, deren Reflexionsprozeß gestoppt zu sein scheint in der Identität von Gefühl, Wille und Ausdruck, ist undramatisch und unmenschlich, kann also nicht jenes menschlichste Gefühl des Mitleids erzeugen, da dieses erst aus der Reflexion des Mitleidenswerten entstehen soll, also aus einer Entdeckung des Empfindbaren. Das ist nicht schon dasjenige, worauf sich Mellefonts Forderung bezieht, der sich Norton zu Recht entzieht. Handlung, die aus Mellefonts Empfindung von sich eigentlich (ähnlich I, 1) nicht entspringen könnte, liegt tatsächlich in seinem „falsch befundenen Urtheile" (‚Abhandlungen über die Fabel'. Bd. 7, S. 434). Movens ist also kein enger „materieller Begriff" (435).[139] Allerdings erwarten wir nicht „unerwartete, unglaubliche, ungeheure Dinge", um in „Schrecken und Mitleid" („Hamburgische Dramaturgie", 32. Stück. Bd. 9, S. 317) zu *verfallen*. „Denn Mitleid und Furcht sind die Leidenschaften, die in der Tragödie wir, nicht aber die handelnden Personen empfinden" (78. Stück. Bd. 10, S. 115).[140] Doch „Worte und Handlungen liegen nicht so weit auseinander, als man insgemein glaubt." („Anti-Goeze". Bd. 13, S. 172) Und die Handlung Mellefonts ist durch Worte charakterisiert, die ein Mitleid konstituieren könnten, welches gerade die Forderung nach einem solchen Mitleid erfüllt, das ihm als bloße Mitempfindung versagt werden muß. In seinen Befehlen wird die Instabilität seines Wissens und Wollens deutlich: „Ganz recht; habe kein Mitleiden mit mir." (270) Hieraus wird ersichtlich, daß Mitleid eine sich verfertigende Empfindung sein muß, diese aber ihrem Begriff, der unter Umständen eingeklagt werden könnte, entrinnt. Der Anschein der Stagnation im Fühlen verfliegt aber selbst am Beispiel des Begriffs, welcher keine Dialektik zu haben scheint, denn die Figur kann sich selbst in ihm nicht ausruhen, obwohl er weiterhin wie eine Identität von Sprache und Empfindung, das heißt wie ein käufliches Produkt, gehandelt wird. Dagegen opponiert aufs deutlichste die Darstellung der Figur Norton in dessen Sprechen. Er gewinnt aus diesem Grunde des falschen Sprechens von Mellefont seine größte Widerspruchsfreiheit, bis zur Ironie – und zählt Mellefonts Vergehungen auf: wiederum dramatisch erzielte, gute expositionelle Möglichkeiten. Mellefont ist nicht irritiert. Er kann nun sogar zustimmen und überbieten: „Ich

137 Siehe „Minna von Barnhelm": „Und Krieg war Krieg." (Der Wirt; II, 2; Bd. 2. S. 197). Vgl. bes. den bekannten Dialog in IV, 6; hier: „Die Ehre ist – die Ehre." (S. 242)

138 Siehe a.a.O.: „Ich bin eine große Liebhaberinn von Vernunft, ich habe sehr viel Ehrerbietung für die Nothwendigkeit. – Aber lassen Sie doch hören, wie vernünftig diese Vernunft, wie nothwendig diese Nothwendigkeit ist." (II, 9; S. 205) Vgl. ferner „Nathan": I, 6 und IV, 2; Bd. 3.

139 Vgl. „Laokoon", 16. Bd. 9.

140 D. i. um einige Grade verschärft, ein Gedanke Nicolais (siehe voriges Kapitel).

besuchte lasterhafte Weibsbilder; laß es seyn. Ich ward öfter verführt, als ich verführte; und die ich selbst verführte, wollten verführt seyn. – Aber – ich [. . .] hatte noch keine Unschuld in ein unabsehliches Unglück gestürzt. Ich hatte noch keine Sara aus dem Hause eines geliebten Vaters entwendet" (271).

Nun doch wieder der – im Selbstmitleid vor der „Ceremonie" (272) der Heirat stagnierende, Flucht erwägende (vgl. ebd.), aber ‚irgendwie' gerechtfertigte Typ à la Mr. Lovelace?

Von Mellefont hat man erfahren, daß er eigene Aufforderungen und auch Vorwürfe gegen sich dialektisch parieren kann. Das könnte so weitergehen. Er wird dramaturgisch folgerichtig mitten in einem seiner Sätze über sich und seine Vergangenheit („Ich hatte – Wer kömmt schon so früh zu mir?"; 271) unterbrochen. Ihm stehen seine Empfindungen noch so gegenüber, daß er über sie reden und ihnen gegenüber seinen Willen formieren kann. Gerade aber in der Rolle seines Sprechens[141] zeigt sich die Inkonsistenz scheinbarer Homogenität des Sprechens über (eigene) Empfindungen. Die tautologische Sicherheit einer (für Mellefont neuen) Empfindsamkeit wird nicht durch Einführung, Entfaltung und Kritik eines Typs wie Lovelace entlarvt. Falsch und unendlich scheint dieses Verhalten zu sein als eines, das in Handlungen sich wechselweise positiv und negativ auf die Empfindungsgarantie von Begriffen beruft. Deren Differenz zu den von ihnen gemeinten Empfindungen muß aber dem Zuschauer erscheinen, dessen Empfindung sich erst aus dem Prozeß der ganzen Rezeption als die besondere, also noch unbekannte, und allgemeine, erkannte des Mitleids konstituieren soll.

Der neue Typ, der empfindsam zu sein meint und mit der „Gabe der Verstellung" (272) begütert war, wird nicht vor den älteren Mängeln des Herzens bewahrt. – Erst gegen Ende des Jahrhunderts, unter anderem in der Auseinandersetzung zwischen Kant und Herder (in den Beantwortungen der Preisfrage, die die Berliner Akademie stellte), wird in einer verspäteten Psychologie, nachdem die Empfindelei moralisch degradiert war, eine Diätetik der Seele entworfen, um die Selbstmitteilungen der Hypochondrie zu dämmen.[142] Satiren der Empfindsamkeit mißlingen deshalb oft, weil sie die Sprachversessenheit der Empfindsamen übersehen, das dunkle „Intellektuieren" (Kant) mit Begriffen, die scheinbar direktes Selbstverständnis und Handeln erlauben, letztlich sich aber selbst ständig negieren.

Demgegenüber hatte Herder auf die Totalität des menschlichen „sensorium commune"[143] hingewiesen, das über die Kombination von Reiz, Sinnen und Nerven hinaus einen Gegenstandsbezug des Menschen garantiere. Und Lessing hatte in der Diskussion der „vermischten Empfindung" den Begriff des ganzen Menschen als des mitleidigen besprochen, also einen Begriff, der als Literatur, insbesondere als Gattung des Trauerspiels, gewonnen wird, so daß der Begriff des Mitleids, den die Figuren ja wie die damalige Zeit überhaupt im Munde führen, erst noch sich bilden muß, und zwar als wirkliche Empfindung. So erst wäre sie, mit Tetens, eine *„klare Empfindung"* als eine „Empfindungsvorstellung", die identisch ist mit der „Idee des Empfundenen".[144] Das Elend der Empfindung ist ihr zu schnelles Begreifen, auf Figuren- und Rezipientenebene. So ist Melle-

141 Vgl. anderweitig Scott, The rôle of Mellefont, a.a.O.
142 Siehe Sauder, a.a.O. S. 151 f.
143 Vgl. a.a.O. S. 182; zu Pikulik, der diesen Zusammenhang mißachtet, S. 190 ff.
144 J. N. Tetens: Philosophische Versuche über die menschliche Natur und ihre Entwicklung. Bd. 1. Leipzig 1777. S. 167. (Nachdruck Hildesheim/New York 1979.) Tetens, der auch sehr eindrückliche Unterscheidungen zwischen Fühlen und Empfinden vornimmt, sagt in einem Zusammenhang: „In der Empfindung entstehet eine Veränderung unsers Zustandes, eine neue Modification in der Seele." (S. 166) Kurz auf diese, an Malebranche anschließende Bestimmung, fährt er fort: „Die gefühlte Veränderung ist die Empfindung." (ebd.)

font nicht der „empfindsame Bösewicht" wie Fernando für einen Rezensenten, der Goethes „Stella" „unter Musik"[145] las. Kritisiert wird hier das „Alles und Nichts"[146], die Gefühl- oder Bewußtlosigkeit des *einen* Gefühls, das nur der Generierung von Begriffen dient, die nichts als das Selbst betreffen sollen und dessen Entäußerungen doch in unmittelbare Gegensätze verstricken.

Die Tugend, die für Lessing schon im Mitleid selbst liegt, ist streng genommen eine literarische. Sie kann demnach nicht unmittelbar von dem Inhalt der Figurenrede abgeleitet werden. Auch wenn hier am Beispiel Mellefonts die Fiktion wahren Mitleids geschrieben worden wäre, ginge es doch um die Wirklichkeit des Zuschauers, der „diese Leidenschaften selbst *fühlt*".[147] Hierin liegt zweifellos gegenüber der späteren „Hamburgischen Dramaturgie" das Postulat einer „Gleichheit",[148] die Lessing von Unmittelbarkeit sprechen läßt.[149] Aber es treten sofort am Beispiel einer Szene die Unterschiede hervor, die zwischen dieser Gleichheit und der Ganzheit der literarischen Empfindung liegen. Das reflexive Moment des Sichfühlens der Menschlichkeit als Konstitution von Subjektivität erlaubt nicht mehr die Figuration einer Figur, welche mit ihren Begriffen nicht fertig wird oder aber fertig zu sein glaubt, sondern nur die Realisation des Begriffs als ganzes Selbst. Moral entsteht aus dem konkreten literarischen Prozeß, in dem der Rezipient sich eines ‚allgemeinen und ganzen' Bewußtseins bewußt wird als seiner selbst. In ihm müßten alle Differenzen und Sätze des Dramas enthalten sein, also zum Beispiel auch die Mühen, die die Empfindung des Mitleids socialiter bereitet. So wäre das Allgemeine (Moral) das Besondere.

Dieses kann nicht in der Vereinzelung verwirklicht werden, wie schon die räumliche Isolation Mellefonts andeutet. Die sich auf das Ich und dessen allgemeine Begriffe von seinen Empfindungen einschränkende Reflexion gerät zu einem Egoismus, der aber selbst die Katastrophe nicht steuern kann, sondern zur unbewußten Partikel derselben wird.[150]

Momentanes Bewußtsein von Wirkung und Entstehung einer Empfindung ist für Mellefont unmittelbar zu vereinigen mit einem Wissen um das Ganze seiner selbst. Wir kommen nun zu I, 5:

> Norton. Gott, die arme Miß!
> Mellefont. Wessen Gefühl willst du durch deine Ausruffung rege machen? Sieh, da läuft die erste Thräne, die ich seit meiner Kindheit geweinet, die Wange herunter! – [. . .] Ich muß mich fassen. (indem er sich die Augen abtrocknet.) Wo ist die alte Standhaftigkeit, mit der ich ein schönes Auge konnte weinen sehen? Wo ist die Gabe der Verstellung hin, durch die ich seyn und sagen konnte, was ich wollte? – Nun wird sie kommen, und wird unwiderstehliche Thränen weinen. Verwirrt, beschämt werde ich vor ihr stehen; als ein verurtheilter Sünder werde ich vor ihr stehen. Rathe mir doch, was soll ich thun? Was soll ich sagen?
> Norton. Sie sollen thun, was sie verlangen wird.
> Mellefont. So werde ich eine neue Grausamkeit an ihr begehen. Mit Unrecht tadelt sie die Verzögerung einer Ceremonie [. . .] (272)

Da die Catosche Standhaftigkeit vor den Ansprüchen des Individuellen verloren ging, bleiben dem sich suchenden Individuum, das sich in der Situation zurechtfinden muß, nur

145 J. J. Mochel: Reliquien verschiedener philosophischen, pädagogischen, poetischen und anderer Aufsätze. Halle 1780. S. 150–153; zit. Doktor / Sauder, Empfindsamkeit, a.a.O. S. 126 ff.

146 A.a.O. S. 126. Vgl. auch in der „Parodie auf Hallers Doris" die Parodie Nicolais: "Als Nicolai sich befragte / Und ein Begriff zum andern sagte: / [. . .]" (V. Strophe) von B. A. Dunker. In: Ein Intermezzo mit einigen Vignetten. O.O. 1785. S. 30; zit. a.a.O. S. 165.

147 „Briefwechsel", a.a.O. S. 54; vgl. auch S. 55, 80.

148 Siehe auch (neben den in Anm. 147 genannten Briefstellen) den Brief Lessings vom 29.11.1756, a.a.O. S. 67 ff.

149 A.a.O. S. 66, hier: „Das Mitleiden hingegen bessert unmittelbar".

150 Siehe auch IV, 3. Mellefont hat die Möglichkeit zu Saras Tod dadurch mit vorbereitet, daß er ein Treffen zwischen ihr und Marwood arrangierte, um Marwood zu verletzen.

„Gedanken", „Mienen", „Ahnungen", „Einbildungen". Daraus produziert Mellefont keine neuen Bedeutungen. Die Negation der constantia erscheint problematisch als das Recht der Empfindung zur „Verzögerung". Ist es hier das Recht zur Verweigerung eines gesellschaftlichen Identitätsangebots, so kritisiert es Mellefont doch nur aus pragmatischen Gründen. Wiederum taucht jetzt der negative Topos der Tragödie, nämlich ‚Flucht', auf (siehe 272 f.). Daß dieser keine wesentliche Rolle spielen kann, auch zum Beispiel in „Emilia Galotti" und „Kabale und Liebe" nicht, verweist schon darauf, daß das Trauerspiel Gesellschaftliches nicht gesellschaftskritisch darstellt, sondern sein kritisches Potential aus anderen Bezirken schöpft. Diese sind zu charakterisieren durch die Darstellung von Identität und Differenz der Empfindungen zu anderen Figuren, aber auch zum Empfindenden selbst.

Die dramatische und dramaturgische Identität von Sein und Sagen erlaubt gerade, auf eine mögliche rhetorische Differenz zwischen ihnen bei den Empfindsamen hinzuweisen. Auf die Figur bezogen erscheint im „seyn und sagen" ein Problem und dessen verlorene Lösung. Das auch sonst dramaturgisch wichtige Regulativ des Willens, der einst im rhetorischen Akt Identität erzwang, ist hier außer Kraft gesetzt. Da das aber auch auf der Figurenebene bewußt ist, bleibt der Leser skeptisch: Könnte Mellefont nicht in die alte Dramaturgie, aus der auch Marwoods Handlungskompetenz zu stammen scheint, zurückfallen? Für die eher implizite Dramenreflexion sind „Tun" und „Sagen" in eine Krise geraten, aber in eine fundamentale, die der Grund für diese Situation ist. In ihr kann Mellefont seine negativen Prinzipien, sein verlorenes Vermögen zu handeln und die erwartbare Wirkung auf seine Empfindungsfähigkeit nicht vereinbaren innerhalb einer Abhängigkeit von seinem eigenen Wollen. Allenfalls Bedienstete können noch helfen, im Stile alter Charaktere mit Lessingscher Frechheit/Freiheit.

Was ist jetzt „unwiderstehlich", die Empfindung erzeugende Empfindung? Die Träne als Ausdruck der Empfindung, an sich selbst von Mellefont emphatisch demonstriert, ist unwiderstehlich. Das heißt, für die intensive Empfindung ist nicht deren Reinheit und Direktheit, sondern ein Wissen von ihr vonnöten. Tränen haben Funktion in einem System von Bedeutungen, die aber tendenziell rhetorisch beherrschbar sind. So versucht Mellefont, seine Tränen in dieses System zu integrieren. Er sieht sich selbst zu – ein möglicher Modus von Reflexion oder Beherrschung.

Taugt „Verstellung" nur zu überholten Theatercoups, oder ist auch Naivität ohne Verstellung nicht mehr existentiell zu denken?[151] Sie heuchelt den echten Ausdruck wegen seines Funktionswertes. Mellefont ordnet ‚seine Tränen' ein, funktionalisiert das Unvermeidliche immer noch. Da Mellefont das noch tut, kann Norton sich ironisch-praktisch verhalten. Das läßt sich beheben! Mellefont ist zunächst nur unsicher. Er reagiert aber selbst auf Sprache (auch in der Liebe) in deren Konventionalität: „Gott, die arme Miß!" (272) – und zwar in der ‚Sprache des Herzens'. Trotzdem endet die Szene: „Wie schlägt mir das Herz – –" (273).

In der situativen Konfrontation neuer und alter Sprachkonventionen deutet sich der Konflikt der Empfindung an.

Mellefont kennt natürlich selbst seine Schmerzen nur in der Wirkung auf sich; von anderen kennt er nur Schmerzäußerungen, er wird niemals ihre Schmerzen haben können – selbst kennen wird er nur ihre Tränen und die Wirkung auf sich. Darin erscheint der allgemeinere Konflikt. Der Verdacht, die Äußerung sei nicht die ganze Wahrheit, verbleibt in persönlicher Wahrheit gegenüber den Regeln der Empfindungsdarstellungen und ge-

151 Vgl. auch die berühmte Kant-Anmerkung bei Schiller: Ueber naive und sentimentalische Dichtung, Bd. 20, a.a.O. S. 413–503, 417 f.

stattet nur, sich auf das Wahrscheinliche als Wirkliches zu verlassen, gerade da Empfindung als individuelles Maß kreiert wird. Dieses steht nie fest.[152]

Deshalb riß Mellefont seinen Diener aus dem Schlaf (I, 3). Die Empfindung findet sich nicht im Monolog – wird hier allenfalls zum „Gesicht". Mellefont möchte für sich ein Spiegelbild finden. Nachdem schon der verfügbarste Partner diese Funktion nicht erfüllen will, wird er noch einmal genötigt, Mitschuldiger zu sein. So gerät Mellefont eigentlich doch wieder in einen Monolog, in dem nicht aus der Empfindung Tugend und Moral als deren Allgemeines gewonnen werden, sondern Empfindung sich nur in den widerstreitenden Perspektiven alter Fixierungen erregt. Diese Perspektiven können zum Beispiel von ihm auf die Figuren Marwood und Sara verteilt werden, ihm deren verschiedene Identität verbürgen. Solches Verfahren Mellefonts sollte die Drameninterpretation vor demselben Fehler bewahren.

Mellefont findet die Bewegung seines Sprechens nicht in seiner Empfindung, sondern in Beziehungen und Grenzen gesellschaftlicher Schemata, zwischen denen als bürgerlicher Ordnung – noch unterhalb des offiziellen Absolutismus – und als Verbrechen der Akt der Verführung vermittelt. Dieser Handel mit Empfindungen konstituiert die Figur, die sich auf empfindsame Weise für einen „Nichtswürdigen" hält, ohne es selbst wirklich sein zu können, denn Mellefont ist „auf keine Weise mehr sein eigen" (271). Der Verlust, einerseits dramatisches Movens, erzeugt andererseits die dialektische, aber nicht eigene Beständigkeit seiner Empfindung, aus der deshalb auch nicht seine Beziehungen zu Marwood ausgeschlossen werden können.

Somit hat die Berufung auf unmittelbare Empfindung keine Vereinfachung der Darstellung zur Folge. „Das wahre Kunststück [. . .], Thränen zu erregen",[153] kann keine Angelegenheit einer „Psychometrie" (Chr. Wolff)[154] sein. Es bleibt eine Aufgabe der Kunst, was einige literaturwissenschaftliche Disqualifizierungen, selbst eben psychologisch orientiert, mißachten.[155] Es geht immer um gegenseitige Fundierungen von „Charakter", „Unglück" und „Fehler".[156] Die Einheit ist nicht kausal begründet, sondern eine

152 Vgl. „Hamb. Dramat.", 3. Stück. Bd. 9; siehe auch das vorige Kapitel.

153 „Briefwechsel", a.a.O. S. 68.

154 Ch. Wolff: Psychologia empirica. Hg. Jean Ecole. Frankfurt/Leipzig 1738. (Nachdruck Hildesheim 1968.) Siehe auch Sauder, a.a.O. S. 124: „Die meist wenig anspruchsvollen Versuche empfindsamer Theorie von Villaume, Campe, Bährens, Timme, Jenisch, Heydenreich und Platner, auf die später zurückzukommen ist, setzten sich weder mit Herders noch mit Kants Vorarbeiten (Kritik der ästhetischen Urteilskraft; Anthropologie) auseinander. Es blieb dem späten Theoretiker der „sensibilité", Ballanche, vorbehalten, sich auf Kant zu berufen. So ist der positive Ertrag der Erfahrungsseelenkunde im Hinblick auf eine Theorie der Empfindsamkeit enttäuschend. Immerhin war ein Rahmen geschaffen, in dem eine wissenschaftliche Diskussion über Empfindungen möglich war. Die spärlichen Ergebnisse für die Empfindsamkeit lassen sich mit der Verspätung der eigenständigen psychologischen Disziplin und aus der Notwendigkeit erklären, der Epidemie des Empfindelns zunächst mit moralischen Argumenten Einhalt zu gebieten. Das Reflexionsniveau der englischen und französischen Theoretiker wurde u.a. auch deshalb nicht erreicht, weil zu Beginn der siebziger Jahre die Wolffsche Psychologie als noch dominierende zwar Kategorien für die Kritik, nicht aber für eine sachorientierte Analyse zu liefern imstande war. Die Intensivierung anthropologischer wie spezifisch psychologischer Fragestellung fällt in eine Phase des 18. Jahrhunderts, welche die Empfindsamkeit bereits distanziert als historisches Phänomen behandelte. Die Erkenntnisinteressen der Intelligenz hatten sich schon vor 1789 vom Problem der Empfindungen abgewandt."

155 Wenn z.B. Pikulik das charakteristische „Sichfühlen" als ein „Genießen des eigenen Ich" (a.a.O. S. 79) interpretiert, so unterschlägt er völlig die Kompliziertheit des Darstellungsaspekts etwa in der Figur Mellefonts. Der Fiktionalitätscharakter in den Produkten der Empfindsamkeit wird gar selbst als Heuchelei (siehe S. 121) mißverstanden, obwohl jedoch zwiespältige Figuren konstituiert werden. Selbst in Mellefont erhält nicht *der* „grundsätzlich egoistische Trieb des empfindsamen Menschen" (S. 90) einen monolithischen Vertreter.

156 „Briefwechsel", a.a.O. S. 82 f. (Lessing).

„reflectirte Idee".[157] So bestimmt Lessing nicht nur psychologisch und wirkungsästhetisch die Empfindung auch als Ganzheit des Trauerspiels, das in der Rezeption enthalten sein muß, – als das Verständliche und doch in neuem Sinne das Unbegreifliche weil Unbegriffliche. Hieraus entsteht πάθος.

Mellefont ist mit der Einheit des Trauerspiels insofern identifizierbar, als in seinem taumelnden Abstand zu Begriffen der Empfindung sein Fehler die Bedingung dafür ist, daß sein Unglück identifiziert werden kann mit dem, welches er stiftet.[158] Deshalb gelangt seine eigene Einschätzung des Mitleids zu schnell an die Grenzen bloßer Rührung.

Davon nun ist auch der Nachahmungsbegriff entscheidend tangiert. Sobald Sprache (von den Figuren) reflektiert wird, geht es um Trennungen vielerlei Art, das heißt grundsätzlich um Trennbarkeit von Sache, Wort, Begriff, Empfindung, Tugend und Laster, Innen und Außen. Diese Trennbarkeit konterkariert das Drama auf nunmehr moderne Weise. Es läßt nicht das Gegenbild wahren Sprechens zu, sondern ist ‚Nachahmung aus Unähnlichkeit'.[159]

Wenn Tugend die Einheit von Innenwelt und Außenwelt voraussetzt, dann kann ihre Idee nur noch im Prozeß künstlerischer Darstellungen liegen. Es ist fraglich, ob und wie diese „Fertigkeiten" („Hamburgische Dramaturgie", 78. Stück. Bd. 10, S. 117) in geschichtliche Praxis transformiert werden können. Das Fragliche ist immerhin noch das Unerledigte – und das Beständige vielleicht nur eine geschichtliche Tautologie oder Äquivokation.

b. Zweifel

(Intrigantin – Sprachverzweiflung als Wirklichkeitszweifel [Liebe] – Wortempfindungen – „zerrüttete Phantasie" – Gestaltlosigkeit des Gefühls – ferne Evidenz: sprechende Empfindung – mythische Empfänglichkeit – Traumdeutung – Traumerzählung – „Tugend" – Sicherheit und Unsicherheit – Widerspruch – Schrecken der Sprachberufungen – Schlaflosigkeit der Wörter – Idee der Sprache [Trauerspiel] – Maschine und Mensch: der unruhige Verstand der Empfindung – Natur und Nachahmung, Wille und Welt – Auflösung der Zerrüttung?)

Der siebente Auftritt des ersten Aufzugs besteht aus dem Gespräch Saras mit Mellefont. Es inszeniert sich als eines der üblichen seit neun Wochen (273) und als ein besonderes. Das Gespräch ist Dramendialog. Das expositionelle Moment, den Zuschauer über eine Vorgeschichte zu informieren, erlaubt sofort die Kristallisation des Themas.

> Mellefont. So zweifeln Sie an meiner Liebe? (ebd.)

Sara beklagt, daß sich nichts an dem Zustand des Wartens geändert habe („Verschiebung einer Ceremonie"; ebd.). Eine weitere Besonderheit, die ebenso eine Geläufigkeit in diesem Ausnahmezustand mitteilt, ist Saras Bericht: „Umsonst habe ich es, nur wieder erst den gestrigen langen Abend, versucht, Ihre Begriffe anzunehmen, und die Zweifel aus meiner Brust zu verbannen" (274). Hierin scheint das Unanständige und Kranke ihres Verhältnisses zu liegen, nicht in verzweifelt weiterhin genossener Sinnlichkeit. Sara erzählt ihren Traum, der in IV,8 wieder aufgenommen wird und als Erkenntnis gegenseiti-

157 A.a.O. S. 107 (Lessing zu Nicolais Abhandlung).
158 Vgl. auch V, 5; V, 10.
159 Siehe auch die dramaturgischen Schriften J. E. Schlegels, z.B. „Von den Eigenschaften und Regeln der Nachahmung, in so weit ihr Endzweck das Vergnügen ist" (Kap. 2 der „Abhandlung von der Nachahmung"). In: ders.: Ästhetische und dramaturgische Schriften. Heilbronn 1887. S. 131 ff. (Nachdruck Nendeln/Liechtenstein 1968.)

ger Wirklichkeit funktioniert. Da sie im Traum Mellefont folgt, sich dabei aber noch nach ihrem Vater umsieht, ist sie im Begriff, einen Felsen hinabzustürzen, wovor sie von einer ihr „ähnlichen Person" (275) bewahrt wird, aber nur, um von dieser erdolcht zu werden. Getötet erwacht Sara.

Mellefont verspricht „das Ende Ihrer Pein, ohne das Ende Ihres Lebens" (ebd.); wieder Debatten über „Liebe" und „Ehre", dann über „Gewissen" und „Rechtfertigung", über die „Tugend" (275 f.). Mellefont begründet die Verzögerung, wie es scheinen soll, zum wiederholten Mal, aber natürlich vollständig und ausschließlich in diesem Dialog als Darstellung des Gesprächs, mit einer Erbschaft, die er abwarten müsse. Ohne daß hiervon etwas im Drama geklärt werden wird – all das steht vage für gesellschaftliche Behinderungen einer gesellschaftlich geforderten Zeremonie –, geht das Gespräch über zum Vorschlag einer Entfernung nach „Frankreich" (277), die keine Flucht sein soll, und wiederum zu Bedeutungen des Zweifelns an der Liebe. Dann wird der Name Marwoods erwähnt, eine im übrigen literaturgeschichtliche Figur zwischen den Intrigantinnen in „The London Merchant" und „Kabale und Liebe".

Die Intrige wird zunehmend funktionsloser und als solche dargestellt. Die Intriganten sind nicht mehr eindeutig Herren der Zeichen und Bedeutungen, auch Marinelli nicht; allenfalls sind sie noch die Diener des unbegriffenen Tods. Funktionslosigkeit und technische Notwendigkeit der Marwood-Rolle sind kritisiert worden.[160] Beides ist aber wegen der angenommenen Anonymität todstiftenden figuralen Lebens nicht ganz unbegründet.

Mellefonts Emphase läßt vergessen, daß er selbst Marwood ins Geschehen geführt hat: „Sie, liebste Sara, sehen, und alle Marwoods vergessen, war eins." (279) Nun ist alles außer Sara Bezirk des Lasters: „Ich war mit dem Laster zu vertraut geworden, und Sie kannten es zu wenig – –" (ebd.). Darauf:

> Sara. Lassen Sie uns nicht mehr daran gedenken – – (ebd.).

Wieder mit einer problematischen Offenheit, die sich einer bestimmten Ausklammerung bestimmter Reflexionen verdankt, endet diese Szene. Die Protagonisten können zweifeln und wollen das verzweifelt verhindern.

Am Anfang des Gesprächs verneint Sara, an der Liebe Mellefonts zu zweifeln, weil sie „zu sehr, zu sehr" ihr Unglück „fühle" (273). Die Liebe Mellefonts aber soll nur „Versüßung desselben" (ebd.) sein. Das ist eine leichtfertige Verschiebung von Grund und Ornament. Die ihr Unglück bedingende Empfindung des Zweifels wird scheinbar beiläufig vor der Konsequenz: dem Gefühl des Unglücks. Mellefont ergreift sofort hierin die Gesprächsmöglichkeit, sich auseinandersetzen und sich selbst rechtfertigen zu können: „Wie kann also meine Miß über die Verschiebung einer Ceremonie unruhig seyn?" (ebd.) Auch Sara erkennt implizit, nicht direkt über Empfindung sprechen zu können, sondern sprechend immer über Sprachliches zu verhandeln, was ja erst Wahrheit und Zweifel gestattet: „warum muß ich einen andern Begriff von dieser Ceremonie haben?" (273 f.) Denken und Empfinden machen den eigentlichen Begriff aus, der im Wort intersubjektiv wird und zugleich als ein Wort die schärfsten Empfindungswidersprüche beherbergt. Natürlich kann die Bedeutung der Zeremonie[161] wiederum identisch sein in der Weise von Negation und

160 Siehe z.B. Eibl, Kommentarband, a.a.O. S. 154 et passim.

161 Sie ist ja auch ein beliebtes Lustspielthema, z.B. „Der junge Gelehrte". Bd. 1. I, 2, 5 – Heirat und Ungewißheit der Liebe; II, 2, 10 – Heirat und Poesie; III, 15 – Unentschlossenheit; III, 16. – In der „Minna von Barnhelm" warnt der Soldat: „Husch ist ihm denn ein Ringelchen an den Finger pracktizirt" (Bd. 2. III, 6; S. 215); Minna: „Jede Weigerung, mich zu besitzen, betheuerte mir seine Liebe" (III, 12; S. 225); dazu die Sprachentlastung des Majors („Ehre": IV, 6; S. 237); auch die Selbstentlastung Minnas trotz ihrer Kritik am Begriffsfetischismus des Majors: „So will es die

Position. Die Intensität der von diesem Wort getroffenen Empfindungen scheint, bei allen Ausflüchten Mellefonts, die natürlich auch eine realistische Einschätzung sein können, die gleiche zu sein. Sie subjektiviert sich hier nun gerade in verschiedenen Begriffen, die sich ein jeder macht. Mit der Sprache, wäre es auch eine der Empfindung schlechthin, ist kein einheitliches Verständnis gesetzt. Daß sie der Verständigung diene, beinhaltet seltsamerweise, daß sie ein kongruentes Verständnis nie zuläßt, da sie selbst gerade hierin zum Verschwinden gebracht worden wäre – in reiner kommuner Empfindung. Vielmehr aber werden Worte empfunden und zu verschiedenen Begriffen, die man nicht austauschen oder übernehmen kann.[162] Da Sara die Sprachlichkeit ihrer Empfindung reflektiert, kommt sie sozusagen automatisch doch wieder zu „Zweifeln" (274), die Mellefont, „itzt nicht das erstemal, für Früchte meines Mißtrauens angesehen" (ebd.) habe. In der Konfrontation von Empfindung und Handeln spielt Sprache eine entscheidende Rolle. Als Statthalter von Differenzen konstituiert sie die Figur aus dem Innersten, welches sie selbst genauso sehr ist wie die dramatische Äußerlichkeit. „Ich stritt mit mir selbst; ich war sinnreich genug, meinen Verstand zu *betäuben*; aber mein Herz und ein inneres Gefühl warfen auf einmal das mühsame Gebäude von Schlüssen übern Haufen. Mitten aus dem Schlafe weckten mich strafende Stimmen, mit welchen sich meine Phantasie, mich zu quälen, verband." (ebd.; Hervorhebung von mir, W.N.) Es irritiert hier kein unwägbares Es, als eigentlicher Ort des Empfindens, gegen die Strenge des Bewußtseins. Sara weiß sogar, das „Einbildungen in unserer Gewalt" (ebd.) liegen. „Sie richten sich nach unsern Thaten" (ebd.). Diese sind aber nicht der unsprachliche Rettungsgrund aller Entscheidungen und Empfindungen. Sie müssen „unsern Pflichten und der Tugend gemäß" (ebd.) sein, also unsere Begriffe realisieren, wobei Sara eben meint, die „Tugend" kenne nur einen allgemeinen Begriff. Die Taten sind Momente des Sprechens, Realisierung von Bedeutung. Das ist aber auch der Traum. Nach Mellefont ist unvernünftig, wer Träume „für etwas mehr halten" will als eben nur „Träume", „Einbildungen" (ebd.). Hier zeigt sich wieder Mellefonts tautologisches Verfahren, in dem er Abstand gewinnen will von dem, was mit sich selbst identisch ist – es aber nur mit Hilfe der Leistungen des Subjekts sein kann. Auch Sara will sich vor den Konsequenzen ihrer Empfindungen, die als Handlungen oder Einbildungen für das Subjekt wirklich werden, hüten durch ein Identitätsversprechen zwischen menschlicher Handlung und Götterwille, als könne das noch durch einen Begriff geleistet werden[163] ohne die Vermittlung der Begriffe und Empfindungen in der Wirklich-

wahre Liebe!" (S. 243) – In der „Matrone von Ephesus" wird vorgeschlagen, man sollte mehrere oder gar viele heiraten (Bd. 3. 2. Auftritt).

162 Vgl. auch die Begriffs- und Bezeichnungsreflexion im „Nathan" (Bd. 3. II, 1); am Beispiel der Liebe „bis zum Unsinn" (III, 10; S. 105 – III, 8). Besonders in Hinsicht auf Tragödie und Empfindung vgl. „Hamburgische Dramaturgie", 59. Stück. Bd. 10; zu Ch. F. Weißes „Richard der Dritte", der mit erheblichen Einschränkungen gewürdigt wird, da einige Figuren „doch immer Gefühl" „sympathetische Empfindungen" vermitteln, aber – so korrigiert Lessing eine nur realistisch-anthropologische Identifikationspsychologie auf den Primat hin, den Literatur für das ‚Empfindungsleben' besitzt –: „Nicht genug, daß sein Werk Wirkungen auf uns hat: es muß auch die haben, die ihm, vermöge der Gattung, zukommen" (79. Stück. Bd. 10. S. 122). Diesen Primat besitzt Literatur nicht schlechthin, sondern nur hinsichtlich einer in ihr allein möglichen Ordnung eines Chaos ohne Subsumption. „Nichts ist betrüglicher als allgemeine Gesetze für unsere Empfindungen. [...] Es giebt in der Natur keine einzelne reine Empfindung; mit einer jeden entstehen tausend andere zugleich, deren geringste die Grundempfindung gänzlich verändert, so daß Ausnahmen über Ausnahmen erwachsen, die das vermeintlich allgemeine Gesetz endlich selbst auf eine blosse Erfahrung in wenig einzeln Fällen einschränken." („Laokoon", 4. Bd. 9. S. 29) Hieraus müssen Konsequenzen für ein Sprach- und Nachahmungsverständnis gezogen werden. Vgl. hierzu die folgenden Seiten des 4. Teils.

163 Daher „Wortgrübelei", die nie „kaltblütig" ist („Ueber eine zeitige Aufgabe". Bd. 16. S. 295). Lessing zu sich selbst: „Wenn der Mensch bey dem,was er deutlich für Mißhandlung der Vernunft

keit menschlichen Verstehens und Deutens: „Eine einzige Handlung, Mellefont, ein einziger Segen, der von einem Friedensbothen im Namen der ewigen Güte auf uns gelegt wird, kann meine zerrüttete Phantasie wieder heilen." (ebd.) Das ist *ein* Irrtum. Man denke, der Vater ist schon, zur Vergebung bereit, im Hause. Es ergäbe sich kein Drama, wenn es nicht in den Reflexionen Saras stattfände. Da Realität und Utopie in der Empfindung gleichrangige Intensität erzielen, muß deren Dialektik selbst im Sprechen realisiert werden, wovor alle Angebote durch Dritte zu Momenten werden. Sie werden zu konstitutiven Momenten zwar, aber nicht eigentlich zu den Regulativen des Trauerspiels. Die „zerrüttete Phantasie" der Empfindsamen kann nicht bürgerpflichtig zur „Ruhe" (ebd.)[164] gebracht werden durch Handlung, Gott oder Vater. Obwohl Sara das so wünscht, wird Empfindung als unendlicher Prozeß entdeckt, weil und insofern sie Spracharbeit ist, die sich selbst, als Empfindung, nicht ganz, das heißt allgemein, begreift.

In dem oben zitierten Passus („Ich stritt mit mir selbst . . .") standen sich nicht, wie man erwarten könnte, „Verstand" und „Herz" („inneres Gefühl") gegenüber, sondern nur die unterschiedliche Fähigkeit, sich betäuben zu lassen. Das „Gebäude von Schlüssen" war also weder verständlich noch selbst verständig; im Sinne der Empfindsamkeit würde es sich um eine recht paradoxale Passage handeln. „Sinnreich" ist Sara zu bestimmten Zwecken, hier sich selbst zu vergessen, aber es beginnt ja schon: „Ich stritt mit mir selbst". So entreißt sie sich wider Wissen einer anderen Selbstvergessenheit, der des stabilsten Gefühls, nämlich des Unglücks. Verstand und Herz als die ihrigen bilden eine Einheit, die nur unterschiedlich zu überzeugen oder zu betäuben ist. Es taucht aber ein Riß dieser Einheit auf in dem Anspruch auf Authentizität des Verhaltens, da ein anonymes „inneres Gefühl" Geltung und Handlungsrelevanz erhält. Nun zerfallen nicht die Vermögen des Verstandes und der Empfindung in eine Opposition, denn es war ja schon „mein Verstand", „mein Herz". Sie erwachen bereits im „Schlafe" (ebd.) wiederum zu einer Einheit, die in der Qual besteht, nicht ungefährdet man „selbst" sein zu können. Analog zum folgenden Inhalt des Traums erscheint schon seine Form, der im Schlaf aus dem Schlafe weckt. Das innere Gefühl ist die Außenwelt – als „Stimme" (275) – des Selbst im schlafenden, noch nicht entdeckten Ich. Zwar mißlingt die Aneignung regulierenden Sprechens, aber auch das individuelle Fühlen und das anonyme, sprechende Gefühl haben noch keine positive Gestalt. Die Heilung der zerrütteten Phantasie könnte ebensowenig die Zerrüttung vergessen machen, wie Mellefont seine Vertrautheit mit dem Laster durch Verherrlichung der tugendhaften Sara.

Er kann weder praktisch noch zum Schein den kleinsten Schritt auf sie zu tun. Sara bittet ihn, sie von den „Qualen der Einbildung" zu befreien, da „diese eingebildeten Qualen doch Qualen, und für die, die sie empfindet, wirkliche Qualen sind." (274) Die dramaturgischen Auswirkungen dieses problematisierten und erweiterten Wirklichkeitsbegriffs sind zu besprechen. Es ergeben sich trauerspielhafte Konsequenzen für den Nachahmungsbegriff ebenso wie für das Verhältnis von Sprache und Wirklichkeit, in dem Empfindung sich vermittelt.

„Ach, könnte ich Ihnen nur halb so lebhaft die Schrecken meiner vorigen Nacht erzählen, als ich sie gefühlt habe! – " (ebd.) Zwar ist es, wie schon angedeutet, *ihre* Nacht, keineswegs aber ist der Traum schon eine gültige Wirklichkeit der Empfindung, wenn er nicht genauso lebhaft Sprache ist. Was aber ihre Erzählung als eigene Geschichte nicht erreicht, soll sich im dramatischen Verhalten als lebhaftes Fühlen zeigen. Doch dieses Verhalten ist ebenfalls vom Sprechen bestimmt. Hat dieses, sobald es Erzählung ist, die inten-

und Schrift erkennet, nicht warm und theilnehmend werden darf: wenn und wo darf er es denn?" („Eine Duplik". Bd. 13. S. 90)

164 Vgl. Euphaes' in soldatischer Hinsicht „kranke Phantasie" (Philäus; I, 1. Bd. 3. S. 367).

sive Empfindungsqualität verloren – für Sara oder überhaupt für die Literatur? Möglicherweise verleiht die Empfindung ihr nur noch eine ferne Evidenz. In Saras Schlaf, einem Halbschlaf („noch schlief ich nicht ganz"; ebd.), scheint sie nah zu sein – und um so ferner ihrem Sprechen. Das kann aber nur heißen, daß die Empfindung selbst sprach, indirekt allerdings wie der nun erzählte Traum. Das Sprechen verdankt sich der Bewegung eines indirekten Sprechens in ihm selbst. Dies erst versetzt in Schrecken. Der einzelne meint, dieses empfinden, aber nicht sagen zu können. ‚Am Anfang' schon scheint das Subjekt von Konstitutionsansprüchen überfordert zu sein, obwohl es ein Sprechen fast mythisch in aller Empfänglichkeit glaubt empfinden zu können. Ein Ausweichen ins Frankreich Mellefonts würde für Saras „Herz" bedeuten: „In jeder Welle, die an unser Schiff schlüge, würde mir der Tod entgegenrauschen; jeder Wind würde mir von den väterlichen Küsten Verwünschungen nachbrausen [. . .]" (278)

Für Sara ist das Aussprechen schon ein Zweifeln. Das Wahre an solchem Zweifel liegt tiefer begründet in dem Umstand, „Gesetze" (ebd.) im Konditionalsatz vorweg situieren zu müssen; will sagen: sie als Produkt der Subjektivität verstehen zu müssen. Das genau tut Sara in ihrem ‚mythischen Sprechen' nicht. Legitimes Vergessen von Subjektivität ist der Traum jeder Empfindung. Schon in den Anfängen ihrer Exponierung, in diesem Drama, zeigt Literatur aber das Vergessen von Empfindung als Totalisierung der Subjektivität. Das Subjekt drängt hinaus aus seiner Verantwortung: *Es* möge sprechen, der Traum selbst muß erzählen. Wenn Wirklichkeit qua Empfindung auch traumhaft sein kann – und auf gewisse Weise wird Sara in IV,8 durch das Drama bestätigt –, dann hängt die Heilung zerrütteter Phantasie von einem Sprechen ab, dessen Können immer auch Ausdruck von Zweifeln bleibt. Sara aber („Ach, könnte ich . . .") träumt von überschüssigem Sein, welches darauf sie, das heißt ihr minderes Sprechen, quält. Erzählung ist ihr als Nachahmung nicht mehr möglich. Sie glaubt aber, ihr Heil oder zumindest die Möglichkeit dazu liege in einer Identität von Sprechen und Empfinden, obwohl es sich dabei in diesem Falle um unterschiedliche Zugänge des Schreckens zum Ich und zu anderen handelt.

Doch andererseits war ja schon zugegeben worden, daß Empfindung eine Vergleichbarkeit schafft zwischen Schein und Wirklichkeit, Empirie und Phantasie. Die alten Gegensätze fallen in der Empfindung zusammen. Über die Beziehung von Sprache und Empfindung wird deshalb nur negativ gesprochen, weil vergessen wird, daß Sprache schon in der Empfindung ist, seien es Saras Traumtext oder Mellefonts „Begriffe". Im Traum spricht auch schon Saras Vorstellung von ihrer Empfindsamkeit. Deshalb bezieht sie sich auf die Wirklichkeit des Traums, Mellefont aber auf ihn als Kunst, als bedeutungs- und sinnlos, als „schreckliches Gewebe" (275).

Sara unternimmt nichts anderes als Deutungen, indem sie nun doch den Traum erzählt. Daneben erfüllt diese Erzählung die literaturgeschichtlich bekannte Funktion der Vorausdeutung, anders als Emilias Traum (II,7). Sie ist beträchtlich nach dem Schema von (Traum-)Text und Metatext konstruiert. Dieser ist deutlich, aber noch unbestimmt, jener bestimmt, aber undeutlich. Insofern ist der Traum keine autonome Metapher, sondern der metaphorische Text eines rätselhaften Ereignisses, das seine Bestimmung erfahren wird als Realität, die kraft der Deutung des Subjekts (Sara) wie der Traum eintrifft.

Der Traum scheint nicht mehr eindeutig als göttliche Offenbarung oder Ausdruck der Begierde (Platon) anerkannt werden zu können, obwohl beider Identität ein Konstituens der Tragödie sein könnte. Es ist als Wirklichkeit der Wirkung die Empfindung. In der Empfindung wird er von Sara anerkannt und bezogen auf die Wirklichkeiten von „Verstand", „Herz" und ‚Kunst' („Einbildungen", „Phantasie"), denen allein er nicht zuzuordnen ist. Da eine zwar im Ich geschehende, aber nicht ichzentrierte individuelle Ganzheit, eine mannigfaltige Einheit im Traum oder doch in seiner Erzählung repräsentiert ist, kann die Erzählung als Semantik eines mantischen Sagens fungieren. Produzent und Rezipient sind eines. Gerade deshalb ist Interpretation, Traumarbeit nötig. Sara aber beruft sich mehr auf Wirkungen als auf Bedeutungen. Auch hierin könnte ein Motiv dafür liegen, daß sie ‚im Trauerspiel' bleibt. Sie müßte selbst so etwas wie Kunst- und Trauerspielreflexion anstellen, wollte sie dem Drama entrinnen. Da auch abstrakte Begriffe hier sinnliche Qualität erlangen, ist der Text als sinnliche und begriffliche Quelle der Metaphorik anzusehen, die wie in allem Sprechen auf unbewußte Weise Empfindungen und Bedeutungen präfiguriert.

Suchten die Menschen seit jeher diese Voraussetzungshaftigkeit zu ignorieren, so zwingt Literatur ebensolange, sie sich bewußt zu machen; nun in der kritischen Darstellung sich auf Empfindung berufender Figuren. Mellefont riet: „Vergessen Sie das schreckliche Gewebe eines sinnlosen Traumes." (ebd.)

> Sara. Die Kraft es vergessen zu können, erwarte ich von Ihnen. (ebd.)

Und nach Beteuerung ihrer ewigen Liebe, die nur noch „vor den Augen jenes Richters" (ebd.) zu ordnen sei, wiederum die verzweifelt als Einheit aufgefaßte Trennung:

> Mellefont. So falle denn alle Strafe auf mich allein!
> Sara. Was kann auf Sie fallen, das mich nicht treffen sollte? – – (ebd.)

Trennung und Einheit sind auf tiefere Weise nicht mehr gegeneinander exklusiv im einzelnen Wort: „Tugend".

> Sara. Meiner Tugend? Nennen Sie mir dieses Wort nicht! – Sonst klang es mir süße, aber itzt schallt mir ein schrecklicher Donner darinn! (276)

Die metaphorischen Empfindungsqualitäten dieses Wortes zerstören die Einheit des Begriffs, den Mellefont relativistisch retten möchte. Er möchte seine „tugendhafte Sara" (277) im Sinn behalten, da nicht „ein einziger" Fehler „eine ganze Reihe unsträflicher Jahre vernichten kann" (276). Aber da ist der Absolutheitsanspruch der neuen Empfindung, vor der für Mellefont Tugend tatsächlich nur „ein Gespenst" sein kann, „das in der Luft zerfließet, wenn man es am festesten umarmt zu haben glaubt" (ebd.). Er kann nicht die „Tugend" umarmen, sondern nur Sara. Das Petrefakt „tugendhafte Sara" ist zerstört, höchstens ein annäherndes Sprechen – zwar bis zum Ende nicht für die anderen Figuren, wohl aber für Sara, die am Ende aus falschen Gründen doch sinnvollerweise stirbt. Die Gründe sind das Gift der Marwood und in objektiver Bedeutung die Meinung Saras von sich als nicht genügend tugendhafter. Doch ist ihr Unternehmen insofern sinnlos, als dessen Erfolg nur die Herstellung eines intern schon durch *eine* Empfindung zerstörbaren Petrefakts bedeutet hätte. Sie weiß, daß Tugend nicht umarmt, sondern nur geliebt werden kann. Sie merkt aber auch, daß sie Tugend nicht als eigenen und fremden Begriff leben kann.

Mellefont, der sie zu Marwood führen wird, ist um so ungeeigneter, das Sinnlose der Traumempfindungen vergessen zu machen. Saras Anspruch, diese vergessen zu können durch pure nachträgliche Legitimation innerhalb eines anderen, allgemeinen Sprachsystems der „Tugend" und „jenes Richters", ist sozusagen ungerecht gegen die eigene Empfindung, deren Potenz gequält und verliebt gespürt wird, aber nicht als die eine eigene Ordnung schaffende Kraft sich durchsetzt. Ex negativo nur zeigt sich die Anlage dieser Potenz zur eigenmächtigen Ordnung in der Einheit des Bestraftseins.

Die falsche Unsicherheit gegenüber Gott koinzidiert mit der falschen Sicherheit gegenüber der Welt: „Ich will mit Ihnen, nicht um der Welt Willen, ich will mit Ihnen um meiner selbst Willen verbunden seyn." (ebd.)[165] Sicherheit und Unsicherheit müssen auf die Empfindung bezogen werden, deren Gewißheit hier für den Preis ihrer Isolation behauptet wird. Das „selbst", um dessentwillen Sara die christlich-gesellschaftlichen Anerkennungen beansprucht, ist ja mit sich zerstritten in seinem wichtigsten Wort („Tugend"). Gesellschaft und Individuum sind identisch im inneren Widerspruch. Dieser kann nicht mehr verschoben werden auf Mellefont, aber der Wunsch in diesem Widerspruch, nämlich den ganzen Menschen zu besitzen, kann auch nicht in Relativierungen und Nachsicht verschwinden. Weiterhin ist der Zweifel nicht aus der Welt zu bringen durch Sprechverbote. Die Empfindung will und muß sprechen, sobald sie ihren Widerspruch, das heißt auch den zum Sprechen bemerkt. So verstört schon, ist sie auf dem Wege zu ihrem historischen Triumph. Geschichtlich geblieben ist sie dagegen als verstörte des Trauerspiels. Sie war nie zu beruhigen in sprachloser Ewigkeit. Die Berufung auf bloße Empfindung erzeugt in aller Liebe die Empfindungen des Schreckens; in den Berufungen auf Gesagtes, auf Worte und Widersprüche dominiert der Schrecken der Empfindung.

Dieser Schrecken inszeniert nicht eine pathologische Geschichte der „narzißtischen Seelenstörung"[166], deren Vorbild nach Freud der Traum ist. Eigentlich geschichtlich geworden ist der durch Selbstempfindung und -beanspruchung entstandene „Ambivalenzkonflikt", dessen „sachliche Erinnerungsspuren"[167] nicht im Unterbewußtsein liegen, sondern im Trauerspiel der Wörter, etwa dem der „Tugend". Diese und ähnlich wichtige Kategorien der bürgerlichen „Ruhe" (274) leiden an Schlaflosigkeit. Sie sind „wie eine offene Wunde".[168] Diese Metapher kehrt wieder bis in Musils Texte. Verschluß und Offenheit des Wortes sind gleichermaßen Resultate und die Arbeit des Empfindens. Die Worte („tugendhafte Sara") sind nicht Charakterisierungen oder Ausdruck der Figur Sara, sondern diese ist deren Verkörperung. Aber die Worte sind auch, mit Freud so zu sagen, Libidopositionen, die der Mensch nicht gerne verläßt.[169] Ein Schrecken liegt darin, man selbst sein zu wollen; es bedeutet eigentlich, an den „Schlaf von Bedeutungen"[170] zu rütteln, zum Beispiel in der figurierenden Tätigkeit des Traums.[171] Die Selbstempfindung geschieht in Auseinandersetzung mit Worten, die eine Zeitlang lustvoll verschlossen zu sein schienen. Insofern ist Sara nicht melancholisch, sondern die zu spielende Figur der Trauer.[172]

Deshalb ist Saras Liebe nicht eine von den prinzipiell unglücklichen;[173] Liebe, das Paradigma der Empfindung, zeigt sich in Wortveränderungen, die die Figuren verändern und deren Verhältnis selbst, das auf Begriffen sich gründen sollte, zu einem verzweifelten machen.

165 Auch dieses Selbst und die Gefahren der Utopie einer Isolation können Gegenstand der Komödie sein („Minna von Barnhelm". Bd. 2. V, 9). Schon aus solchen Gründen muß die Interpretation eines ‚Themas' strengstens auf Art und Intention der Darstellung bezogen sein.

166 S. Freud: Trauer und Melancholie. Gesammelte Werke. Hgg. A. Freud u.a. Bd. 10. Frankfurt a.M. ^{4}1967. S. 428–446, 428. (Londoner Ausgabe.)

167 A.a.O. S. 444.

168 A.a.O. S. 439.

169 A.a.O. S. 430.

170 Siehe M. Foucault: Die Ordnung der Dinge. Eine Archäologie der Humanwissenschaften. Frankfurt a.M. 1974. S. 68 ff.

171 Das ist zu unterscheiden von Schröders These vom „einseitigen Dialog" (a.a.O. S. 171, 186, 13 ff.).

172 Gemäß unserer Interpretation kann man sich allerdings auch nicht mit ihr identifizieren, was die Gattung der Rührkomödie durch Veränderung der Sprachform gegenüber der Tragödie beabsichtigte, denn es entsteht keine „Gemütsbewegung", welche, Sprache gerade vergessend, sich an die Figuren hält und „zwar den Schein der Traurigkeit hat, an und für sich selbst aber ungemein süße ist" (Ch. F. Gellert: Abhandlung über das rührende Lustspiel. Übersetzt von G. E. Lessing. Im Anhang zu: ders.: Die zärtlichen Schwestern. Hg. H. Steinmetz. Stuttgart 1965. S. 117–137, 119).

173 Pikulik, a.a.O. S. 65 (Äußerung E. Friedells).

Selbst da, wo Mellefont zu unterscheiden vermag zwischen der zärtlichen Sara und der leidenschaftlichen Marwood,[174] also durchaus im Lessingschen Sinne die positiven Möglichkeiten des Gefühls[175] vertritt, selbst da, wo es heißt, es sei besser, „aus Gefühl lasterhaft zu werden, als aus Gefühllosigkeit tugendhaft zu bleiben",[176] – überbietet das Trauerspiel dieses Niveau auf erschreckende Weise: Der *Prozeß* der Empfindung, in der die Begriffe dem Test des Gefühls unterzogen werden, variiert nicht nur deren Bedeutungen, sondern verändert die Kategorie der Deutbarkeit entscheidend. Erschreckende Variationen von Begriff und Empfindung werden um so schärfer durch die ständigen Behauptungen der Figuren konturiert. Aber die Figuren sprechen vor diesem Hintergrund, und ihre momentanen Sicherheiten zeigen gerade im Schrecken die Idee der Sprache, welche das Trauerspiel vertritt.[177] Darin erst kann sich die Menschheit fühlen; daraus kann Mitleid entstehen, das auf uns bezogene Furcht ist. Nicht daß es die Schemata von Laster und Tugend, Unglück und Glück gibt, ist das Erschreckende, sondern daß sie nicht funktionieren, obwohl Glück, Unglück usw. empfunden werden. Während die Figuren ansatzweise bemerken, daß die Schemata nicht empfindungsgemäß sind, entdeckt das Trauerspiel, daß sie gar nicht sprachgemäß sind.

Insofern ist es falsch, *nur* von der ‚Subjektivierung der Moral'[178] zu sprechen oder die Empfindsamkeit als „durchdringende Tendenz" aufgrund eines „gemeinsamen Gefühls- und Gedankenhorizonts"[179] zu beschreiben. Worauf das eine hinausläuft und woraus das andere erst stammen könnte, zeigt das Trauerspiel als Spracharbeit. Keine Gemeinsamkeit ohne die sprachlich begründete Allgemeinheitsfähigkeit der Empfindung, keine Subjektivierung ohne die in der Empfindung gewonnene Sprachkritik an der allgemeinen Moral.[180]

Der Traum stiftet eine Unruhe, obwohl Sara ihn, auch in IV,8, undifferenziert als Vorerscheinung der Realität versteht, wobei jene in dieser zur Erfüllung gelange, als sei die

174 Vgl. M. Durzak, a.a.O. S. 60. Durzak behauptet, einen Gegensatz zwischen Sara und Marwood kenne und erkenne man nur aus der Perspektive Mellefonts.

175 Vgl. Pikulik, a.a.O. S. 31.

176 Pikulik, a.a.O. S. 41.

177 Eine sprachorientierte Interpretation könnte den Schlaf Saras als „Zwillingsbruder" des Todes („Wie die Alten den Tod gebildet". Bd. 11. S. 8) deuten, aber dialektisch so, daß ihre Schlaflosigkeit, Grübelei usw., in der ihr Leben, Sprechen und Empfinden sich als Bewußtsein realisieren, ihren Tod bedeuten. Dieser ist dann „wohl ohne Träume" (S. 15). Vgl. die Reflexion „krummer Füße", also nicht natürlich „über einander geschlagener Füße" in den Todesabbildungen (S. 14 f.). Auch Lessing erkennt dann die Dialektik des Schlafs als „Erhalter des menschlichen Lebens" (S. 34).

178 Wie es z.B. Birk, a.a.O. S. 160, tut.

179 N. Miller: Der empfindsame Erzähler. Untersuchungen an Romananfängen des 18. Jahrhunderts. München 1968. S. 29, 11.

180 So gerät tatsächlich, wie die pietistische Polemik behauptete, Gottes Wort in Konkurrenz mit „poetischen fictionen" (Sauder, a.a.O. S. 159). Obwohl doch gerade der Pietismus als Quelle der Empfindsamkeit genannt wird; Quelle sei aber die Einbildungskraft, die letztlich zu einer Aufhebung der imitatio-Lehre führte. Damit wird jedoch der Terminus der ‚Aufrichtigkeit', nach 1800 kaum noch in ästhetischen Zusammenhängen gebraucht, relevant; das, was echt, natürlich ist usw., soll in einer idealen Kommunikationsgemeinschaft, z.B. auch zwischen rezipierenden und produzierenden Empfindungssubjekten (Sulzer; siehe Sauder, a.a.O. S. 160), seinen Platz haben, ja diese erst herstellen.
Aber sowohl die unendlich kommunizierende Gemeinschaft, z.B. die zwischen Sara und Sir William, als auch die Echtheit des Gefühlsausdrucks sind durch das Trauerspiel in gebührender Form geschichtlich geworden: nämlich als Problem. Sie können somit nicht als erklärte Voraussetzung für ein denkbares Sprechen und Verhalten eingeführt werden, nicht einmal als leitende Utopien, denn es sind aus dem Sprechen gewonnene Utopien, die also auch von einem Sprachverständnis fundiert sein müssen, nicht umgekehrt. Und es ist die Frage, ob solche Utopien sich nicht gegen ihre Herkunft wenden, da sie die Wirklichkeit des Sprechens und seiner Differenz eliminieren würden.

Unruhe des Individuums nur eine begleitende Empfindung.[181] Die Unruhe des Individuums ist aber der ursprüngliche Schauplatz, auf den es in der Realität dann selbst zitiert wird.

Durch diese Art einer Sprache entsichernden Empfindung behandelt das Trauerspiel, konsequenter als die Figuren sich selbst, mit Worten aus Kants Aufklärungs-Aufsatz, „den Menschen, der nun *mehr* als *Maschine* ist, seiner Würde gemäß".[182] Kant fordert solch eine „wahre Reform der Denkungsart"[183] von der Aufklärung. Deshalb ist das dargestellte Empfinden stets schon die Mündigkeit verpflichtet, „sich seines Verstandes ohne Leitung eines anderen zu bedienen".[184] Aber es tritt lange vorher als „zerrüttete Phantasie" auf, es ist weder völlig ungeleitet, sondern durchaus vermittelt. Noch kann es in einer instrumentellen Verstandesbeherrschung, wie Kant sie fast zu fordern scheint, geläutert werden. Lessing verbindet in der „Hamburgischen Dramaturgie" die Aufgabe des Dichters mit dem Begriff der „Natur" als Vorschein und Möglichkeit individuellen und glaubhaften Sprechens, wenn er gegen „Pomp und Etiquette" des Hofes die *Sprach*reflexion geltend macht: „so ist es das Werk des Dichters, aus diesen Maschinen wieder Menschen zu machen." (59. Stück. Bd. 10, S. 32) Zerrüttete Phantasie als Nährboden der Empfindung kann insofern Ursprünge wieder ins Licht der Aufklärung stellen, als sie auch die Zerrüttung des maschinellen Sprechens bedeutet.

Nun bleibt aber die Frage, inwieweit Empfindung und Einbildungskraft durch Vernunft gemäßigt werden sollen und können, wie Gottsched empfahl.[185] In dem Maße ihrer Unbändigkeit muß sich die Auffassung von Schönheit, Freiheit, Aufklärung und Natur verändern. Für Gottsched galt das Primat der Vernunft in dem Postulat der Naturnachahmung deshalb unbestritten, weil die „natürlichen Dinge" nach „Zahl, Maaß und Gewicht"[186] eben „schön" sind. Dichtungen haben „ihren festen und nothwendigen Grund in der Natur der Dinge".[187]

Während Natur und deren Nachahmung mehr und mehr wie maschinelle Produkte erscheinen, drängt gerade die ungebändigte Empfindung auf den Schauplatz, obwohl Sara das gar nicht beabsichtigt. Sie steht unter dem Einfluß ‚des Rationalismus', ohne damit zurecht zu kommen. Ebenso ehrlich wie leichtfertig half ‚der' sich aus einer Verlegenheit, indem er festsetzte, daß die Welt eine Maschine sein müsse, da sie sonst dem Traum zum Verwechseln ähnlich sei.[188] Weder leichtfertig noch verbissen wird diese dualistische Alternative im Trauerspiel durch eine eigene Sprachordnung aus Empfindungen und Begriffen, in der eben auch, aber nicht auf Wolffische Weise, alle Dinge ineinander gegründet und wahr sind, ersetzt.

Saras eigene Lösung, nämlich ihren Willen gegen die „Welt" durchzusetzen, ist scheinhaft. Sie ergäbe nicht einmal eine Katastrophe im Sinne des Trauerspiels. Die Möglichkeit eines solchen Willens ebenso wie die der Flucht mit Mellefont kennzeichnen Lösungen, die man sich denken könnte, als *nunmehr* abstrakte Positionen.[189] Die Zerrissenheit Saras

181 Vgl. Eibl, a.a.O. S. 165 f.
182 Kant, Was ist Aufklärung?, a.a.O. S. 61 (A 494).
183 A.a.O. S. 55 (A 484).
184 A.a.O. S. 53 (A 481).
185 Critische Dichtkunst, a.a.O. S. 108.
186 A.a.O. S. 132.
187 Ebd.
188 Zur Auffassung Ch. Wolffs siehe Herrmann, a.a.O. S. 261 f.
189 „Die Tugend wird also von dem Weltlaufe besiegt, weil das abstrakte unwirkliche *Wesen* in der Tat ihr Zweck ist und weil in Ansehung der Wirklichkeit ihr Tun auf *Unterschieden* beruht, die allein in den *Worten* liegen. Sie wollte darin bestehen, durch *Aufopferung der Individualität* das Gute zur *Wirklichkeit* zu bringen, aber die Seite der *Wirklichkeit* ist selbst nichts anderes als die Seite der *Individualität*." (G. W. F. Hegel: Phänomenologie des Geistes. Werke, a.a.O. Bd. 3. S. 289). Saras Wille weist z.B. unbegriffene Implikate auf, die manchmal Marwood als eine Doppelgängerin erscheinen lassen.

kann weder von ihr allein noch von dieser „Welt" oder deren Gott bewältigt werden. Denn beider wahr-scheinliche Zerrüttung liegt ja in dem, was man empfinden kann und wovon man unaufhörlich sprechen müßte. So wird deutlich, um welchen Preis das Trauerspiel selbst enden kann.

c. Echtheit des Gefühlsausdrucks

(Zwei Räume des Sprechens? – echtes Bedürfnis – Scheitern der Kriterien – Metaphorik der Empfindung – Lessings Begriff von Aufrichtigkeit und Charakter im Sprechen – Nutzlosigkeit physiologischer Tests – Selbstgefühl als Widerspruch – präromantisches Selbstbewußtsein – freie und instrumentelle Subjektivität)

Der zweite Aufzug wechselt zu einem Schauplatz mit gleichen Bedingungen: „in einem andern Gasthofe", aber: „Marwood im Neglischee." (281) Sie hat einen Brief an Mellefont geschrieben (I, 8): „Wenn sein Herz auch gegen die Sprache einer alten Liebe taub ist; so wird ihm doch die Sprache des Bluts vernehmlich seyn." (282) Das bezieht sich „auf unsere Bella" (ebd.). Zwei Sprachen der Wahrheit? Mellefont trifft ein. Der Brief hat seinen Zweck erfüllt. Kann an dem so eingeführten Schauplatz Wahrheit erscheinen, kann andererseits nur hier die Gegenposition der Lüge und Verstellung, der beliebigen Sprachwahl inszeniert werden?

Unsere These ist, daß die so sich konstituierenden zwei Räume die intentionale Einheit allen Sprechens, aus dem sich erst Wahrheit und Falschheit ergeben, ausgezeichnet profilieren. Der Dualismus ist kein so grundlegender, wie man gerne annehmen möchte.

Marwood ersetzt die Handlung, sich zum Gespräch mit Mellefont anzukleiden, dadurch, daß sie im Spiegel ihrer Bediensteten Hannah ihr Verhalten bedenkt.

> Marwood. [...] Wie soll ich ihn empfangen? Was soll ich sagen? Welche Miene soll ich annehmen? Ist diese ruhig genug? Sieh doch!
> Hannah. Nichts weniger als ruhig.
> Marwood. Aber diese?
> Hannah. Geben Sie ihr noch mehr Anmuth.
> Marwood. Etwa so?
> Hannah. Zu traurig!
> Marwood. Sollte mir dieses Lächeln lassen?
> Hannah. Vollkommen! Aber nur freyer – Er kömmt. (283)

In der ganz und gar sich sprachlich konstituierenden Figur weist die Szene einerseits auf die sich immer in eins vollziehende Vermittlung von Sprache und Wirklichkeit hin und andererseits darauf, daß das Sprechen grundsätzlich Verstellung sein kann. Sobald gefragt werden kann: „Was soll ich sagen?", ist diese Möglichkeit eingetreten. Aber die Darstellung greift schon weiter: Im Sprechen, das disponibel und somit schon verstellbar ist, kann sich echtes Bedürfnis manifestieren. Über die Figur Marwood hinaus gesagt: Im Zuge der Entdeckung aufklärerischer Ideale der wahren Sprache zerfällt diese durch ihre Zugänglichkeit und Anwendbarkeit in einzelne Sprachgesten, über die mit einigem Geschick verfügt werden kann. Das läßt Rückschlüsse auf den ersten Aufzug zu. Wie kann von einem ‚echten Bedürfnis' gesprochen werden, wenn man von ihm keinen Begriff hat oder wenn der Begriff bereits als ‚Sondersprache' fertig ist, bevor der Einzelne empfindet. Es steht zu befürchten, daß der Einzelne entdeckt wurde als Beispielfall einer sich programmatisch bildenden Sprache. Diese Bemerkung aber bezieht sich nicht direkt auf Literatur, sondern auf das, was dieses Trauerspiel schon zum Gegenstand hat.

Marwood verhält sich ganz situativ und doch abstrakt. Gibt es ein Kriterium für Echtheit, Aufrichtigkeit, Authentizität? Wenn Sätze Empfindungen nur bezeichnen, kann

Empfindung nicht die eigene Bedeutung sein, die nur in ihnen erscheint. Das muß rückwirkend auch für einen Satz wie den Mellefonts gelten („Wie schlägt mir das Herz – –"; 273), der nun auch deutlich seine Ambiguität zeigt. Mellefont übrigens hatte auch gefragt, „was soll ich sagen?" (272)

Im Wahrheitskriterium eines Satzes muß der Sprecher inbegriffen sein. Er selbst kann aber nicht sagen, was ist; er kann nur Worte sprechen, die auch zum sozial-historischen Sprachsystem gehören. Diese Bedingung dafür, daß wir Geschichte im Werk lesen können, ist zugleich die Störung einer zweifellosen Verbindung von Sprache und Empfindung. Wenn die Verbindung verdächtigt wird – und Lessing universalisiert im Trauerspiel diesen Verdacht – , gibt es kein Kriterium mehr. Das Scheitern der Kriterien ist dargestelltes Ereignis.

Ob die Herzen schlagen oder die Menschen Mienen annehmen, beides ist ein prinzipiell metaphorisches Leben. Es gibt keine vertikale Lösung der Wahrheitsfrage. Die Wirklichkeit der Empfindung kann nicht die Tradition der heroischen Tragödie beerben, in der vielleicht das Handeln des Helden bedeutender ist als sein Reden[190] und sein Schweigen die wahre Bedeutung des Geschehens enthält.

Aus den Sätzen und szenischen Räumen ergibt sich erst, ebenso wie die Wirklichkeit der Figuren, die Wirklichkeit der Empfindungen, und die Wahrheit der Darstellung erscheint allenfalls in der Spur des Abstands zwischen der Wirklichkeit der Empfindung und ihren sprachlichen Bedingungen.

Zum Kriterium ist das horizontale Gewebe des Textes selbst geworden. Wahrheit läßt sich nicht mehr sagen, nur noch darstellen, sonst sagte jeder für sich das Richtige. Wenn das Drama uns im Gesprochenen die Empfindungen vermittelt, daß jedes „ist" eine Metapher ist, so konstituiert sich die Empfindung grundsätzlich aus dem Schein der Dinge, der unser Leben bedeutet. Das kann eine ebenso katastrophale wie utopische Erkenntnis sein. Diese aber organisiert sich nur mehr nach den Empfindungen des Sprechens. Aus solch grundsätzlich irrtumsfähigem Material baut sich die menschliche Welt auf, die nur da zugleich wirklich und wahr zu sein scheint, wo der Irrtum fälschlicherweise vergessen wird.

Sara später über die in eine weitere Metapher („Lady Solmes„) verwandelte Marwood: „Die Verstellung bleibt immer kalt, und eine so zärtliche Sprache ist in ihrem Vermögen nicht." (312) Oder: „Die arme Lady! – Sie scheinet die freundschaftlichste Person zwar nicht zu seyn; aber mürrisch und stolz scheinet sie doch auch nicht. – " (313) Wie berechtigt aber ist es, sich auf subjektive Gewißheit zu verlassen, die Sara ja offensichtlich irreführt, in bezug auf den Wahrheits- und Wirkungsanspruch der Darstellung?

Unserer These gemäß verbietet sich für Lessings Trauerspiel eine Absetzung idyllischer und satirischer Derivate, thematisch etwa die Opposition von Stadt- und Landleben, die als dargestellte auch in „Emilia Galotti" eine Rolle spielt, besonders aber, sich teilweise auf die Darstellung selbst erstreckend, in den früheren Dramen. In den „Juden" beispielsweise sei ein Mädchen in der „sich selbst gelaßnen Natur" aufgewachsen, die man „nicht in den Städten antrifft. Alles ist da verstellt, gezwungen und erlernt. Ja, man ist schon so weit darinn gekommen, daß man Dummheit, Grobheit und Natur für gleichviel bedeutende Wörter hält." (Bd. 1, S. 384) Das ist Figurenreflexion, die zwar diese Opposition beibehält, sie aber immerhin als die eines falschen Verständnisses vom Sprechen vorträgt, welchem die Wörter austauschbare Verkehrszeichen sind.[191] Die Ambivalenz des Sprechen-

190 W. Benjamin: Ursprung des deutschen Trauerspiels. Frankfurt a.M. 1972. S. 111 f.

191 Vgl. auch die Begriffsreflexion in diesem Drama (Bd. 1. 6. Auftritt); bes. wichtig die der Bezeichnung „Jude" (die beiden letzten Auftritte); siehe auch „Nathan" (Bd. 3. IV, 4); siehe ferner Philotas' Reflexionen des Begriffs „Soldat" und „Kind" (Bd. 2. 1. Auftritt).

könnens taucht häufig bei Lessing auf, am greifbarsten in der Frage ‚Was soll ich sagen' (siehe „Philotas". Bd. 2, S. 363) und den Entschlüssen, die sie zur Folge hat, oft ein bloßes Abwägen und Wählen: „Recht! das muß ich sagen, das muß ich sagen lassen." (ebd.) Oder aber auf die Frage „Was wollte ich also sagen?" bemerkt Philotas zum eigenen „Einfall": „von dem Meinigen ist nicht das geringste dazu gekommen. [. . .] er verschwindet, wenn ich ihn mittheile; so zärtlich, so fein ist er" (367).

Von den Hauptfiguren in der „Minna von Barnhelm" und Riccaut ganz abgesehen, thematisieren auch die Bediensteten ihr Bescheidwissen als „Redensart" (Bd. 2, S. 206) gerade an Stellen zum Beispiel, wo es um die „Ehrlichkeit" (210)[192] geht. Lessing hat das Problem am Beispiel von Banks „Essex" für den Dichter, insbesondere für den Tragödiendichter erkannt: „Ohne Verstellung fällt der Charakter weg; bey der Verstellung die Würde desselben." („Hamburgische Dramaturgie", 57. Stück. Bd. 10, S. 21)[193] Und: „In der Geschichte kann man dergleichen Widersprüche mit sich selbst, für Verstellung halten, weil wir in der Geschichte doch selten das Innerste des Herzens kennen lernen" (ebd.). Was aber lernen wir im Drama kennen, was ist „Innerstes", was „Verstellung", wie das eine in dem anderen? Zu den Gesinnungen des Helden, die mit seinen Handlungen übereinstimmen oder nicht, zu seinem Charakter: „Ja, sie mögen es, oder sie mögen es nicht: der tragische Dichter kann ihn in beiden Fällen nicht recht nutzen." (ebd.) Gegen diese moderne Reflexion können keine physiologischen Argumente für die Wahrheit von Empfindung und Ausdruck in Anschlag gebracht werden, wie es auf philosophisch-theoretischem Gebiet besonders in der zweiten Hälfte des Jahrhunderts auch in Deutschland erwogen wurde.[194] Die „Einheit des Ich", sc. „Seele", kann trotz liebenswürdigster bis schrecklichster Versuche nicht unmittelbar mit einer Hirn- und Fibern-Physiologie verbunden werden durch Behauptung einer „unmittelbaren Empfindung die sie von sich selbst hat".[195] Die unmittelbare und reine Empfindung von sich selbst gibt es nach Lessing gar nicht (siehe „Laokoon", 4. Bd. 9, S. 29), das heißt, sie kann in keiner Perspektive als solche erscheinen. Sie ist immer ein sprachlich und scheinhaft vermitteltes Selbstgefühl. Sara ist ein Beispiel auch von der Täuschbarkeit des Selbstgefühls. Sie bleibt eine Figuration des Widerspruchs.

Dennoch erhält sich der faszinierende Anspruch der Empfindung, eine Synthese von Ich und Welt zu sein. Noch Sartre betont diese Qualität der Emotion,[196] sie von einer übertriebenen Reflexion des Selbstbewußtseins absetzend, das sich ja in der Empfindsamkeit so deklamatorisch bemerkte. Betont man dagegen die Reflexionsstruktur der Empfindung als einer Tätigkeit, der ein Auge eingesetzt ist (Fichte), was für den Sensualismus (Locke) skandalös wäre, so ließe sich die These von der Empfindsamkeit als Präromantik unterstützen.[197]

192 Siehe auch III, 2; III, 7 oder die falsche, weil pauschalierende Resignation Tellheims: „Alle Güte ist Verstellung; alle Dienstfertigkeit Betrug" (V, 11; S. 259), die von der Darstellung korrigiert und in kritisches Recht gesetzt werden kann durch dialogische Konfrontation.

Werner. Herr Major! (ärgerlich) ich bin ein Mensch –
v. Tellheim. Da bist du was rechts! (ebd.)

193 Vgl. den ganzen merkwürdigen Gang dieser Argumentation.

194 Weder englische noch französische Assoziations- und Sensualismus-Theorien konnten sich zunächst durchsetzen. Sie sind ohnehin in ihrer polemischen Funktion zu verstehen, die sie bekommen, sieht man sie mit dem erstaunlich lange unangefochtenen Ansatz des Wolffschen Rationalismus zusammen. Siehe dazu Sauder, a.a.O. S. 117–121.

195 Ch. Bonnet: Analytischer Versuch über die Seelenkräfte. Bd. 1. Bremen/Leipzig 1770; zit. Sauder, a.a.O. S. 118 f. Bonnet, der seine Distanz zu Condillac betont, versuchte den sensualistischen Ansatz zu vermitteln mit der Leibnizschen Aktivität und Tätigkeit der Seele – wie es dann auch Tetens versuchte.

196 A.a.O. S. 175.

197 Zuerst Jäger (a.a.O. S. 57 f., 60). Eine Wortgeschichte, etwa der Worte „romantisch" und „Ein-

Wichtig für uns ist hierbei nur, daß beide Möglichkeiten im dargestellten Empfindungsbegriff konkret als die Möglichkeiten der Gewißheit und der Verstellung angelegt sind. Somit wird in der Empfindung als (dramatischem) Sprechen zunächst nichts als das allgemeine Prinzip der Subjektivität virulent. Durch die Jahrhunderte und Gattungen hindurch wird es derart erprobt und ausgezehrt werden, daß sich heute das besondere Subjekt nur noch als neurotisches zu erfahren scheint und es vorzieht, nicht nach sich, sondern nach der Welt zu fragen, durch die es das wurde, was es ist. Es entsteht eine Sehnsucht in Subjekten, dem Wortsinn der Subjektivität gemäß leben zu dürfen, als sei die Welt immer schon fertig, nicht nach „richtig“ und „falsch“ unserer Urteile zu fragen, sondern alles Begreifen nur eine Entfaltung der „fertigen Empfindung“, wobei sich aber deren Sicherheit verliert. Musil wird die Unsicherheit des Empfindens wie den allerstabilsten Zyklus eines Lebenslaufs erzählen.

Hier zunächst bedeutet die Entdeckung des Subjekts, das selbst denkt, die Kreation des Menschen als sprechenden Empfindens. Ob dieser Mensch „in seiner Subjektivität [...] als Freier Person und zum Subjekt der Gesellschaft, des Rechtes und des Staates“[198] wird, es überhaupt noch werden will, sei dahingestellt. Da er „mehr als Maschine“ (Kant) sein kann, kann er auch wie eine Maschine sich verhalten wollen, führt doch die Tat des Dichters, aus den „Maschinen wieder Menschen zu machen“ („Hamburgische Dramaturgie“, 59. Stück. Bd. 10, S. 32), geradewegs zum Trauerspiel.

Der Legitimität halber sei aber die Schwierigkeit nicht verschwiegen, daß bloß instrumentelles Verhalten ebenso Konstituens des Trauerspiels ist. Ohne die – wenn auch nunmehr an ihren Mitteln scheiternden – Intriganten (also etwa Marwood und Marinelli –) ergäbe sich kein ganzes Drama. Das Trauerspiel kann noch nicht auf sie verzichten. Wir sehen daran, wie weit wir schon gekommen sind.

d. Natürliche Rede als sinnliche Erkenntnis und Täuschung

(Enttäuschungen – Derivat und Defizit des Ausdrucks – Metapher des „Herzens“ – Körperlichkeit der Verstrickung – Übereinstimmung und Selbstgefühl – metaphorische Vereinigungen – Sprachlosigkeit und Fluchtversuche – statements und Intimität – sprechende Sinne – Individualität und Anonymität – „Vorsprecher“ von Natur und Interesse – Wille – Metasprachen der Empfindung – Sprachlast – Natürlichkeit [Lessings Begriff] – Wahrheitsfähigkeit – Indirektheit – Sprache als Natur der Empfindung, Empfindung als Natur der Sprache – wahres Leben – Gewalt und Tod – poetische Wahrheit)

Im Hamannschen Sinne, aber ohne Ironie, wird Mellefont emphatisch: „diese Rede ließ mich bis auf den Grund Ihres Herzens sehen – –“ (290). Doch eingerahmt ist die Emphase, in der Empfindungen der Erkenntnis zugänglich geworden sein sollen, durch Mellefonts Wissen, das aus festgefügten Wort-Verbindungen (meistens Adjektiv und Nomen) besteht, die längst wie steinerne Wurfgeschosse wirken: „Ha! barbarische Marwood“ – „Und ich Verruchter“ (ebd.).

Mellefont kam „mit einer wilden Stellung“ (283) herein. Zum zentralen Gesprächsthema wird die Metapher des „Herzens“ (284 f.), welches Marwood „behalten“ (284) will, von dem Mellefont sagt, sie habe „es niemals besessen“ (ebd.). Sein wildes Auf-

bildungskraft“ vor dem im engeren Sinne *romantischen* Selbstbewußtsein in historischer Ausprägung, könnte diesen Zusammenhang belegen. Siehe A. Henkel: Was ist eigentlich romantisch? In: Festschrift für R. Alewyn. Hgg. H. Singer / B. v. Wiese. Köln/Graz 1967. S. 295–308. Auch L. Pikulik: Romantik als Ungenügen an der Normalität. Am Beispiel Tiecks, Hoffmanns, Eichendorffs. Frankfurt a.M. 1979.

198 J. Ritter: Subjektivität. Sechs Aufsätze. Frankfurt a.M. 1974. S. 30.

treten pariert Marwood mit: „gutes Närrchen“ (ebd.), „kleiner Flattergeist“ (285), „lieber Mellefont“ (ebd.). Sie möchte ihm die „kurze Untreue“ (284), seine „Galanterie“ (ebd.) vergeben. Er kommt, „Ihre letzten Vorwürfe anzuhören“ (ebd.); sie hat ihm keine zu machen, längst vergeben. – Wiederum eine dem Trauerspiel nicht sehr günstige Situation. Furcht und Mitleid können nicht aus der Empfindung der ‚Probleme‘ entstehen, die als solche der Gesellschaft und ihrer Mitglieder einmal gegolten haben mögen. Sogar der Streit der Figuren entzündet sich an anderem:

Mellefonts Erwartungen wurden enttäuscht. Sara, die von ihm völlige Übereinstimmung verlangte, wird ständig enttäuscht. Er, der eine Lösung der Situation durch völligen Dissens mit Marwood erhofft, wird wieder enttäuscht: „Marwood, ich vermuthete, daß Sie mich anders empfangen würden.“ (ebd.) In beiden Fällen ist eigentlich die positive Empfindung, die Sprache des „Herzens“, der Mittelpunkt, der eben kein bis zur völligen tatsächlichen Vereinigung ausdehnbarer ‚Raum‘ ist, aber auch nicht so privatisiert und personalisiert werden kann, daß er gegen andere Personen zu einem Kriterium für völlige Trennung ausreicht. Im Gegenteil bleibt dieses ambivalente Bindemittel der Streitpunkt und deshalb auch Vereinigungspunkt des Trauerspiels. In ihm liegt die nicht mehr auf die Gattung der klassischen Tragödie zu beziehende ‚Notwendigkeit des Verhaltens zueinander‘ (Hegel).

Doch die positive Empfindung erscheint nicht nur für Sara, sondern auch für Marwood als Derivat des Ausdrucks. Und über diesen wird, stets in bezug auf jene, disputiert. Der Ausdruck steht zur Debatte vor dem ‚Richterstuhl der Empfindung‘. Der Anschein und die Behauptung seines defizitären Modus ist bereits allgemein geworden. Wo könnten da die Kriterien für die Ehrlichkeit Saras und die Unehrlichkeit Marwoods liegen; doch wiederum nur im Ausdruck selbst oder in einer Empfindung, die davon absehend nur blind sein kann? „Ach ich Unglückliche, daß ich weniger ausdrücken kann, als ich fühle! – Sehen Sie, Mellefont, sehen Sie, daß auch die Freude ihre Thränen hat? Hier rollen sie, diese Kinder der süßesten Wollust! – “ (ebd.) Das sagt Marwood; nicht anders als Sara und besonders als Mellefont inszeniert sie an sich die Demonstration von Empfindung, deren sichtbarer Ausdruck durch Reden erzeugt wird und in Reden Bedeutung erhält. Da Marwood ein bestimmtes Interesse verfolgt (wie allerdings auch Sara – nämlich Mellefont zu besitzen), kann nicht behauptet werden, sie produziere nur Gerede. Aber sie wurde als eine Figur eingeführt, die Sprachen beherrscht. Von dem Wunsch dazu sind die beiden Protagonisten allerdings auch nicht frei. Nur wird Marwood unterstellt, daß sie, da sie es könne, es auch ständig tue. Kriterium soll dabei wieder die Empfindung sein: „Marwood, die Zeit ist vorbey, da mich solche Reden bezaubert hätten. Sie müssen itzt in einem andern Tone mit mir sprechen.“ (ebd.) Die ständige Berufung auf die Gegenwärtigkeit der Empfindung als Kriterium, Rede zu erkennen, einschätzen zu können, enthält nichts anderes als die Verweigerung bestimmten Sprechens von bestimmten Sprechern; zusätzlich die unausgewiesene Kritik, das einst affirmativ empfindbare Sprechen sei eh schon nur „bezaubernd“ gewesen. In der Berufung auf die Gegenwart der Empfindung steckt aber auch die falsche, eigentlich untragische Resignation, man habe sich ein Leben lang getäuscht. „Liebste wunderliche Seele“ (ebd.) wird Mellefont daraufhin genannt. Der satirische Aspekt dieser Figurenreflexion ist genau placiert. Mellefont verläßt sich lautstark auf sein „Herz“ (ebd.). Die Wirklichkeit der Empfindung ist Metapher. Hierin nur gibt es Übergang, Vereinigung und Trennung. Bezeichnend ist, daß Marwood auf metaphorische Weise gerade Sprachskepsis vertritt: „Ihr Herz, Mellefont, ist ein gutes Närrchen. Es läßt sich alles bereden, was Ihrer Einbildung ihm zu bereden einfällt.“ (ebd.) Eine bis heute realistische Darstellung der Liebesrhetorik ergibt sich, wenn sie hinzufügt: „Glauben Sie mir doch, ich kenne es besser, als Sie.“ (ebd.) Der Besitz des Eigensten wird im Dialog entzogen. So tragisch und entmündigend dies für die einzelne Figur ist, so angemessen ist es dem Wesen des menschlichen Sprechens. Die Figur wird zu dessen Geschehen. Empfindung ist aufgrund ihrer Sprachlichkeit entziehbar; daraus können Erlösung und Verzweiflung oder Wut entstehen. Nun beginnt, ein Oxymoron zu gebrauchen, das erbittertste Geplänkel, ob Marwood sein Herz noch besitze, je besessen habe (284 f.). Besäße sie aber „noch einen Faser davon“, wolle Mellefont es sich aus dem „Leibe reißen“ (ebd.).

Zur Intensivierung des Streits wird auf die Körperlichkeit der Empfindung abgehoben; zu beobachten ist, daß gerade die Direktheit sprachlicher Bilder eigentlich Unvorstellbares vermittelt. Wo die Empfindung geradezu körperlich zu sein scheint, ist sie durch und durch metaphorisch. Deshalb kann eine Figur nie die Regie über sie behalten und sich doch als deren Verkörperung fühlen. Dieses Gefühl wird bis zur Pein gestört durch den Umstand, der sonst seine Lust erhöht, nämlich daß es mitteilbar ist. Insofern kann es aber auch entwendet werden. Da Mellefont spricht, ist er schon verloren. Das wird zunehmend deutlicher, indem er auf die Tricks der Marwood hereinfällt, die sich auf eben dieselben Metaphern („Herz“, „Blut“ usw.) versteht. Seine Verstrickung findet aber schon hier ihre Begründung, wo er noch höchst widerstandsfähig erscheint.

Mellefont gestattet weiterzureden, dann auch in Briefen, veranlaßt ein Treffen zwischen Marwood und Sara usw. Dem Trauerspiel gemäß ist es dabei, daß ein rigides Unterbrechen des Sprechens die Empfindung ebenfalls nicht zu sich und ihrer sozialen Wirklichkeit kommen lassen würde.

Marwood nun behauptet, unterscheiden zu können zwischen „Einbildung“ als der Mellefonts und Wirklichkeit als der intersubjektiven. Mellefonts Hoffnung, gegenwärtig der Erkennende zu sein, ist ebenso trügerisch wie seine Erkenntnis, der Bezauberte gewesen zu sein. Nun sagt ihm Marwood, er sei stets der zu Beredende gewesen (in bezug auf Sara), der eigentlich von sich selbst beredet wurde, von seiner Empfindung, die Marwood „Einbildung“ nennt. Das Eigentliche in diesem dialektischen Verhältnis zu sich selbst könnte somit nur momentan in der Übereinstimmung mit anderen empfunden werden. Diese aber kann hergestellt werden, bis ins Innerste des Selbstgefühls. Dagegen kann Mellefont bloß trotzig reagieren. Marwood weiß, „wie es itzt mit dir steht“ (285). Sie kann seine Metaphern mit ihrer Absicht vereinigen, ohne bewußte Lügen zu sprechen: „Und dann, dann würden diese herausgerissenen Herzen endlich zu der Vereinigung gelangen, die sie so oft auf unsern Lippen gesucht haben.“ (ebd.) Mellefont durchschaut die ‚Angriffe‘ offensichtlich nicht, da er Empfindung und Sprechen völlig trennt, ohne im selben Augenblick diese Trennung für sein eigenes Sprechen zu akzeptieren: „Was für eine Schlange! [. . .] Sagen Sie mir es nur kurz, Marwood, warum Sie mir nachgekommen sind?“ (ebd.) Mellefont mißtraut der sprachlich-metaphorischen Vereinigung,[199] obwohl gerade Marwood die Vereinigung von Gefühl und Ausdruck relativiert hatte. Das Wahrheitsmoment seines Mißtrauens liegt in der Kritik am Gelingen der Metaphorik.

Wie aber kann Empfindung kritisch agieren, da sie selbst auf eine geschlossene Metaphorik drängt. Mellefont hatte ja damit angefangen, nun ist Marwoods Sprechen eine Wendung gelungen, als weise die Metaphorik von sich aus den Weg zur eigentlichen „Vereinigung“. In der ohnmächtigen Kritik Mellefonts, die nur den Ausweg kennt, möglichst wenig zu sprechen, ist die Kritik des Trauerspiels mächtig: weder nicht noch nur zu reden, wenn man schweigt oder spricht.

Marwood stellt eine tolerante und besessene Frau dar. Ohne Unterbrechung spricht sie nun sehr lange von ihrem Verhältnis zu Mellefont. Sie werde ihn freigeben, solange er wolle, nur „aus dem Reiche“ solle er nicht „fliehen wollen“ (ebd.). Weitere als diese

199 Der Fluch über die Schlange steht übrigens auch in metaphorischem Zusammenhang mit „Kopf“ und „Ferse“ (1. Mose 3, 14 f.).

extensiven Begrenzungen ihrer Liebe fordert sie nicht. Daß sie lügt oder intrigiert, ist nicht zu erkennen. Aber Mellefont: „Marwood, Sie reden vollkommen Ihrem Charakter gemäß" (285 f.). Nach dem „Umgange mit einer tugendhaften Freundin" meint er, „die Liebe von der Wollust unterscheiden" (286) zu können. Auch später noch: „Welcher Geist, der mein Verderben geschworen hat, redet itzt aus Ihnen! Eine wollüstige Marwood denkt so edel nicht." (287) Der Geist der Darstellung bekundet sich darin, daß Sprachteile und -verbindungen zutreffen können, ohne daß solche Stimmigkeit sich der Reflexion des Sprechers verdankt. Für Mellefont gibt es nur mehr die Schemata „tugendhafte Sara" – „wollüstige Marwood". Diese eigentlich bestimmen sein Empfinden, sein Selbstgefühl und seine Meinung, Rede durchschauen zu können. Die Darstellung greift als Trauerspiel noch weit unter solche Konstellation, zumal Marwood ja keine Angriffsfläche bietet. Der auf Petrefakte sich verlassende Mellefont glaubt, seine Empfindung rede. Gerade ihm fällt nichts anderes ein als: „Genug, Madame, genug! Ich fliehe [. . .]" (ebd.) Marwood sagt ihm, daß er sich „im heftigsten Paroxysmo" mit seiner „schönen Heiligen" (286) befinde. Sie aber möchte ihn „nicht aus dem Gesichte verlieren" (ebd.). Sie erkennt die eigentliche Sprachlosigkeit und Hinfälligkeit seiner Empfindung. Mellefont: „Ein tugendhafter Entschluß sichert mich gegen Ihre Zärtlichkeit und gegen Ihren Witz. Gleichwohl will ich mich beiden nicht länger aussetzen." (ebd.) Solche Fluchtwünsche konturieren um so zwanghafter das Verhalten zueinander, welches jeder dramatische Dialog herstellen muß. Hier gibt sich Mellefont als der Überlegene, der aber unterliegen wird. Marwood ist die Überlegene, die im Moment unterliegen muß. Sie will ihm alle seine Geschenke zurückgeben, Mellefont verzichtet. Das Spiel geht um die Widerstandsfähigkeit einer Empfindung, die keinen anderen Ausdruck als pure Ablehnung eines im Augenblick nicht kritisierbaren Sprechens findet. Über einen Brief, den Mellefont vor seiner Abreise habe zustellen lassen, sagt Marwood: Den ersten Teil „mußte ein Gastwirth, so wie den übrigen theologischen Rest ein Quäker geschrieben haben" (287). Von dieser ironischen Überlegenheit ist Mellefont nicht einmal gekränkt. Marwood inszeniert den eigentlichen Schmerz, unfaßbar richtig zu sprechen; aber, was Mellefont nicht bemerkt, sie wechselt geschickt zwischen allgemeinen statements und intimen Bemerkungen. In solchen Wechseln hätte sich sein Mißtrauen einzunisten, wenn seine besondere Empfindung sich nicht vormachen lassen soll, daß sie schon im Begriff steht, von gestern zu sein.

„Deine neue Gebietherinn ist also wohl gar ein Mädchen von schönen sittlichen Empfindungen? Ihr Mannspersonen müßt doch selbst nicht wissen, was ihr wollt. Bald sind es die schlüpfrigsten Reden, die buhlerhaftesten Scherze, die euch an uns gefallen; und bald entzücken wir euch, wenn wir nichts als Tugend reden, und alle sieben Weisen auf unserer Zunge zu haben scheinen." (286)

Sie hat die alle betreffenden Bemerkungen gleichermaßen unmittelbar zur Verfügung wie die spezifisch die Person betreffenden. Die damit fast zu verwechselnde Kunst der Empfindung läge dagegen in einem individuellen Sprechen, welches nicht nur Literatur ergeben müßte, sondern überhaupt das Glück des Begriffs genannt werden dürfte. Da Marwood das Besondere der Situation wie das Allgemeine der Situationen nicht nur ausdrücken, sondern miteinander verbinden kann, steht Mellefont dem dumm gegenüber, und Marwood kann ihn sogar auffordern: „Fliehen Sie nur" (287). Seine Empfindung wird so keine Erlösung oder Wirklichkeit erlangen.

Während die Empfindung darauf tendiert, eine Wirklichkeit zu werden, in der sich das empfindende Selbst aufhalten kann, existiert sie schon innerhalb des Selbst. Was man als Subjektivismus zu charakterisieren pflegt, ist ein objektiv belastetes Verhältnis. Marwood schiebt ihrer Aufforderung zur Flucht Argumente über deren Illusion nach, wenn sie daran erinnert, daß zwar Leidenschaften, nicht aber ein Sprechenkönnen der Sinne selbst unwirklich werden könnten. Sie erinnert „an das beredte Stillschweigen, wenn wir mit beschäfftigten Sinnen einer des andern geheimste Regungen erriethen, und in den schmachtenden Augen die verborgensten Gedanken der Seele lasen; an das zitternde Erwarten der nahenden Wollust" (288). Nun bezieht sich Liebe hier als eine Spracharbeit der Sinne auf Erwartungen gerade anonymer Wollust, die stets als höchst individueller Akt zu deuten versucht wird. (Aus der Vermittlung von Individualität und Anonymität in der Empfindung wird die Klimax der Musilschen Erzählungen sich herstellen.)

Die Berufung auf bloße Individualität oder aber Anonymität des erwartbaren Geschehens greift zu kurz. Zwar kann vermutet werden, daß der Zufall des Individuellen in der Notwendigkeit anonymen Geschehens begründet sein mag, aber die Erwartung selbst darf keine spezielle Gestalt, besonders eben nicht die des Interesses annehmen. Man kann sich nicht auf die Notwendigkeit des zu Erwartenden berufen; diese wird höchstens durch einen Text, hier den gesamten dramatischen, erzeugbar und einsichtig. Also kann die falsche subjektive Berufung, welche in letzter Konsequenz immer den Einsatz der Alternative von Tod und Leben erfordert, sehr wohl objektiv gültig sein, de facto für die Figur Mellefont, de jure dem Drama nach.

Und so bietet Marwood denn auch Mellefont ihren Tod an. Persönlich kann das als Verstärkung ihres strategischen Sprechens aufgefaßt werden. Und Mellefont will Marwood sein Leben, aber nicht mehr seine Liebe geben. Man kann sagen, wenn solche tragischen Situationen in den Vorschlägen der Figuren auftauchen, dann hat sich die dramatische Substanz des Trauerspiels von dem semantischen Inhalt solchen Sprechens in die Erzeugung von Empfindungen durch solches Sprechen verlagert, das so isoliert eben auch von der Komödie aufgenommen werden könnte.[200]

In dem Sinne, daß die Wirkungen des Sprechens der Empfindung und die Empfindung des Sprechens dargestellt werden, befindet sich das Drama immer oder nirgends auf dem trauerspielhaften Höhepunkt. Es geht konsequent weiter, indem Marwood nun einen „Vorsprecher" (ebd.) herbeizitiert. Es tritt auf ein äußerst eloquentes Kind, Arabella. Auf einen Topos zurückzukommen, könnte gesagt werden, sie spricht Lessingsch, vertritt Lessingsche Interessen, ist eben eine Funktion in Lessings System, das hier das Trauerspiel ist. Deshalb soll nicht auf eine Diskrepanz zwischen tatsächlichem Sprachausdruck und einer vagen Annahme von natürlichem Sprechen abgehoben werden. Sie spricht natürlich in der Art und Weise dieses Textes. In diese Natürlichkeit ist aber die Darstellungsfunktion integriert: Arabella wird (auch von Marwood) eingesetzt als Allegorie der „Natur" (ebd.), die „seine Klagen auf einem kürzern Wege zu Ihrem Herzen bringen" (ebd.) sollen. Dieser direkte Weg ist durch und durch eine rhetorische Möglichkeit.

Sprache der Natur ist, wie Marwood diesen Akt vorbereitend zu Hannah bemerkte, „Sprache des Bluts" (282). Für Mellefonts willentliches und deshalb oft willkürliches Verhalten wird dann später die „Sprache der Wahrheit" die seines „Unwillens" (293) sein. Das ist die ihm einzig mögliche Opposition. Er kann nicht in der Situation sprechend Haltung gewinnen. Er muß die Situation niedergeschlagen und unwillig verlassen, um im Abstand zum Gespräch, nicht in diesem, seinen Willen als den alten, als gefaßten Entschluß wiederzufinden. Damit ist aber nicht nur die rhetorische Betäubung der Empfindungen (durch Marwood) kritisch dargestellt. Weiterreichend beinhaltet die Verstärkung der Empfindungsdarstellung einen Angriff auf die althergebrachte moralische Faszination eines Handelns aus dem Willen heraus. Soll dieser hier für Mellefont Abstand, aber nur als ein Nichthörenwollen, und Widerstand bewirken, ist er ja andererseits gegen-

200 „Das klingt sehr tragisch!"–so kann die Figur Minna sprechen und sich ironisch gegenüber Tellheim verhalten (Bd. 2. II, 9; S. 205). Vgl. dazu Nolting, Klassenbegriff und Literaturbegriff, a.a.O. S. 66.

über Sara von einer für diese entscheidenden Inkonsequenz. Der Wille erfüllt nur mehr eine negative Funktion.

Nur vage, nach Marwoods „saurem Sieg" (zu Hannah; 291) zurückkehrend, kann er die negative Empfindungsqualität des Sprechens von einer positiven unterscheiden; wobei für die Verläßlichkeit seiner Erkenntnis nur sein problematisches (Nicht-)Wollen steht: „Ich war betäubt, Marwood, aber nicht bewegt." (293) Diese Bemerkung betrifft nichts, was Mellefont als Selbsterkenntnis im Sprechen und Empfinden wirklich situativ verwirklichte. Sie ist eine Art Metasprache zu II, 4. So als lebten die Menschen erstmal, und hinterher wüßten sie, daß sie gelebt haben. Bekanntlich ersetzen solche metasprachlichen Bemerkungen zuweilen das Erleben ganz.

Angesichts Arabellas bleibt Mellefont stumm oder er seufzt; er wird von Marwood aufgefordert zu sprechen, Arabella schlägt vor, wenigstens zusammen zu „seufzen" (289), und sagt: „Sie haben ja so oft gesagt, daß Sie uns liebten. Verläßt man denn die, die man liebt?" (ebd.) Marwood will ihr „bitten helfen" (290). Erst jetzt findet Mellefont in diesem Sprechkampf zu Worten, so aber, als seien sie ihm schon längst eingehämmert: „Marwood, gefährliche Marwood – " (ebd.). Es ist wiederum das Schema von Tugend und Laster, auf welches pikanterweise der durch Empfindung verunsicherte Rhetoriker allein sich noch verläßt. Zwar ist Marwood gefährlich, aber nicht ohnehin als fertiger Charakter. Sie wird ihm gefährlich in ihrer jeweiligen Rede. Mellefonts Empfindungen mitvollziehen diesen Prozeß nicht. Er bemerkt höchstens Verstellungen in Augenblicken, wo die Rede gegen seine ‚Entschlüsse' geht, und insofern steht für ihn die Gefährlichkeit Marwoods immer schon als Hintergrund solcher Augenblicke fest. Aber gerade nachdem er die Gefährlichkeit ‚erkannt' hat, das heißt sich auf sie wiederum beruft, erwägt er, Sara zu verlassen. Sofort allerdings, als Marwood den Verzicht auf Sara direkt – und ja keineswegs ‚verstellt' – fordert, bezieht er sich auf die objektive und sinnlich-metaphorische Erkenntnisfähigkeit der Rede: „Ha! barbarische Marwood, diese Rede ließ mich bis auf den Grund Ihres Herzens sehen – – " (ebd.). Im Epitheton geht das erst zu Erkennende dem Erkennen voran. Doch ist richtig daran, daß die Figuren allein redend ihre Augen öffnen. Allerdings sieht Mellefont bereits präparierte Wortkombinationen, die ihn zu berechtigen scheinen, an dem festzuhalten, wozu er sich nun einmal entschlossen hat. Das Drama zeigt in solcher Rededarstellung die Unsicherheit seiner Empfindungen, sobald ausschließlich die Qualität der Beständigkeit (siehe auch 286) in Rede steht. Beständig bleiben Mellefonts Petrefakte, die im eigentlich sprachlichen Sinne auch gegenüber Marwood unmenschlich sind. Das wird jetzt aber besonders verdeutlicht durch die neue Berufungsinstanz des Trauerspiels, das Junktim von Rede und Herz. Da hier Mellefont sich auf die Möglichkeit sinnlich-sprachlicher Erkenntnis beruft, führt das – ohne daß es expliziert würde, aber hierin erscheint eine wesentliche Struktur der Szene – zu Marwoods Vorwürfen, die sich nun genau andersherum auf seine „Ueberlegenheit an Verstellung und Erfahrung" (290) gegenüber Sara beziehen. Er habe seiner „Lust wegen, die stärksten Banden der Natur" (291) getrennt. Marwood argumentiert zudem noch präzis in einem Sinn des Trauerspiels: „dem weinenden Alter" soll „seine Stütze", die „leichtgläubige Tochter" (ebd.), wiedergegeben werden. Damit steuert Marwood ihren „Sieg" (ebd.) an.

Richteten sich Mellefonts Empfindungen zunächst nur auf die Sprecherin und behauptete er, in dem Gesprochenen deren eigentlich wahre Empfindungen zu entdecken, so trennt er jetzt zu abrupt das Gesagte vom Sprecher, weil solche Sätze seinem „Gewissen" (ebd.) schon bekannt sind. Er muß sich hinaus helfen, als gehe es je um unpersönliche Wahrheit: „Aber gesetzt, es wäre billig, was Sie sagen" (ebd.). Daraus ‚entwickelt' sich ein unmittelbarer Übergang zu einer ‚ungewollten' Handlung, der nur noch die Peinlichkeit hinderlich ist, daß auch sie aus Sprechen bestehen würde: „müßte ich nicht eine eiserne Stirne haben, wenn ich es der unglücklichen Miß selbst vorschlagen sollte?" (ebd.)

Nun, diese Sprachlast übernimmt Marwood. Arabella bittet ihn, noch einmal wiederzukommen.

Ist Sara damit von vornherein auf tragische Weise einsam? Liebt sie nur das unpassende Objekt? Das eigentlich Trauerspielhafte muß weiter eruiert werden. Arabella wird gelobt, „Ihre Sache vortrefflich gemacht“ (292) zu haben, und fragt: „Konnte ich sie denn anders machen?“ (ebd.) Wie gesagt, spricht sie keine unauffällige Sprache, aber sie funktioniert mit dieser Frage als Kontrast zu Marwood, die Sprache herstellen kann. Doch kann die ja ‚wahr‘ sein und sogar Positionen des Trauerspiels vertreten. Mellefont erkennt Empfindungen und Sprechweisen, kann sich aber nur wie bisher verhalten. Er weiß, daß man Reden erkennen kann und muß, sollen sich Empfindungen zeigen, aber er übersieht die aktuellen sprachlichen Konstitutionen von Empfindungen. Arabellas Sprache scheint Empfindung zu sein, aber es ist doch die stellvertretende Sprache Marwoods.[201]

Die Veränderbarkeit von Mellefonts Empfindungen wurde genau in der Reaktion auf das Wort „Natur“ (288) demonstriert. Er erschrickt vor einer von ihm wie den anderen dem Wirkungszweck nach favorisierten „Sprache des Bluts“ (282). Aber eine objektive Hierarchie der Sprachen untereinander ist gestört – nicht nur durch die dramaturgische Superfunktion der Verstellung. Die Chiffre der „Natur“, die meistens im bürgerlichen Trauerspiel die Vaterschaft betrifft, kann nicht mehr unirritiert für die Authentizität des Wortes und des Versprechens oder Schwurs stehen. „Blut“ und „Wort“ ergeben sogar ein militärisches Junktim nicht mehr selbstverständlich.[202] Ja, und was den Tempelherrn noch zu entsetzen scheint, ist gerade Nathans Verdienst in der Erziehung Rechas: „Der weise gute Nathan hätte sich / Erlaubt, die Stimme der Natur so zu / Verfälschen? – [. . .] “ (Bd. 3, S. 109) Aus Einsicht in die Sprachlichkeit des Natürlichen wäre erst die Natürlichkeit des Sprechens zu gewinnen. „Natur“ und „Blut“ sind keine vorgegebenen, erst noch zu versprachlichenden Institutionen, die das Sprechen glaubhaft und wahr machen. Gerade für die dichterische Tätigkeit ist objektiv möglich, was wir nur als Vermögen menschlicher Subjektivität begreifen wollen: daß „es stuffenweise immer unwahrscheinlicher werde, daß diese geringern Werke der Natur und Kunst empfinden, denken und sprechen könnten; will mir nicht ein.“ (‚Abhandlungen über die Fabel‘. Bd. 7, S. 453 f.) Wenn aber selbst ein „irdener Topf“ sprechen kann, Dichtung dadurch nicht „um ein Haar schlechter oder unwahrscheinlicher“ (454) wird, so ist der Rückbezug auf blutgemäßes oder überhaupt empfindungsgemäßes Sprechen in der Dichtung von dieser stets transzendiert. In der Berufung des Sprechers auf Empfindung erscheint nicht die Tatsache, daß die *Natur* spricht, sondern daß die Natur *spricht*, daß also der Sprecher *wirklich* sprechen kann. Die „*Stimme* der Natur“ („Gedanken über die Herrnhuter“. Bd. 14, S. 160) ist das Natürliche und Erziehbare. Die literarische Empfindung ist immer als verdeckte Immanenz und Transzendenz aller Berufung auf und Gespräche über Empfindungen herauszuarbeiten.[203] Hierauf bezogen hält Lessing im Diskurs an der Favo-

201 Parodistisch betrachtet werden alle drei Figuren ‚Kraftgenies‘. In einer relativ späten Satire der wortreichen Empfindsamkeit stehen folgende zwei Verse:
Dies Kraftgenie, das stets mit Weh und O! und Ach!
Von menschlichem Gefül und Drang des Herzens sprach
(J.F. Schink: Der Besuch auf dem Lande. Familienszenen. Ein kleiner Beitrag zur Filosofie fürs Haus [1785]; zit. Doktor /Sauder, Empfindsamkeit, a.a.O. S. 163).

202 Vgl. „Philotas“, 5. Auftritt; hier gerade im Zusammenhang mit einer taktisch angewendeten Unwahrheit (siehe Bd. 2. S. 368 f.).

203 Eine ähnliche, wenn auch nicht so kategoriale, Unterscheidung scheint Lessing im Sinn zu liegen, wenn er gegenüber Voltaires „Kanzeleystyl der Liebe“ bemerkt, er kenne „nur *eine* Tragödie, an der die Liebe selbst arbeiten helfen“ („Hamb. Dramat.“, 15. Stück. Bd. 9. S. 244); er meint Shakespeares „Romeo und Julia“, in der die Empfindung als Darstellungsgegenstand totaliter im extensiven und intensiven Sinne mit der Darstellung identisch werde.

risierung des ‚Herzens' fest; „eine Empfindung" lasse sich nicht übersetzen („Hamburgische Dramaturgie", 20. Stück. Bd. 9, S. 265), sagt er zur Übersetzung von Graffignys „Cenie" durch die Gottschedin. „Das Lächerliche kann der Witzige und Unwitzige nachsagen; aber die Sprache des Herzens kann nur das Herz treffen. Sie hat ihre eigene Regeln [. . .]" (ebd.)

In der Bewußtwerdung des sprachlichen Problems der Empfindung trennen sich rhetorisches und poetisches Denken. Da dieses jenes nicht mehr mit sich identifiziert, wird ‚Rhetorik' zum Darstellungsmoment und bei Lessing ausgesprochen zum Darstellungsgegenstand.[204] Damit wird auch die poetologische Charakterologie verunsichert. Diejenigen, die die „Sprache der Natur" sprechen, können zum Beispiel auch einen „barokischen Ausdruck ihrer Empfindungen" (69. Stück. Bd. 10, S. 78)[205] gebrauchen. Lessing, der in diesem Zusammenhang Wieland zitiert, will den Naturbegriff nicht zu einem speziellen werden lassen; er erweitert ihn.[206] Prinzipiell kann nunmehr jede Sprachäußerung, erscheine sie noch so verzerrt, natürlich sein. (Mellefont muß dies und dessen Umkehrung existentiell spüren.) Einzuschätzen ist sie nur hinsichtlich ihrer Funktion in der Gattung. So wird Poesie zum Kriterium nicht einfach eines natürlichen Sprechens, sondern eines Kontinuums des Sprechens als Natur. Als Empfindung sind nicht mehr nur Kraft- oder Ohnmachtsakte von Personen, sondern der ganze Text zu beschreiben. Figuren partizipieren daran. Ihre Beschreibung muß auch das Maß ihrer Abweichung vom Ganzen zeigen. Das Ganze müßte im Lessingschen Sinne gründlich und pathetisch sein.[207]

Deshalb sind weder Figuren noch Textteile „redende Gemählde" („Laokoon", Vorrede. Bd. 9, S. 5). Sprache und Empfindung stehen in keinem Abbildungsverhältnis zueinander. Wie ist die Wahrheit der Empfindung überhaupt zu denken? Ist der Wahrheitsbegriff gar durch den der Lust zu ersetzen? (20. Bd. 9, S. 120) Wären die Veränderungen und Schwankungen von Mellefonts Empfindungen durch das Schöne der ‚Naturrede' Marwoods oder Arabellas zu erklären? Dann ist das Schöne aufgrund von Nachahmung ebenso problematisch.

Eine „tändelnde Sprache" und doch „ernsthafte Wahrheit" („Briefe, . . .", 43. Brief. Bd. 8, S. 117) werden Logau von Lessing bescheinigt. Auch solche Hinweise auf die poetologischen Reflexionen machen nicht nur eine Überwindung des Rationalismus deutlich, sondern subtiler zumindest ein undogmatisches Sprachdenken – aber nicht nur an Stellen poetisch-sprachlicher Bemerkungen, sondern dort, wo über die Empfindung von Wahrheit und wahre Empfindung gesprochen wird. – Unter Verlust der Regel wird sehr vage die Poesie als Lehrmeisterin eingesetzt: Die Natur spricht nicht von selbst, Poesie „lehrte uns die Stimme der Natur in unsern Herzen lebendig empfinden" (zu Haller; „Gedanken über die Herrnhuter". Bd. 14, S. 160).

204 Siehe auch: „Bey einer gesuchten, kostbaren, schwülstigen Sprache kann niemals Empfindung seyn. Sie zeigt von keiner Empfindung, und kann keine hervorbringen." (59. Stück. Bd. 10. S. 31) Indem hier etwas poetologisch Form gewinnt, wird Poesie zum Sprachkriterium für alltägliche Rede, aus der sie offensichtlich sich auch konstituieren soll. Zum Kriterium avanciert die selbst nur wieder sprachlich zu beurteilende Empfindung.

205 Lessing verteidigt hier Shakespeare.

206 Besonders wichtig hierfür ist das bekannte 70. Stück der „Hamburgischen Dramaturgie", wo Lessing auf differenzierte Weise am Nachahmungsgrundsatz festhält, aber eben auch „die Kunst, Kunst zu seyn" (Bd. 10. S. 81) fordert. So muß ja zum Beispiel auch der künstliche Reim das „Ansehen der Natur" (‚Literatur-Briefe', 14. Bd. 5. S. 73) haben können. Andererseits kann ein ‚Naturalismus der Empfindung' nicht zurechtgebogen werden auf eine enge Bestimmung des Verhältnisses von Autor und Werk, „Erlebnis und Dichtung" im Diltheyschen Sinne. „Spiele seines Witzes" müssen nicht „zu Bekenntnissen seines Herzens" („Rettungen des Horaz". Bd. 5. S. 286) gemacht werden. Das gilt nicht nur für die anakreontische Dichtung.

207 Da bei Wieland das erstere fehle, macht Lessing ihm den Vorwurf des Geschwätzes („Briefe, . . .", 13. Bd. 8. S. 31); vgl. die detaillierte Wortkritik an Klopstock (19. Brief).

Wenn Ziel und Gegenstand des Dichters die „vermischten Empfindungen“ („Laokoon“, 25. Bd. 9, S. 148) sind, liegt dann darin eine, nun aber nicht mehr nachahmungstheoretisch faßbare, Wahrheitsfähigkeit? Die Irritation ist in der Welt; man kann mit ebenso gutem Grund wie Erfolg „eben so *irrherzig* als *treuherzig*“ („Eine Duplik“. Bd. 13, S. 59) sein.

Die Unterscheidungen durch Sprache können nicht unmittelbar aus rezipierenden Empfindungen stammen, beziehungsweise im Rückbezug auf diese erhärtet werden. Sogar das Verhältnis von „tugendhafter Sara“ und der angeblich „vollkommen Ihrem Charakter gemäß“ (285 f.) redenden Marwood wird durch die dramatische Konstellation allmählich einem Verständnis, wie es Mellefonts begrifflich-personale Fixierungen darstellen, entführt.

Der direkte Zugriff eines Wissens aus Empfindung wird in IV,8 erschüttert, schon allein dadurch, daß Marwood als Lady Solmes auftritt. Der Dialog wird dadurch eigentlich sprachgemäßer, indirekt. Zum einen wird hierdurch das Zusammentreffen wahrscheinlicher, überhaupt möglich. Zum anderen kann sich der Dialog erst aus der Indirektheit konstituieren. Ganz deutlich verweist hier das Sprechen auf die bekannten semantischen Relationen der Sprache (K. Bühler). Marwood ringt um Ausdruck ihrer selbst und darf es offensichtlich im Augenblick nicht sein. Sara spricht mit einer Gesprächspartnerin, über die sie spricht. Die Doppeldeutigkeit von Saras Erkenntnis liegt darin, daß sie jemanden verurteilen kann, den sie nicht kennt, der zwar nicht für sie, objektiv aber sehr wohl anwesend ist. Erst als dieses ihr bewußt wird, verliert sie ihr Bewußtsein. Das Objektive ist qua Empfindung das eigentlich Subjektive, die Qualitäten des Objekts, dramatisch in ganzer Konkretion anwesend, erscheinen im Subjekt, das so lange bei Bewußtsein bleibt, wie es urteilt in der Annahme, das Beurteilte sei und bleibe abwesend. Es ist Marwood in Sara. Sara erkannte ja schon im Traum eine „mir ähnliche Person“ (275). Die Verdrängung des „rebellischen Etwas“ (317) ist aber auf einer höheren Stufe Kontrafaktur eines Sprechens, an dem auch Mellefont (sich) festhält. Verdrängung und Projizierungen eigener Empfindungen auf fremde Charaktere und Personen mißlingen. Sie können einen tödlichen Ausgang haben. Die Rebellion einer zum Sprechen bringenden Empfindung ist unrevidierbar geworden.

Mellefonts Feigheit vor der Ehe hat ebenso ein Empfindungssubstrat wie die scheinbare Übereinkunft von Zärtlichkeit und Tugend. Das Empfindungssubstrat ist hier Index der Unwahrheit in beiderlei Verhalten; es ist das eigentliche „Gift“ (337), solange dessen Heilkraft angestrengt ignoriert werden soll (dazu w.u.).

Deshalb kann Marwood, eben nicht allein von sich aus, sondern in dramatischer Funktion und biblischer Anspielung zugleich die „Schlange“ (285) sein. Ihr Falschreden wird gänzlich wirklich erst durch die vermeintlich natürlich Empfindenden.

Ihr ungeheures Destruktionspotential gewinnt Marwood nicht durch Herrschaft, eher schon durch Beherrschung einer Sprache, die sie ganz zu der sich unterwerfenden Frau macht (vgl. 286). Damit beabsichtigt sie nichts anderes als Sara, nämlich den Besitz Mellefonts. Die Aufrichtigkeit („Aufrichtigkeit Ihrer Liebe“; 278), welche Sara überprüft, wird zu einem Mittel der Herrschaft über die Empfindung des anderen, deren ‚Subjektivität‘ für Sara *wie* für Marwood die ganze Peinlichkeit ausmachen.

Sobald im Kern personaler Einheit, ja in momentanen Empfindungen überhaupt, Widersprüche bestimmend sind, muß Literatur ihr eigenes Prinzip finden. Und das ‚erste bürgerliche Trauerspiel‘ geht so weit, eine Versöhnung, wie sie bislang und im Rahmen der Empfindsamkeit weiterhin, ja selbst im klassischen Drama verstanden wurde, bedeutungslos werden zu lassen.[208]

208 Vgl. z.B. I, 1; III, 3.

Zwar macht „Rede" (290) sehend, aber sie ist kein Spiegel. Mellefont wird zum rhetorisch zurechtgemachten Objekt von Marwoods Sprache, die er doch im vornherein als falsche zu erkennen meint. Sein Widerspruch ist der einer Epoche. Obwohl Empfindsamkeit rhetorische Sprachauffassungen problematisiert, bedient sie sich des Genus der „Sprache des Herzens" als Nachahmung der „Natur". Empfindungen werden kalkulierbar. Der Widerspruch findet nur manchmal zu einer partiellen Einheit, schmerzlicherweise gerade dann, wenn sich die „Sprache der Wahrheit" mit der „des Unwillens" (293) identifizieren läßt. Gerade so aber wird zum „Teufel", der meint, „den Engel" (318) zu lieben, welche zwiespältige, scheinobjektive Sicherheit ihn veranlaßt, den Engel an seiner Statt der Gefahr „Marwood" auszuliefern.

Gegen Marwoods Anpassung an seine Sprech- und Denkweise ist er machtlos. Identität versichert ihm nur sein jetzt abstrakt erscheinender „Entschluß" (siehe 293 f.), der so subjektlos ist wie die Verstellung. Sprachekel ist ebenso ungeeignet wie Sprachmeisterschaft, die Empfindungen in einen Naturzustand zu versetzen. Weder verschafft der Schein eines einheitlichen angemessenen Sprechens (Marwood) noch die unverbrüchliche Sicherheit des Gewissens den Empfindungen ihre Natur. Sie müssen ihre Natur als ihre Sprache erst noch finden.[209]

So ist Mellefont tatsächlich auch ein Opfer – eines objektiven Widerspruchs, der eben nicht da liegt, wo er ihn vermutet, um sich die quälende Wohltat eines Entschlusses zu sichern – „zwischen einer Marwood und einer Sara" (293). Warum eben, ist zu fragen, kommen die Empfindungen damit nicht zurecht? Sich zu entschließen, bedeutete hier nur eine Abkapselung. Seine tatsächliche Unschlüssigkeit ist im Sinne des Dramas als Darstellung von Empfindungen wahrer.

Daß dieses Drama ein Drama des Sprechens ist, bezeugt die eminente Bedeutung der Verstellung. An deren Darstellung, so könnte man einmal sagen, arbeitet die literarische Fiktion ihr schlechtes Gewissen ab. Die Berufung auf eine Empfindung veranlaßt keinen Stillstand mehr, wird diese doch ständig durch und im Reden verändert. Im Sprechen können keine außersprachlichen Kriterien gefunden werden. Allenfalls noch könnte das diffus und sprachlich zu bestimmende Phänomen der Unsprachlichkeit negatives Kriterium für das Sprechen werden.

„Nur gemach, Mellefont, oder auch ich werde diese Sprache sprechen" (ebd.), droht Marwood, als er „Wahrheit" und „Unwillen" konjugiert. Und genau so schließt die Szene mit der erfüllten Drohung, an die sich wiederum eine Drohung anschließt: „Nur keine Gewalt, Mellefont, oder – –" (294). Immer wenn das Sprechen auf die bloße Empfindung tendiert, ist es potentielle Gewalt. Wo es aber scheinbar nur sich selbst will, kann das

209 Tatsächlich wurde Natürlichkeit einst nur als Adäquanz von Intention und Verfassung eines Textes definiert. Begriffe wie Aufrichtigkeit, Ehrlichkeit usw. beginnen erst jetzt störend zu wirken; wenn im engeren Absicht und Stil miteinander harmonierten, war ein natürliches Sprechen erreicht. Erst Gottsched verwirft dann bestimmte Sprechweisen, z.B. das Pathos des Seneca, weil es sich historisch überholt habe. Es ist jetzt falsch. „Natur" ist jetzt „im gemeinen Leben" anzutreffen und nachzuahmen. Aber unter Einschluß des Postulats der Ähnlichkeit bleibt „Natur" ein normativer und moralischer Begriff. – Breitinger sieht dann „eine eigene Sprache und eine gantz besondere Art des Ausdruckes" in den Affekten, Leidenschaften, Empfindungen, die einer „ungezwungenen Nachahmung" zugänglich seien.
Von Lessings Trauerspiel her argumentiert, läßt sich sagen, daß Breitingers Poetik nicht die antiken, barocken oder rationalistischen Poetiken überholt und außer Kraft gesetzt hat, gerade was das Sprechen im gemeinen Leben angeht. Zusammengenommen erscheint erst in der Sprachgeschichte der Empfindung eine unüberwindbare Dialektik, in der es weder ganz Besonderes noch ganz Allgemeines gibt. – Siehe K. Dockhorn: Macht und Wirkung der Rhetorik. 4 Aufsätze zur Ideengeschichte der Vormoderne. Bad Homburg v.d.H./Berlin/Zürich 1968. S. 54; J.Ch. Gottsched: Critische Dichtkunst, a.a.O. S. 621 f., 259 ff.; J.J. Breitinger: Critische Dichtkunst. Bd. 2. Zürich 1740. S. 353 f. (Nachdruck Stuttgart 1966.)

Movens größte Leidenschaft sein, die sich eben doch nicht im Frieden mit ihrem Ausdruck befindet. Es gibt keine regulative Idee des Sprechens, es sei denn ex negativo die der Gewalt oder im positiven ein Begriff von Literatur, die selbst unter dem Aspekt ihrer Fiktionalität dem verstellenden Sprechen ähnlich ist. Empfindung wird zum positiven Kriterium ihrer eigenen stets negativ zu fassenden Erscheinungen im Ausdruck. Wenn diese Thesen über Gewalt, Literatur und Empfindung zugelassen werden, ist trotzdem etwas gewonnen: Das Sprechen, sich selbst überlassen, offenbart von selbst seine Motive und Konsequenzen, damit sich als Empfindung. Daher ist diese nicht mehr zu regeln und einzuordnen, nur noch darzustellen. So gewinnt das Sprechen sich selbst. Erst deshalb kann falsches Leben Ausdruck des Wahren sein. „Es gibt kein richtiges Leben im falschen".[210] Aber es gibt falsches Leben in Wahrheit. Nicht nur in deren Lichte erscheint es, vielmehr ist es der konstitutive Inbegriff des Wahren. Solcherlei Begriff und Leben haben ihren nicht abzuschüttelnden Anteil an der Darstellungs-Wahrheit. Die Gewalt des Sprechens wird allein dadurch überwunden, daß das Sprechen sich selber schon als Empfinden zeigt. Doch gerade als letzteres bleibt es im Prinzip gewaltsam. Es ist sozusagen die Kehrseite der Literatur, in der sich Empfinden ganz und gar als Sprechen zeigt, im Teil zerstörend und verstellt, im Ganzen als Verstellung und Zerstörung der Gewalt.

Daß dies im Trauerspiel gerade durch den Tod geleistet wird, gibt ihm eine unfixierbare Bedeutung. In ihm erfüllt sich falsches Sprechen als richtige Empfindung, die das Sprechen nicht an und in sich hat, sondern die in ihm sich realisiert als literarische Idee.

Führt das Sprechen, kurz gesagt, im Trauerspiel zum Tod, so zeigt die Komödie, daß, solange noch gesprochen wird, man sich und die Welt verändern könnte. Beide Intentionen zeigen Sprachempfindungen, durch die sich die Figuren herstellen. Ist für Just beispielsweise die „Wahrheit" ein „gut Ding" („Minna von Barnhelm". Bd. 2, S. 175), so ist solche Wahrheit für Minna noch nicht wahr, wie „Vernunft" noch nicht „vernünftig" (205) sein muß. Seitdem sogar universelle Begriffe partielle Bezeichnungen geworden sind und einzelne Empfindungen beglaubigen sollen, kann man für die Erkenntnisleistung von Literatur keinen Begriff mehr finden. „ Die Wahrheit! ha, ha, ha!" sagt der Wirt zum Soldaten Werner, der eine belanglose Tat als Wahrheit ausgab (219), eben „als ob / Die Wahrheit Münze wäre!" („Nathan der Weise". Bd. 3, S. 89)

Wahrheit kann nicht unmittelbar auf Empfindung bezogen werden oder durch einen Charakter garantiert sein.[211] Sie muß sich als Ganzes herstellen, wie Lessing auch einmal mit den Gedanken Hurds erläutert: „Wahrheit des Ausdrucks" wäre als Situation des Dramas zu verstehen, in der die wirklichen „Besonderheiten seines Gegenstandes" und die „allgemeine Idee der Gattung" („Hamburgische Dramaturgie", 94. Stück. Bd. 10, S. 180) materialiter und doch auf indirekteste Weise gleich oder ähnlich würden. Erst da Falsches und Wahres im Material der Sprache als dargestellter und als Darstellung, als Figuren- und Dramensprache identisch sein können, wäre von „Vollendung der poetischen Wahrheit" (182)[212] zu sprechen. Handelte es sich nicht um eine Fiktion, so könnte man auch wie Lessing von Leibniz sagen, daß der Dichter die Aufgabe hat, „einen jeden auf demjenigen Wege zur Wahrheit zu führen, auf welchem er ihn fand" („Leibnitz von den ewigen Strafen". Bd. 11, S. 470). Da er ihn aber erfand, ist gerade nur in Dichtung von Anfang an ein

210 Th.W. Adorno: Minima moralia. Reflexionen aus dem beschädigten Leben. Frankfurt a.M. 1970. S. 42.

211 Vgl. Lessings Differenzierungen von Charakter und Situation hinsichtlich Tragödie und Komödie: „Hamb. Dramat.", 51. Stück. Bd. 9.

212 Siehe auch Lessings Ablehnungen träumerischer, untrüglich schlüssiger oder methodischer Wahrheiten, die er durch Platon, Aristoteles und Descartes vertreten sein läßt (dagegen Sokrates, Christus): „Gedanken über die Herrnhuter". Bd. 14. S. 156 f.

Identifizierungsprozeß von „angenommenen Meinungen" und „Wahrheit" zu inszenieren, ohne daß eins das andere nur bestätigt oder je ersetzen sollte.[213]

Meinungen, auf Figuren beschränkte Empfindungen, so könnte man wünschen, müssen zu Metaphern ihrer selbst *und* der Idee des Dramas werden.[214] Und dieses Werden ist die Handlung des Dramas, also der Dialog,[215] in dem die Gegenstände als Problem des Sprechens, also im näheren als Empfindung erscheinen.

In diesem Rahmen können und müssen Tugend und Natürlichkeit (am Beispiel Arabellas) als Momente dargestellt werden, die auf eine Utopie des Ganzen als literarischer Empfindung zeigen. Utopisch könnte die Transformation von Sprachskepsis in Sinnvertrauen sein.

Aber schon der Umstand, daß Mellefont in bestimmter Weise reagiert, seine Empfindungen zum Objekt des jeweils in der Situation Gesagten werden, er andererseits ‚entschlossen' ist, macht solche Utopien zu angewendeten und Mellefont unglücklich.

Nachdem Marwood mit ihren Worten und denen des Kindes natürliche Empfindung einklagte, testet sie Mellefont nun wieder direkt. In II,7 soll er Empfindung bekennen in der Qual des Abstands zwischen Entschluß und Sprechenkönnen: „Nun sagen Sie es noch einmal, ob Sie fest entschlossen sind, mich einer jungen Närrin aufzuopfern?" (294) Nach einer Wortreplik („aufzuopfern?") kann Mellefont objektiv dem Zwang nicht entgehen, seine Identität in der Repetition seines Entschlusses zu wahren und damit zugleich Gewalt anzuwenden: „Wer sind Sie? und wer ist Sara?" (ebd.)

Es ist ein erschreckender Dialog, in dessen Mitte Mellefonts Empfindung allein bleibt, nachdem Marwood sich „eine neue Medea" (295) nannte.

> Mellefont. (erschrocken.) Marwood – – (ebd.).

Das ist der eigentliche und abstrakte Ausdruck, den seine Bedrohtheit findet: Marwood, die den Anspruch auf Tugendhaftigkeit gar nicht erst stellt, hatte das Außenbild der Tugend für sich reklamiert: ihren „Namen", ohne den Tugend „ein albernes Hirngespinst" sei, „das weder ruhig noch glücklich macht" (294). Scheinen hier eine nomenklatorische und verzweifelte Haltung zusammenzufinden, so liegt darin doch auch das sprachliche Recht oder ein verständlicher Wunsch, Empfindung und Sprache vereinheitlicht haben zu wollen. Nun hält Marwood Mellefont seine damalige Angst vor dem Verlust einer Erbschaft durch Heirat vor, worauf Mellefont sagen kann, „daß diese Schwierigkeit nunmehr bald wird gehoben seyn" (295). Indem er gerade auf diese nun wegfallende Voraussetzung für Marwoods überlegenes Sprechen eingeht, zeigen sich seine Souveränität und seine neue Haltung als sehr instabil. Da aber Marwood den Erfolg ihres Redens ganz darauf hin kalkuliert hatte, will nun sie „kein Wort mehr verlieren" (ebd.). Wie so oft folgt darauf kein Schweigen, sondern Gewalt, und zwar in einer Klimax von Sätzen, die Mellefont nur noch mit „Sie rasen, Marwood – –" (296) kommentieren kann. Marwood will ihre Tochter zu einem „empfindungslosen Aas" (ebd.) machen: „sterben will ich es sehen!" (295) Übrigens wird die Marterqualität des Sterbens im ganzen fünften Aufzug aufgehoben und doch wiedergegeben werden als Lust und Leid der Tugend. Der Zuschauer sieht Sara sterben – von eben der Hand, aber ihr völlig entgleitend, indem an-

213 Siehe auch Lessings Unterscheidung von „innerer Wahrheit" und „hermenevtischer Wahrheit" und seine vorsichtige Einschätzung antithetischen Denkens: „Axiomata". Bd. 13. S. 127 f.

214 Zum Verhältnis von Metapher und Wahrheit vgl. „Anti-Goeze". Bd. 13. S. 149 f.; siehe dort auch die Verteidigung individuellen Schreibens: S. 149, 204 (Anm.).

215 Selbstverständlich und schon seit Aristoteles gilt der Dialog als das ‚Apriori' des Dramas und der Sprache, nämlich das Gesprochenwerden von Sprache als Drama (Handlung). Aristoteles: Poetik. Hg. O. Gigon. Stuttgart 1974. S. 30 f.

stelle der ausgesparten und ungewollten Empfindung die das Sterben für sich reklamierende Empfindung erscheint. So wird Gewalt ‚aufgehoben', ohne an irgendeinem Punkt aus der Welt verschwunden zu sein. Hier ist Gewalt, von der gesprochen wird, nur minderer Ausdruck und Abdruck wahnsinnigen Redens.

Da Mellefont trotz Erinnerung an alte Tricks, die ihn zum Mitverschworenen machen sollten, „trotzig" (ebd.) bleibt, beginnt das Sprechen Marwoods zu rasen; und das bedeutet letztlich, in Aktion zu enden, welche die negative wahnsinnige Konsequenz erfolglosen Redens ist, eines Redens eben, das auf Erfolg abzielt. Mellefont „entreißt" (296) ihr den Dolch, den sie am Schluß ihrer Todesvisionen zieht, aber sie reflektiert in und während der möglichen Tat: „Himmel, was hab' ich gethan? Mellefont – –" (ebd.) und fordert den „verirrten Stal" (ebd.) zurück. Der Dolch, in „Emilia Galotti" reaktiviert, hat seine Rolle als Theaterrequisit ausgespielt, weil Marwood die Aktion wieder in Reflexion einholt. Selbst in der „Rache" (ebd.) an Mellefont als Rache an dem Eigensten, ihrer Tochter, will sie sich Leben einhandeln in der Androhung eines vorgeführten, langsamen Sterbens.

Sterben – und darin zeigt sich die Wahrheit des Lebens endlich – heißt Trennung, in dem sublimen Sinne Saras, wie noch zu zeigen sein wird, oder in dem brutalen Marwoods; heißt „Glied von Glied, Ader von Ader, Nerve von Nerve lösen", heißt „nicht aufhören zu schneiden und zu brennen" (295 f.).

Nicht erreicht solches Tun allmählich die historische Bedeutung „neue Medea", vielmehr war es bei der ersten Nennung schon als Sprechen vorhanden und entfaltet sich dann erst zu abstrakter Individualität, die folgerichtig, da sie sich in der Tat gegen andere nicht realisieren kann, nun sich aufgeben will, also die Tat und ihr Werkzeug auf sich bezieht: „ Für diese Brust allein, die schon längst einem Herzen zu enge ist, das eher dem Leben als Ihrer Liebe entsagen will." (296)

Ist auch dieser Satz verstelltes Sprechen? Wird nicht auf sehr komplizierte Weise hier die Gleichheit der Menschen sichtbar in der Berufung auf ihre Empfindungen, die zum Tode führen und die Entsagung als Lebenselixier ablehnen? Würde man umgangssprachlich bemängeln, das sei aber ‚übertrieben tragisch', so ist wenigstens daran zu denken, daß das Gleiche von Sara getan werden wird, wobei sie nur den trauerspielhaften Vorzug hat, das Gift nicht selbst zu nehmen. Und doch tut sie es – auf indirekte Weise. ‚Übertrieben' wirkt vielleicht die Resistenz von Empfindungen, welche die Substanzen und Kriterien des Trauerspiels abgeben und aus denen nach Ausblendung tragischer Haupt- und Staatsaktionen allein entscheidende Situationen gebildet werden müssen. Die „Fülle des Herzens" (Fénelon) erscheint, wo Marwood „außer sich" (ebd.)[216] ist. Mellefont versucht mit diesen Worten Ordnung zu retten, die in seinem Sprechen ganz verselbständigt auftritt, worin er sich ein wenig zweifelnd entlastet glaubt. „Die Gerechtigkeit wird einer so grausamen Mutter die mördrischen Hände schon zu binden wissen. (er will gehen.)" (ebd.) So beruft sich einer auf die Ordnung, der seine eigene Haut retten will. Nicht Marwoods Hände sind gefährlich, sondern Mellefonts Empfindungen, da er sie taub machen möchte vor ihrem Sprechen. Die Hilflosigkeit solcher Berufung auf eine gemeinplätzige Öffentlichkeit wird sofort deutlich. Auf der anderen Dialogseite unterwandert Marwood die wahren Möglichkeiten ihrer Rede eigentlich nur dadurch, daß sie selbst von einem „Vorhaben" (zu Hannah; 298) spricht und ihr Erscheinen in „wahrer Gestalt" (297) androht, falls ihrer Bitte nicht entsprochen werde. Diese Bitte wird nun höchst kunstvoll im Dialog entfaltet, und es gibt keinen Standpunkt außerhalb dessen, um Marwoods Sprechen als verstelltes und unwahres begreifen zu können. Über Bella: „Mein Mund tobet wider

216 Vgl. die Formulierungen F. Schlegels zum Verhältnis von „Fülle", ‚Schweben', „Insichvollendetem": Bd. 12, a.a.O. S. 441–448 („Theorie des menschlichen Bewußtseins im besondern").

sie, und mein Herz bleibt doch immer das Herz einer Mutter. Ach, Mellefont! vergessen Sie meine Raserey, und denken, zu ihrer Entschuldigung, nur an die Ursache derselben." (ebd.) Sprechen wird durch Empfinden legitimiert, obwohl – das ist gerade Ausdruck der Ursache – Mund und Herz nicht übereinstimmen. Und natürlich stimmen sie, besonders wo die Figuren vom Gegenteil sprechen, doch überein; auch Medea war eine Mutter. In dem Bekenntnis, man habe ‚sich' nicht richtig ausgedrückt, liegt zumeist ja nur die herzliche Bitte: „sprich weiter mit mir". Mellefont läßt sich wieder einmal darauf ein; immerzu also manipulierbar, liegt darin doch ein Wahrheitsmoment des Trauerspiels: Er *muß* sich einlassen als sprechender und empfindender Bestandteil des Lebens als Drama. Mellefont fordert Marwoods Rückkehr nach England, sie willigt ein unter der Bedingung, „Sara wenigstens einmal sehen" (ebd.) zu dürfen, „um in ihren Blicken mein ganzes künftiges Schicksal zu lesen." (ebd.) Weder kann solch ein Wunsch illegitim sein, noch führt Marwood schon offensichtlich Saras Tod im Sinne. Auch spricht sie zu Recht von Mellefonts „Untreue" gegen sie selbst und von ihrer „Hoffnung" auf einen „Antheil an Ihrer Liebe" (ebd.). Mellefont wiederum in verantwortungsloser Sicherheit: „Nichtige Hoffnung!" (ebd.) Doch gerade er stimmt nun zu, daß Marwood sich als „Anverwandte" (ebd.) verstellt, und er, der seine Haltung ganz auf das Mißtrauen an Marwoods Worten gründet, fordert: „Nur halten Sie Wort, Marwood!" (298)

Aus dem, was man für ausweglos hält, gibt es immer Auswege. Es wird aber zum einen die Gefahr von und für Mellefonts Liebe gezeigt, für die er gar nicht die Verantwortung übernehmen kann, es sei denn in durch Entschlüsse betäubten Empfindungen. Zum anderen ist Marwoods Liebe als Empfindung überhaupt gefährlich. Es ist eine Empfindung, die stabil bleibt als „Ursache" im Rasen wie im Kalkül. Verstellung und Außersichsein rückverweisen auf eben dieselbe Empfindung. Wie ist das möglich?

Sie kann, da sie zu verstelltem Sprechen führen kann, auch zum Gebrauch von Gift führen. Aber das weiß man noch nicht. Man muß auch erkennen, daß Marwoods Verhalten nur ein gesteigertes Sprechen ist, in dem Empfindungen so Ausdruck gewinnen wollen, daß die Welt in diesen Ausdruck paßt. Das ist die Strategie jeden Befehls. Weiterhin muß man deshalb erkennen, daß Sara ebenfalls ihr Leben nur als Ausdruck ihrer Empfindungen verstehen möchte. Aufgrund der Ähnlichkeit von Marwood und Sara, sagen wir von Tugend und Laster, wird die Gefährlichkeit des dargestellten Sprechens überhaupt in diesem Akt gesteigert.

Gegenüber Marwood wird Lady Milford („Kabale und Liebe") großartig abdanken, da das Trauerspiel schon dem mißtrauischen Nächsten, Liebenden und Geliebten, das Gift in die Hand gibt. Mellefont ist der Widerstand Marwoods, den diese zu einem ihrer Mittel macht. Objektiv aber wird Marwood zum Giftmittel Mellefonts, der es nur dahinbringt, Sara gänzlich zu vertrauen und Marwood zu mißtrauen. Beides ist aber ein falscher Regreß aus dem Sprechen auf die Gewißheit der Empfindung. Ferdinand unterliegt in einem dem Fehler, nicht nur dem Sprechen schon erkannter Intriganten zu vertrauen und Luise von Anfang an zu mißtrauen, weil ihr Sprechen aus einem Widerspruch stamme, sondern auch das Sprechen (Luises), welches er bereits zu Anfang fälschlicherweise für falsch hält, am Ende, wo es gezwungenermaßen Lüge ist, für ganz wahr zu halten, gerade weil es kein Sprechen zu ihm war. Das Sprachverbot (im Eid) verwirrt die Empfindungen vollends.

Allein Saras dramaturgisch zunächst um der bloßen Retardation willen erscheinende, für die Figur mehr oder weniger lächerliche Verweigerung der Versöhnung und Vergebung (besonders im dritten Aufzug) ist insofern doch von einer entscheidenden Bedeutung, ähnlich einer Peripetie, die einen wichtigen Unterschied zwischen Sara und Marwood vorbereitet, weshalb jene und nicht diese stirbt.

Ferdinand arrangiert sich mit Lady Milford, und er desarrangiert sich mit Luise. Mellefont, der immerfort nur glaubt und vertraut, der Marwood wenig, der Sara um so mehr, kann auch im Tod nur Sara nachahmen, ohne den Unterschied, der nicht der zwischen Tugend und Laster ist, zu erkennen.

Saras Widerwille gegen Vergebung bereitet ihre entscheidende Einsicht in die unendliche Differenz von Empfindung und Sprache vor: von dem, was man tun kann, und dem, was dabei vergessen werden muß. Sterbend realisiert sie eigentlich die Dialektik von Sagen und Unsagbarem. Dagegen scheitert Marwood, weil die Welt sich nicht in ihre Empfindungen einpassen läßt. Sie scheitert aber, indem sie gewinnt. Ihre Tat ist Durchsetzung. Ihr Verbrechen, welches die Welt als Trauerspiel mit ermöglicht, ist wahnsinnig, da es partiellen Sinn oder dessen Negation ausschließlich verwirklichen will. So bleibt sie am Schluß allein und ohne Gegner.

In der Negation partiellen Sinns ist Sara ihr voraus schon durch die Verweigerung der Vergebung, die sie allerdings dann doch annimmt, um leben zu können, während sie schon stirbt. In der Negation partiellen Sinns, der Durchsetzung von Empfindung als gewählten Sprechens und willentlichen Handelns, wird die Figur Sara dem Titel des Dramas zunehmend angemessener.

Sie zweifelt nur in bezug auf Mellefonts „Begriffe“ an Mellefonts Liebe, kann aber „für alles andere Gefühl sich verhärten“ („Minna von Barnhelm“. Bd. 2, S. 240). Niemand bedenkt das Empfinden im ganzen; man sieht persönliche Risiken und Vorteile. Die zerstörende Gewalt einer positiven vereinigenden Empfindung bleibt unbemerkt; sie liegt allein schon dann in der Luft, wenn die Empfindung nicht im Bereich der Objekte eindeutig geordnet ist. Ist das Gefühl der Liebe nicht eindeutig als Empfindung zu einer bestimmten Person geordnet, so zerstört die Menschen gerade dasjenige, was sie im Innersten zusammenhält. „Nun leben wir zu einer Zeit“, bemerkt Lessing zum christlichen Trauerspiel, „in welcher die Stimme der gesunden Vernunft zu laut erschallet, als daß jeder Rasender“, jeder Liebende, fügen wir hinzu, dem die Ordnung seiner Empfindungen nicht durch Einigung der Objekte unter sich ermöglicht wird, „den Titel eines Märtyrers sich anmaßen dürfte.“ („Hamburgische Dramaturgie“, 1. Stück. Bd. 9, S. 187) Tränen mögen wir auch dafür haben, doch es sind, wie Lessing sagt, „keine von den angenehmen, die das Trauerspiel erregen will“(ebd.). Lessing verzichtet nicht auf den Begriff der „Nothwendigkeit“, mit der man „sich der Gefahr blos stellet“ (ebd.).

Er warnt: „Die Wahrheit läßt sich nicht so in den Taumel unsrer Empfindungen *haschen*!“ („Briefe, . . .“, 49. Brief. Bd. 8, S. 133[217]) Ex negativo ist von der Sprachabhängigkeit der Empfindung sogar bei den Bediensteten in der Komödie die Rede. Franziska: „Das Herz redet uns gewaltig gern nach dem Maule. Wenn das Maul eben so geneigt wäre, nach dem Herzen zu reden, so wäre die Mode längst aufgekommen, die Mäuler unterm Schlosse zu tragen.“ („Minna von Barnhelm“. Bd. 2, S. 190) Es zeigt sich aber nach beiden Seiten hin, daß nicht das eine nur eine Variable des anderen ist. Doch ist der Zusammenhang ebenso poetologisch wie anthropologisch zur unwägbaren Evidenz für die Einschätzung von Kunst und Leben geworden.[218] Gerade zum Beispiel Tellheim beruft sich darauf; immer aber, das ist zu beachten, akzentuieren die Figuren, und Lessing in Diskursen ja auch selbst, eine Seite dieses Zusammenhangs: „Wo das Herz reden darf, braucht es keiner Vorbereitung.“ (Tellheim; S. 248) Aber doch das, was seine Empfindungen eigentlich verletzt, Minnas „Mißtrauen in meine Ehre“, – „das einzige möchte eine studierte Wendung bedürfen“ (ebd.).[219]

217 Vgl. den ganzen Brief.

218 Vgl. auch die Diskussion Minnas mit Tellheim über das Lachen und die Ernsthaftigkeit, über den Sinn von Übertreibungen (Bd. 2. IV, 6). Siehe zu dem Thema am Beispiel von „Kabale und Liebe“: J. Müller: Der Begriff des Herzens in Schillers „Kabale und Liebe“. In: ders.: Das Edle in der Freiheit. Schillerstudien. Leipzig 1959. S. 93–107.

219 Vgl. auch V, 5; zur Kritik an der Beliebtheit und Stummheit der Liebe: V, 13; zu Verstellung und einem Wahrheitsanspruch gegenüber dem Sprechen: „Nathan“ (Bd. 3. II, 5; III, 6).

Der Anschein „wahrer sinnlicher Eindrücke" entsteht, nach Lessings problematischer Einschätzung, in der Poesie, wenn wir anders als in verständlicher Prosa lebhafte Ideen, „Gegenstände zu empfinden glauben", gerade weil wir uns der „Worte bewußt zu seyn aufhören" („Laokoon", 17. Bd. 9, S. 101).

Offensichtlich wird in Diskursen wie sogar in Figurenreden, daß, sobald über Sprache gesprochen wird, noch in der abfälligsten Manier ihre Konstitutivität erscheint; auch wenn über ihre Negation oder Nachahmungsfähigkeit gesprochen wird. So kann andererseits nicht irgendeine „Sprache der Empfindung, des Herzens" an sich realisiert werden und dramatische Wenden befördern. Der Grund für die Erneuerung des Trauerspiels liegt in der primären Darstellung rhetorischen und gefühlsmäßigen Sprechens; beide sind in ihrer ganzen Verwandtschaft dargestellt.

Nachdem die gesamte Aufklärung Kopf, Herz und Mund vereinigen wollte, entsteht erst spät im 18. Jahrhundert die Erfahrungsseelenkunde, Psychologie im bewußten Sinne.[220] Aber die ‚verjährten Fehler des Herzens' sind auch hiermit nicht auszumerzen. Gegenüber der dann von Kant formalisierten Unterscheidung von Sinnlichkeit und Verstand sprach Herder von der Totalität des Menschen, der von Gott gestifteten Ehe zwischen Erkennen und Empfinden.[221]

Diese wurde sozusagen inkognito zu bewahren versucht in moralphilosophischen Ansätzen, die das Gleichgewicht von Kopf und Herz als Grund der Zufriedenheit (Garve) angaben und diese zum sittlichen Prinzip erhoben, wie auch die Selbstliebe Grundlage der Sympathie war. Empfindung konnte man nur so gezähmt als sittliches Prinzip dulden.[222] Damit ist aber die Dialektik der Empfindung selbst, wie sie bereits in diesem Trauerspiel erscheint, noch nicht erreicht. Wenn alle Gefühle Verstärkungen und Modifikationen der „Total-Empfindung unsers Subjekts"[223] sein sollen, könnte das nicht psychologisch, sondern nur poetologisch gelten, falls man zustimmt, daß das Subjekt, etwa Mellefont, aus *allen* Sätzen des Dramas sich konstituiert.

Das Problem der Identität hat sich verlagert und vergrößert, es ist nicht durch Nachahmung oder Unterscheidung bestimmter Sprechweisen zu lösen, wie ja Marwoods siegreiche Taktik gegen Mellefont zeigt, der einen himmelweiten Unterschied sehen möchte zwischen sich und Marwood, Liebe und Wollust, und sie dann doch auf ihr „Wort" verpflichtet. – Deshalb kann die oft geschmähte Intrige noch im bürgerlichen Trauerspiel eine weit über dramentechnische Verlegenheiten hinausweisende Bedeutung erhalten.

e. Kommunikation

(Brief – Ambivalenz der Gewißheit – Wille und Intention – neue Subjektivität – absichtliches Leiden – endloses Kommunizieren, Empfindungskriterien – Störfaktoren, Widersprüche – Travestie der Komödie? – Relevanz der Mittel – Oberflächlichkeit [des Sinns] – ‚Wollust des Leidens' – unausdrückbares Leben? – Retardation durch Kommunikation – Briefgerede – Worterweiterung – Öffentlichkeit – Lesen als Handeln – Glück im Unglück – Empfindung als Sprachkritik – eigentliche, drama-

220 Man denke an die Preisfrage der Berliner Akademie in den siebziger Jahren. Herder und Sulzer haben wir erwähnt. Zum „Magazin zur Erfahrungsseelenkunde" von K.Ph. Moritz vgl. Sauder, a.a.O. S. 121 f.

221 Weshalb Herder auch nicht den Preis erhielt, sondern Sulzer, der die Preisfrage konventionell beantwortete. Vgl. Sauder, a.a.O. S. 119 ff.

222 Die „empfindsame bürgerliche Utopie einer sympathetischen Kommunikationsgemeinschaft" (Sauder, a.a.O. S. 198) wurde von Kant schon früh kritisiert. I. Kant: Metaphysik der Sitten, a.a.O. Bd. 8. S. 593 f.

223 – „wodurch wir das Gefühl überhaupt charakterisirt haben" (H.B. Weber, Vom Selbstgefühle und Mitgefühle, a.a.O. S. 209).

tische Existenz des Briefs – Betäubung durch Empfindung? – Talent und das Bewußtsein des Mangels – Sterben als Sprachentlastung – Unterbrechungen – das Unaussprechliche – Individualität und Gleichheit – Öffentlichkeitsschein – Bürgerlichkeit – Hintergründe – Miteinandersprechenkönnen – Kommunikation als Laster der Empfindung)

Der dritte Aufzug liefert reichhaltiges Material für die Spracharbeit der Empfindungen. Er soll hier kurz und im ganzen betrachtet werden, da uns mehr daran gelegen ist, eine durchgängige neue Struktur und Intention herauszuarbeiten, die also auch in scheinbar nicht so offensichtlichen Thematisierungen von Sprache und Empfindung, wie sie in diesem Aufzug stattfinden, müssen nachgewiesen werden können.

Sichtbarstes Kennzeichen für die Spracharbeit der Empfindungen ist der Brief. Ein Kommunikationsmittel, welches zum Zeichen einer Epoche wurde, eines der wichtigsten Requisiten der Empfindsamkeit, wird so eingesetzt, daß daran die Intentionen der Empfindung auf Privatheit und Öffentlichkeit, Intersubjektivität und sensus communis zu studieren sind.[224] Dabei dient er natürlich nicht nur als Mittel, vielmehr stellt sich ein Kommunikationsmittel hier selbst dar. Es wird zum dramatischen Raum der sprachlichen Wirklichkeit. Scheint dieser Raum nur der Ersatz für persönliche Begegnungen und Gespräche zu sein, so ist er doch die fixierte dialogische Form von Empfindungen, auf die reagiert wird.

Sir William übergibt in III, 1 dem Diener nicht nur einen „Brief", sondern den „Brief eines zärtlichen Vaters" (298). Als dramentechnischer Umschlag läßt sich der dritte Aufzug nur verstehen, insofern der Anfang des Dramas erinnert und der problematische Hintergrund transparent wird, womit wiederum die Intention des Trauerspiels auf dem Spiel steht. Der Umschlag scheint das Drama wieder an den Anfang und zumindest in die Erinnerung an die Schwierigkeiten seiner Entstehung zu bringen. Denn der Vater hat bereits vergeben und will diese innerliche Tat nun zur Aktion in der dramatischen Öffentlichkeit machen. Der Brief ist hierfür das wesentliche Requisit, zugleich aber Mittel der Retardation. „Ich werde ihrer Gesinnungen dadurch gewiß . . ." (ebd.) So werden Waitwell und Sara in ein Spiel versetzt, dessen Regisseur dem Ganzen eigentlich ein Ende machen möchte. Dramatisch ist nur noch die Ambivalenz der Gewißheit, die sich bestätigen will. So bleibt Empfindung Sprechen, und weiterhin kann über die Differenz des Sprechens zur Hypostase einer Empfindung eifersüchtig gewacht werden.

Der Vater reflektiert die Bedeutungen seines Handelns. Je mehr er damit aber den allgemeinen Forderungen eines Bewußtseins gerecht wird, desto mehr verschärft sich das Problem zwischen den äußeren Verhältnissen und den eigenen Empfindungen.

Sir William hofft für den Überbringer des Briefes: „Du wirst ihre ganze Seele in ihrem Gesichte lesen. Laß dir ja keinen Zug entgehen . . ." (299) Die in Anspruch genommene Mittelbarkeit läßt für den Empfindenden eigenartig inkorrekte Haltungen zu; in eins die von Erwartung und Befehl, die Berufung auf Direktheit zwischen Ausdruck und Empfindung bei Dritten. Wohingegen der Vater in bezug auf sich selbst zum Mittel des Briefes greift, weil es ihn „vielleicht weniger Thränen kosten" (298) wird. Die Erwartung des zärtlichen Vaters tritt als verdeckter Befehl auf: „In der kurzen Entfernung von der

224 Vgl. im allgemeinen Habermas, a.a.O. S. 207 ff. Bekannt sind ja auch die poetologischen Abhandlungen, die zum großen Teil in Briefform sich manifestierten. Vgl. beispielsweise H. Brandes: Die „Gesellschaft der Maler" und ihr literarischer Beitrag zur Aufklärung. Eine Untersuchung zur Publizistik des 18. Jahrhunderts. Bremen 1974. S. 58 f. – H. Bornkamm und G. Fricke (der für seine Zeit den Forschungsstand der Literatur zur „Sara" wiedergibt) haben besonders diesen dritten Akt gewürdigt, der im allgemeinen als nicht ganz verständliche Retardation interpretiert wurde. Dabei befassen sie sich vornehmlich mit III, 3. H.B.: Die innere Handlung in Lessings „Miß Sara Sampson". In: Euphorion 51 (1957). S. 385–396, 388; G.F., a.a.O. S. 111 ff., 119.

Tugend, kann sie die Verstellung noch nicht gelernt haben" (299). Innerhalb dieses Niveaus, das aufklärerischen Dualismenprogrammen genügen würde, kann der Vergebungswille des Vaters nun tatsächlich die Intention und die Dramaturgie des Trauerspiels nicht erschüttern. Diese Art neuer Subjektivität läßt zwar, nimmt man die andere gewohntere Art Odoardos hinzu, Charakterisierungen des Trauerspiels als bürgerlichen zu. Doch ist das Aufkommen solcher Subjektivitäten funktional und figural abgrenzbar. Sie erschöpfen nicht die neue Art von Subjektivität, welche präziser als das Problem einer Beziehung entdeckt wird, nämlich der zwischen Empfindung und Ausdruck (Handlung usw.). Noch einmal ist daran zu erinnern, daß nicht das eine eine sprachliche, das andere eine unsprachliche Kategorie ist. Dann wären sie überhaupt nicht miteinander zu vermitteln. Sprache als Sprechen ist die existentielle Rolle, die beide spielen müssen, sollen sie da sein. Deshalb birgt und repräsentiert das dramatische Sprechen die Dialektik des Trauerspiels, deren Entdeckung nicht nur die Positionen, sondern in der Entstehung bereits die Negationen der Subjektivität hervorbringt. Der Ausweg oder die Entwicklung, die Literatur als eine Geschichte machen wird, liegt nicht in einem Abfall oder einer Negation von Subjektivität, wohl aber in einer Objektivierung dieser Dialektik, die um so zwanghafter den Menschen als Subjekt, gar als bloße Variable (des Kosmos?) bestimmt, je weniger er sich seiner Sprachlichkeit bewußt wird. Auch in den Sprachkategorien des Schweigens und des Unsagbaren oder des direkten Wahrnehmens wird der literarische Mensch sprechen, sogar die Sprache der Dinge. Das ist menschliches Empfinden. Skandaliert ja eigentlich das Trauerspiel die Aufklärung, so nur um der Negativität der Subjektivität willen, deren Aufhebung allerdings nicht in Aussicht gestellt wird. Doch ist auch schon in allen Anfängen literarisch bewußt, daß die alleinige Positivität der Subjektivität ihr völliges Negativum ist. Das ist wichtig für die Rolle der Gewißheit, der Selbstgewißheit von Empfindungen.

In seiner Gewißheit kann der Vater noch mit Alternativen handeln, die abhängig sind von der Frage, ob Sara ihn noch liebe oder nicht. Auch scheint es überhaupt nicht die Selbstauffassung des zärtlichen Mannes zu irritieren, wenn der Diener fragt, „was Sie in Ansehung Mellefonts beschlossen haben?" (298) Er, der einerseits darauf verzichtet, „erröthendes" (ebd.) an Sara zu sehen, sich also direkt der zwar programmierten, aber immerhin überlebenden Scham in einer Empfindungssituation zu stellen, hat bereits beschlossen . . . Nur die unmöglich erscheinende Trennung von Tochter und Mellefont sichert diesen gegen des Vaters „Unwillen" (299). Auch dadurch erscheint der Vergebungswille, der einseitig und brutal nicht die Gesamtempfindung Saras und der Liebessituation berücksichtigt, selbst als etwas, dem noch vergeben werden muß. Er ist funktionalisiert und integriert in das gesamte Drama.

Sir William berichtet unwahrscheinlicherweise nun erst dem Diener die Vorgeschichte des Dramas. Realistisch und akzeptabel ist dieser ‚Monolog', wenn man ihn als Darstellung eines nicht homogenen Empfindungszustandes in scheinbar homogenem Sprechen interpretiert. Mellefont habe durch ungewollte Hilfe des Vaters die „Achtung meiner Tochter" genutzt, um „sie in Liebe zu verwandeln" (ebd.). „Das Unglück war geschehen" (ebd.). Also ist nichts an sich, sondern eine Interpretation geschehen. So eben geschehen Empfindungen. Die Rede des Vaters hält sich aber an den Unterschied von Geschehen und Empfindung, Interpretation, Verhalten. Er bedauert, nicht sofort vergeben zu haben, und will nun das bessere Übel wählen, „aus dem Verführer nur meinen Sohn" (ebd.) zu machen. Aber auch das dient nur dem gewaltsamen Austausch der gesellschaftlich zu Charaktereigenschaften geronnenen Empfindungsmöglichkeiten. Dadurch sollen die „fesselnden Künste einer Buhlerin" (ebd.) entmachtet werden. Und dennoch ist es nicht so, daß „hier kein Herz schlüge" (300), aber solch Bekenntnis liefert eben nicht die Empfindungsauthentizität der ganzen Figur, also ihres gesamten Sprechens. Dieses Verhältnis als eines von Sprache und Empfindung im Sprechen ist Produkt trauerspielhafter Erkenntnis, die freilich nicht so einfach zum Begriff zu machen ist.

Das Wissen über die Vergangenheit, das auf die Zukunft bezogene Wollen, die nur objektlos schlagende Innerlichkeit können deshalb bewußtlos nebeneinander bestehen, weil der Schein der Vermittlung im Brief existiert. Dieser ist jetzt (III, 3) selbst das eigentliche Wirkungsmittel der Dramaturgie. Das, was ohnehin schon, vom Vater geschrieben, keine Synthese sein kann, wird funktionalisiert, in seinen Wirkungen gezeigt besonders da, wo der Brief noch gar nicht gelesen ist. Insofern könnte man vom Brief, dessen Form seine Bedeutung ersetzt, als einem Jargonmittel der Empfindsamkeit sprechen.[225]

„Sage mir, geschwind sage mir, daß die letzten Augenblicke seines Lebens ihm durch mein Andenken nicht schwerer wurden" (302), schließt und befiehlt Sara, die selbst zwischen Bitten und Befehlen im Raum der Empfindungen keinen Unterschied sieht, auf das bloße Eintreten Waitwells hin. Dieser nun beruhigt die Empfindung, die stets in Angst vor ihrer Zeitlichkeit sich zu befinden scheint, mit einer typischen und sprachblinden ‚Tautologie': „Ach, Sir William ist noch immer der zärtliche Vater, so wie sein Sarchen noch immer die zärtliche Tochter ist, die sie beide gewesen sind." (ebd.) Doch diese sprach- und geschichtslose Beruhigung, in der Empfindungen sich vornehmlich zu bestätigen scheinen, wird von Sara nicht angenommen; allerdings nicht, weil sie die Unbewußtheit oder Gezwungenheit solchen Sprechens einsähe, sondern weil sie eine andere Empfindung haben will. Sie beabsichtigt ihr Leiden. Und es soll gerade die Umkehrung normalerweise erwarteter Empfindungen sein: „Was sagst du? Du bist ein Bote des Unglücks [. . .] Er ist noch der zärtliche Vater? So liebt er mich ja noch? So muß er mich ja beklagen? [. . .] Siehst du denn nicht, wie unendlich jeder Seufzer, den er um mich verlöre, mein Verbrechen vergrössern würde? [. . .] Widersprich mir doch, Waitwell! [. . .] Zu Thränen hat er es nicht kommen lassen. Nicht wahr, Waitwell, zu Thränen hat er es nicht kommen lassen?" (302 f.)

Zwar unterläuft Sara mit ihrer einseitigen und trauerspielhaften, noch nicht eingeschätzten Reaktion das den Empfindungen geläufige Kommunikationsmuster, reagiert aber nicht minder schematisch und versucht nur, dasselbe Muster mit umgekehrten Vorzeichen durchzusetzen. Damit und nun erst sind alle im Spiel. Es ist ein Spiel von durch jeweilige Dualismen beherrschten Kommunikationen,[226] die immer wieder auf ihren eigenen Abbruch drängen, ständig Sprachbefehle zur eigenen Veränderung beinhalten und stets zu langen Gesprächen führen. Die Versatzstücke solcher Dualismen, aus denen nur das Trauerspiel selbst eine Dialektik entwickeln kann, sind zu Begriffen geronnene Empfindungen. Sie werden selbst, weshalb um sie überhaupt noch nach Entdeckung der Vernunft von Subjekten gestritten wird, immerzu an dem Empfinden als Kriterium gemessen, obwohl die Empfindung im Zeitpunkt, da sie Richterämter beansprucht, auch stets ihren Konkurs anzumelden hat. Dennoch, das ist der tiefere Sinn oder Unsinn des Trauerspiels, wird daran festgehalten. Nicht zuletzt ermöglicht die Annahme eines solchen Kriteriums, sei es auch nur zum Schein, erst Kommunikation, scheint sie aber immer auch zu stören. Es ist so, als ob die Kommunizierenden spürten, daß die Kommunikation gestört werden muß, soll sie überhaupt funktionieren.

Waitwell weint und erfüllt Saras Wunsch; der Vater habe nicht geweint, sagt er. Der oft verwendete dramatische Widerspruch konterkariert auf schöne Weise die Kommunikations-

225 Vgl. zu einem modernen Beispiel W. Nolting: Der totale Jargon. Die dramatischen Beispiele Ödön von Horváths. München 1976. S. 125.

226 Siehe die in aller Qual gesuchte Identität von Zärtlichkeit und Tugend im Vergleich z.B. der Sätze des Vaters in I, 1 und III, 3.

fähigkeit und die Befehle zur Kommunikation. Trotzdem geht es natürlich weiter. Der Widerspruch ist in diesem Drama ja *das* Agens des Sprechens: die für wahr gehaltene Metaphorik nonverbalen und die für unwahr gehaltene Metaphorik des verbalen Verhaltens.

Sara. Ach! dein Mund sagt nein; und deine eignen Thränen sagen ja. (303)

Sofern Empfindungen sprechen können – und zwar auch wieder vermittelt (über die Tränen) –, kann Sprechen Empfinden werden und selbst Empfindung sein. Das ist eine zu erinnernde Selbstverständlichkeit dieser Zeit. Doch obwohl die Figuren die Verstellbarkeit des einen peinlich empfinden, ist die Metaphorik des anderen tabuisiert.[227] Solche Tabus sind momentan und zeigen darin ihre Schwäche. Einer Marwood gereichten selbst Tränen nicht zum wahren Ausdruck.[228] Also ist auch für Sara hier Wahrheit nur die Erfüllung ihrer Erwartungen.[229]

Waitwell will ihr den Brief überreichen. Sie einigen sich, daß nur „Liebe und Vergebung" (ebd.) darin enthalten sein können und, wie der Diener hinzufügt, ein Verzicht auf die „Rechte der väterlichen Gewalt" (ebd.). Das ist Sara zuviel: „So behalte nur deinen grausamen Brief!" (ebd.) Ist die Tragödie hier nur eine Travestie der Komödie? Zumindest liegt in Saras Ablehnung ein Gespür für die mangelnde Dialektik der Empfindung. Verzicht ist keine Aufhebung der Gewalt, die sich weit subtiler und unerkannt in den Reden des empfindsamen Vaters erhielt. Korrekterweise aber weiß Sara nur, was sie nicht will. Sie ertrage nicht, den Vater „durch seine Liebe, der ich entsagt, dahin gebracht zu sehen, daß er sich alles gefallen läßt" (ebd.). Sie will nicht die von Waitwell versprochene „Freyheit über Ihr Herz und Ihre Hand" (ebd.). Vielmehr ist es das „eben, was ich fürchte" (ebd.). Will sie die anderen in ihren historischen Rollen, für sich selbst aber das Glück einer Innovation ohne historische soziale Konsequenz für andere? Sie will nicht, daß er „zu allem ja" sage, nicht seine Liebe, „die ja alles vergessen will", kurz sie will nicht durch „Entsagung seiner eigenen Glückseligkeit glücklich gemacht" (304) werden. Lieber will sie „selbst auch unglücklich bleiben" (305). Ohne weiteren Schutz bezieht Sara den Konflikt des Trauerspiels (siehe auch „Emilia Galotti" und „Kabale und Liebe") auf sich.[230] Man urteilt vorschnell, wenn man die Darstellung solcher Empfindungen als Protektion der Innerlichkeit versteht. Denn andererseits steht das Individuum ja schon in der Gefahr, zur Farce zu werden. Davor rettet Waitwell sie und das Drama, wenn er „etwas beiseite" sagt: „Ich glaube wahrhaftig, ich werde das gute Kind hintergehen müssen, damit es den Brief doch nur lieset." (ebd.) Sara bemerkt, daß er spricht, und so kann die Kommunikation als Dialog, der nicht zur Komödie wird, fortgesetzt werden;[231] auch um den Preis, sich nach ihr richten, sich also, sei es aus taktischen Gründen,

227 Dasselbe ‚metaphorische' Argument benutzt Sara zur Bezeichnung ihres Glaubens an die eigentlichen Empfindungen Mellefonts (III, 5; vgl. auch „Philotas". Bd. 2. 2. u. 8. Auftritt).

228 Wohl aber wahrer Ausdruck sind die Tränen Saras für Mellefont: III, 5.

229 Das erscheint hier als ein Mangel der Wahrheitsfähigkeit von Empfindungen. Später wird in anderen Gattungen das pure Warten als Vorform der Wahrheit interpretiert werden können.

230 Der Vater taucht zwar als Vertreter einer Position auf. Aber seine Position spiegelt sich in Saras Reflexionen wider, während er sie schon überwunden zu haben scheint. Vielmehr versucht er Sara eher als die Zärtliche denn als die Tugendhafte zu verstehen. Vgl. die beiden folgenden Äußerungen. Der Vater sagt: „sage, daß Sara nie tugendhaft gewesen, weil sie so leicht aufgehört hat es zu seyn; sage, daß sie mich nie geliebt, weil sie mich heimlich verlassen hat" (268). Sara sagt später: „Aber nun sage mir wenigstens, Waitwell, daß es ihm nicht hart fällt, ohne mich zu leben; daß es ihm leicht geworden ist, eine Tochter aufzugeben, die ihre Tugend so leicht aufgeben können; daß ihn meine Flucht erzürnet, aber nicht gekränkt hat; daß er mich verwünschet, aber nicht betauert." (302)

231 Es kommt auch nicht zu einer Rührkomödie. Vgl. Pikulik: Von der Rührkomödie zum bürgerlichen Trauerspiel, a.a.O. S. 118–131; zum „Fühlen": S. 61–64, 86 ff.

verändern zu müssen. Waitwell sagt nun: „der Brief ist vielleicht nur allzu hart" (ebd.), und gibt zu bedenken, daß er ja den Inhalt nicht kenne. „Nun so gieb mir ihn her. Ich will ihn lesen." (ebd.) Nachdem das Mittel selbst so ausführlich zum Gegenstand wurde, was ein Kennzeichen für empfindsame Gespräche ist, könnte es endlich seinen Zweck der möglichst moderierten Kommunikation erfüllen. Doch heißt es schon vorweg: „Ich werde ihn nach aller seiner Stärke empfinden. Du siehst, ich zittre schon – " (ebd.). So könnte man in der Empfindung von einem Aufstand der Mittel sprechen, die an sich schon bedeutungshaft sind. Man kann hierin einen Mangel an Reflexion sehen oder ein Übermaß. Dieses Übermaß ist für die Figur Sara auffällig identisch mit ihrer Erwartung und deren Enttäuschung. Da sie die „Anrede eines zornigen Vaters" (ebd.) vermißt, will sie nicht weiterlesen. Zuvor war ihr Sagen noch das ganze Substitut ihres Empfindens und Wahrnehmens: „Nun ist er erbrochen! Ich bebe – " (ebd.). In diesen häufigen Gegenwartsberichten der Empfindung muß nicht eine dramentechnische Schwäche gesehen werden, als sei eine Szenenanmerkung unversehens in die Figurenrede geraten. Das Sprechen, „Ich bebe", ist nicht nur Komplettierung und Vorstellung der Empfindung; es ist intentional zu verstehen: ‚Hier bin ich als mein Empfinden'. Dieses macht die Kontur des Kommunizierens, manchmal die Kontrafaktur aus. Es ist aber gleichwohl von ähnlicher Gegenwärtigkeit wie das Mitteilen selbst.[232]

Nun muß Waitwell alles aufbieten, sie doch zum Lesen zu bringen. Er hat schon aufgrund seiner ausführlichen Gesprächsbeiträge nicht mehr die Funktion eines Dieners. Er versucht das, was eigentlich sprechen macht, zum Dialog zu bringen, indem er dessen Echtheit (Natürlichkeit) bezweifelt. So plädiert er implizit für den Vorrang des (dialogischen) Sprechens vor oder bei der Verfertigung von Empfindung. Nicht soll diese schon fertig sein, wo das Sprechen, Rezipieren, Verändern usw. erst beginnen muß. Er zweifelt an den „Ursachen, warum Sie den Brief nicht lesen können, oder wollen" (306). Das alte Dramenrequisit wird kaum je solche ausführlichen Besprechungen durch Figuren erfahren haben. Ungelesen kann der Brief, wie in „Emilia Galotti", die intentionalen Qualitäten des Zufalls aufweisen auf der Folie unbekannten Sprechens, das zu ignorieren äußerst präzise dramatische Funktion hat. Hier wird über das Lesen beziehungsweise Nichtlesen diskutiert, das heißt über Empfindung und ihre Verweigerung, deren Problem ganz im Gespräch expliziert wird. Nichts – wie wir schon andeuteten, selbst nicht das Gift Marwoods – wirkt lange im Verborgenen und kommt dann zur plötzlichen Evidenz; nicht erscheint eine Reihe von Zufällen plötzlich als Kette von Notwendigkeiten. Solche Tiefenstrukturen sind hier ausgeblendet. Probleme müssen der ‚Oberfläche' des Expliziten abgelesen werden.

So scheint zum Beispiel der Diener eine tiefliegende, gesellschaftlich bedingte Sprachhemmung zu verbergen, wenn er sehr vernünftig in ausgreifenden Argumenten Sara von dem abzubringen versucht, was sie nun einmal empfindet oder will; er sagt über ihre „Ursachen": „Ob sie wahr sind, weiß ich nicht; aber so recht natürlich scheinen sie mir wenigstens nicht." (ebd.) Der Interpret muß keine Sprachpsychologie betreiben, denn es wird alles gesagt; im Drama und zumal in diesem Drama ist das Gesagte die Empfindungswirklichkeit und das zu Empfindende.

„Was für Schwerdter gehen aus deinem einfältigen Munde in mein Herz! – Eben das kann ich nicht aushalten, daß er den ersten Schritt thun muß. [. . .] ich kann ihm keinen entgegen thun." (ebd.) Saras Empfindungen reflektieren gerade nicht, was gesprochen wurde. ‚Einfältig' ist die Festlegung auf die Rolle des Dieners. Vielmehr kämpft sie um das kindliche Paradox, sich nicht vergeben zu lassen; der Diener dagegen: „ist denn nicht das Vergeben für ein gutes Herz ein Vergnügen?" (307) Das wäre „natürlich", zwar keine

232 Siehe auch zur Notwendigkeit solcher Darstellung in Poesie: „Laokoon", 4. Bd. 9.

anarchische Einstellung, entspräche aber durchaus einer historischen Norm der Empfindsamkeit und Zärtlichkeit. Wiederum keineswegs glatt im Sinne historischer Programme vertritt der alte Diener diese Auffassung, und er geht zur Bestärkung und Überredung zurück in seiner Erinnerung: „Recht schmerzhafte Beleidigungen, recht tödliche Kränkungen zu vergeben, sagt' ich zu mir selbst, muß eine Wollust seyn, in der die ganze Seele zerfließt – " (ebd.). Nun hat er endlich das „Schwerdt" gefunden, das dem ganzen Anliegen, dem Sara gegenüber so trotzig blieb, diente. ‚Wollust des Leidens', über das die eigene Vergebung souverän wird, wird das Stichwort der empfindsamen Saison bleiben.[233] Aber deren Kritiker müssen achtgeben. Es ist hier dargestellt als eine rhetorisch-kommunikative Brücke zwischen den Generationen. Es verhilft zu nicht viel mehr, als daß Sara endlich den Brief liest. Auf der Figurenebene ist die Wollust, ebenso sprach- wie empfindungssüchtig, einschätzbar und manipulierbar geworden. Die auf Vokabeln wie auf Reize, auf Argumente und Erinnerungen wie auf typische Empfindungen reagierende, empfindsame Sara ist noch nicht ganz das, was das Drama in seinem Titel bezeichnet. Sie ist es partiell in ihren Sprachpartizipationen.

> Sara. Ach! – Rede weiter, Waitwell, rede weiter! (ebd.)

Im Dialog zeigt sie sich gerade unterlegen, ihre Empfindungen werden um so offenbarer; weder ihr noch Waitwell erscheint aber das Problem der trauerspielfähigen Empfindung. Diese kann nicht einseitig aus der Erwartung und Ablehnung der Vergebung interpretiert werden. Waitwell setzt nach, es seien „stolze unbiegsame Leute", „die nichts ungerner, als Vergebung annehmen" (ebd.). Im Sinne des Lebens hat Waitwell durchaus recht. In wessen Sinne aber ist dieses Drama geschrieben? Und in welchem Sinne handelt Sara, die ja hier wie des öfteren eher *be*handelt wird? Ist es das Unausdrückbare, welches sie zu dem Charakter macht, der doch wieder gut einzuschätzen ist, obwohl er als quasi himmlische Tugend gehandelt wird? Was ist aber für die Empfindende, die sagen kann „Ich bebe", unausdrückbar? Eben doch ihr Leben? Ist dieses ihre Gegenwart in ihrem Sprechen oder gerade das Abwesende am Gegenwärtigen? Solche Fragen werden als Problem der Empfindung literarisch tradiert werden.

Waitwell wird nun gänzlich zum Rhetoriker, der gute Zwecke verfolgt, und seine Gestalt kann deshalb mutieren, nachdem er sich einen „Plauderer" genannt und Sara „tugendhafte Schüchternheit" (ebd.) zugesprochen hatte:

> Sara. Lieber alter Vater, ich glaube du hast mich überredet. (ebd.)

Die rhetorische Rede, auf der einen Seite aggressives Wohlmeinen, schafft andererseits einen Raum der Anonymität, in dem die Sprecher vergehen[234] zum Zwecke eben der Empfindungen, die auch ohne alles Sprechen sich verstehen sollen.

> Waitwell. Ach Gott! wenn ich so glücklich gewesen bin, so muß mir ein guter Geist haben reden helfen. Aber nein, Miß, meine Reden haben dabey nichts gethan, als daß sie Ihnen Zeit gelassen, selbst nachzudenken [. . .] (307 f.)

Es ist ein Oxymoron in der Darstellung von Sprechen und Empfinden, daß die Selbst-Verständlichkeit des Empfindens eben doch nur im Sprechen erscheint und gerade darin vermißt wird. Da Empfindung sich aber immer darauf als auf sich selbst beruft, erscheint das in diesem Drama besonders aufdringliche Kommunizieren wie eine Retardation des Empfindens. Als dessen Gegenteil gehört Kommunikation aber zu seinem Ganzen, was

233 Vgl. Pikulik, a.a.O. S. 68–80.
234 „Ich möchte vergehen!" (Sara, 308).

das Drama dadurch erweist, daß es aus nichts anderem besteht. Nun kann unverzüglich der Brief gelesen werden. Er beschäftigt die Figuren aber noch den ganzen dritten Aufzug über. „Welche Bisse, welche Schmerzen werde ich fühlen!“ (308) fragt Sara weniger, als daß hierin ihre Bereitschaft angemeldet wird. Und der Diener weiß auch gleich, es werden „angenehme Schmerzen“ (ebd.) sein.

Der Brief repräsentiert nicht, wie in „Emilia Galotti“, die Notwendigkeit des Zufalls, sondern er ist ein ebenso zufälliges wie historisch soeben favorisiertes Produkt, um den Fluß der Empfindungen nicht nur in sich selbst als *einem* Sprechakt zu fixieren. Auch soll in der Rezeption eine notwendige Ordnung der Empfindungen erscheinen. Lessing verändert aber bereits die Funktion dahingehend, daß, bis ans Satirische reichend, der Brief wie ein okkultes Diktum schon qua Form den Blitz der Götter ersetzt. In diesen Zeiten wird der Brief als Brief so beredet, daß kaum noch etwas in ihm geschrieben sein muß. Die Wirklichkeit der Rede (in dem Brief) wird krampfhaft vor dem Erscheinen bewahrt, weil sozusagen die Empfindung immer schon alles zu wissen meint – und doch durch jedes Wort beeinflußbar ist. So steht gerade die sich oft auf das Unaussprechliche berufende Empfindung dem Gerede nah. Die Formalität des Briefes scheint fast schon das Ereignis zu ersetzen. Hierin zeigt sich die seltsam ambivalente Semantik der Empfindungen, die fast inhaltslos wirkliche Entscheidungen sind. Aber das Drama macht auf Inhalte und Bedeutungen, Veränderungen der Empfindungen aufgrund von Bewegungen im Sprachgrund aufmerksam und zeigt auch die an Petrefakte verdingte sprachliche Gewißheit von Empfindungen. Was wäre, wenn Sara den Brief, bei gleicher Dauer der Kommunikation über ihn, nun nicht läse? Vielleicht müßte der Vater selber einmal vorbeikommen?[235]

Es ist darauf nur zu antworten: sie liest ihn! Und das bedeutet, Empfindungen zeigen sich als die res dieses Dramas, die verba sind. Die durch Worte und die Erwartung von Worten, deren eine Gattung der Brief ist, erzeugten Worte sind Empfindungen. Über den Brief wird als ein Ereignis bevorstehender Worte gesprochen. Das daraus sich, etwa in der Mitte des dritten Aufzugs, ergebende Ereignis weist noch einmal auf die dargestellte Wirklichkeit hin. Die reicht nicht tiefer als die Worte. Vielmehr zeigt sich Sprache als Voraussetzung der Empfindungen, als das, was ihnen im doppelten Sinne bevorsteht. Eingebettet in die Rezeption des Briefs als Brief, als Ereignis einer Gattung des Sprechens, und der Rezeption des Briefs als Folge und Einheit konkreter Sätze, finden Vermutungen über Gesagtes und zu Sagendes, Anschuldigungen, Versicherungen, Vereinbarungen über und von wirklichen Menschen statt. Darin besteht die Wirklichkeit des Gesprächs, welches die ernsthafte Seite unendlichen Kommunizierens ist, da Empfindungen möglicherweise Sprachprodukte sind. Die Möglichkeiten zu Kommunikation und Gespräch sind beide im Dialog dargestellt. Daher sind sogar die wirklichen Menschen dramatische Variablen. Das wird um so deutlicher konturiert durch die ständigen Berufungen auf die gleichen Adjektiv-Substantiv-Verbindungen, die die Suggestion von Charakter leisten sollen; oder auch im Fernbleiben des Vaters, der seine Sätze von Dritten nur abgeben läßt, weil er vielleicht weiß und sich davor scheut: die Konstitutivität von Sprache für Empfindung sei zu entdecken; während doch zu dieser Zeit und bis auf den heutigen Tag umgekehrt gedacht werden soll – woraus letztlich alle Schwierigkeiten und im besonderen hier das Drama entspringen. Aber dieser Text bietet wie alle Literatur ein inversives Wissen dagegen.

So wird der Vater, endlich da, gerechterweise wieder nur die Folgen absehen und das

235 In der „Minna von Barnhelm“ sagt Franziska unerbittlich zum Major: „Und wir denken, daß das Briefschreiben für die nicht erfunden ist, die sich mündlich mit einander unterhalten können, sobald sie wollen.“ (Bd. 2. S. 222)

sprechend Erzeugte nun gerade physisch, aber eben im Untergang, wahrnehmen dürfen. Er kennt die Macht des Sprechens, die Sara und Waitwell im Kommunizieren auszuhalten versuchen, aber er scheitert an ihr, weil er Sprache nur als Wirkungs- und Ausdrucksmittel versteht.

Genau diese beiden Aspekte bespricht nun Sara beim Lesen des Briefs. Dramatisch erfüllt Sara mit dem lauten Lesen und Besprechen des Briefs die Funktion, die auch der Vater ihr zugedacht hatte („Waitwell. (bey Seite.) O! wenn er sie selbst sehen sollte!"; ebd.). Doch kann, wo gerade die Nähe des Empfindens zwischen Anwesendem und Abwesendem erscheinen soll, auch das Fremde entgegen der Absicht sich zeigen. Es ist ein Fremdes innerhalb der Sprache. Zwei sprechen *über* das Sprechen des einen, wohl um sich zu versöhnen oder die Empfindungsgemeinschaft zu bestätigen, aber so, daß die Qualität der Öffentlichkeit väterlichen Wirkens in den Händen der Tochter liegt. Und kein Wort dringt unkommentiert in die Öffentlichkeit; keines wird, allein schon wegen des Aussprechens und Vorlesens, ungefärbt öffentlich. Sie werden zu dramatischer Öffentlichkeit als die Empfindungen Saras. Dieser objektiven Textintention unterliegt die subjektive Bereitschaft, nur zu lesen und Wirklichkeit nur in der Geltung des väterlichen Worts anzuerkennen. Achtmal in dieser knappen Passage beginnt und unterbricht Sara ihr Lesen. „Er nennt meine Flucht eine Abwesenheit. Wie viel sträflicher wird sie durch dieses gelinde Wort! [. . .] Höre doch! er schmeichelt sich [. . .] Er bittet mich – Er bittet mich? Ein Vater seine Tochter? seine strafbare Tochter? [. . .] Uebereilte Strenge! – Zu strafen! – [. . .] Nun dankt er mir gar [. . .] Er gedenkt meines Verbrechens nicht mit einem Buchstaben. [. . .] Hab' ich auch recht gelesen? [. . .] Ich möchte vergehen! Er sagt, derjenige verdiene nur allzu wohl sein Sohn zu seyn, ohne welchen er keine Tochter haben könne. – O! hätte er sie nie gehabt, diese unglückliche Tochter! – Geh, Waitwall [. . .] Du bist ein rechtschaffner Mann." (ebd.) Es wäre also genauer zu sagen, Sara liest den Brief gar nicht vor. Sprache funktioniert auch in dem glänzenden Beispielsfall des Briefs nicht nach dem Schema von Sender und Empfänger; vielmehr ist Verstehen immer auch ein Grad des Mißverstehens, als es ja eine eigene Bedeutungskonstitution ist. Deshalb handelt Sara (lesend) – und sie ist nun auch fähig zu antworten: „in einer Stunde" (ebd.). Lax gesagt, hat sie Glück im Unglück und darf unglücklich im Glück bleiben, denn der Vater hat von „seinen Kindern" (ebd.) gesprochen, nimmt aber doch gezwungenermaßen Mellefont mit in Kauf. Da dieser Zwang durch Sara entstanden ist, ist sie die zwar unglückliche, aber doch eigentlich handelnde Heldin. Ihre Handlungen sind ihre Empfindungen.[236] Diese allerdings üben Zwang auf sie selbst aus, zunächst, allgemein gesagt, den zu sprechen. Sie sind aber auch sprachkritische Instanzen. Doch diese liegen nicht unterhalb der Sprache, sondern zeigen sich als Sprachkritik selbst. Die Kritik liegt, näher besehen, in Saras Übersetzung fremder Worte. Genau so aber, das wiederum zeigt die Darstellung kritisch, meint sie, ihre Empfindungen in Sprache übersetzen zu müssen.

Weder existieren Sätze im Brief ihres Vaters, denn es sind im Drama Saras Sätze, noch die in dem Brief, den sie nun schreiben wird (III,4), denn es ist ein Schreiben, das in den Sätzen existiert, die sie spricht. Es geht also beide Male um Texte, die im Drama gesprochen erscheinen, also nicht nur für sich sind. Da sie als Textgattungen und wirkliches Material bloß genannt werden , könnte man in ihrem Auftauchen die Darstellung der Rahmenbedingung für das Empfinden als Sprechen sehen. Dieses aber ist immer schon Veränderung des Vorausgesetzten; das Vorausliegende erscheint nur als Verändertes gegenwärtig. Qua Empfinden ist das Sprechen der Übergang selbst. Das scheint keine

236 Die Vergebungsangebote irritieren ihre Identität, wie Eibl sagt, der auch die Relevanz von III, 3 erkennt, welche Szene lange Zeit als eine der langweiligsten angesehen wurde. Siehe auch zusätzlich zu der schon genannten Literatur die Angaben a.a.O. S. 163.

Figur zu wissen.[237] Es allmählich zu empfinden, rechtfertigt Saras Untergang.[238] Jetzt aber erarbeitet Sara einen Brief. Der Zuschauer sieht und hört die Wirklichkeit dieser Arbeit, nicht den Brief. Bevor wir uns der Frage zuwenden, welche Funktion es hat, daß Sara in ihrer Arbeit gestört wird, ist kurz auf die Art dieses Arbeitens einzugehen. Ist es ein Denken aus Empfindung?

„Weiß ich aber auch schon, was ich schreiben soll? Was ich denke; was ich empfinde. – Und was denkt man denn, wenn sich in einem Augenblicke tausend Gedanken durchkreutzen? Und was empfindet man denn, wenn das Herz, vor lauter Empfinden, in einer tiefen Betäubung liegt? – Ich muß doch schreiben – Ich führe ja die Feder nicht das erste Mal.“ (309) Nun diskutiert sie mit sich selbst den „Anfang“, dann einzelne Worte, Satzstellungen usw., „denkt ein wenig nach“, „streicht aus und schreibt anders“ (ebd.). Wir werden nie wissen, was sie geschrieben hat. Cum grano salis ist zu sagen, sie hat gar keinen Brief geschrieben, ebensowenig wie der Vater: Es ist eine Fiktion innerhalb der Fiktion.

Genauso würden Fragen zu beantworten sein, ob sie wirklich betäubt sei, wo sie doch äußerst selbstkritisch arbeitet. Jedenfalls liegt hier aus Gründen der Gattung schon eine kritische Darstellung der Empfindsamkeit vor.

Sara weiß nicht, was sie denkt oder empfindet, aber das weiß sie. Der Topos einer Betäubung durch Empfindungen taucht häufiger, auch bei Mellefont, auf. Die Selbstaufforderung „Ich muß doch schreiben“ soll, obwohl Sara sich problematischerweise auf ihre Könnerschaft besinnt, nicht etwas anderes als das Empfinden bewirken. Es soll dessen Ausdruck und Mitteilung besorgen; es müßte die Ordnung des Anarchischen sein, damit dieses eine bestimmte soziale Rolle spielen kann.

Sara ist sich bewußt, gut schreiben und sprechen zu können, aber „vor lauter Empfinden“ eigentlich noch nicht sprechen zu dürfen. Sogar in diesem Drama wird also ständig die Außerordentlichkeit des Empfindens hervorgehoben. ‚Ich muß doch sprechen‘, könnte Saras Leitsatz lauten. Man spricht von kaum etwas anderem als den eigenen Empfindungen – und hat doch nur das Nachsehen? Wie stimmt das zu der literarischen, intentionalen Empfindung des Trauerspiels? Wo könnte heute Mitleid als auf uns selbst bezogene Furcht entstehen, ist wiederholt zu fragen. Wohin führen die Fehler der menschlichen Vernunft? Ist es nicht der unendliche Abstand zwischen Satz und Empfindung, der selbst wiederum empfunden wird und über den von Anlaß zu Anlaß gesprochen wird, der recht eigentlich erst sprechen macht? Hier ist es der Anlaß, einen Brief schreiben zu wollen. Normalerweise kann man sprechen und empfinden, aber wie paßt es zusammen? Sara feilt an ihrem Leben – und wird unterbrochen. Das ist folgerichtig in aller Äußerlichkeit. Im intensionalen Sinne kommt sie an kein Ende: „Ach! warum muß ich nun gestört werden?“ (ebd.) Noch kann sie den Mangel an Vermittlung von Sprechen und Empfinden der Außenwelt anlasten. Doch ist diese oberflächliche Entlastung, die sie zu ihrem Vorteil als Störung empfinden darf, der Vorschein der eigentlichen Entlastung, wie sie nur das Sterben bietet.

Darin zeigt sich für mich die Dialektik der Empfindung, die der Aufklärer Lessing entdeckt. Wie ein Signum, zumindest als eine Spur durchzieht sie die menschliche Geschichte, die wir als Literatur lesen – bis zu Musil, auffindbar gerade auch in idyllisch erscheinenden, oder weitergefaßt: in nicht-satirischen Texten. Die unendliche Differenz *und* Vermittlung von Sprechen und Empfinden macht diese Dialektik aus, die an einigen literarischen Orten fast zum Stillstand einer poetischen Empfindung gebracht zu sein scheint.

237 Das gilt trotz des Umstands, daß die Figuren die Empfindung des Leidens fühlen, es sich also fast immer um reflektierte Gefühle handelt. Siehe auch Pikulik, a.a.O. S. 78–84.

238 Insofern leidet sie nicht mehr, als sie verdient (vgl. Pikulik, a.a.O. S. 68); die Frage, „warum“ stirbt Sara, ist neu zu stellen (siehe Eibl, a.a.O. S. 161).

Wegen der intensionalen Differenz und Vermittlung haben auch äußerliche Unterbrechungen ihre Funktion, ist das Eindringen der Außenwelt in aller scheinbaren Zufälligkeit nicht nur dramentechnisch motiviert. Nun wird „Lady Solmes" (ebd.) vorgestellt. Sara berichtet vom Brief des Vaters. Marwood bemerkt, daß sie sich mit ihrem Brief an Sir William „selbst geschadet" (311) habe, als läge die Regie allen Geschehens in brieflich veräußerten Sprechakten. Auch Mellefont stellt sich dem Brief wie einem Göttersprüch: „Was hab' ich zu fürchten? Was habe ich zu hoffen?" (ebd.) ist seine rhythmisierte Reaktion. Sogar Marwood liest den Brief, und ihr wird schwindelig. Auf alle Einwände weiß Sara: „Die Verstellung bleibt immer kalt, und eine so zärtliche Sprache ist in ihrem Vermögen nicht." (312) Das sind wieder die Positionen der Figuren, deren Empfindungen als Sprachgewißheiten auftreten. Es ist der äußerst schwebende Boden ihres eigenen Auftretens. Daß Marwoods Skepsis grundsätzlich berechtigt ist, wird verdeckt durch den Umstand, daß sie ein spezifisches Interesse vertritt. Das tun aber alle dramatischen Personen; besonders auf Marwood aber ist der Makel des Partiellen projiziert. Ihr Tun ist erkennbar und allenfalls durch Verstellung unbemerkbar geworden. Sara, die kein Wort des väterlichen Briefes unkommentiert erscheinen ließ, die selbst an ihrem Brief ‚bastelte', vertraut auf die Authentizität einer „zärtlichen Sprache". „Sie will sich niedersetzen zu schreiben" (313) und wird, folgerichtig, wieder gestört (III,6). Auch Betty bekommt den „zärtlichen Brief" (ebd.) zu lesen. Es ist also die zärtliche Rezeption einer zärtlichen Sprache eines zärtlichen Briefs eines zärtlichen Vaters.

Aber so wie gewünscht kann der Vater den dramatischen Gang der Handlung nicht mehr entscheiden. Er wird zur Funktion einer allgemeinen Kommunikation, in der die Empfindungen wie Sprachinseln auftauchen, aber eben doch nur Sprachpartikel sind, störend manchmal, aber nie abschließbar und die Kommunikation beendend. Denn Kommunikation wird um der Empfindungen willen betrieben, doch werden diese gerade von jener gelenkt. So verliert man den Brief Saras allmählich aus den Augen. Ihre Empfindungen werden nie ganz, und gar in einem Sprechakt, entdeckt sein.

Des Vaters Brief hat so seine Wirkung getan, Kommunikation gestiftet, alle haben ihn gelesen, aber es reicht die undifferenzierte Meinung, es sei ein zärtlicher Brief. Dem Vater reicht der ‚authentische Bericht' des Dieners: „Was für Balsam, Waitwell, hast du mir durch deine Erzählung in mein verwundetes Herz gegossen!" (314) Beide sprechen von ihrem baldigen Tod, der Gnade Gottes, einem Sterben in Versöhnung, rückblickend auf „Welt" und „endliche Trennung" (ebd.); „denn der Schmerz eines Vaters mag wohl bey solchen Gelegenheiten unaussprechlich seyn" (ebd.), das betrifft die Unzufriedenheit über eine möglicherweise ewige Trennung, die in der Tat keine Kommunikation zuließe, wohl allerdings, wenn man Trennung nur als Thema nimmt. Das Unaussprechliche ist beliebtes und höchst kommunikatives Thema. Es wurde hier eben nicht vom Vater, sondern von dessen Diener ausgesprochen. Auf solche Weise geht an dieser Stelle alles in Ordnung. Der Vater: „Ich will allen Unterschied zwischen uns aufheben; in jener Welt, weißt du wohl, ist er ohnedieß aufgehoben." (315) Auch dieser Zustand, ernstgenommen, würde wohl das Ende der Kommunikation bedeuten. Interessanterweise ist aber das Drama noch nicht am Ende.

Zwischen dem Nichtaussprechenkönnen und dem völligen Ausgesprochensein liegt die ganze hiesige Welt (des Trauerspiels), vielleicht nur als Äußerungsraum unserer Schmerzen.[239]

Konstituiert sich das Individuum aus diesen, so sind andererseits seine Äußerungen den Moralkodizes, die das Individuum vertritt, noch nicht gewachsen.[240] Die Phase neuer

239 Zum Thema ‚Einsamkeit und Öffentlichkeit' vgl. F. Tönnies: Gemeinschaft und Gesellschaft. Grundbegriffe der reinen Soziologie. Berlin [5]1922. Siehe auch Pikulik, a.a.O. S. 98.

240 So auch Eibl, a.a.O. S. 180.

Intersubjektivität ist mit Opfern verbunden,[241] die Sara den Kommunikationsvorstellungen Williams und Waitwells bringt. Sie als Opfer ist deren Deutung.

Zwischen dem amorph Gleichen im Unaussprechlichen und dem im verdienten Paradies liegt der Testraum einer der wichtigsten Prämissen der Aufklärung: Individualität und Gleichheit. Von ihnen scheinen die Entwürfe des amorph Gleichen, in das sich gerade das empfindsame Sprechen der Subjektivität so gerne zurückziehen möchte, eher abzulenken. Aber diese Welt ist kein Kosmos mehr, sondern einschließlich der sie konturierenden Fluchtpunkte ist sie der common sense der Subjektivität. Und von deren repräsentativer Rhetorik oder Öffentlichkeit muß sich das Drama am Beispiel seiner Protagonistin absetzen, um eine neue Öffentlichkeit zu schaffen, die dem Stil des common sense zuwiderläuft: Sara läßt sich auf Kommunikation ein, kann ihre Subjektivität aber nicht in gelungenen Sprechakten (Brief) gewinnen und dokumentieren.[242]

Zu dem neuzeitlichen Paradox von Subjektivität und common sense[243] könnte man Lessings Schriften insgesamt lesen,[244] der ja ein Verständnis von Kritik entwickelte, das sich gegen den common sense, als tendenziellen sensus omnium, wie gegen dessen Kehrseite, die private Meinung, richtete. Trotzdem nimmt Lessing den ‚Gemeinsinn' wörtlich, woraus aber neue Bedeutungen entstehen. Die Öffentlichkeit, heute als Sphäre totaler Kommunikation verstanden, liegt schon in der Allgemeinheit von Bedeutungen, die sich Lessings Texte sozusagen borgen, um gegen sie, aber in einer neuen Allgemeinheit die „Rettungen" der Individualität vorzubereiten.[245] Damit entsteht eine ganz neue Korrelation von Autonomie und Öffentlichkeit,[246] wie sie diskursiv etwa die „Briefe, die neueste Litteratur betreffend" vertreten. Sie ist viel zu vage, wenn auch orientierend, mit ‚bürgerlich' bezeichnet.[247] Wenn heute die Zeitung die Veröffentlichungsform privater Meinung geworden ist, so ist an der Funktionalisierung des Briefes die Öffentlichkeitsarbeit Lessings zu studieren: wie das Trauerspiel, dessen öffentlichkeitsstiftender Stil sich Autonomie verschafft, beim Untergang seiner Heldin, die, den Brief lesend, ihn dennoch als *ihr* Sprechen vorträgt, sich gängiger Meinungen und Empfindungen bedient, wie das Trauerspiel repräsentative Öffentlichkeit in den Figuren gefährlich/selbstgefährdend werden läßt; wie die bloße Privatheit, deren Pendant die Geschwätzigkeit ist, sofern diese deren pure Veröffentlichung ist, so daß gerade im veröffentlichten Privaten nur das Allgemeine auf Allgemeines trifft, – unterbunden und doch auf deren Gefahren für die bloße Rezeption dadurch hingewiesen wird, daß dieses Geschehen zuerst allein in den Empfindungen Saras dramatisch wird, obwohl dann alle am Brief wie an einer Zeitung Anteil haben dürfen. Durch das bloße Erscheinen des Briefs scheint schon sinnvolle Kommunikation, Intersubjektivität, Gemeinschaft gestiftet zu sein. Dieser Schein, gegenüber dem das Drama autonom wird, ist mitdargestellt. Er macht kritischerweise nicht das Ende des

241 Vgl. Eibl, a.a.O. S. 165 f.

242 Vgl. neben Habermas (a.a.O.) auch G.v. Graevenitz: Innerlichkeit und Öffentlichkeit. Aspekte deutscher ‚bürgerlicher' Literatur im frühen 18. Jahrhundert. In: Deutsche Vierteljahrsschrift f. Literaturwiss. u. Geistesgesch. 49 (1975). Sonderheft. S. 1–82. Zur empiristischen Affektlehre und zur religiösen Innerlichkeit: „So stark die ‚Überprüfung' Reflexion fördert, so wenig erweitert sie die Beschreibungsmöglichkeiten für die inneren Vorgänge" (S. 7, Anm. 5). „Äußeres kann noch immer heuchlerisch sein, *fehlende* Äußerlichkeit allerdings ist mit Sicherheit Ausdruck wahrer Gottlosigkeit" (S. 9). Vgl. weiterhin H.C. Seeba: Die Liebe zur Sache. Öffentliches und privates Interesse in Lessings Dramen. Tübingen 1973.

243 Siehe auch die Besprechung Gadamers, a.a.O. S. 16–27.

244 Bes. zu erwähnen sind: „Die Juden", „Der Freygeist", „Minna von Barnhelm", „Anmerkungen über das Epigramm", „Der Recensent. . .", „Rettungen des Horaz", „Ernst und Falk".

245 Siehe beispielsweise „Rettungen des Horaz" (Bd. 5. S. 277, 283 f., 298).

246 Zur „Minna von Barnhelm" vgl. Nolting, Klassenbegriff und Literaturbegriff, a.a.O.

247 Dazu A. Wierlacher: Zum Gebrauch der Begriffe „Bürger" und „bürgerlich" bei Lessing. In: Neophilologus 51 (1967). S. 147–156.

Dramas aus. Die fiktionale Gesprächsform ist die literarische Probe kommunikativer Öffentlichkeit, die ja in aller Zärtlichkeit noch feudale Züge aufweisen kann.[248] Wenn Empfindsamkeit bereits als potenzierte Bürgerlichkeit eingeschätzt werden soll,[249] so ist sie einerseits keine genuin pietistische, andererseits aber auch keine primär bürgerliche Qualität, allenfalls deren Generator. Denn zu einer Zeit, als der Begriff ‚Familie' erst in die Umgangssprache eindringt, ist Sir William durchaus, wenn auch in der dezenten Form seines Briefes, der repräsentierende Adlige (Schiller), nicht der arbeitende und produzierende (Habermas) Bürger. Er ‚hat' keinen Beruf, ist weder Stadtbewohner noch Staatsuntertan.[250] Engländer ist er insoweit, als seine Zärtlichkeit die des „moral sense" ist, in dem die altruistischen Neigungen (Shaftesbury) so fundamental sind wie die Egoismus-Ethik (Hobbes). Ob und wie etwa im Vater die Prinzipien von „each for himself" und „each for all" zu vereinigen sind, gar in einem Konzept, das alle Moralität von Empfindungen abhängig sein läßt (Hume), möge für den außerliterarischen Raum dahingestellt sein.[251]

Sulzer stellte, dies noch zu erwähnen, die Empfindung hierarchisch über das Vermögen des Verstandes, da in ihr alle Teile als Ganzes vorgestellt werden können, worin sich das Gefühl der Lust kundtut; andererseits sprach Herder vom „Ocean der Empfindungen".[252] Bei all dem bleibt die Frage, ob Empfindung jemals eine andere legitime Öffentlichkeit erreichen könnte als die literarische. Fluchtpunkt aller Öffentlichkeitsstrategien für ein Verhalten aus Empfindung blieb die Kategorie der Zufriedenheit;[253] zentral für die bürgerliche Ethik, fragt sich doch, wie solche Kategorie, die ja selbst eine Gesamtempfindung benennt, literarisiert werden kann, gerade im Trauerspiel, vom „Sturm und Drang", der Spätromantik usw. ganz zu schweigen. Schon Kant anerkannte den Schmerz als Triebkraft gegenüber der Ruhe als „eigentlichen Originalzustand" (gegen Lockes „uneasiness" und Dubos' „inquiétude").[254] Empfindung, als Leidenschaft zumal, behält auch das Stigma, ‚passio' zu sein.[255]

Zudem behält Empfindung in der Beglaubigung von Subjektivität weiterhin den Makel

248 Im diskursiven Bereich nähert Lessing sich ja ebenfalls in Form von ‚Briefen' der literarischen Erprobung von common sense, insbesondere dem klerikalen und politischen. (Zur Eigenständigkeit des „Briefwechsels" zwischen Mendelssohn, Nicolai und Lessing vgl. den Kommentar Schulte-Sasses, a.a.O. S. 168 ff.). Dabei wird Publizität nicht nur als Entblößung und Kritik verstanden, sie kann sehr wohl in der Verwendung von sprachlichen Fertigteilen Autorität und Repression lancieren (vgl. W. Gaede: Publizistische Technik in der Polemik Gotthold Ephraim Lessings. Berlin Diss. 1955; E. Schilbach: G.E. Lessing als Journalist. München Diss. 1953; subtiler geht Bohnen [a.a.O.] vor). Man lese zum Funktionswandel der Publizität, zu den immer mehr divergierenden Ansprüchen von Literatur und Presse neben den ‚Briefen' und ‚Rettungen' Lessings Rezensionen, die „Beyträge zur Historie und Aufnahme des Theaters", das ‚Faust-Fragment', „Anti-Goeze" (z.B. den 10. Beitrag), „Ernst und Falk" (siehe dazu R. Koselleck: Kritik und Krise. Eine Studie zur Pathogenese der bürgerlichen Welt. Frankfurt a. M. [3]1979. S. 68 ff.), aber z.B. auch die Kritik der Familie in „Emilia Galotti", um nur einige Beispiele zu nennen. – Dagegen konnte in den Zeitschriften Publizität allenthalben als *direkter* Ausdruck von Subjektivität und Gemeinsinn propagiert werden, zumal das sehr hilfreich für die Ausbildung einer deutschen (bürgerlichen) Sprache (siehe dazu Martens, a.a.O.) war.

249 So auch L. Balet / E. Gerhard: Die Verbürgerlichung der deutschen Kunst, Literatur und Musik im 18. Jahrhundert. Hg. G. Mattenklott. Frankfurt a.M./Berlin/Wien 1973.

250 Zum ‚Aufstieg des Bürgertums' siehe auch Sauder, a.a.O. S. 34, 50.

251 Beispielsweise war ja das Gefühl bereits als „schnelle Vernunft" akkreditiert. – Siehe neben unserem Kapitel über die Geschmacksdebatte auch Sauder, a.a.O. S. 125–130.

252 J.G. Herder: Abhandlung über den Ursprung der Sprache. Sämtliche Werke. Hg. B. Suphan. Bd. 5. Berlin 1891. S. 34.

253 Sauder, a.a.O. S. 128 ff.

254 A.a.O. S. 129 ff.

255 Vgl. zu den drei Stadien der Empfindsamkeit (mit Literaturangaben) Sauder, a.a.O. S. 19 ff.

bloßer Privatheit;[256] selbst in Diskussionen über das Junktim von Empfindsamkeit und Einbildungskraft, worauf die Frühromantik gelegentlich zurückgreift, wodurch aber auch Kategorien wie „Aufrichtigkeit“ wichtig wurden (nach 1800 kaum mehr verwendet, statt dessen: echt, natürlich, Erlebnis u.ä.).[257] Andererseits soll Empfindung die sincerity begründen, eigentlich eine ideale Kommunikationsgemeinschaft.[258] Lessings Drama ist zu komplex, als daß es ohne diese Hintergründe wäre, komplexer allerdings auch als sie und als die späteren Diskursanstrengungen. Es zeigt die eigenen Bindungen an ‚die Empfindsamkeit‘, die es wesentlich auch mitinszeniert hat, indem es sich von ihnen als deren Probe befreit, so daß es heute noch Furcht und Mitleid erzeugen kann. Man muß es allerdings interpretieren, damit man so empfinden kann. Ohne Interpretation stand das Drama schon in seiner Zeit zwischen den programmatischen Fronten, das heißt man las es eigentlich nicht als *literarische* Empfindung.[259]

Alles spielt sich in einem Gasthaus, einem prominenten Ort für öffentliche Kommunikation, ab. Wir wollen nicht die damit zusammenhängenden politischen Implikationen ausradieren zugunsten einer anthropologischen Grundkonstellation. Auch verdeutlicht die von einem Gottsched sicherlich nicht ganz zu akzeptierende Raumverteilung nicht nur eine figurale und ethische Konstellation;[260] nicht sind hiermit Privat- und Öffentlichkeitssphären polarisiert.[261] Im Gegenteil zeigt das Beispiel des Briefes, ja des Sprechens im Drama überhaupt, daß Öffentlichkeit jeweils aus dem Bezug des Sprechens zum Gegenstand, der im Sprechen selbst, aber nie für sich zur Sprache kommt, herzustellen ist. Erst aus der Öffentlichkeit zwischen den Entwürfen und Widerständen, zwischen den bereiten Empfindungen und dem zu Empfindenden, zwischen den Dingen und Menschen, kann Kommunikation entstehen, die nicht lächerlich ist. Und genau in solchen Empfindungen als Sprachprozessen hat das „Gasthaus“ seine Funktion. Heute müßte es doch immerhin noch die Funktion behalten haben, die Interpreten zu warnen, das zu tun, was sie vom Drama behaupten, nämlich das Geschehen in einen „privat-persönlichen Bereich“[262] zu verlagern oder „in die Intimität des Privatbereichs“.[263] Andererseits bilden sich Figurenkonstellationen auf der kontrastiven Folie der Zimmer in den beiden Gasthäusern zum Zwecke derartiger Kommunikationsakte so, daß etwa Lukács' bekannte Qualifizierung des bürgerlichen Dramas nach Standesdifferenzen nicht weiterhilft.[264] Oft ist eher das Miteinandersprechenkönnen als die Verschiedenheit der Sprecher kritisch dargestellt.

256 Etwas verkrampft wirken die Versuche, „Empfindsamkeit“ von „Empfindelei“ abzugrenzen. Nach den Kategorien von Tetens stellt Campe fünf Gegensatzpaare auf. Dazu Sauder, a.a.O. S. 154 f. Siehe weiterhin Doktor, Die Kritik der Empfindsamkeit, a.a.O. S. 9 ff.

257 Sauder, a.a.O. S. 160.

258 Ebd.

259 Relativ spät eigentlich etabliert sich die Moralphilosophie in Deutschland. Erst spät auch tauchen Gedanken über den Grund der Sympathie auf; wird selbst Liebe nicht nur pietistisch und durchaus positiv eingeschätzt (Schmidt, Geschichte des Selbstgefühls, a.a.O. S. 23–108: „Einfluß der Empfindungen auf das Selbstgefühl“). Bis zu Musil bleiben solche Gedanken virulent, aber sie erklären natürlich nicht die literarische Darstellung; ebenso spät anerkennt man Gefühle als Modifikationen der „Total-Empfindung unseres Subjekts“ (Irwing), Empfindungen als Handlungshemmungen (Ch.F. Timme: Der Empfindsame Maurus Pankrazius Ziprianus Kurt, auch Selmar genannt. Ein Moderoman. 4 Teile. Erfurt 1781/82), die ja auch eine Form der Reflexion sind, allerdings neue Probleme für ein Drama aufwerfen. Timme unternimmt innerhalb des Romans den „Versuch einer Theorie der Empfindsamkeit“ (S. 40–67), hat aber zuvor schon kundgetan, daß „jedes Zeitalter der Welt seine eigene Puppe gehabt“ (S. 4) habe. Die gegenwärtige sei neben der Sucht nach „mehr Kindern“ (S. 5) die sogenannte Empfindsamkeit.

260 So die These Eibls, Kommentarband, a.a.O. S. 143.

261 Das betont Guthke, a.a.O. S. 45.

262 Mauser, a.a.O. S. 19.

263 Barner, a.a.O. S. 141.

264 G. Lukács: Zur Soziologie des modernen Dramas (1909). Teildruck in: ders.: Schriften zur Literatursoziologie. Hg. P. Ludz. Neuwied 1961. S. 261–295, 277.

Manchmal erscheint die Kommunikation selbst wie eine „Harlequinin der Harmonie" („Eine Duplik". Bd. 13, S. 68). Um so schärfer tritt aber gerade heute das Problem der Empfindung und ihrer Sprache hervor. Es ist weder in öffentliches noch in privates Leben einzugrenzen,[265] weder liegt es nur im „Winkel" („Minna von Barnhelm". Bd. 2, S. 245) noch in der „großen Welt" (S. 255). Sprache ist immer schon Dialog, auch wenn die Figuren lange allein sprechen. Ihre Verselbständigungen sind Verständigungen über sich selbst, nicht Abdruck eines unmittelbaren Inneren. Die Empfindsamkeit von Lessings Figuren zeigt sich in eigentlich unabschließbaren Reflexionen und Reaktionen auf die Worte des anderen.[266] Das Innere ist *nicht* der Ort der Wahrheit, wie immer wieder und zumindest im Blick auf Lessing falsch angenommen oder kritisiert wird. Das Wahrheitsprinzip kann nur ein dialogisches sein. Damit Empfindungen gar nicht erst als monadische oder monologische Existenzweisen mißverstanden werden, ist zum Beispiel jeder Figur eine Dienerfigur zugeordnet, wodurch die grundsätzliche dialogische Erkenntnisform des Dramas noch betont wird. Dennoch und gerade deswegen kann Kommunikation als schlechte Form des Empfindens kritisch dargestellt werden, wenn sie differenz- oder gegenstandslos abläuft.

f. „Dieses rebellische Etwas"
(Rätsel und neue Subjektivität)

(Raumpositionen, Handlungssteigerungen – semantische Anwesenheit Marwoods – Lust an der Schuld – Qual und Glück des Empfindens – Aufregung und Sprachlast – Subjektivitätsproblem – Zukunft und Gegenwart – Identität des Herzens – Todesahnungen – Überlebenswille – Neuerungen – Gewissen – „trauriger Vorwurf" – Selbstentzweiung als Sprachverwirrung – das Numinose – gestörte Synthesis – Endlichkeit oder Vergänglichkeit – Charakterzwang – Standhaftigkeit – Selbstaufklärung versus Versöhnung)

Der vierte Aufzug beginnt in Mellefonts Zimmer, welches auch weitgehend der Schauplatz des ersten Aufzugs war. Außer in kurzen Szenen zwischen Sir William und Waitwell im Saal des Gasthofs (Anfang des ersten Aufzugs und dritter Aufzug) fand das Geschehen des zweiten Aufzugs bei Marwood, das des dritten bei Sara statt. Die Auseinandersetzung zwischen Marwood und Sara (IV, 8) wird in Mellefonts Zimmer stattfinden. (Im fünften Aufzug ist wieder Saras Zimmer der Schauplatz.) Marwood muß über Mellefont zum Eindringling werden, das von ihr gewählte Zuhause verlassen. Je mehr der Ort Saras in der Verklammerung mit dem Mellefonts zum Schauplatz wird, um so mehr zieht sich hier, letztlich dann in der Person Saras, die Handlung zusammen. Täuschung und Erkenntnis Saras geschehen im Zimmer Mellefonts. Allein bei sich wird sie sterben unter der Anwesenheit aller außer eben Marwoods, die ihr Gift in Sara zurückgelassen hat. Ihr Zimmer wird gänzlich zum öffentlichen Platz.

Mellefont ist natürlich der tiefere, negative Anlaß aller Treffen. Er dankt in IV allmählich ab. Hierin könnte man das Fallende des vierten Aufzugs sehen. Andererseits enthält er die Steigerung, wenn nicht schon die Katastrophe (IV, 8). Mellefont, dem noch ein kurzer Monolog (IV, 2) gegönnt ist – ähnlich Sara in III, 4 –, wird mehr und mehr zum Mittler. Marwood war schon anwesend, während Sara an ihrem Brief schrieb und an

265 Vgl. auch die Funktion der Briefe, der Gasthaussituationen, von Geheimnis und öffentlichem Sprechen in der Komödie: „Der junge Gelehrte" (Bd. 1. III, 13, 15); „Minna von Barnhelm" (Bd. 2. I, 9, 10; II, 8; III, 10).

266 „Minna von Barnhelm" (Bd. 2. V, 9). Interessant wäre auch ein Vergleich mit den „Zärtlichen Schwestern" von Gellert, a.a.O. I, 1 (dazu die theoretische Bemerkung des Herausgebers, S. 150 f.).

ihren Vater dachte. Eigentlich nur in ihrem vergessenen Traum sind die objektiven semantischen Energien der Marwood aufbewahrt; für den Zuschauer nur die Form ihres Dazwischentretens als mögliche zukünftige Bedeutung. Jetzt aber, auch so könnte zunächst ‚das Fallende' interpretiert werden, ist Abwesendes, über das gesprochen wurde, durch den Brief zum Anwesenden geworden. Selbst Mellefont will dem Vater einen Brief schreiben (316). Das empfindsame Umgehen mit Briefen zeigt eine Scheu vor Handlungen, die noch nicht gänzlich semantisch präfiguriert sind. Darin liegt das Reflexionspotential der Empfindungen, aber auch ein problematischer Schutz der Sprecher vor dem Empfindungspotential ihres Sprechens; dramatisch gesehen höchst bedenkliche Einstellungen zur Gegenwart, falls diese nicht nur aus selbstgenügsamer Kommunikation besteht. Daß aber aus Gesprächen erst die menschliche Welt entsteht, ist eines der Axiome aller Dramatik.

So geraten nun Mellefont und Sara in liebevolle Konkurrenz um ihre Positionen, – und es wird aus diesem Geplänkel ein unüberwundener Ernst wieder entstehen, eine Aufmerksamkeit bei allem Sprechen auf das, was sprechen läßt. Das ist gleichzeitig dasjenige, welches Unruhe stiftet und sich nicht wegkommunizieren läßt. Mitteilung schafft Aufmerksamkeit, vielleicht Erleichterung, aber als nur *eine* Relation von Sprache kann sie allein die Empfindungen nicht ordnen.

Zunächst sprechen sie wie selbstverständlich von ihrem „Verbrechen" (315). Hieran will man sich offensichtlich gemeinsam fühlen. Aber jeder möchte schuldig sein, der Auslöser tieferen Gefühls. Mellefont: „Ich allein bin schuldig; ich allein muß um Vergebung bitten." (ebd.) Sara, schon im gewohnten Schema: „Nein, Mellefont, nehmen Sie mir den grössern Antheil, den ich an unserm Vergehen habe, nicht. Er ist mir theuer, so strafbar er auch ist" (ebd.).

Genau in die beiden Partikel der Verneinung eingeschoben, zeigen Vergehen oder Verbrechen auf sich als das umworbene Gute. Als gäbe es für die Strafbarkeit eine befragbare Instanz, täuscht die Sprachsicherheit der Empfindenden die beiden über die Verfassung ihrer Kommunikationsgemeinschaft, welche sich ja nur geeinigt hat auf „Verbrechen", das ‚natürlich' strafbar ist; ihre Mitglieder nun können liebevoll um ihren Empfindungsanteil streiten. Sara fährt fort: „denn er muß Sie überzeugt haben, daß ich meinen Mellefont über alles in der Welt liebe. – Aber ist es denn gewiß wahr, daß ich nunmehr diese Liebe mit der Liebe gegen meinen Vater verbinden darf?" (ebd.)

Unter dem Aspekt dieses Problems wird klar, warum es heute keine bürgerlichen Trauerspiele mehr gibt, allenfalls im privaten Einzelfall, aber nicht mehr auf der Bühne. Wir beziehen uns dagegen auf den dramatischen Vorwurf, daß bei Einigung auf bestimmte Begriffe, die wie Instanzen wirken, eine problematische sincerity entsteht, innerhalb derer man sich einig fühlt, um streiten zu können. In diesem Sinne, wie im vorigen Aufzug, ist nun geklärt: Die Einigung (nicht nur auf Begriffe, sondern auf die das Spiel beherrschenden Probleme, wie sie von den Rezipienten oft allein rezipiert werden) wird zum höchsten gemeinschaftlichen Selbstgefühl gesteigert. Dazu dienen insbesondere Wortdebatten. Doch so endet dieser Auftritt nicht.

Zunächst weiß Sara: „ich bin wirklich glücklicher" (315 f.), dann aber schon: „glücklicher, als es vielleicht dieses kurze Leben zuläßt" (316), sodann: „Was für Ahnungen quälen mich! – Sind es wirklich Ahnungen, Mellefont, oder sind es gewöhnliche Empfindungen, die von der Erwartung eines unverdienten Glücks, und von der Furcht es zu verlieren, unzertrennlich sind? – Wie schlägt mir das Herz, und wie unordentlich schlägt es!" (ebd.)

Auch hier wird eine Metapher verdinglicht. „Armes Herz!" (ebd.), schließt Sara ihren ‚Monolog'. Immer wenn die Rede den Redenden dirigiert, den Ausgangs- und den Zielpunkt (hier den einer glücklichen Kommunikation) verändert, führen Metaphern der Empfindung besonders deutlich Regie. Aber durchaus von Sara werden in der Klimax vom

Glück zur Unordentlichkeit die „gewöhnlichen Empfindungen" in Frage gestellt. Durch die Gattung schon ist der Rezipient mit dem trivialen und brutalen Wissen ausgestattet, daß Glück, zumindest an dieser Stelle, nicht sein kann. Das ist aber noch keine Erkenntnis. Glück kann nur ein subjektiver Entwurf sein, es ist hier eine im Nu auf die Probe gestellte Empfindung. Versichert sich diese Empfindung sprechend, so werden ihre Objektivationsgelüste von ihr selbst oder objektiv vom Sprechen erstickt. Es kommt das Gegenteil heraus, ohne daß das momentane Gefühl vom Glück aus der Welt wäre. Solche in einigen Sätzen gegenwärtig dokumentierten Erfahrungen der Subjektivität zeigen eine fast absurde Struktur des Empfindens. Nur das sich selbst verlassende Empfinden war einmal.[267] Schon schlägt das glückliche Herz unordentlich. Es gibt keine im Wesen undialektische Empfindung. Darin liegt die Urtat unserer Sprache. Deshalb wird sie von den Empfindenden oft gehaßt, obwohl sie im Haß gerade ignorieren, weshalb sie hassen können und es wissen. Daß sie sich aufregen – und was sie aufregt, ist ja Produkt ihres Sprechens. „Mein Leben war ihr Tod" (ebd.), diese sentenziöse Metapher Saras für ihre Geburt und ihr Verhältnis zur Mutter, könnte auf das von Sprechen und Empfinden übertragen werden; doch so, daß dieses in jenem weiterlebt. In der unendlichen Negativität der Empfindung spiegelt sich die unbegriffene Freiheit der sprechenden Menschen. In der unendlichen Negativität des Sprechens sucht die Empfindung Positionen, von deren Hinfälligkeit das Trauerspiel zeugt. Das hierin erkannte subjektive Problem der Subjektivität, die sich selbst in Positionen oder Negationen aufs Spiel setzt, hat sich in der Literatur festgesetzt, während es in der Philosophie „bis heute allein"[268] geblieben ist. Denn eben die Subjektivität, die nicht aufs Spiel gesetzt wurde, ist nie Erfahrung geworden. Zu solchem Spiel zwingt das Drama seine Heldin. In wenigen Sätzen hat Gegenwart sich verkehrt. Sara kann nicht Empfindungen bemessen und dann langsame praktische Schritte tun wie ihr Vater.

Vielleicht sind Ahnungen ganz gewöhnliche Empfindungen, wenn doch die gefühlte Gegenwart aus Unzertrennlichem besteht, das sich auflösen, das heißt einseitig werden muß. Die mantischen Potentiale der Empfindungen, die nichts als ihr Überleben ermöglichen sollen, realisieren sich vielleicht als Ahnungen, deren Semantik immer eine zukünftige ist, über die sich schlecht schon sprechen läßt, ohne die Gegenwart dieser Zukunft zu hypostasieren oder sie gar an diese zu verraten, was ja gerade verhindert werden soll.

So beruhigt denn auch Mellefont sich und Sara fast wie ein Fiberntheoretiker, um die Gegenwart zu retten als ein Sprechen über das, was ist. Doch ist das, was ist, in einem tieferen Sinne jeweils schon gestorben: es seien „Wallungen des Geblüts", kein Herzschlag „zielet auf das Zukünftige" (ebd.).[269] Und Mellefont verbietet, „des Bluts mechanische Drückungen zu fürchterlichen Propheten" (ebd.) zu machen. Ohne es zu bemerken, zerschlägt er damit eine, ohnehin ambivalente, metaphorische Instanz, die neuerdings zu kommunizieren erlaubt: das Herz. Gerade eben als eine Art Muskel beschrieben, wird er sich mit Fleiß weiterhin darauf berufen.[270] Aber die Identität des Herzens ist erschüttert.[271]

267 Kann Empfindung vielleicht in der Lyrik auf ihre Zukunft verweisen? Oder ist das paradoxerweise in der Erzählung (Musil) der Fall?

268 Ritter, a.a.O. S. 32.

269 Dieser negative Umstand macht ja übrigens die Empfindungen für eine philosophische Dialektik so suspekt; das hier ist die von Mellefont wiedergegebene ‚Meinung'.

270 „Es bleibt eine zitternde Bebung oft noch lange zurück, die wir ihrer eignen Abschwächung überlassen müssen." (317)

271 Wenn diese für dieses Drama immerhin ungewöhnliche Beobachtung richtig ist, muß das entscheidende Konsequenzen für eine Geschichte der literarischen Empfindung haben, die eventuell auch einmal eine Untersuchung der Epoche der Empfindsamkeit leiten könnten; noch zum Beispiel bei E.A. Poe meldet das Herz seine, allerdings fürchterlichen, Identitätsansprüche an („Das verborgene Herz").

Sehr kunstvoll läßt Lessing Sara auf Mellefonts kleine „Besänftigung dieses kleinen innerlichen Sturms" (ebd.) nicht antworten. Todesahnungen sind nicht schon als solche motivisch gerechtfertigt in einem Trauerspiel. In diesem ahnt jede Empfindung (Saras) ihr Ende – zum Trauerspiel aber gehören sie nur, sofern sie *nicht* ausgedrückt wurden. „Itzt eilt es wieder, als ob es die letzten Schläge wären, die es gern recht schnell hinter einander thun wolle. Armes Herz!" (ebd.) In dieser metaphorischen Selbstbeobachtung[272] zeigt sich der objektive Trauerspielgrund der Empfindung. Dem entrinnen Mellefonts Bemerkungen keineswegs. Sie sind nur einfältiger im Bezug auf die mögliche Semantik von Empfindungen. Insofern lebt es sich mit ihnen ungestrafter. Aber eigentlich verzichten seine Bemerkungen auf das Überleben von Empfindungen, die nicht zu Begriffen eines attributiv geordneten Lebens trivialisiert sind. Saras Empfinden muß das Paradoxe realisieren, daß die Mantik ihrer Empfindungen (wie auch am Beispiel des Traums noch zu besprechen sein wird), die ja eigentlich der Rationalität des Überlebens verpflichtet ist, sie zu einem neuen Subjekt macht, dessen Wille zu überleben nicht mehr gesichert ist. Die Gründe dafür müssen gefunden werden, falls heute noch vorausgesetzt werden darf, daß die Menschen an ihrem Überleben interessiert sind.

Das Neue der Subjektivität wird sofort auch in diesem Drama wieder eingeäschert, nicht nur durch Mellefonts wissenschaftliche, das heißt hier bereits meinungshafte, Beruhigungen, sondern durch Sara selbst.[273] Mellefont „will so gleich schreiben", an „Sir William" (ebd.). Hier erwacht Sara wieder zum gewöhnlichen Leben, in dem die Zeitgenossen allerdings das Neue sehen mußten. Mellefont solle sich „an einen weit zärtlichern Namen" (ebd.) gewöhnen. „Mein Vater, Ihr Vater, Mellefont – – " (ebd.). Interessant ist, daß es bei Gelegenheiten solcher Neuerungen im Dramengegenstand eigentlich keine Sprachverwirrungen gibt, wie sie Saras und auf einer anderen Ebene Mellefonts (zum Beispiel in IV, 2) Empfindungen verursachen. Vielmehr erzeugen solche Augenblicke Einigung. Mellefont hat „diesen süßen Namen" (ebd.) selten nennen können, da er seine Eltern früh verlor. Das ist kaum nachzuprüfen und weniger wichtig als die adjektivische Besetzung sogar von Namen mit Empfindungen. So läßt sich sprechen. Sara „ward eine Muttermörderinn wider mein Verschulden" (ebd.), und es hätte nicht viel gefehlt, „so wäre ich auch eine Vatermörderinn geworden"; allerdings schiebt sie die Schuld an letzterem ein bißchen auf das Fehlen einer „zärtlichen Mutter" als „Führerinn" (317). Doch seien die „Fügungen" des „Schicksals" „immer die besten" (ebd.). So habe sie eigentlich Mellefont und ihren Vater erst recht lieben können. Was hier ein wenig ironisch referiert wurde, soll zeigen, daß Sara in die Form eines Glaubens zurückfällt, der zwar historisch erregendes Material geliefert haben mag und die Kommunikation wieder funktionieren läßt, aber eben doch nur die formale Qualität eines Wissens hat, in dem sich ihre Empfindungen nicht beruhigen können. Deren neue Art von Subjektivität ist sogar an dieser Stelle nicht ganz verschleiert, etwa im Kontrast zu ihrem Vater: „Wenn ihn sein Schicksal auch noch so alt und Lebenssatt sterben läßt, so wird mein Gewissen doch nichts gegen den Vorwurf sichern können, daß er ohne mich vielleicht noch später gestorben wäre. Trauriger Vorwurf [. . .] " (ebd.)

Das „Gewissen", welches in I, 1 eine ganze Welt ersetzen konnte, ist nicht eindeutig als christlich-subjektive Instanz zu identifizieren. Es scheint die Produktion des „Vorwurfs" selbst zu leisten. Neigte man dazu, das zu behaupten, wären die ersten aus dem Christentum kommenden Gedanken an die menschliche Freiheit mit Trauer verbunden.

272 Natürlich kann man Empfindungen nicht *beobachten* wie andere Gegenstände, wohl aber Metaphern an sich selbst wie an ‚anderen'. Siehe G. Ryle: Der Begriff des Geistes. Stuttgart 1969. Kap. 7 (bes. S. 303–320).

273 Auch gegen Ende sieht Sara die Rechtfertigung ihres Sterbens in ihrer schwachen Tugend.

Denn das Gewissen des Subjekts regt sich bekanntlich zu Zeiten des möglichen Versagens.

Auch hier entsteht der Anschein, als wolle sich Sara gar nicht „sichern", oder textadäquater gesagt, als sei *sie* der „traurige Vorwurf", das traurige Problem, „das vollendete Widerspiel der Möglichkeit, die aus der Welt vertrieben ward: alt und lebenssatt zu sterben"[274]. Das ist ein Zitat Th.W. Adornos zu Kafkas „Jäger Gracchus". Doch die absurden Strukturen, das heißt die Entwicklungen der Erfahrung der Subjektivität, beginnen hier: Es ist bereits entschieden, daß auch Sara nicht „alt und lebenssatt" sterben wird. Deshalb lebt sie, wie der schon tote Jäger bei Kafka, „gewissermaßen".[275]

Während die Einheit von „Schicksal" und alter Subjektivität (historisch die neue des Vaters), die Sara ja noch zitiert zur Beglaubigung ihrer privaten Lebensgeschichte, einmal gegeben gewesen sein mag, muß Sara auf ihren Anruf selbst antworten: „Welche schmeichelhafte Vorstellung! Ich verliebe mich selbst darein, und vergesse es fast, daß in dem Innersten sich noch etwas regt, das ihm keinen Glauben beymessen will. – Was ist es, dieses rebellische Etwas?" (ebd.)

Die Empfindung, welche doch zumindest in der Betäubung den ganzen Menschen ausmachen soll, die ja, viel weiter gegriffen, menschliche Gemeinschaft ermöglichen soll, – zeigt einen tiefen Riß. Einerseits gibt es die neue Sprache der Empfindsamkeit, in der auch die fiktive Sara ihr wortreiches Leben findet. Vermittelt an diese ‚Geschwätzigkeit' erscheint andererseits nur das karge „Etwas".[276]

Das Wesen des Etwas liegt genau darin, nicht anders als so genannt zu werden. Es wird zum favorisierten Sprachprodukt aller Empfindungen, die sich noch nicht anerkannt, geschweige denn erkannt wissen. Es vertritt für Sara die Rebellion ihrer Empfindungen selbst. Diese Rebellion könnte sowohl die Identität von Sara und Marwood, von Retterin und Mörderin erzeugen, als auch die scheinhafte Harmonie von Zärtlichkeit und Tugend zerschlagen.[277] Die Versöhnung, nicht die Beschwichtigung dieser Rebellion kann nur Sara vollbringen. Ihre Selbstentzweiung hat die objektive Ursache einer Sprachverwirrung, in der bis heute alle Empfindungen als Bedeutungskonstitutionen der Subjektivität stehen, sofern die Empfindenden nicht in schmeichelhafte Vorstellungen verliebt sind, also in die Einheit von subjektivem und objektivem Schicksal. Dann wäre das Sprechen kein Problem, immer nur Kommunikation oder immer schon Wahrsagen. Die Empfindungen durchkreuzen beider Selbstverständlichkeit. So kann aus ihnen Literatur entstehen, in der das Etwas auszuhalten und zu bilden ist als sprachliche Grenze der Sprache, an die die Diskurse nicht reichen. Scheinbar ist es nicht zu vereinnahmen und nicht zu läutern. Es widersetzt sich aller Dialektik, außer eben der eigenen: ganz Empfindung und doch nur ein „Etwas" der Sprache zu sein. Aus ihm aber soll wahrhaftes Reden entstehen. In diesem Etwas ist das Subjekt ganz bei sich und an seiner äußersten Grenze. Dort ist auch für Sara kein Bleiben. Es ist paradoxerweise eine nicht zu definierende Grenze, – und der Zuschauer mag sich fragen, ob er schon wisse, was dieses Etwas sei. Mellefont weiß es, scheinbar. Das gottlos Numinose der Empfindung kann sprachlich nicht eingelöst, nur vorgestellt werden, eben als „Etwas". Für Sara und, so unsere These: in Literatur kann dieses Etwas bleiben, als Unbekanntes erkannt, als keineswegs nur vages Signum der Sub-

274 Th.W. Adorno: Prismen. Kulturkritik und Gesellschaft. Berlin/Frankfurt a.M. 1955. S. 326.

275 F. Kafka: Sämtliche Erzählungen. Hg. P. Raabe. Frankfurt a.M. 1970. S. 287.

276 „Es" und „Etwas" werden wir als primäre Subjekte und Objekte Musilscher Erzählungen beschreiben. Mögen sie auch historisch zu einem sehr geschwätzigen „Es" und „Etwas" geworden sein, die unter Umständen dazu beitrugen, um die Jahrhundertwende eine neue wissenschaftliche Disziplin zu begründen.

277 Auch Minna weiß zwischen „verliebt" und „gut" zu unterscheiden (Bd. 2. S. 199); daneben ist von dem vermischten Charakter „aller Mädchens" (S. 202) die Rede.

jektivität, welches nicht dem Fortschritt der Erkenntnis anheimfällt und sich auflöst. Mellefont wie so viele kennen es, wodurch es übrigens gerade entliterarisiert wird: „Dieses Etwas, liebste Sara, wie Sie schon selbst gesagt haben, ist die [. . .] “ (ebd.) Das Trauerspiel hält in aller Konsequenz zu Sara, die das nicht gesagt hat. Mellefont klärt nun weiter über die Arbeit des Herzens auf im Stile eines Klosterbruders, der die Milz verantwortlich macht („Nathan“),[278] mit dem Schlußsatz: „Es bleibt eine zitternde Bebung oft noch lange zurück, die wir ihrer eignen Abschwächung überlassen müssen.“ (ebd.) So läßt sich leben, aber wir wissen so nicht, warum Sara stirbt: „Ich glaube es, Mellefont, ich glaube es: weil Sie es sagen; weil ich es wünsche. – “ (ebd.) So läßt sich noch eine Zeitlang leben. Werden die Erschütterungen durch das Etwas, die das Subjekt konstituieren, beruhigt? Ist es nicht vielmehr dieses Etwas, um dessentwillen das Subjekt entweder sein Leben verspielt oder einmal doch auf sinnvolle Weise alt wird?

„Ich will gehen, und meinen Brief vollenden. Ich darf doch auch den Ihrigen lesen, wenn ich Ihnen den meinigen werde gezeigt haben?“ (317 f.) Sie haben nichts gemerkt, anscheinend auch Sara nicht; das Bewußtsein des Textes erscheint demgegenüber jetzt deutlicher.

Weder Mellefonts Wissen, das er nur abliefern und nicht auf sich beziehen kann (siehe IV, 2), noch Saras Wünsche bieten einen Ausweg. Oder ist die gegenseitige Offenheit im Austausch von Empfindungen eine Erlösung, gar der formale Sinn des Lebens, wenigstens ein homöopathisches Mittel zum Überleben? Doch könnte die im Privaten vollzogene Offenheit fatal der Öffentlichkeit gleichen, die innerhalb bestimmter Kommunikationsgrenzen nur dafür sorgt, daß alle über alles Bescheid wissen.

Kommunikation „läßt uns“ trotz aller Offenheit, die sogar substantiell eine semantische sein kann, „in Ungewißheit und Verwirrung; wir empfinden, ohne eine richtige Folge unserer Empfindungen wahrzunehmen; wir empfinden, wie im Traume; und alle diese unordentlichen Empfindungen sind mehr abmattend, als ergötzend. Die Poesie hingegen“, so bemerkt Lessing in der „Hamburgischen Dramaturgie“ weiter, „läßt uns den Faden unserer Empfindungen nie verlieren;“ aber wir müssen ihn erst finden; „hier wissen wir nicht allein, was wir empfinden sollen, sondern auch, warum wir es empfinden sollen; und nur dieses Warum macht die plötzlichsten Uebergänge nicht allein erträglich, sondern auch angenehm.“ (27. Stück. Bd. 9, S. 296) Die „Motivirung der plötzlichen Uebergänge“ sei der Vorteil der Poesie wie die Fähigkeit, „abstechende widersprechende Empfindungen durch deutliche Begriffe, die nur Worte gewähren können, zu verbinden“ (ebd). Heute sind Übergänge erst wieder freizulegen, um die literarische Deutlichkeit des Begriffs „Etwas“ zu erkennen. „Nicht jeder Glückswechsel, nicht jede Erkennung“ (38. Stück. Bd. 9, S. 344) sind trauerspielfähig im Sinne der aristotelischen „σύνϑεσις πραγμάτων“.

Daß aber „die Seele keiner lautern Empfindung fähig ist“ („Leibnitz von den ewigen Strafen“. Bd. 11, S. 482) gilt auf anderer Ebene, scheinbar selbstverständlich, auch für Mellefont. „Was für ein Räthsel bin ich mir selbst!“ (318), beginnt der folgende Monolog (IV, 2). Auch hierdurch wird die Synthesis der empfindsamen Kommunikation gestört, wenn sie im poetischen Sinne dieser natürlich auch Material verschafft.[279] Mellefonts beruhigende Sätze werden jetzt, da er an sich selbst denkt, als Schein eines Sprechens deutlich, das noch üblich ist, aber nicht mehr gültig sein kann. Da das Selbst zur Debatte steht, während man beginnt, sich öffentlich (dramatisch) selbst zu fühlen, ist die Legitimation des Herzens nicht mehr gesichert: „Herz, was für ein Schalk bist du!“ (ebd.) Eine

278 Auf ähnliche Weise bringt der Klosterbruder im „Nathan“ „Milz“ und „melancholisches Geblüt“ (Bd. 3. S. 27) in Zusammenhang; isoliert könnten solche Stellen auch als Zeitsatire gelesen werden.

279 Siehe auch die folgenden Dialoge Mellefonts.

Zeit nach Gottsched kann und muß Lessing sagen: „Alles Stoische ist untheatralisch" („Laokoon", 1. Bd. 9, S. 10). Auch Mellefonts Versuche, wie die Saras, in aufklärerischen Schemata Aufklärung zu finden, scheitern objektiv: „Ich liebe den Engel, so ein Teufel ich auch seyn mag." (318) Aber warum ist er, der nicht weiß, ob er dumm oder böse ist, sich dieser Empfindung so sicher? „Ich weiß, ich wollte tausend Leben für sie aufopfern, für sie, die mir ihre Tugend aufgeopfert hat!" (ebd.) Also doch das bekannte Geschäft in Gefühlen? Sein Rätsel liegt nicht in der neuen Subjektivität eines rebellischen Etwas, entsteht aber doch in der Besinnung vor einer Handlung, die nie ganz Empfindungen einlösen kann: „Ich erschrecke, mir es selbst zu sagen – Und doch – Wie soll ich es begreifen? – Und doch fürchte ich mich vor dem Augenblicke, der sie auf ewig, vor dem Angesichte der Welt, zu der meinigen machen wird. – Er ist nun nicht zu vermeiden; denn der Vater ist versöhnt." (ebd.)

Ästhetisierend könnte man sagen, Sara und besonders Mellefont fürchten sich vor dem Ende des Spiels. Er weiß, worin ein falsches Ende des Empfindens läge: „Zeit Lebens gefesselt zu seyn" (ebd.).[280] Dem läßt sich aber eher entgehen als Saras unbestimmter Ahnung, daß alles außer dem „rebellischen Etwas" vergänglich sei. Dagegen hilft keine Offenheit der Liebenden, wohl vielleicht gegen Mellefonts Befürchtungen, die im Monolog vorgetragen werden. „Ich Ungeheuer!" (ebd.) Er kann „bey diesen Gesinnungen" nicht „an ihren Vater schreiben" und erklärt sie deshalb zu „vermaledeyten Einbildungen", die ihm freilich „natürlich geworden" sind, aber: „ich will ihrer los werden, oder – nicht leben." (318 f.)

Mellefonts Tod wird auch von dieser Stelle her zu erkennen sein. Entschlüsse retten nicht vor dem Problem der Wirklichkeit des Empfindens. Auch Mellefonts Rätsel ist nicht so einfach zu lösen, wie es scheint. Sara ist hier bereits ganz allein. Mellefonts Problem scheint nicht das Leben zu fordern. Seine Tauglichkeit zum Drama wird getestet. Der löbliche und wohlmeinende Entschluß, der bereits entschiedenen Wirklichkeit (Versöhnung) gerecht zu werden, löst das Rätsel nicht, auch wenn dafür das Leben eingesetzt wird. Bloße Öffentlichkeit hinsichtlich der Götter und der Menschen sowie ein soziales Rollenspiel der Empfindungen können den Riß des Herzens auch auf dieser gesellschaftlichen Basis nicht vernähen.[281] Mellefont kann jetzt im Hegelschen Sinne zur Person werden: als einseitiges Individuum. Darauf verzichtet er am Schluß, obwohl er den Schein des Individuums mit einem Rückfall in die Empfindungszustände der Gesellschaft verbinden könnte. Insofern hat er Anteil an der neuen Subjektivität, die sich nicht versöhnen kann. Aber er hat sozusagen als Charakter daran Anteil, der seine eigene Mischung kennt und personalisiert. Deshalb erkennt er seine Unfähigkeit zu leben, während Saras Fähigkeit zu sterben auf dem Umstand beruht, daß ihre Empfindungen die notwendige Differenz realisieren, die nicht als Konflikt von Individuum und Gesellschaft hinreichend beschrieben ist.

Mellefonts Rätsel kann zwar nicht gelöst, aber von den Figuren erkannt werden. So gewinnt das Unberechenbare sehr wohl einen Funktionswert.[282] Der Zwang des ehemaligen Entschlusses macht sich zunehmend als eine Identitätsstiftung geltend, von der

280 Allein positiv bewertet wird diese unbürgerliche Haltung von H.M. Wolff: Mellefont: unsittlich oder unbürgerlich? In: Modern Language Notes 61 (1946). S. 372–377. Vgl. auch ders.: Die Weltanschauung der deutschen Aufklärung in geschichtlicher Entwicklung. München 1949.

281 Das „Innere" steht in „selbstverständlicher Korrespondenz [. . .] mit der Sprache" (Schröder, a.a.O. S. 166); ein wenig abweichend von Schröder argumentiert: Hieraus wäre schon ein Trauerspiel auch ohne die herkömmlichen Muster der Laster und Lügen zu gewinnen. Verstellung und Intrige sind ein letztes Mal erfolgreich, obwohl sie sich aus diesem Grunde überlebt haben. Auch sind sie nicht als solche erfolgreich, sie verschaffen Marwood nur einen ersten Eintritt.

282 Siehe aber Schröder zu IV, 2, a.a.O. S. 185 f.

die Figur sich hernach erfaßt fühlt. Mellefonts Fluchtgedanken, die er gewaltsam unterbricht, konturieren eine fatale Anerkennung des Seins, auf deren Subversion in ganz vergleichbarer Weise die Verstellung Marwoods zielt.[283] Der fast empfindsame Mellefont fällt bereits aus dem Schema von Tugend und Laster, Wahrheit und Schein heraus, auch wenn diese trotz der Verstellbarkeit als Instanzen des Sprachlebens weiterhin gehandelt werden. Standhaftigkeit als Vermittlung von Prinzipien hat keinen entscheidenden dramatischen Ort bei empfindsamen Kommunikationen und Geltungsansprüchen des Etwas und des Rätsels. Gemeinsamkeit ist eine Utopie, deren Schein kommunikativ erzeugt wird, Individualität ist entweder anonym (Etwas) oder zu eskamotieren in Verstellungen und Entschlüssen. Zwar mögen wir „Ein denkendes sensorium commune“[284] sein, aber daraus resultiert zunächst und auch bis heute in außerliterarischen Bereichen eine Verwirrung, die man nicht, wie Mellefont es versucht, durch Einschränkung der Reflexion, Maßregelung der Empfindung (auf „Einbildung“) lösen kann. Das von Mellefont ergriffene Problem wird nur durch die uneingeschränkte Reflexion des Trauerspiels erkennbar. Die personale Subjektivität vertretende Reflexion dagegen wird in Mellefont selbst kritisiert, da sie begrenzt und revidierbar einen Individualismus ermöglicht, der je nach gesellschaftlichem Zwang oder gesellschaftlicher Überlegenheit zur Unterwerfung oder zum Egoismus (vgl. IV, 3; mit Norton) tendiert. Insofern bleibt Mellefont, neben anderen Figuren, Movens der Katastrophe, – Sara aber die Titelfigur, deren Widerspruch gemäß alles geschieht. Sonst wäre sie nur „eine kleine verliebte Närrinn“, keine „Person [. . .], die intereßiret“ („Hamburgische Dramaturgie“, 8. Stück. Bd. 9, S. 217).[285]

Es sollen ja kein Mitleid ohne Vernunft erzeugt, dargestellte Unordnung nicht affirmiert, wohl aber Sensation und Sentiment zu einer reflexiven Vereinigung gebracht werden.[286] Das gilt natürlich auch für Mellefont, den man weder nur als empfindend noch als melancholisch charakterisieren kann, gerade dann nicht, wenn er selbst von den „melancholischen Gedanken“ spricht, bald „so gar den elenden Schatten der Freyheit entbehren“ (318) zu müssen.[287] Einheit und Ordnung sind nicht mehr Angelegenheiten einer bestimmten oder allgemeinen Vernunft, sondern der Darstellung und der Rezeption. Sogar im Monolog verzichtet die Darstellung auf die Funktion, die Einheit eines Charakters, einer Empfindung usw. vortragen zu lassen. Zwar scheint Mellefont noch einen Begriff von sich zu haben, aber nur der Entschluß zu einer Empfindung rettet ihn vor dem

283 „Ich bin nun nicht mehr Marwood“ (325).

284 Herder, Bd. 5, a.a.O. S. 61. Herder bietet die erstaunliche Erkenntnis, welche von Merleau-Pontys „Phänomenologie der Wahrnehmung“ wiederaufgenommen werden wird (vgl. unseren Musil-Teil), daß nicht nur Empfindung und Wahrnehmung intentional – also nicht passiv – aufzufassen sind, sondern auch die Gegenstände. Obwohl er eine Psychologie im Auge hat, die ebenfalls auf der Physiologie aufruht, bringt ihn diese Annahme der gegenseitigen Intentionalität zu einer Überwindung der Cartesischen Subjekt-Objekt-Relation (vgl. a.a.O. S. 62; „Vom Erkennen und Empfinden“: Bd. 8. Berlin 1892. S. 170, 261).

285 Lessing zur ‚Neuen Heloise‘: „Hamb. Dramat.“, 8. Stück. Bd. 9. Oder ist Sara nur eine „empfindliche Närrinn“?

286 Wir nehmen hier eine Unterscheidung aus vielerlei Definitionsversuchen in der Wortgeschichte von „Empfindung“ heraus. Th. Abbt: Vermischte Werke. 3. Teil. Berlin/Stettin 1771; zit. Doktor/Sauder, Empfindsamkeit, a.a.O. S. 7; C.D. Küster: Artikel: „Empfindsam“. In: ders.: Sittliches Erziehungs-Lexicon. 1. Probe. Magdeburg 1774. S. 47–51; S.J.E. Stosch: Artikel „Empfindsam. Empfindlich“. In: ders.: Kritische Anmerkungen über die gleichbedeutenden Wörter der deutschen Sprache. Nebst einigen Zusätzen, und beygefügtem Etymologischen Verzeichniße derjenigen Wörter der französischen Sprache, welche ihren Ursprung aus der deutschen haben. Bd. 4. Wien 1786. S. 206–208. Siehe auch das Gedicht „Der Prüfstein“ von F.L. Graf zu Stolberg (Strophe VI).

287 Zum Thema der Melancholie in der Psychologie der Aufklärung siehe H.-J. Schings: Melancholie und Aufklärung. Melancholiker und ihre Kritiker in Erfahrungsseelenkunde und Literatur des 18. Jahrhunderts. Stuttgart 1977.

Rätsel, zu dem solcher Begriff wurde. Im Selbstgespräch über das Thema „Ich" erscheint ein „Ungeheuer". Die Einheit von Begriff und Empfindung gibt es nur als Rätsel. Sein ‚inneres Gespräch' ist nicht Glied einer bestimmten einlinigen Handlungsmatrix, innerhalb derer sich der Lasterhafte – eventuell sogar belauscht – entlarvte, sondern es steht an einer Stelle, an der alles versöhnt ist. Das Moment der Selbstaufklärung im Monolog aber stände auf einmal *im Widerspruch* zu der dramatischen Konstruktion, wollte man diese aus der Handlung erklären.

Doch werden, gegenüber „Emilia Galotti", die als Verunsicherungen des Sprechens aus Empfindung herausgearbeiteten Strukturen und Intentionen dieses Stücks durchaus grundiert von den bekannten, bisher aber ausschließlich beachteten Polarisationen.[288]

g. „Erniedrigende Parallel"
(Gleichheitsfähigkeit von Empfindungen: Sara und Marwood, Wahrheit und Interesse, Traum und Wirklichkeit)

(Subversiver Charakter der Empfindung – Selbstnähe, Parallele mit Marwood – Empfindungsverzicht – Identitätskrise – Prinzip der Offenheit – Empfindungstopoi und Sprachwahrnehmungen – verwundbare Moral – unerkannte Vernunft des Empfindens – Objektivationen und Interessen – Gegenstand und Subjekt des Gesprächs – Verdrängungen – Erkenntnis des Trauerspiels – Begriff und Wirklichkeit – Annäherungen [an sich selbst, die Ahnung der Subjektiven] – Irrsinn – Erholung durch Ohnmacht – abstrakte Vermittlungen der Handlung – Auswirkungen der Metapher – Überleben als neues Problem – mörderische Rettungen – wirkliches und metaphorisches Bewußtsein – Gleichheit und Eigenheit)

In IV, 6 versichert Mellefont Sara der Aufrichtigkeit Marwoods, die um Saras Freundschaft bitte (325 f.); dann wird er durch eine Finte Marwoods vom Schauplatz gelockt. Sara und Marwood sind allein. Nach dem Gespräch, am Schluß des vierten Aufzugs, wird Marwood in einem letzten Monolog sagen: „Ich bin entdeckt." (336) Vermittelt und nur noch sehr indirekt kommt sie dann im fünften Aufzug zu Wort im Bericht Bettys, die Sara darüber aufklärt, daß Marwood ihr eine „Arzeney" (338) gegeben habe. Man ahnt und wird sich zunehmend gewiß, daß es das „Gift" (337) war,[289] von dem Marwood im Monolog sprach: „Ich muß weder mich, noch sie zu sich selbst kommen lassen." (ebd.) Darin zeigt sich die andere Position der Empfindungen: in ihnen nie ganz bei sich selbst zu sein. Deshalb war es nicht nur für diese Epoche schwierig und schließlich erfolglos, Empfindungen nur als Konstitutionselemente zärtlicher und sittlicher Systeme einzuführen. Schon im ästhetischen Bereich der Geschmacksdebatte bewiesen sie eine größere Sprengkraft. Marwoods Gift, welches sie für sich bestimmt hatte, gelangt auf absichtlich nicht explizit dargestellte Weise in den Körper Saras. „Unsichtbar seyn", sagte Lessing (über Homer), „ist der natürliche Zustand seiner Götter" („Hamburgische Dramaturgie", 12. Stück. Bd. 9, S. 87). Es ist auch der theatralische Zustand der Handlung in diesem Drama. Dieser Mangel an Explikation favorisiert eine metaphorische Deutungs-

288 Verstellung bleibt auf den naiven Glauben an eine wahre Sprache, die einfach aus natürlicher Empfindung stamme, bezogen. Lüge ist bewußte Lüge (im Beiseitesprechen, in den Vorbereitungen mit den Bediensteten usw., in Regiebemerkungen verdeutlicht); ständig werden Innenwelt und Außenwelt aufeinander bezogen wie Schein und Wahrheit, Privatheit und Öffentlichkeit. Die Raumstruktur wurde erwähnt. Aber darüber hinaus entstehen Verklammerungen, die zu Verunsicherungen führen schon in der Raumaufteilung, aber zum Beispiel auch in der Aufnahme oder Vorwegnahme von Redeteilen anderer durch Marwood; z.B. „schöne Heilige" (über Sara, 286 – Mellefont: 351), Mellefonts „zur Natur gewordene Abscheu gegen ein förmliches Joch" (333 – Mellefont: 318).

289 Zum Gift-Motiv siehe Schröder, a.a.O. S. 46 f., 184.

qualität. Denn auch die in V geäußerten körperlichen Schmerzen sind dargestellt als Empfindungen, die die ganze Reflexion Saras ausmachen und von ihr gesprochen werden.

Der vierte Aufzug ist ein Test des Versöhnungszustandes, in dem Sara und Mellefont sich befinden, nun durch Marwood, das heißt aber durch Saras eigene Handlungs- und Erkenntnismacht, die sie in ihren Empfindungen und Träumen besitzt.

War Sara in III, 3 um ihre Tugend sozusagen mehr besorgt als um ihren Vater, so ist sie sich selbst jetzt näher als ihrer Tugend. Diese Entwicklung hervorzurufen, ist eine Funktion der „erniedrigenden Parallel“ (335) mit Marwood. Zu dieser These gehört die Frage, ob in Marwoods Verhalten Bedingungen und Intentionen für die Durchsetzung und Anerkennung von Empfindungen zu sehen sind, ohne die auch Sara nicht leben könnte, falls sie nicht nur eine „empfindliche Närrinn“ (ebd.) sein soll. Damit, auch bereits durch die Funktionalisierung dieses Gesprächs mit I, 7 und III, 3,[290] wird das Todbringende als mehr denn nur äußerliche Handlung interpretierbar, deren Äußerlichkeit ja auch gar nicht in den sichtbaren Vordergrund tritt. Wenn aber in Marwoods Verhalten Voraussetzungen für das Recht der eigenen Empfindung zu finden sind, dann ist Saras Tod nur die Vollstrekkung ihres Verzichts darauf. Er bedeutet die Anerkennung, daß Versöhnung weder von außen durch den guten Willen anderer noch durch den eigenen vermeintlichen guten Willen zu erreichen ist. Aus dem Verlangen der Empfindungen nach ihrem Recht führt kein gerader Weg in moralische Klassifikationen.

Von IV, 8 her gesehen, ist noch einmal das Krisenferment der Empfindung zu betonen. Das 18. Jahrhundert produziert „Tugend“ und „Laster“, produziert aber in diesen sprachlichen Sicherheiten und Abmachungen geradezu wesentliche Entstehungsbedingungen für Identitätskrisen.[291] Hatte Sara das Angebot des Vaters, als „lasterhafte Tochter“ dennoch seine Tochter zu sein, mit Instinkt gegen alle Schizophrenie abgelehnt, so gerät sie jetzt zentral in *ihre* Krise, auf die sie ihr „rebellisches Etwas“ von allem Anfang an zutrieb. Es ist keine exzeptionelle Krise. Sie hat den historisch allgemeinen Anhaltspunkt, eine Auseinandersetzung mit der persönlichen Tugendhaftigkeit als Möglichkeit richtigen Lebens zu sein. Während die Sprachverfertigungen von Tugend und Laster eine homogene Klasse gegen die fast unbeschreiblich luxuriösen Individualismen der Höfe[292] bilden sollten, verletzten sie schon im Innersten das Individuum, das allgemein „Mensch“ genannt wird, und ignorierten es als ein zu bildendes.[293] Das war und ist, bevor es sich bilden konnte, eigentlich immer schon aufgerufen, sich zu entscheiden. Darin zeigt sich eine sträfliche Bewußtlosigkeit der bürgerlichen Klasse, die, um eine solche zu werden, sprachvergessen mit Sprache hantierte. Nicht daß die Bürger anstelle politischer Aktionen nur redeten, wäre der Vorwurf, sondern daß sie ihr Sprechen, auf das sie so versessen sind, und damit sich selbst nicht begriffen. Solches zeigt die Literatur der Zeit; in diesem Drama kommen die Figuren nicht einmal zu einem solchen Selbst- beziehungsweise Sprachbewußtsein wie Marwood. Saras Ohnmacht, die wiederum nicht auf der Bühne gespielt wird, wird sprachlich vorgeführt als Verlust eines Selbstbewußtseins, das an seiner dialogisch explizitesten Stelle versagt – oder sich selbst als Egoismus erkennen muß, wo es gerade den objektiven Egoismus der Sprachangebote von Tugend und Laster überwunden hat. Sterbend – das heißt für den Rezipienten, der es von Betty erfährt: erwacht aus ihrer Ohnmacht und, wie er vermuten kann: vergiftet –, sterbend soll ihr endlich die Explikation ihres Selbstbewußtseins als allgemeiner Mangel der Welt gelingen.

290 Durzak (a.a.O.) liefert Argumente gegen die dramaturgische Schwäche dieses Stücks. Er scheint damit eine kleine Tendenzwende in der Beurteilung des Stücks zu unterstützen.
291 Eibl, a.a.O. S. 138.
292 Balet/Gerhard, a.a.O., beispielsweise S. 53.
293 Etwa im Sinne des unvollendeten Lehrgedichts „Die Religion“ und seiner „Vorerinnerung“.

Nach diesem thetischen Vorgriff muß die Sprachsituation von IV, 8 im einzelnen erläutert werden.

Einen ersten Schock müßte bereits die Tatsache auslösen, daß Marwood mit Sara kommunizieren kann, ja sogar das Gespräch zu leiten vermag; denn mit dem durch sie repräsentierten Prinzip der Verstellung ist Sprache suspekt geworden und dürfte nicht mehr primär unter kommunikativen Gesichtspunkten beurteilt werden. Was aber ist an Marwood verstellt? Die „wahre" Person oder nur ihr Name? Daß sie als Verwandte Mellefonts, als Lady Solmes auftritt, zeigt, wie wenig notwendig die Voraussetzung von Identität für eine gelingende Kommunikation ist. Im Gegenteil verschafft ihr die Verstellung Zugang zur Kommunikation. Nicht die „wahre Marwood" oder „ein getretner Wurm" (325) gelangt damit zur Darstellung. Darstellbar geworden ist eine Figur, deren Empfindungen vor lauter Sprache unsichtbar werden. Marwood selbst gibt sich aus eigenem Antrieb später zu erkennen, die Verstellung wird mehr und mehr aufgelöst. Gerade in diesem Prozeß erhält die Figur ihre Ambivalenz als „mördrische Retterinn" (336).[294] Die nicht identische Lady Solmes bringt Sara zur Einsicht in den Zustand ihrer Identität. Viel leichter lassen sich für Marwood Verstellung und Wahrheit vereinbaren als die nicht identischen Elemente von Saras Identität.

Marwood, die zur Anwältin gegen die „Beleidigungen des ganzen Geschlechts" (328) wird, ist „offenherzig – nicht selten bis zur Unbedachtsamkeit" (327). Was hier noch als Spruch der Figur unwahr ist, wird dramatisch wahr werden. Das kommunikative Prinzip der Offenheit ist keine Lebensrettung. Sara nennt Marwood eine „grausame Lady" (328), weil sie ihre Bedenken gegen Mellefont aus „grausamer Barmherzigkeit" (ebd.) nicht nennen wolle. Grausam ist auch hier wieder die ambivalente Semantik: Was gesagt wird, ist richtig, ohne wahr zu sein. Dem aus falscher Erkenntnis gewonnenen Richtigen entgeht Marwood mit Richtigem, das falsche Erkenntnis provozieren soll: „Es thut mir leid, daß ich verkannt werde." (ebd.) Es beginnt das Spiel, sich in den anderen hineinzuversetzen („wenn ich mich in Gedanken an Miß Sampsons Stelle setze"; ebd.): in Sara, die von falschen Voraussetzungen ausgeht; in Marwood, die nicht anwesend zu sein scheint; in Lady Solmes, die gar nicht existiert. Und doch existieren natürlich alle drei Figuren in einem Sprechen, welches die ganze Funktionalität der Sprache zeigt, so daß der Zuschauer an der scheinbar fehlenden Substantialität von Sprache verzweifeln müßte, – wüßte er nicht alles, auch über die Sprache, aus ihr als dem Drama. Macht und Ohnmacht des Sprechens zeigen sich in doppelter Fiktionalität. Insofern vermittelt Lessings „Tugend"-Darstellung trotz einer deutlichen Zeigegeste auf die Heldin keine „beständige Eigenschaft der Seele".[295] Im geforderten Mitleid werden Affekt und Reflexion zu einem Akt der Gegenstands- und Selbstbeziehung. Marwood, so wird dem Rezipienten vorgemacht, vertritt – allerdings zum Schluß hin keineswegs konsequent – die Macht der Rede, die ihre Substanz in der Erzeugung von Realität hat. Saras Empfindungen sind unmittelbarer an ihr Sprechen gebunden. Deshalb ist sie aber auch manipulierbar. Daß die, welche weniger Distanz zum Sprechen besitzt, auf dem Wege der Manipulation durch Marwood ihre Empfindungen erkennt, ist eine weitere über die Empfindsamkeit hinausreichende Erkenntnisleistung dieser Sprachdarstellung. Sara wird gezwungen, wirklich selbst zu sprechen, das heißt sprechend sich als ihr Sprechen wahrzunehmen. Zunächst der immer falsche Empfindungstopos, bei dem zwei Unbekannte durch den Vergleich plötzlich erkannt sein sollen: „Kenne ich meinen Mellefont nicht schon? Glauben Sie mir, ich kenne ihn, wie meine eigne Seele. Ich weiß, daß er mich liebt – –" (ebd.). Sara bedient sich blindlings der gleichnishaften Sprache der Empfindung, in der alles auf dasselbe, eben eine Empfin-

294 Siehe auch oben unser Kapitel „Zweifel".
295 „Briefwechsel", a.a.O. S. 81 f.

dung hinauslaufen soll. Das Drama ist bis hierhin schon so weit geschrieben, daß man diese Sätze nicht nur wie ohnehin problematische, sondern bereits als unpassende lesen kann. Auf Marwoods Einwände, Mellefont habe schon „andre" (ebd.) geliebt, trägt Sara das nächste distanz- und geschichtslose Verständnis von Empfindung vor, in der die Liebe absoluten Stillstand oder Neuanfang inszenieren soll. – Bei Musil wird „der Gedanke: wir waren einander untreu, bevor wir einander kannten" („Die Vollendung der Liebe") ein zentrales Motiv für gegenwärtige Empfindung werden; literarisch gesehen liegt darin eine Präfiguration, keine dargestellte Determination. Ja, auch Saras Sätze, welche die sichere Empfindung betonen, sind immer schon als Kampf (mit ähnlichen Präfigurationen) zu lesen.

„Sie vertheidigen ihn mit eben der Hitze und fast mit eben den Gründen, mit welchen ich ihn schon oft vertheidiget habe." (329) Wiederum liegt der Schock, oder sagen wir: die mögliche Furcht, darin, daß Marwood trotz ihrer für den Zuschauer durchschaubaren Interessen in diesem Dialog als Komplement zu Sara das Richtige sagt. Saras intimstes Wissen besteht aus dem sich trotz aller Entlarvungen wiederholenden Sätzen der Liebesrhetorik. In und mit diesen ist Sara nun die leidenschaftliche Figur. Diese rhetorische und, wenn man so will, doch echte Verknüpfung der Empfindungen erweist sich ebenso wie die nur private Gewißheit als verwundbar. Zunächst schon darin, daß Marwood sich mit Sara vergleichen kann, ohne so wie sie erhitzt zu sein. In der traumwandlerischen Sicherheit des Possessivs „mein Mellefont" liegt die Möglichkeit, daß er ein solches Traumprodukt sein könnte wie Saras Erkenntnis der Marwood zum Ende des Gesprächs.

Sara vergißt mehr und mehr ihr Programm, tugendhaft zu sein. Darin zeigt sich ihre potentielle Stärke und ihre aktuelle Schwäche. Sie ist haltlos. Nachdem Marwood die „Flatterhaftigkeit" des Liebhabers als Verbrechen bezeichnete, entgegnet Sara: „Nicht immer", nämlich wenn der Wechsel der Empfindungen „durch die Gegenstände der Liebe entschuldiget" (ebd.) sei. Von der Moralität des Subjekts, geschweige denn von „schönen sittlichen Empfindungen" (286) ist die Rede nicht mehr. Auch jetzt durchschaut Marwood richtig: „Miß Sampsons Sittenlehre scheinet nicht die strengste zu seyn." (329) Marwood hält spielerisch die alten Positionen Saras besetzt und zwingt damit Sara zu offenbaren, was sie denken kann: „Es ist wahr"; hier komme es einmal „nicht darauf an, die Schranken zu bestimmen, die uns die Tugend bey der Liebe setzt"; nur „nach den Regeln der Klugheit" seien die „Folgen" (ebd.) zu beurteilen. Damit ist das Problem einer individuellen und funktionalen Moral in der Welt, das bei Musil noch besondere Schärfe erhalten wird. Saras erstaunlicher Rückfall in machiavellistische Bereinigungen der durch Empfindung entstandenen Schäden verbietet sich, wenn nicht nur die Vorgängigkeit und Rebellion der Empfindung anerkannt ist, sondern auch die Aufgabe, in einer noch unerkannten Vernunft der Empfindungen zu leben. Inkorrekt verhält sich Sara auch, wenn sie weiterspricht: „Es wäre ein Unglück, wenn er eine Lasterhafte deßwegen, weil er sie einmal geliebt hat, ewig lieben müßte." (ebd.) Zwar ist dies ein Aspekt der sich spürenden Subjektivität, aber das Problem wird quasi gegenständlich gelöst. Der Trost dieses gegenständlichen Wissens aber ist der Moral entzogen. Wiederum korrigiert Marwood: „Aber, Miß, kennen Sie denn diese Marwood, welche Sie so getrost eine Lasterhafte nennen?" (ebd.) Durch den Kunstgriff der Verkleidung kann besonders betont werden, daß das, worüber man spricht, nie nur ein Objekt, sondern stets gegenwärtiges Subjekt ist. Nicht nur wird also damit die dramentheoretische Forderung nach Wahrscheinlichkeit dieses Gesprächs erfüllt. Die von vornherein inszenierte Doppeldeutigkeit des Gesprächs ermöglicht die kritische Darstellung: Die vermeintliche Distanz zu dem, worüber gesprochen wird, zeigt nur, daß Sara eben davon dirigiert wird. Marwood entreißt Sara nun die letzte Möglichkeit, das Problem ihrer Empfindung in herkömmlicher Sprache aus sich herauszusetzen. (Später wird sie es selbst formulieren können.) „Wie schlau weiß sich der Mensch zu trennen, und aus seinen Leidenschaften ein von sich unterschiedenes Wesen zu machen, dem er alles zur Last legen könne, was er bey kaltem Blute selbst nicht billiget" (V, 5; 343). Die trauerspielhafte Gesamtempfindung als Text zeigt, daß in dieser Entlarvung doch noch eine Entlastung steckt. Was Sara von „Leidenschaften" sagt, gilt für jede Empfindung im Verhältnis zu ihrem Ausdruck. Das müßte durch ein heutiges Mitleid reflektiert werden.

Sara verteidigt ihre Festlegung. Sie kenne Marwood „aus der Beschreibung des Mellefont" (329). Nun kann Marwood leicht diese personale Objektivation des Lasters auf ein subjektives Interesse zurückführen. Ist das akzeptabel für eine Korrektur Saras, so ist es eben falsch in der Unterstellung, alles Sprechen habe kein anderes Substrat als Interessen. Derentwegen erzählt jetzt Marwood „die Geschichte der Marwood in wenig Worten" (330). Wer ihrer Unterstellung beigepflichtet hat, wird nie sagen können, warum ihre Geschichte weniger wahr ist.

Dabei verschwistern sich Sara und Marwood weiterhin, wovon die eine etwas weiß, die andere nichts, da sie „Marwood" immer noch für einen bloßen Gesprächsgegenstand hält. Für Marwood sind die kommunikativen Einigungen, in denen die verschiedenen Voraussetzungen der Sprecher überwunden werden sollen, Mittel zu dem Zweck, sich durchzusetzen. Diesen Zweck verfolgt aber auch Sara. Beide verabreden, Mellefont nicht zu sagen, „daß Marwood unser Gespräch gewesen ist" (ebd.). Nun spricht tatsächlich Marwood, bei nur kleinen Unterbrechungen, durch Saras Mund. Diese retardierenden Zweifel zeigen ohnmächtigen Widerstand dagegen, etwas zu hören, was dem Empfindungssystem widerspricht: „Wahrlich ein edler Zug, Lady [. . .]" (ebd.); „Wieder ein Zug, den ich der Marwood nicht gönne. Schmeicheln Sie ihr ja nicht mehr, Lady [. . .]"; „Aber Lady, warum leihen Sie der Marwood so vortreffliche Gesinnungen? Lady Solmes kann derselben wohl fähig seyn, aber nicht Marwood. Gewiß Marwood nicht." (331) Wer will sie ihr absprechen können, wenn einmal „Lady Solmes" die Gesamtchiffre für dieses Sprechen heißen darf, in dem sich Marwood verwirklicht. Saras Empfindung ist gerade in ihrer Gewißheit wenig konkret. Die „Geschichte der Marwood" ist dagegen leibhaft gegenwärtig: „Keine bittere Glossen, Miß!" (332), befiehlt Marwood in dem Tonfall, den auch Sara beherrschte. „Schmeicheln Sie ihr ja nicht mehr". Es steht unentschieden. Eine „Wendung" bringt nun eine weitere Wende.

> Marwood. Sie seufzen? Auch Marwood hat über ihre Schwachheit mehr als einmal geseufzet, und seufzet noch.
> Sara. Genug, Lady, genug; diese Wendung, sollte ich meynen, war mehr, als eine bittere Glosse, die Sie mir zu untersagen beliebten. (ebd.)

Marwood betont die Objektivität ihrer Schilderung, worin ihre stets subjektive Aggressivität steckt, und erwähnt die „jammernde Tochter" (ebd.). Die Distanziertheit von Saras letzter Zurückweisung führte zu dieser Steigerung der Mittel. Dieses Benehmen Saras entstand genau an dem Punkt, wo ihre gegenwärtige Empfindung mit den wiederholten Empfindungen der Marwood identifiziert wurden.

Die „Darzwischenkunft der Sara Sampson" (333) erscheint nun von dieser Seite selbst wie der aktive Einbruch des Lasters, welches eine Familie zerstörte. Weniger von dieser „schrecklichen Nachricht" als darüber, daß sie von „Mellefont verschwiegen" wurde, ist Sara irritiert, und daß er noch weiteres „verschwiegen haben" (ebd.) könnte.

Eine Charakterisierung, daß die Anfälligkeit der Tugend gegenüber der Verstellung fast peinlich deutlich werde, greift zu kurz.[296] Lügt Marwood? Auf Saras Frage: „Darf ich es auch glauben, Lady?", antwortet sie: „Sie dürfen sicher glauben, Miß, daß Ihnen Melle-

296 Schröder, a.a.O. S. 164 f.

font vielleicht noch mehr verschwiegen hat" – und kurz darauf: „Dieses, daß er die Marwood noch liebt"; Sara: „Sie tödten mich, Lady!" (ebd.) Marwood begründet sogar: „Es ist unglaublich, daß sich eine Liebe, welche länger als zehn Jahr gedauert hat, so geschwind verlieren könne." (ebd.) Objektiv könnte Sara dadurch getötet werden, daß ihre Empfindung nicht mehr Anspruch auf Wahrheit machen kann als die Marwoods. Zwar spricht Lady Solmes, aber der Gegenstand des Gesprächs kommt wirklich selbst zur Sprache. Nicht nur das, Sara muß den Einklang von Subjektivität und Offenheit an Mellefont vermissen. Sara vereinsamt zunehmend unter dem scheinbaren Schutz einer intersubjektiv und öffentlich sich vollziehenden Versöhnung. Trotzdem ist sie das, wofür Sara lebt oder lebte.

Marwood vermittelt weiteres Wissen, in dem die Empfindung ihre Verdrängungen wiedererkennen muß. Ob Saras Empfindungen ausreichten und berechtigt seien, „seinen nunmehr zur Natur gewordenen Abscheu gegen ein förmliches Joch überwinden" (333) zu können? So hat nicht nur Mellefont zu sich gesprochen (IV, 2), sondern hieran nährten sich ja auch die Zweifel Saras: „Ich Unglückliche! Was muß ich hören!" (ebd.) Eben das, was sie eigentlich wußte, während angeblich die Liebe ihres Vaters ihr Problem sein sollte. Darin erscheint aber die Unsicherheit der Empfindung, deren Gewißheit nicht aus Kenntnis und Wissen stammt, sondern aus ihr selbst. Deshalb wirkt die Stabilisierung der Empfindung durch Kenntnis des Gegenstands sich tendenziell wie eine Überwindung aus: „Rathen Sie mir vielmehr, Lady, ich bitte Sie, rathen Sie mir, was ich thun soll. Sie müssen ihn kennen." (ebd.) Vor kurzem kannte sie ihn „wie meine eigne Seele" (328). Und das ist auch richtig, denn weiter kann ‚Kenntnis' nichts vermitteln. Sara versucht mit ihrem ganzen Vorhaben in der Vermittlung durch die Lady zu verschwinden. ‚Aufgewacht' wird sie dann fälschlicherweise alles Gesprochene für nichtig erklären, weil sie die Verstellung durchschaut. Sie erkennt aber nicht, daß der Gegenstand selbst sprach, beziehungsweise das verhilft ihr nur dazu, in alte Positionen zu gelangen. Vor der Veränderbarkeit ihrer Empfindungen und der Einsicht in die Gleichheit und das heißt auch Täuschungsfähigkeit der Empfindungsprinzipien kann sie nur fliehen. Von dieser Flucht, sie „eilt ab" (336), holt sie ihre Ohnmacht zurück. Sie darf nun sterben, denn keiner weiß mehr.

Man solle einen Vogel nicht fangen wollen, rät Marwood. Sara weiß nicht, ob sie dieses „tändelnde Gleichniß" (334) verstehe. „Wenn Sie verdrießlich darüber geworden sind, so haben Sie es verstanden." (ebd.) Argumentiert man nicht vom Trauerspiel her, sondern von gesellschaftlichen und psychologischen Gegebenheiten (die dargestellt sind), so gibt es keine tiefere Einsicht in das Wesen Saras als diejenige, welche Marwood vorträgt. Auch das ist ein Grund, die Figur sterben zu lassen, um zur Erkenntnis des Trauerspiels zu gelangen, durch die Sara erst gewürdigt wird.

Sie solle also ihre „Ansprüche" (ebd.) aufgeben, wird Marwood direkter, wodurch sie in Gefahr gerät, das schon Erreichte zu verlieren. Die erreichte Unsicherheit Saras über sich selbst, solange sie lebt, wird das Trauerspiel aufbewahren. Gegenüber Marwood wird Sara gemäß dem kommunikativen Prinzip von Vorwurf, Anmaßung und Reaktion auftrumpfen können. Marwood beschwichtigt, daß sie zwar nicht „mit vieler Ehre, aber doch ohne öffentliche Schande von ihm ablassen" (ebd.) könne. Das ist das gesellschaftliche Problem, nicht angenehm, aber zu lösen. Man kann auch nicht behaupten, die Erkenntnis des Trauerspiels beziehe sich nur auf die Verinnerlichung dieses Problems. Es ist hier geradezu veräußerlicht: „Marwood würde gegen Miß Sampson großmüthiger handeln, als Miß Sampson gegen die Marwood zu handeln, schimpfliche Schwierigkeiten macht." (ebd.)

Lessing geht wirklich das ganze Risiko ein, das in der Entscheidung liegt, ob Sara eine Trauerspielfigur ist oder eine kleine verliebte empfindliche Närrin. Über diese könnten wir so erhaben sein wie Marwood; allerdings auch nur zum Scheine und – bei zähem

Widerstand – mit Tötungsgelüsten. Nun, auf diese Überlegenheit reagiert Sara. Zwar erkennt sie nicht unmittelbar schon Marwood, aber sie empfindet Sprache, die sich zu einem eigenen unerwarteten Charakter verselbständigt hat. Wie schon für Mellefont hat Marwood auch jetzt die Funktion, daß die Figuren sich zumindest negativ in der Sprache des Unwillens empfinden.

> Sara. (indem sie unwillig aufsteht.) Das geht zu weit! Ist dieses die Sprache einer Anverwandten des Mellefont? – Wie unwürdig verräth man Sie, Mellefont! – Nun merke ich es, Lady, warum er Sie so ungern bey mir allein lassen wollte. Er mag es schon wissen, wie viel man von Ihrer Zunge zu fürchten habe. Eine giftige Zunge! – Ich rede dreist! Denn Lady haben lange genug unanständig geredet. (ebd.)

Die verstellte Sprache, bestens kommunikabel, liefert doch selbst Momente der Wahrheit, gerade wo sie an die Grenze des Kommunikablen stößt. Sie entdeckt sich im Moment von Empfindungskollisionen. Von den Figuren wird sie allerdings gleich partiell, in der Sprache des Unwillens, einer enttäuschten Erwartung, kritisiert. Zumindest ist man gereizt. Bewußte Dreistigkeit steht nun gegen bewußte Giftigkeit, die Sara unanständig nennt. Vielmehr ist aber schon ihr eigener Egoismus belebt, der Versöhnungszustand des dritten Aufzugs längst durchbrochen. Saras Reflexionen sind pure Reaktionen. So ist sie gezwungen, weiter an der kommenden Katastrophe mitzuwirken. Sprache hat in sich ein Moment von Wahrheit dargeboten. Sara erkennt das aber erst, als sie persönliche Interessen wahrnimmt, eigene und die der Marwood. Die Wende ist eigentlich das Verdienst Marwoods, die das Empörungsprogramm von „Tugend" und „Laster" umwendete, so daß Sara ihre eigene Tugendhaftigkeit sich selbst unterordnen muß. Die vermeintliche Rettung aus ihrem Problem besteht nur in einer Reaktion. Aus Gründen des Kontrastes redet sie „dreist" und bezeichnet dann den Ursprung ihres Verhältnisses mit Mellefont als „Irrthum" (335). Zunächst verteidigt sie Mellefont, „der ein Mensch, aber kein Ungeheuer ist" (ebd.). Diese Alternative ist falsch gestellt. Dabei will sie nicht sich „selbst einer verhärteten Buhlerinn" (ebd.) nachsetzen. Marwood warnt wiederum: „Nur nicht so hitzig, mein junges Frauenzimmer." (ebd.) Sie solle die „Kraft" ihrer „Worte" (ebd.) überdenken. Nun dreht Sara, die tatsächlich die Auswirkungen ihrer Worte nicht bedenkt, den Spieß recht dialektisch um, indem sie behauptet: „Wenn ich der Marwood Erfahrung gehabt hätte, so würde ich den Fehltritt gewiß nicht gethan haben, der mich mit ihr in eine so erniedrigende Parallel setzt." (ebd.) Ihr „Verbrechen" ist zum persönlichen „Irrthum" (ebd.; vgl. 315) geworden. Als dessen Konsequenz müßte der Einzelfall des Todes eine auch literarhistorisch völlig neue Bedeutung gewinnen.

Eigentlich akzeptiert Sara ihre Erniedrigung; es ist objektiv keine, nur für jemanden, der vom Himmel kommt. Der Dialog hat längst die Trennungen in Begriffe und Personen aufgelöst. Es geht allemal um die Wahrheitsfähigkeit von Sprache im Fall des Empfindens.

Tugend und Individualität sind nicht einfach zu vereinigen, so daß das Neue, sei es noch so rebellisch oder nur rätselhaft, bestätigend ins Alte einginge, welches sich selbst zur Zeit noch neu auf der historisch-gesellschaftlichen Fläche dünkt. Vielmehr ist in allen Vermittlungen das problematische Verhältnis von Begriff und Wirklichkeit überhaupt dargestellt, wie Hegel es später formulieren wird: „Die Tugend wird also von dem Weltlaufe besiegt, weil das abstrakte unwirkliche Wesen in der Tat ihr Zweck ist und weil in Ansehung der Wirklichkeit ihr Tun auf Unterschieden beruht, die allein in den Worten liegen. Sie wollte darin bestehen, durch Aufopferung der Individualität das Gute zur Wirklichkeit zu bringen, aber die Seite der Wirklichkeit ist selbst nichts anderes als die Seite der Individualität"[297] – und, wie wir hinzufügen möchten, eine (bestimmte) Seite des Sprechens.

297 Hegel, Phänomenologie, a.a.O. S. 289. Vgl. als eine Art Antizipation solcher Dialektik Lessings Fabeltheorie (‚Abhandlungen über die Fabel'. Bd. 7. S. 442 f.). – Hegel sei noch einmal zitiert

Die Empfindungen, die Individualität bemerkbar machen und einklagen, stellen alle einen überindividuellen Anspruch. Vornehmlich in der Liebe wird die Teilbarkeit und Einheit der Empfindungen gefordert. Von den intensivsten Gefühlen kann, mit Musil, angenommen werden, daß es die allgemeinsten, ja abstraktesten sind. Gegenüber dem Gefühl ist den Empfindungen aber der Gegenstandsbezug inhärent.[298]

So sind Empfindungen hinsichtlich ihres ontologischen Status, wollte man ihn auch noch so sprachfern beschreiben, auf Sprache angewiesen. Konkret und implizit erscheint solches Wissen in den Sprachveränderungen der Figuren. Sara realisiert verändernde Reflexionen, doch nur um beim nächsten Standpunkt haltzumachen.

„Mein Irrthum, sag' ich; denn warum soll ich länger so grausam gegen mich seyn, und ihn als ein Verbrechen betrachten?" (ebd.) So bringt Marwood Sara sich selbst ein bißchen näher. Aber die möchte nicht auf gewohnte Legitimationen verzichten. Bei diesem Vorwurf ist jedoch zu bedenken, ob Empfindungen sich je mit ihrer bloßen Subjektivität begnügen können und dürfen, steht doch das im Kern Subjektive an der Grenze kosmischer oder auch traumhafter Ahnungen. „Der Himmel selbst", fährt Sara fort, „hört auf, ihn als ein solches anzusehen; er nimmt die Strafe von mir, und schenkt mir einen Vater wieder – " (ebd.). Hiermit wird die vorletzte Wendung in diesem Dialog eingeleitet. Marwood erschrickt – wir wissen es aus den Worten und Deutungen Saras. Wenn der Text sich so darauf verläßt, die Wirklichkeit in der Sprache der Figuren erscheinen zu lassen, so ist die Veränderung von Bezeichnungen für Tatsachen oder Begründungen legitim und ein persönlicher Fortschritt, weil es eben Sprachsachen sind. Zu letzterem gehört ebenso die Einstellung, die Wirklichkeit als Sprache/Ansicht/Empfindung des Himmels aufzufassen. Nur dürfte die Dialektik nicht unterschlagen werden, daß gerade das die Sprache der Menschen ist. Erst wenn jemand mit solchem Wissen empfindend bestehen kann, ohne sich je aus der Sprache aufs Sein herauszulügen und doch wirklich zu empfinden, wird dieses Trauerspiel veraltet sein.

Sara empfindet sofort wieder direkt die Realität und ändert ihre Einstellung, obwohl sie natürlich nur ihre Interpretationen empfinden kann. Die Lady glühe, starre, knirsche usw. (ebd.). Sie selbst sei eine „empfindliche Närrinn", was für den situativen Einzelfall stimmt, wolle ihre Gesprächspartnerin „besänftigen" und ihre „Freundinn" (ebd.) werden: „Lassen Sie mich, Lady, lassen Sie mich fußfällig darum bitten – (indem sie nieder fällt.) Um Ihre Freundschaft, Lady – Und wo ich diese nicht erhalten kann, um die Gerechtigkeit wenigstens, mich und Marwood nicht in einen Rang zu setzen." (335 f.)

Spätestens an dieser Stelle hat sich Lessings Kunstgriff substantialisiert: Er zeigt die Möglichkeit eines objektiven Irrsinns im Zeitalter der Subjektivität. Die aufrichtige Sara will der Lady Solmes als Freundin so nah sein wie die Marwood, aber unter Bedingungen größten Abstands zwischen sich und Marwood. Nun kann die „mördrische Retterinn" gegen den Umstand der ‚befreundeten Feindin' nur irrsinnig handeln, da jeder nur sein Bestes will, Freundschaft und Rettung aber sogar personal unter der Bedingung ihres jeweiligen Gegenteils erscheinen. Die Existenzweise der Empfindungen hat also die Wirklichkeitsform des Oxymorons.

zum Gedanken der „Anerkennung" als Person, Individuum und Selbstbewußtsein. "Das Individuum, welches das Leben nicht gewagt hat, kann wohl als *Person* anerkannt werden; aber es hat die Wahrheit dieses Anerkanntseins als eines selbständigen Selbstbewußtseins nicht erreicht. [. . .] Durch den Tod ist zwar die Gewißheit geworden, daß beide [sich auseinandersetzende Individuen] ihr Leben wagten und es an ihnen und an dem Anderen verachteten; aber nicht für die, welche diesen Kampf bestanden. [. . .] In dieser Erfahrung wird es dem Selbstbewußtsein, daß ihm das Leben so wesentlich als das reine Selbstbewußtsein ist." (A.a.O. S. 149 f.)

298 Das sei auch gesagt zu der Rechtfertigung, die Sara Mellefont zukommen läßt, indem sie Gegenstand und Empfindung trennt (329). Über die Behauptungen des „Objektschwunds" (M. Wieser: Der sentimentale Mensch. Gesehen aus der Welt holländischer und deutscher Mystiker im 18. Jahrhundert. Gotha/Stuttgart 1924. S. 6) hatten wir schon gesprochen.

Marwood. (die einige Schritte stolz zurück tritt und die Sara liegen läßt.) Diese Stellung der Sara Sampson ist für Marwood viel zu reizend, als daß sie nur unerkannt darüber frohlocken sollte – Erkennen Sie, Miß, in mir die Marwood, mit der Sie nicht verglichen zu werden, die Marwood selbst fußfällig bitten.
Sara. (die voller Erschrecken aufspringt, und sich zitternd zurückzieht.) Sie, Marwood? – Ha! Nun erkenn' ich sie – nun erkenn' ich sie, die mördrische Retterinn, deren Dolche mich ein warnender Traum Preis gab. Sie ist es! Flieh' unglückliche Sara! Retten Sie mich, Mellefont; retten Sie Ihre Geliebte! Und du, süße Stimme meines geliebten Vaters, erschalle! Wo schallt sie? wo soll ich auf sie zueilen? – hier? – da? – Hülfe, Mellefont! Hülfe, Betty! – Itzt dringt sie mit tödtender Faust auf mich ein! Hülfe! (eilt ab.) (336)

Es gibt keine Garantie für den Menschen, nicht an den Anfang seiner Überlegungen zurückgeworfen zu werden. Sein Sprechen und Denken besitzt nicht die Garantie, Geschichte zu machen. Läuterung ist Glückssache; wirklich sind nur die Empfindungen. Diese darstellend, gibt es den wirklichen Prozeß der Empfindung zu einem Ende hin, das den Anfang deutet, nur als literarische Empfindung.

Triumphiert mit Marwood das Laster? (Man kann es sich nicht so leicht machen und sagen, es sei ja mittlerweile ohnehin nichts mehr zu unterscheiden.) „Was nun? – Ich bin entdeckt" (ebd.), resigniert sie im folgenden Monolog: „Der Dolch war für andre, das Gift ist für mich!" (337) Es wartet „auf den traurigen Dienst" (ebd.). Marwood setzt nicht nur das Leben anderer aufs Spiel. Doch wird das „Gift [. . .] für mich" zu einem für andere. Trauer kann sich nicht mehr gegen den Triumph des Lasters wenden, sondern muß Reflexion des möglichen Irrsinns sein, in den auch Sara versetzt wurde, von dem sie sich, wie wir hören werden, durch Ohnmacht erholt.

Das uneindeutige Requisit des Gifts wird noch weiter metaphorisiert. Kündigte es sich an in der „giftigen Zunge", so wird sein Platz nun vorgestellt als einer, an dem „in besseren Zeiten, die geschriebenen Schmeicheleyen der Anbeter" (ebd.) sich verbargen; „für uns ein eben so gewisses, aber nur langsamres Gift" (ebd.). Nachdem Mund und Busen so vereinigt sind, begeht die ‚Anwältin ihres Geschlechts' eine weitere, endgültig tödliche Generalisierung. „Wenn es doch nur bestimmt wäre, in meinen Adern nicht allein zu toben!" (ebd.) Selbst hier ist noch nicht entschieden, ob es nicht doch auch Mellefont treffen soll. Die Ungenauigkeit der Tat wird kontrastiert durch die präzise Entwicklung der (Gift-)Metapher. Die Figuren handeln, ob sie es wissen oder nicht, aus ihrem Sprechen heraus. Daß das zum Tode führt, macht die eigentliche Trauer des Trauerspiels aus, den „traurigen Dienst" an sich selbst.[299] Ebenso machtlos, wie Sara in III den „traurigen Vorwurf" nicht tilgen konnte, tut Marwood den „traurigen Dienst". Die Maxime ‚Handle anstatt nur zu reden' tendiert auf Ausweglosigkeit. Endlich handelt ja Marwood. Man sieht die Wirkung. Die Handlung ist ungenau und abstrakt. Was bisher als dramentechnische Schwäche interpretiert wurde, könnte als Darstellung von Handlung als Tat gelesen werden. Verwechslungen von Traum und Realität, Flucht und Mord, Zufälligkeiten von Empfindungen und Taten als Reizreaktionen auf Worte – so könnten die Grenzen und Defizite tätlicher Handlung interpretiert werden; ob als Irrsinn, Wahnsinn oder Unsinn: Sichtbarer Sinn entsteht nur in der Handlung als Sprechen. Darin vermitteln sich Darstellung und Dargestelltes. Das Drama zeigt die objektiven Konfigurationen des Empfindens durch das Sprechen, so aber, daß im Konkreten das subjektive Empfinden Sprache verändern und auch verwenden, verstellen kann. Letztlich

299 Sprachutopie und Sprachkritik der Empfindung sind auf das engste vermittelt. Poesie emanzipiert sich qua Darstellung ihres wirkungsvollen Hintergrundes aus den Bestimmungen der Rhetorik; die Worte als „Vehiculum", sagt Lessing einmal zum Unterschied vom historischen und problematischen Wort, Buchstabe und Geist, dürften die „Kraft und Natur der Arzeney nicht haben" („Axiomata". Bd. 13. S. 114) – instrumentelles Sprechen ist aber, z.B. Marwoods, von selbstzweckhafter Giftigkeit.

wurden die Figuren durch die Sprache zu dem gebracht, was sie immer schon zu wollen und zu empfinden *meinten.*[300] Ist der Akt dieser Meinung ein Irrtum oder eine unbeschreibliche Wahrheit? Ein trauriger Vorwurf, der dennoch Versöhnung zuläßt, oder ein trauriger Dienst?

Daß Handeln und Empfinden der Figuren aus ihrem Sprechen bestehen, ist der neuzeitliche Skandal dieses Trauerspiels, das keinen anderen Weg als sich selbst zeigt. Es besteht auch aus eben der Sprache. Doch ergibt diese Sprache eine Empfindung als die Intention einer Gattung.

„Was nun?" (336). Das Sprechen als Versteck- und Offenbarungsspiel ist beendet. Und doch spricht Marwood weiter; sie findet die bis in unrevidierbar physische Auswirkungen reichende Metapher („Gift"). Diese erlaubt, „weder mich, noch sie zu sich selbst kommen" (337) zu lassen. Doch waren beide bei sich: Marwood zeigte es in der Unwiderstehlichkeit des Empfindungsgenusses, sich zu entdecken; Sara, indem ihre Empfindungen bis in den früheren Traum zurückreichten. Aus der völlig sinnfälligen Erniedrigung springt Sara auf, und ihre Deutung ist doch eigentlich traumhaft. Sie erkennt ein Traum- und ganz spezifisches Sprachprodukt wieder, denn sie erkennt nicht Marwood, sondern die „mördrische Retterinn". Wie das von vornherein feststeht, so gewinnt Sara auch den sichersten Boden ihrer Empfindungen wieder: „unglückliche Sara!" Jetzt bedeutet das für sie keine Genugtuung, sondern Angst. Damit ist der Empfindsamkeit Saras die letzte Larmoyanz entzogen. Dazu stimmt, daß Sara keine Sprache mehr findet beziehungsweise ihre Sprache in Unordnung gerät und deshalb auch die „Stimme" der anderen keinen festen Ort mehr hat. Man könnte es einmal verräumlichen: Weder von oben (Vater) noch von unten (Betty) noch von den Seiten (Mellefont) ist „Hilfe" zu erwarten. Hilfe existiert abwesend nur in der Suche nach ihr, in irrsinniger Angst. Verrückt zu werden, ist stammesgeschichtlich gesehen ein Privileg des Individuums, das von Vernunft, Empfindung und Wille überfordert wird. Jetzt wird das Überleben zu einem neuen Problem. „Was will die Schwärmerinn? – O daß sie wahr redte, und ich mit tödtender Faust auf sie eindränge!" (Marwood; 336) Nur im Sinne der literarischen Empfindungen können Saras Halluzinationen auch wahr sein. Davon abstrahiert, bedeuten sie den Wahnsinn, den Marwood richtig charakterisiert. Aber die literarische Empfindung übernahm ja schon die Legitimation des Traums als wirklicher Empfindung. Diese zu erkennen, löst den eigentlichen Erkenntnisschock aus, der Sara besinnungslos macht. Beim Versuch, ein eigenes Bewußtsein und eine Moral des Herzens zu entwickeln, wird Sara am besonnenen Sprechen[301] gehindert. Während des Versuchs gibt das Drama bis hierher eine Vielzahl von Hinweisen auf den Verlust ihres Selbstbewußtseins. Wenn nicht das Laster, sondern der Irrsinn letztlich Triumphe feiert, dem übrigens die angeblich Lasterhafte völlig realistisch gegenübersteht – ihn zwar nicht begreifend, aber einschätzend – , wenn die Absicht zu töten sich erst aus (Selbst-)Gesprächen ergibt, dann kann Saras Rettung nicht in irgendeiner Art einer eigenen Entscheidung liegen. Die Unglückliche ist von Anfang an in der Situation des Absturzes – an die Rettung durch andere, die sie instinktiv (in III) verzögern wollte, oder an die Bodenlosigkeit eigenen Empfindens verwiesen. Das Eigene ist allein, wo es nicht „fußfällig" wird, und so chaotisch, daß alle Hilfe der Außenwelt nur wie eine mordende Rettung einsetzen könnte.

Diese ist schon präfiguriert durch den Traum, der Sara zum Schauplatz hatte.[302] Sara

300 „Er. Der Aberglaube trauet den Sinnen bald zu viel, bald zu wenig. [. . .] Ich. Wie nahe der Aberglaube oft der Wahrheit tritt!" („Das Testament Johannis". Bd. 13. S. 12 f.)

301 Ähnliche Fälle für andere Figuren lassen sich feststellen in I, 5; I, 9; II, 1.

302 Zu zeitgenössischen Hinweisen auf die Symbiose von „Einbildungskraft und Empfindsamkeit", etwa denen von Irwing und E. Platner (Philosophische Aphorismen nebst einigen Anleitungen zur philosophischen Geschichte. Leipzig 1784) und Tetens, der noch mit der größten argumen-

mußte das Erlebnis zunächst nicht als eigene Entzweiung auffassen, es ließ sich als eine zwischen Vater und Mellefont objektivieren. Wie diese beiden, so existiert Marwood auf dem Schauplatz ‚Sara‘. Die Fiktion der Figur ermöglicht, dieses Geschehen als Produkt der Subjektivität zu verstehen.[303] Das Subjekt konnte also auch über die eigenen Empfindungen herrschen, aber es muß vor deren Wirklichkeit erzittern. Sara realisiert auf Marwoods Freigabe der Erkenntnis hin ihre eigene Traumerkenntnis („Ha! Nun [. . .]“) und kehrt sogar die Konstellation von Traum und Realität sowie die Konstellationen in ihnen um. Im Traum floh Sara vor dem Dolch einer ihr „ähnlichen Person“ (275) und fiel in Ohnmacht. In der hier dargestellten Realität flieht sie, obwohl sie Marwoods „Wahrheit, Verleumdung und Drohungen“ (325) standhält, weil die Empfindungen des Traums wiederkehren. Während sie aus dem Traum „erwachte mit dem Stiche“ (275), fällt sie jetzt wirklich in Ohnmacht, die sie dem Gift Marwoods ausliefert, und erwacht mit einer „Empfindung“ wie „tausend feurige Stiche in einem“ (338). Bedeutete also dort der eine Stich ihre Heilung im Erwachen, so zeigen sich hier die vielen Stiche, die ihre „Ferse“ (325) in den vielen Worten der „giftigen Zunge“ (334) getroffen haben, im Erwachen der Sterbenden als eine Empfindung. Sie ist die Folge des Verlustes ihres Bewußtseins, aber im literarischen Prozeß einer Bewußtseinskonstitution. Sara wird Marwoods Gift trinken, weil sie von deren Worten geschwächt ist. Nicht das, was wie ein tödlicher Stich empfunden wird, ist tödlich, sondern die Entmetaphorisierung der Wirklichkeit. Dabei werden gerade in aller Wirklichkeit die Empfindungen zu ohnmächtigen Folgen der Metaphern. Das Gift heilt nicht.[304] Die im Trauerspiel entfaltete Strafe besteht darin, die Sprachidentität von Traum und Realität sowie der Sprechenden bewußt zu machen. Die jeweils betonte Unvereinbarkeit der Empfindungen wird der tragischen Gleichheit überführt. Wenn, wie am Beispiel des Traums gerade noch bewußt, nicht die Sprachlichkeit der Wirklichkeit empfunden wird, sondern scheinbar Wirklichkeit selbst, dann zeigt sich, daß Sprache schon tötende Handlung geworden ist. Davor gibt es keine andere Rettung als die zu erwachen.[305]

Das Gift tobt in beider Adern. Für Marwood zum Beispiel als „geschriebene Schmeicheleyen der Anbeter“ (337). Insofern besiegt sie Sara nur aus „ohnmächtiger Rachsucht“ (324 f.). Notwendig besiegt sie sich selbst damit, denn sie bringt sich um die leidenschaftlich gesuchte Anerkennung. Ihr, die den Anblick ihres Opfers schon genossen hat, entgeht im Giftmord aufgrund der langsamen Wirkung des Gifts die letzte Gewißheit, einen nicht mehr sprechenden Körper hergestellt zu haben. Das ist der Rest, den Sara Marwood voraus hat. Diese hat ausgesprochen.[306]

tativen Schärfe „Empfindnisse“, „Vorstellungen“ und „Einbildungen“ analysiert und synthetisiert: vgl. Sauder, a.a.O. S. 164, 198 f. Vgl. im allgemeinen den Artikel „Einbildung, Einbildungskraft“ im Historischen Wörterbuch der Philosophie. Besonders eben im Traum werden Einbildungskraft und Empfindung als ein Ganzes betrachtet.

303 Der Traum liefert nicht einfach eine Vor-Bedeutung, stiftet vielmehr selbst die Unruhe und eröffnet eine Sphäre menschlicher Intersubjektivität, in der nicht nur „die Moral“ brüchig wird, sondern das Individuum zum Opfer. Dieses Opfer, schon im ersten Traum (I, 7), ist für den Traum wie für die eigene Rolle mit den Deutungsproblemen belastet. Siehe auch Eibl, a.a.O. S. 165 f.; vgl. weiterhin das Drama als „lehrreichen Traum“ (‚Faust-Fragment‘. Bd. 3. S. 389); andererseits, auf Poesie bezogen, die Frage: „Sind Ausschweifungen der Einbildungskraft Empfindungen?“ (zu Wieland; „Briefe,. . .“, 8. Bd. 8. S. 17).

304 Vgl. auch „Nathan“. Bd. 3. I, 2.

305 Das ist ein Problem des Erwachsenwerdens im „Philotas“ (Bd. 2. 1., 2. Auftritt): Dagegen waren die Kindheitsträume des Tempelherrn „mehr als Träume“ (S. 177). Die Einfachheit des Traums stellt der Wirt in „Minna“ der Umständlichkeit der Realität gegenüber (III, 3).

306 Ein letzter Versuch, sich geltend zu machen, ist der Brief mit dem Bekenntnis ihrer Tat (V, 10), nämlich der Geiselnahme. So muß man sich heute noch Geiseln nehmen und sie mundtot machen, um zu Wort zu kommen.

Saras Reflexionen, die immer auf den Besitz Mellefonts drangen,[307] auf die Aufrichtigkeit seiner Empfindung als schicksalhafte Versicherung des Objekts, erfahren eine weitere Veränderung durch die Empfindung des Gifts, das als eine metaphorische Objektivation des „rebellischen Etwas" angesehen werden darf. Auch dieses drängte nach Anerkennung in einer Selbstverwirklichung Saras. Sind die Bedingungen hierfür nicht vergleichbar denen Marwoods, aus deren Widerspruch öffentliche Destruktion wurde? Die potentielle „Vatermörderinn" (Sara; 317) aber fürchtete sich vor dem Raum der „Freyheit über Ihr Herz und Ihre Hand" (303), den sie von ihrem Vater zugesprochen bekam. Will der Vater die „lasterhafte Tochter" (268) als Tochter, so wird diese destruktiv gegen sich selbst, da ihre Empfindungen noch so unausgeführt abstrakt sind, daß sie sich weder gegen die Begriffe der Marwood noch gegen die für das eigene Laster oder gegen die der eigenen Träume durchsetzen können. IV, 8 ist ein Beispielfall für den gescheiterten Versuch: Wo Spontaneität und Abstraktheit der Empfindung zusammenfallen, gibt es nur Sieger und Besiegte und die Austauschbarkeit beider Positionen hinsichtlich des „Weltlaufs" (Hegel).[308]

Das sogenannte bürgerliche Individuum kann in der Zeit der Aufklärung deshalb zum Helden werden, überhaupt ins Trauerspiel geraten, weil die Prämissen von Gleichheit (in Tugend oder Laster) und Individualität aneinandergeraten. Hier liegt sein Ursprung.[309] Allein in der literarischen Empfindung ist die Fiktion der Wirklichkeit qua Empfindung eine sprachliche Besonderheit, die Gleichheitsfähigkeit besitzt. Die positiven Programme für Gleichheit und Eigenheit dagegen unterläuft das Trauerspiel. Sara leidet an beidem.

h. Sterben ohne Begriff

(Heilung – Sterben als Fortsetzung des Lebens – anonyme Wendepunkte – lebende Meinung – Ausweichen – Lösung aus der ‚Wendung' – Sterben im Pathos der Prosa – Gegenwart und Zukunft – „nie gefühlte Empfindungen" – Anonymität – Meinung und Bedeutung – literarisches Vergnügen – Schicksal der Bedeutung in der Neuzeit – Versagen diskursiver Handlungsmittel – fremde Empfindungen – Alleinsein – Öffentlichkeitsdruck des Sprechens [Brief] – Ignoranz – das Besondere als das Ganze – das Gesunde im Kranken – Verspätung des Vaters – am Ende Unvollendetes – sterbend sein – Bestimmtheit und Absolutheit – Wissen und Sterben – Auge und Stimme – Wahnsinn und Vergebung – objektive Benennungen, partielle Versöhnungen – Wahrheit – gelungene Aussprache? – begriffslose Subjektivität – Automatismus des Menschenverstandes – Kritik des Lehrsatzes – Reflexion des Anonymen – Fixierung und Deutung – repräsentative Schwäche – ein Leben: zum Sterben zumute – das unendlich Differente des Gleichen – Glück des Irrealis)

„Kurz, alle Schuld ist mein" (338), bietet Sara „allen Scharfsinn der Liebe" (385) auf, ihren Geliebten für völlig unbeteiligt halten zu können. „Die kleine Ohnmacht wollte nicht viel sagen." (ebd.) Zufälligkeiten des Lebens, von Sara mit ihrer Anlage (zu Ohnmachtsanfällen) erklärt, erhalten aber im Drama Funktion und notwendige Bedeutung. (Deshalb kann nur Literatur die *Geschichte* von Empfindungen schreiben.) Eine Bedeutung, positiv in der Figurenrede, ex negativo als eine der Darstellung, spricht Sara aus. Sie geht damit sogleich wieder über gerade Festgestelltes hinaus. „Ich muß es wohl gar für ein Glück halten, daß ich in Ohnmacht gefallen bin." (ebd.) Es ist das Glück einer Trauerspielfigur. Betty hatte berichtet, daß Marwood so lange geblieben sei, bis man Sara

307 Noch abfälliger gesagt: Sara machte aus der Liebe einen ‚Erwerbszweig', andererseits geht man der Liebe „durch das Schweigen muthwillig verlustig" („Hamb. Dramat.", 63. Stück. Bd. 10. S. 52).

308 So bemerkt Hegel (siehe unsere Anm. 297) nebenbei, daß einem das Leben manchmal genauso wichtig erscheinen könnte wie das „reine Selbstbewußtsein", aber erst nachdem das Individuum unter Verachtung jenes wagte.

309 Dieser ist literatursoziologisch noch keineswegs erfaßt. Siehe Szondi, a.a.O. S. 153 f.

„die Arzeney einflößen konnte“ (ebd.). Es handelt sich nicht um ein dramaturgisches Versteckspiel. Das genaue Wissen von dem, was man sich vorstellen soll, ist nicht von erster Wichtigkeit.[310] Eher ist eine Empfindung des Rezipienten gefordert, der, indem er Saras Sprechen hört, sich zunehmend verdeutlicht, daß Sara stirbt.[311]

Das Gift, welches sie tötet, bietet ihr eine letzte Möglichkeit, sprechend an ihre Heilung zu gemahnen. Und die bestände, immer unüberhörbarer, nicht einfach aus körperlicher Gesundheit. „Bloß Ihrer Zufriedenheit wegen wünschte ich, mich weniger krank zu fühlen“ (339), sagt sie dem von seiner abermaligen Täuschung durch Marwood zurückkehrenden Mellefont. Er wird, wie er meint, unverdientermaßen „gütig empfangen“ (ebd.). Da die Liebe willentlich gesichert zu sein scheint, muß sich die Interpretation weiterhin auf die metaphorische Qualität des Giftes stützen, das sich wie Marwood selbst einschlich, das sich aber auch wie jede nicht in Sprachschemata zu dressierende Empfindung bemerkbar macht im Innenraum der Empfindenden selbst. Heilung als Selbsterkenntnis, dazu könnte die keineswegs bekämpfte Krankheit veranlassen. Das kranke Selbst – hier zur Zeit der Aufklärung – versucht sich zu verstehen, nicht sich zu verbessern – und wird sich inskünftig vielleicht immer nur in der literarischen Verkörperung der wahren Sensibilität begreifen. Verstehen heißt, eigene semantische Energien entwickeln. Ohnmacht kann dabei nur ein Glücksmoment für die Trauerspielfigur sein. „Denn wer weiß, was ich noch von ihr hätte hören müssen“ (338), sagt sie zu Betty. Sara ist noch unglücklich. Die oft zirkuläre Weise ihrer Empfindungsversicherungen wird annähernd in V zu einer iterativen werden. Ihr Tod ist nicht die Fortsetzung und Steigerung der Ohnmacht. Ihr Sterben ist vielmehr Fortsetzung des Lebens, Empfindens und Wahrnehmens. Für deren Gegenstände und Stoffe müssen keine Ursachen und Täter mehr hypostasiert werden, kein „wer“ mehr, sondern Sara selbst, die außer sich war. „Du glaubst nicht, wie außer mir ich war. Auf einmal fiel mir der schreckliche Traum von voriger Nacht ein, und ich flohe als eine Unsinnige, die nicht weiß warum, und wohin sie flieht.“ (ebd.) Ihr Sterben kann einmal krude als Objektivitätssicherung für die Leiden der Subjektivität beschrieben werden. Objektivität erscheint nun in bestimmten Ereignissen von Intersubjektivität, deren Substrat der Gleichheit gleichwohl kritisiert wurde. Das intersubjektive Geschehen reicht bis ins Bewußtlose hinein – und kommt nun auf Sara zu, als sei es von ihr erfunden. Das stimmt, und das stimmt auch nicht. Es ist übrigens eine Struktur von Empfindung überhaupt, deren Horizonte objektiver Wirksamkeit wir bei Hölderlin aufzudecken versuchen.

Sara ist, ohne es zu wissen, dorthin geflohen, von woher die Konsequenzen ihres Tuns auf sie zurückkommen, in dem Maße wie sie zu sich selbst erwacht. Wendepunkt und der Augenblick des Umschlags sind dabei gerade die anonymen Orte scheinbarer Selbstlosigkeit: Ohnmacht, rebellisches Etwas usw. Nur literarisch, im engeren Sinne metaphorisch objektivisiert, kann das Konsequente ihres Empfindens und Sprechens als Empfindung und Satz zu ihr zurückkehren, so daß die „Unsinnige“ Sinn empfinden kann gegen die Unendlichkeit des „wer weiß“. Dazu muß aber ihr im Sterben verlängertes Leben identisch mit ihren Sätzen werden, die gleichwohl einen unendlichen Mangel explizieren. Der Mangel der Sätze ist ihr Empfinden; anders bei Emilia, deren Sätze im Augenblick der Klimax ihr Tod sind.

Nicht einmal die kommunikative Offenheit zwischen zwei Partnern, die doch den Empfindungen Sicherheit geben soll, ist erreichbar. „Ich würde ohne Marwood vieles nicht wissen“, sagt Sara zu Mellefont, „was Sie mir selbst nicht gesagt hätten“ (340).

310 Wir erfahren es dann aus Marwoods Brief (V, 10).

311 Insofern ist es auch kein Kunstgriff der Überraschung – als Enttäuschung von Erwartungen, daß Sara stirbt. „Ja, unser Antheil wird um so lebhafter und stärker seyn, je länger und zuverläßiger wir es vorausgesehen haben.“ („Hamb. Dramat.“, 48. Stück. Bd. 9. S. 386)

So wird selbst dieses Verhältnis keine vernünftige Ordnung finden, allenfalls mit Hilfe von Ignoranz und Vergebung, deren Überlegenheitsgefühl nun Sara beanspruchen darf, was aber objektiv für die Betroffenen ebenso unbefriedigend ist wie die Aktion des Vaters in bezug auf Sara. Mellefont befürchtet, daß der „Angriff" Marwoods auf Saras „gute Meynung von ihrem Mellefont" vielleicht „besser gelungen" (ebd.) sei als der auf ihr beider Leben. Ein Rest tragischer Ironie liegt darin, daß das körperliche Leben noch hinfälliger ist als das Leben der Meinung. Sara weiß nun, daß Marwoods Taten, in jeder Hinsicht, hilfreich waren. Eine „tobende Marwood" hat ihr gerade „den geringsten Zweifel an Ihrer Liebe" (ebd.) genommen, den sie aber ohnehin nicht „gehabt hätte" (340 f.). Denn „sie muß es gewiß wissen, daß sie durch mich um das Kostbarste gekommen sey" (341). So wird mit Eifer nach dem Tausch der Gebrauchswert Mellefonts erhöht.

> Mellefont. [. . .] Aber, Miß, Sie wollen mir wieder ausweichen, und mir dasjenige nicht entdecken – – –
> Sara. Ich will es; und was ich sagte war schon ein näherer Schritt dazu. Daß mich Mellefont also liebt, ist unwidersprechlich gewiß. Wenn ich nur nicht entdeckt hätte, daß seiner Liebe ein gewisses Vertrauen fehle, welches mir eben so schmeichelhaft seyn würde, als die Liebe selbst. Kurz, liebster Mellefont – Warum muß mir eine plötzliche Beklemmung das Reden so schwer machen? (ebd.)

Hier ist unentscheidbar, ob es um die Wirkung des Gifts, ihres eigenen Redens oder des stets noch zu Sagenden, also zu Empfindenden geht. Auch wo das zu unterscheiden ist, kann die Interpretation nicht dualistisch verfahren. Das Sprechen und der physische Verfall oder die körperliche Niederlage weisen eine den Kunstwert dieser Passagen (und rückwärts gelesen die Motivierung des ganzen Dramas) ausmachende semantische Verklammerung auf.

Sara sucht, obwohl sie das ausdrücklich ablehnt, „die behutsamste Wendung" (ebd.). Inhaltlich geht es um Mellefonts Tochter. Saras Reden wird schwer durch das Gift und/oder die schon hinter ihr liegende Selbsterkenntnis, daß sie nicht nur im allgemeinen Sinne tugendhaft, sondern auch im allgemeinen Sinne egoistisch ist. Empfindsamkeit als Domäne behutsamer Wendungen für das, was doch dringlichst die Figuren beschäftigen sollte, wird zu Qual und Beklemmung.

Man will sich nicht mehr „ausweichen", aber man kann anders kaum sprechen. Die Annäherungsversuche zeigen ebenso eine innere Unvereinbarkeit in wortreicher Empfindsamkeit wie die plötzlichen Ausrufe der Schmerzen, die die Reflexionen wie rätselhafte Ereignisse unterbrechen.[312] Haben wir anfangs dafür plädiert, dieses Stück durchaus schon als eines der Empfindsamkeit zu lesen, so zeigt sich jetzt an diesem Stück vorweg die historische Verspätung dieser „durchdringenden Tendenz" (N. Miller) gegenüber dem eigenen Anfang, der in Lessings Werk schon dahingehend bestimmt ist, daß die wesentliche trauerspielfähige Empfindung auf eine Lösung aus den „Wendungen" drängt, welche ihrerseits so etwas wie eine Epoche dann erst konstituieren.

Aus diesem Grunde aber nehmen wir Lessings Drama zum Ausgangspunkt unserer Geschichte der literarischen Empfindung, nicht die viel merkmalreicheren Texte der Empfindsamkeit; „tausend feurige Stiche in einem" (338) verwandeln die Antwortangebote in empfindsamen Tugendsystemen zu hilflosen Fragen. Auf dieser Folie erhält die Rebellion der Subjektivität ihre dramatische Kontur, wobei die Erfahrungen Saras eher dem Zuschauer objektivierbar sind, der Saras Tod (immer mit-)bedenkt und nicht jetzt erst den „plötzlichen Uebergang von Bewundrung zum Schrecken" (342)[313] spürt. Denn

312 Beispielsweise unterbricht sich Sara, während sie Betty zu Beginn des fünften Aufzugs über Marwood erzählt, mit einem „Ach!" „Betty. Was für ein Ach, Miß? Was für Zuckungen? – " (338)

313 Siehe „Briefwechsel", a.a.O. S. 54 f., 76 f.

er soll ja gerade, da diese Affekte an den Figuren selbst dargestellt sind, sie zu *Momenten* der umfassenden Empfindung des Mitleids machen.[314] Hierin müßte der Schrecken „nie gefühlter Empfindungen" (ebd.) zur Rezeption der literarischen Empfindung werden. In dieser liegt die Einheit des prosaischen Pathos, das Sara ganz unterschiedlich verwirklicht. Dem Pathos ausführlicher Reflexionen steht das plötzlicher intermittierender Schmerzensausdrücke gegenüber. Auch hieran läßt sich die metaphorische Interpretation der Ambivalenz des Giftes anschließen: Es ist die fremde Empfindung, die zu Tod *und* Selbsterkenntnis führen kann. Die Frage ist, ob die Konjunktion („und") jemals verändert werden kann.[315]

Psychologisch ist es nicht sehr einsichtig, daß Sara sozusagen klaren Tisch macht, um Mellefonts Liebe, den Gegenstand ihrer Empfindungen also, in den Rang unantastbarer Würde zu erheben. Sie ‚will' sich ganz und gar selbst zum Problem werden, so als könnte sie mit sich die Welt von den Problemen der Empfindung befreien. Darin liegt die Funktion des sich zunehmend verstärkenden Pathos der dramatischen Prosa im fünften Aufzug. Da diese Prosa aber nicht formaliter vorab die Bedeutungshaftigkeit der Sätze garantieren kann, wird der Rezipient auf deren Semantik um so gezwungener aufmerksam gemacht.[316] Wiederum psychologisch gesehen, ist die Semantik lächerlich. Aber Sara stirbt in ihr.

„Wie sehr liebe ich Sie auch um dieser Liebe willen" (341), wird Sara immer unerschütterlicher: „lassen [Sie] mich an die Stelle der Marwood treten" (341 f.); so soll der Mutter (Marwood) nicht nur der Mann und der Vater des Kindes, sondern auch noch das Kind geraubt werden. Das ist die Kehrseite reinen Empfindens, welches ja nur in einem gewaltsamen Willensakt sich selbst betäuben konnte. Saras Liebe will „um die Wette" (342) beschäftigt sein: „Glückliche Tage! Aber ach! – sie sind noch fern in der Zukunft. – Doch vielleicht weiß auch die Zukunft nichts von ihnen, und sie sind bloß in meiner Begierde nach Glück! – Empfindungen, Mellefont, nie gefühlte Empfindungen wenden meine Augen in eine andre Aussicht!" (ebd.)

Dann eine zweite Unterbrechung ihrer begierigen Reflexionen: „Wie wird mir? –" (ebd.) Mellefont stöhnt, daß er ihre Schmerzen „nur mit fühlen kann" (ebd.), nachdem er erschrocken ausgerufen hatte: „Welcher plötzliche Uebergang von Bewundrung zum Schrecken! –" (ebd.) Nun ruft er nach Hilfe: „Betty, was ist ihr geschehen? – Das sind nicht bloße Folgen einer Ohnmacht. –" (ebd.) So richtig diese Ahnung ist, die Bemerkung greift zu kurz. Der Zuschauer wird sich zwar zunehmend bewußt, daß Sara stirbt, aber auch er hat nichts erkannt, wenn für ihn nur das Gift der Grund ist. Die Erwähnung des Giftes ermöglicht eine realistische, aber nicht hinreichende Aussicht auf die Semantik von *Saras* Ahnungen.

Dramatisches Geschehen besteht auch daraus, daß Saras Egoismus offen zu Tage getreten ist. Ihr möglicher Verzicht ist mit der Ankunft anderer Empfindungen verbunden. Die Verantwortlichkeit für Empfindungen läßt sich nicht an die Zukunft übertragen, an

314 Siehe grundsätzlich „Hamb. Dramat.", 74. – 77. Stück. Bd. 10. Zu Mendelssohns und Nicolais Rezeption siehe Pikulik, a.a.O. S. 160 ff. Die Behauptung, neues Unglück komme von außen („Schrecken") über Sara (Pikulik, a.a.O. S. 165 f.), läßt sich nach unserer Interpretation nicht halten; sie könnte vielleicht zutreffen für „Rhynsolt und Sapphira" (S. 147 ff.). Sara stirbt nicht „am fünften Akte" („Hamb. Dramat.", 2. Stück. Bd. 9. S. 190). Es handelt sich auch nicht um eine bloße „traurige Empfindung" oder um ein Beispiel „solcher unverdienten schrecklichen Verhängnisse" (79. Stück. Bd. 10. S. 120 f.). Lessing argumentiert hier ganz undogmatisch vom Theodizee-Gedanken her.

315 B. Liebrucks macht diese Konjunktion zum Leitfaden seiner Philosophie aus der Sprache Hölderlins: „Und". Die Sprache Hölderlins in der Spannweite von Mythos und Logos, Realität und Wirklichkeit. Bern/Frankfurt a. M./Las Vegas 1979. (Sprache und Bewußtsein. Bd. 7).

316 Zu den theoretischen Kontroversen über die Beibehaltung des Verses im Trauerspiel, das auf ihn erst viel später als die Komödie verzichtet, vgl. Daunicht, a.a.O.

die die Gegenwart des Empfindens doch so gebunden erscheint, daß ohne die Aussicht auf die Zukunft gar keine Gegenwart stattfindet. Die bei Musil erzeugte ferne Evidenz des Empfindens wird dagegen die epische Heraufkunft einer die Gegenwart einholenden Vergangenheit sein. Die Zukunft weiß nichts von glücklichen Tagen. Saras Glücksverlangen war geradezu ihr Unglück. Der egoistische Trieb in aller Begierde ist – mit „Augen“ versehen – auf sich selbst gewendet.

Die „nie gefühlten Empfindungen“, die da erscheinen, wo endlich das Bekannte erkannt wird, verändern gänzlich die Position der Person. Sie gerät in den für Empfindungen charakteristischen Dativ: „Wie wird mir?“ Die neue Empfindung bleibt anonym und konstitutiv für Personen in aller Destruktion.

Wo das Subjekt aber zum Schauplatz des Anonymen geworden ist, weilt es schon nicht mehr ganz unter uns. Darin liegt seine Chance, die nur im Trauerspiel mit dem Tode nicht vertan ist.

Im Leben sollte man unverzüglich den Arzt herbeiholen. Der würde dann nebenbei auch noch das Leben Mellefonts retten können, so daß dessen Zukunft, wenn man das Drama in Gedanken weiterführte und auflöste, wieder ganz seiner Vergangenheit ähneln könnte. Diesem Schicksal entkommen die Figuren.

In der Handlung des Anonymen, in dem Sara die Entzweiung ihres Empfindens, sich selbst aber ganz spürt, ist die Prämisse der Aufklärung als die von der Gleichheit der Menschen nicht nur kritisiert, sondern als eine Gefahr kenntlich geworden. Und wirkliche Individualität ist nur noch nach ihrer Entfernung zu den Gleichheitsvorstellungen zu bemessen.

Selbst Sara kann eigentlich diese neuen Empfindungen wie jeder andere „nur mit fühlen“. Um so deutlicher wird sie aber zum Schauplatz ihres Sprechens. Nun hat auch der triviale Eingang von V Bedeutung erhalten, als Sara auf Bettys Hoffnung, daß ihr „ein wenig besser wird“, zurückfragt: „Besser, Betty?“ (337) Die Bedeutungshaftigkeit des Geschehens ist auch hier wie in antiken und klassizistischen Tragödien sprachlich vorgegeben,[317] aber sie muß sich jetzt *allmählich* realisieren und erkannt werden. Sie realisiert sich, gerade wo das Pathos seine eigenmächtige Semantik verloren hat, erstaunlicherweise nicht in der Tat, sondern im Sprechen der Figuren. Das Leiden ist nicht nur das akzeptierte Allgemeine, welches sich im Besonderen schon dadurch geltend machte, daß dieses qua Vers den umgangssprachlichen Mustern enthoben war. Deshalb aber wirkt das Pathos in der Prosa um so stilisierter, bis in die Schmerzensäußerungen hinein.[318] Der jedem Vers zugestandene Mangel an Unmittelbarkeit wirkt in der Prosa wie eine Verhinderung trauerspielhafter Reflexion.[319]

Diese müßte einsetzen, sobald die dramatische Semantik der Sätze der durch sie auf Figurenebene erfaßten Situation konfrontiert wird. In den vielfachen Widersprüchen

317 Man denke z.B. an die Renaissance des „Gifts“, welches in dem Vers schon die Bedeutung mitbringt, daß es von „Medea nach Athen gebracht“ wurde. (J. Racine: Phädra. Übers. v. F. Schiller. In: F. Sch.: Sämtliche Werke. Bd. 3. Hgg. G. Fricke/H.G. Göpfert. München 1959. S. 645, Vers 1780). Marwoods Anspruch, eine „neue Medea“ (295) zu sein, hat auf Seiten Saras zur Folge, daß der Tod nicht von vornherein wie eine ausgleichende Gerechtigkeit funktioniert, allenfalls als subjektives Recht empfunden werden kann. Solches Recht hat sich aber aller Gerichtsbarkeit entzogen. Ebenso wird der religiöse Hintergrund den „Empfindern“ (Boeschenstein, Deutsche Gefühlskultur, a.a.O. S. 24 et passim) brüchig, obwohl sie sich auf diese Harmonie oder Schuld ihrer Empfindungen noch oft beziehen.

318 Zu Elementen der Alexandriner-Tragödie in „Miß Sara Sampson“ vgl. Pikulik, a.a.O. S. 155; zum tragischen Helden: S. 137.

319 Noch nach J. E. Schlegel soll nicht nur das „O!“ und „Ach!“ ausgerufen werden, welches er übrigens der Umgangssprache der „gemeinen Herzen“ zuzählt, sondern mit „Betrachtungen [. . .] über die Ursache derselben“ verbunden werden (a.a.O. S. 171).

würde erst Saras Sterben für die Rezeption wirksam. Wenn Mellefont und Sara sich noch wie die Empfindsamen über ihre Liebe unterhalten, die alles „bereits entschuldiget" (339) hat, reden sie schon Unsinn oder, so könnte man auch sagen, verwirklichen sie den tieferen Sinn des Trauerspiels: „Ist Ihnen in Ihrer Abwesenheit nur nichts verdrießlichers zugestoßen, als mir, so bin ich vergnügt" (ebd.), entscheidet Sara. Das Drama hat schon entschieden, daß das wenig Verdrießliche darin besteht, vergiftet zu werden. Anders als Sara kann der Zuschauer sein Vergnügen nicht in der Selbsttäuschung finden, sondern nur am Trauerspiel. Ist zu sterben notwendig geworden, damit die eigenen Sätze gegen die eigene Meinung eine pathische Bedeutung erhalten können?

Darin mag das ausgleichende Vergnügen des Zuschauers liegen, wenn er sieht, daß in einem „elenden Wirthshause" (267) gestorben wird. Es stirbt „das gute Weibchen, oder was sie ist" (der Wirth; 269). Der auf Anonymität bis in die Person hinein verpflichteten Struktur dieser Öffentlichkeit entgeht Sara, die „nicht weiß warum, und wohin sie flieht" (338) – und am Ende bei sich anlangt, wo gerade eine Anonymität als das Eigentlichste des Subjekts sich bemerkbar macht. Das ist aber nicht unmittelbar die gesellschaftliche, sondern „eine andre Aussicht" (342); eine übrigens, die Sara die Chance des Pathos verschafft schon in Sätzen, in denen sie noch gar nichts von neuen Empfindungen zu spüren scheint: „Besser, Betty?"

Absurderweise wäre Sara schon „vergnügt", wenn Mellefont „nichts verdrießlichers zugestoßen" wäre als eine Vergiftung. Sara ist zum objektiven Zentrum aller Komparative („als mir") geworden. Der Komparativ als Generator eben auch absurder Bedeutung ist aber kritischerweise selbst wieder an die Schemata von Saras empfindsamem Sprechen gebunden („vergnügt", ‚verdrießlich'). Durch diese Maßnahme bleibt sie immer „die Unglücklichste" (339).[320] Doch weist die Dramensprache über die Figurenrede, in der Sara eigentlich ihre Befangenheit vorführt, hinaus. Das Pathos des Trauerspiels konstituiert sich in der Ambiguität der Sätze vor deren anonymem Empfindungshintergrund, sofern dieser nicht einfach mit den Meinungen Saras identifiziert wird, was sich, wie gezeigt, verbietet. Die situativ, pragmatisch zu erklärenden, umgangssprachlichen Meinungen erfüllen nicht die Bedeutung der gesprochenen Sätze. Über das Gesprochensein hinaus entsteht das Pathos der Selbstreflexion von Sprache, das heißt der Zusammenhang des Dramas, in dem eben sterbend gesprochen wird.[321] Die Empfindungen sind Meinungen und haben Bedeutung.

Daß letzteres aber im Modus des Gesprochenwerdens, welches sonst nur ephemere Meinungen zu gestatten scheint, sich manifestiert, macht das literarische Vergnügen aus; aber auch die anthropologisch zu qualifizierende Hoffnung, daß unserem Empfinden die Hoffnung auf mythische Objektivität innewohnt, nicht nur Meinung und Entwurf, Wille und Vorstellung zu sein, sondern auf *irgendeine* Weise Entsprechung. Diese Hoffnung ist nicht umsonst, wie immer gerade dann zu erfahren ist, wenn wir an ihrer Erfüllung, dem Schicksal der Bedeutung, zugrunde gehen. (Wir bemerken immer da, wo wir vom „Schicksal" zu sprechen geneigt sind, also von unserem subjektivierten Verbund mit Göttern und Natur, – daß wir Subjekte im Doppelsinn geworden sind, zu Trägern und auch zum Widerstand von Bedeutungen.) Vielleicht stoßen solche Gedanken an die Frage, ob der barocke Gedanke in der Beerbung der Leibnizschen Vorstellung (Theodizee) durch die Aufklärung[322] erhalten blieb – und in welcher Sprache der Subjektivität er heute realisiert werden könnte.[323]

320 Vgl. dagegen Pikulik zu dem psychologischen Topos, bei der Art des Fühlens handele es sich immer um unglückliche Liebe, a.a.O. S. 60–65.

321 Ein kontrastreicher Vergleich ergäbe sich mit Klopstocks „Tod Adams" (1757).

322 Vgl. z.B. „Hamb. Dramat.", 79. Stück. Bd. 10. S. 120. Im „Philotas" ist von der Macht des Menschen die Rede, „der weiß [. . .] zu sterben" (Bd. 2. S. 362).

323 Der Dichter jedenfalls, wie Lessing einmal tröstend formuliert, und seine Einsicht in das „mensch-

„Marwood ist fort“ (342) und hat doch einen „versiegelten Zettel“ (343) zurückgelassen, der zur letzten Aufklärung erst später (V, 10) verlesen wird, da Mellefont noch nicht ruhig genug sei. Aber der ganze fünfte Aufzug entfaltet die Bedeutung ihres Dagewesenseins bis in die Wahrnehmungen hinein, die aus Marwood das gegenwärtige Abwesende schlechthin machen. Mellefont will nicht ruhiger werden, sondern sich „an Marwood gerächet“ (ebd.) wissen. Davon will Sara nichts hören: „Ach, Mellefont, warum sind wir zu gewissen Tugenden bey einem gesunden und seine Kräfte fühlenden Körper weniger, als bey einem siechen und abgematteten aufgelegt?“ (ebd.) Nun, nichts kann mehr auf sich beruhen, und Mellefont liest doch den Zettel; er soll „den Innhalt nur für sich“ (ebd.) behalten, was er aber nicht kann, da er sich ja – wie alle Momente des Dramas – nunmehr deutlichst nicht auf sich, sondern auf Sara als Zentrum der Vergleiche und Bedeutungen beziehen muß. Sara besorgt für sich „einen neuen Schreck“ (ebd.) und verlangt nach Salz. Auch diese Ebene aus Empirie und Ahnung ist unmittelbar mit der semantischen verknüpft: „Siehst du, was der unglückliche Zettel für einen Eindruck auf ihn macht! – Mellefont! – Sie gerathen außer sich!“ (ebd.) Betty soll Mellefont das Salz geben, da er es „nöthiger“ (ebd.) habe. Auf unprätentiöse Weise zeigt sich die Bedeutung, die ein Geschehen allmählich angenommen und nun unrevidierbar hat, als eine tödliche nicht nur im direkten Sinne. Subjektivität zeigt sich als Konstitutionsbedingung von Subjekten auch in deren Möglichkeit, außer sich zu geraten. Selbst dieses aber kann nur Schein sein. Der Außersichgeratene läßt „Aerzte“ (344) holen; er kennt nun ‚den Grund‘ für Saras Empfindungen, will ihn nicht sagen: „Sie sollen den Innhalt nicht erfahren; nein von mir nicht! – Aber Sie werden ihn erfahren. – Sie werden –“ (ebd.). Und sagt es doch. Auch hier zieht sich über den Figuren die Bedeutung zusammen. Darunter will Mellefont in fast antikischer Scheu nicht einmal der Unglücksbote sein, andererseits aber doch im eigenen Untergang den der ganzen Welt einklagen.

Mellefont. Göttliche Hülfe, Sara; oder unmenschliche Rache! – Sie sind verloren, liebste Miß! Auch ich bin verloren! – Daß die Welt mit uns verloren wäre! – (ebd.)

Diese ‚Total-Empfindung‘ ist selbst als Wunsch erschlichen und deklamiert. In ihr erscheint noch einmal die Struktur Mellefonts, wie sie überliefert wurde bis in die Figuren Goethes (Clavigo, Fernando, Weislingen). Deutlich wird auch gerade an dieser Figur eine Wende in der Entwicklung des Trauerspiels, zu sehen etwa im Vergleich mit dem Selbstmord Catos (Gottsched), der von den ersten Versen an verständlich ist.

Rettung scheint Mellefont nur noch im Untergang, in „göttlicher Hülfe“ oder in Unmenschlichkeit zu liegen. Trotzdem versucht er ständig, die Gründe für Saras Krankheit empirisch zu erkunden. Mitleid muß auf Identifikationsangebote verzichten, obwohl damals im Parkett noch mehr geweint wurde als auf der Bühne, auch als Mellefont aufs neue „ohne Trost, ohne Hülfe zurück“ (348) kommt. Die Ressourcen der Sozialtechnolo-

liche Herz“ sind wenig zur Tugend geeignet (vgl. zu den Christen, die, nachdem sie nicht mehr verfolgt wurden, müde wurden, „tugendhaft zu seyn“, und statt dessen „die göttliche Wahrheit mit menschlichen Beweisen zu unterstützen“ suchten: „Gedanken über die Herrnhuter“. Bd. 14. S. 158): „Doch vielleicht ist unser Geist desto göttlicher. Vielleicht wurden wir für die Wahrheit erschaffen, da wir es für die Tugend nicht sind. Für die Wahrheit? Wie vielfach ist sie? Jeder glaubt sie zu haben, und jeder hat sie anders. Nein, nur der Irrthum ist unser Theil, und Wahn ist unsre Wissenschaft.“ („Die Religion“. Bd. 1, S. 256) Aber was ist der Glaube? Kein verstiegenes Überbauphänomen, sondern in jeder alltäglichen Empfindung leitend? Wer erkennt, wenn das, „was den Menschen macht“, noch „ohne Spur vorhanden“ ist, „durch Haut und Fleisch das Werkzeug zum Empfinden?“ (S. 259) Befinden wir uns, was unser Empfinden angeht, immer noch in der Kindheit der Erkenntnis – dem Anfang der Historie als Trauerspiel: „Zum Menschen noch nicht reif, doch immer reif zur Bahre“? (ebd.)

gie sind schnell ausgeschöpft – und wer literarisch postulierte Empfindungen nicht zu realisieren vermag, bleibt „ohne [. . .]" zurück. Das Problem des Todes ist weder mit medizinischen noch religiösen Diskursmitteln zu lösen. So muß das „Allgemeinste, das zugleich das Allerpersönlichste ist",[324] wenn es sich nicht wie in „Emilia Galotti" in einer fast tragödischen Sentenz unter das Besondere als Paradox beugt und selbst als paradox zeigt, in einem unveränderbaren Zustand gezeigt werden. Es ist nicht zu behandeln; nur auszusprechen in der Hoffnung, daß die allgemeinen Meinungen eine besondere Bedeutung gewinnen, in welcher Sara, eben literarisch nur, gerettet werden könnte.

Daß nicht Tod, sondern Sterben dargestellt ist, verweist auf eine Dauer von Empfindung, die sich doch analysieren und begreifen lassen müßte. Aber der im Sterben zu Lebenspartikeln pulverisierte Tod läßt sich nicht rationalisieren. Die Phänomenalität des Sterbens, deren Wesen eben nicht nur die Bedeutung des Begriffs ‚Tod' ist, ist am Ende auch für Mellefont unbegreiflich: „Was für fremde Empfindungen ergreifen mich! – Gnade! o Schöpfer, Gnade! –" (351) Während der mittelbar oder unmittelbar vom Tod Betroffene und im Sterben Bedeutete in medizinische oder aber religiöse Diskurspartien zurückweicht, ist das auf der Folie bekannter Empfindungen verfertigte Drama ein Trauerspiel der fremden Empfindungen. Der Tod ist für die Umwelt der Abschluß eines Lebens. Das sterbende Subjekt aber verhindert, ihn zu einem bloß phänomenalen und tatsächlichen Gegenstand der Erkenntnis zu machen. Saras einzelne „Empfindungen" wendeten das durchaus sinnliche Vermögen (der „Augen") auf *eine* „andre Aussicht". Dieser Übergang, in sprachlich engerem Sinne: diese Metaphorik, kündigt die potentielle Erzeugung von einer ‚Total-Empfindung' an, ein mit der Welt in allem Mangel und aller Verlorenheit kongruentes Selbstbewußtsein. Das kann Mellefont nur emphatisch fordern, und er kann hier „nur mit fühlen". Dies ist der tiefere Sinn eines Alleinseins, das er noch gar nicht empfindet und gerade deshalb als eigene Schmerzen reklamiert: „Daß ich sie nicht allein fühlen soll! –" (342)

Hinsichtlich der hier dargestellten Schmerzen und Äußerungen reichen solche Sprüche ebenso ans Ende ihres Sinns wie der Plan einer kommunikativen Offenheit als sozialer Bewältigung des Lebens. Insofern mag die Isolierung des zuletzt zitierten Satzes von Mellefont sogar über den Kontext hinaus noch eine spekulative Berechtigung haben. Sie zeigt in der Abwehr die Ambivalenz von Wunsch und Schrecken.

Mellefont und Sara haben nie ohne Konflikte gelebt, auch jetzt nicht, da er den Brief Marwoods gegen Saras Willen liest. Früher hätte das Sara retten können. Aber sie muß erfahren, was sie erfahren soll, nun sogar ohne Mellefont. Dieser ist von dem ganzen Drama auf seine eigene Spur gesetzt, die ihn Marwoods Dolch entgegenbringt. So erhält Saras Meinung über den Brief, „daß er das letzte Gift der Marwood enthalten müsse" (344), wieder eine weitere Bedeutung. Sara ist mit „einem siechen" (343) Körper schon krank vom Gift Marwoods, von Verstellung, Erpressung und Vergiftung. Mellefont wird an dem Zeichen (Dolch) öffentlicher und verstellter Drohung sterben. Die Meinung Saras, dieser Brief sei die ‚letzte Verstellung', wiederum ein Gift Marwoods, ist unzutreffend, da sie hierin alles entdeckt. Unnötigerweise schildert sie ihren Mord und macht bekannt, daß sie Arabella als „Geisel" (349) nehme. In von Massenmedien strukturierten Zeiten ist dies längst als der gewöhnliche Terrorismus bekannt, der mordet und mundtote Menschen gefangenhält, um zu Wort zu kommen. Das Zeitalter der Detektive scheint schon vorüber zu sein. Man nimmt nicht mehr an Untersuchungen und Entdeckungen teil. Öffentlichkeit ist kein kritisches Verfahren mehr, wenn sich die Täter ihrer Tat „zu rühmen wagen", weil sie keine „von den gemeinen" (349) Tätern mehr sind. Die Verstellung

324 S. Kienecker: Der Tod in der Dichtung des 20. Jahrhunderts. In: Grenzerfahrung Tod. Hg. A. Paus. Frankfurt a. M. 1978. S. 129–176, 174.

als einzige „Kommunikationsform des Lasters mit der Tugend“[325] ist funktionslos geworden. Die Dialektik der Aufklärung steht in ihrer Literatur selbst schon geschrieben. Die Täter sind weit offenherziger, als es der Polizei lieb ist.

Aber ein Gift ist dieser Vorsprung an Öffentlichkeit doch, den sich das Verbrechen sichert, insofern der Brief den für Mellefont angeblich unbekannten „Geist“, und zwar „wider Willen“, beschwört, „der mich Ihnen ungehorsam zu seyn zwinget“ (343). Er gehorcht dem Druck der ‚Öffentlichkeit‘: „wider Willen muß ich ihn lesen.“ (ebd.) Fühlt sich Sara durch ihren matten Körper „zu gewissen Tugenden“ (ebd.) bereit, so wird Mellefont zu seiner Selbstvernichtung getrieben, da er weder „göttliche Hülfe“ noch die Genugtuung „unmenschlicher Rache“ (344) erhält. Dieses „letzte Gift“ (der Unverstelltheit) erkennt die vergiftete Sara paradoxerweise nicht. Eine weitere ‚Erkennung‘ als Movens des Dramas wird von Sara übersehen. Tugend scheint als innere Ruhe und Selbstverständlichkeit wiedergewonnen zu sein, bis Sara sich „mit meinen Augen überzeugen“ will: „Werde ich so viel Kräfte noch haben? (zerreißt es.)“ (349) Erst jetzt zeigt sich, daß dem subjektiven Leben anstelle entzogener Identifikations- und Oppositionsmöglichkeiten nur Ignoranz bleibt.

Zwar wollte Sara noch einmal von Marwood, die in Mellefonts Lektüre wieder nur die Personifikation des Lasters liefern durfte, nichts wissen: „Ich will es nicht wissen, und es ist mir schon zu viel, daß ich es argwöhnen kann.“ (ebd.) Ihre Empfindungen sollten nicht gestört werden. Aber die Eindeutigkeit solcher Harmonie wird objektiv ‚zerrissen‘. Sara muß zerstören, was die Eindeutigkeit stört und vielleicht in einem Bedingungszusammenhang sowohl mit der öffentlichen Vorstellung von Tugend als auch mit ihren Selbstempfindungen steht. Empfindungen können sich im schärfsten Widerspruch von Erkenntnis und Gewißheit entwickeln. Indem das Drama den Meinungen Saras Bedeutung verleiht, ist eine Einheit für die Konflikte angedeutet, die sich zwischen Mellefont und Sara bis zum Schluß abwickeln.

Mellefont ist „weg“, ist Sara darum „verloren“ (344)? Sie versteht ihn nicht (V, 6). Sie wirft ihm vor, daß er „es ja wohl denken“ (ebd.) könnte, was der Brief Marwoods enthielt, und kennt es selber nicht, viel weniger die Konsequenzen, die der Brief hat. Aber auf sich selbst bezogen, macht Sara das möglicherweise Wirkliche zur Gegenwart eigener Vernunft: „Ich bin krank, sehr krank; aber setze das äußerste, daß ich sterben müsse: bin ich darum verloren?“ (ebd.) Trauerspieltheorien, die „alles besondere, was bey der Beurtheilung einer jeden Verwicklung vorkommen“[326] kann und darf, in einer allgemeinen Erklärung aufheben wollen, sind notwendig zum Scheitern verurteilt. Wenn gesagt wird: „Alle Handlungen, die vor der Auflösung hergehen, sind gewissermaßen Mittel dazu“,[327] so ist das eine ‚Systematik‘, welche, wie die hier von Nicolai vertretene, durch solch eine Textstelle falsifiziert wird.

Die Erlösung vom Kranksein erhofft sich Sara als religiös-gesellschaftlichen Beispielfall von Tugend, auch wenn es eine schwache (siehe 350) ist, und als Sinnbild göttlicher Fügung. Literarisch aber ist keinerlei Gesundung vorgesehen. Nicht verloren ist Saras Sterben. Das Bild der Kranken erlaubt die Vorstellung von Empfindungen, die nicht zurückzuhalten sind, – die sich aber lebensentscheidend zur Erwähnung bringen, obwohl sie weder empiristisch noch rationalistisch zu benennen sind.

Fragen sind also nicht erst am Ende zu stellen, wo sie dann gar nicht mehr gestellt werden müßten, wenn Literatur medizinisch verständliche Zaubersprüche liefern würde.

325 Schröder, a.a.O. S. 165.

326 F. Nicolai: Abhandlung vom Trauerspiele. In: Bibliothek der schönen Wissenschaften und der freyen Künste 1 (1757). 1. Stück. S. 17–68, 44.

327 Ebd.

Physiologischen Erklärungen der Empfindungen zieht Dichtung deren metaphorische Bedeutungen vor, aus denen jene Erklärungen sich einmal entwickelt haben mögen und die auf kein anderes Maß als auf das der literarischen Metaphorik selbst zu bringen sind. Die kranke Empfindung, auch im weiten Sinne Schillers, ermöglicht in der literarischen Bewährungsprobe, das Gesunde im Kranken zu empfinden – und nicht umgekehrt, wie die meisten Figuren und die Gattungstheorien (besonders der Komödie) zu dieser Zeit meinen. Das Gesunde ist existent als eine Empfindung, die gerade nur der Kranke vertreten kann.

Sara ist nicht verloren, aber krank; sie ist etwas zu Verlierendes. Krankheit kann zur Ausrede dienen oder zu bedeutungsvollem Sprechen werden, unter dessen Aspekt die Gesunden ihre Partialität und Fixierung erkennen können. Auch Sara versucht sich ständig in die (religiösen) Gesundheitssysteme der Zeit einzureihen.

Als nun Waitwell kommt, erinnert sie sich ihres unvollendeten Briefes und entschuldigt sich indirekt damit, „daß ich krank bin" (345). Dieser Zustand korrespondiert aber verschwiegenermaßen dem Unvollendeten ihres Briefs, in dem sie sich ausgedrückt und versöhnt wiederzufinden gedachte. – Was gerade zwischen ihr und Mellefont mißlang, bleibt auch ein Defizit hinsichtlich aller Vergebungsangebote von anderer Seite, sogar für ihre eigenen aus der Ermattung heraus (siehe 343). Der Vater, unter ständiger Vorhut seines Dieners, kommt nicht aufgrund eines tragischen Zufalls zu spät.[328] Die als Rolle nicht angenehmer auszudenkende neue Vaterfigur kommt schon am Anfang für das Trauerspielproblem der Empfindung endgültig zu spät.

„Wenn du mit dem unvollendeten Briefe der unglücklichen Sara an den unglücklichern Vater abreisen müßtest, Waitwell?" (345) Ein zusätzlich herbeigeholtes und künstlich eingesetztes Problem oder nur eines für das Figurenbewußtsein? Unsere Interpretation versuchte in der Aufmerksamkeit auf Sprache und Empfindung das Gegenteil zu zeigen. Obwohl das Drama Sara beim Sterben so viel Zeit läßt, gelingt es weder das Gift auszuschalten noch sich vollendet auszudrücken und mitzuteilen. Das ist das Problem. Hierfür ist das Trauerspiel bis heute gerechter Ausdruck.

Empfindungen sind nicht bloße Variable des empirischen Vorgangs. Das Gift kommt allmählich zu Bewußtsein in der Bedeutung der Sätze. Sara spürt die „Annäherungen des Todes" (ebd.), sie fühlt, eine „Sterbende" (ebd.) zu sein. Der wahre Sachverhalt liegt nicht darin, daß etwas geschehen ist, sondern in dem, was fortlaufend geschieht. Der Übergang von Vermutung zu Wirklichkeit qua Empfindung ist nicht von außen nur veranlaßt. Empirisches Substrat ist nur die „unangenehme Empfindung" (ebd.). Somit erscheint der Sinn ihrer Gewißheit. Auch der Tod ist kein objektives Faktum. Fakten werden literarisch gezwungen, die in ihnen liegenden Potentiale der Subjektivität zu entäußern. Literatur hält zwar, bei Hölderlin und Musil mit gesteigerter Deutlichkeit, an der Objektivität subjektiven Empfindens fest. Aber das richtig zu begreifen, ist erst der Durchgang menschlicher Erkenntnis durch die Totalität des Seins als eines von Subjekten erforderlich. Für die Menschen, und hier für eine ihrer Figuren, bietet die Entäußerung der Subjektivität des faktischen Geschehens die Chance der Reflexion. Der Tod läßt sich wirklich nur empfinden als Reflexion eigenen Sterbens. Man könnte sagen, damit sei eine erstmals besondere empfindsame Darstellung erreicht worden, wenn solche Qualifizierung nicht zu vielen Mißverständnissen Anlaß geben würde. Für die Figurenebene ist unmißverständlich daran festzuhalten. Saras Reflexionen sind auf Versöhnung aus, mit sich selbst und allen sie in V umgebenden Figuren, einschließlich Marwood. „Wiederhole mir,

328 Das klingt nur in den Worten Mellefonts bei dessen Rückkehr (V, 10) an: „Warum kamen Sie nicht eher? Sie kommen zu spät, Ihre Tochter zu retten!" (348) Mellefont, der ohnehin schon zu spät kommt, versucht sich mit Rache und Vergeltung zu trösten (ebd. u. S. 343 f.).

daß mein Vater versöhnt ist, und mir vergeben hat. Wiederhole es mir, und füge hinzu, daß der ewige himmlische Vater nicht grausamer seyn könne. – Nicht wahr, ich kann hierauf sterben?“ (V, 8; 346)

Noch einmal wird deutlich, daß Sara ‚auf ein Wort‘ stirbt, nicht aufgrund von Tatsachen. Sie stirbt, wie sie wiederum dem Diener zu sagen befiehlt, „in den lebhaftesten Empfindungen“, – qualifiziert diese allerdings als „Reue, Dankbarkeit und Liebe“ (ebd.). Um den Preis solcher Qualifizierungen bejaht sie ihr Leiden mit dem Versprechen, nicht unleidlich zu sein. Dadurch entgeht sie einer falschen Isolierung und erzielt eine Verträglichkeit zwischen dem Versöhnungswillen des Vaters und ihrer eigenen „unangenehmen Empfindung“. Diese Einheit ist nun zum lebhaften Maß ihres Sterbens geworden. Dem gemäß wird ihre Empfindung bestimmt und absolut. Zwar ist „das Innere des Empfindenden“, wie Hegel ausführt, „kein durchaus Leeres, kein vollkommen Unbestimmtes“, aber es ist bereits durch die Aura der Subjektivität und Anonymität so geprägt, daß sich immer nur für die Wahrscheinlichkeitskonstitution von Saras Bewußtsein „ein an und für sich Bestimmtes“[329] ergibt. Dies äußert sich jedoch stets in Konflikten, und darüber hinaus wird Sara in V, 9 die vermeintliche Bestimmtheit wieder zurücknehmen. Dadurch wird abermals eine Diskrepanz zwischen der Absolutheit ihrer Empfindung und der des Todes sichtbar, die den Sinn des Geschehens gefährdet.

Zu Explikaten solchen Sinns werden auf der Ebene des Figurenbewußtseins wiederholt religiöse Versöhnungsangebote. Deshalb stellen wir die Interpretation der beiden letzten Szenen des Dramas voran. Denn die Konsequenz dieses Trauerspiels ist der unaussprechbare Sinn.[330]

– „Sie müssen sterben“ (349), spricht Mellefont in V, 10 eine verspätete Schlagzeile zum Geschehen aus, ohne daß das „müssen“ begriffen ist oder daß der Sprecher von seinem eigenen Müssen und Sterben weiß. Er liest den Brief vor, da er sich selbst immer noch verdächtigt fühlt. Dieser Verdacht ist aber ein Produkt seines eigenen Wissens, dessen Opfer er dann bereitwillig wird. An Mellefont ist eher als an Sara die Problematik der Innerlichkeit eines Subjektivismus dargestellt, der sich allenfalls und auch nicht zuverlässig durch empirische Daten abzulenken weiß. „Sie müssen es wissen“ (ebd.). Zweierlei ‚muß‘ Sara: sterben und wissen. Aber das Wissen wird aus der subjektiven Verzweiflung Mellefonts verlangt, nachdem und während sein Inhalt objektiv schon im Sterben realisiert wird.

Mellefont braucht etwas, auf das Sara verzichten kann: die unmittelbare Gewißheit der Tat und die des Täters, dessen Handschrift ja nur in primitiven und magischen Zusammenhängen unmittelbar wahrgenommen werden kann – und trotzdem ein übersinnliches Substrat bleibt. Gleichwohl ist für Mellefont die Verläßlichkeit der Wahrnehmung gerettet. Daß aber Sara aufgrund eigener Empfindungen diese Wahrnehmung gar nicht benötigt, ja verweigert, ist das Manko ihrer Tugend, welche sie zu Sentenzen und der stoischen Weise der Vergebung befähigt. Sie will „dieses Papier“ (ebd.) in den Händen halten. „Ich will mich mit meinen Augen überzeugen.“ (ebd.) Aber ihre Festigkeit besteht diesen Wahrnehmungstest nicht. Sie zerreißt den Brief ungelesen. Doch sie hat, wiederum durch Mellefont vermittelt, von Marwood gehört. Ein zweites Ansehen der ‚Stimme‘ erträgt sie nicht.

Wir vermuten hinter allem, was wir hören können, etwas, das wir sehen können, und hinter allem, was wir sehen können, etwas, was wir tasten können, aber entgegen den optimistischen Philosophien der Aufklärung, die sich auf das menschliche Vermögen der Augen beriefen, zeigt sich als das verläßlichste und untilgbarste Indiz des Daseins die

329 G.W.F. Hegel: Enzyklopädie der philosophischen Wissenschaften im Grundrisse, a.a.O. Bd. 10. S. 109 (§ 401 Zus.).

330 Das werden wir am Beispiel von V, 9 diskutieren.

Stimme[331] und als mittlerster Sinn, nach Herder, das Gehör. Hieran gemahnt das Drama der Empfindung in besonderer Weise; auch und gerade, wenn es falsche Sicherungen durch das Sehen, Ängste vor dem Sehen (Vater – Tochter), falsche Hoffnungen auf das Sehen (Sara – Marwood), Flucht vor dem Sehen darstellt. Bevor Sara verkündet: „Mein Auge bricht – “, sagt sie aber von den Tränen ihres Vaters, daß sie ihr „minder schrecklich, als die stumme Verzweiflung“ (350) seien.

Wahnsinn und Vergebung haben eine vergleichbare Struktur vor dem Hintergrund der Gottesfügung. Hierin versucht Sara den Sinn ihres Sterbens zu explizieren, als Einheit letztlich doch von Wahn und Sinn, vor der die Augen geschlossen bleiben können: „Ich sterbe, und vergeb' es der Hand, durch die mich Gott heimsucht.“ (349)

Was in dem „und“ an Bedeutungsfähigkeit möglich gewesen wäre, verspielt Sara, um zu moralischen Lehren zu gelangen, die der Vermittlung eines Gottsched würdig gewesen wären. Hierin kann nicht der Endzweck Lessingscher Darstellung liegen.[332] Sara gewinnt einen Inbegriff von Versöhnung, der von Literatur nicht mehr propagiert werden kann. Es sind die Diskurs- und Vorstellungsreste eines mehr und mehr zerstörten Zusammenhangs, an dessen Begriffsrändern die literarische Leistung entsteht. Noch in der „Vollendung der Liebe“ im 20. Jahrhundert wird am Schluß von einem großen Gott die Rede sein. Aber die Rede selbst ist dargestellt als eine vergangene von Kindern. Sie wird nicht überwunden, geläutert zum männlichen Wissen im Hegelschen Sinne. Sie taucht immer wieder als Index einer Total-Empfindung auf. Aber Literatur entfaltet sich und das Empfinden so, daß die begriffene Versöhnung und deren Namen ein spannungsloses Defizit in der Rezeption hinterlassen, aus dem das Ganze des literarischen Textes als Profit hervorgeht. Versöhnungsvorstellungen werden nicht gänzlich destruiert, sondern als das falsche und lebenstüchtige, ja auch todfröhliche Surrogat eines Besseren zitiert. Da es solche Empfindungen immer wieder gibt, ist eine Korrelation von Literatur und Leben nicht zu leugnen. Aber Literatur ist die ständige Korrektur dieser Korrelationen. Die Art ihrer Relationen zur Wirklichkeit ist ihre Idee. So bewirkt Saras Tod – und auch Mellefonts – am Ende noch, von den Figuren für sich betrachtet, falsche Erkenntnis (V, 9 et passim). Das rebellische Etwas ist besiegt durch Kategorien gottgewollter Objektivität. Mellefonts Subjektivismus straft sich selber: „Es stehet bey mir nicht, das Geschehene ungeschehen zu machen; aber mich wegen des Geschehenen zu strafen – das steht bey mir!“ (351)[333] Es steht gerade im Sinne von Saras letzten Worten nicht bei ihm. So wird paradoxerweise nichts als ein Mellefont bestraft, der sich wieder nur als „Verführer“ von Sara als „unerfahrner Tugend“ versteht: „Sie ist todt; sie ist gewiß todt! Nun bin ich wieder nichts, als Mellefont.“ (ebd.) Und doch will er von Sir William „Sohn“ genannt werden: „so sterb' ich zufrieden!“ (ebd.) Die Bahn ist durch Ausrottung einer Generation auf zweifelhafte Weise wieder frei geworden, der Vater kann sich um eine Enkelin kümmern: „Sie sey, wer sie sey“ (V, 11; 352), macht er aufklärerische Hoffnungen, die man nicht ganz teilen mag.

Der Subjektivismus Mellefonts trennt ihn von den eigentlichen Vermittlungen des Geschehens, das er nur mitfühlen kann. Er bleibt allein. Aufnahme findet er in des Vaters grandioser Versöhnungsgeste, die von Anfang an starr war und sich wie ein anonymer Gast im Hause befand. Das macht sie geeignet für die Übergänge von irdischer in himmlische Gestik und umgekehrt. Saras Untergang vollzieht sich versöhnt in sentenziöser Ob-

331 Das stellen auf äußerst prägnante Weise noch einmal wieder die Erzählungen Musils heraus.

332 Den Aspekt des Endzwecks thematisiert bes. R. Meyer, a.a.O. S. 2 ff. Siehe auch Lessing: „Hamb. Dramat.“, 77. Stück. Bd. 10.

333 Vgl. auch „Leibnitz von den ewigen Strafen“. Bd. 11. S. 47 f. (gegen die „intensive Unendlichkeit“ der Strafen) u. S. 486 f. Zum Problem des Selbstmords siehe Steinmetz, Tragödie und Aufklärung, a.a.O. S. 13 f.

jektivität. Dieses im Hinblick auf Saras dramatische Entwicklungen und Ahnungen falsche Ganze wird zu einem Partiellen im Text, der ihr Sterben zeigt und nicht die benennbaren Bedeutungen des Tods.

Daß ein Ganzes von den Figuren zu empfinden versucht wird, verbindet die Darstellung mit dem Dargestellten um so unausweichlicher als Trauerspiel der Empfindung. Mellefont versucht seine Vermittlertätigkeit zu begreifen, wenn er rhetorisch fragt: „Und wer ist ihr Mörder? Bin ich es nicht mehr, als Marwood?" (350) Ja und nein, sagt die Darstellung abermals. Er ist nicht mehr Lovelace, nicht nur ein Marinelli. Seine Unwahrheit ist, daß er die Wahrheit seines Satzes zwanghaft auf sich bezieht und so die Welt von deren Schrecklichkeit entlasten möchte. Er hat immer unter der einmal getanen Äußerung seiner Empfindungen gelitten. Saras Unwahrheit liegt darin, daß sie ihre Empfindungen nun endlich scheinbar problemlos auf die Wahrheit von Sätzen bezieht.

Sie erledigt zum Schluß die weltlichen und geistlichen Geschäfte. Sie empfiehlt ihrem Vater Mellefont als Sohn und Arabella als Tochter, erlaubt sich „mit seiner Liebe, als mit einem Erbtheile umzugehen" (ebd.). „Ich vermache diese väterliche Liebe Ihnen, und Arabellen." (ebd.) Nach diesem bürgerlichen Äquivalententausch hält sie ihren Vater an: „Den letzten Segen, mein Vater! – Wer wollte die Fügungen des Höchsten zu richten wagen? – " (ebd.) Es ist immerhin ja auch eine Fügung Marwoods, einer ihr „ähnlichen Person". Die Bedeutung, die das, zum Teil unbemerkte, Sterben Saras Sätzen als subjektiven Reflexionen verlieh, schlägt hier um in eine negative Darstellung einer allzu leicht vom Sterben lizensierten Bedeutungshaftigkeit. Als Kontrast kann nach wie vor die Räumlichkeit eines „elenden Wirthshauses" dienen. So ist Sara genau ihrem Vater zu Gefallen, „nicht mehr meine irdische Tochter, schon halb ein Engel" und „über alles Menschliche so weit" (ebd.) erhoben. In dieser markierbaren Entfernung ist sie, die nun auch die Souveränität des Vergebens genießen kann, den angebotenen Vergebungen zu Gefallen. Es gibt schon Worte für den Übergang, den sie in ihrem Vater sich stets vorstellte – und den sie selbst jetzt vollzieht vom Irdischen ins Himmlische. Die allegorischen Gerüste, die dafür und zur Vollendung im Unvollendeten bereitstehen, sind aber längst morsch geworden in der sinnlich-übersinnlichen Präsenz des anonymen Etwas, des Unausgedrückten, das qua Empfindung existiert. Darum entsteht das Drama, welches sich nun von einer falschen Verpflichtung durch sein eigenes Produkt ‚Sara' löst. Sara, so könnte ironice gesagt werden, versucht das Drama zur Illustration ihres moralischen Lehrsatzes zu verdingen. (Da solches von Interpreten gern, weil ohne Schwierigkeiten, gesehen wird, gelingt ihr das auch fast im historischen Sinne der Faktizität von Bedeutung durch Rezeption.) Sie spricht den Sinn des Ganzen aus.

Doch der ist empirisch wie literarisch höchst unwahrscheinlich. Das Drama hat Weisen des Aussprechens ja gerade zu seinem zu problematisierenden Gegenstand. So kann eine scheinbare Einheit von objektivem Wissen und subjektivem Empfinden nurmehr verwundern. Auch die Sterbende hat nicht faktisch sich ausgesprochen:

> Sara. Die bewährte Tugend muß Gott der Welt lange zum Beyspiele lassen, und nur die schwache Tugend, die allzu vielen Prüfungen vielleicht unterliegen würde, hebt er plötzlich aus den gefährlichen Schranken – Wem fließen diese Thränen, mein Vater? Sie fallen als feurige Tropfen auf mein Herz; und doch – doch sind sie mir minder schrecklich, als die stumme Verzweiflung. Entreißen Sie sich ihr, Mellefont! – Mein Auge bricht – Dieß war der letzte Seufzer! – Noch denke ich an Betty, und verstehe nun ihr ängstliches Händeringen. Das arme Mädchen! Daß ihr ja niemand eine Unvorsichtigkeit vorwerfe, die durch ihr Herz ohne Falsch, und also auch ohne Argwohn der Falschheit, entschuldiget wird. – Der Augenblick ist da! Mellefont – mein Vater – (ebd.).

Wenn Sara nun so „recht weiß, wie man Wohlthaten annehmen muß“[334], dann kann der Interpret der Meinung ihrer Sätze zustimmen oder sie ablehnen.[335] Er muß dazu aber ihre sprachliche Untugend – eigentlich ein Vergessen ihrer Empfindungen – übersehen, die sich darin kundtut, daß sie eine Sicherheit findet in moralischen Lehrsätzen, die dem poetisch entworfenen, in einigen Empfindungen dargestellten Bild einer neuen begriffslosen Subjektivität fremd bleiben müssen.

Weder eine solche Moral noch gar eine Didaxe aus solchen Empfindungen bietet sich an.[336] Das Trauerspiel bleibt auch Kritik der in ihm vollziehbaren und vollzogenen Versöhnung. Nicht der Weltmann, sondern der Pedant „spricht“, nach Lessing, „Sentenzen, zu denen die Erfahrungen in dieser Welt wohl gar noch erst sollen gemacht werden.“ („Anmerkungen über das Epigramm“. Bd. 11, S. 222)[337] Poesie zumal muß nach Lessing, wie er an einem ihrer frühesten Inbegriffe, dem Epigramm,[338] erläutert, „Empfindungen nach eben derselben Ordnung in seinen Theilen“ erwecken, und zwar indem sie über einen „ungewöhnlichen Gegenstand“ (S. 220) in Erwartung setzt, ohne daß das Trauerspiel nun wie das Epigramm expliziten Aufschluß geben muß. Es wäre ein schaler Witz, wenn es um des Aufschlusses wegen geschrieben worden wäre, den Sara uns hier gibt.

Zwar ist auch für Lessing „das Theater die Schule der moralischen Welt“ („Hamburgische Dramaturgie“, 2. Stück. Bd. 9, S. 188), aber das hat (in diesem späteren Diskurs, aber auch in seiner Dichtung seit „Miß Sara Sampson“) bereits einen neuen, nicht mehr instrumentellen Sinn. Scheinbar nur poetologisch und wirkungsästhetisch kritisiert er, daß die „unmittelbaren Wirkungen der Gnade“, so überzeugt wir von ihrer Wahrscheinlichkeit sein mögen, uns doch nicht „auf dem Theater gefallen“ (ebd.), und er fragt: „Ist der Charakter des wahren Christen nicht etwa ganz untheatralisch?“ (S. 189) Es ist ein Automatismus des anonymen Menschenverstandes, der mit Lessing geradezu als Widersacher literarischen Denkens angesehen werden könnte, daß Texte auf einige Meinungen reduziert werden, hier zum Beispiel Sara der Schlüssel zum Sinn des Ganzen in die Hand gelegt wird, was später dann höchst ideologiekritisch angegangen werden darf. „Man sieht oft gewisse Meynungen der Menschen, die den Beyfall der meisten erhalten, für klare Ge-

334 Diese Worte werden von der Dame in „Minna von Barnhelm“ gesprochen: Bd. 2. S. 181.

335 Siehe beispielsweise van Ingen, a.a.O.

336 Das versuchten besonders J.H. Campe und J.C. Wezel, auch unter dem Aspekt der Geschichtsschreibung, also sozusagen einer historisierenden Pädagogik. Vgl. dazu ebenfalls D. Jenisch: Geist und Charakter des achtzehnten Jahrhunderts, politisch, moralisch, ästhetisch und wissenschaftlich betrachtet. Teil 1. Cultur-Charakter des achtzehnten Jahrhunderts, nach bürgerlicher Verfassung, Sittlichkeit, Kunstgeschmack und Wissenschaft: mit besonderer Rücksicht auf die allgemeine Vervollkommnung oder Verschlimmerung des menschlichen Geschlechts. Berlin 1800; zit. Doktor/Sauder, Empfindsamkeit, a.a.O. S. 171 ff. – Vgl. allerdings Lessings eigenes, späteres Erziehungsziel: „Reinigkeit des Herzens“, „die uns, die Tugend um ihrer selbst Willen zu lieben, fähig macht“ („Die Erziehung des Menschengeschlechts“. Bd. 13. S. 432 f. [§80]): eine Identität von Empfindung und Empfundenem, Handlung und Ziel, Bewußtseinsform und -element (vgl. S. 433). Es ist unwahrscheinlich, daß Lessing uns in Sara schon ein fertiges Bild dieser „Vollendung“ (ebd.) zeigen wollte. Schwer zu programmieren für alle philanthropische Pädagogik ist die Aufgabe, daß „mit eins die ganze Seele“ lernen soll („Nathan“. Bd. 3. S. 161).

337 „Das häufig zu beobachtende Nebeneinander von empfindsamer Darstellung und satirischer Verspottung überspannter Gefühligkeit – es wird geradezu Indiz für empfindsame Literatur“ (Doktor, Kritik der Empfindsamkeit, a.a.O. S. 179). Daran sei erinnert, obwohl wir es bei Lessing weder mit rein empfindsamen noch satirischen Darstellungsebenen zu tun haben. Doktor erklärt solche Mischung übrigens aus dem „Opportunitätsverhalten“ (ebd.) der Autoren. Dieses Drama stellt aber unter seiner Oberfläche weder im stereotypen Sinne kritisch noch affirmativ Aufklärungs-, Empfindungsprämissen auf die Probe.

338 Auch Musil nennt den Inbegriff der Novelle das Epigramm. Dabei ist selbst die Novelle, wie er sagt, ein Glücksfall des Schreibens.

setze der Vernunft an, die man nicht leugnen darf." („Leibnitz von den ewigen Strafen". Bd. 11, S. 462) Topik und Poetik geraten, als die Subjekte gerade ihre Meinungsfreiheit entdecken, in ein Spannungsfeld.

„Der Poet wählet sich einen moralischen Lehrsatz, den er seinen Zuschauern auf eine sinnliche Art einprägen will. Dazu ersinnt er [. . .] "[339] Diese „Hauptabsicht: nämlich einen moralischen Satz"[340] hegt nicht mehr Lessing, sondern, wie es scheint, nur noch eine von Empfindsamkeiten geplagte Rationalistin. Sara ist noch nicht aufgeklärt. Das Trauerspiel ist Aufklärung. Diese Hauptabsicht erfüllt sich nicht mehr als Intention des Textes.[341] Bürgerliches, christliches oder anders zu qualifizierendes Interesse ist zu einem Moment des Textes geworden. Unsere These ist es, daß Saras Sentenz, vielleicht anders als Emilias Rosen-Sentenz, nicht den Höhepunkt darstellt, in dem sich Figur und Drama unter ihrem gleichen Namen am innigsten vereinen. Die „sinnliche Art", in der sich die Figur den Zuschauern einprägt, ist die Art ihres Sprechens im ganzen Kampf für und gegen ihre Empfindungen. Am Ende läuft es doch auf einen Sieg der abstrakten Form hinaus, die das ambivalente Pathos anbietet: Beispielfall eines sentenziösen Allgemeinen und Verständlichen sein zu können.[342]

Sara müßte wirklich schon „halb Engel" sein, um als Subjekt sprechen zu können, ohne daß in dem Abstand zwischen sentenziös Allgemeinem und bloß privater Situation sich der breite Raum der Geschwätzigkeit zeigte. Auch diese ist eine Errungenschaft der auf Subjektivität verpflichteten Neuzeit. Sara handelt in ihrer moralischen „Freyheit", die nicht in Sentenzen liegt, „zwar allezeit aus Gründen, aber nicht allezeit aus Absichten" (‚Abhandlungen über die Fabel'. Bd. 7, S. 440). Es müssen nicht *ihre* Gründe sein. Aber in ihren Gründen, so und so zu sprechen, liegen die Intentionen des Textes, der Wirklichkeit und Einzelheit des Falls eines nicht erst mit Sprache und Freiheit poetisch zu versehenden Lebewesens (wie in der Fabel) qua Empfindungen darstellt. Ganz werktechnisch gibt Lessing aus seinem Theorem der „anschauenden Erkenntnis" (S. 464 et passim) heraus die Gründe an, „warum man es dem dramatischen Dichter, noch williger aber dem Epopeendichter, erlassen hat, in ihre Werke eine einzige Hauptlehre zu legen. Denn was hilft es, wenn sie auch eine hineinlegen? Wir können sie doch nicht darinn erkennen, weil ihre Werke viel zu weitläufig sind, als daß wir sie auf einmal zu übersehen vermöchten." (S. 464 f.) Trotzdem wird wohl eine Struktur, Lessing würde sagen das „Squelette"(S. 465), zu erarbeiten sein. Aber das Besondere ist poetisch derart wirklich, daß das Geschäft des Interpreten nur von dem besonderen Empfindungsvermögen zur „Intuition des Allgemeinen" (S. 464) geleistet werden kann.

Auf dem Boden der Empfindung kann Tugend nicht mehr gelehrt werden als Einsicht in eine allgemeine Vernünftigkeit.[343] Sara selbst vertritt verschiedene Tugendbegriffe:

339 Gottsched, Critische Dichtkunst, a.a.O. S. 611.

340 A.a.O. S. 613.

341 Zum „moralischen Endzweck" siehe weiterhin „Hamb. Dramat.", 77. Stück. Bd. 10. S. 112; zu Gottsched auch das 81. Stück, Bd. 10. S. 128.

342 Nach den „Grundsätzen von der Empfindung überhaupt", erläutert Lessing in der „Hamburgischen Dramaturgie", „habe ich mir zu bestimmen gesucht, welche äußerliche Merkmale diejenige Empfindung begleiten, mit der moralische Betrachtungen wollen gesprochen seyn [. . .]
Jede Moral ist ein allgemeiner Satz, der, als solcher, einen Grad von Sammlung der Seele und ruhiger Ueberlegung verlangt. Er will also mit Gelassenheit und einer gewissen Kälte gesagt seyn. Allein dieser allgemeine Satz ist zugleich das Resultat von Eindrücken, welche individuelle Umstände auf die handelnden Personen machen; er ist kein bloßer symbolischer Schluß; er ist eine generalisirte Empfindung, und als diese will er mit Feuer und einer gewissen Begeisterung gesprochen seyn. Folglich mit Begeisterung und Gelassenheit, mit Feuer und Kälte? –
Nicht anders [. . .]" (3. Stück. Bd. 9. S. 195; vgl. auch das 5. Stück. Bd. 9.)

343 Für Kant kann dann eine „ethische Gesetzgebung keine äußere (selbst nicht die eines göttlichen Willens) sein" (Metaphysik der Sitten, a.a.O. Bd. 8. A/B 16). Andererseits kann die Frage der

das strengste Verständnis, wenn sie sich als verführte und ungehorsame Tochter vorstellt. Mellefont weist das zurück: „Sie sind noch die tugendhafte Sara, die Sie vor meiner unglücklichen Bekanntschaft waren.“ (277) Eine andere Funktion bekommen seine statements, liest man hinzu, daß seine Fixierungen gerade ein „Gespenst“ festhalten, „das in der Luft zerfließet, wenn man es am festesten umarmt zu haben glaubt“ (276). Auch ist seine abschließende Äußerung nicht von der Logik der Aussage her einsichtig, sondern von seinem Wunsch nach Fixierung eines Orientierungspunkts in dem Prozeß der dramatischen Funktionalisierung moralischer Kriterien.

In der Aussage seines Satzes wird die Möglichkeit der Fixierung eigentlich wieder zurückgenommen: „Diese Heilige befahl mehr, als die menschliche Natur vermag!“ (351) Doch ‚heilig‘ ist nur die innerweltliche Negation eines Maßes von Empfindung.[344] Leidenschaftslose Vergebungsbereitschaft nun ist ja mit der anderen konventionellen Haltung Saras funktionalisiert, die sie des Vaters Vergebung ablehnen läßt: eine unnatürliche, „nur eine tugendhafte Schüchternheit“ (307), nennt es Waitwell. Doch zusätzlich bescheinigt er Sara „Mißtrauen gegen sich selbst“ (ebd.).[345] Also nicht „Heiligkeit“, sondern „moralische Gesinnung im Kampfe“[346] eines Subjekts, das sich so wenig vertrauen kann wie seinen Sätzen, auch wenn sie *nicht* original von ihm stammen. Es ist unmöglich, eine geradlinige Entwicklung zu Saras letztem Tugend-Satz und eine Systematisierung der Funktionen in ihm zu sehen.

Mit diesem Satz kann Sara gerade nicht selbst den Sinn ihres Tods in Erfahrung bringen, der ja im Prosa-Drama zur Bedeutung individuellen Sterbens verändert wird.[347] Den Tod kennzeichnet nicht mehr „in der tragischen Dichtung als deren Formmoment eine Art Selbstverständlichkeit“.[348]

Jetzt erst wollen wir genauer den Inhalt von Saras Sentenz lesen, der eine merkwürdige Kongruenz mit der dargestellten Wirklichkeit und eine Diskrepanz zur eigenen Form aufweist. Sara ist tatsächlich kein Beispiel einer sich bewährenden Tugend, sei es einer im Sprung aus dem Leben geretteten Moral. Da sie nicht etwa im barocken Sinne beispielhafte Einzelfigur ist, nicht Individuum als Partikel von Welt, sondern als deren Präsentation, ist ihre Schwäche einerseits noch die des Systems; allgemeine Sätze können menschlich nicht verwirklicht werden. Saras Tod bietet ihr gerade noch den Schutz, formaliter in allgemeiner Bedeutung sich zu zeigen. Andererseits konstituiert diese menschliche Schwäche ein menschliches Sprechen, das sich sogar als das eines Engels oder einer Heiligen deuten läßt.[349] So unrichtig diese Deutungen als Fixierungen eines Charakters sein mögen, so wichtig ist es, daß dieses Sprechen nach Deutung verlangt.

praktischen Vernunft nur negativ in bezug auf die menschliche „Tierheit“ (A/B 10) gestellt und entschieden werden. Kant überweist sie in die moralische Anthropologie. So als eine (*eben nicht* empirische) Willensethik kann die Kritik der praktischen Vernunft „Autonomie in dem Grundsatze der Sittlichkeit“ (KrV, a.a.O. Bd. 7. A 72) begründen.

344 Nathan möchte die „Engelschwärmerinn“ geheilt sehen, denn „dem Menschen ist / Ein Mensch noch immer lieber, als ein Engel – “ (Bd. 3. S. 10). Siehe auch I, 2; vgl. die Tugendprobe (IV, 4) im Spiegel einer Dialogprobe, in der die Meinung von historisch-genetischen Notwendigkeiten literarisch überprüft wird.

345 Bei Nathan scheinen „Tugend“ und Selbstgewißheit wieder vereint und als praktische Lebensbewältigung hervorgehoben zu sein gegenüber „Natur und Glück“ (Bd. 3. S. 4).

346 Im Sinne von Kants KrV, a.a.O. A 151.

347 „Ich weiß wohl, die Gesinnungen müssen in dem Drama dem angenommenen Charakter der Person, welche sie äußert, entsprechen; sie können also das Siegel der absoluten Wahrheit nicht haben; genug, wenn sie poetisch wahr sind, wenn wir gestehen müssen, daß dieser Charakter, in dieser Situation, bey dieser Leidenschaft, nicht anders als so habe urtheilen können. Aber auch diese poetische Wahrheit muß sich, auf einer andern Seite, der absoluten wiederum nähern [. . .] “ („Hamb. Dramat.“, 2. Stück. Bd. 9. S. 192).

348 P. Szondi: Versuch über das Tragische. Frankfurt a. M. ²1964. S. 109.

349 In diesem Sinne ist Saras Sentenz nun doch eine Steigerung in Lessings Sinne: „ihre Schwach-

Die Schwäche erzeugt gerade die menschlichen Vermögen des Individuums, das nicht homogen ist, aber sich empfindet.[350] Es muß sich selbst deuten, und es wird gedeutet werden. Das Sterben zeigt die Kraft dieser Schwäche und nimmt sie zugleich; mit der Kraft auch die repräsentative Schwäche, mit der Freiheit unendlichen Deutens auch das Problem. Die „schwache Tugend", welche „vielleicht unterliegen würde" (350), ist die schon unterlegene Seite des Subjekts, die aber die ganze Darstellung herausforderte und in ihr ‚als Hauptsache' triumphiert. So ist die Befreiung, die Sara in ihrem Tod spürt, die von einer Zukunft des Subjekts, welche qua Drama schon hinter Sara liegt. Die Konflikte, in denen Sara unterlegen war, sind vergangen. Saras Potentialis erlaubt ihr einen „Begriff von sich",[351] den wir nicht haben. Objektiv kann ihre Identität weder aus nur eigenen, anonymen Empfindungen noch aus öffentlicher Moral entstehen, denn das Mögliche ist ja bereits geschehen. Befreit aus den „gefährlichen Schranken" muß die „irdische Tochter" verstummen. Verführte und Verführer sterben als neue Helden, nicht mehr die „bewährte Tugend" (Vater). Aber es stirbt auch nicht die schwache Tugend zum Zwecke ihrer poetischen Bewahrung. Die allgemeine Bedeutung von Potentialis (Inhalt) und Sentenz (Form) zeigt doch nur den dummen Realismus und die Verblendung,[352] etwas für möglich zu halten, was bereits geschehen ist. Die prosaische Selbstkonstituierung von Bedeutung zieht aus dem Mangel des Individuums dessen Recht zu sprechen. Das Trauerspiel des Sprechens ist die Darstellung des Verborgenen. Es zeigt, daß sich in der Schwäche erst die ganze Welt offenbart. Diese muß neu gedeutet werden, denn sie ist qua Empfindung schon wirklich. Die einzige Macht liegt in der Gestalt der Deutung, zu der Sara so viel Zeit gelassen wird. Aber es ist ein unendlicher Prozeß.[353] Denn Wirklichkeit ist undefinierbar, solange die Deutenden als Empfindende leben. Im alten Sinne gibt es kein Gegenüber mehr.

Der Mangel des Individuums liegt in seinem Zusätzlichen. Das ist nicht additiv zu verstehen. Es bedeutet eine totale Färbung der Welt, die an der Individualität ihre Wirklichkeits-Bedingungen hat.

Auch der Begriff der „bewährten Tugend" läßt den Vater „hülflos" (348), er kann nicht anders als Mellefont handeln. Eine ohnmächtige Bedeutung hat am Schluß das Wort: „Aerzte, Sir. – " (352) Selbst wenn alle Möglichkeiten dieser Tugend – der Vater denkt zuerst an sein „Vermögen", dann an sein „Leben" – ausgeschöpft werden, es „würde vergebens sein" (Sara; 348). Der Vater: „Wohin soll ich laufen?" Sara: Sie können es nicht „mit Ihrem Leben für mich erkaufen" (ebd.).

Es gibt keine Mittel zum Leben mehr. Das ist in weiterer Bedeutung gesagt als nur für das medizinisch unaufhaltsame Sterben. „Du wirst leben; du wirst noch lange leben!",

heit wird fürchterlich", allerdings nicht, weil sie von einer „Geliebten" zur „Königinn" wird, die sie immer schon war („Hamb. Dramat.", 25. Stück. Bd. 9. S. 289).

350 „Schöne Sentenzen und Moralen sind überhaupt gerade das, was wir von einem Philosophen, wie Sokrates, am seltensten hören; sein Lebenswandel ist die einzige Moral, die er prediget. Aber den Menschen, und uns selbst kennen; auf unsere Empfindungen aufmerksam seyn; [. . .] jedes Ding nach seiner Absicht beurtheilen: [. . .] das ist es, was Euripides von dem Sokrates lernte, und was ihn zu dem Ersten in seiner Kunst machte." (49. Stück. Bd. 9. S. 393)

351 Brief an Karl Lessing vom 10.2.1772 (über Emilia). Bd. 18. S. 19.

352 Die Verblendung ist nicht „wissendlich und vorsetzlich" („Eine Duplik". Bd. 13. S. 23). Das hält Lessing für generell unmöglich. Auch diesem Satz ist Saras Arbeit an der Entdeckung (s.u.) anzusehen, ihre „aufrichtige Mühe [. . .], hinter die Wahrheit zu kommen" (S. 24). Siehe Lessings bekannte Passage über die Wahrheit als Suche nach ihr (ebd.). – Soll Sara weiter „neugierig in dem Grunde" wühlen, „da das Haus so lange Zeit steht"? (S. 30)

353 Zur „unendlichen Mannichfaltigkeit" und der künstlerischen „Aufmerksamkeit", in der diese nachahmend und beschränkend ist, vgl. das bekannte 70. Stück der „Hamburgischen Dramaturgie" (Bd. 10. S. 82).

sagt der Vater, der nun endlich, der „fortdauernden Liebe gewiß" (347), erschienen ist, für die umnachtete Sara in zwiefacher Bedeutung: „Segne mich, wer du auch seyest, ein Bote des Höchsten, in der Gestalt meines Vaters, oder selbst mein Vater!" (ebd.) Der fixen Allegorisierung steht andererseits bloßes „Ach" (346) der Erkennung gegenüber. Pointiert ausgelegt, ließe sich behaupten: Interjektionen und Theodizeen sind die Ränder des Begreifens, Saras einzige Möglichkeit. Der Vater spricht über ihr Leben die Unwahrheit, wie alle Beteiligten wissen müssen. Und er knüpft es auch an Bedingungen, die ebenso wie seine Behauptung eine poetisch vielfältigere Bedeutung haben als nur die Referenz der gegenwärtigen Situation: „Entschlage dich aller schwarzen Gedanken." (347) Der einzige, dem die Intimität des „Du" gegönnt ist, ist weit entfernt, diesen ‚Fall' zu verstehen. Und doch spricht er poetisch Wahres aus. Gerade Saras schwarze Gedanken werden sie als Sterbende leben lassen, denn sie wird repräsentativ zu einem Problem der Deutung werden. Das Problem fortdauernder Liebe oder der Empfindung überhaupt ist weder in der Sprache bewährter Tugend, die leben läßt, noch schwacher Tugend, die liebend gerne stirbt, zu erfassen; weder durch Verbote noch durch Botschaften „des Höchsten" (ebd.). Auch wenn dies die einzigen oder extremen Möglichkeiten der Orientierung zu sein scheinen, im Sprechen miteinander umzugehen. Am klarsten erscheint das Problem der Empfindung als ein nur poetisch darzustellendes in Saras folgendem Satz, der von uns als Formulierung des Trauerspiels zitiert wird, in der wir die fixen Sprecherbezüge Saras weglassen („eine schuldige, eine reuende, eine gestrafte Tochter"; auf der anderen Seite „ein beleidigter, ein großmüthiger, ein zärtlicher Vater"; ebd.[354]), um sozusagen noch einmal durch Isolation aus ‚wirklichem Sprechen' die Poetizität hervorzuheben. Das, was leben und sprechen läßt, läßt dem Menschen zum Leben und Sterben zumute werden. Die mögliche Identität dieses Numinosen liegt darin, daß zu leben heißt: bald nicht mehr zu sein. In jedem Empfinden wird dieses Trauerspielsujet wirklich und sprachlich zugleich.

> Sara. Jetzt, mein Vater, oder niemals. Bald werde ich nicht mehr seyn! Zu glücklich, wenn ich noch einige Augenblicke gewinne, Ihnen die Empfindungen meines Herzens zu entdecken. Doch nicht Augenblicke, lange Tage, *ein nochmaliges Leben würde erfordert, alles zu sagen* [. . .] (ebd.; Hervorhebungen von mir, W.N.)

Während andere sich noch um Saras Überleben bekümmern, stellt Sara die Frage des Lebens, ohne noch zu fragen. Sie ist nicht mehr hinauszuschieben. Sie setzt die Zeit fest, die für jeden Augenblick gilt, – die Zeit in ihrer Bedeutung, daß „ich" bald ohne „seyn" ist; es keinen Satz mehr gibt. In der Bewußtheit des Augenblicks, welcher der Inbegriff der Zeit aller Empfindungen ist, und in der glücklichen Besinnung darauf, daß das Verborgene in der Mitteilung aus seiner Heimlichkeit in die Öffentlichkeit gelangen kann und darf, entwickelt sich sofort der Umschlag der Empfindung. Die allgemeine Metapher des Individuellen („mein Herz") bezeichnet übrigens gar nicht substantivisch Ort und Ursache der Empfindung; sie ist eher eine Adjektivierung der Empfindungen. Das Individuelle muß sich als Modus der Empfindung erweisen. Und daß das möglich sei, macht Sara, wie die Redewendung wahrhaft sagt, „*zu* glücklich". Dieser Augenblick ist immer ‚jetzt *und* niemals'. Das ganze Trauerspiel ist erst als ein Spiel von solchem „und" erkennbar. Die in ihm postulierte Gleichheit wird von Sara erkannt, sie verändert sich und ihr Sprechen. Sie überwindet das „oder", das sie noch ausspricht. Die Gleichheit produziert das unendlich Differente. Saras Überwindung ist keine Synthese. Die „Selbst-Wahrnehmung der Gegenwart", in der, nach Derrida, das „Subjekt als Bewußtsein" sich ankündigt, ist eben

354 Zu den toposhaften Verbindungen, die die „Zärtlichkeit" eingehen kann, vgl. etwa Ringeltaube, Von der Zärtlichkeit; zit. Doktor / Sauder, Empfindsamkeit, a.a.O. S. 21 ff.

nur fähig zur Meinung, nicht zur Synthese, wie Derrida glaubt, und es wird „zum unaufhörlichen Sammeln der Spuren“[355] gerade dieser Gegenwart entsetzt. „Doch ist die Kraft“ dazu, wie wir Derrida gegen seine Intention von diesem literarischen Beispiel her weiter zitieren können, „nie gegenwärtig: sie ist nur ein Spiel von Differenzen und Quantitäten“.[356] Denn das Gleiche in aller Selbst-Wahrnehmung ist nichts anderes als die stete Differenz.[357] Sie wird, ob es sich um die Historie des Geschehens oder um reine Akte der Selbstbezüglichkeit handeln sollte, zur Empfindung der Anwesenheit der Kraft in der Gegenwart des Todes. Das „und“ als Veränderung von Saras „oder“ müßte Anwesenheit und Abwesenheit als identische Kategorien denken lassen: Dann hätten wir das Trauerspiel des Sprechens als eines des Empfindens verstanden. Die Gegenwart des Subjekts, ja des unteilbaren Augenblicks als Individuum, ist seine Abwesenheit. Eine Abwesenheit seines Unglücks wäre die Unmöglichkeit seines Glücks („zu glücklich“). Sein Glück ist es, nicht zu existieren. In Saras Untergang wird dieses Glück prägnant.

Aus „Augenblicken“ werden „nicht Augenblicke“ und schließlich der fromme und irdische Wunsch nach einem „nochmaligen Leben“. Genauer gesehen, ist es schon gar nicht mehr Saras Wunsch, sondern ein objektiver Irrealis. Das ist der Zustand der Empfindung im Verhältnis zu ihrem Ausdruck. Der Irrealis hat seine Objektivität in der Realität des Verhaltens zueinander. Sprechen und Empfinden können sich gegenseitig nicht vergessen, sondern nur entdecken. Da die Entdeckung aber totaliter nicht als Geschehen jetzt und nicht als Geschehen niemals vorgestellt werden kann, ist das gemeinte Leben immer schon vorbei, wirklich nur ein Spiel von Modalitäten („einige“, „alles“, „nochmaliges“). Augenblickspostulate und Unendlichkeitsanspruch der Empfindung sind in der indefiniten Prägnanz der Dichtung zu vermitteln. Die Spur der Differenz, die das Trauerspiel in die ‚Sprache der Empfindung‘ gegraben hat, wird sich nicht mehr tilgen lassen.[358] „Alles zu sagen“ und doch ein eigenes Herz zu haben, ist nicht möglich. Diese Auskunft erhalten wir zu Beginn scheinbarer Triumphe der Subjektivität.

Aber Differenz ist selbst wiederum ein Vermittlungsbegriff.[359] Die Empfindung kann nur als Sprechen Entdeckung sein, und das Sprechen muß eine Entdeckung der Empfindung sein. Entdeckung ist aber das einzig Gegenwärtige, eine Arbeit ohne Offenbarung. So verweist die Entdeckung nur auf ihr dialektisches Pendant: das Verborgene. Der sich zeitlich und gemäß der Sprache geradezu sukzessiv konstituierende Mensch ist es nur im Augenblick und niemals. Mehr und mehr durch seine Empfindungen unter die Idee des Individuums geraten, ist es nur ihm gegeben, alles zu sagen. Diese Möglichkeit seines Lebens empfindet er an dessen Grenze: Es ist dessen gegenwärtige Unmöglichkeit. Dem (hier nur quantifizierend vorgetragenen, vielleicht nur in dieser Weise aussprechbaren) Totalitätsanspruch des Individuums ist dieses Trauerspiel gewidmet.[360] Während die Menschen, aus guten Gründen, geschwätzig werden, wird Literatur in ihren einzelnen Texten zu dem Individuum und zur Kreation des sterbenden Menschen.

Das Pathos und Leiden des Trauerspiels besteht im Trauerspiel daraus, keinen gültigen

355 J. Derrida: Die différance. In: ders.: Randgänge der Philosophie. Frankfurt a.M./Berlin/Wien 1976. S. 6–37, 23.

356 A.a.O. S. 24.

357 Siehe ebd.

358 Sie könnte als evaluatives Kriterium für die Unterscheidung von trivialer und epigonaler Literatur dienen.

359 Es könnte untersucht werden, ob sich Verbindungslinien schaffen ließen zwischen diesem Begriff und dem der „Leerstelle“ (W. Iser), welche besonders applizierbar auf die Rolle des Erzählers ist.

360 Diese Bemerkung bezieht sich auf eine Intention der Gattung; vgl. zur gattungspoetischen Unterscheidung von Komödie und Tragödie nach den Figuren als „Arten“ oder „Individua“ (Diderot) die „Hamburgische Dramaturgie“: 87.–91. Stück, bes. auch das 95. Stück (Bd. 10).

Aus-Druck zu haben.[361] Wird dieselbe Sprache gesprochen, macht sich während des Sprechens die Verschiedenheit der Einzelnen geltend. Wird Einigkeit erzielt, so ist es eine im Sterben begriffene. Die „fortdauernde Liebe" ist die Chiffre für irreale Existenz. Zwar wird viel und empfindsam gesprochen, aber um unentdeckter Empfindungen willen. Andererseits hat dieses Drama aber seine historische Relevanz in der Entdeckung von Empfindungen, die dramenfähig werden. In diesem Sinne stirbt Sara nicht „umsonst". Später werden die Helden, wie der „Hofmeister" von Lenz, am Leben bleiben, als lebendes Ungenügen an der Emblematik ihrer mißverständlichen Leiden.

Sara möchte gerne sterben. Aber doch nur unter dem unrevidierbaren Diktum, daß nicht alles gesagt sei; mit der sich selbst zerschlagenden Utopie einer Empfindung, die ganz Sprache ist, und eines ganz individuellen Sprechens. Sie löst diese Utopie natürlich nicht mit ihrer Sentenz (siehe oben) ein. Überleben heißt für sie, auf das Jetzt verzichten zugunsten eines Niemals. Nicht zu empfinden ist allenfalls die Qualität eines Todes, der in diesem Drama nicht vorkommt. – Das Trauerspiel (nicht nur der Aufklärung) macht auf die furchtbare Wahrheit aufmerksam, daß einem – trotz verschiedenster Umstände – *zum Sterben zumute* sein kann.[362] Danach erst werden Sprache und Empfindung eins. Das müßte aber als ein ‚Nicht-Mehr' gedacht werden im ‚Noch-Nicht' des Lebens. Im Hinblick hierauf wird vielleicht doch ein vielgerügter Umstand bedeutungsvoll. Sara spricht so viel, daß der Anschein entsteht, es sei nun aber wirklich alles gesagt.[363]

Ihr Sprechen wirkt zuweilen wie eine Abfolge moritatenhafter Attribute. Es ist selbst nicht Opposition, sondern Komplement der Verstellung. Deshalb bietet die Vergebung keine Lösung. Alles muß auf alle Weisen, in denen es möglich geworden ist, ausgesprochen werden, um selbst wiederum empfunden zu werden. Diese Prozesse kontrolliert der Text, während die Empfindenden nicht zu heilen sind. Sie behalten die Vorstellung von einem „überschüssigen Sein"[364] und realisieren als ewigen Mangel die Differenz der Empfindung. Vielleicht aber liegt in der Verkennung ein Sinn – als eine Negation, die den Menschen am Sprechen erhält und ihm Interesse am Überleben eingibt, dessen Wozu ein „Irrthum" (335) sein könnte.

Es gilt, diese Differenz als Vermittlung zu begreifen, um möglichst nicht zu scheitern. Pathos und Leiden des Trauerspiels entstehen einmal aus der Sprache als Verstellung, zum anderen aus der Vorstellung möglicher Übereinstimmung von Sprache und Empfindung. (Es ist am Ende vielleicht eine Vorstellung, die selbst wiederum literarischen Bezirken entstammt.) Die Übereinstimmung wird auf gefährliche Weise so vorgestellt, als fände in ihr der völlige Ausdruck der Empfindung statt. (Wäre nicht einmal Empfindung als Ausdruck der Sprache zu denken?)

Die Differenz bedeutet Leben selbst im Kern der Empfindung. Wo wir es nicht mehr spüren, wird es gefährlich; ob nun jemand immer wieder sagt ‚aber ich liebe dich doch' oder ‚der Krieg ist der Vater aller Dinge'. Gewalt und totale Liebe werden konsequent und ununterscheidbar in der *Meinung*, man sage, wie es ist.[365]

361 Lessing zweifelt übrigens daran, ob der Begriff des Pathos für die Malerei geeignet ist: „Laokoon", 29. Bd. 9.

362 Siehe Arntzen, Von Trauerspielen, a.a.O. S. 571, 583.

363 Zum komödienhaften Verbund von „Aufrichtigkeit" und „Schwatzhaftigkeit" vgl. „Die Juden". Bd. 1. S. 398.

364 J. Hörisch versucht, eine Vermittlung zwischen Hegel, Husserl, Heidegger und Derrida zu finden. Vgl. J. H.: Das Sein der Zeichen und die Zeichen des Seins. Marginalien zu Derridas Ontosemiologie. In: J. Derrida: Die Stimme und das Phänomen. Ein Essay über das Problem des Zeichens in der Philosophie Husserls. Hg. J. Hörisch. Frankfurt a.M. 1979. S. 7–50, 43 f.

365 Hier ist nicht zu deuten, aber darauf zu verweisen: Der Soldat Philotas hat Probleme mit seiner „Meynung" – die „Schuld und Unschuld [...] unendlicher Mißdeutungen" gegenüber „dem untrieglichen Auge der Götter"; die „geschmeidige Zunge" solle nicht die Arbeit der „Fäuste" ersetzen; andererseits entstehe Krieg aus Empfindlichkeit (Bd. 2. S. 371 f.).

Die Differenz um den Preis der Sicherheit begreifen heißt sich gegenwärtig halten. Trotz der Differenz sich zu engagieren, ist die vorbildliche Tat des Trauerspiels, in dem der Dichter dieses „trotz" durchstreicht. Es wird zur positiven Gegenwart seiner Idee verändert. Die Einsicht in die Differenz kann das Handeln nur leiten, ihm kein Ziel vermitteln. Als Ziel denken wir in entfremdeten Zeiten immer wieder Vereinigungen, Gemeinschaft usw.[366] Aber das ist nur dann nicht töricht und lebenslang vor dem Sterben gesichert, wenn immer schon eingesehen ist, daß der Ausfall der Differenz Hölle oder Paradies bedeutet, jedenfalls nicht unser Leben. Es ist das zu Sagende, welches bei den Empfindsamen immer mehr ist als das Gesagte. (Bei Rhetorikern, Informanden und Meinungsträgern ist das umgekehrt.)

Das systematische Paradox Lockes[367] könnte zur Unterstützung der zentralen pietistischen These herangezogen werden, die anstelle der Rechtfertigung die Wiedergeburt postuliert.[368] Lessing zeigt, daß damit nicht mehr gewonnen ist als ein solches „nochmaliges Leben", obwohl seinen eigenen Erziehungsgedanken (für das Menschengeschlecht, aber doch auch für „jeden einzelnen Menschen"; „Die Erziehung des Menschengeschlechts", § 93. Bd. 13, S. 435) ähnliche Vorstellungen manchmal zugrunde zu liegen scheinen. „Aber warum könnte jeder einzelne Mensch auch nicht mehr als einmal auf dieser Welt vorhanden gewesen seyn?" (§ 94. ebd.) Eine notwendige ausgleichende Spekulation des Subjekts, das gerade Individuum werden will?

Die Sukzessionen, für die Angelegenheiten des Verstandes eigentlich kein Problem, quälen die Empfindung, deren Indikatoren Lust und Unlust ja stets die Vorstellung eines Ganzen anzeigen.[369] Andererseits langweilt sich, gemäß zeitgenössischer Auffassung, die unbeschäftigte Seele. Empfindungslosigkeit wurde „indifférence" genannt. Es ist so ganz einsichtig, warum die sittlichste Beschäftigung die mit Literatur, besonders auffallend die mit dem Trauerspiel ist. Wäre Mitleid mit Mendelssohn[370] als Liebe zum Gegenstand (Differenz) zu definieren; wäre Unlust an dem von diesem Gegenstand bestimmten Unglück im Menschen (Sara) hinzunehmen, – so hätte der Mensch mit seinen „vermischten Empfindungen" nur hier die Chance, in die Würde des besten Gattungsexemplars zu treten. Der Rezipient wäre hier weder Idee noch Körper, sondern Ich. Das existiert nach Timme „eigentlich nur in der *Empfindung*"[371]: „Sentiment vif de l'existence".[372] Aber diese letzten hilflosen Versuche zeigen, daß Lessings Literatur nicht auf den Begriff eines einfach umgekehrten Cartesianismus zu bringen ist.[373]

366 Ohne „das bürgerliche Leben dadurch verleiden" zu wollen, sind sich Ernst und Falk einig: „Nun ja, die Menschen sind nur durch Trennung zu vereinigen!" (Bd. 13. S. 358 f.) Unser Ansatz bezieht sich aber nicht nur auf die Horizontale kommunikativer Öffentlichkeit, sondern sozusagen auf die Vertikale der Selbstkonstitution (des Individuums).

367 Nihil est in intellectu, quod non sit prius in sensu. Dazu E. Cassirer: Die Philosophie der Aufklärung. Tübingen [3]1973. S. 131–134, 164 f.

368 Zum Thema der Leidenschaften und Affekte, das bereits vor dem Pietismus und der Empfindsamkeit virulent wurde (besonders bei Spinoza und Descartes), vgl. Sauder, a.a.O. S.65 ff.; hier auch zu den nicht schlichtweg trivialen Thesen des Empirismus (besonders Lockes), die allerdings immer wieder trivialisiert wurden in der schlagwortartigen Auffassung der Seele als „white paper" oder „tabula rasa".

369 Vgl. auch Sauder, a.a.O. S. 128.

370 Vgl. das ganze Kapitel „Mitleid und die ‚Vermischten Empfindungen'" bei Sauder, a.a.O. S. 183–192.

371 Timme, a.a.O. Bd. 2. S. 188.

372 Das war für viele ein Zentralbegriff, von denen wir hier nur Diderot und Rousseau nennen. (Orientierungen sind möglich mit Sauders Sachregister.)

373 Novalis übersetzt in kritischer Absicht Fichtes ‚Wesen des Ich' in „Selbstgefühl vielleicht". Doch wenn man dessen Entstehung in präreflexiven Sphären ansiedelt, die von Lessing, Thomson, Mendelssohn freigelegt worden seien, so sollte zum Beispiel nicht die in deren Zeit wirksame Vorstellung der Monaden und deren „inneres Prinzip" der Übergänge ignoriert werden, gerade wenn man an das historisch spät avancierte „ursprüngliche, aber dunkle Wesen des Ich" (D. Henrich) denkt. Zur Übersicht siehe Sauder, a.a.O. S. 214.

„Eine Rose gebrochen,
ehe der Sturm sie entblättert. –"

II. „EMILIA GALOTTI"

1. UNMÖGLICHE UNMITTELBARKEIT

a. Zwanghafte Zufälligkeit

(Literarischer Fortschritt – Requisiten – das Ungelesene – Dinge als Bedeutungssubjekte – Absurdität – Satz ohne Verb, Leben ohne Perspektive – punktueile Empfindung als Sprache – Subjektivität als objektives Geschehen – Travestie von Eigenschaften und Taten)

Seine Fähigkeit zur „Kritik" habe Lessing nicht, so bedauern die Herausgeber eines „Arbeitsbuchs", „für ein neues, besseres Stück genutzt".[374] Doch verzeichnen sie (mit „Emilia Galotti") einen „Fortschritt vor allem gegenüber *Sara*".[375]

Wer weiß, was „besser" ist und wie ein literarischer „Fortschritt" auszusehen hätte, selbst wenn man von einem sehr engen Begriff der Literaturgeschichte als Evolution ausginge. Doch kann diese einfache, aber sehr gezielte Meinungsäußerung unserer Untersuchung als Folie dienen. Vielleicht wird der Fortschritt in einer dramaturgischen Stringenz sichtbar,[376] welche pessimistisch die Freilegungen „bucklichter"[377] Subjektivitäten in Sara zurücknimmt und darum wie eine prosaische Tragödie wirkt, die ein Zeichen gegen die gerade sich entfaltende Geschichte des Trauerspiels sein könnte. Das wäre erstaunlich, bedenkt man, daß nun endlich ständische Gegensätze auf der Bühne gespielt werden, wenn auch einigen zu deutlich, den meisten aber zu unscharf. – Nicht nur gibt es jetzt eine Mutterrolle, in der aber gerade eine kommunikative Vermittlung der Stände gespielt wird. Auch die, die nicht zum Hofe gehören, sind Adlige; Bürger aber in dem Sinne, daß sie gegen einen Prinzen vor Gericht erfolgreich sein können.[378] Doch dieses Vermögen wird nur genannt, nicht ausgespielt in einer etwaigen Reaktivierung eines barocken Rechtsdramas. Die Handelnden sind nicht empfindsame Engländer des gleichen Jahrhunderts, verletzt durch die Tricks eines französischen double-dealer à la Congreve. Der Schauplatz ist ein italienisches Fürstentum während der Renaissance. Gelten die Einflüsse des Pietismus nicht mehr für die Katholikin Emilia?[379]

Ist das Neue dieses Dramas gar nicht die Fortsetzung der Intention „Saras"? Mehr als durch Rückgriffe auf die Programme der gerade in Blüte stehenden Empfindsamkeit oder

374 Barner, a.a.O. S. 186.

375 Ebd.

376 Neben F. Schlegels bekanntem Diktum vom „großen Exempel der dramatischen Algebra" ist auch noch einmal Goethes Beurteilung zu erwähnen: „‚Emilia Galotti' ist auch nur gedacht, und nicht einmal Zufall oder Caprice spinnen irgend drein. Mit halbweg Menschenverstand kann man das Warum von jeder Scene, von jedem Wort, möcht' ich sagen, auffinden. Drum bin ich dem Stück nicht gut, so ein Meisterstück es sonst ist" (Brief an Herder von Mitte Juli 1772. Werke. 4. Abt. Bd. 2. Weimar 1887. S. 19. [Sophienausgabe]).

377 Vgl. Lessings Selbsteinschätzung in der „Hamburgischen Dramaturgie", 13. Stück. Bd. 9. S. 238 f.

378 Zum Titel des Dramas und zu dem Aspekt „Fürst als Mensch" stellt Eibl die bisherige Literatur zusammen: a.a.O. S. 155, 147.

379 Solche und ähnliche Fragen, die nicht, wie insinuiert wird, direkt zu beantworten sind, stellt Meyer, a.a.O. S. 270.

Vorbildungen des Sturm und Drangs scheint das Drama durch Übernahme alter heroischer Versatzstücke charakterisiert werden zu können. Dialektischerweise greift Lessing aber im Virginia-Motiv auf Heroen einer nichtmonarchischen Verfassung zurück, deren Handeln prinzipiell öffentlich sein konnte.[380]

Wir werden das Stück sehr thetisch und nicht so ausführlich behandeln wie die „Sara“. Auch soll die weitere Gattungsgeschichte nur angedeutet werden, und wir vernachlässigen an den Texten die rezeptionsgeschichtlich entstandene Bekanntheit ihrer Programme. Wir betrachten vielmehr die im *Autor*namen nur höchst abstrakt angegebenen Initialen für eine mögliche Geschichte der literarischen Empfindungen, die nicht unbedingt in realer Breite sich als die reale (Literatur-)Geschichte (in *Epochen*) manifestiert haben müssen. Wir versuchen mit Hilfe der Initialen dreier Autoren eine Geschichte zu schreiben, ohne zum Beispiel die Entwicklungen der einzelnen *Gattungen* für sich verfolgen zu können.

Literarisch sind Empfindungen im Drama immer in einem genau, aber schwer zu bestimmenden Anteil die von den Figuren gesprochenen Empfindungen. Deutlich konturieren sich solche Empfindungen an ihrem Pendant, dem Gesamttext, dem ja auch eine Eigenbedeutung zugesprochen werden muß. Im Rückgriff auf Requisiten, die auch heroische Tragödien mitbestimmen konnten, erläutert sich die genaue (‚bürgerliche‘) literarische Empfindung. Emilia stirbt, sozusagen wieder, durch einen Dolchstoß; in einem Augenblick soll nun ein ‚bürgerliches Subjekt‘ seine allgemeinste Bedeutung erhalten. Die gesamte Interpretation beziehen wir, analog zu der von „Miß Sara Sampson“, auf den einen Satz, der diesem Kapitel vorangestellt wurde. Die leitende Frage für die Intention der trauerspielhaften Empfindung wird, analog zu „Miß Sara Sampson“, sein: „Warum stirbt Emilia eigentlich?“[381] Briefe, die ihren Tod möglicherweise hätten verhindern können, werden geschrieben, aber nicht gelesen. Der Brief der Orsina hätte eine Katastrophe verhindern können. Später stellt Orsina das Mord- und Selbstmordinstrument zur Verfügung. Verstellung und Intrige erfahren ihre Beschränkung auf eine ganz funktionale Bedeutung.

Brief und Dolch sind ‚Gegenstände in Bedeutung‘. Requisiten stehen in engem Zusammenhang mit Peripetien, die verstreuter sind, als die „Technik des Dramas“ (Freytag) zuläßt. Der Brief, fast abwesend, funktioniert wie ein Ding, weil er nicht gelesen wird. Der Dolch erscheint in der Sprache der Dinge, die im Bezug auf die Prominenz des Dolches immer schon eine Theatersprache war. Beide von Orsina, der zumeist Abwesenden, gestifteten Dinge sind konstitutiv für Situationen. Es sind aber nicht mehr „Requisiten des Bedeutens“.[382] Heroische Muster verblassen in einem Heldentum, das sich nicht mehr aus Handeln konstituiert.[383] Nicht mehr sind die Worte Begleitungen des Geschehens, die angeblich nie an die Bedeutung heldenhaften Schweigens heranreichen sollten. Eigentlich wird der Dolch vom Dialog (zwischen Vater und Tochter) geführt werden. Die Katastrophe wird physisch möglich, weil anstelle des Ungelesenen das Reale erscheint, Orsina mit dem Dolch.

Die Figuren sind keine dargestellten Menschen mit Charakter, denen die Objekte einer statischen, gefestigten, dinghaften Welt gegenüberständen. Nachdem die Dinge ihre emblematischen Fähigkeiten verloren haben, sind sie – in der Literatur wenigstens – nicht bloße Dinge geworden, sondern Bedeutungssubjekte.

380 Siehe z.B. Müller, Das Erbe der Komödie, a.a.O. S. 57 f.

381 Wir beabsichtigen diese Frage nicht ganz im Sinne Goethes (Emilia liebt den Prinzen) zu beantworten. In diesem Sinne verfahren die beiden folgenden Schriften: H. J. Weigand: Warum stirbt Emilia Galotti? (1929) In: ders.: Fährten und Funde. Aufsätze zur deutschen Literatur. Bern/München 1967. S. 39–50; A. Wierlacher: Das Haus der Freude oder Warum stirbt Emilia Galotti? In: Lessing-Yearbook 5 (1973). S. 147–162. Siehe neuerdings auch Eibl, a.a.O. S. 156.

382 Benjamin, a.a.O. S. 193.

383 Man bedenke aber die Verwandtschaft von Handlung und Abhandlung im barocken Drama.

Die Charaktere verändern und benutzen keine objektiven Dinge. Diese sind dramatische Subjekte ohne vorherbestimmte Verweisungsmuster. Sie geben einst feststehende Direktiven an die Figuren ab. Was bedeutet es, daß der Dolch von Emilia angenommen wird? Ein Dolch schien für Mellefont gerade noch ein ausreichendes Mittel zu sein, während für Sara das versteckte Bewußtsein des Gifts tödlich wurde. Der sich selbst strafende Subjektivist[384] und das Opfer, welches rhetorische Beeinflussungen durchschaut, aber deren Totalität anerkennen muß, stehen in *irgendeinem* Zusammenhang. Emilia wehrt sich in einem Paradox (der ‚Rosen-Sentenz' in V, 7), welches auf noch zu interpretierende Weise den Mord als Selbstmord legitimiert. In diesem Mord tut sich eine zwanghafte Subjektivität des Allgemeinen kund.

Wenn die Sprache der Dinge und die Sprache der Menschen immer schon in einem Verhältnis stehen, dann ist Wirklichkeit der Prozeß, in dem diese zusammenkommen, auch wenn das auf tödliche Weise geschieht. Sind die Dinge in einer Psychologie nur Objekte, Fetische usw., so haben sie literarisch auf gar nicht exotische Weise ein Gegenbewußtsein. Das Opfer realisiert die Sprache des Dings (Dolch) – „das geschwindeste Mittel [. . .], aller Verführung auszuweichen".[385] Aber indem es diese Sprache zu der Sprache eines anderen Subjekts (Vater) macht, erscheint die Chance des Subjekts zu eigenen Sätzen, auch wenn dieses Subjekt noch fremde Sätze am eigenen Leibe spüren muß. Peripetien sind Herausforderungen an die eigene Identität; im Sprechenlassen der Dinge und Situationen ist die Balance zu finden, in der diesem Sprechen gedient wird, ohne ihm nur zu gehorchen oder es zu beherrschen. Emilias ‚Rosen-Sentenz' ist solch ein Satz, der solchen Prozeß besiegelt und eröffnet zugleich.

Mit der trauerspielhaften Form, die unendliches Sprechen in der „Sara" erhält, und der Form der „Emilia" sind im 18. Jahrhundert poetische Empfindungen als Dichtarten erschienen, die eine Einsicht vermitteln können in die späteren Formen – etwa des 19. Jahrhunderts, aber auch des „Sturm und Drang" und der „Klassik". Erhält doch in der „Emilia" ein jeder Zufall sein „Warum" (Goethe), jede Ursache aber auch ihre zwanghafte Zufälligkeit. Das ist nur in dem dargestellten Sprechen zu vermitteln wie später noch bei Ödön von Horváth oder im sogenannten absurden Theater. Die Figuren produzieren den Zwang, unter dem sie stehen – und der wie eine objektive Semantik auf sie zukommt. Literatur ist in den Anfängen der Konstitution der Subjektivität auch die Kritik der Subjektivität. Das Empfinden erhält in der „Emilia" die Form einer durchgestalteten hierarchisierten Ordnung. Da aber zugleich eine eigentümliche Ordnung anarchischer Sinnlichkeit die Geschicke des Bürgermädchens dramatisch strukturiert, erscheint die Ambivalenz der Ordnung als Dialektik der Empfindung, grob gesprochen: die von Tugend und Sinnlichkeit, welche entweder fremd wird oder als fremd-vertraute sich in Szene setzt. In V, 7 laufen die Sätze so allmählich zu einer letzten Ordnung zusammen, die, auf das einzelne Subjekt und dessen individuellen, gleichwohl traditionsorientierten Tod bezogen, die Ordnung einer absurden Semantik ist. Besonderes und Allgemeines werden in ein tendenziell absurdes Empfindungsverhältnis gesetzt. Damit ist Kritik am Hof, an der ratio des Kapitals[386] wie an der sich erst etablierenden Bourgeoisie geleistet. Aber das Drama ist ja eben keine totale Satire. Die Position des Dramas zeigt sich immer wieder exemplarisch in einer Figur, die empfinden kann; aus deren Empfinden die kritischen Elemente abzusondern sind. Emilia muß nicht unaufhörlich sprechen, um sich an ihrem Sprechen allmählich als etwas anderes zu empfinden. Stirbt sie teilweise „nach den Begriffen ihres Glaubens"

384 Etwa im Sinne Brüggemanns (a.a.O.) verstanden; vgl. hierzu auch Weber, Menschenbild, a.a.O. S. 23.

385 Rezension von J. J. Eschenburg; zit. Steinmetz, Lessing – ein unpoetischer Dichter, a.a.O. S. 81.

386 Vgl. J. Schulte-Sasses Einleitung in den Band: Aufklärung und literarische Öffentlichkeit. Hgg. Ch. Bürger / P. Bürger / J. Schulte-Sasse. Frankfurt a.M. 1980. S. 12–38.

einen „Märtyrertod"?[387] Ihre Empfindung erscheint ganz in dem durch das „geschwinde Mittel" (Steinmetz) bestimmten Zeitpunkt. So wird das paradoxe Geschehen oder die Einheit des Widerspruchs in der Verwendung des Dolchs zur Chiffre für die Ordnung ihrer Empfindungen. Saras quasigegenständliche Metapher ist das „Gift", Emilias der Dolch. Diese Gesamtmetaphern für beider Empfinden zielen auf die Bedrohung ihrer Empfindungen. Bedrohung als Rettung zu verstehen, ist nur im Trauerspiel möglich. Die poetische Empfindung ist dabei die Metamorphose des dargestellten bedrohten Empfindens. Zur Unterscheidung vorweg eine These: Spürt Sara ihr Anderssein und setzt das Drama dieses als Totalität der Differenz, so ist in Emilia das allgemeinste Wirkliche zu der im Vergehen erscheinenden Schönheit einer besonderen Gestalt geworden. In Sara ergibt sich das, was sie nie ist, als Substrat des Sprechens – und somit als das Anwesende, zumindest im Sterben als besonders deutlichem Leben. Emilias letzte Sätze explizieren vielleicht die tiefe Kongruenz von Sinn und Belanglosigkeit; ihr Sprechen ergründet das Empfinden als Totalität des positiv Seienden, welches Vernichtung bedeutet, da nur sprachlich in einem letzten Satz das Unmögliche wirklich wird. Erhält sich, während Emilia tot ist, das Perfekt eines unvollständigen Satzes als die Möglichkeit des Unmöglichen oder als die Empfindung des Gebrechens? Die Allmählichkeit des Entblätterns, in dem doch nichts zum Vorschein kommt, ist dieser Figur versagt. Das unendliche Sprechen als Entblättern oder Entdecken (Sara) würde nur immer wieder sich selbst reproduzieren. Es liefert nicht zumindest die Markierung zukünftigen Inhalts. Der liegt für Emilia in der Empfindung des Gesprochenen selbst: für die erstochene Emilia gerade noch einen Augenblick lang; von dem Rezipienten müßte die Empfindung einer in sich bewegten und doch syntaktisch abgeschlossenen Semantik des Todes als unendliche Bewegung des Lebens ohne Perspektive erkannt werden.

Es gibt viele ‚Mißverständnisse' in der „Emilia Galotti", aber nur einen ‚Bruch' in der Emilia, in dem jedoch das Ganze, was ist, zur Sprache kommt. Andererseits ist es kein Bruch in der Entwicklung der ‚Furchtsamsten und Entschlossensten" (437). Der Bruch (Tod) muß zusammen mit der homogenen Entwicklung des Empfindens auf das hin, was von Anfang an mit und in ihm gesetzt ist, erkannt werden. Es wird in der Sprache des Trauerspiels ein erschreckend systematischer Prozeß der Empfindung sichtbar.

Das Ernstnehmen der traditionell vorgeschriebenen Relevanz des Tods läßt die Schwierigkeit hervortreten, sie unter gewandelten historischen Bedingungen weiterhin darzustellen; nicht mehr führt unendliches, unausgedrücktes Empfinden zum Leben als Sterben. Der Dolchstoß ist die äußere Legitimation für die punktuelle Empfindung als Sprache einer intensiven Totalität. Der Tod Emilias ist eine subjektive Tat und doch die Tat fremder Hand, in der nicht nur die Trennungen von Verstand und Gefühl, Subjekt und Objekt aufgehoben sind, sondern auch die Trennung von Sprechen und Empfinden.

Wenn Subjektivität sich so als gewollte begreift, dann steht sie vor einem objektiv auf sie selbst zukommenden Geschehen. Es geht uns also nicht nur darum, endlich nach der Dialektik der Vernunft nun auch eine Dialektik des Gefühls für die Aufklärung als gleichermaßen konstitutiv anzunehmen.[388] Die semantische Produktivität und Determination der Empfindung werfen in deren Tod ein geschichtlich neues Problem auf, das in den Figuren der späten Aufklärung erst öffentlich werden kann.

Da längst eine Travestie der Eigenschaften möglich geworden ist, kann das Alte (heroisch oder republikanisch) nicht restituiert werden, ohne daß das Neue, in dem es erscheint, dem widerspricht. – Das Tragische, nicht nur der Figur, sondern auch des Dramas

387 Eschenburg; zit. Steinmetz, a.a.O. S. 81.

388 Diesem Tenor scheint die soeben (siehe Anm. 386) erwähnte ‚Kritische Reihe' im Suhrkamp-Verlag sich verpflichten zu wollen.

liegt schon in der Unmöglichkeit, wie Kierkegaard sagt, sich verständlich zu machen. Der tugendhafte Odoardo taucht zuerst in der Nennung durch den Prinzen als „alter Murrkopf" (385) auf; der Klarsichtige kann wie ein Pedant auftreten, der Hochgesinnte wie ein Enthusiast, der Problembewußte affektiert usw.

Da Eigenschaften, aber eben auch Taten zur Funktion einer Situation werden können, ist das tragische, aber verantwortbare Gleichgewicht zwischen Tat und Täter und auch zwischen Tod und Sterbendem gestört. Unsere These lautet jedoch, daß Lessing dieses Gleichgewicht in der „Emilia Galotti" auf eine geschichtlich neue Weise hergestellt hat.

Solches Gleichgewicht scheint sich nur in Zufällen zu verwirklichen. Der dargestellte Zufall einer Situation (auf dem Lustschlosse) bringt keine allgemeine Befreiung; er funktioniert im bürgerlichen Trauerspiel als Kontur des Zwanghaften. Der allgemeine Zwang, zum Beispiel in der ‚Verführbarkeit', kann nicht durch Taten gezeigt werden.[389] Wo Taten noch einen Begriff des Geschehens vertreten könnten, werden sie in die Uneindeutigkeit und hinter die Bühne verlegt. Bis zum Schluß hin zeigt das Drama, daß Taten aufgrund ganz partieller Vermittlungen unorientiert sind. Doch erfüllt sich das Trauerspiel wiederum in dieser einzigen zufälligen Tat (V, 7), die eine orientierte Handlung ist, weil sie physisch die semantischen Möglichkeiten einer Szene ausschöpft. Diese Möglichkeiten sind Emilias Leben. Sie bedeuten in eins empfunden ihren Tod, ihre Unmöglichkeit zu leben.

b. Unbegriffene Souveränität

(Falsche Trauer [Bürger, Prinz] – Titel und Exposition – Identität zwischen Emilia und Orsina – vergangene Empfindung – Vergessenheit [als Geschehen] – semantische Orientierung des Publikums – semantische Wenden – Gestalten als sprechende Gefühle – keine Charaktere – Beherrschbarkeit – Willkür und Trauer – Empfindungen als Ware – Zeichenhaftigkeit als Erfolgsstrategie [Name] – zerstörerische Subjektivität – das nicht begriffene Ich – Identität als Bedeutung)

Unter den soeben gemachten Voraussetzungen wird das Drama wiederum sukzessive interpretiert. Es sollte aber vorab deutlich werden, daß Empfindung hier als Struktur des Dramas besprochen wird, wie sie in deutlich intentionalen Augenblicken, eben besonders dem des Todes, erscheint. Daher rührt auch der Umstand, daß bezeichnenderweise weniger von Empfindungen gesprochen wird als in der „Sara" oder überhaupt in Texten der Empfindsamkeit.

„Klagen, nichts als Klagen!" (379) beginnt das Trauerspiel. Traurig aber sind die „Geschäffte" (ebd.) dessen, der mit so etwas zu tun hat. Das implizite reale Trauerspiel, dem der Prinz nichts abgewinnen kann, mag das der Bürger sein. Es wäre aber nur eines von deren Mängeln, keines von deren Stärken. Sie klagen Mißstände an und wollen irgend etwas, das sie nicht besitzen. Diese Bürger kommen hier nicht auf die Bühne. Die Trauer spielt sich in der Seele eines Prinzen ab, die sich am frühen Morgen zu solchen Geschäften nicht disponiert fühlt. Solch falsche Trauer erscheint bald als die einer Seele, welche ebenfalls nichts besitzt, was sie gerne besitzen würde. Wie Sara erscheint auch Emilia mit ihrem Figurenumkreis im ersten Aufzug nur indirekt. Diese indirekte Erscheinung ist aber höchst bedeutend für das Drama, weil Emilia dem Prinzen viel bedeutet. Er ist nicht schon und nur ganz ein empfindsamer Mensch, dessen Figuration den Hintergrund des

389 Als einer der ersten lobte Nicolai die semantische Identitätsverschiebung in dem Begriff der Gewalt (als Verführung und Verführbarkeit) und tadelte, daß diese nicht ein wenig verdeutlicht worden sei – etwa dadurch, daß Lessing den Prinzen habe „in einer Scene pressant seyn lassen" (Brief an Lessing vom 7.4.1772; Bd. 20. S. 157). M. Claudius übt psychologische Kritik: Jemand, dessen Bräutigam gerade erstochen worden sei, sei nicht verführbar („Wandsbecker Bothe", 1772; abgedruckt bei Steinmetz, a.a.O. S. 88 f. Siehe Anm. 385).

Dramas bildet, sondern er ist ein empfindender Prinz – und insofern eine funktionale Figur des Dramas, die vom Trauerspiel zur Exposition des Problems „Emilia" verwendet wird.

Der Prinz schlägt eine weitere Bittschrift auf: „Eine Emilia? – Aber eine Emilia Bruneschi – nicht Galotti. Nicht Emilia Galotti! – Was will sie, diese Emilia Bruneschi? (er lieset) Viel gefodert; sehr viel. – Doch sie heißt Emilia. Gewährt!" (ebd.) Für den Prinzen bedeutet dieser Name: „weg ist meine Ruhe, und alles! –" (ebd.) Der Zuschauer muß nicht lange und gespannt auf das Auftreten der Titelfigur warten. Alles Geschehen und alle Empfindungen werden zentriert und müssen beziehbar sein auf „Emilia", den Titel, der noch nichts sagte und hier als imaginierte Figur erste Bedeutung erhält.[390] Alle relevanteren Figuren werden Empfindungen realisieren, die sich in irgendeiner Weise auf dieses Subjekt beziehen, mit Ausnahme der Orsina, wie es zunächst scheint. Gerade die aber wird das Mordwerkzeug liefern, obwohl ihr Gegensatz und eine mögliche Identität zu Emilia weitaus verdeckter (als Marwoods zu Sara) funktionieren. Auf einer Ebene des Dramas wird Emilia den Platz Orsinas einnehmen. Wie das möglich sein soll, deutet sich auf der ersten Seite an. Daß sie aufgrund ihrer Empfindungen dazu in der Lage sein könnte, ist ein Erkenntnisprozeß, der sich zunächst nicht an ihr entfaltet. Sie kann nur in diese Erkenntnis, die objektiv die dramatischen Ereignisse fordern, einstimmen. Das ist nur deshalb kein ‚Bruch', weil sie implizit schon diese Empfindungsfähigkeit und Irritierbarkeit zeigt. Was Sara, sei es in der Differenz, explizieren konnte, ist bei Emilia gar nicht mehr als personales Bewußtsein oder als Differenzempfindung vorhanden. Welche Funktion könnte die langwährende Abwesenheit Emilias von der Bühne haben, in der sie doch nur wie ein Objekt beredet zu werden scheint? Man muß tatsächlich die Kongruenz der Möglichkeiten des öffentlichen, inszenierten Geschehens und des Geschehens von (Emilias) Nichtwissen, aber persönlich Wirksamem herausinterpretieren. Was bei Sara eine horizontal veranschlagte, unlösbare Aufgabe war, ist für Emilias Wortkargheit die vertikale Einheit von Geschehen und Ich, für die nur ein Sprachaugenblick nötig ist, um zu sterben.

„So gut, als gelesen!" (380), legt der Prinz den Brief der Gräfin Orsina an die Seite. Unbewußter noch als Mellefont vermittelt der Prinz damit ein Treffen zwischen Emilia und Orsina, das, allerdings ganz indirekt, mit Hilfe des Vaters stattfindet. Immerhin gelangt hierdurch der Dolch in Emilias Nähe. Dem Zuschauer geht an dieser Stelle nur eine Bedeutung des Briefs auf. Der Prinz kann von einer vergangenen Empfindung sprechen; ob er „zu lieben geglaubt" oder „wirklich geliebt" (ebd.) habe, ist ihm gleichgültig, sobald Empfindungen zur Vergangenheit gehören. Damit ist aber schon im Kern gegenwärtige und zukünftige Leidenschaft an das Problem aller Empfindung angeschlossen. Literatur verklagt die Gleichgültigkeit, da das Vergängliche zur Struktur des gegenwärtigen Sprechens gehört und Zukunft präfiguriert. Literatur, selbst ein historisches Sprechen, muß im Drama gegen die Figurenrede ein Gedächtnis des Vergänglichen und scheinbar Irrelevanten konstituieren gerade im aktuellen Gesprochenwerden.[391] Das Vergessene, selbst eigentlich tauglich zu einem Moment ständigen Mißtrauens im gegenwärtigen Selbstgefühl, entwickelt sich zu einem sich selbst leitenden Geschehen, das auf den Empfindenden zukommen wird und zukommen kann, da es dramatische Sprachfähigkeit behält oder erhält. Das hier Unterdrückte und Ungelesene taucht realiter auf, ohne daß

390 „Weil das Stück Emilia heißt, ist es darum mein Vorsatz gewesen, Emilien zu dem hervorstechendsten, oder auch nur zu einem hervorstechenden Charakter zu machen? Ganz und gar nicht. Die Alten nannten ihre Stücke wohl nach Personen, die gar nicht aufs Theater kamen." (Brief an seinen Bruder Karl vom 10.2.1772; Bd. 18. S. 18)

391 Vgl. demgegenüber und parallel dazu den Versuch, eine ‚Empfindungswissenschaft' aus Selbstbeobachtungen und als „historische Auffassung der Seele" zu etablieren, was gerade im Anschluß an Leibniz möglich sein sollte. Sauder, a.a.O. S. 109–115.

der, der seine Empfindungen für ersatzlos verschwunden hält, noch etwas davon bemerken müßte. Aber das hieraus unter anderem sich ergebende Geschehen wird ihm seinen „Ersatz" (Emilia) rauben.

Wie aus den weiteren Szenen hervorgeht, ist Emilia schon so weit in diesem expositionellen Vorgang gegenwärtig, daß ihre Verführbarkeit zumindest indirekt als Möglichkeit des Kontakts gegeben ist. Der Prinz kennt sie vom Ansehen und hat mit ihr gesprochen. Sein labiles Gleichgewicht ist ein erregendes Moment, das in I, 8 verstärkt wird. Den Rahmen des Gesprächs mit Conti bildet die Darstellung zufällig und doch eindeutig fixierten Handelns aus Empfindung. „Ein Todesurtheil wäre zu unterschreiben." (Camillo Rota; 392) Der Kammerherr verhindert die Unterschrift, weil sie mechanisch oder launisch geleistet werden würde. In I, 1 und I, 7 wird der Bittschrift entsprochen, weil eine Frau Bruneschi den Vornamen Emilia trägt (379, 391). Beliebigkeit der Objekte und Zwanghaftigkeit des Tuns entsprechen sich in ihrer Diffusität. Diese ist aber kein Mittel einfach nur zur Charakterisierung des Prinzen. Wenn Titel es nicht sagen, aber treffen sollen,[392] so verbieten sich schon hier isolierte Qualifizierungen eigenständiger Charaktere. Der Prinz tritt entschieden hinsichtlich „Emilia" auf; er ist konfus hinsichtlich seiner Taten. Es prallen keine Charaktere aufeinander. Mit dem Signal „Emilia" entsteht die Erwartung eines Ganzen, das im Titel genannt wird. Der Zuschauer realisiert zumindest zwei semantische Ebenen. Charaktere sind Situationsmomente und Funktionen des Ganzen. Hier wird auch Emilia erst ‚fertig' als Moment der Gesamthandlung; sie ist nicht schon eine so und so Erzogene, die dann eingesetzt und getestet würde. Einzelheit überhaupt ist ein dramatisches Sekundärphänomen, das bereits im Streit als einer Urform des Gesprächs überwunden ist, generell in dem stets dialogischen Sprechen des Dramas. Damit deckt der Dialog nicht mehr die Beziehung zwischen konstanten Charakteren auf, ist auch nicht mehr die Illustration des Geschehens, sondern ein kontinuierliches Spiel semantischer Wenden.[393] Der Dialog ist, anders als ein Gespräch, eigentlich ein genuines Theaterereignis, die Darstellung eines Gesprächs. Das Publikum besitzt gegenüber dem Hier und Jetzt des Sprechens grundsätzlich eine weitere semantische Orientierung.[394]

Stichomythien machen in diesem Prosadrama schon kleinste konkrete Details der Wirklichkeit aus. Das ist sogleich etwa am Dialog Conti-Prinz zu zeigen, in dem mindestens zehn Themen verhandelt werden.

Die „Seele, unsere Vernunft, wie Sie sie nennen wollen",[395] ist nicht in den Figuren, sondern der Text. Mit J.M.R. Lenz müßte man sagen, was der Prinz empfindet, „ist Gefühl, ist noch nicht Empfindung".[396] Das läßt sich freilich auf den Einfall des Verstandes übertragen. „Er verschwindet, wenn ich ihn mittheile" (S. 367), sagt der schizophrene Charakter, der im „Philotas" Prinz, Soldat und Sohn ist.[397] „Einfälle" als „Geschenke des Glückes" bringen allenfalls in den Zustand der Frage: „Was wollte ich also sagen? – " (ebd.) In diesem befindet sich oft noch Mellefont, selten dagegen der Prinz, der aber

392 Th. W. Adorno: Titel. Paraphrasen zu Lessing. In: ders.: Noten zur Literatur. Bd. 3. Frankfurt a.M. 1976. S. 7–18, 8.

393 Dazu in allgemeiner Absicht J. Mukařovský: Kapitel aus der Poetik. Frankfurt a.M. 1967. S. 153.

394 Die Einheit der Seele ist im Dialog, auch im ‚inneren Monolog', schon gespalten. Die nach Lessing wieder einsetzende Tendenz auf den Vers könnte möglicherweise als Reaktion auf die maximale semantische Variabilität ausgelegt werden. Aber zumindest jede Versgrenze ist schon wieder der mögliche Ort semantischer Wenden.

395 J. M. R. Lenz: Meynungen eines Layen den Geistlichen zugeeignet (1773). Werke und Schriften. Hg. R. Daunicht. Reinbek 1970. S. 173.

396 Ebd. „Empfindungen sind geordnetes in Verhältnis gebrachtes Gefühl" (ebd.) Doch auch zur Empfindung gehört der merkwürdige Zustand, wie er am Prinzen expliziert wird, über vergangene Vorgänge keine „Rechenschaft zu geben" (ebd.).

397 Vgl.: „Der Sohn hat dich abgefertiget, aber noch nicht der Prinz." (Bd. 2. S. 366)

immer so redet, als habe er diese Frage ungerechtfertigterweise übersprungen. Deshalb kann er wie ein Gespenst „Furcht und Entsetzen" erregen, aber nicht weil wir „Merkmale eines von Schauder und Schrecken zerrütteten Gemüths [. . .] an ihm entdecken" und „desto bereitwilliger sind [. . .], die Erscheinung, welche diese Zerrüttung in ihm verursacht, für eben das zu halten, wofür er sie hält" („Hamburgische Dramaturgie", 11. Stück. Bd. 9, S. 230. Siehe auch S. 228). Und doch ist die Ursache im doppelten Sinne: „Emilia". Dramensprache und Figurenrede finden hierin die Identität von Identität und Nichtidentität (Hegel).[398] So erst ist möglich, daß man „mit dem Gefühle sympathisiret, welches nur eine solche Gestalt erregen kann" („Laokoon", 21. Bd. 9, S. 130) – und dennoch können wir, die wir die Gestalt gar nicht haben, sondern nur besprochene und sprechende Gefühle, uns nicht mit dem Prinzen identifizieren.

Wenn hier etwa gemäß Diderots Forderung anstelle des Charakters der Stand zur Darstellung kommen sollte,[399] so doch zugleich in einem „Ausnahmezustand".[400] Der Prinz ist entgegen der späteren Wortgeschichte regierender Fürst (Prince). Der mangelnden Beschränktheit seiner absolutistischen Herrschaft hält der Umstand die Balance, daß für ihn ‚alles weg' ist. Die in seinen Empfindungen bestimmenden Zwänge werden auf dem „Lustschlosse" (409) ausgespielt, in dem der bürgerliche, doch repräsentative Ort („Saal in dem Hause Galotti" [393] in der Residenzstadt) und der höfische, geheime Handlungsort („Kabinett des Prinzen"; 379) sozusagen zu einem geheimen und doch repräsentativen Ort der Empfindungen werden. Diese Ortsverlagerung würde wahrscheinlich nicht einmal im Sinne Nicolais sein. Zunächst scheint sie nicht aus der Natürlichkeit der Darstellung[401] zu stammen, sondern aus dem Bereich der Zufälligkeit, von denen es für einen Interpreten so viele gibt, daß „gerade dieses Werk an entscheidenden Stellen dem Gesetz der kausalen Verknüpfung zu widersprechen"[402] scheint. Doch muß eine funktionale Interpretation anders als eine „Gottschedianische Kritik" das Drama nicht als „Rechenexempel" auffassen, als ob ihre „Aufgabenstellung in der Dramaturgie vorliege – zu deren Lösung man nur bis heute seltsamer Weise keine überzeugende Formel gefunden"[403] habe. Seit Schlegels Diktum von der „dramatischen Algebra" herrscht allerdings eine solche Perspektive.[404]

Doch das Lustschloß als endlicher Ort sich durchsetzender Empfindungen suggeriert eine historische ‚Tatsache', die nicht zu ‚errechnen' ist. Anders als Appiani, der zwar heiraten will und daran gehindert wird, aber eigentlich im empfindsamen Widerspruch von Verwirklichung und Reflexion, privater und absoluter Empfindung, Ausdruck und Gefühl steckenbleibt, – steht des Prinzen Subjektivität mit politischer Unterstützung in einer Spannung zur eigenen Souveränität. Seine quasi barocke Trauer über die Klagen und Ge-

398 Vgl. die bekannten Stellen in Lessings „Hamburgischer Dramaturgie": „ein Staat ist ein viel zu abstrakter Begriff für unsere Empfindungen" – „und wenn wir mit Königen Mitleiden haben, so haben wir es mit ihnen als mit Menschen" (14. Stück. Bd. 9. S. 239; vgl. dazu J. Mathes (Hg.): Die Entwicklung des bürgerlichen Dramas im 18. Jahrhundert. Tübingen 1974. S. 119–127). Vgl. weiterhin: „Galanterie und Politik läßt immer kalt" (80. Stück. Bd. 10. S. 125); ebenso zur besonderen „Staatsverfassung": „Ernst und Falk". Bd. 13. S. 364. – Aber „*blosse* Menschen" ist kein bloßer Gattungsbegriff, sondern sie ergeben als „*solche* Menschen" die Kategorie der Besonderheit (S. 356); siehe auch S. 355 ff.

399 So in Diderots Theorie des ‚genre sérieux'; teilweise abgedruckt in: G. E. Lessing: Emilia Galotti. Erläuterungen und Dokumente. Hg. J.-D. Müller. Stuttgart 1974. S. 91 ff.

400 Meyer, a.a.O. S. 298.

401 Vgl. seine „Abhandlung": „Briefwechsel", a.a.O. S. 30 f., 38.

402 E. L. Stahl: Lessing. Emilia Galotti. In: Das deutsche Drama. Vom Barock bis zur Gegenwart. Hg. B. v. Wiese. Bd. 1. Düsseldorf 1958. S. 101–112, 101.

403 Meyer, a.a.O. S. 237.

404 Siehe dagegen stellvertretend H. Mayer: Lessing, Mitwelt und Nachwelt. In: G./S. Bauer (Hgg.): Gotthold Ephraim Lessing. Darmstadt 1968. S. 260–286. (Wege der Forschung. Bd. 211.)

schäfte[405] verwandelt sich über den Wunsch, „allen helfen" (379) zu können, in das private Interesse an einem Namen. Doch dieser Index des Individuellen ist ebenso austauschbar, wie die Erledigung der Geschäfte dem Empfindsamen entzogen werden kann. Am Prinzen wird dabei aber deutlich, daß private Empfindung und allgemeine Bedeutung des Sprechens nicht mehr zu trennen sind. Beides objektiviert und individualisiert sich im herrschenden Sprechen, dessen Sprecher gleichwohl die Herrschaft (wie teilweise durch Marinelli) entzogen werden kann. Das Herrschende beherrscht den Herrscher. Er ist ebenso abhängig von seiner Laune, wie Emilia es werden könnte. Gerade da der Prinz nur empfindsam zu sein trachtet, verselbständigen sich die Zufälle. Dadurch werden sie andererseits kalkulierbar. Der Prinz wirft sich Marinelli in die Arme, nachdem er sagte: „O ein Fürst hat keinen Freund! kann keinen Freund haben!" – (389)

Allgemeine Trauer und Standhaftigkeit sind zum Durchsetzungswillen privater Empfindungen in willkürlichen Entscheidungen geworden. Die Konstellation von Tyrann und Intrigant hat während der Entwicklung der Empfindsamkeit eine neue Bedeutung erhalten. Der Prinz versucht sich zu bemitleiden und kann das, weil er sich „Eindrücken [. . .], ohne weitere Rücksicht, so ganz überlassen darf" (387). Es geht um Emilia, in deren Nähe nicht „das Ceremoniel, der Zwang, die Langeweile, und nicht selten die Dürftigkeit herrschet" (388). Er versucht sich mit Appiani zu vergleichen und verzichtet auf die „närrische" (387) Orsina. „Unschuld und Schönheit" (ebd.) sind als Emilias „Auge" und „Mund" (385) seine Objekte geworden. So kann er, der wegen scheinbar mit Appianis Ansprüchen vergleichbarer Empfindungen die Heirat vereiteln möchte, keinen Widerspruch zu Marinelli realisieren.

> Marinelli. [. . .] Waaren, die man aus der ersten Hand nicht haben kann, kauft man aus der zweyten: – und solche Waaren nicht selten aus der zweyten um so viel wohlfeiler.
> Der Prinz. Ernsthaft, Marinelli, ernsthaft, oder –
> Marinelli. Freylich, auch um so viel schlechter –
> Der Prinz. Sie werden unverschämt! (390)

Aus dem barocken Kosmos der hinfälligen Dinge scheint im Durchgang durch Empfindsamkeit eine totalitäre und liberale Welt der Waren geworden zu sein, in die integriert zu werden, sich private Empfindungen nur ohnmächtig mit dem Vorwurf der Unverschämtheit wehren können. Empfindungen können wie Waren behandelt werden. Dem Erfolg solcher Behandlung hat auch der Prinz nur belanglose Profilierungen seines Gemüts entgegenzusetzen. Erfolgsmöglichkeiten zersetzen die unter Bestätigungszwang stehenden Empfindungen, indem sie diesen die Objekte zusichern. So überläßt sich die Empfindung jetzt nicht mehr der Rationalität der Vernunft, sondern der subjektivistischen des Erfolgs: „denken Sie für mich" (ebd.), wird Marinelli, der ja nur dazu da ist, vom Prinzen angewiesen, als könne er danach noch den unberührten „Liebreiz" berühren, ohne ihn zu „besitzen" (385). Das Verlangte ist als „Waare" bereits zerstört. Die Logik Marinellis steigert durch Ignoranz den Widerspruch zwischen der Empfindung und dem zu Empfindenden, was dem Prinzen immerhin noch „unverschämt" (390) erscheint. So ist am Anfang klar, daß der Erfolg das Ende bedeutet. Auch die Marinellische Vernunft steht in dem Widerspruch, daß sie – gewitzigt – ihr Ziel nicht erreichen dürfte, um als Mittel eine Existenzberechtigung zu behalten. Marinelli tröstet sich: „Da sind tausend Dinge, auf die sich weiter fußen läßt." (414) Er tröstet sich, historisch gesehen, wohl zurecht, allerdings nicht, falls der Tod eine Bedeutung haben sollte. Die vermittelt das Trauerspiel. Dessen Sprache zeigt den Schrecken eines Sprechens, in dem Namen und Worte nur mehr kalkulierbare Bedeutung haben. Zur Voraussetzung der Kalkulierbarkeit von Bedeutungen und der Manipulierbarkeit von Menschen gehört die Auffassung von der Sprache als bloßem

405 Als „Paradigma des Melancholischen". Benjamin, a.a.O. S. 154.

Verkehr mit Zeichen. Die eine Seite dieser Auffassung zeigt der Prinz („Doch sie heißt Emilia“; 379). Die Bedeutung, das untauschbare Individuum, ist derart an den bloßen Namen delegiert, daß daraus eine chaotische Magie des Handelns entsteht. Doch auch Marinelli entgleitet die Intrige, weil er die Bedeutungsqualität von Namen nicht erkennt und sie wie bloße Bezeichnungen verwendet. Damit löst er Erkenntnisse aus, die er nicht mehr kontrollieren kann.[406]

Ebenfalls „das Ende vom Liede“ (411) Marinellischer Logik ist immer dann markiert, wenn der Prinz anders wird, das heißt die Sprache des Empfindsamen zu sprechen versucht. Marinelli muß ihn dann an den gemeinsamen Zweck erinnern.

> Marinelli. [. . .] Und vergessen Sie denn das Vornehmste?
> Der Prinz. Was kann ich vergessen, woran ich sicher noch nicht gedacht habe? – Das Vornehmste? was ist das?
> Marinelli. Die Kunst zu gefallen, zu überreden, – die einem Prinzen, welcher liebt, nie fehlet.
> Der Prinz. Nie fehlet? Außer, wo er sie gerade am nöthigsten brauchte. – Ich habe von dieser Kunst schon heut' einen zu schlechten Versuch gemacht. Mit allen Schmeicheleyen und Betheuerungen konnt' ich ihr auch nicht ein Wort auspressen. Stumm und niedergeschlagen und zitternd stand sie da; wie eine Verbrecherinn, die ihr Todesurtheil höret. Ihre Angst steckte mich an, ich zitterte mit, und schloß mit einer Bitte um Vergebung. Kaum getrau' ich mir, sie wieder anzureden. – (414 f.)

Deutlicher als im „Rätsel“ Mellefont, wenn auch irritierend, ist das Verhältnis von Empfindung und Bedürfnisbefriedigung hier gesellschaftspolitisch kritisiert als ein Pakt zwischen rhetorischem Sprechen und persönlicher Empfindung, das heißt als ein Pakt zwischen zwei Figuren, die angeblich dasselbe wollen. Irritiert wird dieses implizite Verhältnis zwischen Mitfühlen und Herrschaft, da die in Marinelli inkorporierte ‚Industrie‘ nur noch des gemeinsamen Zwecks gedenkt, der ihrer Beschäftigung dient und sie an die Stelle der Bedürftigen versetzt, so daß diese noch gar nicht an das gedacht haben, was ihnen schon geliefert werden soll. Doch Marinelli ist kein System, sondern eine Figur in ihrer Funktion. Diese ist noch gefährdet von Identitätswünschen: „Ah, mein Prinz, so bald Sie wieder Sie sind, bin ich mit meiner ganzen Seele wieder der Ihrige! – “ (425) Marinelli kann den Halbsatz „ein Prinz, welcher liebt“ nicht ganz verstehen. Der Prinz kann Marinelli nicht mehr ganz verstehen, wenn dieser ihn auf eine gemeinsame, sozusagen ihrer beider konventionelle Eindeutigkeit verpflichten will. Indem er hierfür die Mittel zweckrationalen Handelns bereitstellt, erzeugt er Zweck, Ziel und Objekt. Die in der Liebe empfundene eigentümliche Subjektivität wird, sobald sie ihre Wünsche als erfüllbare weitergibt, selbst zu einem verfügbaren Objekt wie die Geliebte, der im Modus des Erreichbaren gar kein Empfindungssubjekt mehr entspricht. Einerseits spürt der Prinz das: „Schmeicheln Sie mir nicht mit einer Gewalt, von der ich hier keinen Gebrauch absehe. –“ (390) Andererseits erkennt er nicht, was er sagt, wenn er in seinem Bericht an Marinelli bedauert: „Ich hätte sie nur gleich mitnehmen dürfen.“ (411) So entwickelt das Drama eine „Dialektik der Aufklärung“[407] sowohl in der Entfaltung Marinellischer Rationalität als auch in der privaten Totalität des Fühlens beim Prinzen.

> Marinelli. [. . .] Wollen Sie alles genehmigen, was ich thue?
> Der Prinz. Alles, Marinelli, alles, was diesen Streich abwenden kann. (390)

406 Siehe I, 5; III, 4, 8; IV, 5.

407 Adorno / Horkheimer personifizieren die Aufklärung einmal als „Diktator“, der die Menschen kennt, „insofern er sie manipulieren kann“: Th. W. A. / M. H.: Dialektik der Aufklärung. Frankfurt a.M. 1971. S. 12.

Will der Prinz noch negativ in den Begrenzungen von „alles seine Subjektivität anmelden, so ist die Logik, der sich diese überantwortet, nicht nur eine unbestimmte Tautologie („Herr ist Herr"; Marinelli; 407), sondern der Höhepunkt von Subjektivität, auf dem sie sich selbst zerstört. Hierin liegt eine neue Bedeutung von Rationalität, nicht nur die Kritik eines klassengebundenen Rechtsraums für herrschaftliche Handlungen.[408]

Wichtiger als der Gegensatz von Rationalismus und Empfindsamkeit ist die Assimilierbarkeit und Überführbarkeit beider ineinander geworden. Vor der Erfüllung seiner Wünsche kann sich niemand mehr retten. Vielleicht gilt das auch für Emilia. Die Empfindung findet keinen Ausdruck, weil er ihr immer schon abgenommen wird. Instrumentelle Vernunft, mittlerweile ebenso reale Selbstverständlichkeit wie ein Topos der Ideologiekritik, realisiert sich auf äußerst perfide Weise in den Belangen der Empfindung. Die Aufklärung vollzieht in einem ihrer bedeutendsten Texte eine Rationalität, in der Lebensbedrohung als *Sprachdefizit* der Erfolgsbedingungen sichtbar wird. Aufklärung, wie Adorno und Horkheimer sie, aber auf andere Weise auch Lukács beschrieben, ist von dieser selbst in ihren literarischen Texten ad absurdum geführt. Komplement ist nicht einfach die Dialektik des Gefühls, worauf man, wie gesagt, nunmehr zu achten beginnt. Dieses beugt sich der Dialektik der ratio, schon wenn der Prinz die Konsequenzen seiner Empfindungen nicht versteht, weil er keinen positiven Unterschied von Empfindungen und Kalkül eingesteht. Er hat nur die Frage „Was ist das?" (411, 414, 449) übrig, die seine Handlungsmöglichkeiten nicht beschränkt, was wiederum literarisch bedeutend ist. Was der Prinz nicht unternimmt, tut Marinelli in seinem Namen. Die Empfindsamkeit des Prinzen kann dramatisch funktionalisiert werden. Sie wird im Pakt mit dem Intriganten zum Mittel einer dargestellten Ambivalenz; nichts getan zu haben, ist der Ausgangspunkt in des Prinzen Reflexion, die alles zu tun erlaubt, was „möglich" ist: „Wenn Sie das zu machen wüßten: so würden Sie nicht erst lange davon schwatzen." (411) Daß man das Mögliche ohnehin tut, vom Unmöglichen jedoch nur redet, ist aber eine kategoriale Unterscheidung, die gerade für den Täter Marinelli nicht zutrifft.

> Marinelli. Kurz: wovon ich gesprochen, geschieht.
> Der Prinz. Ist es möglich? (411)

Natürlich, wenn die Mittel herrschen. Marinellis funktionelle Eigenart liegt darin, die „schwindelnde Tiefe dieser Antithetik"[409] in dem einen Prinzip der Aufklärung vereinigt zu haben. Das Ich, welches in dem Begriff der Souveränität mitgesetzt ist – und an die Grenzen seiner Möglichkeiten gelangt, ist nur noch wehleidig: „Weh mir!" (450)

„Nur zweifeln Sie keinen Augenblick an der unumschränktesten Gewalt, die Sie über mich haben" (417), läßt der Souverän die Kehrseite des Subjekts als Empfindsamkeit erkennen und bleibt „dennoch fest in sich selber", wie Hegel die „Intensität und Tiefe der Subjektivität" charakterisiert; „je unendlicher und ungeheurer die Umstände auseinandergezogen"[410] sein mögen – innerhalb der Subjektivität zwischen Marinelli und Prinz oder

408 Gesellschaftskritik ist also vermittelter in der Sprachkritik einer rationalistisch kalkulierbaren Empfindsamkeit. Doch scheitert der Prinz daran, nicht primär an seiner feudalen Gebundenheit. Handlung ist nicht simpel und „noch einmal im traditionellen und kontextuellen Sinne der Empfindung und moralischen Integrität entgegengesetzt" (J. Schulte-Sasse: Literarische Struktur und historisch-sozialer Kontext. Zum Beispiel Lessings „Emilia Galotti". Paderborn 1975. S. 65; vgl. P. M. Lützeler: Die marxistische Lessing-Rezeption. Darstellung und Kritik am Beispiel der „Emilia Galotti"-Interpretation in der DDR. In: Lessing-Yearbock 8 [1976]. S. 42–60).

409 Benjamin (a.a.O. S. 98) meint hier „den Intriganten als den bösen Geist ihres Despoten und den treuen Diener als den Leidensgenossen der gekrönten Unschuld" in bezug auf den barocken „Geist", der das „Vermögen, Diktatur auszuüben", ist.

410 Hegel, Ästhetik, a.a.O. S. 234.

innerhalb eines Figurensubjekts zwischen Empfindung und der Art des Wollens – , desto unwahrer ist das Sprechen des Ich, Marinellis „Weh" oder hier des Prinzen „Gewalt"-Übergabe, solange der Angesprochene (in) „sprachloser Bestürzung" (ebd.) ausgeliefert ist. Zugleich zeigt die Konfusität des herrschenden Ich wahre Momente. Sobald es die eigenen Empfindungen bemerkt, die nicht problemlos beherrscht und zur Herrschaft gebracht werden können, ist es schon „von Sinnen" (390); „ich zitterte" (415) – auch bei der zweiten Begegnung mit Emilia. Doch liegt jetzt ebensowenig die Wahrheit bei einer (anderen) Figur; sie erscheint in den Figurenbeziehungen als das Nichtbegriffene. Für Emilia ist das empfindsame Handeln des Prinzen der Einbruch des Lasters (siehe 399) in von „Andacht" (ebd.) geschützte Innenräume, und das heißt, die Existenz der Außenwelt überhaupt ist das Laster. Wenn die Kirche als Symbol geheiligter Innenwelt funktionieren kann, so ist als Welt die Außenwelt in toto zu nennen, auch wenn das Tugend-Laster-Schema Odoardos hier noch den idyllischen Gegensatz von Stadt und Land suggerieren sollte.

Nur unter Veranschlagung einer Funktionalität totaler Nichtidentitäten innerhalb der gesichert erscheinenden Identitäten von Welt und Subjektivität, kann Emilia das dramaturgische Gesamtsubjekt genannt werden. Als Figur tritt sie ja nur im zweiten bis zur Mitte des dritten Aufzugs und am Ende des Dramas auf. Aber ihre Gegenwart beherrscht die Szenen von Anfang an. Um sie wird „gekämpft". Doch im Rücken dieses Geschehens entwickelt sie sich auch als Figur vom Objekt der Empfindungen zum Subjekt, welches die Nichtidentitäten in eigener Empfindung annimmt. So wird Welt zum Problem des Subjekts und das Subjekt zum Problem des ganzen Lebens.

Die Figur Emilia konstituiert sich nicht aus permanenten Selbstreflexionen (Sara), sondern aus dem Gesamtzusammenhang. Kommerell hat die Funktionalität des Sprechens das „Hauptsächliche aller Lessingschen Kunst"[411] genannt: „jeder Teil erfüllt eine Funktion; jeder Teil erfüllt diese Funktion verdeckt; ein Teil erfüllt, so häufig es angeht, mehrere Funktionen zugleich".[412] So entsteht zum Beispiel bei Nennung des Namens ein funktionaler Zusammenhang. Der ungelesene Brief, ein in der Kirche belauschtes Gespräch, des Prinzen Fahrt zum Lustschloß, der mangelhaft kontrollierte Angriff auf die Hochzeitskutsche bilden einen solchen Zusammenhang. Der in einem Moment sich fügende Zusammenhang gibt intentional Sinn frei, als Marinelli Orsina den Namen nennt: „Es ist Emilia Galotti." (430) Im Schock Orsinas zeigt sich die nicht mehr zufällige Einheit der Zufälle. Die Intrige, die scheitert und durchschaut wird, wurde, ausgehend von dem Namen „Emilia" (379, 388) wie von einem Reiz, geplant. Voraussetzung dabei ist, daß der Prinz die Identität dieses Namens leugnet, das heißt die Einsicht, daß „eben die" (388) Emilia auch jene ist, die ein anderer liebt und heiraten soll. Damit beginnt die Handlung. Handlung aber ist von Anfang an falsch, da sie vom Willen zu semantischen Verleugnungen inszeniert wird. Man ist außer sich oder sagt immer nur dasselbe.

> Marinelli. Es ist eine gewisse Emilia Galotti.
> Der Prinz. Wie, Marinelli, eine gewisse –
> Marinelli. Emilia Galotti.
> Der Prinz. Emilia Galotti? – Nimmermehr!
> Marinelli. Zuverlässig, gnädiger Herr.
> Der Prinz. Nein, sag ich; das ist nicht, das kann nicht seyn. – Sie irren sich in dem Namen. – Das Geschlecht der Galotti ist groß. – Eine Galotti kann es seyn: aber nicht Emilia Galotti; nicht Emilia!
> Marinelli. Emilia – Emilia Galotti!
> Der Prinz. So giebt es noch eine, die beide Namen führt. – Sie sagten ohnedem, eine gewisse Emilia Galotti – eine gewisse. Von der rechten könnte nur ein Narr so sprechen –

411 A.a.O. S. 25.
412 A.a.O. S. 27.

Marinelli. Sie sind außer sich, gnädiger Herr. – Kennen Sie denn diese Emilia?
Der Prinz. Ich habe zu fragen, Marinelli, nicht Er. – Emilia Galotti? Die Tochter des Obersten Galotti, bey Sabionetta?
Marinelli. Eben die.
Der Prinz. Die hier in Guastalla mit ihrer Mutter wohnet?
Marinelli. Eben die.
Der Prinz. Unfern der Kirche Allerheiligen?
Marinelli. Eben die.
Der Prinz. Mit einem Worte – (indem er nach dem Porträtte springt und es dem Marinelli in die Hand giebt) Da! – Diese? Diese Emilia Galotti? – Sprich dein verdammtes „Eben die" noch einmal, und stoß mir den Dolch ins Herz!
Marinelli. Eben die.
Der Prinz. Henker! – Diese? – Diese Emilia Galotti wird heute – –
Marinelli. Gräfinn Appiani! – [. . .]
Der Prinz. (der sich voll Verzweiflung in einen Stuhl wirft) So bin ich verloren! – So will ich nicht leben!
Marinelli. Aber was ist Ihnen, gnädiger Herr?
Der Prinz. (der gegen ihn wieder aufspringt) Verräther! – was mir ist? – Nun ja ich liebe sie [. . .] (388 f.)

Identität des Namens heißt aber, sowohl auf die Figur wie auf den Dramentext bezogen, Vielfalt von Bedeutungen. Diese entziehen sich auch Marinelli, und deshalb mißlingt sein Unternehmen, obwohl er mit den Empfindungen des Prinzen dahingehend abgestimmt ist, daß er die „Waare" (390) beschaffen soll. Beider Identifizierung von Emilia läßt sich als Verdinglichung erkennen; übrigens auch in der Conti-Szene: Über den Namen wird wie über einzelne Merkmale gesprochen, sodann über das Bild, das der Prinz „gern bey der Hand" (385) hätte. Das Drama erzeugt gegenläufig zu diesen Identifizierungen die Identität Emilias als Bedeutungsfülle, welche nicht mehr kalkulierbar ist. Zu dieser Bedeutungsfülle konnte auch Goethe das „Warum"[413] nicht angeben. Da sie das ganze Trauerspiel ausmacht, sagt er es literarisch, indem er sie zitiert. Aufgeschlagen liegt „Emilia Galotti" auf dem Tisch des toten empfindsamen Werther als Gedächtnis seines letzten Denkens, das ihn vielleicht unbegriffenerweise überleben soll.

c. Befremdende Vermittlungen zwischen Kunst, Realität, Empfindung

(Retardierte Handlung? – Wahrnehmung als Variable von Empfindung – Platonisches und Plotinisches – wechselnde Positionen – Besitz als Verlust – privates Wissen mit Öffentlichkeitsanspruch – Empfindung und Interesse – Anschauung und Sprechen – Übergriffe in Kunst und Leben – Erwartung semantischer Wenden, nicht einer Person)

Die Kunst ist ein geläufiges Thema der Kunst. Portraits und Bildnisse werden als die andere Kunst besonders gerne in der Literatur besprochen.[414] Vom Prinzen sagt Schulte-Sasse in bezug auf den ersten Aufzug, er sei ein „retardierendes Element".[415] Das kann man nur verstehen, wenn man seine Voraussetzung akzeptiert, „hinter der dramaturgischen Opposition von Intrige und Empfindung" müsse man „politische Konstellationen und Strategien vermuten".[416] Nun kann man hinter der Dramaturgie tatsächlich nur etwas

413 Vgl. Goethes Brief an Herder (siehe Anm. 376). Vgl. I. Graham: Geist ohne Medium. Zu Lessings „Emilia Galotti". In: Bauer, a.a.O. S. 362–375.
414 Siehe B. Laroche: Das Bildnis und die Bildnisbegegnung. Untersuchungen zur Struktur und Entwicklung eines Motivs in der deutschen Literatur des 16.–19. Jahrhunderts. Münster Diss. 1976. Bes. S. 134–143. – Zur Conti-Szene vgl. insbes. Graham, a.a.O.
415 Schulte-Sasse, Literarische Struktur, a.a.O. S. 57.
416 Ebd.

vermuten, allerdings weder eine Textintention noch den Autorwillen. Über Opposition und Identität empfindsamen und intriganten Verhaltens haben wir schon gesprochen. Darin und in dem durch Figuren dargestellten Bewußtsein realisieren sich auch „politische Konstellationen". Wie am Beispiel der Namensdebatten gezeigt, ist das „retardierende Element" zugleich der Handlungsauslöser; ohne die Empfindsamkeit des Prinzen keine Dramenhandlung. Die Weise der Wirklichkeitskonstitution in der Perspektive des Prinzen wird auch in dem Gespräch über die Kunst entfaltet. Die reißerischen publikumswirksamen Dualismen von ‚Kabale und Liebe' (Iffland), „Handlung und Empfindung" machen nicht die ganze „innerliterarische Konstellation"[417] aus.

„Herz" und „Stirne" (383), die der Prinz mit einer Geste trennt, haben ihren Zusammenhang in ihm und in dieser Geste. Natürlich ist „das ‚Herz' zum moralischen Normbegriff der Zeit" geworden, aber die „politisch-emanzipatorischen Strategien hinter dieser ‚Herzensideologie'[418] gibt es nicht, sie befinden sich denn darinnen.[419] Sozialgeschichte, wie sie der eben genannte Autor zu intendieren scheint, kann im Drama studiert werden, wenn man davon ausgeht, daß sie von Menschen gemacht wird und daß die Figuren Darstellungen von Menschen sind, deren Wesentliches in ihrem Sprechen erscheint. Die Weise, wie etwas wirklich wird, also die Vermittlung, ist an Kunst zu studieren. Hier können wir an der Literatur studieren, wie in einem Dialog über Kunst stets mit wechselnden Positionen eine Wirklichkeitsbetrachtung erscheint, die generativ für das wirkliche (dargestellte) Geschehen im ganzen Drama ist.

Das Werk der Kunst als Produkt der Phantasie und Wirklichkeit, des Verstandes und des Gefühls wird diskutiert, das für die Konstitution des Bürgers entscheidende Verhältnis von Privatheit und Öffentlichkeit zu einer Zeit, in der sich der Bürger gerichtlich durchsetzen kann („Sabionetta"). Themen der Empfindsamkeit erstrecken sich auch hier auf den Prinzen, im Sinne der Tradition ein Fürst als Kunstliebhaber und Mäzen. Empfindung wird als Problem des Erkennens und Wiedererkennens besprochen. Die Beziehungen zwischen Vernunft/Natur, Empfindung/Natur und Idee/Ideal werden in einem Zwiespalt des Denkens dargestellt. Der historische, handlungsirritierende (politische und/oder moralische) Stand von Rationalismus und Empfindsamkeit (während einer absolutistischen Staatsphilosophie, die Moral und Politik trennt; vgl. 386) wird nicht begrifflich geklärt, sondern im Empfinden eines Einzelnen dargestellt. Damit wird nicht ein Allgemeines, so als existierte es an sich, bearbeitet, sondern Privates erhält konkret geschichtliche Bedeutung. Der Prinz will ein weiteres Bild Contis „lieber gar nicht sehen. Denn dem Ideal hier, (mit dem Finger auf die Stirne) – oder vielmehr hier, (mit dem Finger auf das Herz) kömmt es doch nicht bey. – " (383)

Der Körper ist Metapher. Die in der Geste bestimmten Orte können ja eigentlich keine lokalen Größen für Ideale sein. Die sinnliche Metapher, zu der die Geste gehört,[420] ist immer schon unbestimmbarer Übergang zwischen dem konkret-allgemein empfindbaren corpus und der allgemeinen Geschichte, deren Sprache die Körper und Gesten konstituiert. Das geschieht in einem Akt. Das Problem sitzt fest. Es ist nicht zu bestimmen oder zu lösen. Die Unbestimmtheit ist nicht mit Vagheit zu verwechseln. Die deiktische, in der

417 A.a.O. S. 56.

418 A.a.O. S. 55. Vgl. W. Schaer: Die Gesellschaft im deutschen bürgerlichen Drama des 18. Jahrhunderts. Grundlagen und Bedrohung im Spiegel der dramatischen Literatur. Bonn 1963.

419 Bei weitem zu schematisch fällt die Unterscheidung zwischen der bürgerlichen Auffassung vom politischen Gehalt des Dramas und beispielsweise dem Verständnis P. Rillas aus: Schulte-Sasse, a.a.O. S. 54 (mit Literaturangaben).

420 Vgl. „Hamb. Dramat.": zum „individualisierenden Gestus", der „bey moralischen Stellen" immer „bedeutend seyn" muß, „das Symbolische der Moral wiederum auf das Anschauende zurückzubringen hat" (4. Stück. Bd. 9. S. 198 f.).

Geste dann vollends realisierte Sprache ist ja konkretes Geschehen, das Geschehen von körperlichen Bedeutungen, die primär literaturhistorisch vermittelt sind („Herz").[421]

Die Kunst solle in dem „kleinen Gebiethe" des Prinzen „gewiß nicht" „nach Brodt" (380) gehen, sagt er dem ‚zufällig' zu diesem Zeitpunkt eintreffenden Maler, der ein Portrait der Gräfin Orsina bringt und ein anderes, „weil es gesehen zu werden verdient" (ebd.). Schon hier ist der Zufall wieder funktionalisiert; er hebt gegen die Interessen der Figuren die Eigenbedeutung Emilias hervor, die in ihrer Schönheit, jedenfalls soweit sie Kunst (Bild) ist, liegt.

„Ihr Bild, ist sie doch nicht selber" (381), monologisiert der Prinz. Zum Bild der Emilia wird er sagen: „wie aus dem Spiegel gestohlen" (383). Die Empfindung entscheidet über das Verhältnis von Abbild (Kunst) und Bild (Wirklichkeit) bis zur Verwechslung beider, obwohl und weil beide mit den nämlichen Augen beurteilt werden. Aber die Sinne sind nicht die Grundlagen, auf denen sich unser Weltverständnis aufbaut; es sind die Empfindungen. „Und vielleicht find' ich in dem Bilde wieder, was ich in der Person nicht mehr erblicke. – Ich will es aber nicht wiederfinden. – " (381) Weder geschieht diese Rezeption so, wie Kant sie für den schönen Gegenstand als einzig angemessene bestimmte, noch können Bedeutungsinnovationen gegen die Empfindung Geschichte machen.

Conti spricht nun von den „Schranken unserer Kunst" (ebd.),[422] damit von den zwei Schönheiten der Natur und der Kunst. Der Prinz lobt die Kunst des Bildes *und* beharrt auf dem Grundsatz strenger Abbildung: „unendlich geschmeichelt" (ebd.). „Die Kunst muß malen, wie sich die plastische Natur, – wenn es eine giebt – das Bild dachte" (ebd.). Eine vage Verbindung von Shaftesbury („plastic nature") und platonischer Vorstellung der in der Materie wirkenden Formidee. Ohngeachtet dieses Ansatzes urteilt der Prinz nun vom „Original" (282) her, über das er Conti ausfragt, um sich in seiner Meinung zu bestärken. Nur so, ist wiederum anzunehmen, erscheint Realität – als die Empfindung (von jemandem), welche die Sinne steuert.

> Conti. (etwas ärgerlich) Ah, mein Prinz, – wir Maler rechnen darauf, daß das fertige Bild den Liebhaber noch eben so warm findet, als warm er es bestellte. Wir malen mit Augen der Liebe: und Augen der Liebe müßten uns auch nur beurtheilen. (ebd.)

Nun beruft sich Conti auf die Parteilichkeit der Kunst als Interesse an der Existenz des Gegenstandes, da er um seinen Auftrag fürchtet. Die Empfindungen werden nicht differenziert. Das wäre unter anderem auch nötig, um den Dualismus von Herz und Stirn zu überwinden. Der Prinz realisiert ihn jetzt in einer Geste (siebe oben). Das Ideal sei in der Empfindung schon realisiert, das heißt auch als „Gegenstand" (383). Conti, der „das Bild umwendet" (ebd.), führt eine weitere semantische Wende herbei. Der Prinz erzählt von seiner Bekanntschaft mit der Familie, als solle dadurch die Außerordentlichkeit seines Ausrufs eingeebnet werden: „Ihr Werk, Conti? oder das Werk meiner Phantasie? – Emilia Galotti!" (ebd.) Dann wieder: „Bey Gott! wie aus dem Spiegel gestohlen!" (ebd.) Conti geht auf die hier scheinbar beanspruchte Unmittelbarkeit des Werks als objektiven Ausdrucks des Gegenstandes in aller Bescheidenheit ein. Aber der Prinz spielt auf die Verwechselbarkeit von Wirklichkeit und Kunst an, indem er sich auf sein Empfinden bezieht, das ja gerade noch für Einbildungskraft gehalten werden konnte. Der Eindruck der Unmittelbarkeit ist also eine höchst phantasievolle Empfindung.[423] Die Konstitutionsleistung

421 Vgl. aber Schulte-Sasse, a.a.O. S. 55.

422 Vgl. das 70. Stück der „Hamb. Dramat." (Bd. 10).

423 Neben Platner (a.a.O.) siehe auch K. H. Heydenreich: System der Ästhetik. Bd. 1. Leipzig 1790; zit. Doktor / Sauder, Empfindsamkeit, a.a.O. S. 101. Siehe dagegen zur aufkommenden Ambivalenz des Begriffs „Sensation" J. H. Campe: Wörterbuch zur Erklärung und Verdeutschung der unserer Sprache aufgedrungenen fremden Ausdrücke. Braunschweig 1813. S. 552 f. (Nachdruck Hildesheim/New York 1970.)

der Empfindung berechnet der Prinz nicht, er will nur allgemeine Bestätigung der Spiegelungen seiner privaten Seele: „Also, Conti, rechnen Sie doch wirklich Emilia Galotti mit zu den vorzüglichsten Schönheiten unserer Stadt?" (384) Der Maler überbietet ihn noch, spricht damit aber selbst als Privatmann. Der Bestätigung privater Empfindungen soll dann aber wieder die allgemeine Besonderheit durch die eigentliche Empfindung des Künstlers verliehen werden. „Eigentlich weiß doch nur allein ein Maler von der Schönheit zu urtheilen." (ebd.) Das sagt der Prinz, um Emilia nicht nur begehrenswert zu machen, sondern interessierten Empfindungen die allgemeine Sicherheit in ihrer Gegenständlichkeit zu verschaffen. Diese Zeiten aber sind vorbei,[424] und der Ersatz der Objektivation durch Intersubjektivität wird in erzwungenen, zufälligen, kollektiven Empfindungen gesucht. Zuvor hatte der Maler gerade auf den Verlust zwischen Empfindung und Herstellung eines adäquaten Gegenstands als Artefakt aufmerksam gemacht, in sozusagen plotinischer Übertreibung des Platonismus: „Ha! daß wir nicht unmittelbar mit den Augen malen! Auf dem langen Wege, aus dem Auge durch den Arm in den Pinsel, wie viel geht da verloren! – " (383)[425] Und er zitiert die Idee vom großen Maler „ohne Hände" (383 f.), die meines Wissens bis zu Valéry eine Rolle spielt. Der Prinz hört bei dieser „Plauderey" (384), wie der Künstler entschuldigend sagt, nicht recht zu. Ihm geht es um die Identität von Vorstellung und Gegenstand, die auch noch *allgemein* sein soll, damit er *seine* besonderen Vorzüge in einem möglichen Besitz empfinden kann. Der Maler macht pessimistisch oder in koketter Bescheidenheit auf das Defizit der Darstellungen gegenüber dem Sein aufmerksam; der Liebhaber auf das Gegenteil, solange es ihm mögliches Sein bestätigt und favorisiert. „Lieber Conti, – (die Augen wieder auf das Bild gerichtet) wie darf unser einer seinen Augen trauen?" (ebd.) Aus seiner Versunkenheit, in der Vision und Wahrnehmung verwechselbar sind, erwacht der Prinz erst, als es um den Kauf des Bildes geht, das er sich mit so überschwenglichen Angeboten sichert, daß Conti, der den Prinzen ja in allen Belangen wirklichen Empfindens unterstützte, nun doch um seine Anerkennung besorgt ist: „Sollte ich doch nun bald fürchten, Prinz, daß Sie so, noch etwas anders belohnen wollen, als die Kunst." (385)[426]

Kunst versicherte den Prinzen der Idee eines scheinbar naturhaften Gegenstandes, den er nun in der Wirklichkeit verfolgen kann. Die Darstellung des Wirklichen als dessen Intention im Portrait ist um die vermittelnde Differenz gebracht. In bezug auf wirkliche Empfindungen sind Einbildung und Realität nicht kategorial zu trennen. Es tauchen in der Figurenrede durchaus und positionell oft verschoben Momente auf, in denen das Empfinden, ja das Wahrnehmen im besonderen Bezug auf das aufklärerische Paradigma des Auges (bis zu Goethe), als Kunst aufgefaßt wird. Aufgrund solchen Verhaltens, mit dem die beiden sich über mögliche Irritationen hinwegreden, um Empfindung und Empfundenes in der Sphäre ungetrübter Intersubjektivität als Gleiches festzuhalten,[427] – kommt der

424 Natur hat fast nur noch im Sinne der curiositas Vorbildcharakter, über den die Leute sich erst verständigen müssen. Der Prinz bevorzugt, anders als Gottsched, bereits den Künstler als opinion leader, d.h. als Stellvertreter der eigenen Person.

425 Siehe dazu auch Graham, a.a.O.

426 Der Prinz meinte, nur die Kunst zu loben und darüber den Künstler zu vergessen (382 f.); siehe dazu „Hamb. Dramat.", 36. Stück. Bd. 9.

427 Nach Lessing (zu Horaz) gilt doch für den Künstler: „Er muß die Empfindungen, die er erregen will, in sich selbst zu haben scheinen; er muß scheinen aus der Erfahrung und nicht aus der blossen Einbildungskraft zu sprechen." („Rettungen des Horaz". Bd. 5. S. 283) Zum Dichter, dessen Arbeit mit der des „schmeichelnden Pinsels" beschrieben wird: „Noch weit schwerer, oder vielmehr gar unmöglich ist es, aus seinen Gedichten seine Meinungen zu schliessen, sie mögen nun die Religion oder Weltweisheit betreffen; es müßte denn seyn, daß er die einen oder die andern, in eigentlichen Lehrgedichten ausdrücklich hätte entdecken wollen." (S. 298) Da hat es der Prinz gut, daß er mit dem Künstler sprechen darf, denn es ist weit einfacher, sich mit dessen Meinungen als mit dessen Werken auseinanderzusetzen. Dieses ist meistens nicht so kommunikationsfreundlich.

Maler zu Geld und der ‚Kapitalist' um Emilia und die Einsicht in sein Empfinden. Er kommt auch um die Einsicht in das Scheitern seines Empfindens, wenn er glaubt, es läge an den schlechten Hilfskräften (V, 8) und daran, daß er selbst Mensch gewesen sei.

Der Prinz ist fähig, Schönheit zu empfinden, aber er ist unfähig, sie nicht besitzen zu wollen: „(gegen das Bild) Dich hab' ich für jeden Preis noch zu wohlfeil. – Ah! schönes Werk der Kunst, ist es wahr, daß ich dich besitze? – Wer dich doch besäße, schönres Meisterstück der Natur! – Was Sie dafür wollen, ehrliche Mutter! Was du willst, alter Murrkopf! Fodre nur! Fodert nur! – Am liebsten kauft' ich dich, Zauberinn, von dir selbst! – Dieses Auge [. . .] " (ebd.) Dramatisch präzise nach diesem Monolog erscheint zufällig jetzt und doch auf Befehl des Prinzen Marinelli. Er wird ebenfalls die wohlfeile Sprache sprechen, dafür aber vom Prinzen getadelt werden. Es ist hier ja nicht nur das Besitzdenken aus Empfindung kritisiert, sondern weitergehend die daraus entstehende zauberhafte Aura der Unkäuflichkeit, die wiederum nur wie ein besonders hoher Preis verstanden werden kann. Ob von Kunst oder Geld gesprochen wird, das Trauerspiel läßt den Prinzen aus „poetischer Gerechtigkeit"[428] allein, weil er die äußerste Vermitteltheit (seine Mittel reichen vom Portrait bis zu Marinelli) seiner Empfindungen, aufgrund derer er ja nur Schönheit sehen kann, als Unmittelbarkeit versteht.

Die aber führt zu Gewalt. Es ist also weder die Ehrlichkeit des Empfindsamen zu bezweifeln, noch die Falschheit eines durch Kaufkraft vermittelten Ästhetizismus zu geißeln, noch unmittelbar Besitzstreben aus der Welt zu verbannen, um die Ursachen für Trauerspiele zu eliminieren. Gewalt – mag sie dann ausgeübt werden durch sehr ‚vermittelnde' Handlanger, die immer schon mehr tun, als jemand gewollt hat, – liegt in jeder vermeintlichen Identität des Empfindens. Wäre diese Identität das Schöne, an dem das Subjekt sich fühlt, so ist es doch auch schon das Schreckliche, an dem es zugrunde geht. Der Prinz geht zugrunde, während er sich durchsetzt, weil er an der Realität des Schönen als eines Identischen interessiert ist.

Der verliebte, leidenschaftliche, verwirrte Souverän kann Kunst und Wirklichkeit nicht unterscheiden, das heißt, er will es nicht und anerkennt dennoch die Erkenntnisleistung des Portraits, aber nur so weit, als es seiner Phantasie entspricht. Die Entsprechung kann aber nicht anders denn als eine Selbstkonstitution des Schönen verstanden werden. Wir haben absichtlich aus diesem Dialog keine Kunsttheorie extrahiert, um anschließend die Figuren wie Diskussionsbeiträger zu behandeln. Die Figuren werden mit Hilfe dieses Themas charakterisiert. Und, schon weitergegriffen, es erscheint in diesem Thema die Selbstreflexion des Trauerspiels nicht nur als Kunst, sondern als Trauerspiel. Der Prinz wird bald eine Leiche sehen. Es geht scheinbar alles zu schnell. Neben dem leitmotivisch auftauchenden „Auge" und der „Hand" wird immer wieder die Zeit als Riß der Empfindung empfunden; „zu spät" heißt es des öfteren.[429] Überhastet sprechen und handeln die

428 Dieser im 79. Stück der „Hamburgischen Dramaturgie" (Bd. 10) geforderten Gerechtigkeit kann jedoch, anders als Barner (a.a.O. S. 185) behauptet, in einem modernen Drama wie der „Emilia Galotti" keine andere Gerechtigkeit übergeordnet sein. Vgl. das 2. und 49. Stück (Bd. 9). Dies geschieht, während historisch gesehen jetzt der Höhepunkt der Empfindsamkeit erreicht ist. Das aufklärerische Induktionsprinzip aus dem Empirismus und Sentimentalismus wird vom dargestellten Menschen kaum befolgt. Untersucht man literarische Empfindungen genau, ist die Pietismus-These nicht hinreichend zur Erklärung einer Figur, die ganz empfindsam und ganz affirmativ denkt – und damit alles durcheinanderbringt. Affirmiert wird nicht das Gegebene, sondern das Machbare, empfunden nicht das Unterdrückte (Rebellische), sondern das Beherrschende. So entsteht eine Totalität von durchaus noch zu erkennenden Unterschieden, dem „Schein von Vernunft und der Herrschaft des Irrationalen" (H. Arntzen: Dichtung als Aufklärung. Versuch über Lessing. In: Literatur im Zeitalter der Information. Aufsätze, Essays, Glossen. Frankfurt a.M. 1971. S. 24–40, 36).

429 Graham (a.a.O. S. 375) bespricht das als Unvereinbarkeit von Medialität und Substantialität.

Figuren. Es fehlt ihnen dadurch etwas, was sie aber auch in Gellertscher Gelassenheit[430] nicht erhalten würden: einen Punkt, einen Moment ungetrübter Identität von nur irgend etwas. Insofern gehört dieses Gespräch über Kunst zur bedeutenden Exposition.

Außerdem erscheint Kunst in ihrer Funktion der Mitteilung und des Gesprächs. Sie selbst tendiert auf Öffentlichkeit, auch wo sie wie das Portrait einer Bürgerstochter nur Privates wiederzugeben scheint. Aber fälschlicherweise konstituiert sich nicht die Öffentlichkeit eines Gesprächs über Kunst und daran anschließend über Empfindungen, sondern Kunst gerät in eine schon existierende Öffentlichkeit, die von Empfindungen und Interessen strukturiert ist – und sich von der Kunsterscheinung nicht verändern, nur bestärken läßt. Das gilt auch für den Maler, der vom Modell schwärmt. Das Bild ist Surrogat für den Prinzen, der den Vorwurf (Sujet), die private Realität zur Beurteilung ‚öffentlicher Darstellung' benutzt beziehungsweise beide miteinander verwechselt; „wie aus dem Spiegel" – in diesem Augenblick verliert sich der Prinz, ist er kein Gesprächspartner mehr, obwohl er zuvor (siehe 382) über die Darstellungsaufgabe des Malers räsonierte. Dann wieder betont er die Orientierungsfunktion von Kunst (384), worauf der Künstler skeptisch wird: „Und eines jeden Empfindung sollte erst auf den Ausspruch eines Malers warten? –" (ebd.) Er argumentiert für die Kunstlosigkeit der Schönheit, der Prinz für die Kunst als einzig verbindliche Ansicht. Solche Positionswechsel und -verkehrungen im Gespräch befähigen das Drama über die eingefahrenen Gegensätze von elitärer und publikumsorientierter Kunst hinaus darzustellen, daß Empfindungen nicht mit Interessen identisch sind, die dann das Sprechen steuern, daß vielmehr beide sich im Sprechen zeigen, ohne daß die Figuren schon damit identisch wären.

Das Bild nun ist Emblem und wie der Name (Emilia) der dramaturgische Schein des Ideals. Dieses wirkt aber nicht wie eine regulative Idee, sondern, da die Sprecher ihr Sprechen (und ihre Positionswechsel) gar nicht begreifen, wie etwas, das direkt empfunden und verfolgt werden kann.

So kann der dramatische Dialog wiederum gegenüber gezielter Kritik oder verbrämter Theorie eine Fülle von Bedeutungsaspekten als eigentliches Geschehen darstellen, in dem die Figuren nur scheinbar Regie führen: das Verhältnis von Künstler und Hof, zweier Privatleute, zweier Liebhaber, deren Verhältnis zur Kunst, das Verhältnis von Kunst, Handwerk und Wirklichkeit oder Wahrheit, das von Bild und Charakter, Original und Abbild, Empfindung und Schönheit, Natur und Phantasie, von „Geschmack" (ebd.), Rezeption und Produktion.

Das Thema „Kunst" hat die dramaturgische Funktion der Vereinigung wie ein Begriff mit verteilten Rollen. Es ist ein Thema mit Bezug auf den Modus des Ganzen und auf dessen Status der Besonderheit. „Emilia Galotti" als Kunst wird verhandelt. Der Prinz bekommt die „Kopie" (ebd.). Die „Schilderey selbst" (ebd.) besitzt der Vater.

Natürlich sind theoretische Ansätze etwa aus Lessings „Laokoon"-Studie wiederzuerkennen.[431] Aber nicht als Theorie. Die prägnante und vieldeutige Koexistenz der Teile wird in der Rede des Prinzen vage oder fixiert: „dieses Auge [. . .]" (385) usw. Er kann nur darauf zeigen, nie es besitzen. Die sukzessive Zeitverfassung der Sprache, die Lessing Handlung nennt, erlaubt nur die Geste statt der Konstellation. Dieses Defizit ist aber die Weise, in der nicht Sprache, sondern das Bild sich dem Zuschauer präsentiert. Das Bild bedeutet ein bestimmtes Defizit des Sprechens, es ist ein vager Text. Im sprechenden Vorstellen des Bildes stellt sich der Sprecher vor: Es liegt darin eine Vorahnung des Gan-

430 F. Brüggemann: Lessings Bürgerdramen und der Subjektivismus als Problem. Psychogenetische Untersuchung. In: Bauer, G. E. Lessing, a.a.O. S. 83–126, 86.

431 Siehe im „Laokoon" die Passagen mit den Nummern 1–3, 6–8, 14, 16–17 und 20 (Bd. 9). Trotzdem spricht auch Lessing einmal vom „mahlerischen Dichter" (‚Thomson–Vorrede'. Bd. 7. S. 67); man muß nur die ungeheure Metaphorik dieses Begriffs im Auge behalten.

zen, denn ein „Teil" ist, wie der Begriff schon sagt, nicht *für sich* rezipierbar. Der Verlauf durch die Teile hat hinter sich und als sein Ziel die ganze Empfindung.

Das Bild – daran geknüpft ‚Ausdruck der Seele', Visionen, Wahrnehmungen – muß in Handlung aufgelöst werden. Es ist nonverbal, aber sprachlich und erscheint in einigen seiner möglichen Bedeutungen. Es wird ansatzweise im doppelten Sinne liquidiert. Es ist ein hier Handlung als Sprechen stiftendes Sekundärphänomen von Sprache und Bedeutung, geronnenes Sprechen, das wie ein Primärtext durch die Augen erscheint. Es wird aber erst im Sprechen wieder anschaulich, lebenswichtig. Bilder an sich sind abstrakt[432] und müssen es unter Umständen bleiben, wie das der Orsina. (Wahrscheinlich würde es einen komischen Effekt ergeben, wenn die Bilder auf der Bühne wirklich vorgezeigt würden; jede Schauspielerin der Helena steht im zweiten Akt von „Faust" II vor der fast unlösbaren Aufgabe, gegenüber dem Sprechen der anderen, also den Bedeutungen, die sie schon hat, nicht nur als ein abstraktes Beispiel unter vielen möglichen auf der Bühne zu erscheinen – bis man dann merkt, daß sie selbst spricht und insofern ihr ‚Bild' langsam ‚vergißt'.)

Der Prinz hält sozusagen ‚die ganze Emilia' für einen prägnanten Augenblick; ihr Leben, das nur vielfältig in Sukzessionen sich realisieren kann, nimmt er als erkanntes. Macht doch selbst das Portrait, nach Hegel, das Individuum sich selbst ähnlicher, so ist diese Vermittlung von Erscheinung und Wesen im Leben gerade die Täuschung, auf die jede Empfindung sich verläßt. Man versucht sich in dem Paradox, das Unberührbare zu berühren. Das Drama zeigt, wie das Unberührbare in solchen Berührungsversuchen konstituiert wird. Emilia muß es dann spielen. Zurück bleiben Rührung und Totschlag.

Diese Übergriffe, Kunst wie das Leben und Leben im Moment wie Kunst zu betrachten, sind gerade dann zu vermeiden, wenn über deren Vermittlung als Empfindung gesprochen wird. In ihr kann Wahrheit Täuschung sein und umgekehrt. Das Identifikationsmoment dabei kann nur sprachlich sein, wenn selbst die Bedeutung eines Bildes transitorisch ist. Dann ist aber die Sukzessivität des Lebens in den dramatischen Sätzen primär gesetzt. Der Prinz sagt nun auch: „Mein Herz wird das Opfer eines elenden Staatsinteresse." (386) „Sie sehen mich einen Raub der Wellen" (390). Seine „Flatterhaftigkeit" gehört in die Grundstruktur als Pendant des „lähmenden Zeitgefühls".[433] Das Thema, hier im Modus der Kunst vorgestellt, wird in I, 5 beibehalten. Von Orsina, die „zu den Büchern ihre Zuflucht genommen" habe, ist die Rede und von „den Empfindsamen" (387; gemeint ist Appiani), deren Handeln zwar nicht mehr vorauszusehen, aber nie klug sei, wie Marinelli meint. Auch wird noch einmal das Bild betrachtet, als Identifikationsmittel für Marinelli. Der Prinz plant, Emilia zu sprechen, nachdem er von den Heiratsabsichten gehört hat.

Spannung wird also nicht hinsichtlich einer Empfindung oder bloßer Wahrnehmung der Person Emilias aufgebaut, sondern als Erwartung dessen, was geschehen und noch gesprochen werden wird in bezug auf Emilia. Nicht, wie sie wirklich ist, will der Rezipient wissen; es geht nicht um die allmähliche Auffüllung eines defizitären Wissens. Es kommt zwar immer etwas hinzu, aber es wird uns nichts von einer unbekannten Person erzählt, für die wir uns aus irgendeinem Grunde schon interessierten. Die Erwartung weiterer semantischer Wenden erhält keinen Aufschluß über Charaktere, die sich allmählich vereinheitlichen. So wird das Interesse zu einem an der Entstehung des Trauerspiels selbst, an einer Empfindung ‚des ganzen Bildes'. Ist das richtig, so müßte es eigentlich sehr über-

432 „Der Dichter hingegen, der seinen personifirten abstrakten Begriff in die Classe handelnder Wesen erhebt, kann ihn gewissermaaßen wider diesen Begriff selbst handeln lassen, und ihn in allen den Modificationen einführen, die ihm irgend ein einzelner Fall giebt" („Wie die Alten den Tod gebildet". Bd. 11. S. 39).

433 Graham, a.a.O. S. 374.

raschen. Denn das Interesse entsteht gerade da, wo der Verlust des Gefühls und der Möglichkeit eines genuinen Zusammenhangs zwischen Dargestelltem und Darstellung vorgeführt wurde.

2. DAS PARADOX DER IDENTITÄT DES EMPFINDENS

a. Berichtetes Empfinden, objektive Einbildungen

(Schematische Empörung – unpassende Empfindungen – lächerliche Furcht – Sündhaftigkeit? – Parataxe oder „mit eins“ – Fiktion der Realität in der Rede – Amnesie und Erinnerung – Freiheit und Gewalt im Sprechen – Hörenmüssen – Verführbarkeit – Tod als Resultat der Vernunft? – Objektivität des Willens – neue Widersprüchlichkeit – Traum als Prognose? – Katastrophe des Verstehens – Innen- und Außenzeit – veraltete Empfindsamkeit – Traum der Bedeutung – ‚Traumdeutung‘ – Bedeutungsgeschenk – ‚Rose‘ – metaphorisches Erbe)

Die getrennt lebenden Eltern Emilias treffen sich und sprechen miteinander über die Tugend. Rauh und streng nennt die Mutter des Vaters Auffassung (siehe 397 f.), der zwar eine „Stadterziehung“ (397) erlaubt hatte und einräumt, daß nur hier Emilia den Grafen Appiani finden konnte, trotzdem aber Stadt und Hof gegenüber der Landidylle für lasterhaft hält. Appiani wolle ebenfalls aufs Land ziehen, um „sich selbst zu leben“ (396). Die historisch gerade noch aktuellen Topoi[434] werden als dramatisches Thema im zweiten Aufzug insofern relevant, als die Sprache der Stadt und des Hofes als Gefahr der Außenwelt überhaupt eingeschätzt wird, der gegenüber es eben nur den pastoralen Topos eines sprachlosen Selbstlebens, keine tatsächliche Sprachalternative gibt. Oder eben auch wieder nur das Schweigen der Andacht in der Kirche. – Unter dieser Voraussetzung nur ist die Aufregung funktionalisiert, in die Odoardo sofort gerät, als er erfährt, daß der Prinz sich mit Emilia unterhalten habe. Weiterhin motiviert mag das durch die schon erwähnte Abneigung gegen diese Person aufgrund des Prozesses um „Sabionetta“ sein und durch Odoardos schon präformiertes und gerade eben vorgetragenes Empörungsprogramm.

Dennoch ist es ziemlich unwahrscheinlich, bei einem relativ belanglosen Besuch sofort die grundsätzliche Gefährdung der Tugend durch die Stadt zu erörtern. Auf der Folie von Lessings Sprachkritik in II, 6 bekommt diese Empörung eine andere Berechtigung. Denn Lessings Sprachkritik ist nicht die gleiche wie die Odoardos. Kritik ist die dramatische Darstellung von Sprachverwirrung als Empfindungsunsicherheit. Emilias Empfindungen erscheinen verunsichert, da ihnen die Übereinstimmung mit gewohnten (religiösen) Redeweisen entzogen wird. Weder bestimmte Orte noch Verhaltensweisen können vor dem Sprechen ‚unpassender‘ Empfindungen schützen. Die eigenen Empfindungen können aber nicht in die Kirche oder aufs Land verschickt werden. Sie müssen bei offenen Sinnen Sprachentscheidungen treffen. Sich in solcher Dialektik der Subjektivität zu bewegen und zu finden, ist Emilia noch nicht fähig, aber in ihrer Rede tauchen Momente auf, die von der kommunikationsfreudigen Mutter schnell verdeckt werden, jedoch eine Empfindung von der Notwendigkeit solcher Dialektik andeuten. Insofern ist Emilia nicht nur der dramatische Bezugspunkt für alle anderen Figuren; auch in der Figur selbst, ebenfalls bezogen auf den Dramentitel, ist die Entstehung eines Subjekts dargestellt, das nicht fernab im Hain oder im Wahnsinn sich verfertigt, sondern, ständig von „Tugend“ und „Laster“ gleichermaßen belagert, am Schluß noch seine eigene Erziehung begreift und seinem letzten Willen nutzbar macht. Erst damit werden Erziehung und Laster gegenstandslos.

Zitternd, wild blickend kommt Emilia von einem Ort vermeintlicher „Sicherheit“

434 Vgl. aber in der Tradition der Idylle z.B. schon die von Voß („Die Leibeigenen“).

(398) an den anderen, von der Kirche nach Hause. Die „Furcht", der Claudia „ihren besondern Sinn" (401) zuspricht, kann nicht die des Rezipienten sein, denn sie erlaubt noch zu fliehen und ist, wie Emilia zum Schluß bemerkt, „vollends lächerlich" (402). Diese Wandlung und Einsicht Emilias sind kommunikatives Produkt. „Ich habe keinen Willen gegen den Ihrigen" (ebd.), sagt Emilia, und Claudia behauptet, nur das zu sagen, was Emilia deren „eigner gesunder Verstand sagte" (ebd.), oder: „er würde dir es sagen, sobald du wieder zu dir selbst gekommen" (ebd.). Dahin ist aber nicht mehr so leicht zu gelangen, ohne es als Problematisches, nicht unbedingt Gesundes zu erkennen. Die Bürger sind „wild" (399, 401) geworden, nach Claudias Meinung auch der Vater. Aber die Bürgerin vermittelt, gemahnt ständig zur Ruhe. Die Vermittlerin nennt das Problematische gerade unbedeutend. Ein Zurechtfinden im Sprechen der Neuzeit, das als subjektive Empfindung sich konstituieren muß, ist schwierig und nur möglich, da es schon eine Sprache ohne semantische Konstanten gibt, auch wenn man die noch glaubt lokalisieren zu können. „Du bist die unbedeutende Sprache der Galanterie zu wenig gewohnt. Eine Höflichkeit wird in ihr zur Empfindung; eine Schmeicheley zur Betheurung; ein Einfall zum Wunsche; ein Wunsch zum Vorsatze. Nichts klingt in dieser Sprache wie Alles: und Alles ist in ihr so viel als Nichts." (402) Im Fortlauf des Satzes ist nicht nur von Verstellung die Rede, eigentlich auch von der in Sprache wirklichen Entwicklung von Empfindungen, dann wieder von dem semantischen Verbrechen reiner Kommunikation, in der der Tonfall jargonartig die Bedeutung ersetzt.[435] Furcht hiervor wäre gerade nicht „lächerlich", wie Emilia nun einsieht, die Flucht davor allerdings sehr wohl so lächerlich wie verständlich.[436]

Andererseits warnt die kommunikative Vermittlerin doch davor, prinzipiell alles zu sagen. Für Appiani sei es „gefährliches Gift" (401), wenn Emilia von der Begegnung mit dem Prinzen berichten würde.

Nun zu dem Trauma, von dem Emilia sich berichtend und mit Hilfe der Mutter allmählich zu lösen scheint. „Nimm es für einen Traum, was dir begegnet ist" (ebd.), rät Claudia, aber die scheinbare Fatalität, daß es überhaupt geschehen konnte, wird auswegloser werden als der in der folgenden Szene erzählte ‚Traum'.

> Emilia. Was hab' ich hören müssen? Und wo, wo hab' ich es hören müssen?
> Claudia. Ich habe dich in der Kirche geglaubt –
> Emilia. Eben da! Was ist dem Laster Kirch' und Altar? –
> Ach, meine Mutter! (sich ihr in die Arme werfend)
> Claudia. Rede, meine Tochter! – Mach' meiner Furcht ein Ende. [. . .] (399)

Letzteres kann erledigt werden; die Empfindung der Lächerlichkeit wird aber weder Emilia noch dem Zuschauer gegönnt, auch wenn das Trauerspiel in einem für die Zeit manchmal ungewohnt leichten Ton geschrieben ist, auch wenn der Zuschauer an dieser Stelle das Problem, welches Emilia außer sich bringt, noch nicht einsehen kann, es sei denn, er begreift es so, wie Emilia oder wie Odoardo es begreifen würden.

Die Ohren kann man, anders als die Augen, kaum verschließen. Es handelt sich in der Ausnutzung des primärsprachlichen Sinnes um einen Totalangriff, dessen Urheber als Laster identifiziert wird. Ort und Sprechweise sind für Emilia nicht vereinbar; darin liegt ihre Pein. Von der erlöst sie sich fälschlicherweise schon, indem sie das Subjekt mit einem allgemeinsten Begriff („etwas"; ebd.) benennt, nicht einmal menschlich eben als den Prinzen. Ihr eigener erwarteter Sprachkreis der „Andacht" (ebd.), in dem sie ebenfalls sozu-

435 Th. W. Adorno: Jargon der Eigentlichkeit. Zur deutschen Ideologie. Frankfurt a.M. 1965. S. 11.
436 Lessing wählt im „Laokoon" gegen seine sonstige Vorliebe das Beispiel des Epos und führt aus, wodurch „das Lächerliche, und das Schreckliche" als eines gerechtfertigt werden können, indem sie „vermischte Empfindungen" („Laokoon", 23. Bd. 9. S. 139) zeigen und erregen.

sagen für sich sprechen läßt, ist gestört worden. Am Tage ihrer Hochzeit ist für sie das Gebet am wichtigsten. „Dem Himmel ist beten wollen, auch beten“ (ebd.), beruhigt Claudia, und darauf antwortet Emilia: „Und sündigen wollen, auch sündigen.“ (ebd.) Diese Stelle ist oft übersehen worden, vielleicht weil die Mutter sofort beschwichtigend den Willen ihrer Tochter in Regie nimmt: „Das hat meine Emilia nicht wollen!“ (ebd.) – und Emilia das bestätigt mit der Einschränkung: „Aber daß fremdes Laster uns, wider unsern Willen, zu Mitschuldigen machen kann!“ (ebd.) Emilias Sündhaftigkeit kann also entweder einem kommunikativen Reflex unterschoben werden oder doch als ein Moment ihres Willens aufgrund gehörten Sprechens gelesen werden, so daß sich von hierher eine dramaturgische Stringenz ihrer ‚Entwicklung‘ belegen läßt. Allerdings geschieht diese Entwicklung in religiösen Begriffen. Sie durchsetzen nun auch ihren Bericht, der fast ohne beabsichtigte Deutung erzählt wird und allmählich die anonyme Bedrohung konkretisiert. Diese Konkretion liefert aber andererseits die Möglichkeit, die Bedrohung als eine nur spezielle zu lokalisieren und das, was wirklich Furcht machen kann, zu übersehen. „Fasse dich! – “ (ebd.), befiehlt die Mutter: „Sag' es mir mit eins, was dir geschehen.“ (ebd.) Nun, in der Rede Emilias werden verschiedene Subjekte erscheinen, die eher sie deuten als umgekehrt. „Mit eins“ *es* quasi zeitlos zu sagen, ist unmöglich und immer wieder gefordert; tendenziell entspricht Emilia dem am Schluß in der ‚Rosen-Sentenz‘. Es ist ihr Tod. Die Sukzession der Rede erst macht das Leben (wieder) erträglich, indem sie die Kategorie der Zeit als bedeutende konstituiert. Es ist die längste Rede Emilias, für diese historische Zeit auffallend parataktisch. Pro Zeile setzt Lessing zwei bis drei Gedankenstriche. Die Einheit der Handlung ist eine des Zufalls. Diese, in Rede erscheinend, ergibt dennoch ein ‚Bild‘. Sie müßte ganz zitiert werden, denn neben markanten Bemerkungen, die wir herausgreifen, besteht die Signifikanz des Berichts in seiner ‚Und dann‘-Struktur. Emilia kann das Ereignis immer noch nicht in seiner Bedeutung erfassen; sie ist vielmehr von dieser so erfaßt, daß das Ereignis in dem nichthierarchisierten Text als unnennbar, aber bedeutend erscheint. Allenfalls kennt Emilia die Namen „Laster“, „Frevel“ (399 f.). „Eben fieng ich an, mein Herz zu erheben: als dicht hinter mir etwas seinen Platz nahm.“ (399) Hypotaxen werden nur aus Ich und Es gebildet. Der Wahrnehmungs- und Wissensverlauf wird widergespiegelt. Es wird gesagt, daß Emilia weder zur Seite noch nach hinten sich bewegen konnte, ohne die Andacht der anderen zu stören. Diese Fiktion konstituiert den Zwang, jemanden aus seiner Rede erkennen zu müssen. Emilia hörte – wie sie mit vielen Unterbrechungen und Steigerungen schildert – „nicht den Namen einer Heiligen“ (ebd.), sondern den ihrigen: “ – Meinen Namen! – O daß laute Donner mich verhindert hätten, mehr zu hören! – Es sprach von Schönheit, von Liebe – Es klagte, daß dieser Tag, welcher mein Glück mache, – wenn er es anders mache – sein Unglück auf immer entscheide. – Es beschwor mich – hören mußt' ich dieß alles. Aber ich blickte nicht um; ich wollte thun, als ob ich es nicht hörte. – Was konnt' ich sonst? – Meinen guten Engel bitten, mich mit Taubheit zu schlagen; und wann auch, wann auch auf immer! – “ (399 f.) Erst als sie aufgestanden sei, habe sie den Prinzen gesehen und erkannt. Dies ist sicherlich eine dem Sprechen Emilias eigene Klimax. Aber so nur haben wir das Geschehen – in seiner Textintention. Es soll Wirklichkeit so dargestellt werden. Die gewöhnlichen Realismen unserer Rezeption sind zu verlassende Positionen. Gemäß der Textintention ist doch „mit eins“ gesagt, wozu Emilia viele Worte braucht. Aus dem zunächst abstrakten, scheinbar unmittelbaren und zwanghaften Zusammenhang von Ich und Es entsteht die Figur, nicht nur Emilia, auch der Prinz. „Ich finde mich erst auf der Straße wieder“ (401). Aber Flucht „war die einzige Ueberlegung, deren ich fähig war – oder deren ich nun mich wieder erinnere. Er sprach; und ich hab' ihm geantwortet. Aber was er sprach, was ich ihm geantwortet [. . .] Jetzt weiß ich von dem allen nichts. Meine Sinne hatten mich verlassen. – “ (400 f.)

Fast leitmotivisch bis zu Musil (Johannes in den „Vereinigungen") erscheint die Metapher der „Straße" als wiederzugewinnende Stabilität des Lebenslaufs und normalen Fortlaufs im Äußeren. Aber diese Normalität ist nicht aus innerer Sicherheit graziös wiederhergestellt. „Ich floh' – " (400), gilt für Emilia hier noch. In Emilias Amnesie imaginiert Lessing die im Trauerspiel diesem selbst gegenüberliegende Stelle, an der vieles möglich war, das niemand mehr rekonstruieren oder beeinflussen kann. Schon dies ist eine Stelle, nicht nur die hinter den Kulissen im „Lustschlosse", welche die Interpreten in Aufruhr versetzen könnte. Ihr Ehrgeiz kann aber nur dahin wirken, daß die Unbestimmtheit präzis ausgedrückt wird als systematisches Pendant zu den Bestimmtheiten des Lebens, die auch zum Tode führen.

In Emilias Erinnerung verblassen zunächst die Momente eigenen Willens, die wie Sünde empfunden wurden. In der gefühlten Verlassenheit gewinnt das Ich aber gerade seine außergewöhnliche sinnliche Präsenz. Diese wird in Emilias Bericht erinnert und selbst wiederum empfunden. Es entsteht eine kleine Geschichte des Ich als die sinnliche Präsenz fremden Sprechens. Dieses aber war durchaus verstehbar, ein Gespräch. In dem ‚Gespräch' liegt die Möglichkeit von Gegenwart und Geschichte der Sinnlichkeit, vor der sich Emilia nur verstecken kann durch Abstraktion der Sprecher und Anonymisierung des Gesprochenen. Damit kann die Darstellung gerade die primäre Tatsache akzentuieren, *daß* gesprochen wird – und darin alle trauerspielmöglichen Gefahren des Empfindens liegen. Wieso kann Emilia sich am Schluß für grundsätzlich verführbar halten? Durch das Sprechen, welches ohne Bewußtsein und Willen schon ein Miteinandersprechen ist, sind nicht nur verschiedene Stände, sondern prinzipiell ein jedes vermittelbar. Es ist Konstitution der Sinne, deren Bezirke nicht mehr fremd zu bestimmen sind. Weder von Mauern umgebene Orte noch moralische Schemata besitzen schützende Gewalt. Die Gewalt der Identifikation ist gebrochen oder zumindest brechbar. Dies ist schon eine Bedingung des Untergangs. Die alte Gewalt aber wird substituiert durch etwas, das Emilia selbst wiederum nur als Gewalt empfinden kann. Die Empfindung der Verführbarkeit ist Ausdruck dafür, daß Emilia Sprache in ihrem Gesprochensein als neue Gewalt erfährt. Also erfährt Emilia auch ihre mögliche Freiheit unbewußt unter dem Aspekt der Vergewaltigung. Diese kommt weder von außen noch von innen. Es wurde gesprochen, das bedeutet tendenziell immer: miteinander empfunden.

In einer Zusammenfassung soll das noch einmal verdeutlicht werden. Das auf Furcht und Mitleid zielende tragische Motiv muß Moment und Medium der Gesamthandlung sein. Die Handlung, von der hier die Rede ist, entsteht durch Zufall, Laune und Empfindung eines Beteiligten. Die auf Sinn und Bedeutung tendierende Einheit der Handlung aber ergibt sich erst als Emilias Rede.[437] Diese Einheit ist Intention der verschiedenen Brüche in ihrem Bericht und ihren Gesprächen mit Claudia. Emilias Vorhaben der „Andacht" beziehungsweise ihr „Herz zu erheben" (399), kann, wie am Schluß der Gedanke, ins „Kloster" (422) zu gehen, als scheiternde Alternative gelten. Konfrontiert ist dieser die Tatsache des „etwas" und „es" (400), die sprachlich empfunden werden. Daß und wie beide miteinander zu tun haben, vermittelt sich im Akt des „Hörens". Obwohl Tugend und Laster als Schemata gerade suspendiert wurden, liegt der Grund dafür, daß sie in Konflikt geraten können, in dem einfachen Umstand, daß wir nicht taub sind und sprechen müssen. Zu hören heißt schon, innerlich selbst zu sprechen. In kleinsten Redeteilen wird Epochales zitiert, aber konkret in der Wirkung; Aufklärung ist das Gegenteil von Nichtsehen und Nichthören, ob man nun nicht will oder nicht kann. Emilia will nicht, was sie kann.

437 Vgl. Lessing zur „Erzählung", die im Drama „Handlung" sein kann: „Hamb. Dramat.", 53. Stück. Bd. 10. S. 6.

Das, was einerseits der Empfindung Ausdruck verschafft, sie bedeutend macht, ist andererseits die Möglichkeit für „Verwirrung“ (398 et passim) und Verführung. Das „es“ gewinnt zur Zeit Sprache. Zu sich selbst zu kommen aber bedeutet für die Mutter noch, entweder zu den Trivialdogmen der Erziehung zurückzukehren oder zur Schwindelei, unter der allein Empfindungen ‚verantwortet‘ und zugelassen werden.

Die Widersprüche sind nicht mehr einfach. Sonst wäre die erlösende Einigung zwischen Mutter und Tocher auf ‚lächerliche Furcht‘ nicht als eine falsche Beruhigung zu erkennen. Viel wahrer, als Claudia im Sinne behütender Erziehung meint, ist ihr Satz: „Die Furcht hat ihren besondern Sinn, meine Tochter! – “ (401) So ist die implizite Dramenreflexion eine Rezeptionsanweisung ohne Konzept. „Umsonst denk' ich nach“ (ebd.), beschreibt Emilia den Fall, den man zu vermeiden hätte: nicht zu sich selbst zu kommen, weil man, sprachvergessen handelnd, von fremdem Sprechen scheinbar ohne eigene Bedeutung besessen ist.[438] Andererseits kann eigenes Sprechen in individueller Bedeutung nicht schon vorgegeben sein in Form von Prinzipien und Bescheidwissen, die die Eltern wahren. Wie soll Emilia leben, wenn Zufälle ihr nicht zu subordinierendes Leben bestimmen, sie aber trotzdem nicht der Spielplatz bloßer Einwirkungen sein soll?[439]

Lessing macht Emilias Situation gerade so weit deutlich, daß sie in keine verfänglichere Lage gerät, als mit dem Prinzen reden zu müssen, am Schluß unter dem Vorwand juristischer Ermittlungen. Aber ihr Reden ist Empfinden. Dieses ist nicht mehr nur der Widerpart zu Vernunft und Verstellung. Wäre aber nur die erotisch-sexuelle Komponente einer psychologisch zu erklärenden Verführbarkeit ausschlaggebend, könnte heute kaum noch die Empfindung von Furcht und Mitleid realisiert werden, zumal heutige Bürger einer Liaison zwischen einem Prinzen und einem Mädchen ihres Standes vieles abzugewinnen scheinen. Marinelli, der nicht nur Kalkulator ist, sondern auch persönliche Antipathien gegen Appiani hegt, weist darüber hinaus auf den günstigen Stand einer Mätresse hin, der gerade darin besteht, daß diese verheiratet ist. Es geht also nicht für Emilia entscheidend darum, den Prinzen zu durchschauen – und auch nicht für den Rezipienten. Was gibt es im Monolog I, 5 beispielsweise zu durchschauen?

Gegen puren Zwang oder eine Vergewaltigung wäre kaum etwas zu tun. Das Drama hätte in dem Falle einen anderen Titel nötig. Außerdem wäre im Falle dieses Dramas eine Vergewaltigung ja fast die Tat eines Schwärmers. Es kommt also alles darauf an, daß die eigenen Empfindungen eine Stimme gewinnen, um einen eigenen Willen zu begründen, der nicht institutionalisierbar ist.[440] Der Sinn von Vernunft ist es, zu sich selbst zu kommen. Das ist aber zugleich der Weg, zu anderen und zu anderem zu kommen.

438 Zum Verhältnis von Offenbarung und Vernunft in der Erziehung sind am besten heranzuziehen die Schriften: „Nathan der Weise“, „Die Erziehung des Menschengeschlechts“, „Neue Hypothese über die Evangelisten als blos menschliche Geschichtsschreiber betrachtet“, „Axiomata“, „Anti-Goeze“. Zum Aspekt der Erziehung als Utopie zusätzlich noch: „Philotas“, aber auch die „Vorrede“ zu „Des Herrn J. Thomson sämtliche Trauerspiele“ und die „Hamburgische Dramaturgie“.

439 Sie ist nicht nur „das passive Zentrum, in dem die Aktionen des anderen zusammentreffen“ (Eibl, a.a.O. S. 157).

440 Aber Lessing stellt, vielleicht aus Skepsis dem ‚Sturm und Drang' gegenüber, nicht einfach das Programm um auf die Ideologie, daß nun das ‚Herz‘ für das moralische Gleichgewicht sorgen solle und könne (siehe Eibl, a.a.O. S. 145). Das wird u.a. auch poetologisch gestützt. Die ‚Seele‘, d.h. die Besonderheit des Lessingschen Stücks, ist sehr modern zu interpretieren, obwohl Lessing nicht unbedingt Gottschedianische Regeln verändert oder mißachtet, wenn sie der Intention des Trauerspiels nicht hinderlich sind. Ebenso verhält sich Lessing zum historischen Stoff (19. Stück der „Hamb. Dramat.“); alle ‚Wahrheit‘ ist der „Absicht der Tragödie“ (19. Stück. Bd. 9. S. 261) unterstellt. So arbeitet Lessing ja auch, quasi heuristisch, mit dogmatisch gewordenen Moral- und Tugendvorstellungen sowie mit dem Schema Land / Gott – Stadt / Welt. Das z.B. hat wiederum Auswirkungen auf die Regeln, die Ortseinheit usw. (Vgl. Lessings gemäßigte Urteile, auch im Anschluß an J. E. Schlegel: 44. Stück, weiterhin 45., 46. Stück. Bd. 9.)

Die schreckliche These des Trauerspiels: Wo der aus Empfindungen entstehende Wille diesen ganz gerecht werden soll, zerstört er sie im Tod.[441]

Bis heute ist es ja nicht einfacher geworden, seine Sprache zu finden. Um diesen Versuch zentrieren sich Handlungen und Empfindungen. Zufälle und Peripetien sind Herausforderungen an die zu findende Identität des Subjekts,[442] das in seiner Sinnlichkeit nicht einfach nur ein Ich oder Vertreter eines Willens sein kann.

Sehr deutlich wird das an der Art, wie sich Emilias Sprechen (zwischen II, 6 und V, 7) verändert. Und umgekehrt ist die ‚Entwicklung' Emilias darin begründet. Am Orte der „Sicherheit" (398) wird ihr konventionelles Sprechen so erschüttert, daß sie dort stumm ist. Und nach draußen geflohen, erscheint dieses Sprechen nur mehr bruchstückhaft und zerrissen. An dem Orte programmierter Lust, auf Dosalo, konstituiert sich ihr Sprechen kontrastreich zum Kontext der handelnd auf sie Einsprechenden.[443] Es wird bedeutungsvoll gegen die „unbedeutende Sprache der Galanterie" (402), gegen die Totalitätstopoi des Empfindsamen, gegen die Dogmatik des Gutwilligen, der übrigens anfangs noch Claudia zurechtwies: „Vermenge dein Vergnügen an ihr, nicht mit ihrem Glücke." (396)

Diese Veränderung ist gleichermaßen erzwungene wie sich selbst konstituierende Entwicklung, denn Emilias eigenes Sprechen bleibt nicht in den Anfängen, die nur erst die Möglichkeit der Entwicklung eigenen Auftretens anzeigen. In II, 6 noch ist ihr Sprechen impressionistisch beim Schein tieferer Ahnungen von einem „etwas". Sobald aber dieses Ungeheure zum Faktum wird, möglicherweise zu einem der „unbedeutenden Sprache", die Claudia meint abwehren zu können, weil sie die gefährliche Bedeutung des Unbedeutenden nicht erkennt, denn sie nimmt es als ein Faktum, nicht als ein Sprechen, – wird es „lächerlich", sich davor zu fürchten. Man meint dann allerdings, es verheimlichen zu müssen.

So konnte aus Interjektionen kein Wille entstehen. Aus dieser Episode entwickelt sich aber die Evidenz, sterben zu müssen und zu wollen; oder präziser der neue Sinn: objektiv sterben zu müssen, weil ich es will. Solcher Sinn ist nur im bewußten, metaphorischen Sprechen explizierbar, aber nicht abstrahierbar; „in *einem* Augenblick" und nunmehr in einer Figur werden „die Unversöhnlichkeit unreflektierter, verdinglichter Tugend" und die nur zum Impressionismus geratenen Ausdrücke des Empfindens sichtbar und „damit aber die Unmöglichkeit, in einer Welt, für die dieser Gegensatz konstitutiv ist, menschlich zu leben".[444] Dieser Sinn und Unsinn erscheinen gleichermaßen in traditionsorientiertem und metaphorischem Sprechen (V, 7). Philantropische Therapien dagegen sind machtlos.[445] Denn die konstitutiven Gegensätze erscheinen auch in der Subjektivität des Prinzen selbst, die eigentlich nur und zwar auf seine Weise Marinelli begreifen kann. Der widersprüchlich handelnde Prinz, den Emilia endlich „selbst" (400) sah, ist herrschendes und empfindsames Subjekt. Unter seiner Ägide ist eine neue Widersprüchlichkeit in der Identität „Emilia" als (literatur-)geschichtliche Entwicklung des Empfindens zu erkennen. –

441 „Jede Bewegung im Physischen entwickelt und zerstöret, bringt Leben und Tod; [. . .] soll lieber kein Tod seyn, und keine Bewegung? oder lieber, Tod und Bewegung?" („Anti-Goeze". Bd. 13. S. 165)

442 Vgl. Eibl, a.a.O. S. 156.

443 Zum sehr weit gefaßten Handlungsbegriff Lessings vgl. auch die ‚Abhandlungen über die Fabel'. Bd. 7. S. 434 f.; z.B. sei ein Urteil eine Handlung, und nicht nur sei sie da, „als wo der Liebhaber zu Füssen fällt" (S. 435).

444 Arntzen, Dichtung als Aufklärung, a.a.O. S. 37. – Das Phänomen der Meinungssprache erscheint bereits im „Philotas". Philotas bedauert, daß man die Jugend „nicht reden gelehrt" (Bd. 2. S. 359) hat. Er muß fragen: „Wie meynst du das? –", während Aridäus darüber spricht, daß Götter Tugend und Leben bewachen und den zufälligen Entwicklungen des Individuums, die „vielleicht" auch hätten anders sein können, eine „höhere Macht" (S. 359 f.) unterstellt. – Zur Dialektik von Gut und Böse an den „Menschen" siehe „Minna von Barnhelm". Bd. 2. S. 233 f.

445 Siehe auch „Hamb. Dramat.", 76. Stück. Bd. 10.

Das Motiv des Traums wird in II, 7 in scheinbar zufälliger Weise wieder aufgenommen. Riet Claudia, die Realität, welche Emilia als Störung ihrer religiösen Erwartung empfand und der sie in religiösen Vokabeln Bedeutung zu verleihen suchte, als einen „Traum“ (401) zu nehmen, so ist jetzt von einem Traum die Rede, dessen Wirklichkeit als dramatische Bedeutung noch aussteht.

Noch 1777 gilt in der Psychologie und Anthropologie die Empfindsamkeit als eine „merkwürdige Eigenschaft“.[446] In ihr repräsentiert sich der ganze Mensch von den „Nerven“ bis zur „Phantasie“.[447] ‚Wirklichkeit‘ ist nicht hier oder dort. Zumindest wird ihre Zuordnung erschwert, so daß mehr und mehr bewußt wird, wie weit es sich um einen Vermittlungs- und Konstitutionsbegriff handelt, der auf dem Prinzip des Empfindens beruht. Deshalb ist der Traum nicht mehr nur Allegorie oder private Einbildung, sondern im aktiven Wortsinne die Einbildung möglicherweise objektiver Bedeutungen in die Empfindung. Sie bleiben in dem Grade ‚objektiv‘, als sich das Subjekt ihrer Erkenntnis und Realisierung verschließt oder daran gehindert wird. Es ist dann ein objektives Geschehen im Subjekt. Wenn Erkenntnis und Realisierung durch das Subjekt, den Gegenstand vermittelnd, ihn veränderten und trotzdem das Geschehen wie von selbst in Worten, die an den Traum erinnern, stattfindet, so ist damit eine Identität von Subjekt und Geschehen erreicht, die nur literarisch überzeugen kann und objektiv ist: die Erfahrung des Zufalls als Determination.

Erzeuger von Dichtung wie von Traum ist die Sprache, die aber, dies immer zu erinnern, gesprochen werden muß. „Der Begriff ist der Mann; das sinnliche Bild des Begriffes ist das Weib; und die Worte sind die Kinder“ („Anti-Goeze“. Bd. 13, S. 190). Trotzdem bleibe es nach Lessing ein „Wunder“, das „nur Gott zukomme“, „das Künftige vorhersagen“ („Die Erziehung des Menschengeschlechts“, § 41. Bd. 13, S. 425) zu können. Im literarischen Text wird zurückgewandt beim Lesen allmählich klarer, daß er es immer schon gesagt hatte. (Trotzdem wäre Literatur auch innerhalb ihrer eigenen Texthaftigkeit als Prognose nur einseitig charakterisiert.)

Nun ist die Konstellation zu beachten, in der Emilias Traum eingeführt wird. Der empfindsam reflektierende Appiani tritt „tiefsinnig“ ein und „kömmt näher, ohne sie zu erblicken“ (402). Er sieht Emilia nicht, denn er sieht sie stets „in Gedanken nie anders“ (404). Appiani gegenüber verhält sich Emilia natürlich, das heißt der Sprache als Sprechen eines Sprechers in einer Situation gemäß. In ihren Träumen deutet sie Appianis Geschenk als Perlen. Dann deutet sie das im Traum zu Perlen verwandelte Geschmeide: „Perlen bedeuten Thränen“ (ebd.). Nebenher ist das Geschmeide überführt in eine der literarhistorisch bedeutendsten Metaphern.[448] Diese Metapher nun wird subjektiv aufgelöst im Stile einer Privatallegorie. Appiani wird wieder „nachdenkend und schwermüthig“ (ebd.), realisiert also selber keinen Sinn. Gerade der fast gegenstandslos (oder wie der Empfindsamkeit immer wieder vorgeworfen wurde: objektlos) Grübelnde kann die Träume nur wie pure Vorhersagen verstehen, ohne zu verstehen, was der Traum sagte. Denn er versteht nur die Form, die er voraussetzt (Vorhersage), und den vagen Inhalt, der ihn vorher schon zwanghaft beherrscht und, fast könnte man sagen, deshalb als Realität eintritt, nämlich als zukünftiges Unglück. Claudia dagegen betreibt ‚Analyse‘ und erklärt den Traum aus der ebenfalls unbegriffenen Vergangenheit. Gegenwart ist aber das von allen Unbegriffene unter den präsenten Begriffen „fromme Frau“ und „lieber Graf“ (403). Niemand sieht etwas, nur der Traum. Die Bilder der Einbildungskraft zeigen, wie ver-

446 K. F. v. Irwing: Erfahrungen und Untersuchungen über den Menschen. Bd. 1. Berlin 1777. S. 207.
447 Ebd.
448. F. Ohly: Tau und Perle. Ein Vortrag. In: ders.: Schriften zur mittelalterlichen Bedeutungsforschung. Darmstadt 1977. S. 274–292. Siehe auch ders.: Die Geburt der Perle aus dem Blitz, a.a.O. S. 293–311.

letzend diese Festlegungen sind. In der quasi sprachlich-weiblichen (siehe oben) Wahrnehmung der Tränen erfüllt das Drama doch die Prophezeiung, welche das Subjekt Emilia vorschlug. Zwischen Appiani und Emilia zeigt sich ebenso die Genese der Katastrophe wie zwischen anderen Figuren. Die Beherrschtheit Marinellis und die Unbeherrschtheit des Prinzen sind dann erst weitere Stufen in der Störung der Empfindung durch Sprache und der verlorenen Sicherheit der Empfindung in Sprache.

> Appiani. [. . .] Aber, wenn die Einbildungskraft einmal zu traurigen Bildern gestimmt ist –
> Emilia. Warum ist sie das auch? – (404)

Offensichtlich wird Emilias „Warum"-Frage vergessen. Implizit ist Appianis Trauer, psychologisch nicht sonderlich motiviert, sein einzig mögliches Geschenk, das als solches im Traum erkannt wird. Trauer aber könnte man auffassen als Bedeutung und Sein der Zeit, die in der Empfindung sich realisiert und gerade hierin unendlich werden soll. So ist der Empfindsame, wie Sara, an eine sehr schlechte Unendlichkeit geheftet, nämlich an sich selber. „Ja, wenn die Zeit nur außer uns wäre! – Wenn eine Minute am Zeiger, sich in uns nicht in Jahre ausdehnen könnte! – " (404) Natürlich ist auch dieser Satz nicht ohne situativen Bezug. Der ist ebenso konstitutiv wie der Wunsch des Einzelnen, seiner Privatsituation ontologische Erklärungen zu verschaffen. Andererseits läßt das Trauerspiel den Figuren ja immer, wie sie meinen, zu wenig Zeit. Dem Abstand von Einzelnem und Allgemeinem, durch den beide abstrakt werden, korrespondiert, figuriert im Traum, die literarische Bedeutung als das allgemeine Besondere. Die äußere Zeit gehört zu einem Sprachsystem, das nicht empfindbar ist; die innere Zeit versetzt die Träger der Empfindsamkeit in den bekannten Wettlauf mit einer Schildkröte,[449] die sie nie einholen können. Die Heirat am selben Tage wird nicht stattfinden. „Noch Einen Schritt vom Ziele, oder noch gar nicht ausgelaufen seyn, ist im Grunde eines." (405) Die Selbstreflexion der Empfindung teilt den Weg in unendlich viele Teile und macht somit das Vorgegebene zum Unerreichbaren. Die Dynamik und Intensität des Empfindens zeigen ihre Aporie. Die Kutschfahrt bringt den Grafen nicht vom eigenen Fleck. Kurz nur fühlt er sich „anders und besser" (409), nachdem er Marinelli einen „Affen" (408) genannt hat,[450] aber weder hat er, trotz dieser nicht unrichtigen Festlegung, Marinellis Handlungsmöglichkeiten und -absichten durchschaut („Duell"), noch ist durch diese mächtige und moralische Überschreitung bloßen Empfindens der Rückweg in die eigene Empfindsamkeit versperrt. Das Drama läßt ihn, am Ende der Szene mit Marinelli, allein auf der Bühne stehen, unfähig zu weiteren Dialogen, nur zum wiederholten Ausdruck seiner selbst fähig. Sein Tod vollzieht sich hinter der Bühne. Er repräsentiert nicht *das* Problem des Trauerspiels. Die empfindsame Figur ist nicht mehr der Held, das empfindsame Trauerspiel ist schon beendet. Der durch den Prinzen verkörperte Typ tritt an die Stelle überlebter Beruhigung oder Gefühlskonstanz, die nie für jemanden selbst gelten können, aber Maxime für die anderen sein sollen. „Ganz ruhig, gnädige Frau" (409), lautet Appianis Abschied aus dem Drama. Wiederum bleibt dabei Figurenrede präsent in ihrer Funktion als Dramenrede. Die Mutter vollzog die träumerische Verwandlung der Steine des Geschmeides in Perlen noch mit, akzeptiert aber nicht Emilias Leistung: „Die Bedeutung ist träumerischer, als der Traum"; Emilia sei halt „von je her eine grössere Liebhaberinn von Perlen, als von Steinen" (404) gewesen. Der Traum des Traums ist aber potentiell Wirklichkeit. Claudia fällt nichts auf, weil sie ‚analysiert'. Appiani wiederholt nur: „bedeuten Thränen!" (ebd.) Emilia ist erstaunt: „Wie? Ihnen fällt das auf? Ihnen?" (ebd.) Etwas nur

449 Siehe Ch. Werner: Die Philosophie der Griechen. Freiburg 1966. S. 30.

450 Vgl. E. R. Curtius: Der Affe als Metapher. In: ders.: Europäische Literatur und lateinisches Mittelalter. Bern/München ^{7}1969. S. 522 f.

einen „Traum" zu nennen, wäre eine falsche Beruhigung, denn Traum und Wirklichkeit konstituieren sich gleichermaßen aus der Deutung bislang ungedeuteter Vorkommnisse. So könnte Wirklichkeit zu einem Traum des Traums werden usw. In jeder Empfindung ist die Deutungsabsicht schon als verliehene an den Ort des Subjekts gekommen. Doch will sich Emilia nicht in beiderseitiger Traurigkeit mit Appiani einigen, so als spürte sie, daß die Bedeutung der Perlen ein Produkt der Traurigkeit des Schenkenden ist. Der Bedeutung, stets möglich als Traum und als Wirklichkeit, als Objekt und Subjekt, werden ihre präfigurativen Perspektiven, die sich ja nur in Subjekten und durch sie erfüllen, willentlich genommen. Emilia lenkt das Gespräch auf eine gemeinsame Erfahrung in der Vergangenheit. Aber auch dieses Moment, in dem Appiani sie sah, bleibt für ihn ohne Perspektive, denn er sah Emilia seitdem „nie anders, als so" (ebd.). Sie sprechen über ihr Kleid und ihre Haare.

> Emilia. Die Rose darinn nicht zu vergessen! Recht! recht! – Eine kleine Geduld, und ich stehe so vor Ihnen da! (ebd.)

Die „Rose" wird nicht vergessen werden. Aber das Geschehen wird auf undenkbare Weise anders sein als die Wiederholung oder Erfüllung des vergangenen Moments. Und doch ist es das. Emilia wird vor uns „so" dastehen: als Satz und Gesamtmetapher für das, was sie nur an sich zu haben schien. Sie ist am Ende die Rose, die, um nicht vergessen zu werden, gebrochen wird. Doch das geschieht nicht nur mit ihr; es ist *ihr* Satz.

Das im Traum immer schon Metaphorische wird wirklich; die realen Phänomene werden, was sie im Kern waren, metaphorisch. Der Traum oder die Vergangenheit beinhalten keine Prophezeiungen, die innerlich eingelöst würden. Die in ihnen erscheinenden, nur partikular bewußten Bedeutungspostulate werden dramatisch so zur Sprache gebracht, daß am Ende sich das Sprechen selbst als Konstitution des Menschen begreift. Da dies in dessen Untergang kulminiert, ist das Begreifen eine literarische Art des Empfindens. Hierin werden die Sprachempfindungen der Figuren zu der Sprache der Empfindung. Im Verschwinden erhält sich der Satz. Das Sprachliche an den Empfindungen ist gesteigert zur Explikation einer Metapher. Das Drama bringt nicht die Figuren, sondern deren Sprechen zu sich. Erst unter diesem Totalaspekt ist Empfindung ganz ausgesprochen und ohne Ausweg. Die Emilia kleidende Rose ist als Sprache „nicht zu vergessen" und erhält erst ihr „Recht", wenn Emilia ganz „so" dasteht, das heißt mit einem zu sich selbst gesteigerten Satz.[451] Der partikulare, kleidende Ausdruck wird so zum Platzhalter der Figur, daß Empfindungen als Beispiele des Sprechens erscheinen, nicht mehr umgekehrt. Literatur ist der Begriff, den Sprache von sich haben kann. Emilia ist deren sinnliches Bild, die Empfindungen sind deren metaphorische Kinder.

451 Interessant ist, daß Lessing gerade im Epigramm-Aufsatz eine Sprachauffassung entwickelt, die sich an der Poesie orientiert und diese nicht als Sonderfall eines Zeichensystems außerhalb des normalen Sprechens ansiedelt. Selbst metaphorisch argumentierend, sagt er über das Beispiel des Denkmals, „daß der Sprachgebrauch nur selten ganz ohne Grund ist" („Anmerkungen über das Epigramm". Bd. 11. S. 215). Nicht nur Poesie, so könnte Lessings Perspektive leicht umgekehrt werden, sondern die Sprache überhaupt „hat aber auch ein Mittel ihre willkührliche Zeichen zu dem Werthe der natürlichen zu erheben, nehmlich die Metapher" (‚Anhang zum Laokoon' [K. G. Lessing]. Bd. 14. S. 429 [Nr. 25]; siehe auch Schröder, a.a.O. S. 130–133). Natürlich wird die Metapher insbesondere als gesprochene Sprache. Deshalb gilt für Lessing: „die höchste Gattung der Poesie ist die, welche die willkührlichen Zeichen gänzlich zu natürlichen Zeichen macht. Das ist aber die dramatische; denn in dieser hören die Worte auf, willkührliche Zeichen zu sein, und werden *natürliche* Zeichen willkührlicher Dinge." (Brief an Nicolai vom 26.5.1769; Bd. 17. S. 291)

b. Sprechenmüssen, Wahnwitz der Einigungen

(Geschehen als verzerrtes Sprechen – unsichtbare Taten? – Denken und Lachen – Gleichgültigkeit – kosmologische Vermutungen – Zufälle: Lüge oder Wahrheit – totaler Funktionalismus – Verlust des Verstandes – Konkurrenz und Verständigung im Leiden – Umkehrung von Gewalt – Wirkungen, semantisches Überbieten: Narrheit – Ambiguität – tödliche Vereinigungen)

„Vorsatz und Zufall: alles ist eins" (IV, 1; 422). So einfach, wie Marinelli meint, kann das in einem Trauerspiel des späten 18. Jahrhunderts nicht mehr sein. Marinelli versucht damit auch nur, den Erfolg dessen, was mißglückt ist (dritter Aufzug[452]), zu erzwingen. „Er muß erst selbst finden, wie zuträglich ihm dieser Tod ist. – Dieser Tod! – " (414) Weil der Prinz darauf eingeht, den Tod Appianis – bei wiederholter Forderung an Marinelli: „Ich will Rede!" (424) – als eine Frage der Verständigung anzusehen, kann Marinelli überzeugen (siehe 423 f.). Die Verständigung mit der nunmehr auftretenden Orsina überläßt er wieder Marinelli, auf dessen Vorschlag er im Nebenzimmer dabei sein darf, ohne beteiligt sein zu müssen: „wenn Sie wollen, werden Sie uns hören können." (425) Der Zuschauer hört ein Gespräch, das von einem Betroffenen belauscht wird. „Ein sonderbarer Zufall" (Marinelli; 426) wird aufgeklärt. Der Prinz las Orsinas Brief nicht, in dem sie Zeit und Ort eines Treffens auf Dosalo vorschlug; sie deutete die Nachricht, der Prinz sei dort hingefahren, als Antwort auf ihren Brief. „Von meiner Seite, der Brief: von seiner, die That." (ebd.) Sie kann keinen „Zufall" erkennen. Taten sind auf unkontrollierbare Weise bedeutend. Orsina fragt weiter nach dem Prinzen. Sie hat „weibliches Gekreusche" (427) gehört. Sie will „sehen" (ebd.), was geschehen ist. Genau die Erfüllung dieses Wunsches blieb bis heute jedem Interpreten verwehrt. Der Prinz wird auf unabsehbare Zeiten hinter der Kulisse weder etwas getan noch nichts getan haben. Wir brauchen uns nicht zu entscheiden. Außerdem liefert das „Gequicke" (426), welches Orsina hört, weder Anhaltspunkte für die Vorstellung einer Vergewaltigung noch gemeinsamer Wollust. Obwohl nicht einmal versichert wird, daß es von Emilia stammt, ist es doch nicht funktionslos. Es ist ein in den Text und auf die Bühne reichendes Moment von Sprache, das als eigene Verzerrung und als Irritation eines anderen Gesprächs funktioniert. Das ist das Geschehen. Aber es geschieht in der Perspektive Orsinas, die durch keine Szenenanmerkung unterstützt wird. Es geschieht jetzt als Bericht Orsinas. Der Prinz spricht mit Marinelli (IV, 1), Orsina ist angekommen (IV, 2) und, nachdem der Prinz die Szene verlassen hat, spricht sie mit Marinelli: „das Gequicke" wird immer unerklärlicher. Halten

452 Wir haben absichtlich die Tat, die nicht auf der Bühne gezeigt wird, nicht besprochen. Sie erscheint zum Beispiel als Vorwand zum Sprechen, in dem doch auch Empfindungen des Prinzen so gesagt werden, als ließen sie sich kaum sagen. Die Zurückhaltung des Prinzen wird nicht in seinen Worten entlarvt, sondern durch die Tatsache seines Redens als eines Einredens. Diese ebenso formelle wie sublime Gewalt ist gegen die Absicht der Sprecher im Geschehen des Sprechens dramatisch hervorgehoben.
Marinelli versteht sich mit dem Prinzen so gut, daß daraus der tautologische Irrsinn resultiert: Sprechen ist so lange erfolgreiche Handlung, als es Erfolg hat.
Und doch wird die barocke Antithese von Rhetorik und Heil untergraben. Das Drama blockiert die Zusammenstimmung von Intrige und subjektiver Empfindung. Das geschieht dadurch, daß kreatürliche und fürstliche Komponenten in einem weltlichen Subjekt zusammentreffen, wodurch „der Prinz indeß den Grund meines Gebäudes untergrub" (Marinelli, 424).
Der Anschlag des Fürsten auf die Kreatur ist zum Einbruch in deren tugendhaftes Begriffssystem geworden. Der fürstliche Einbruch ist der einer zitternden Kreatur, die die „unbedeutende Sprache" bedeutungsvoller Empfindungen beherrscht.
Die Lüge Marinellis im Einverständnis mit dem Prinzen gegenüber Odoardo hat auch die Funktion, in der Nachahmung der Gerechtigkeit gegenüber dem individuellen Ton die Intention des Trauerspiels zu erhalten. In dessen Konstellation oder Abschluß wird Sprache als Empfindung gesühnt.

wir uns an das dramatische Geschehen. Für Orsina erscheint es auf diesem Schlosse in den Sprechverzerrungen von „Gekreusche“ und ‚Geplapper‘ (IV, 3). Sie kann an den Orten, wo der Prinz verkehrt oder wo sie ihn vermutet, nur solche Verzerrungen erfahren. Marinellis Sprechen wird von ihr ständig kritisiert: „Hofgeschmeiß! Soviel Worte, so viel Lügen!“, „elender Schnickschnack“ (427), „nachplauderndes Hofmännchen“ (ebd.), „alberner Sünder“ (428), „Still mit dem Aber! Die Aber kosten Ueberlegung“ (429). Doch natürlich haben auch ihre Empfindungen kein anderes Pendant als das Sprechen (des anderen). In seiner Empfindung erfährt das Subjekt die Notwendigkeit des Sprechens, selbst in dem Bewußtsein, daß alles Lüge sein kann. Der Auftritt endet mit Orsinas Worten: „Sie sehen, wir sollen uns sprechen; wir müssen uns sprechen –“ (ebd.). Daß dieses nicht gelingt,[453] befördert ebenso den Ausgang des Dramas wie der Umstand, daß sie Gelegenheit zum Sprechen (mit Odoardo) erhalten wird.

Marinelli, der Orsina ja bereits vorher im Verdacht hatte, Bücher zu lesen (siehe 387), weiß sich gegen ihre Überlegenheit nur mit Ironie zu wehren, indem er sie eine „Philosophinn“ (428) nennt. Orsina weiß von dem „Zufall“ nicht so viel wie Marinelli, aber sie ist überlegen, da sie Marinelli im Dialog zum „nachplaudernden Hofmännchen“ machen kann. Doch ergibt die aus Empfindung kommende Überlegenheit über den Rhetoriker eine Sprache, die selbst wieder auf den Verkehr mit eben solchem rhetorischen Sprechen angewiesen ist. Deshalb kommt Orsina nicht zu ihrem Ziel und gibt mit dem männlichen Mittel des „Dolchs“ (436)[454] – metaphorisch gesehen – ihre Souveränität mittelbar ab an jemanden, der Souveränität gegen die unbedeutende Sprache nur deshalb ‚nützen‘ kann, weil er sterben will.

„Wie kann ein Mann ein Ding lieben, das, ihm zum Trotze, auch denken will?“ (428), wird Marinelli gefragt und gleich darauf zum „Mitlachen“ (ebd.) aufgefordert. Orsina inszeniert in ihren Sätzen die groteske Situation, daß zu lachen die einzige Möglichkeit sei, wenn sich etwas nicht als „sonderbarer Zufall“ (ebd.) denken läßt. Das Trauerspiel erfordert ein Lachen, wo sich nicht denken läßt. Aber die geforderte ‚Komödie‘ in diesem Trauerspiel bleibt ja der Vorschlag einer grotesken Episode. „Glauben Sie mir, Marinelli: das Wort Zufall ist Gotteslästerung“ (ebd.), beschließt Orsina den Spaß. Letztlich ist ‚Zufall‘ die ontologische Legitimation der Gleichgültigkeit. Die Apologie Gottes ersetzt das Drama, indem es sich an dessen Stelle begibt, denn die „willkührlichen Dinge werden hier zu natürlichen Zeichen“.[455] Zu denken heißt auch für Orsina: das Traurige Empfinden. Ihr Denken aus Empfinden erkennt die Totalität des Empfindens für den Menschen. Die Unmöglichkeit, gleichgültig zu sein, erzeugt den Glauben an den Sinn des Phänomenalen: „lernen Sie von einem Weibe, daß Gleichgültigkeit ein leeres Wort, ein bloßer Schall ist, dem nichts, gar nichts entspricht. Gleichgültig ist die Seele nur gegen das, woran sie nicht denkt; nur gegen ein Ding, das für sie kein Ding ist. Und nur gleichgültig für ein Ding, das kein Ding ist, – das ist so viel, als gar nicht gleichgültig. – Ist dir das zu hoch, Mensch?“ (428) Durch die letzte Frage wird Marinelli nicht ohne Ironie zum Stellvertreter der Menschheit. Denkend müssen wir empfinden; „nachdenkend bis zur Rührung“ (ebd.), lautet ein wenig später eine Anmerkung über Orsina. Lachend empfänden wir, was noch erst zu denken wäre.[456] Leidenschaftlich hält Orsina doch quasi einen Diskurs über die

453 In IV, 4 trifft Orsina den Prinzen, kann aber nicht mehr sagen als „Ha! da ist er.“ (429)

454 Außerdem führt Orsina Gift bei sich: „Gift ist nur für uns Weiber“ (436).

455 Siehe Anm. 451.

456 Die allgemeine Meinung lautet ja anders: „Posse“ und „Verstand“ (siehe z.B. „Nathan“. Bd. 3. S. 75) scheinen zusammenzugehören wie Trauerspiel und Empfindung. Der ebenso gängige Vermittlungsbegriff der allgemeinen Vernunft wird auf durchschaubare Weise vom Patriarchen der „Willkühr“ (S. 115) bezichtigt – nicht ohne ironische Wahrheit (vgl. IV, 2). Siehe zur Beziehung zwischen „Vernunft“ und „innerem Gefühl von den wesentlichen Wahrheiten“: „Eine Parabel“. Bd. 13. S. 99.

Unmöglichkeit eines Ansichseienden und über die Konstitutionsleistungen der Empfindung – aber nicht in freigewählter, beliebiger, sondern in erzwungener, weltentsprechender Subjektivität. Es spricht eine Figur, für die die Welt dennoch unberechenbar ist.[457] In einer kleinen Dialogpassage erscheinen ebenso „Leibnitzisch-Wolffische"[458] wie sensualistische Positionen, denen der Verstand als eine entwickelte Empfindungsfähigkeit gilt. Anthropologie, wie sie sich als Wissenschaft vom ganzen Menschen zu entwickeln beginnt (Wezel), erscheint gerade in den Bruchstücken privater Empfindungsäußerungen selten ohne kosmologisch vermutete Entsprechungen. Dabei geht es Orsina gar nicht um „die allgemeine Menschenliebe" („Die Juden". Bd. 1, S. 377). Daß „Aufklärung und Gefühle" nicht zu „isolieren" seien, wie „Kälte" und „Gefühlsflamme", beginnt in den siebziger Jahren eine allgemeine Auffassung zu werden, ohne daß man wirklich philosophisch die „Aufklärung des Geistes und Erfahrung des Gefühls gegenseitig verbinden"[459] kann. Es bleibt Postulat, wird Allgemeinplatz, aber bei Verlust eines Leibnizschen Hintergrundes scheint uns ohne einen Sprachbegriff eine neuerliche Vermittlung schwerlich zu begründen sein.

„Selten hat der Mann ohne Gefühl Verstand" – auf ähnlichem Niveau halten sich Postulate und Selbstverständlichkeiten; „Gefühllosigkeit" wird mit „Nichtbewustseyn"[460] identifiziert. Doch Orsina ist wiederum nicht nur Trägerin einer Meinung, sondern durch ihre Rolle selbst in ihrer Ohnmacht charakterisiert. Da „kein Ding" gleichbedeutend ist mit ‚kein Ding für die Seele', erscheint sie als Opfer des Verlustes einer Empfindung. Der Prinz ist eben an dieser Stelle gleichgültig. Dem verweigerten Begriff „entspricht" nicht „nichts" (427), sondern ihr Schmerz. Die „Seele" (ebd.) ist kein totales Subjekt, sondern nur das Subjekt des von ihr gesprochenen Satzes – und deshalb ist die Fähigkeit dieses Subjekts eingeschränkt auf ihr Interesse und die ‚Entsprechungen' des Prinzen. So erhält sich auch in ihrem ‚Diskurs' die primäre dramatische Funktion: Die Subjekte sind sich Gegenstände – und das gerade in bezug auf Empfindung. Orsina will denken und geliebt sein. Ihr Denken verschafft ihr nicht die Sicherheit, die sie in der Empfindung verloren hat. Bald verlangt sie noch von Marinelli: „Lügen Sie mir eines auf eigene Rechnung vor." (430) Denken und Empfinden, ohne kategorialen Unterschied im Sprechen, können in diesem verhüllt, entstellt oder offenbart werden, ohne daß das Kriterium der „Wahrheit" (ebd.) außerhalb der Verhüllung, Entstellung oder Offenbarung liegen kann. Wenn das Sprechen Marinellis wie des Prinzen nur auf Fortsetzung seiner selbst aus ist, dann kann auch ständig die Wahrheit gesagt werden, wie es Marinelli gegenüber Orsina im fünften Aufzug tut.[461] Aber die solchem Sprechen eigene Indifferenz zwischen Wahrheit und Lüge bringt auch letztere zum Scheitern. Nun vereiteln die „Zufälle", von denen Marinelli zu Beginn mehr wußte als Orsina, dessen Pläne. Er nennt den Namen „Emilia Galotti" (ebd.). Orsina kennt den Namen, weiß von dem Gespräch und von Appianis Tod (siehe ebd., 432). „Marinelli! daß ich diese Lüge nicht für Wahrheit nehme!" (430) In solcher epochalen Situation des Sprechens könnten weder Empfindungen noch Intrigen ihren Halt finden, beziehungsweise in ihnen zeigen sich die Grenzen der Welt zwischen zufälligen und wirklichen Bedeutungen. Aber diese richten sich je nach dem Empfindungspotential. Orsina spricht von Vorsehung („Vorsicht"; 428; siehe auch 432); das soll aber nur

457 Vgl. auch Eibl, a.a.O. S. 155.
458 Vgl. Sauder, a.a.O. S. 111.
459 Hottinger / Sulzer; zit. Doktor / Sauder, Empfindsamkeit, a.a.O. S. 33.
460 So ein unidentifizierbarer Mistelet (Über die Empfindsamkeit in Rücksicht auf das Drama, die Romane und die Erziehung. Altenburg 1778) und J. J. Mochel (Reliquien verschiedener philosophischen, pädagogischen, poetischen und anderer Aufsätze. Halle 1780), einer der ersten Lehrer am Dessauer Philanthropin; zit. Doktor / Sauder, Empfindsamkeit, a.a.O. S. 115, 126.
461 Einzig von Belang ist das Bedenken Marinellischer Art: „Sollte ich ihr schon zu viel gesagt haben?" (431)

die Zufälligkeit ihres Erscheinens ausräumen, um doch darauf bestehen zu können, den Prinzen zu sprechen. So gibt das Drama Rezeptionsanweisungen: die Vorsehung nicht als Vorsehung und Zufälle nicht als Zufälle zu verstehen. Beides wären Grenzen möglichen Empfindens. Da beide im persönlichen Gesprochenwerden ihre Nichtidentität zeigen, ergibt sich die Anweisung, Zufälle und menschliche oder wirkliche Pläne, Objektivitäten und Subjektivitäten des Empfindens in der Figurenrede auf die Struktur des Dramas zu beziehen, so daß Wahrheit nur in Momenten der negativen oder positiven Identität zwischen Gesprochenem und Dramensprache erscheint. Die Stärke von Orsinas Subjektivität liegt darin, Lüge für Wahrheit nehmen zu können – und faktisch handelt es sich bei der „Lüge" um eine zutreffende Äußerung –, den Widerspruch selbst empfinden zu können, so daß die beliebige Identität von Wahrheit und Lüge oder deren Parallelität zur Evidenz eines Zusammenhangs gesteigert werden.

Es könnten eine Fülle solcher Evidenzen vorgezeigt werden; über einen größeren Raum zum Beispiel ergibt sich die Zusammenstimmung eines Widerspruchs, daß nach Orsina die Frau ein „Ding", der Mann ein „Herr" sei (428), der Prinz aber, um den es hier geht und der ihr einen „armen Verstand" (387) bescheinigt hatte, selbst als ein „Raub der Wellen" (390) sich vorstellt. Und doch wird Orsina dann tun, wozu die „Herrn der Schöpfung" die Frau zwingen: „nichts als lachen" (428).

Orsina. Von Sinnen? Ha! ha! ha! (aus vollem Halse lachend) (432)

Sie hört ebenso plötzlich auf. Zu diesen Perversionen zwingt wiederum nur die Unbedingtheit ihres Empfindens. Es schützt sie vor Zufällen, deren Bedeutung sie durchschaut („Der Prinz ist ein Mörder!"; ebd.), und zwingt sie zur Selbstzerstörung in irrsinnigem Lachen. Zuvor beklagte sie eigentlich die Anstrengung, aus Empfindung zu denken: „mein Kopf! mein Kopf! (sich mit der Hand die Stirne haltend)" (429). Soeben noch ihre Entdeckung des Prinzen als eines Mörders geheimhaltend („aber es bleibt unter uns –"; 432), will sie diese Zersprengung von innen durch krude Öffentlichkeit erträglich machen: „Morgen will ich es auf dem Markte ausrufen. –" (ebd.) Im Öffentlichen reflektiert das Drama den Widerspruch des Inneren, im Lachen den des Denkens, im Diskurs den des Empfindens.

Die Subjektivität des Dramas ist eine andere als die der Figuren oder des Dichters.[462] „*Nichts unter der Sonne ist Zufall*" (428; Hervorhebungen von mir, W.N.), sagt Orsina. Auch Lessing konnte nicht „einen bloßen unbedeutenden Zufall" anerkennen. „Nein, das Ungefehr ist so übereinstimmend nicht" („Wie die Alten den Tod gebildet". Bd. 11, S. 25 f.).[463] Im ersten Fall wird über das Leben in einem Kunstwerk gesprochen, im zweiten theoretisch über Kunst. Anstelle kausaler Erklärungen strebt Lessing auch hier Evidenz an. Im ersten Fall muß die bloße Meinung eines kosmologischen Zusammenhangs in ihrer Subjektivität bekannt werden, nicht um widerlegt werden zu können, denn solches sind keine widerlegbaren Sätze. Einmal aufgefallene Subjektivität in kosmologischen Sehnsüchten oder gar Dogmen wird nicht eliminiert oder objektiviert. Subjektivität kann nur durch Subjektivität aufgehoben werden. Anstelle der Meinungen und Empfindungen, die ausgedrückt und mittels dramaturgischer Regeln objektiviert werden, anstelle des empfindsamen und rationalistischen Dramas tritt der „Funktionalismus" (Kommerell) von Brüchen, Zufällen, Behauptungen, Verwirrungen, Zwecken, – „ein Ganzes [. . .], das völlig sich rundet, wo eines aus dem andern sich völlig erkläret" („Hamburgische Dramaturgie", 79. Stück. Bd. 10, S. 120). So kann beerbt werden, was weder Meinung noch Dogma leisten können, erscheint das Drama als Spiegelung zum Beispiel von Orsinas

462 Vgl. auch Kommerell, a.a.O. S. 11, 28.
463 Etwa in der Zeit der Entstehung des Trauerspiels geschrieben.

Satz, der selbst weder als Meinung noch als Dogma halten kann, was er verspricht, denn er wird von Orsina in dieser Situation gesprochen. Aber die Empfindung, die sie dazu veranlaßt, und die Empfindungen, die sie dadurch veranlaßt, und die im Satz sich zeigende utopische Empfindung dessen, was weder nur gemeint noch verordnet werden kann, – dieses Unglück von Empfindungen an und in einem Satz wird durch das Drama gespiegelt und als ganzer literarischer Satz so eingelöst, daß man von einer Totalempfindung (Hölderlin) sprechen könnte.

Marinelli warnt Odoardo vor dem verwirrten „Verstande" Orsinas, die sich von ihm nicht hinauskomplimentieren läßt, „damit Sie wissen, was Sie auf ihre Reden zu geben haben, – deren sie oft sehr seltsame führet" (434). Auch darin, daß Marinellis wohlgeformte Sätze ihren Zweck verfehlen, zeigt sich die Kraft eines im Ansatz neuen Sprechens (Orsinas), das aus der Unbeirrbarkeit der Empfindung stammt und doch sowohl den Verlust der Empfindung denken wie die semantischen Tricks der Sprachbeherrscher durchschauen läßt. Zwar ist solches Sprechen ohne Position, aber es ist kritisch und von einer größeren Schärfe als etwa der direkte Vorwurf. Entgegen der Warnung Marinellis muß Odoardo in IV, 7 ständig zu Orsina wiederholen: „Reden Sie nur." (ebd.) Die Reflexion des Empfindens, ebenso kritisch, sentenziös wie persönlich vorgetragen, überzeugt den Vater, das heißt, durch sie wird er in den Dialog hineingezogen: „die Unglücklichen ketten sich so gern an einander. – Ich wollte treulich Schmerz und Wuth mit Ihnen theilen." (ebd.) Der Automatik eines Geschehens aus Empfindung korrespondiert wieder der fast belanglose Umstand, daß Marinelli Orsina, obwohl ihre „Hand nicht unsanft ergreifend" (433), nicht vom Schauplatz entfernen konnte.[464] So wollte er wenigstens die Potenz ihrer Rede in Verdacht bringen. Die aber bestimmt das Geschehen, wenn nicht über den Prinzen, so jetzt über dessen Widersacher. Orsina findet aus sich heraus zu Sentenzen, die die Wahrheit an Marinellis Lügen betonen können. Der Vater ist überzeugt und versichert sich: „bey Gott, so spricht keine Wahnwitzige!" (434) Orsina errät die von Marinellis „Lügen" erzeugte Einstellung: „Ich fühle so was! – Und glauben Sie, glauben Sie mir: wer über gewisse Dinge den Verstand nicht verlieret, der hat keinen zu verlieren. –" (ebd.) Marinelli hat gelogen, und doch ist es wahr. Marinelli hat zu einem spezifischen Zweck gelogen, Orsinas Wahrheit gibt sich als allgemeingültige – und gerade darin entlastet sich das Empfinden. Das wirkt sich dialogisch so aus, daß auch der „gute Alte" (435) um den Verstand gebracht werden soll, weil es möglich ist: „es kostet mich ein Wort, – so haben Sie keinen." (ebd.) Der Wahnwitz ist im Wissen vom Allgemeinen noch versteckt. Er realisiert sich erst als eine Wahrheit, die auf die beiden Menschen nur wie Wahnwitz wirkt, in der konkreten Situation, dem Sprechen und Hören. „Sagen Sie es! sagen Sie es! – Oder es ist nicht wahr, – es ist nicht wahr, daß Sie von jener guten, unsers Mitleids, unserer Hochachtung so würdigen Gattung der Wahnwitzigen sind –" (ebd.). Die Wahnwitzige weiß so viel mehr auch an Tatsachen, daß Odoardos Klassifizierung ihm gerade nicht den Abstand des Mitleids verschaffen wird. Er kann nicht aushalten, was Orsina sagt. Sentenz und die Tatsache, daß Appiani tot ist, sind als Funktionen dialogischer Wirkung zu betrachten. Die empfindsame Übereinstimmung ist der Wahnwitz als Abdruck objektiven Geschehens. Vom Verstand geleitete Handlungen bringen um den Verstand; Odoardo bezieht das direkt auf die Vermittlung Orsinas: „Sie wollten mich um den Verstand bringen: und Sie brechen mir das Herz." (ebd.) Verständigung geschieht um den Preis, beleidigt, betrogen, verlassen zu sein. Sie tut keinem mehr gut. Eigentlich hat man sie gar nicht gewollt. „Wir, Alter, wir können uns alles vertrauen. Denn wir sind beide beleidiget; von dem nehmlichen Verführer beleidiget." (436) So schließt diese Szene.

464 Vgl. auch zum „motivirten Auftreten und Abgehen der Personen": „Hamb. Dramat.", 16. Stück. Bd. 9. S. 251; zur „beleidigten Liebe" und zum „Heroismus": 30. Stück. Bd. 9. S. 310 f.

Doch auch hier noch Konkurrenz: „wenn Sie wüßten, wie überschwänglich, wie unaussprechlich, wie unbegreiflich ich von ihm beleidiget worden, und noch werde: – Sie könnten, Sie würden Ihre eigene Beleidigung darüber vergessen. –“ (ebd.) Und fast genußvoll macht Orsina sich zum Markenzeichen: „Ich bin Orsina; die betrogene, verlassene Orsina. –“ (ebd.) Das war Marwood auch, ohne sich nur zum Objekt des Entzugs von Empfindungen zu degradieren. Orsinas Sprechen, ihre Tat sind vermittelter. Sie gewinnt den Vater, hat ihm schon den Dolch übergeben. Marwoods Brief brachte den Vater an den Schauplatz, konnte ihn aber nicht zu ihrem Handlanger machen. Orsina fühlt sich „vielleicht“ (ebd.) nur um Emilias willen verlassen. Zwar tötet auch sie indirekt die Hauptfigur, aber sie empfindet nicht gegen Emilia. Eine völlige Opposition zu dem „Herz“ des „Verräthers“, dessen „Eingeweide“ durchwühlt werden sollten: „Ha! das sollte ein Tanz werden! das sollte!“ (436 f.) – führt zu einer Vision von Gemeinschaft: „Wann wir einmal alle, – wir, das ganze Heer der Verlassenen, – wir alle [. . .]“ (436) Aber auch diese Gemeinschaft würde auf der Umkehrung von Gewalt beruhen. Sie bestände noch aus einem inkorporierten Heer von zerstörten Sätzen. Der Prinz ist ja nur angeklagt, daß er nicht so, wie er versprochen hat, auf Dauer empfindet.

Dieses Dilemma zwischen Sprechen überhaupt und Empfinden, die beide im Versprechen das Ich, sei es das des Prinzen oder Mellefonts, überfordern, wird durch die Empfindungsgemeinschaft ebenfalls nur momentan gelöst in der Destruktion.

Bevor Orsina die Bühne verläßt, nach dieser Vision der Zerstörung und der fleischlichen Rache, verständigen sich Odoardo und sie noch einmal über ihre Handlungsfähigkeit.

> Orsina. Bin ich wahnwitzig?
> Odoardo. (wild hin und her gehend) O, – noch bin ich es auch nicht. (437)

Wahnwitz, Handlung und visionäre Empfindungsgemeinschaft sind aber schon in eine zwanghafte Kongruenz ihrer Auswirkungen getreten. Um es zu letztem kommen zu lassen, bedarf es nur noch einer semantischen Verschiebung im Dialog zwischen Orsina und Odoardo. Emilia sei „schlimmer als todt“ (Orsina) – der Vater kennt „nur Ein Schlimmeres –“ (435). Orsina nimmt zurück und verstärkt dadurch gerade das semantische System des Vaters, welches ebenso wie der ‚männliche Dolch‘ tödlich wirkt, indem es sich den Tod unterordnet. „Nicht zugleich auch todt“, sagt Orsina und verspricht Emilia ein vorübergehendes „Schlaraffenleben“ (ebd.). Die Empfindungen steigern sich gegenseitig und vergessen ihre Narrheit. Nachdem Orsina dem Vater, der sein „Gewehr“ sucht, ihren „Dolch“ zur Verfügung stellt („Damit kann ich aushelfen! –“), beteuert er: „Ich danke, ich danke. – Liebes Kind, wer wieder sagt, daß du eine Närrinn bist, der hat es mit mir zu thun.“ (436) Er ist selbst ein Narr geworden – und zwar durch die Steigerung seiner Semantik von Tugend und Tod. Orsina konnte die Wirkung ihrer Worte, die gar keine Apologie der Tugend waren, sondern der verletzte Anspruch eigener Empfindungen, beobachten: „Wirkt es, Alter! wirkt es?“ (ebd.)

Diese Wirkung, die zur ‚männlichen Tat‘ führt, ist die von Frauen, sowohl die Emilias als hier die Orsinas. Es ist wie bei Marwood, hier aber gänzlich vermittelt, die Wirkung ihres Sprechens. Die Identität von Sprechen und „Gift“ (ebd.) ist hier so gesteigert, daß in einem die wahre Empfindung in der selbstzerstörerischen Betätigung des eigenen Sprechens gerade dasjenige vernichtet, um dessen Erhaltung es ihr geht.

> Odoardo. Das Wort, Madame; das einzige Wort, das mich um den Verstand bringen soll! heraus damit! – Schütten Sie nicht Ihren Tropfen Gift in einen Eimer. – Das einzige Wort! geschwind.
> Orsina. Nun da; buchstabiren Sie es zusammen! – Des Morgens, sprach der Prinz Ihre Tochter in der Messe; des Nachmittags hat er sie auf seinem Lust – Lustschlosse. (435)

Im Verlust des Verstandes erscheint nicht nur die Positivität der Leidenschaft. Verloren wird nach Orsinas Diktum der Verstand, sobald er nicht mehr nur die Unterscheidung von Dingen und Begriffen leistet, sondern schneidend auf den Sprecher selbst bezogen wird. Dem aber mißlingt die Gliederung seiner Empfindungen auch aus dem bedeutenderen Grunde, daß die Sprache als Dramensprache funktionell-metaphorisch ist und daß sie als gesprochene Sprache Lüge und Wahrheit in eins sein kann. Hier erst taucht Subjektivität, und zwar sofort als Bedrohung in sich, nicht nur für anderes, auf. Sprechen ist hier auch in gegenseitige Befehle von Mann und Frau getrennt. Orsinas Buchstabieren entläßt die giftige Bedeutung, die deshalb trotzdem Erkenntnis vermitteln kann, weil Odoardo („Weiß ich nicht schon genug?“; 434) zwar sich in der Steigerung seines Systems bestätigt findet, dennoch aber etwas von der grundsätzlichen Mehrdeutigkeit des Sprechens, zumindest an diesem dramatischen Schauplatz, erkennen muß: „So viel Worte, so viel Lügen!“ – (Orsina; 427) Übrigens erkannte gerade auch Orsina eine Ambiguität in Emilias kirchlicher „Andacht“ (399), die die „Innbrunst“ (435) eines Gesprächs nicht verhinderte. An diesem Gespräch wird trotz Odoardos Nachfragen auch von Orsina nicht unterschieden, wer sprach (siehe 435). Trotz dieser vom Verstand nicht zu gliedernden dargestellten und darstellenden Ambiguität erzielen Befehl und Wortspiel eine Einigung, gegen die die scheinbar gemeinsam Empfindenden dann selbst ohnmächtig sind. „Verleumdung!“ (436), versucht der Vater noch einmal abzuwehren, aber es ist zu spät. Empfindungen zeigen unter anderem auch die Struktur des persönlichen Interesses. Indem sie das Sprechen direkt zu legitimieren scheinen, entwickelt sich dieses direkt zur Tat, in der die Einheit des Unvereinbaren wieder erscheint. Jeder hat seinen Teil – vernünftig und giftig, verständig und wahnwitzig – beigetragen. Doch Emilia ist noch nicht tot. Kaum auch läßt sich behaupten, es sei Schlimmeres geschehen. Die absurde Inschrift dieses Trauerspiels liegt darin, daß Emilia diese Teile als den Stoff akzeptiert, aus dem sie gemacht ist und der schon fertig als vereinigtes Sprechen ist. Kann man Emilias karge Sätze und die Seltenheit ihres Sprechens überhaupt nicht doch als Zusammenfassung und Kondensierung der Sprechmöglichkeiten oder Gesprächsteile auffassen, die die anderen Figuren in extenso ausführen? Dann hätte man in intenso den Titel als Figurennamen und Drama gedeutet. Zusammengesehen mit „Sara“ ergäbe sich für die Epoche eine trauerspielhafte Kongruenz von Sprachfülle und Sprachverzicht. Ein anderer Aspekt, meinethalben paradigmatisch auf das Bürgertum bezogen: Geht die Entwicklung Saras zu allmählich vonstatten, so entwickelt sich Emilia unversehens zu schnell. Wir hatten schon auf die Zeitnot der Figuren hingewiesen. Emilia, die „Furchtsamste und Entschlossenste“ (437), ist in V plötzlich da als eine, deren Sprachentscheidungen und -befürchtungen – die anderen Figuren spielten gleichermaßen die Varianten durch – plötzlich nicht mehr nur als Attribut der Figur angeheftet sind, sondern derart identisch werden, daß die in ihnen dargestellte Zeit ihren einzigartigen Ausdruck in einem Subjekt erhält, welches doch nur ein scheues Bürgermädchen ist. Hier werden im Verzicht die Angebote der Zeit realisiert. Gewinnt ‚Emilia‘ damit eine literarische Dimension von Zeit und Gedanken, die die Kürze des (dargestellten) Lebens aufwiegt?

Indem Emilia am Ende spricht und sich als Subjekt verfertigt, bringt sie die Empfindungen zur Auslösung. Aus dem Sprechen werden die Empfindungen befreit und zerstören in der Tat den Sprecher, der sie im Sprechen vereinigt hat. Die sich untereinander nur geeinigt haben, überleben. Symbolisch gesehen, kann die Erscheinung des einzelnen Subjekts im Verschwinden auf vielfältigste Weise gelesen werden als Vereinigungsort: von männlicher Tat und weiblichem Tun, von Begriff und Bild, Syntax und Semantik, Wunde und Stahl, Bruch und Geradheit, Sinnlichkeit und Sprechen, Empfindung und Gleichgültigkeit oder Leben und Tod – im Wort, welches Lessing das „Kind“ nannte.[465] Das Kind,

465 Zur Erinnerung: „Der Begriff ist der Mann; das sinnliche Bild des Begriffes ist das Weib; und die Worte sind die Kinder, welche beyde hervorbringen.“ („Anti-Goeze“. Bd. 13. S. 190)

ein bißchen manieriert gesagt, ist älter als die Eltern. Andererseits ist Emilia Galotti so jung, daß sie fast nicht mehr zum bürgerlichen Trauerspiel gehört, sondern bis heute noch einzulösende Darstellungsprobleme von Empfindung aufgibt. Emilia beginnt zu empfinden und stirbt, bis heute hat dieses Empfinden keine eigene Semantik; nicht nachahmende Sprache kann nicht nachgeahmt werden. Das Unberechenbare hat gegenüber „Miß Sara Sampson“ und folgenden Trauerspielen einen höchsten integrierten Funktionswert erhalten.[466] Und doch ist das ‚Wort‘ alt und hat eine lange Tradition wie das Wort „Rose“ und der Name „Virginia“.

Die Auflösung geheimnisvollen Sprechens und der Zufälle beruhigt nicht und macht nicht verständig. Sie erzeugt den hektischen Wahnsinn, in den selbst der gestrenge Vater verfällt.[467] – Jede nur intersubjektive Einigung gehorcht einem impliziten und nicht legitimierbaren Befehl, wie ihn in der Komödie sogar ein Bediensteter ausspricht, der dann doch Angst vor den Folgen solcher ‚Einigung‘ hat.

> Just. Ich will, daß Sie es empfinden sollen, wie sehr man Sie beleidiget.
> v. Tellheim. Und dann?
> Just. Daß Sie Sich rächten, – Nein [. . .] („Minna von Barnhelm“. Bd. 2, S. 178)

c. Frevel der Entschiedenheit, Fassung des Irrsinns

(Parteien? – Besinnung – Wille und Selbstbewußtsein – Wahn und Wissen – folgenlose Wahrheit – Tat als verkehrtes Sprechen – monologische Fremdheit – das Ende des Spiels – Alternativen – Sprachflucht – Unrecht)

Noch einmal scheint sich das Drama in die Darstellung von zwei Parteien zu spalten, wenn im letzten Aufzug Marinelli den Prinzen beruhigt, zuvor aber der Repräsentant der bürgerlichen Klasse vom Wahnwitz angesteckt wird. Erst in diesem Zustand wird Odoardo handlungsmächtig. Die Situation ist im Gespräch mit Orsina schon eingetreten. Die Handlungsmächtigkeit erregt aber Furcht und Mitleid, denn sie beinhaltet die Zerstörung der eigenen Produkte. Der Prinz zweifelt, daß Odoardo „so zahm nicht ist“ (439). Er ist bereits „wild“, „stampft, und schäumet“ (436). Doch des Prinzen Bedenken beziehen sich eher noch auf den „alten Murrkopf“ (385), der ihm schon einmal Paroli bot. Der Repräsentant einer sich als allgemein verstehenden Menschenklasse ist also durchaus nicht nur Vertreter von allgemein Menschlichem oder ruhiger semantischer Systeme, sondern er handelt im Sinne eigener Interessen. Doch die Qualität des Handelns hat sich gegen den Rahmen von Plan und Ausführung, von Einhaltung positiver Besitzansprüche verändert. Für Odoardo wird das kein Ausweg sein, was der Prinz befürchtet, nämlich daß er Emilia „gar in ein Kloster, außer meinem Gebiethe, verschließt?“ (439)

Das Trauerspiel erprobt die Möglichkeit zu leben – am Orte, ist darin vielleicht der Anwalt der Bürger, die, noch handlungsfähiger etwa als Lenz' „Hofmeister“, ohne idyllische Fluchtpunkte beharren, auch wenn zumindest den Liebenden diese fernen Orte in den Sinn kommen.

Marinelli wehrt ab: „Wozu dieser traurige Seitenblick?“ und befiehlt: „Vorwärts!“ (ebd.) Vorwärts geht es aber auch schon ohne ihn.

In einem Monolog im zweiten Auftritt des fünften Aufzugs besinnt sich Odoardo: „Gut; ich soll noch kälter werden.“ (ebd.) Der höfischen Partei wird zunehmend die Teil-

466 Siehe auch Schröder, a.a.O. S. 191. Es ist andererseits an den Teil der Rezeptionsgeschichte zu erinnern, der Schlegels Diktum von der „dramatischen Algebra“ verpflichtet ist.

467 Später wiederholt er sich: „Ja wohl hat sie Recht die gute Sibylle: Wer über gewisse Dinge seinen Verstand nicht verlieret, der hat keinen zu verlieren!“ (445)

nahme am Problem entzogen. Verstand und Gefühl scheinen wieder bei sich zu sein – und werden sich doch, einmal infiziert und der Tatsache anderer Welten und fremden Sprechens überhaupt konfrontiert, wieder durchdringen: in Affekt und Reflexion, in sinnlicher Reflexion und im Affekt aus Vernunftgründen.

Odoardo ist durch Orsina nicht wie verwandelt, er hat nur seine Verwandlungsfähigkeit gezeigt: auch dies eine Gefahr für ihn und seine Umwelt, ebenso wie seine Starrheit. Aber nun kann er wieder unterscheiden, hat im Monolog seine Sprache, nicht nur die des beidseitigen Empfindens: „Nichts verächtlicher, als ein brausender Jünglingskopf mit grauen Haaren! Ich hab' es mir so oft gesagt. Und doch ließ ich mich fortreißen: und von wem? Von einer Eifersüchtigen; von einer für Eifersucht Wahnwitzigen. – Was hat die gekränkte Tugend mit der Rache des Lasters zu schaffen? Jene allein hab' ich zu retten. – " (439 f.) Er löst sich aus der kommunikativen Einigung. Außerdem leugnet er den Zusammenhang der Begriffe. Indem er etwas „allein" zu retten versucht, verliert er alles. Sein Standpunkt wird untergehen, Recht behält er allein als eine Funktion des Textes, in dem er selbst mehr und mehr zum Handlanger wird.

Sogleich steigert sich diese ‚Selbstbesinnung' zur Rache auch des ‚Sohnes' in einer Vision von Marter, Ekel, Blutigkeit und dem „Hohngelächter der Hölle", das dem Prinzen seine „Lust" „vergälle" (440). Der Plan ist fertig und von schrecklicher Entschiedenheit: „Genug für mich, wenn dein [Appianis] Mörder die Frucht seines Verbrechens nicht genießt. – " (ebd.) Es kann nicht wichtig sein zu spekulieren, ob Odoardo „Kloster" oder „Tod" meint, denn wir haben seine Meinung nur als diesen Satz. Der Satz nimmt aber seine Entscheidung vorweg, die sich eigentlich nur in Emilia bilden könnte, was dann auch geschieht. Dies ist der eigentliche Frevel des Satzes.

„Weinen konnt' ich nie" (ebd.), sagt dieser Bürger und vertritt den klaren Blick über ein Terrain, auf dem ein Graf von einem Kammerherrn zugunsten eines Fürsten ermordet wurde. Damit bleibt er der Widersacher, der er schon von Anfang an war, jetzt noch einmal gegen Marinelli, dann gegen ihn und den Prinzen; am Ende ist er mit dem Prinzen allein. Die Bewegungen dieser unveränderten Antipathie umspielen das eigentliche Problem des Subjektseins. Während die Lässigkeit Marinellis und die Undeutlichkeit des empfindsamen Prinzen den Tod Appianis herbeiführen, geschieht der Tod Emilias durch die Entschiedenheit Odoardos. Von Sinnen sind sie alle. In diese umgangssprachliche Wendung ist paradoxerweise (?) die Voraussetzung eingegeben, daß sie alle sinnliche Wesen sind. Die Sinnlichkeit Odoardos erscheint gerade an den Grenzen der Durchsetzung seiner Semantik. „Aber, sieh da! Schon wieder; schon wieder rennet der Zorn mit dem Verstande davon. – Was will ich? Erst müßt' es doch geschehen seyn, worüber ich tobe" (441), sieht sich Odoardo in ein Selbstgespräch versetzt. Auch dieser folgende Monolog (V, 4) bringt ihn zu sich zurück, erweist aber seine potentielle Schizophrenie, die deshalb nicht tötend ausbricht, weil sie sich noch im (Selbst-)Gespräch weiß. Das Gespräch gilt aber nur mehr der möglichen Feststellung eines Willens. Dessen Semantik nun dirigiert schon das Gespräch und läßt es auf die tautologische Haltung tendieren, seinen Willen haben zu wollen, ohne zu wissen, was gewollt werden soll.

Zunächst das eine: „Sie soll mit mir." (ebd.) Das war von Anfang an so und scheint dem Trauerspiel keine Rettung zu sein. Marinelli will Emilia vom Prinzen nach Guastalla bringen lassen: „Allerdings wird der künftige Aufenthalt der Tochter einzig von dem Willen des Vaters abhangen. Nur vors erste – " (ebd.). Der ironischen Achtung seines Willens widersetzt sich Odoardos unbefriedeter Anspruch. Er fragt, warum; Marinelli weiß nicht mehr zu antworten.

Marinelli. Warum? Erwägen Sie doch nur –
Odoardo. (hitzig) Erwägen! erwägen! Ich erwäge, daß hier nichts zu erwägen ist. – Sie soll, sie muß mit mir. (ebd.)

Marinellis letzter und vager Versuch, das Reden in Gang zu halten, ist gescheitert: „Der Prinz entscheide“ (ebd.), zieht er sich auf die alte Manier zurück. Odoardo erkennt das „nichts“, das geredet und erwogen wird, stellt dem aber nur die eigene Unbedingtheit gegenüber. Somit scheinen Wahn und Abwesenheit die Erscheinungsformen des Sinns und des Selbstbewußtseins zu sein. „Mir vorschreiben, wo sie hin soll? – Mir sie vorenthalten? – Wer will das? Wer darf das? – [. . .] Kurzsichtiger Wütherich! Mit dir will ich es wohl aufnehmen. Wer kein Gesetz achtet, ist eben so mächtig, als wer kein Gesetz hat. Das weißt du nicht? Komm an! komm an! – “ (ebd.) Wohlgemerkt ist dies eine dem Gespräch folgende Passage aus dem Monolog, der den anachronistischen Mut eines Ritters und outcast zugleich vorführt. Die bürgerliche Klasse ist mächtig, selbstbewußt und homogen wie ein Wille, sofern er gegen Liebesansprüche und Lustpraktiken einer anderen Klasse geht. Dazu müßte man aber die andere Klasse an einem Menschen ausfindig machen und fixieren können. Das ginge leichter mit Marinelli als mit dem Prinzen. Dennoch bleibt die vorgegebene Antipathie, vielleicht nur aus juristischer und persönlicher Veranlassung entstanden, stabil. Aber während Odoardo mit einem Schatten boxt, ist er sich selbst und seiner Klasse oder Familie zur Gefahr geworden. Sein Verhalten ist nur eines gegen den vermeintlichen Feind. Die Gefahr eigener Empfindung zwischen „nichts“ und „alles“, die nach Claudia in der Sprache des Hofes verkehrbar sind, bei Odoardo dann aber faktisch auch, – wird nicht erkannt, obwohl sie offen zur Sprache gebracht wird. Das, was gegen den Willen an Worten entsteht, wird wieder eingekapselt in jenem. So wird Odoardo aufgrund einiger Worte Emilia töten, ohne ein Wissen davon zu realisieren. Er wiederholt sie nur in V, 8, wie auch Orsinas Worte, und denkt weiterhin in juristischen und persönlichen Schemata, die seine Welt gliedern und garantieren. Emilia realisiert in ihren Worten ein Wissen von Empfindung und Tod, ohne selbst tätlich werden zu müssen. Ihr Wissen ist die Tat, die der Vater nur vollziehen kann. So wirkt nur im Trauerspiel die Tat aus unbegriffenen Empfindungen zwar tödlich, aber doch auch als Kulmination wahrhaft allgemeiner Empfindung. Deren Worte legt das Trauerspiel vor. In ihnen wird das Ich zum Wahn der Bedeutung, die es der Nichtigkeit gerade abgeschlagen hatte.

Die Chance, die in den Worten liegt, ist nicht die einer Klasse, sondern die allgemeine, weder bloßer Ichbesitz noch nichtig zu sein. Empfindungen, die die Grenze zwischen „ich“ und „nichts“ bedeuten wollen, realisieren im Trauerspiel ihren Totalitätsanspruch aber nur in zweierlei Vernichtung, der von Ich und Nichtigkeit als Folge ihres Sprechens.[468]

„Ruhig, alter Knabe, ruhig!“ (442) So versucht Odoardo am Ende seines Monologs, sich am eigenen Schopfe aus dem Sumpf zu ziehen, bevor der Prinz kommt. Der Vater weiß wieder, gegen den Prinzen, was „einzig ziemet. – Entfernung aus der Welt; – ein Kloster, – sobald als möglich.“ (ebd.) Auf der Ebene der Meinungen ist dem Prinzen wohl ebenso zuzustimmen. Er warnt den Vater, „gegen die Welt so unversöhnlich“ (443) zu sein. Marinelli und der Prinz versuchen eine letzte Täuschung und beabsichtigen die Ordnung ihrer Welt nach dem Verfahren eines Gerichts. So vermöchte man, „Emilien in eine besondere Verwahrung zu bringen“ (445). Odoardo ist hellwach und bei Bewußtsein; daraus folgt aber nur, daß die Welt so bleibt, wie sie ist, und allenfalls im Affekt verändert wird.

> Odoardo. O ja, ich sehe – Ich sehe, was ich sehe. – Gott! Gott!
> Der Prinz. Was ist Ihnen? was haben Sie mit sich?
> Odoardo. Daß ich es nicht vorausgesehen, was ich da sehe. Das ärgert mich: weiter nichts. –
> (444)

468 Siehe andererseits zum politischen Aspekt des Leidens, zur „Totale der einzeln“ und „des Staats“: „Ernst und Falk“. Bd. 13. S. 352. Es wird mithin die Frage an andere Gattungen, Zeiten und Individuen gestellt werden müssen, ob dieser Totalitätsanspruch sich positiv aussprechend realisieren kann – und um welchen Preis es möglich ist, nicht eine Satire zu schreiben.

Eine Beleidigung des Selbstbewußtseins, welches das, was es immer schon zu wissen meinte, neu erkennen muß, und zwar kraft fremder Macht? Diese geht nun so weit, wieder semantische Verzerrungen und Okkupationen vorzunehmen, vor denen der Klarsichtige nur drohend und stammelnd den Ausweg in den (unterdrückten) Affekt findet.

> Odoardo. Besondere Verwahrung? – Prinz! Prinz! – Doch ja; freylich, freylich! Ganz recht: in eine besondere Verwahrung! Nicht, Prinz? nicht? – O wie fein die Gerechtigkeit ist! Vortrefflich! (fährt schnell nach dem Schubsacke, in welchem er den Dolch hat)
> Der Prinz. (schmeichelhaft auf ihn zutretend) Fassen Sie sich, lieber Galotti –
> Odoardo. (bey Seite, indem er die Hand leer wieder heraus zieht) Das sprach sein Engel!
> Der Prinz. Sie sind irrig (445).

Der Irrsinnige lebt weiter, allenfalls die äußere Fassung zurückgewinnend. Das mag ein Blick auf die Geschichte des Bürgers sein. Keinesfalls hätte dieses Drama politische Brisanz gewonnen, wären der Prinz oder Marinelli erstochen worden. Der Dolch ist nur einmal zu gebrauchen und nicht gegen die ganze Welt. Täte man letzteres, wäre es eine triebhafte Folge des Irrsinns aus verkehrtem Sprechen, wobei dieses noch die Erklärungskompetenz usurpierte. Odoardos folgende Tat ist zwar auch die Konsequenz eines fremden Sprechens (Virginia-Emilia), das sich aber realisiert in der geschichtsbezogenen Allgemeingültigkeit einer Selbstbestimmung, die die Empfindung im sprechenden Subjekt erhält.

Politisch brisanter ist die unterdrückte Tat. Die auf einen Satz hin ausgelöste partikulare Selbstreflexion Odoardos realisiert sich als Handlungshemmung, aber nicht als Ohnmacht im politischen Kampf.[469] Brisanter auch ist der in dieser Passage zu lesende Wunsch nach Leben, sei es ein Überleben und Ordnen des Verbliebenen. Es ist der Wunsch zu sprechen, nachdem gerade metaphorisch ein Engel das ihm anvertraute Leben gerettet hat, im Augenblick das des Prinzen. Odoardo wiederholt sich Orsinas Sentenz über den Verstand und seinen Verlust. Das ‚Orakel' ist ihm deutlich geworden.[470] Die ‚Natur' spricht so, daß nicht nur, wie Odoardo meinte, das Herz, sondern auch der Verstand gebrochen wird. Sie spricht als unbedeutende Welt, aber auch positiv als Empfindung des Subjekts und des Trauerspiels. Wie die gerade im Kampf um ihre Anerkennung gekommene Orsina will auch Odoardo nur noch sprechen. Das Selbstbewußtsein, welches in der Niederlage gerade erschien, hütete Orsina nicht davor, den Prinzen sprechen zu wollen. Orsinas Empfindung bezieht sich auf etwas, was sie nicht mehr hat. Sie kann mit dem Prinzen nicht mehr sprechen. Odoardos Empfindung bezieht sich auf etwas, das er schon teilweise im Sinne der unverletzten Tugend verloren hat und das ihm noch ganz genommen werden soll. Im soeben apostrophierten rettenden Sprechen zeigt sich aber der Verlust alter Positionen, den Orsina schon hinter sich hat. Im Kleinen ist das Ganze nicht zu bewahren. Das Neue im Miteinandersprechen wird ermöglicht durch Odoardos Resignation. Man könnte sagen, es wird am Ende des Dramas emphatisch durch den Übergang von der durch die Figuren vernichteten Empfindung zur poetischen Empfindung des Trauerspiels. Der resignative Wunsch Odoardos ermöglicht das neue Vorhaben, sprechend als Empfindende zu leben und in der Wahrheit des Sprechens die eigenen Empfindungen sterbend zu erkennen. Aber der Bürger Odoardo sieht hierin keine Möglichkeit, obwohl oder weil ihm die Aktion ebenfalls fast unmöglich wurde. Tragische Ironie kann darin liegen, daß er aus dem resignativ verstandenen Sprechen als letzter Möglichkeit doch zur Aktion kommt.

469 Paradigmatisch kann hier wieder auf Szondis Vorwürfe gegen Lessings Dramentheorie und seine Empfindsamkeit hingewiesen werden, die er ohne gründliche Untersuchung für „Emilia Galotti" auch gelten läßt: a.a.O. S. 163, 166 f.

470 Vgl. „Kleonnis". Bd. 3. 2. Auftritt.

Odoardo. (der in tiefen Gedanken gestanden) Wie? so soll ich sie gar nicht sprechen meine Tochter? Auch hier nicht? – Ich lasse mir ja alles gefallen; ich finde ja alles ganz vortrefflich. Das Haus eines Kanzlers ist natürlicher Weise eine Freystadt der Tugend. O, gnädiger Herr, bringen Sie ja meine Tochter dahin; nirgends anders als dahin. – Aber sprechen wollt' ich sie doch gerne vorher. [...] sie dieser Trennung wegen zu beruhigen: – muß ich sie sprechen, gnädiger Herr, muß ich sie sprechen.
Der Prinz. So kommen Sie denn – (446).

Der zur Ironie gebeugte Wille Odoardos verlangt nur noch etwas gegen das eigene Fleisch und Blut. Emilia solle zu ihm kommen. Soweit die Situation. In der folgenden Szene, dem dritten Monolog Odoardos in diesem Aufzug, wird deutlich, daß für ihn die Möglichkeit, nur sprechen zu können und zu dürfen, gleichbedeutend damit zu sein scheint, sterben zu müssen. Das ist das furchtbare Mißverständnis. Sara wünscht sich ein nochmaliges Leben, um sprechen zu können, aus keinem anderen Grund, als daß Empfindungen sein sollen. Das Mißverständnis dieses Bürgers erhält sich bis zu Szondi bei den Interpreten, wenn sie das Fehlen politischer Aktionen oder revolutionärer Anweisungen beklagen.[471] Solches könnte vielleicht doch, sicherlich von den Interpreten nicht beabsichtigt, auf ein Prinzip in Odoardos Denken selbst hinauslaufen, das nur um so reiner am Patriarchen im „Nathan" hervortritt. „Alle bürgerliche Bande / Sind aufgelöset, sind zerrissen, wenn / Der Mensch nichts glauben darf." (Bd. 3, S. 118) Es muß ja nicht der Glaube an Gott sein, sondern überhaupt nur der Glaube an eine sinnvolle Bindung von Überzeugung und Tat, die sich gegenseitig legitimieren. Legitimation und Legitimiertes fallen zusammen, der Wille steuert unbeirrbar auf die eigene Tautologie und Repetition zu: „Thut nichts! / Der Jude wird verbrannt . . . " (S. 117) Nicht ein Dolchstoß realisiert in der „Emilia Galotti" (V, 7) Neues, sondern ein Satz in der Wendung alter Not. Der Satz (von der Rose) hat einen nicht zu unterschätzenden Vorteil, der nicht nur ästhetisierenden Gemütern zugänglich ist. Er übernimmt die Darstellung des Gesichts, das „auf eine ekelhafte Weise verstellet" („Laokoon", 2. Bd. 9, S. 17) sein müßte. Nicht Emilia, sondern der Vater ist „hitzig" (441), „höhnisch" (443), „bitter" (444); er „blickt wild umher" (446). Der Vater unternimmt „sprechende Thaten. Fast möchte ich sie schreyende nennen" („Ernst und Falk". Bd. 13, S. 347), aber Emilia spricht ruhig.

Odoardo ist weder zu zähmen von denen, die ihn beobachten, wie er „die Arkade auf und nieder" (438) geht, noch von seinen eigenen Gedanken, die in monologischer Sprache ihre Fremdheit zum Sprecher ebenso zeigen wie dessen immanente Selbstentfremdung. So führt sowohl Marinellis Intrige als Tat und semantisches Manöver wie auch Odoardos Begriff von Weltordnung zu momentaner Schizophrenie: „Ha! ha! ha! – (blickt wild umher) Wer lacht da? – Bey Gott, ich glaub', ich war es selbst. – " (446) Das ist nicht simpel als die Irrationalität der Rationalität zu etikettieren. Konsequenz und Wille lassen den Verstand seinen Verstand verlieren. Für ein über die Empfindsamkeit hinausgehendes Sprechen der Empfindung, das diesen ‚Wahnsinn' aufheben könnte, fehlt das Vertrauen, ganz zu schweigen von der Erkenntnis der Bedingungen seiner Möglichkeit. Orsina brachte die Mordwerkzeuge mit unter dem rationalen Vorbehalt, Empfindungen noch einmal im Gespräch zu prüfen. Ihr Wahnsinn ist rationale Konsequenz aus dem Verlust dessen, was miteinander sprechen läßt. Sie kann nur noch mit Odoardo sprechen. Durchsetzung

471 Vgl. z.B. Szondi, a.a.O. S. 153. Aus Klägern werden Angeklagte; das Schema ist herumgedreht (vgl. Seeba, a.a.O. S. 96 f.; Grimm, a.a.O. S. 180–182). Auf die größere Durchschlagskraft der Literatur des ‚Sturm und Drang' setzen zumeist jene Interpreten, die selbst gegen „die kränkliche sogenannte moralische Empfindsamkeit und Empfindlichkeit" die „Kraftäußerungen im Menschen" (F. M. Klinger: Betrachtungen und Gedanken über verschiedene Gegenstände. 2. Teil. Werke. Bd. 12. Königsberg 1809. S. 10, 70) stellen. Aber dieser Gegensatz ist seit „Emilia Galotti" wirkungslos geworden.

und Verlust sind die Grenzen des Spiels, auf das beide gar nicht erst eingehen können, weshalb es doch in der ohnmächtigen Regie des Prinzen oder des gefährlichen Geplauders bleibt. So muß es auch für Odoardo heißen: „Das Spiel geht zu Ende. So, oder so! – “ (ebd.)

Das, woraus Empfindungen entstehen könnten, die sich Odoardo entziehen, ist ihm „das alltägliche Possenspiel“ (ebd.). Es könnte sein, daß sich Emilia mit dem Prinzen „verstünde“ (ebd.). Der Monolog ist durch Gedankenstriche und Pausen unterbrochen. „Wenn sie es nicht werth wäre, was ich für sie thun will? – (Pause) Für sie thun will?“ (ebd.) Odoardo denkt nach wie vor an sich. Die Identität seines Willens steht in Gefahr mit der gefährdeten Einheit des Objekts. Für sich hat er aber schon Emilias Identität zerstört. Denn „sie“, für die er „es“ tun will, wird nach einem Wert beurteilt, mit dem sie nicht mehr erfaßt werden kann. Im ersten Monolog hatte er diesen benannt. Nicht „Rache des Lasters“, sondern Rettung „gekränkter Tugend“ (440) steht in einem zweifelhaften Verhältnis zum Alltäglichen, das er nur als „Possenspiel“ verstehen kann; „sie“, Emilia nämlich, ist für ihn die Tugend. Ist die vielleicht auf alltägliche Weise gekränkt oder eben verloren, so gibt es nur noch Emilia selbst, die sich mit jemandem versteht. „So, oder so“ treten Tugend und Tat in einen abstrakten Zusammenhang. Diese Direktheit bedeutet Unwirklichkeit, denn Emilia selbst fällt aus diesem Zusammenhang heraus. „Was will ich denn für sie thun? – Hab' ich das Herz, es mir zu sagen? – “ (446) Orsina hatte ihm auch das schon vorgesprochen (siehe 436). Nichts „so schnell als der Uebergang vom Guten zum Bösen“ („D. Faust“. Bd. 3, S. 384). Anstelle von Fausts Wißbegierde hat Odoardo nur das Mittel völliger Unwissenheit parat, das ihm durch bloße, eben auch sinnliche Anwesenheit Emilias auf dem Lustschloß schon genommen ist. Jedenfalls insinuiert das Orsina aufgrund ihrer Erfahrungen. Und Odoardos Einverständnis ist schon vorgegeben.

Unter der Alternative ‚tot oder schlimmer als tot‘ ist es richtig, daß Emilia schon ihr „Todesurtheil“ (414) gehört hat, sobald der Prinz sie ansprach. Eine Widersprüche nur in Alternativen ertragende Rationalität wird nicht im Weinen erlöst, sondern wie bei Orsina in wirrem Lachen, das wie bei Odoardo nicht mehr „das Herz“ hat, es sich „zu sagen“ (446). „Da denk' ich so was: So was, was sich nur denken läßt. – Gräßlich! Fort, fort! Ich will sie nicht erwarten. Nein! – “ (446 f.) So denkt Odoardo an Flucht vor seinem eigenen Denken, aber doch immerhin aus dem prägnanten Grund, weil er es sich nicht sagen mag. Positiv vermag er die Identität von Sagen und Wirklichkeit nicht einzuschätzen, nur als Vernichtung. Damit rückt aber nicht das Denken an den Ort der Wahrheit, vor der man fliehen könnte oder für die ein anderer einstehen müßte. In der Metapher des „Herzens“ erscheint das Moment wahrer Empfindung als Vermittlung von Gedanke und Wirklichkeit, die in Emilia auf Odoardo zukommt. Vor dieser Ankunft im Sagen fürchtet sich Odoardo mehr als vor der Tat. Zu der treibt ihn gerade das von ihm Ungesagte. Sagte er es, fiele eine Trennung von Wirklichkeit und Empfindung, von Sprecher und Ausdruck, Täter und Tat in jeweils zu behandelnde Fälle schon schwerer.

„(Gegen den Himmel) Wer sie unschuldig in diesen Abgrund gestürzt hat, der ziehe sie wieder heraus. Was braucht er meine Hand dazu? Fort! (er will gehen, und sieht Emilien kommen) Zu spät! Ah! er will meine Hand; er will sie!“ (447) Das ist die andere Lösung. Hatte in der Hemmung des Sagens immerhin ein kleiner Unwille zur augenblicklichen Tat nicht unterdrückt werden können, so deutet Odoardo nun direkt aus Empfindung alles Geschehen als Bedeutung, die er nur erfüllt. War es gerade der „Engel“, so jetzt der „Himmel“, der in wenig signifikanten Gesten ihm aufträgt, etwas zu unterlassen und etwas zu tun. Odoardos Tat ist der aktionistische Ausdruck seiner Resignation. Er mußte sich selbst als entfremdet erfahren und gewinnt hier noch einmal fremde Eindeutigkeit. Weder kann er als Märtyrer das Bewußtsein durchhalten, „das zu repräsentieren, was sein sollte",[472] noch sind seine durchaus tyrannischen Direktiven dem „Arcanum des Bürgers"[473] günstig, nämlich dem Erfolg.

„Es giebt Menschen genug, die noch kläglichere Widersprüche in sich vereinigen. Aber diese können auch, eben darum, keine Gegenstände der poetischen Nachahmung sein. [. . .] – Mit Absicht handeln ist das, was den Menschen über geringere Geschöpfe erhebt" („Hamburgische Dramaturgie", 34. Stück. Bd. 9, S. 326 f.). Es ist aber auch das, was ihn eher verstört – und es ist sogar bei Odoardo etwas, dessen er sich nicht mehr als des seinigen bewußt sein kann.[474] Sein Fluchtversuch ist ebenso unmittelbar wie seine Deutung, weil er nicht sich selbst als „wer" erkennen will. – Nebenbei ist eine kleine Verschiebung eingetreten. Der Dolch richtet sich nun nicht gegen den Prinzen, sondern gegen Emilia. Odoardos Unrecht darf nicht partikularisiert werden. Es vertritt die Welt, insofern in ihr überhaupt noch ein Wille zur Ordnung auftritt. Aber Odoardos gänzliches Unrecht kann nur im Willen Emilias menschliches Recht – und das nur werden, wenn Recht/Unrecht notwendige Elemente der poetischen Gerechtigkeit des Trauerspiels sind. Die Figur Odoardo jedoch sieht eigentlich nicht Emilia kommen, sondern das Opfer ihm vom Himmel versicherter Bedeutung seines Handelns. Die alttestamentliche Semantik der Hand[475] aber entbehrt seltsamerweise in Zeiten der Aufklärung einer Möglichkeit, tödliches Bedeuten zurücknehmen zu können. „Das Spiel geht zu Ende." (446)

d. Zumutung des Einen

(Handlung, Bildung und Untergang eines Individuums? – sprachliche Homogenität – Negation und Inbegriff der Aufklärung – Erklärungen – Tragödie der Verführbarkeit – Komödie? – die Sinne der Sprache – Struktur und Sprache – das heile Subjekt – Emilia literarisch – Geschichtsfähigkeit – Emanzipation – Historizität des Todes – eine Stimme – höhere Assoziation – Sentenziösität und Wiederholung – Erneuerung des Pathos – Syntax und Semantik – Position und Negation des Trauerspiels – Bedeutungshaftigkeit als Negation eines Sinns – Empfindung und Meinung – Allgemeines und Besonderes – Klarheit und Unsagbarkeit der Moral – falsche Schönheit? – Spekulation und Wortgrübelei – das Einige – Eindeutigkeit und Unverständlichkeit – Tautologie der Widersprüche – Verletzung der Lebensfähigkeit überhaupt – homogener Un-Sinn – Entdeckbarkeit der Welt [Sara] – Durchschaubarkeit der Geschichte [Emilia] – Paradox als Idee und Wirklichkeit – „Kabale und Liebe" – Aneinandervorbeireden – „Hofmeister" – „Woyzeck" – bedeutende Subjektivität – Metaphorizität – Integrationsfähigkeit – Verschränkung von Verständlichkeit und Unverständlichkeit – Gestalt und Geschichtlichkeit – Geschichte im Dialog: Wendungen von Tod und Leben – Emilia „allein" – totale Subjektivität – Symbol und brüchige Bilder)

Wir haben das Drama im Blick auf die Szene V, 7 interpretiert. Sie selbst ist unter dem vagen Begriff der paradoxa zu beschreiben, daß Tod und Subjektivität sich aus dem Empfinden ergeben und als es begriffen werden von einem Subjekt. Weiterhin muß der Frage nachgegangen werden, warum stirbt gerade Emilia, ist sie doch „von dem nehmlichen Verführer beleidiget" (436) wie Orsina. Sind daran nur die Auswüchse einer Erziehung schuld, die, ein allgemeines historisches System repräsentierend, fast schon eine Tendenz zu privater Willkür aufweist? Handelt Odoardo? Aber wer ist das jetzt? Handelt Emilias Wille? „Als ob wir, wir keinen Willen hätten, mein Vater!" (448) Ist ihr Geschlecht gemeint, die Empfindungsgemeinschaft, von der auch Orsina sprach, oder die Familie? In der Betonung des „wir" verstärkt sich auftrumpfend ein undeutlicher Wille. „Auch meine Sinne, sind Sinne. Ich stehe für nichts." (449)

472 Arntzen, Von Trauerspielen, a.a.O. S. 581.
473 A.a.O. S. 579.
474 Statt dessen verlegt man sich dann, damals wie heute, darauf, das bewußte Handeln und Empfinden („Liebe") der Tiere zu bewundern, z.B. „Prof. Blumenbach über die Liebe der Thiere" im Göttingischen Magazin der Wissenschaften und Litteratur 2 (1781). 4. Stück. S. 93–107.
475 Siehe 1. Mose 16, 12 et passim.

Die Entdeckung des Individuellen scheint gerade die Prinzipien des Ich zu negieren, das Eigentümliche scheint im Allgemeinen zu liegen. Man sieht, ein Individuum ist ein kompliziertes Gebilde. Es existiert noch gar nicht. Es läßt sich nicht rubrizieren oder zusammensetzen aus Verstand, Herz, Wille, Sinn. Echt ist es nur als unteilbares. Aber für die Echtheit gibt es kein verläßliches Kriterium. Das Trauerspiel ist die Probe. Es ist aber keine Testsituation, sondern die Probe, ob verschiedene Sätze zum Beispiel dieser Szene eine Einheit ergeben können. Dann wäre, wenn auch nicht unbedingt im Ganzen und auf Dauer für eine Figur, die Katastrophe der Empfindungen zugleich *καταστροφή* für deren Wahrheit als Möglichkeit einer sprachlichen Homogenität, die im scheinbar Disparaten zu entdecken ist. Das wäre die poetische Wahrheit und Bedeutung von Emilias Tod, der nicht mehr eintritt, weil Empfindungen beleidigt werden oder Kommunikation gestört wird,[476] der andererseits ein privater Fall ist und aus sehr disparaten und zufälligen Begebenheiten stammt. Die geschichtliche Bedeutung des individuellen Tods muß zu einer geworden sein, die nicht einfach gesagt werden kann. Daß die Probe auf die Konstitution eines Individuums zum Trauerspiel gehört, ist traurig, verbürgt aber ein geschichtliches Wissen, welches wir wahrscheinlich noch nicht haben. Der Mensch scheint da unterzugehen, wo er sich selbst näher kommt, am nächsten ist.

Möglichkeiten, die man hat, können einen glücklichen Ausgang verhindern. „Verführung ist die wahre Gewalt. – " (448) Die bisher zitierten und weitere Sätze haben, zumindest durch die Rezeptionsgeschichte hervorgehobenen, Sentenzcharakter wie die Sätze Orsinas. Sie zeigen die Form eines Wissens wie die Sätze Odoardos, aber ihre Semantik hat sich verändert. Sie sind von einer Resignation, Kompromißbereitschaft und einer Triumphfähigkeit wie manchmal die Sätze Claudias (besonders gegenüber Marinelli; siehe zum Beispiel 420 f.). In ihnen ist Emilia „die Furchtsamste und Entschlossenste unsers Geschlechts" (437): „in alles sich findend, auf alles gefaßt" (438). Aufklärung wäre dann mit diesem Stück an ihre Grenzen gelangt, wenn Verführbarkeit ein grundsätzlicher, weder nur persönlicher und epochaler, sondern intentionaler Mangel eben des aufklärerischen Verständnisses von Welt wäre, sozusagen der negative Inbegriff von Aufklärung, auf die der Mensch nie mehr verzichten kann. Aber sie trüge gerade diesen Mangel überall dort mit hin, wohin sie ihr Licht wirft. Insofern ist Lessing kein Überwinder der Aufklärung.[477] Deren Intentionen können und sollen nicht überwunden werden. Aber er hat die für ein geschichtliches Wissen entscheidenden Trauerspiele als negative Inbegriffe der Befreiung mitgeliefert.

Wenn die Bedrohung Emilias auch als Familienbedrohung beschrieben werden kann, so geht diese nicht in einer politischen Antithetik auf. Die Bedrohung muß selbst von einer vergleichbaren Qualität sein wie das Bedrohte. Bei ständigen Rekursen auf mögliche Beendigungen des bürgerlichen Trauerspiels nutzt es den Figuren der Aufklärung und des Bürgertums nicht mehr, zu Bewußtsein zu kommen. Das gilt für Orsina wie den Prinzen, für Claudia wie Odoardo. Der Prinz erhält die visionäre Strafe, die ihm von Odoardo zugedacht wurde (siehe 440). Er muß Emilias „Körper mit Entsetzen und Verzweifelung" (450) betrachten. Odoardo wird den „Stahl" weder gegen ihn noch wider sich selbst „kehren", um nicht seine „That wie eine schaale Tragödie zu beschließen" (ebd.). Die Erklärung des Falls überläßt er dem Prinzen „als Richter. – Und dann dort – erwarte ich

476 Eibl, a.a.O. S. 140–161.

477 Gegen diese bequeme Einschätzung nahm Arntzen (Dichtung als Aufklärung, a.a.O. S. 25) Stellung. Lessing vertritt sehr deutlich in der Theorie den fortgeschrittensten Stand der Aufklärung, etwa in der Katharsis-Diskussion oder in seiner Wendung gegen „schönen Enthusiasmus", der die „dunkeln lebhaften Empfindungen" nicht „in deutliche Ideen aufzuklären" vermag („Ueber eine zeitige Aufgabe". Bd. 16. S. 301, 297).

Sie vor dem Richter unser aller!" (ebd.) Diese zumindest unter Strafe erreichbare Gemeinsamkeit erscheint mehr und mehr als Produkt seiner Einstellung, wodurch die christliche Hoffnung zunehmend privatisiert wird. Zur Erklärung des Falls kann Odoardo wieder einmal nur Worte anderer wiederholen. Exakt und wortgetreu repetiert er Emilias Satz, muß sich aber von ihr sagen lassen: „Nicht Sie, mein Vater – Ich selbst – ich selbst – ", bevor sie mit den beruhigenden Worten „Ah – mein Vater – " (ebd.) stirbt. Die Worte verlautbaren aber nicht deutlich ihre eigene Ruhe.

Wir haben uns nun mit Emilia selbst zu befassen. Odoardos Einsicht ins eigene crimen ist nicht Kulmination des Trauerspiels. Auch gibt es für Emilia nicht wie für Sara die trauerspielhafte Einsicht, sich noch nicht ausgedrückt, keine eigene Rolle gespielt zu haben. Andererseits war schon nach V, 6 beschlossen, daß ihre Existenz „so, oder so" (446) ausradiert würde. Aber es fehlte noch die Bedeutung „selbst". Nicht das Faktum gewaltsamer Verführung, sondern die Verführbarkeit macht das Trauerspiel in V, 7 aus. Bestände diese aber nur darin, daß „sie mit ihm sich verstünde", wäre es nur ein „alltägliches Possenspiel" (446); zwar zwischen „Possenspiel" und „schaaler Tragödie", aus denen der bis heute zeitungsfähige Alltag besteht –, aber worin eigentlich liegt das acumen dieses Trauerspiels, das vielleicht wieder eine Tragödie ist? Liegt es in der gar nicht zwingend herausgearbeiteten Opposition zwischen der Gewalt der Natur und der Gewalt der Tugend? Das wäre ein historischer Fortschritt, aber die Empfindung zwischen zwei solchen Unausweichlichkeiten könnte wohl auch eine Posse konstituieren. Wird tatsächlich das bürgerliche Trauerspiel, wenn nicht von der „ernsten Komödie"[478] (zum Beispiel Lenz), so von dieser ‚Tragödie' abgelöst? „Wenn ihr euch totschlagt, ist es ein Versehen".[479] Dann fehlt uns aber noch die Bedeutung in der Sinnlosigkeit des Todes, um die wir uns jetzt bemühen. – Der ‚Riß durchs Universum' ist als Verlust von Intentionen zu beschreiben, der allenfalls und doch erstaunlicherweise auch zu Kommunikationskrisen führt, welche besonders die Komödie bis zu Horváth als Kehrseite der Prinzipien von Liberalität und Pluralität darstellt. Doch genau dagegen könnte Emilia eine Tragödienfigur sein. Sie ist weder Virginia. Noch ist ihr Satz, der von der Rose im besonderen, zu affirmieren und zu adaptieren (Odoardo) oder in Bedeutungen und Zeichen zu zerlegen.

Das Trauerspiel – wir halten uns weiterhin an diese Bezeichnung – ist keine historische Wiederholung und deshalb keine „schaale Tragödie", weil es sich strukturell von der Geschichte des Livius absetzt. Dort entstand Aufruhr, weil Rederecht verweigert wurde. Ein Prozeß ist in Aussicht gestellt, der ‚schale Tragödien' ersetzt. Das ist hier keineswegs der Fall. Die Wünsche, sprechen zu dürfen, werden, mit der einen Ausnahme für Orsina, nicht verwehrt. Bis hin zu den Möglichkeiten der Rede vor Gericht. Der Konflikt des Individuums, wenn es denn schon einer ist, wird hier auch gegen den Vater ausgetragen. Emilia spricht. Sie korrigiert sogar seine Wiederholungen, mit denen er sich als Täter doch wieder in die Position des Sprechenden bringen möchte.

Das verbieten ihm die Tochter und das Drama „Emilia Galotti". Objektiv gesehen bleibt das Bewußtsein des Vaters im Stand der Frage „Wer bist du?" (447) Von ihr her muß auch der Rezipient fragen, in etwa so unruhig wie Odoardo, zumindest dessen Unruhe begreifend, aber ohne Begriff von Emilias Ruhe. „Ein Mädchen? und meine Tochter? So sollte der Mann, und der Vater sich wohl vor dir schämen? – " (ebd.) Nun, „ihr Todesurtheil höret" (414) sie schon, nach Auskunft des Prinzen, die auch eine objektive Funktion hat, bevor der Vater im Namen des Himmels ihren Tod beschloß. Dort war sie „stumm und niedergeschlagen" (ebd.), vorher hielt sie sich „für ein albernes, furcht-

478 H. Arntzen: Die ernste Komödie. Das deutsche Lustspiel von Lessing bis Kleist. München 1968.
479 H. v. Kleist: Die Familie Schroffenstein. Gesamtausgabe. Hg. H. Sembdner. Bd.1. München 1964. S. 156.

sames Ding“ (402), jetzt ist sie die „Entschlossenste“ (437). Die belanglosen Bemerkungen der Mutter und des Prinzen enthüllen ihre furchtbare funktionale Objektivität. Darin liegt das Novum des Geschehens, die Zerstörung der „Andacht“ (399), die doch nur zu weiteren entmündigenden Fremdbestimmungen führen sollte. Erstmals in der Deutung des Traums und in dem Vorschlag ihrer Hochzeitskleidung läßt Emilia sich die Deutung nicht entziehen. Aus dem Traum, der doch Wirklichkeit war, riet ihr die Mutter zu erwachen. Da aber ihre Sinne zum erstenmal sich bemerkbar machen, indem sie sie „verlassen“ (401), versagt die Sprache des Prinzen als Kommunikationsmittel: „Mit allen Schmeicheleyen und Betheuerungen konnt' ich ihr auch nicht ein Wort auspressen.“ (414) Aber diese Rede verfehlt nicht objektiv ihren Einfluß auf die Sinne. Ich und Wirklichkeit konstituieren sich für Emilia nun in ihrem Sprechen, welches gerade das Bedrohliche enthält und Empfindungen nicht als das Fremde ausscheidet. Empfindungen und Sprachlosigkeit sind nicht mehr tendenziell identisch. Die tautologische Bemerkung über ihre Sinne ist zunächst nur die Präfiguration des Rebellischen, ein formeller Hintergrund für die Aggression gegen Identifikationen durch ihren Vater: „Ich bin für nichts gut.“ (449) „Und du wärest ruhig, weil du ruhig seyn mußt?“ (447), fragt der Vater argwöhnisch auf Konsistenzen und Illusionen ihres Sprechens lauernd. Aber die paradoxerweise aus Zwang und Einsicht gewonnene Ruhe spiegelt den Widerspruch ihrer Situation. Deshalb ist sie dem Vater überlegen. Nicht mehr müssen ihr die Sinne schwinden, denn ihre Empfindungen haben ihre Widersprüchlichkeit im Sprechen gefunden.

Odoardo mißversteht aber Emilia als „meine Tochter“ (ebd.), da ihre Ruhe nicht den Ausweg bietet, den Odoardo in seiner Unruhe vor den Widersprüchen erhofft. Ihre Ruhe ist eine homogene Metapher, in der sowohl ihr Widerstand („Will mich reißen; will mich bringen: will! will! –“; 448) als auch ihre Resignation über „Verführung“ enthalten sind. Doch als der Vater ihr den Dolch zeigt, zerbricht bereits die Einigkeit ihrer Intentionen. Das substituierbare Requisit wird Instrument ihrer Intention: „So werde die Haarnadel zum Dolche! –“ (ebd.)[480] Tugend erscheint damit im Lichte neuer Subjektivität, die noch nicht gedeutet ist. Übersieht man das, kann leicht der (psychologische) Vorwurf der Unwahrscheinlichkeit gemacht werden. Von M. Claudius bis zu R. Meyer hat man das getan: „Keiner hätte es wagen sollen mich anzurühren“,[481] versetzt sich Claudius eher in die psychologische als in die poetische Situation. Meyer beachtet diese nicht, wenn er einen Bruch in der Charakterisierung Emilias feststellt.[482] Im Interesse der Darstellung liegt die Funktionalisierung von Tugend. Sie ist nicht nur kritisch im Denken des Vaters als historisches Zitat enthalten. Ihr Funktionswert wird erneuert, da „Tugend“ nun zur Intention der Moral am Subjekt wird.[483] „Vom Müssen Orsinas, in dem sie die Kausalität als Denkgesetz zwar anerkennt, als Lebensprinzip aber verkennt (‚Sie sehen, wir sollen uns sprechen; wir müssen uns sprechen‘), über das Ausrichten seines Willens nach dem Willen des Höchsten bei Odoardo (‚Er will meine Hand, er will sie‘) zum sich selbst bestimmenden Willen Emilias entwickelt Lessing in den Modalformen der Verben den Gedanken, der zu Emilias ‚innerem Wort‘ führt und die Tat hervorruft“.[484] Das Drama, als Struktur betrachtet, vermittelt Emilias zufälligen und unnötigen Tod. Das Drama, als Sprache gesehen, vermittelt Emilias Tat als Willen ihrer eigenen Empfindungen. Diese erzeugen den „Tumult in meiner Seele“ (449), während im empfindsamen Trauerspiel sich das „rebellische Etwas“ (Sara) noch zwischen den die Welt konstituierenden Sprachen von Tugend und Laster

480 Zum „Dolch“ als „Requisit“ des Zufalls vgl. Benjamin, a.a.O. S. 142 ff.
481 Claudius; zit. Steinmetz, a.a.O. S. 89 (siehe Anm. 385).
482 A.a.O. S. 331 ff.
483 Vgl. Bohnen, a.a.O. S. 150 f.
484 A.a.O. S. 152.

verirrte. (Bei Kant werden wir von einer logischen Begründung der Aufregung durch Empfindung sprechen können.)

Emilia soll ja nicht zu einem Supersubjekt stilisiert werden, das die zum Teil auf Adel und Bürgertum projizierbaren Zwänge verinnerlicht und aufhebt. Wichtiger ist, wie bekannte Konstellationen eine neue Bedeutung durch den Einsatz dieses Subjekts erhalten. „Uebungen der Religion“ (ebd.) verlieren ihre immunisierende Funktion, sobald Emilia fragt „Und welcher Religion? –“ (ebd.) Objektivität als Eindeutigkeit verliert ihr Empfindungssubstrat. Doch ist dieses jetzt nicht mehr nur „rebellisches Etwas“, das ewig auf seine Differenz von Sprache tendierte. Umgekehrt wird es mächtig durch seine Intention auf Sprache als Tradition. „Nichts Schlimmers zu vermeiden, sprangen Tausende in die Fluthen, und sind Heilige! –“ (ebd.) Die Subjektivität des Empfindens erkennt eine neue Weise möglicher Objektivität in der Geschichte von Subjekten. Sprechen ist immer traditionsorientiert. Literatur macht das an sich selber bewußt. Emilias Empfindungen erwachen sozusagen in diesem Sprechen, das sogleich die ganze Spannweite möglicher Subjektivität nennt: vom Sprecher Emilia bis in den Zustand der Heiligen. Heilig zu sein, ist der höchste oder objektive Zustand des Subjekts. Auch nur heil zu sein, ist nicht gegeben, sondern mögliches Produkt seiner Geschichte. Emilia ist verbittert über Odoardos Zögern, „während daß sie die Rose zerpflückt“ (ebd.). Ihre Geschichte wird sich also nicht als die einer Tochter eines Vaters, die einen Mann heiratet, vollenden. Als kleidsamer Ausdruck ihrer selbst war die Rose Appiani versprochen worden. Emilia ist, allerdings ganz auf Wiederholung fixiert, zu sich als Beispiel menschlicher Geschichte erwacht. „Ehedem wohl gab es einen Vater, der seine Tochter von der Schande zu retten, ihr den ersten den besten Stahl in das Herz senkte – ihr zum zweyten das Leben gab. Aber alle solche Thaten sind von ehedem!“ (ebd.) So ist es. Aber da Geschichte, an der sie unbewußt ja zum Beispiel durch das Rosensymbol von Anfang an teilhatte, wesentlich literarisch geprägt ist und Überlieferung uns Geschichte als Sprachgeschichte erkennen läßt, hat Emilia Empfindungen, die weder nur von heute noch von ehedem sind, denn sie spricht Sätze, die sich neuerdings in einen Zusammenhang stellen. Sie ist eine literarische Figur, aber sie ist nicht literarisch, sie spricht literarische Sätze, aber die sind nicht als Literatur gesprochen. Doch vergrößert sich an dieser Stelle ihre Identität mit den Intentionen des Dramas, das Geschichte zitiert und erneuert. Es ist die Geschichte von Menschen, die literarisch wurden. Die neue Subjektivität Emilias erscheint im Lichte ihrer Traditionsorientiertheit. Es ist die Wendung des Alten. Beim Zerpflücken, in der Resignation stellt sich gerade dieser Zusammenhang her. „Rose hat seit der Antike vielfältige symbol. Bedeutung: Bild der Ewigkeit, des Rätselhaften u. Geheimnisvollen“.[485] Auch solche Vielfalt kann wieder erscheinen in konkreter subjektiver Destruktion, deren Empfinden nur der Zerstörung eines allegorisch gesicherten Zeitalters entspricht. Das religiöse Symbol der Reinheit entstand im Mittelalter durch den Bezug der „rosa mystica“ auf die Jungfräulichkeit Marias. Einerseits zerpflückt Emilia diese Rose, andererseits beklagt sie den Verlust des Virginia-Motivs. Sie zitiert die Heilige, aber die überhistorische Deutung des Reinheitsmotivs mißlingt. Sie stirbt an dieser Stelle: „Doch, meine Tochter, doch! (indem er sie durchsticht)“ (ebd.). Odoardo nimmt Geschichte als Legitimation. In seinem Erschrecken bleibt aber noch ein Rest des *positiv* Unbegreiflichen. „Gott, was hab' ich gethan!“ (ebd.) Das Ich kann sich nicht unmittelbar die Allgemeingültigkeiten menschlicher Geschichte ausborgen, es müßte sie als subjektive Tat erneuern und verändern.

In Emilias Sprechen war ja gerade deutlich geworden, daß weder eine antikische Garantie, den Tod als schönes Leben verstehen zu können, noch eine christliche Katharsis durch eine ungeschichtliche Bedeutung des Tods gegeben ist. Odoardo vollzieht unmittelbar an-

485 Lexikon für Theologie und Kirche. Bd. 9. Freiburg ^{2}1964. Sp. 44.

gesteckt doch nur die Konsequenz seines Willens. Hat er diesen gerade noch durchgesetzt, indem er Emilia hinderte, sich selbst zu töten, so zeigt sich jetzt seine Konsequenz als Affekt. Emilias Reflexion verharrt nicht bei sich selbst. Durch ihre Entäußerung übernimmt das Sprechen die für und gegen Emilia handelnde Rolle. Die Semantik, die ja anstelle von Heiligkeit Freiheit gewährt, rührt an die Semantik von Odoardos Hand. Diese führt den Dolch und übt den Zwang aus, den Emilia erkannt hat, weil ihr Sprechen die Freiheit verschaffte, ihre Empfindungen als geschichtlich zu bewährende zu erkennen.

Empfindungen subjektivieren die Tugendprinzipien des Vaters, von denen sie – wohlgemerkt – durch Gesten und Akte der Verinnerlichung abhängig waren. Subjektivieren bedeutet also nicht mehr Verinnerlichung, sondern Arbeit der Empfindung an der Sprache des Bewußtseins, das nie nur das eigene ist. Weiterhin kann Empfindung die Abhängigkeit vom Prinzen bedeuten, eine zum eigenen Willen subversive Sinnlichkeit. Subjektivität erscheint als Emanzipation der Empfindung gegen herrschende Begriffe und als Unterwerfung unter das eigene Vermögen (des Empfindens). „Was Gewalt heißt, ist nichts: Verführung ist die wahre Gewalt. –" (448) Demgegenüber können sich emanzipative Haltungen verkehren. „Tugend" könnte einen eigenen Modus des Seins vorbereiten gegenüber bloßem indifferenten Leben: „Dieses Leben ist alles, was die Lasterhaften haben. –" (ebd.) Emilia bittet den Vater, es ihnen um „Himmels Willen" (ebd.) zu lassen. Anstelle neuer sinnlicher Identitäten *könnte* die Tugend das Moment der Nichtidentität setzen. Diesen Zustand und seine innere Bewegtheit stellt das Drama dar. Die Historizität des Dramas ist unter anderem dem Umstand zu entnehmen, daß es das kann und muß, ohne die Einheit der Widersprüche anders als im Tod ankündigen zu können. Wo die Widersprüche, die das Leben und das besondere Leben konstituieren, aufeinander zulaufen in dem Engpaß einer Szene, auf dem Schauplatz einer Figur, tritt der Tod ein. Emilia führt die fremd-eigene Hand mit dem Dolch Orsinas am Platze des Prinzen gegen sich und für sich. Aber selbst hat auch sie nur *eine* Stimme. Die Absichten der einzelnen Figuren und deren Retardationen im Gefühl eines undeutlichen Bewußtseins, Zufälle und Pläne, Briefe und Portraits, die Rose schließlich werden zu einem – ‚Schicksal', das in einer Stimme begriffen wird. Die menschliche Stimme verbürgt eine Auflösung des Schicksals zu einer (vielfältigen) Empfindung, in der es sich erhält. Die Empfindungen Emilias wiederum sind wie ihr Sprechen Momente der einen vielfältigen Empfindung, die als eine Szene ‚gesprochen' wird und selbst wiederum Moment der sich als Drama entfaltenden oder hier einfaltenden Subjektivität ist. Technisch verdeutlicht das der Dialog, der fast wie ein Satz aus mehreren Stimmen verfertigt ist: „Auch du hast nur Ein Leben zu verlieren. / Und nur Eine Unschuld! / Die über alle Gewalt erhaben ist. – / Aber nicht über alle Verführung. –" (Odoardo und Emilia; ebd.)

Emilias Empfindungen sind keine Positionen, die sie verteidigt oder aufgibt, auch ihre Ruhe nicht. Die Bewegung des Dialogs stiftet die Einheit ihrer Empfindung als eine des Dramas. Es ist fast zu leichtfertig, von Synthese zu sprechen. Das Drama erreicht die „energische Ruhe" (Schiller zur Idylle) eines „Wechsels" (Schiller zur Elegie), die mit „energischer Bewegung" (Schiller zur Satire) identisch ist. Im Sprechen sind die Kämpfe des Widerspruchs als *ein* Satz möglich. Es verwundert, daß dieses Nebeneinander wie ein Miteinander funktioniert; darin liegt die unbegriffliche Erkenntnis, eine Art höherer Assoziation. (Man kann diesen Begriff ganz verächtlich einstufen, er sagt nicht viel. Aber wäre es sehr erhellend, hier von „Vollkommenheit", „Harmonie", „Schönheit als der Form der Vernunft", der „Idee des Ganzen" zu sprechen?[486])

486 Übrigens ist es Sauders These, daß die Ästhetisierung des Vorstellungsbegriffs das Ende der Empfindsamkeit bedeute. An die Stelle des Vollkommenheitsbegriffs treten jetzt die Begriffe „Totalität", „Harmonie", „Idee des Ganzen" unter der Voraussetzung allgemeiner Zerrüttung und Entzweiung. Vgl. Sauder, a.a.O. S. 223.

Das Neue der Assoziation wird vom Dialog als Prozeß reflektiert. Wenn Emilia ihren Tod in der Rosensentenz reflektiert, ist auch das ein dialogisches Element, die direkte Antwort auf die Frage des Vaters: „was hab' ich gethan!" (449) Auf die Frage des Prinzen: „Grausamer Vater, was haben Sie gethan?" (450), antwortet dieser mit eben diesem Satz. Damit beansprucht er nur das Sentenziöse als Pathos eines Satzes, welcher so das Geschehen nicht mehr erklären kann. Das wurde schon in der Prosa von „Miß Sara Sampson" deutlich. Der Satz ist nur aufgrund seiner Metaphorizität und Ambiguität möglich, poetisch gerecht.

Eine Rose gebrochen, ehe der Sturm sie entblättert. – (449)

Denn gerade die Wiederholung macht auf die Mehrdeutigkeit aufmerksam. Emilia reklamiert den Satz zusätzlich als ihre Empfindung und Tat. Odoardo macht sofort aus dem neuen Satz einen „locus communis", indem er aus einem infiniten Satz, der auf seine „quaestio finita" geantwortet wurde, die Sentenz fabriziert mit ungefähr der Bedeutung, eine Rose müsse gebrochen werden, ehe der Sturm sie entblättert.[487]

Wenn des Vaters Verständnis nicht das hinreichende Verständnis ist, dann haben wir es mit einer aufgrund ihrer formalen und semantischen Ambivalenzen neuen Sentenz zu tun, die man thetisch als eine Erneuerung des Pathos bezeichnen könnte.

Da Odoardo sich als Täter versteht, dessen Motiv Rache und Verletzung des Prinzen ist, verwendet er den Satz tatsächlich im rhetorisch-juristischen Sinne. Er verharrt in seinem Bewußtsein, dessen Grenzen schon in IV, 4 gezeigt wurden. „Genug für mich, wenn dein Mörder die Frucht seines Verbrechens nicht genießt." (440, siehe auch 450) Emilia macht aber an dieser Stelle den Konflikt unmöglich, der zur Katastrophe führte, da ihr versiegendes Sprechen nicht mehr Widersprüche von subjektiver und objektiver Gerechtigkeit, Welt und Frömmigkeit, Innen und Außen, Ich und Du anerkennt: „ich selbst – / Nicht du / Ah – mein Vater – (sie stirbt [. . .])" (siehe 450)

„Sturm" und „Rose" sind keine Allegorien mehr. Insofern überwindet der Satz die immer noch, auch hierin erscheinenden Dichotomien. „Sturm" bedeutet nicht nur Laster, sondern auch „Tumult". Am Paradigma der ästhetischen Empfindung, die Kant Gefühl nennt, wird die Einheit von Aufregung und Ruhe als Selbstgewißheit des Subjekts, das im schönen Gegenstand sich als ein Ganzes gedeutet findet, zu studieren sein. „Tumult" ist nicht mehr nur die Verinnerlichung des „Lasters".

Odoardo versteht diesen Satz allegorisch. Man muß bemerken, daß er ihn gerade darum nur syntaktisch rezipiert. Er hat etwas getan, um etwas zu verhindern. Die semantische Identität von Substanz und Subjekt des Satzes übersieht er, weil er „gebrochen" in „getötet" und „entblättert" in „verführt" übersetzt. Dadurch verläßt er den Bewußtseinsstatus von Vermutungen, ignoriert, daß ein Satz nicht nur aktuelle Kommunikation ist, sondern auch eine Geschichte beschreiben könnte, und mißachtet völlig, daß das Ereignis auf einer bestimmten semantischen Ebene das gleiche ist: Vernichtung.

Aber Emilia hatte die Rose bereits vor seinen Augen zerpflückt; sie stellt sich in Erinnerung der Virginia als gebrochene vor, denn ihre Sinne verhindern es, selig in sich selber zu ruhen. Hier bricht wieder die kategoriale Differenz zwischen ästhetischer und realgeschichtlicher Empfindung auf; es ist allerdings keine Differenz hinsichtlich der Kategorie Wirklichkeit.

487 Das läßt sich als ein durchaus rhetorischer Sachverhalt nachweisen. „Die beantwortende und meist auch argumentierend ausgeführte Behandlung einer quaestio infinita als Argument oder Schmuck einer quaestio finita heißt locus communis" (H. Lausberg: Elemente der literarischen Rhetorik. München ³1977. S. 38 [§ 83]). „Ein in einem Satz formulierter locus communis, der mit dem Anspruch auftritt, als anerkannte Norm der für die Lebensführung relevanten Weltkenntnis oder der Lebensführung selbst zu gelten, heißt sententia" (a.a.O. S. 130 [§ 398]).

Emilia ist, was sie sagt. Aber was sagt sie? Die Syntax setzt einen Unterschied zwischen Haupt- und Nebensatz, zumindest einen temporalen. Die Semantik hebt diesen wieder auf, wenn man sozusagen einen Raum aus diesem Tempus bildet. Differenz und Indifferenz des Sprechens sind emphatisch vereinigt. Sie beziehen sich nicht mehr auf das Verhältnis von Sprechen und Empfinden. Diese sind an einem Punkt identisch geworden. Konsequenz daraus ist die Identität von Sinn und Unsinn des Lebens. Dieses Leben ist aber immer schon eins in Begriffen und Symbolen. Sie sind am Beispiel der „Rose" ins Passiv gesetzt. Ohne den Willen Saras nach einem „nochmaligen Leben " ist für Emilia die Indifferenz der Differenz eingetreten. Gegenüber der Semantik und der Empfindung ihres Sprechens hält das Drama aber einen Satz fest, der gerade nicht zeitlos ist, sondern sogar immanent eine explizite Zeitstruktur aufweist. Damit behauptet sich das Sprechen als bedeutende Zeit selbst da, wo diese unsinnig zu sein scheint. Hierin sind Position und Negation des Trauerspiels eines.

So müssen wir auf diesen Satz nicht nur als den des Vaters und Emilias achten, sondern auf einen des Dramas, um weiter Emilias Tod deuten zu können, der nicht nur eine Angelegenheit der Selbstreflexion ist. Der Satz wirkt pathetisch und doch so, als fiele er in sich zusammen. Man kann mit ihm an sich wenig anfangen. Die Semantik gibt keine Anweisung, ja sie nimmt eine erkennbare Bedeutung des Geschehens zurück. Der Satz oder der Tod ist das Paradox eines Paradoxes. Man könnte mit ihm gerade weiterleben.

Doch beerbt dieser Satz in seiner Stilisierung die Fähigkeit des tragödischen Verses, in sich bedeutend zu sein und qua Form Sinn als allgemeine Idee des Besonderen zu vermitteln. In dieser Prosa, die ein auch für die Zeitgenossen oft ungewöhnlich legeres Lexikon benutzt, erscheint der Anspruch des Pathos, Allgemeines zu bedeuten, in Form einer Stilisierung, die aus dem Kontext herauszufallen scheint – und ein Sinnkriterium nur noch für Emilia sein kann. Ihre sich darin scheinbar erschöpfende Empfindung kann als historischer Skandal des Trauerspiels gelesen werden. Dieses vermittelt nicht mehr sui generis die Bedeutung des Tods, sondern macht ihn zur Provokation. Die Unwahrscheinlichkeit und der Unsinn ihres Todes drücken sich in der homogenen Paradoxie ihres Satzes als doch bedeutende aus. Die wie in einer Tragödie gesetzte Bedeutungshaftigkeit ihres Falls ist Negation eines Sinns. So wird Gattungsgeschichte fortgeführt zur Produktion eines Selbstverständnisses sprachlich möglicher Empfindungen. Wie Emilia sagt, haben sich die historischen Bedingungen geändert, selbst wenn ein Vater sich dazu verleiten läßt, so zu handeln wie ehedem. Die Bedeutung des Empfindens und Handelns hat sich der Fixierung und Lokalisierung entzogen – und trotzdem, zumindest noch hier im literarischen Trauerspiel, bleibt der Rezipient traditionellerweise verpflichtet, sie im „Tod" ernst zu nehmen. Er weiß aber nicht mehr, was er ernst nimmt. Was er wahrnimmt, ist nur mehr das Trauerspiel. Sara reflektiert noch ihren Tod, hier erscheint der Tod selbst als Tat, Reflexion, Satz. Nicht wird in erwachender Subjektivität das Sterben begriffen und angenommen; die Spaltungen von Subjekt/Objekt, Gefühl/Verstand usw. sind in eine Innigkeit zurückgenommen, die geschichtlich neu ist. In der späten Aufklärung erscheint hiermit ein Satz, von einem Subjekt gesprochen – als die Schrift des Trauerspiels, in dem die allgemeine Bedeutung des Tods die Empfindung der Sinnlosigkeit des Subjekts ist. Gerade diese Empfindung vermittelte aber die Empfindungsfähigkeit des Subjekts.

Diese allgemeine Fähigkeit bedeutet keine Erlösung, auch nicht die absurde der Sinnlosigkeit. Die Allgemeinheit wird den Empfindenden in der fürchterlichen Tatsache bewußt, etwas Besonderes zu sein.

Als Ausgangssituation unserer Untersuchungen wählten wir deshalb die Entwicklung von Lessings Trauerspielen, da in ihnen der Tod zum Kriterium oder zur Reflexion des Lebens gemacht wird. Hierbei werden Empfindungen zur Welt und zu sich nicht mehr in ein sinnvolles, nicht nur in ein sinnloses, sondern in ein auf unbegreifliche Weise bedeutendes Verhältnis gesetzt.

In den Theorien der Empfindsamkeit aber stehen sich noch in den neunziger Jahren – und es ist nicht abzusehen, wann das aufhört – die Einschätzungen von „Empfindung und Phantasie“ gegenüber, beziehungsweise sie existieren wie Meinungen nebeneinander, obwohl man stets behauptet, „als allgemein angenommen, voraussetzen“ zu dürfen: daß sie „das Wohl der einzelnen Menschen und der ganzen Gesellschaft“[488] befördern oder daß ihre Relevanz sich in den einzelnen „Mode-Epoken“[489] erschöpfe. Das träfe zu und trifft immer dann zu, wenn es sich bei Empfindung um Meinung handelt. Sie hat eine vergleichbare Tendenz auf das nur Meinige und paradoxerweise ebenso auf ihr Allgemeines, das Menschliche überhaupt. Interessanterweise spielt die „Meinung“, wie schon einmal gesagt, eine wichtige Rolle im ‚heroischen Schauspiel‘ des „Philotas“ (Bd. 2, zum Beispiel S. 372 ff.). Da aber die Meinung keinen anderen Rechtsgrund als das Subjekt in seiner Beliebigkeit hat, ist sie in ihrer Tendenz auf Allgemeinheit der Boden moderner Ideologien, Strömungen, Modeepochen. Es kommt also darauf an, eine objektive Versicherung in literarisch gesteigerter Sprache zu finden für das in Meinung und Empfindung gleiche Substrat, die neu gefundene Selbstbezüglichkeit des Subjekts, das hier in einem dramatischen Satz zum Selbstbezug des Sprechens wird. Sprechen ist aber auch konkretes und geschichtliches Bewußtsein. Philotas durchsticht sich. Er realisiert damit nicht all die Bedeutungen seines Sprechens, sondern nur seinen Willen. Von Aridäus werden dem Sterbenden „quälende Gedanken“ (S. 376) mitgegeben. Horizonte objektiver Wirksamkeit werden wir bei Hölderlin besprechen. Nathan spricht fast strukturalistisch von einer neuen Vernunft im Sprechen, das zu dem kommt, der wie tot und von Verzweiflung betäubt war: „Doch nun kam die Vernunft allmählig wieder. / Sie sprach mit sanfter Stimm' [. . .]“ (Bd. 3, S. 139) Es kann hier nicht entschieden werden, ob es sich dabei um eine neue Weise der Objektivierung von Empfindung handelt oder um die Verdinglichung der alten objektiven Vernunft, die nicht der Mensch, sondern die den Menschen hat. Recha jedenfalls versichert, daß Nathan die „todten Zeichen“ nicht liebe, sondern daß bei und von ihm „mit eins die ganze Seele“ (S. 161) lerne. Das ist von Recha und von Nathan gesagt.[490] In Emilias Satz ist in eins die ganze Seele und Vernunft Emilias *und* des Trauerspiels. „Er *ist* es“ (‚Abhandlungen über die Fabel‘. Bd. 7, S. 423), wie Lessing zum Charakter des Tiers sagt; „jenes *besondere* Ding“ (S. 422), hier der Satz, ist das Allgemeine. Der Satz kann mich sozusagen nur anstecken, „einen *einzigen* anschauenden Begriff in mir erwecken“ (S. 430). Seine „vermeinte Handlung“, mit Lessing weiter zu erläutern, läßt sich nicht „*ganz mahlen*“ (S. 429). Der Begriff aber ist die unbegreifliche und doch ganz deutliche Empfindung. Er ist nicht nur ein „allgemeiner Satz“, welcher „*auf einen einzeln Fall zurückgeführet*“ (S. 439) wurde. Allgemein ist, will man bei dieser Dialektik bleiben, obwohl sie ziemlich ausgetreten ist,[491] die Deutlichkeit der Empfindung, besonders ist der einzelne Satz. Doch ist wiederum diese Allgemeinheit ein unrealisierbares Postulat, der Vater verdeutlicht das sogleich auf seine realistische Weise. Das Allgemeine ist völlig zum Individuellen geworden. Dessen Tod kann nur mehr in der Textur von Literatur Bedeutung haben. „Läßt sich keine Wirklichkeit ohne die Individualität gedenken“ (S. 442), so zeigt Lessing in diesem geschichtlichen Stadium Individuelles während des Verlustes seiner Realität. Der Verlust wird zur Wirklichkeit eines Sprechens, das sich nicht mehr zurückführen läßt. „Die anschauende Erkenntniß ist vor sich selbst klar.“

488 Heydenreich, System der Ästhetik; zit. Doktor / Sauder, Empfindsamkeit, a.a.O. S. 101.

489 Ragotzky, Über Mode-Epoken; zit. a.a.O. S. 118.

490 Schröder (a.a.O. S. 247 ff.) und Eibl (a.a.O. S. 180, 183) sehen im „Nathan“ die Lösung und Vollendung der Intention von Lessings Gesamtwerk.

491 Einerseits: „man kann ein guter Dialektiker seyn, ohne ein Mann von Geschmack zu seyn“ (‚Abhandlungen über die Fabel‘. Bd. 7. S. 458). Andererseits bedient sich Lessing selbst dieser Dialektik, etwa für die Bestimmung der Dichtung zwischen Philosophie und Geschichte („Hamb. Dramat.“, 89. Stück. Bd. 10).

(S. 443) Aber diese Klarheit als Wirklichkeit des Sprechens ist nicht wiederum zu nennen, nur darzustellen.[492]

Es handelt sich nicht mehr um eine der üblichen „eingestreuten Moralen", obwohl Lessing den „Versen als Sentenzen" nicht völlig abgeneigt ist, wenn es sich um kein ganz gelungenes Werk (wie den „Codrus" von Cronegk) handelt: „dieses Parterr findet Geschmack an Maximen" („Hamburgische Dramaturgie", 2. Stück. Bd. 9, S. 191). Ihm geht es aber in diesem Zusammenhang gegenüber der moralischen Wahrheit der Gesinnungen um poetische Wahrheit (siehe S. 192). Sie ist ein Produkt aus der Vereinigung von Situation und Empfindung (3. Stück, siehe S. 195), von Nachahmung, Konzentration und Aufmerksamkeit, der „Natur der Erscheinungen" und der „Natur unserer Empfindungen" (70. Stück. Bd. 10, S. 82; siehe S. 80–83). Konsequent kann Lessing dieses Verhältnis auch an der Rezeption erläutern.[493]

„Nicht jeder Kunstrichter ist Genie: aber jedes Genie ist ein gebohrner Kunstrichter. Es hat die Probe aller Regeln in sich. Es begreift und behält und befolgt nur die, die ihm seine Empfindung in Worten ausdrücken. Und diese seine in Worten ausgedrückte Empfindung sollte seine Thätigkeit verringern können? Vernünftelt darüber mit ihm, so viel ihr wollt; es versteht euch nur, in so fern es eure allgemeinen Sätze den Augenblick in einem einzeln Falle anschauend erkennet; und nur von diesem einzeln Falle bleibt Erinnerung in ihm zurück" (96. Stück. Bd. 10, S. 190). Damit ist der geborene Kunstrichter aber auch in den Stand gesetzt, kein äußeres Kriterium für falsches Sprechen mehr zu haben, gerade weil er an literarischen Punkten die Erfahrung gemacht hat, daß Sprechen und Empfinden, Sprecher und Ausdruck identisch werden konnten. Wir müßten schon in Sprache sehen können (wie Jupiter) und gegebenenfalls das Schöne – das ist das sinnliche Ideal der Empfindung – als falsches Sprechen erkennen können.[494] „Jupiter verschmähte die Rose in dem Munde der Schlange." („Briefe, . . .", 12. Brief. Bd. 8, S. 27)[495] Ist das vielleicht ein Bild für Emilias Satz – oder ist der Satz ein „Engel des Todes"? („Wie die Alten den Tod gebildet". Bd. 11, S. 55)[496] So wäre es mittlerweile doch „die Dichtkunst, die ein Gott zum letzten Anker gab"? („Die Religion". Bd. 1, S. 263) „Geschmack und Schönheit" wären die unbegreiflichen, aber selbst nicht völlig regellosen Orientierungen für „der Sprachen schwer Gewirr" und „der Zunge Zauberkunst" (ebd.). Irritation und Orientierung lassen sich gleichermaßen aus der Sprache der Empfindung und der Empfindung der Sprache herleiten.

492 Die symbolische Sprache ist in Lessings Terminologie nur die der wissenschaftlichen Schlüsse und der Exempel. „So hat die anschauende Erkenntniß auch einen weit grösseren Einfluß in den Willen, als die symbolische" (‚Abhandlungen über die Fabel'. Bd. 7. S. 443). Lessing bleibt eine Präzision des Anschauungsbegriffs schuldig, zumal doch Erkenntnis Empfindung als Sprechen ist, ein Bedeuten im Hören und Wollen, sinnliche Form des Sinns, d.h. eine Form, die der Sinn ist. Besonders evident wird das am Sinngedicht, welches Lessing auch von der (äsopischen) Fabel abgrenzt („Anmerkungen über das Epigramm". Bd. 11. S. 227 f.; vgl. Nolting, Die Sinngedichte an den Leser, a.a.O. S. 11–16). Vgl. andererseits die Ablehnung der „bloßen Hyperbel" (S. 233, 235).

493 Zur Empfindung als Rezeption, plötzlich oder traurig, die in Mitleid ihren Totalaspekt zeigt, sei es Schrecken oder Liebe, vgl. „Hamb. Dramat.", 74., 77., 80. Stück. Bd. 10.

494 Bei Gottsched nahm „nur ein Kunstverständiger" die „innere Einrichtung" („Critische Dichtkunst", a.a.O. S. 610) des Kunstwerks wahr. Er mußte wie Gottsched in seiner Theorie selbst die Gesetze kausaler Verknüpfung beherrschen und konnte diese in den Werken wiederfinden (vgl. S. 603–630). Lessings ‚Funktionalismus' ist dagegen, ohne einen Standpunkt zu vertreten, höchster Ausdruck kosmologischer Bedeutungshaftigkeit der Subjektivität. Trotzdem sind wir unsicher.

495 Das ist besonders gegen Shaftesburys subtile Angriffe auf die Religion gerichtet („Briefe, . . .", 12. Bd. 8. S. 27).

496 Lessing möchte an dieser Stelle wieder antikes mit christlichem Denken verbinden, das „Schöne" und die „wahre Religion", in denen Tod keine schreckliche Strafe sein kann.

„Der Erkenntniß nach sind wir Engel, und dem Leben nach Teufel“ („Gedanken über die Herrnhuter“. Bd. 14, S. 160). Selbst solche Schemata reichen nicht mehr hin, denn die Erkenntnis des Teuflischen ist die vom Teufel. Das engelhafte Sprechen ist sinnliches Sprechen.[497] Das zeigt zumindest die literarische Identität der differenten Sprachen. Emilia ist fromm und sinnlich. Es kommt alles darauf an, nicht einen „Enthusiasmus der *Spekulation*“ („Ueber eine zeitige Aufgabe“. Bd. 16, S. 297) hierin zu sehen. Die wirkliche, sprachlich vorhandene „ἀκμή“ liegt im „Enthusiasmus der *Darstellung*“ (ebd.). Hierin finden dann aber Spekulationen und Pedanterie ihre Berechtigung. „Wer mit Wortgrübelei sein Nachdenken nicht anfängt, der kommt, wenig gesagt, nie damit zu Ende. –“ (S. 295) Lessing will seine Sätze nicht „wie lauter Axiome dahin gepflanzt“ („Axiomata“. Bd. 13, S. 107) wissen; „die mehresten Uebergänge“ seien „aus den Metaphern hergenommen“ („Anti-Goeze“. Bd. 13, S. 150), verteidigt er auch seinen diskursiven „Stil, so wie seine eigene Nase“ (S. 149). Metaphorik als Übergang ist keine rhetorische Bewegung, sondern die der Wahrheit. Metaphern, Sätze sind normalerweise unblutig. Sie seien aber gerade dann „Blut werth“ („Ernst und Falk“. Bd. 13, S. 401), wenn sie, wie Lessing es in seiner letzten Schrift für die wahre Erziehung erläutert, „Offenbarung“ sind, „die dem einzeln Menschen geschieht“ („Die Erziehung des Menschengeschlechts“, § 2. Bd. 13, S. 416). Wir sprechen Emilia Erkenntnis zu, die gleichermaßen ihre Leistung und von fern her offenbart zu sein scheint. Was ihr so offenbart zu sein scheint, daß es zur Tat des Blutvergießens führt, bleibt uns verhüllt – und liegt doch vor. Könnte Emilia in der allgemeinen Sinnlosigkeit ihres Falls doch den „wahren transcendentalen Begriff des Einigen“ erinnern und wir uns wieder „allmählig zu dem Begriffe des Einigen“ (S. 418) gewöhnen? Das geht heute in Freiheiten und Zwängen der Intersubjektivität und Kommunikation zu schnell und leichtfertig, da wir nicht einmal den einzelnen Fall verstehen können. In aller Ambivalenz sei hierzu abschließend Lessings Warnung aus dem Jahre 1780 zitiert: „Hüte dich, du fähigeres Individuum, [. . .] hüte dich, es deine schwächere Mitschüler merken zu lassen, was du witterst, oder schon zu sehn beginnest.“ (S. 429) Literatur hält sich nicht daran und ist doch verhüllte Empfindung,[498] die in der Empfindung des Zuschauers deutlich werden kann. Verhüllung ist substantiell deutliches Sprechen.

Selbst Gottsched konnte den Lehrsatz nicht so eindeutig sagen, wie die Interpreten es versuchten.[499] Zwar soll gerade die „nahrhafteste Speise“ der diskursiven Moral (nicht die literarische Konstitution von Empfindungen) die Gewähr dafür liefern, daß der „Zu-

497 Es wirkt und geschieht „wie Blitz“ – wenn „das Würdigste, das Wahrste“ („Eine Duplik“. Bd. 13. S. 52 f.) ist, bekümmert es Lessing nicht, daß es ‚mehr poetisch als wahr‘ sein könnte.

498 Vgl. Benjamin, a.a.O. S. 12.

499 Paradigmatisch: K. O. Conrady: Gottsched. Sterbender Cato. In: Das deutsche Drama, a.a.O. S. 61–78, 78. – Siehe Gottscheds Entgegnung auf G. Stolle (Sterbender Cato, a.a.O. S. 95–114, 101). Siehe R. v. Heydebrand: Johann Christoph Gottscheds Trauerspiel „Der sterbende Cato“ und die Kritik. Analyse eines Kräftespiels. In: Rezeption und Produktion, a.a.O. S. 553–569. Heydebrand sagt, daß weder das Stück noch die theoretischen Grundlagen in sich konsequent sind (S. 553). Literarisches läßt sich schwerlich in revolutionären oder volkspädagogischen Zusammenhängen einsetzen, da diese auf Eindeutigkeit ihrer Anliegen tendieren, Literatur sich aber dagegen sperrt, zum Beispiel schon in der Empfindung als gesprochener Sprache des Dramas; da wird auch die Verwirklichung der allgemeinen Natur des Menschen, sogar patriotisch gefärbt, wieder problematisch, so wichtig doch andererseits Gottscheds Programme waren. Lessing schreibt prosaische Trauerspiele, Gottsched wählt den Vers gegen die jahrzehntelangen sprachlichen Verwahrlosungen des Theaters. Auch darin lag ein Wille zur Vereinheitlichung wie in den drei Tendenzen, die Gottsched aus dem 17. Jahrhundert übernahm: auf eine Gemeinsprache, Beteiligung breiter Schichten an der deutschen Nationalliteratur, „Schaubühne“ als „moralische Anstalt“ (Wolff; siehe dazu Heydebrand, a.a.O. S. 558). Alle Tendenzen auf Gemeinsamkeit haben den Mangel, irgendwann dogmatisch zu werden, weil wir den „einzeln Fall“ noch nicht verstanden haben.

schauer allezeit klüger, vorsichtiger und standhafter nach Hause"[500] gehe, aber die vom Stadt-Land-Schema bis zu denen von Tugend und Sinnen herrschenden Dichotomien sind am Ende als Konstitutionen der Welt in *einer* Figur (Emilia), die sterben muß, zur Evidenz gebracht; in einer anderen, die stirbt (Appiani), eben nicht: Tod ist keine hinreichende Bedeutungsgarantie.

Sara konnte ihren Konflikt als den des Subjekts, welches seine Empfindungen an sich selbst bemerkte, aber kein persönliches Sprechen etwa in der Rubrik ‚Moral des Herzens' fand, nicht lösen. Emilia kann einen Satz bilden, weil ihr Sprechen sich dahingehend verändert hat, in einer Metaphorik das Bewußtsein des Sprechens als eigene Empfindung zu erreichen. Diese Metaphorik ist nicht mehr das „Zuckerwerk",[501] und die sentenziöse Form hat nicht mehr die Eindeutigkeit der ‚Nahrung'. Wenn Emilia ausriefe, „wie schön ist es zu sterben" (Cato[502]), müßten wir zugeben, sie nicht zu verstehen. Ihre Sentenz findet keine Erfüllung in praktischen Realisationen durch die Rezipienten. Sie ist selbst Erfüllung als Bedeutungsfülle und Unverständlichkeit: Die sinnliche Deutlichkeit des Spruchs vermittelt das Mitleid mit einer großen semantischen Rebellion, die sich in eigener Syntax das Urteil spricht, – und doch ist das nicht mehr Angelegenheit einer einzelnen Figur. Der ungelöste Konflikt bleibt nicht an Emilia wie an Sara gebunden. Der gelöste Konflikt ist gleichzeitig die aggressive Metapher des Trauerspiels gegen die Welt, die es darstellen mußte. Die Wirkung kann nur mehr die metaphorische einer Metapher sein, in der selbst alles geklärt ist. Diese beruhigende Klarheit aber wird zur Aggression gegen das, was in ihr zu sagen von der Welt als Geschichte und Gegenwart erzwungen wurde. Die Wirkung einer solchen Selbstreflexion, die den Konflikt nicht nur vorführt, sondern Konflikt ist, kann nicht mehr bemessen werden, wie Ramler es für die „Sara" tat: „3 1/2 Stunde zugehört, stille gesessen wie Statuen und geweint".[503] Man kann hier nicht in aller „Gedehntheit"[504] ununterbrochen weinen, das Trauerspiel ist nicht durchgängig traurig. Der Schock am Ende ist einer über den Abstand zur unverständlichen Energie eines für den Rezipienten abwesenden Willens. Leben wird durch diesen Tod unterbrochen. Saras Sterben partikularisierte den Tod so, daß er das Leben ohne Schock beenden konnte. Ihre Empfindungen sind deshalb einzelne Partikel in unendlicher Folge, die einmal abbrechen muß. Natürlich oder tragisch? Es ist eine „dunkle Ahnung", die noch dadurch konturiert wird, daß die anderen sich ständig um empirische Hilfe bemühen; „das Allgemeinste, das zugleich das Allerpersönlichste ist",[505] erscheint in der furchtbar ruhigen Metapher Emilias, die das Widersprüchlichste als Tautologie homogenisiert. Das Tautologische aber suggeriert formaliter, Zeit, Entwicklung, Alternative zu sein. Doch in solcher ‚Zeit' kann es kein Subjekt geben, kann keine Rose eine Rose bleiben. Trotzdem ist Emilia „ich selbst" (450), zwar nicht mehr als blühende Rose, wohl aber ist sie sie selbst, weil sie sich für diesen Satz verantwortlich macht. Sie hat damit keinen tugendhaften Choleriker von der Notwendigkeit ihres Tods überzeugt,[506] sondern, „gebrochen" zu sein, immerhin noch als ihr Sprechen und Empfinden entdeckt. Deren gemeinsame

500 J. Ch. Gottsched: Die Schauspiele und besonders die Tragödien sind aus einer wohlbestellten Republik nicht zu verbannen (Rede von 1729). In: ders.: Schriften zur Literatur. Hg. H. Steinmetz. Stuttgart 1972. S. 3–11, 10, 5.

501 A.a.O. S. 10.

502 Gottsched, Sterbender Cato, a.a.O. S. 71 (Vers 1339).

503 Brief an Gleim vom 25. Juli 1755. Th. W. Danzel / G. E. Guhrauer: Gotthold Ephraim Lessing. Sein Leben und seine Werke. Bd. 1. Berlin ²1880. S. 309.

504 U. Friess: „Verführung ist die wahre Gewalt". Zur Poetisierung eines dramatischen Motivs in Lessings bürgerlichen Trauerspielen. In: Jahrbuch der Jean-Paul-Gesellschaft 6 (1971). S. 102–130, 127.

505 Kienecker, a.a.O. S. 174.

506 So Meyer, a.a.O. S. 332.

Evidenz zeigt wieder so etwas wie negative Freiheit und positive Notwendigkeit. In ihrem Satz erlöst sich Emilia auch vom Sprechen. Im Sprechen erlöst sie sich von ihren Empfindungen. In beidem substantialisiert sich Gewalt, aber sie wird zur unbegreiflichen Wahrheit der Rosen-Metapher.[507] So haben wir jetzt, wiederum Ramler zu zitieren, „keinen Strom von Tränen, sondern gleichsam nur Keime von Tränen“.[508] Es ist etwas Gutes und etwas Fürchterliches daran, daß man bis heute, ohne noch Tränen zu haben, weiterhin an ihr Ersticken denken kann.

Diese Entwicklung wird beispielsweise in den durch den „Hofmeister“ inszenierten Darstellungsweisen deutlicher als in der Fortführung Schillers („Kabale und Liebe“). Warum hatte man am „Cato“, der doch in Versen und der Popularität halber geschrieben wurde, so vieles auszusetzen (und an der „Cristischen Dichtkunst“, was deren Absatz nicht einzuschränken schien) – weinte aber ununterbrochen über „Sara“? Wird vom erfolglosen „Hofmeister“ die von der Komödie beanspruchte Rührung (Gellert) so unter dem Zwang des Trauerspiels verändert, daß Mitleid mit einer notwendig dumm gewordenen Figur entsteht? Warum greift das klassische Drama auf den Vers zurück, als sei wieder in Ordnung zu bringen, was die Prosa der Empfindungen anrichtete? Woher die Berechtigung zu einem formalen Pathos? Diese Fragen könnten an einzelnen Sätzen, bezogen auf Emilias Spruch, erörtert werden.

Die Individuen zerstören sich in der Einseitigkeit ihres gediegenen Wollens und Charakters. In der Komödie, mit Hegel argumentiert,[509] behält Subjektivität die Oberhand, aber in ihrer Lächerlichkeit gegenüber dem Wesentlichen. – Emilia zerstört sich nicht als einseitiges, sondern als mittlerweile vielseitiges Individuum. Mitleiden nun ist die Sympathie mit der sittlichen, substantiellen Berechtigung des Leidenden; Furcht ist eine vor der Macht der verletzten Sittlichkeit. Insofern kann der Rezipient nicht mit Emilia in der Weise wie mit Sara mitleiden. Er muß seinen Abstand von Emilia fürchten, der ihm gerade erlaubt zu leben. Verletzt ist in Emilia die allgemeine, moralische, intelligible Lebensfähigkeit. Es gibt hier keine Sittlichkeit, die erlaubte, Mensch zu sein. Deshalb ist Emilia in ihrer Einzelheit nicht Fragment der Wirklichkeit, sondern – und das ist eine der wesentlichen Intentionen der Epoche[510] – sie ist als Individuum, das sie in ihrem letzten ganzen Satz ist, der allerdings ohne Existenzprädikator existiert, Symbol für den Weltzustand. Im und am Individuum empfindet man, wie es um die Welt steht. Aufklärung ist natürlich nicht mehr als Transport vernünftiger Sätze oder zwanghafter Erziehung zur Vernunft möglich, wenn die Welt aus semantischen Widersprüchen besteht, die nur zur formalen Einheit eines so scheinhaften Sinns gebracht werden können. Dies ist das Erbe.

Auch für die Epochen des „Sturm und Drang“, der „Klassik“ usw. ist Aufklärung unrevidierbar geworden und im Kern jeder Dichtung. Es ist aber eine selbstkritische Aufklärung, die in „Emilia Galotti“ bekannt gegeben hat, daß das, worüber aufgeklärt wird, zum Tode führen kann, wenn es die Existenz situativ begründen soll.

Im Undefinierbaren liegt die Utopie der Aufklärung als Trauerspiel. Der ‚Tod‘ ist Kritik an verpaßter Individualität von Empfindung und Kritik an den sie bedrohenden Zuständen. Beides kann aber nur geleistet werden, wenn man noch an die Versöhnung von Welt und Einzelnem zu denken vermag. Emilias homogener Spruch läßt es denken und zugleich den Unsinn seiner Homogenität.

507 Eine Wahrheit, die dem weltlichen Wechselspiel irrationaler und rationaler Vernunft entsprang. Vgl. Arntzen, Dichtung als Aufklärung, a.a.O. S. 36 f.

508 Rezension über „Emilia Galotti“; zit. Steinmetz, Lessing – ein unpoetischer Dichter, a.a.O. S. 86.

509 Vgl. auch zum folgenden das Kapitel „Das Prinzip der Tragödie, Komödie und des Dramas“ in Hegels Ästhetik, Bd. 15, a.a.O. S. 520–534.

510 Siehe Cassirer, a.a.O. S. 42 f.

Sara empfindet den Tod als einen Mangel (des Lebens). Ihre Sätze von der „schwachen Tugend" und dem „nochmaligen Leben", das erforderlich wäre, sind beziehbar auf die Gesamtstruktur und Intention des Stücks; selbst nicht mehr eindeutig im diskursiven Status, dienen sie doch als Erklärungen, die situativ und auch typisch sind. Bei aller redseligen Empfindsamkeit verläuft die Differenz der Empfindung durch das Leben auf den Tod hin. Sogar die Wirklichkeit der Empfindung ist different zum Leben. Ein Indiz mehr, die Sprache, zu der Empfindung in ständiger Differenz steht, als Leben zu verstehen.

Das alltägliche, horizontal veranschlagte, bürgerliche Leben erscheint als Sprache, auch als dogmatisches oder verstelltes Sprechen, gegen die und in den sprechenden Reflexionen, die Saras Sterben sind. Sprache benennt, aber sie ist sukzessiv – nicht nur in der Zeit, sie konstituiert Zeit. Das Leben aber erscheint wie ein endliches Sterben; ein nicht dogmatisches Sprechen, welches nicht die Extensität, sondern die Intensität des Empfindens verträte, kann von sich aus kaum die Realität oder Echtheit des Gesprochenen nachweisen. Deshalb hat auch Sara nicht einfach recht, auch nicht vice versa zu ihrem Bescheidenheitstopos. Ihr Sprechen bewegt sich stets vom Individuellen (der Situation), das zunächst äußerlich nur als unkonventionelles Treffen im Gasthaus sichtbar wird, zur Typik bestimmter Gefühlsklischees, die hier als unzulänglich dargestellt sind, sich aber sicherlich noch ein halbes Jahrhundert in der historischen Sprachproduktion halten. Die Kritik an der Bürgerlichkeit (des Adels) geschieht um derentwillen. Der empfindsame Satz ist ebensowenig die Lösung wie ein rationalistischer, der die Fähigkeit der Welt, prinzipiell entdeckt werden zu können, hypostasiert.

Sprache zu suchen, bleibt trotzdem die intentionale Handlung des Leidens. Die Wirklichkeit der Empfindung ist Metapher, mit besonderer Liebe für physische Bezeichnungen (zum Beispiel „Herz"). Empfindung soll Kriterium für Sprechen sein, ist aber an dieses so gebunden, daß sie selbst ungesichert ist. Marwood läßt die „Natur" sprechen. Das Schwerste bei dieser „unwägbaren Evidenz" ist es, „die Unbestimmtheit richtig und unverfälscht zum Ausdruck zu bringen".[511]

Saras Vater war zärtlich, Emilias, wie es das bürgerliche Trauerspiel bevorzugt, ist streng. In psychologischer und pädagogischer Hinsicht scheint das ein Rückfall zu sein; ebenso die Formalität von Emilias Sätzen. Dieses Drama ist gegenüber „Miß Sara Sampson" streng.

Emilias Sätze von der „Verführung", ihren „Sinnen", den ausgestorbenen Vätern und Taten, der „Rose" – beweisen sentenziös ihre Mündigkeit gegenüber dem Vater, sind aber problematische Gewißheiten, die das Mannigfaltige entdecken und sofort als das Immergleiche in Tautologien fassen, die als solche auf Tod tendieren. Wer trägt hier Verantwortung? Das Paradox, in dem sich die Sentenz selbst aufhebt und der moralische Satz seine bloß formale Ordnung zeigt. Denn in der Art und Weise, wie Emilia spricht, liegt ebenfalls die Hypostase, Welt sei als menschliche Geschichte prinzipiell durchschaubar. Diese Maxime, die man bis zu Brecht verfolgen könnte, gilt aber für das Drama insoweit nicht, als die Semantik der Empfindung Unsinn ergibt und nur „Tod" meinen kann. Die Ausweglosigkeit dieser Semantik ‚entspricht' andererseits damit doch wiederum der formalen Sicherheit des stilisierten Pathos in der Prosa. Das Unwahrscheinliche wird im Tod des einzelnen als das Gesichertste sinnlos und bedeutend; es umgreift aber das Wahrscheinliche und Dogmatische, trotzdem Affektive, die Tat des Vaters. So setzt sich doch das Empfinden eines Subjektes durch. Aus prinzipieller Empfindsamkeit und Empfänglichkeit resultiert der Todessatz, ohne daß dadurch Bürgertum und Adel aus den Fugen

511 L. Wittgenstein: Philosophische Untersuchungen. Frankfurt a.M. 1967. S. 264 f. Ausführlicher zitiert in unserem Hölderlin-Teil.

gerieten. Sie sind aber als bloße Repräsentanten, nicht als letzte Realität dargestellt. Das sich aus Empfänglichkeit zur Sprachaktion emanzipierende, entwickelnde Individuum ist ein Paradox, für das es keine Gerichtsbarkeit oder Intrigen gibt und dem nicht zu entfliehen ist. So wird das Paradox zur bleibenden Idee, und es ist die Wirklichkeit. Es gibt dafür keine traditionelle Bedeutung mehr, obwohl die Intention an Tragödie erinnert. Emilia ist keine Märtyrerin; sie ist das Sprechen, welches das Paradox als Idee und Wirklichkeit realisiert. Frei und notwendig ist die subjektive Tat, in der das Unsagbare identisch mit dem Sagen wird. Es ist nunmehr die unendliche Differenz *und* die unendliche Identität zwischen Sprache und Empfindung zu denken. Für einen Moment erscheint die Schönheit des Subjekts – bodenlos in aller Bedeutung. Aber das ist die Idee der Empfindung, selbst wirklich, schön und wahr zu sein. –

In einem Exkurs sei auf die erwähnten Beispiele von Schiller und Lenz eingegangen. Ferdinand glaubt (verbittert) nicht, daß das Weib „eines andern Empfindungen wägen"[512] könne; Luise beklagt eigentlich den Verlust eines mystischen Augenblicks, denn vom Anfang des Dramas an streitet sie mit dem Geliebten: „Ein entsetzliches Schicksal hat die Sprache unsrer Herzen verwirrt."[513] „Ist keine Rettung mehr? Mein junges Leben und keine Rettung! und muß ich jetzt schon dahin?"[514] „Ich sterbe unschuldig, Ferdinand."[515] „O des kläglichen Mißverstands – ".[516] Die Verwirklichung als Individuum und als Gattung steht dahin, bleibt aber die Idee der Versöhnung – als vergangener und zukünftiger.

Erstmalig will jemand nicht sterben. Auch Ferdinand verharrt in seinem Bewußtsein, das ihn noch den Richter gegen seinen Vater spielen läßt, im Status subjektiver Berechtigung. Empfindungen sind nun schon fast selbstverständliche Akte der Vereinzelung. Von der Krise durch Empfindung geht die Entwicklung zu einer Krise der Empfindung, die sich aber gerade der eigenen, isolierten Kompetenz sicherer ist als in „Emilia Galotti" und deshalb den „Mißverstand" aus sich heraus verlegt. So wird nun, Generationen überdauernd, beim modernen Drama von einem Aneinandervorbeireden die Rede sein.

Nie mehr werden Sätze wie die Emilias auftauchen, deren geheimnisvolles Selbstverständnis gerade die anderen zu Taten provoziert, die dem Sprecher recht sind, ohne daß entschieden werden könnte, er sei verstanden worden oder er sei nicht verstanden worden. Das ist erstaunlich, weil gerade Luises Sätze denen Emilias formal sehr ähnlich sind.[517]

Das Gemeinsame der Liebenden ist von Anfang an ihre Entzweiung und darin doch noch die notwendige Beziehung aufeinander. Es erscheint als mystischer Moment und als Idee einer „Sprache unsrer Herzen".[518] Schicksal (besonders hervorgehoben, aber nicht allein das gesellschaftliche: die Väter) ist die Verwirrung des Gesprächs, welches weder von Beweisen noch von Entsagungen leben kann. Schuld hat in diesem Sinne das nicht

512 F. Schiller: Kabale und Liebe. Ein bürgerliches Trauerspiel. Werke. Bd. 5. Hgg. H. O. Burger / W. Höllerer. Weimar 1957. Nationalausgabe. S. 100 (V, 7).

513 A.a.O. S. 102.

514 A.a.O. S. 103.

515 A.a.O. S. 104.

516 Ebd.

517 E. Dvoretzky: Lessing in Schillers „Kabale und Liebe". In: Modern Philology 63 (1965/66). S. 311–318.

518 Vgl. K. Berghahn: „Doch eine Sprache braucht das Herz." Beobachtungen zu den Liebesdialogen in Schillers „Wallenstein". In: Monatshefte 64 (1972). S. 25–32. Schiller „wollte zeigen, daß es in einer Welt des politischen Zweckdenkens und berechnender Verstellung noch eine eindeutige Sprache geben kann" (S. 32). Und Berghahn verstärkt diese äußerst problematische These zusätzlich, indem er sie scheinbar begründet: „denn in einer Welt der Masken und Intrigen kann nur die Sprache des Herzens noch eine unverfälschte Beziehung zwischen den Menschen stiften" (ebd.).

sprachgemäße Handeln, welches Sprache und Sprachverbote (Luises Eid) nur benutzt. Dies ist das gesellschaftliche Verhalten. Einerseits wird mit Sprache gespielt, andererseits entstehen sprachunabhängige Berufungen auf Realität (zum Beispiel der Empfindung). Der Anspruch totaler Liebe wie die Gewalt des Hofes werden tendenziell in Luises Empfindung als deren Gefährdung identisch. –

Der Hofmeister sagt: „Ich bekenne mich schuldig – Aber kann man so vielen Reitzungen widerstehen? Wenn man mir dies Herz aus dem Leibe risse und mich Glied vor Glied verstümmelte und ich behielt nur eine Ader von Blut noch übrig, so würde diese verrätherische Ader doch für Lisen schlagen.“[519]

Ihm gelingt es nicht, Vater zu werden, also in die beherrschende Konstellation einzutreten. Es ist ja bisher noch nicht geklärt worden, warum im bürgerlichen Trauerspiel nie ein Sohn die alleinige Hauptfigur ist. Fritz gelingt durch Adoption, was Läuffer versagt bleibt (der Name ist in gewisser Weise sprechend). „Dies Kind ist jetzt auch das meinige; ein trauriges Pfand der Schwachheit Deines Geschlechts und der Thorheiten des unsrigen: am meisten aber der vortheilhaften Erziehung junger Frauenzimmer durch Hofmeister.“[520]

Einprägsame Sätze der Figuren sind in diesem Drama schwer zu finden, ironischerweise beziehen sich solche Sätze auf den Hofmeisterstand. Brecht wird diese Komödie vom Erkennen und Vermeiden der Laster partikularisieren und die Einseitigkeit verallgemeinern.[521]

Frühaufklärung im Sinne von Handlungsanweisungen, des Transports von Sätzen, die sich primär auf Textexternes beziehen, ist von Lenz überwunden. Die Sätze müssen auf das ganze Drama bezogen werden. Wir sprachen bereits von der Relevanz des Sinnlosen, hier ist von der Relevanz bedeutungsloser Nivellierungen zu sprechen. Die Idee des Ganzen, der wirklichen und wahren Empfindung, taucht weder als Erinnerung und Utopie noch als Paradox noch als unerfüllter Wunsch nach totalem Ausdruck auf, sondern völlig implizit als Assoziation ‚gemischter Gefühle‘. Die Empfindungen, für die Figuren nach wie vor Fallen und Stolpersteine, sind unwichtig geworden. Sie konnten nie die Gesellschaftlichkeit des Menschen leugnen, aber sie sind in jeder Hinsicht affirmativ geworden. Läuffers Emphase macht das gegen den eigenen Strich deutlich. Er betreibt die Rekonstitution der Misere, eine Flucht des Verstümmelten in heilere Welten, die doch ein Trauerspiel waren. Empfindungen bleiben bestrafbare, einzuordnende Handlungen. Der Ge-

519 J. M. R. Lenz: Der Hofmeister oder Vortheile der Privaterziehung. Eine Komödie. Gesammelte Werke. Bd. 1. Hg. R. Daunicht. München 1967. S. 113 (V, 10).

520 A.a.O. S. 121 (V, 12).

521 Siehe B. Brecht: Der Hofmeister von Jakob Michael Reinhold Lenz. Bearbeitung. Gesammelte Werke in 20 Bden. Bd. 6. Frankfurt a. M. 1967:

Der Bürger wird jetzt mächtig im Staat
Und ich bedenk schon früh und spät
Daß ich in seine Dienste tret.
. . .
Daß ich nur lehre, was genehm
Da wird sich ändern nichts in dem.
Wills euch verraten, was ich lehre:
Das Abc der Teutschen Misere! (S. 2333, Prolog)

Gebrochen ist sein Rückgrat. Seine Pflicht
Ist, daß er nun das seiner Schüler bricht.
Der deutsche Schulmeister, erinnert ihn nur:
Erzeugnis und Erzeuger der Unnatur!
Schüler und Lehrer einer neuen Zeit
Betrachtet seine Knechtseligkeit
Damit ihr euch davon befreit! (S. 2394, Epilog)

sellschaft läßt sich nur begreiflich machen, was ihr begreiflich ist.[522] Die ‚Tragikomödie‘ hat die Intention der Komödie.[523] Das Individuum Läuffer beendet seine Laufbahn, verschwindet, verstümmelt zum Opfer durch eigene Hand. Das ist nicht mehr wie der Tod zumindest eine subjektive Steigerung. Läuffer nimmt nur vorweg, was man ihm antun könnte. Ohne eigenen Tod (Rilke) wiederholt er den eigenen Widerspruch und entlastet ungewollt die Gesellschaft, indem er sich für schuldig hält – und doch nicht halten kann. Sein letztes biologisches Minimum ist für ihn noch ein fixiertes (Lise) und verräterisches Maß. Der Gewalt der Verführbarkeit und Empfindsamkeit begegnet er, indem er sich selbst entgeht und sich schleichend, in der Szenentechnik objektiviert, daran anpaßt, nicht mehr zu sein. Sein letzter Satz zeigt aber, daß das nicht vollends gelingt, – und er ist deshalb Widerspruch zum ohnehin ironischen, aber trotzdem grausamen happy end der moralischen Einsichten. –

Auch in Büchners „Woyzeck“ handelt es sich nicht um die Darstellung reiner Determination. Die müßte man medizinisch oder politisch bewältigen. Wenn auch hier in einer quasi physiologischen Universalmetapher Ich und Welt als viele Gegner getrennt sind und Wahnsinn die Antwort auf das Unverständliche ist, daß alle anderen sich zu verstehen meinen, so spricht Woyzeck immerhin noch seinen Wahnsinn. Sprachordnungen, die ja selbst nur ein heimliches Unverständnis sind, in das der, der es verstehen will, nicht eindringen kann, geraten durcheinander; geplagt, kann Woyzecks Sprechen nur noch assoziieren. Seine Assoziationen werden dann zwanghaft und vollenden die Plage. –

Dem Vater Odoardo wurde Subjektivität, die verschleiert in seinen Erziehungsvorstellungen wirksam war, als die seine und wirkliche entzogen, da nicht sein Gewissen, sondern ein Gericht die Bedeutung seiner Tat aussprechen soll. Geschichtlich bedeutende Subjektivität müßte sich nun also an einem anderen Ort zeigen, wenn Bedeutung so nicht mehr ausgesprochen werden kann, aber auch nicht etwa nur die pietistische Angelegenheit eines Gewissens sein darf. Der Ort ist Emilia, in nuce ihr Satz, die Kulmination einer die Welt begreifenden Selbstreflexion des Sprechens. Doch wie gesagt, einerseits renoviert die Syntax das traditionelle Pathos einer Sprache des Leidens, andererseits zerstört aber die Semantik das Bedeutungsvolle, welches nur den Sinn zu haben scheint, daß jemand ein bißchen früher, als man gewohnt ist, stirbt. Irritieren mag das noch, daß erstochen zu werden gegenüber anderen Möglichkeiten wie eine Zärtlichkeit erscheint. Doch könnte auch auf Emilias Handlung des Entblätterns verwiesen sein, die in zärtlicher Selbstzerstörung die nachvollziehende Gewalttat des Vaters zur stürmischen Leidenschaft degradiert. „So, oder so“ ist Emilia in dem literarisch-sprachlichen Bewußtseinsvorteil, durch und durch metaphorisch zu handeln – gegenüber dem, der sich wörtlich, begrifflich und tätlich verhält. Emilia hütet sich letztlich doch vor Maximen, die ja nur zu Mord oder selbstgenügsamer Empfindsamkeit führen, durch ihr metaphorisches Verhalten, in dem zum Beispiel ein altes weiterlebendes Motiv lebenswichtig wird, auch wenn und weil es den Tod aus Tradition begründet. Verführbar und empfindsam ist der Mensch als Subjekt grundsätzlich. Er bekommt aber so seine Geschichte ... In der Literatur zeigen sich über alle Verbrauchstexte hinaus die menschlichen Möglichkeiten des Sprechens als geschichtliche Möglichkeiten des Empfindens. Aber soll von diesen Möglichkeiten eben nicht nur Gebrauch gemacht werden, so verweist Literatur gerade auf die Schwierigkeiten des einzelnen Sprechakts, dessen Wahrheit die eines Subjekts ist, ohne daß dieses sagen könnte, was Literatur zeigt, nämlich Wahrheit.

522 Ähnlich einer Formulierung von K. Kraus: Untergang der Welt durch schwarze Magie. In: ders.: Die Fackel 14 (1912). Nr. 363–365. S. 1–28, 2.

523 Vgl. H. Arntzen: Tragikomödie? In: ders.: Literatur im Zeitalter der Information, a.a.O. S. 281–283.

Nun hängt Emilias Satz aufs engste mit einem justizförmigen Mord zusammen, aber er entzieht sich dieser Integration, integriert vielmehr selbst Erlebnis und Tat. Er tendiert in seiner Rhythmisierung auf ein lyrisches Sprechen.

Der lyrische Schönheitstopos ist als Manifestation der Abhebung demonstrativ in die Wahrscheinlichkeitspoetik des Dramas eingelassen. Emilia nahm die Rose aus ihrem Haar. Es gibt also situative Gründe für diese spontane und geschichtlich orientierte Metapher. Aber man kann sie nicht meinungshaft mit der Vorstellung der Verführung verbinden.

Wenn die Metapher als pure Ästhetisierung mißverstanden wäre, muß dann nicht, wie die Form der Sentenz, eine bestimmte Trauerspielform, vielleicht überhaupt die Gattung des Trauerspiels, am Semantischen der Umgangssprache und des Pathos zerbrechen? Erscheint im Trauerspiel ein Tod, der unsinnig ist, und zwar erstmalig deshalb, weil Bedeutung und Form sich negieren? Da aber auch der Un-Sinn nicht in Diskursivität aufzuheben ist, stellt sich wieder Bedeutendes ein. Die Erschütterung der Reflexion dieses Satzes ist nicht zu beenden. Es entsteht ein Bedeuten der negativen Bedeutung, die die ganze Empfindung ist. Die Idee der Form dieses literarischen Sprechens ist bedeutende Abwesenheit des Sinns. So präsentiert sich die Wirklichkeit der Empfindung als Vorbereitung der Wahrheit.[524]

Denn wir lesen den literarischen Satz nicht nur als Unsinn, sondern sogar eher und flüchtig schon als durchaus integrierbaren. Wir lesen nur *in* dem Satz keinen Sinn. Die Erfüllung der literarischen Intentionen der Sprache bedeutet Emilias Tod. Abstrakt gesprochen sind dies die Intentionen, immer allgemein und ganz besonders zu sein. Das eigentliche Substrat dieser Spracherfahrung ist jenseits der Literatur in jeder Empfindung zu erfahren. Die intensive Totalität des Satzes hat ganz allgemeines Niveau. Emilia findet ihr eigenes, aber aus Tradition und Situation entstandenes Sprechen. Das auch Handlung auslösende Sprechen hat seinen Sinn nur in seiner Form zukünftigen Bedeutens. Gegenwärtig und historisch entstehen daraus Revolten. Die richten sich aber immer direkter gegen die eigene Existenz. Auch daß diese sich immer unverständlicher wird, verweist auf Individualität und hängt geschichtlich auf das engste damit zusammen. Die „Rose", welche Emilias Anblick für den Grafen und den Prinzen bestimmte, wird von einer kleidenden Metapher zu einer wirklichen Person als Metapher.

Individualität und ihre metaphorische Allgemeinheitsfähigkeit stehen unter den Gefahren obskurer Privatheit und Sentenziösität. In seinen Teilen ist der syntaktisch deutliche Satz auch semantisch verständlich. Das Allgemeine daran ist unverständlich und bedeutet Tod, der wiederum als individueller unverständlich ist. Das Individuelle jedoch ist schon der Ausspruch einer Getöteten. Ästhetisches Gelingen zielt hier also gar nicht auf ein (‚unendliches') bürgerliches Trauerspiel, sondern auf das Gegenteil einer „schaalen Tragödie". Das ist die Tragödie.

Die Verschränkung von Verständlichkeit und Unverständlichkeit bildet einen Satz, in dem die verständliche Empfindung des Todes die unverständliche Bedeutung des Lebens ist. Doch fehlt der ‚wirkliche Fall' in diesem Satz. Er ist nur in Analogie zur Sprecherin zu ergänzen. Geht die Bedeutung in einer Existenzaussage auf? Das Schwebende, Geltende ginge verloren. Trotzdem funktioniert der Satz auch wie eine Beschreibung. Andererseits ist ja nur von einer „Rose" die Rede. Ist der Untergang Emilias die ästhetische Idee, die nach Kant keine symbolische, erst recht nicht eine beschreibende Sprache erreicht? In der Sprache selbst, nicht nur als Begriffssprache aufgefaßt, gibt es weder strikte Synonyme noch materialiter eine Homonymie. Die Syntax bietet Differenz, die Semantik Identität, der Satz die ganze Bewegung, die jetzt unendlich in sich selbst ist. Die darin sich ab-

524 Und umgekehrt: Wahrheit liegt im Modus der Vorbereitetheit der Wirklichkeit. Vgl. dazu den Schluß unserer Arbeit.

spielende Dialektik der Empfindung charakterisiert Emilia als ein potentiell der Situation enthobenes Individuum, das wir wiederum nur in der Situation kennen. Ihr Satz tritt fürchterlicherweise an die Stelle von Liebe und Vereinigung. Und doch ist er die erfüllte Empfindung als sprachliche Selbstbewegung, die so nur im Drama erscheinen kann. Das Überhöhte, Tragische, Ewige, das Pathos ist das Unsagbare, welches ganz und gar in einem Akt identisch mit dem Ausgesprochenen ist, ja hierin erst entsteht.

Sprechen und Empfinden sind nicht handlungsorientiert, sondern umgekehrt. Deshalb ist zu handeln äußerst kompliziert geworden, weit komplizierter als für die Väter von Emilia und Virginia. Die Hemmung ist ein erster Schritt zur Selbstbestimmung. Im Sprechen jedoch gibt es kein Ende. Gewinn von Endlichkeit und Gestalt verdankt die Tragödie einerseits dem Tod. Wesentlicher und spezifischer aber ist folgendes. Der innere Prozeß des Satzes und des Werkes innerhalb von Prozessen, die als Geschichte im allgemeinen ihre Gestalt noch nicht erfunden haben, ist ein Prozeß von einzelnen Gestalten, die ihre Geschichte suchen. In den Sprechangeboten der Zeit liegen nur geschichtliche Auswege. Da aber – im Drama – gesprochen werden muß, können Empfindungen so vorgeführt werden, daß selten gewußt werden kann, ob sie sich in der Geschichte oder gerade auf einem ihrer Müllplätze befinden.

Die Szene beginnt mit dem Bürgerthema der inneren und der äußeren Ruhe. Doch sie ist von semantischen Wenden durchzogen, Geschichte im Dialog. Das folgende Thema ist die Möglichkeit der Flucht. Die Gründe der Verweigerung überzeugen nicht politisch.[525]

Emilia begründet ihre Ruhe: „Entweder ist nichts verloren: oder alles." (447) Der Vater fragt und begreift nicht, daß sie „alles verloren" (ebd.) gibt, obwohl er doch schon Schlimmeres vermutet hatte. Oft wiederholt eine Figur die Worte der anderen, besonders der Vater, als sei ihr Aussprechen noch der letzte Halt vor dem, was sie bedeuten. Sie bedeuten jetzt tendenziell die Alternativlosigkeit zwischen „alles" und „nichts". Das nie beantwortete „warum" (ebd.) – außer in Emilias Satz von der „Verführung" – beinhaltet den ungesagten und deutlichen Grund eines Empfindens, das nur im Tod akzeptiert werden kann. Emilia könne nicht „allein in seinen Händen" (448) bleiben, „den Händen deines Räubers" (447), wie der Vater sagt. Er sei „nicht mein Vater" (448), sagt Emilia, wenn er das zulasse. Er sei nicht tugendhaft, wie Emilia es gewohnt ist, muß das heißen. Jetzt aber stehen Gedankenstriche für ihre sofortige Reflexion: „ – Ich allein in seinen Händen? – Gut, lassen Sie mich nur" (ebd.) – wieder eine Wendung zur Macht der Ohnmächtigen, wodurch Emilia aber diesmal aus der Ruhe gerät. Sie meinte, alles verloren zu haben, und muß erkennen, daß sie trotzdem noch existiert, und zwar „allein". Ihre vermeintliche Anfälligkeit verweist sie auf eine Existenzform, in der ihre Stärke liegen könnte: „– Ich will doch sehn, wer mich hält, – wer mich zwingt, – wer der Mensch ist, der einen Menschen zwingen kann." (ebd.) Aus Unsicherheit und Verstörung, was das ihr vermittelte Wissen von sich angeht, aus der Abgeklärtheit der Resignation, nicht mehr zu sein, wenn dieses Wissen brüchig geworden ist, – findet sie schon zur sentenziösen Form. Ganz allein zu sein, ist eine Vorstellung des Allgemeinsten am Individuellen. Die mögliche Positivität dieser Empfindung zeigt sich zunächst in kämpferischer Abwehr des Fremden, möglicher Bewältigung der Situation, letztlich dann aber doch im Tod. Träte er jetzt ein, bliebe er abstrakt. Es muß noch gesprochen werden, um Empfindungen weder nur als Regressionen noch nur als pure Selbstbehauptungen eines Ich zu verstehen: „Leiden, was man nicht sollte? Dulden, was man nicht dürfte?" (ebd.) Die Ruhe konnte nicht die eines verlorenen Ich gewesen sein. Das solipsistische Prinzip der Resignation

525 Natürlich können Lessings Werke nicht im direkten Sinne politisch revolutionär sein. Er selbst war aber auch kein politischer Revolutionär, was immer man sich darunter vorzustellen habe. Eibl differenziert gegenüber den gängigen Vorstellungen: a.a.O. S. 159.

wird durch das öffentliche Gewissensprinzip im „man" entlarvt. Eine Freiheit (des Leidens) entsteht in beidem nicht. Nun meint der Vater wieder „meine Tochter" zu besitzen, die er „umarmen" (ebd.) möchte. Er wiederholt das und erzählt Emilia vom „höllischen Gauckelspiel", das der Prinz mit ihr vorhabe, indem er sie „aus unsern Armen" (ebd.) reißen und zu den Grimaldis bringen wolle. Dadurch kommt Emilia zu weiterer Besinnung, die eine Aufregung ist. Sie formuliert ihren Willen, aber wiederum nicht inhaltlich, sondern höchst formell nur die Tatsache eines eigenen Willens. Allerdings ist der jetzt zumindest als Negation konturiert und das Sprechen nun erstmals auf Situationelles bezogen (Grimaldi). Emilia will sich nicht von irgend jemandem ‚reißen' lassen; es ist aber die Frage, ob sie sich noch einmal umarmen lassen will. Das „wir" (ebd.), welches einen Willen hat, ist mehrdeutig. Emilia trumpft ja auf aus der Einsicht, allein sein zu können. Odoardo glaubt an ihre Gemeinsamkeit in seinem Sinne. Er gibt ihr den Besitz des Dolches preis – und schon ist dieser Konsens wieder gestört. So verstehen die sich nicht, die sich (zumindest der Vater) gänzlich zu verstehen meinen und den Dialog fast wie einen Satz bilden, ohne aneinandervorbeizureden. So entstehen aus Empfindung der eigenen Einsamkeit und Fremdheit Sentenzen, Gewißheiten, Positionen, die nicht von vornherein psychologisch oder überhaupt situativ bedingt sind. Da Emilia jetzt den Dolch vom Vater will oder ihre Haarnadel als solchen benutzen will, ergibt sich sogar eine Umwandlung des Motivs. „Auch du hast nur Ein Leben zu verlieren" (ebd.), sagt der Vater. „Und nur Eine Unschuld!" (ebd.), erwidert Emilia. Die Stichomythien ergeben die Bewegung eines Satzes, in dem sich die Positionen völlig verändern können, der Wille sich jeweils neu konstituiert, die Themen sich ablösen. Nun ist der Dialog bei „Gewalt" und „Verführung" (ebd.) angelangt. „Ich habe Blut, mein Vater; so jugendliches, so warmes Blut, als eine." (448 f.) Die Tochter scheint nun dringend nach Tugend als möglicher Form ihrer Freiheit zu verlangen, die sie vor der Anonymität rettet. Aber ihre Individualität erscheint erst im eigenen Lichte und aus der Umklammerung mit dem Vater, die sie ständig noch sucht („O, meine Tochter! – "; „O, mein Vater, wenn ich Sie erriethe! – "; auch in der Befreiung von der Rose [aus ihrem Haar] will sie *vielleicht* noch einmal eine sein, „wie mein Vater will, daß ich werden soll!" [449]), befreit, – da sie zufällig, als sie die Nadel in ihrem Haar sucht, „die Rose zu fassen" (ebd.) bekommt. Erst jetzt ist ihr Satz möglich, in dem der Zufall ebenso Platz hat wie der Wille des Vaters, den Emilia ebenso wie den Zufall bestimmt. Ohne Zwang und Zufall zu verändern, bildet sie ihren Satz, in dem von einem existenten Ich nicht mehr die Rede ist. Ihre frühere Bemerkung, „Ich stehe für nichts" (ebd.) bekommt eine unermeßliche Wahrheit.

Das Ich kann die Verantwortung für seine Empfindungen nicht übernehmen. Wenn es wahrhaft für nichts steht, sein literarischer Ausdruck aber für alles, dann bleibt ihm, außer zu sterben, nur die Möglichkeit, Verbrecher zu werden, falls es nicht zum Dogmatiker reicht. Unwesentlich darf natürlich weitergelebt werden.

Emilia zitierte zuvor entweder fremde Sätze und Überzeugungen, oder sie ließ sich von Sprache und Empfindung nur verwirren.[526] Jetzt findet sie ihre Sprache – auf einem gefährlich allgemeinen Niveau, in dem Name und Ich der Sprecherin schon vergessen zu sein scheinen, deren Akt aber doch die literarische Intention erfüllt.

Der Kampf um den Dolch ist die Wirklichkeit und Konsequenz eines Sprechens beziehungsweise seiner Form und seiner Bedeutung. Emilia bringt die enge Moral des Vaters auf einen weiten Begriff, in dem der Vater mehr Bedeutung hat, als er weiß; doch errät sie ihn nicht als Einzelperson in dieser Situation. Sie fordert ihn nur heraus – durch eine Orientierung an der Geschichte der Menschheit: zu einem notwendigen Verbrechen aufgrund instabiler Subjektivität?

526 Vgl. G. Hillen: Die Halsstarrigkeit der Tugend. Bemerkungen zu Lessings Trauerspielen. In: Lessing-Yearbook 2 (1970). S. 115–134.

Menschliches Handeln käme im „Entblättern" noch eher zum Ausdruck als im ‚Brechen'. In dieses Wortfeld gehörte eigentlich der „Sturm", welcher bis in heutige Zeitungsnachrichten hinein ‚Opfer' fordert. Nun, gegenüber dem Menschen scheinen Naturgewalten von einiger Zärtlichkeit zu sein. Die Bilder eines natürlichen Todes sind ebenso brüchig geworden wie das Symbol für Liebe und Vereinigung, deren Kontinuität dennoch bis heute im Rosenmotiv aufgerufen ist. Wäre die entblätterte Rose keine mehr für die Anschauung, so könnte die gebrochene Rose noch den Schein wahren! Er steht ein für das Ich, das noch nichts ist, und bewahrt dessen Schönheit für einen Moment in der Sprache auf. Solche leider bodenlosen Momente zeigt das Trauerspiel. In der Kritik bloßer Aktion und Empfindsamkeit entwickelt es die Idee der Empfindung. Im Tod, schon leblos, erscheint das Wesen des Lebens im Schein dessen, daß es noch spricht. Eine Figur gibt den Widerstand gegen das ganze Trauerspiel auf und geht in es ein als Träger eines Namens für dessen Gesamtintention. Damit ist für die Subjektivität der Punkt intensivster Totalität erreicht. Liegt die Möglichkeit der Subjektivität nur in der Überlegenheit einer bewußt gewordenen Ohnmacht?

– Man liebt anatomische Beschreibungen, bald beginnt das andauernde Zeitalter der Statistik und der Lebensversicherungen.[527]

Was aber mit „Emilia Galotti" geschichtlich in Erscheinung trat, ist noch nicht gedacht worden. Es bleibt eine Zumutung.

527 Siehe beispielsweise im Göttingischen Magazin der Wissenschaften und Litteratur 2 (1781). 1. Stück. S. 146: „Nachricht von Lessings Tod; nebst Hrn.Hofr. Sommers Zergliederung v. dessen Leichnam, aus einem Schreiben des Hrn. Landschafts-Sekr. Leisewitz an Prof. Lichtenberg". Oder: a.a.O. 2. Stück. S. 229 ff.: „Untersuchung des Unterscheides der Sterblichkeit der Männer und der Frauen von gleichen Alter, von J. A. Kritter." Oder: a.a.O. 3. Stück. S. 390 ff.: „J. A. Kritters Aufklärung der Berechnung der Wittwen- und Todtencassen für diejenigen, die sich in der Buchstabenrechnung nicht geübt haben."

LITERATURVERZEICHNIS

Adorno, Th.W.: Jargon der Eigentlichkeit. Zur deutschen Ideologie. Frankfurt a. M. 1965.

–: Minima moralia. Reflexionen aus dem beschädigten Leben. Frankfurt a. M. 1970.

–: Noten zur Literatur. Bd. 3. Frankfurt a. M. 1976.

–: Prismen. Kulturkritik und Gesellschaft. Berlin/Frankfurt a. M. 1955.

–/Horkheimer, M.: Dialektik der Aufklärung. Philosophische Fragmente. Frankfurt a. M. 1971.

–: Rez. zu H.-G. Gadamer: Wahrheit und Methode (1960). In: Hegel-Studien 2 (1963). S. 314–322.

– (Hg.): Sprachpragmatik und Philosophie. Frankfurt a. M. 1976.

Aristoteles: Die Lehrschriften. Hg. P. Gohlke. Paderborn 1948–1961.

–: Poetik. Hg. O. Gigon. Stuttgart 1974.

Arntzen, H.: Die ernste Komödie. Das deutsche Lustspiel von Lessing bis Kleist. München 1968.

–: Information oder Literatur. Über das Verhältnis von Sprache und Subjektivität. In: ders.: Zur Sprache kommen. Studien zur Literatur- und Sprachreflexion, zur deutschen Literatur und zum öffentlichen Sprachgebrauch. Münster 1983. S. 64–76.

–: Karl Kraus und die Presse. München 1975.

–: Literatur im Zeitalter der Information. Aufsätze, Essays, Glossen. Frankfurt a. M. 1971.

–: Satirischer Stil. Zur Satire Robert Musils im „Mann ohne Eigenschaften". Bonn ^{3}1983.

–: Von Trauerspielen. Gottsched, Gryphius, Büchner. In: ders.: Zur Sprache kommen. Studien zur Literatur- und Sprachreflexion, zur deutschen Literatur und zum öffentlichen Sprachgebrauch. Münster 1983. S. 137–150.

Balet, L./Gerhard, E.: Die Verbürgerlichung der deutschen Kunst, Literatur und Musik im 18. Jahrhundert. Hg. G. Mattenklott. Frankfurt a. M./Berlin/Wien 1973.

Barner, W. u.a.: Lessing. Epoche, Werk, Wirkung. München 1975.

Bauer, G./S. (Hgg.): Gotthold Ephraim Lessing. Darmstadt 1968. (Wege der Forschung. Bd. 211.)

Benjamin, W.: Ursprung des deutschen Trauerspiels. Frankfurt a. M. 1972.

Berghahn, K.: „Doch eine Sprache braucht das Herz." Beobachtungen zu den Liebesdialogen in Schillers „Wallenstein". In: Monatshefte 64 (1972). S. 25–32.

Birk, H.: Bürgerliche und empfindsame Moral im Familiendrama des 18. Jahrhunderts. Bonn 1967.

Birke, J.: Der junge Lessing als Kritiker Gottscheds. In: Euphorion 62 (1968). S. 392–404.

Birus, H. (Hg.): Hermeneutische Positionen. Schleiermacher, Dilthey, Heidegger, Gadamer. Göttingen 1982.

Blumenbach, J.F.: Über die Liebe der Thiere. In: Göttingisches Magazin der Wissenschaften und Litteratur 2 (1781). 4. Stück. S. 93–107.

Bodmer, J.J.: Brief-Wechsel von der Natur des Poetischen Geschmackes. Zürich 1736. (Nachdruck Stuttgart 1966.)

–: Von dem Einfluß und Gebrauche der Einbildungs-Krafft . . . Frankfurt/Leipzig 1727. (Nachdruck Stuttgart 1966.)

Boeschenstein, H.: Deutsche Gefühlskultur. Studien zu ihrer dichterischen Gestaltung. Bd. 1. Bern 1954; Bd. 2. Bern 1966.

Bohnen, K.: Geist und Buchstabe. Zum Prinzip des kritischen Verfahrens in Lessings literarästhetischen und theologischen Schriften. Köln/Wien 1974.

Bormann, A.v. (Hg.): Vom Laienurteil zum Kunstgefühl. Texte zur deutschen Geschmacksdebatte im 18. Jahrhundert. Tübingen 1974.

Bornkamm, H.: Die innere Handlung in Lessings „Miß Sara Sampson". In: Euphorion 51 (1957). S. 385–396.

Brandes, H.: Die „Gesellschaft der Maler" und ihr literarischer Beitrag zur Aufklärung. Eine Untersuchung zur Publizistik des 18. Jahrhunderts. Bremen 1974.

Brecht, B.: Gesammelte Werke in 20 Bden. Bd. 6. Frankfurt a. M. 1967.

Breitinger, J.J.: Critische Abhandlung von der Natur, den Absichten und dem Gebrauche der Gleichnisse. Zürich 1740. (Nachdruck Stuttgart 1967.)

–: Critische Dichtkunst. 2 Bde. Zürich 1740. (Nachdruck Stuttgart 1966.)

Briegleb, K.: Lessings Anfänge 1742–1746. Zur Grundlegung kritischer Sprachdemokratie. Frankfurt a. M. 1971.

Brinkmann, H.: Mittelalterliche Hermeneutik. Darmstadt 1980.

Brüggemann, F.: Der Kampf um die bürgerliche Welt- und Lebensanschauung in der deutschen Literatur des 18. Jahrhunderts. In: Deutsche Vierteljahrsschrift f. Literaturwiss. u. Geistesgesch. 3 (1925). S. 94–127.
Bubner, R./Cramer, K./Wiehl, R. (Hgg.): Hermeneutik und Dialektik. H.-G. Gadamer zum 70. Geburtstag. Bd. 1. Tübingen 1970.
Bürger, Ch./Bürger, P./Schulte-Sasse, J. (Hgg.): Aufklärung und literarische Öffentlichkeit. Frankfurt a. M. 1980.

Campe, J.H.: Wörterbuch zur Erklärung und Verdeutschung der unserer Sprache aufgedrungenen fremden Ausdrücke. Braunschweig 1813. (Nachdruck Hildesheim/New York 1970.)
Cassirer, E.: Die Philosophie der Aufklärung. Tübingen [3]1973.
Chladenius, J.M.: Einleitung zur richtigen Auslegung vernünftiger Reden und Schriften. Leipzig 1742. (Nachdruck mit Einleitung von L. Geldsetzer. Düsseldorf 1969.)
Conrady, K.O.: Gottsched. Sterbender Cato. In: Das deutsche Drama. Vom Barock bis zur Gegenwart. Hg. B.v. Wiese. Bd. 1. Düsseldorf 1958. S. 61–78.
Curtius, E.R.: Europäische Literatur und lateinisches Mittelalter. Bern/München [7]1969.

Danzel, Th.W./Guhrauer, G.E.: Gotthold Ephraim Lessing. Sein Leben und seine Werke. Bd. 1. Berlin [2]1880.
Daunicht, R.: Die Entstehung des bürgerlichen Trauerspiels in Deutschland. Berlin 1963.
Davidson, D.: On the Very Idea of a Conceptual Scheme. In: Proceedings and Addresses of the American Philosophical Association 47 (1973/74). S. 5–20.
Derrida, J.: Die Stimme und das Phänomen. Ein Essay über das Problem des Zeichens in der Philosophie Husserls. Hg. J. Hörisch. Frankfurt a. M. 1979.
–: Randgänge der Philosophie. Frankfurt a. M./Berlin/Wien 1976.
Dilthey, W.: Gesammelte Schriften. Bd. 5. Stuttgart/Göttingen [2]1957; Bd. 7. Stuttgart/Göttingen [2]1958; Bd. 14. 1. Halbband. Hg. M. Redeker. Göttingen 1966.
Dockhorn, K.: Macht und Wirkung der Rhetorik. 4 Aufsätze zur Ideengeschichte der Vormoderne. Bad Homburg v.d.H./Berlin/Zürich 1968.
Doktor, W.: Die Kritik der Empfindsamkeit. Bern/Frankfurt a. M. 1975.
– /Sauder, G. (Hgg.): Empfindsamkeit. Theoretische und kritische Texte. Stuttgart 1976.
Düsing, W.: Ästhetische Form als Darstellung der Subjektivität. Zur Rezeption Kantischer Begriffe in Schillers Ästhetik. In: K.L. Berghahn (Hg.): Friedrich Schiller. Zur Geschichtlichkeit seines Werkes. Kronberg/Ts. 1975. S. 197–239.
Durzak, M.: Äußere und innere Handlung in „Miß Sara Sampson". Zur ästhetischen Geschlossenheit von Lessings Trauerspiel. In: Deutsche Vierteljahrsschrift f. Literaturwiss. u. Geistesgesch. 44 (1970). S. 47–63.
Dvoretzky, E.: Lessing in Schillers „Kabale und Liebe". In: Modern Philology 63 (1965/66). S. 311–318.

Eibl, K.: Gotthold Ephraim Lessing. Miß Sara Sampson. Ein bürgerliches Trauerspiel. Frankfurt a. M. 1971.
–: Identitätskrise und Diskurs. Zur thematischen Kontinuität von Lessings Dramatik. In: Jahrbuch der deutschen Schillergesellschaft 21 (1977). S. 138–191.

Foucault, M.: Archäologie des Wissens. Frankfurt a. M. 1973.
–: Die Ordnung der Dinge. Eine Archäologie der Humanwissenschaften. Frankfurt a. M. 1974.
Frank, M.: Das individuelle Allgemeine. Textstrukturierung und -interpretation nach Schleiermacher. Frankfurt a. M. 1977.
Franke, U.: Kunst als Erkenntnis. Die Rolle der Sinnlichkeit in der Ästhetik des Alexander Gottlieb Baumgarten. Wiesbaden 1972.
Freud, S.: Gesammelte Werke. Bd. 10. Hgg. A. Freud u.a. Frankfurt a. M. [4]1967. (Londoner Ausgabe.)
Fricke, G.: Bemerkungen zu Lessings „Freigeist" und „Miß Sara Sampson". In: Festschrift für J. Quint. Hgg. H. Moser/ R. Schützeichel/ K. Stackmann. Bonn 1964. S. 83–120.
Friess, U.: „Verführung ist die wahre Gewalt". Zur Poetisierung eines dramatischen Motivs in Lessings bürgerlichen Trauerspielen. In: Jahrbuch der Jean-Paul-Gesellschaft 6 (1971) S. 102–130.
Fubini, M.: Entstehung und Geschichte der literarischen Gattungen. Tübingen 1971.

Gadamer, H.-G.: Kleine Schriften. Bd. 1. Philosophie. Hermeneutik. Tübingen 1967.
–: Wahrheit und Methode. Grundzüge einer philosophischen Hermeneutik. Tübingen [2]1965.
–/Boehm, G. (Hgg.): Seminar: Die Hermeneutik und die Wissenschaften. Frankfurt a. M. 1978.

Gaede, W.: Publizistische Technik in der Polemik Gotthold Ephraim Lessings. Berlin Diss. 1955.
Gellert, Ch.F.: Die zärtlichen Schwestern. Hg. H. Steinmetz. Stuttgart 1965.
Goethe, J.W.v.: Werke. 4. Abt. Bd. 2. Weimar 1887. (Sophien-Ausgabe.)
Göttner, H.: Die Logik der Interpretation. Analyse einer literaturwissenschaftlichen Methode unter kritischer Betrachtung der Hermeneutik. München 1973.
Gottsched, J.Ch.: Schriften zur Literatur. Hg. H. Steinmetz. Stuttgart 1972.
–: Sterbender Cato. Hg. H. Steinmetz. Stuttgart 1973.
–: Versuch einer Critischen Dichtkunst. Leipzig [4]1751. (Nachdruck Darmstadt 1962.)
Graevenitz, G.v.: Innerlichkeit und Öffentlichkeit. Aspekte deutscher ‚bürgerlicher' Literatur im frühen 18. Jahrhundert. In: Deutsche Vierteljahrsschrift f. Literaturwiss. u. Geistesgesch. 49 (1975). Sonderheft. S. 1–82.
Grimm, G.: Rezeptionsgeschichte. Grundlegung einer Theorie. Mit Analysen und Bibliographie. München 1977.
Guthke, K.S.: Das deutsche bürgerliche Trauerspiel. Stuttgart [2]1976.

Habermas, J.: Strukturwandel der Öffentlichkeit. Untersuchungen zu einer Kategorie der bürgerlichen Gesellschaft. Neuwied/Berlin [5]1971.
–: Zur Logik der Sozialwissenschaften. Frankfurt a. M. 1970.
–/Luhmann, N.: Theorie der Gesellschaft oder Sozialtechnologie – Was leistet die Systemforschung? Frankfurt a. M. 1971.
Hamann, J.G.: Schriften zur Sprache. Hg. J. Simon. Frankfurt a. M. 1967.
Hay, G.: Darstellung des Menschenhasses in der deutschen Literatur des 18. und 19. Jahrhunderts. Frankfurt a. M. 1970.
Hegel, G.W.F.: Enzyklopädie der philosophischen Wissenschaften. Hgg. F. Nicolin/ O. Pöggeler. Frankfurt a. M. [7]1975.
–: Werke. 20 Bde. Hgg. E. Moldenhauer/K.M. Michel. Frankfurt a.M. 1970 f.
Heidegger, M.: Sein und Zeit. 1. Hälfte. Halle a.d. Saale [5]1941.
Hempfer, K.W.: Gattungstheorie. Information und Synthese. München 1973.
Henkel, A.: Was ist eigentlich romantisch? In: Festschrift für R. Alewyn. Hgg. H. Singer/B.v. Wiese. Köln/Graz 1967. S. 295–308.
Herder, J.G.: Sämtliche Werke. Hg. B. Suphan. 33 Bde. Berlin 1877–1909.
Hermand, J.: Schillers Abhandlung „Über naive und sentimentalische Dichtung" im Lichte der deutschen Popularphilosophie des 18. Jhs. In: K.L. Berghahn (Hg.): Friedrich Schiller. Zur Geschichtlichkeit seines Werkes. Kronberg/Ts. 1975. S. 253–279.
Hermeneutik und Ideologiekritik. Mit Beiträgen von K.-O. Apel, C.v. Bormann, R. Bubner, H.-G. Gadamer, H.J. Giegel, J. Habermas. Frankfurt a. M. 1971.
Herrmann, H.-P.: Naturnachahmung und Einbildungskraft. Zur Entwicklung der deutschen Poetik von 1670–1740. Bad Homburg v.d.H./Berlin/Zürich 1970.
Hettner, H.: Literaturgeschichte des 18. Jahrhunderts. 3. Teil. Braunschweig 1862. (Neudruck mit Textrevision von G. Erler. 2 Bde. Berlin 1961.)
Heydebrand, R.v.: Johann Christoph Gottscheds Trauerspiel „Der sterbende Cato" und die Kritik. Analyse eines Kräftespiels. In: Rezeption und Produktion zwischen 1570 und 1730. Festschrift für G. Weydt. Hgg. W. Rasch/H. Geulen/K. Haberkamm. Bern/München 1972. S. 553–569.
Hillen, G.: Die Halsstarrigkeit der Tugend. Bemerkungen zu Lessings Trauerspielen. In: Lessing-Yearbook 2 (1970). S. 115–134.
Hirsch, E.D.: Prinzipien der Interpretation. München 1972.
Hogrebe, W.: Archäologische Bedeutungspostulate. Freiburg/München 1977.
–: Die ursprüngliche Lust der Prädikation. In: Akten des 5. Internationalen Kant-Kongresses. Teil I, 2. Bonn 1981. S. 731–736.
–: Initialien prognostischer Rationalität. In: Zeitschrift für philosophische Forschung 37 (1983). S. 21–35.
–: Kant und das Problem einer transzendentalen Semantik. Freiburg/München 1974.
Huber, Th.: Studien zur Theorie des Übersetzens im Zeitalter der deutschen Aufklärung 1730–1770. Meisenheim a.d.G. 1968.
Hübler, A.: Drama in der Vermittlung von Handlung, Sprache und Szene. Eine repräsentative Untersuchung an Theaterstücken der 50er und 60er Jahre. Bonn 1973.
Humboldt, W.v.: Gesammelte Schriften in 17 Bden. Hg. A. Leitzmann. Berlin 1903–1936. (Akademie-Ausgabe.)
Hume, D.: Eine Untersuchung über den menschlichen Verstand. Hamburg 1973.

Ingen, F.v.: Tugend bei Lessing. Bemerkungen zu „Miß Sara Sampson". In: Amsterdamer Beiträge zur neueren Germanistik 1 (1972). S. 43–73.

Irwing, K.F.v.: Erfahrungen und Untersuchungen über den Menschen. Bd. 1./Bd. 3. Berlin 1777/1779.

Jäger, G.: Empfindsamkeit und Roman. Wortgeschichte, Theorie und Kritik im 18. und frühen 19. Jahrhundert. Stuttgart/Berlin/Köln/Mainz 1969.

Jauß, H.R.: Ästhetische Erfahrung und literarische Hermeneutik. Bd. 1. Versuche im Feld der ästhetischen Erfahrung. München 1977.

Kafka, F.: Sämtliche Erzählungen. Hg. P. Raabe. Frankfurt a. M. 1970.

Kahl-Pantis, B.: Bauformen des bürgerlichen Trauerspiels. Ein Beitrag zur Geschichte des deutschen Dramas im 18. Jahrhundert. Frankfurt a. M./Bern/Las Vegas 1977.

Kaiser, G.: Aufklärung, Empfindsamkeit, Sturm und Drang. München ^{2}1976.

–: Denken und Empfinden. Ein Beitrag zur Sprache und Poetik Klopstocks. In: F.G. Klopstock. Sonderband aus der Reihe „Text und Kritik". Hg. H.L. Arnold. München 1981. S. 10–28.

Kant, I.: Werkausgabe. 12 Bde. Hg. W. Weischedel. Frankfurt a. M. 1977.

Kienecker, S.: Der Tod in der Dichtung des 20. Jahrhunderts. In: Grenzerfahrung Tod. Hg. A. Paus. Frankfurt a. M. 1978. S. 129–176.

Kirchesch, W.W.: Das Verhältnis von Handlung und Dramaturgie. Fragwürdige Theorie zum modernen Drama. München Diss. 1962.

Kleist, H.v.: Die Familie Schroffenstein. Gesamtausgabe. Hg. H. Sembdner. Bd. 1. München 1964.

Klinger, F.M.: Werke. Bd. 12. Königsberg 1809.

Knoll, R.: Empfindsamkeit. In: Handlexikon zur Literaturwissenschaft. Hg. D. Krywalski. München 1974. S. 106–110.

König, G.: Was heißt Wissenschaftstheorie? Düsseldorf 1971.

Kommerell, M.: Dame Dichterin und andere Essays. Hg. A. Henkel. München 1967.

–: Gedanken über Gedichte. Frankfurt a. M. ^{2}1956.

–: Lessing und Aristoteles. Untersuchung über die Theorie der Tragödie. Frankfurt a. M. ^{3}1960.

Koselleck, R.: Kritik und Krise. Eine Studie zur Pathogenese der bürgerlichen Welt. Frankfurt a. M. ^{3}1979.

Kraft, H.: Über naive und sentimentalische Dichtung. In: Studien zur Goethezeit. Festschrift für L. Blumenthal. Hgg. H. Holtzhauer/B. Zeller. Weimar 1968. S. 209–220.

Kraus, K.: Untergang der Welt durch schwarze Magie. In: ders.: Die Fackel 14 (1912). Nr. 363–365. S. 1–28.

Kritter, J.A.: Aufklärung der Berechnung der Wittwen- und Todtencassen für diejenigen, die sich in der Buchstabenrechnung nicht geübt haben. In: Göttingisches Magazin der Wissenschaften und Litteratur 2 (1781). 3. Stück. S. 390 ff.

–: Untersuchung des Unterscheides der Sterblichkeit der Männer und der Frauen von gleichen Alter. In: Göttingisches Magazin der Wissenschaften und Litteratur 2 (1781). 2. Stück. S. 229 ff.

Kruuse, J.: Det følsomme drama. Kopenhagen 1934.

Küster, C.D.: Artikel „Empfindsam". In: ders.: Sittliches Erziehungs-Lexicon. 1. Probe. Magdeburg 1774. S. 47–51.

Labroisse, G.: Zum Gestaltungsprinzip von Lessings „Miß Sara Sampson". In: Amsterdamer Beiträge zur neueren Germanistik 1 (1972). S. 75–102.

Lappe, C.: Studien zum Wortschatz empfindsamer Prosa. Saarbrücken Diss. 1970.

Laroche, B.: Das Bildnis und die Bildnisbegegnung. Untersuchungen zur Struktur und Entwicklung eines Motivs in der deutschen Literatur des 16.–19. Jahrhunderts. Münster Diss. 1976.

Lausberg, H.: Elemente der literarischen Rhetorik. München ^{3}1977.

Lenz, J.M.R.: Gesammelte Werke. Bd. 1. Hg. R. Daunicht. München 1967.

–: Werke und Schriften. Hg. R. Daunicht. Reinbek 1970.

Lessing, G.E.: Emilia Galotti. Erläuterungen und Dokumente. Hg. J.-D. Müller. Stuttgart 1974.

–: Sämtliche Schriften. Hg. K. Lachmann. 3. Aufl. besorgt durch F. Muncker. 23 Bde. Stuttgart/Leipzig/Berlin 1886–1924.

–/Mendelssohn, M./Nicolai, F.: Briefwechsel über das Trauerspiel. Hg. J. Schulte-Sasse. München 1972.

Liebrucks, B.: Erkenntnis und Dialektik. Zur Einführung in eine Philosophie von der Sprache her. Aufsätze aus den Jahren 1949–1971. Den Haag 1972.

–: Sprache und Bewußtsein. Bd. 1–5. Frankfurt a. M. 1964–1970; Bd. 7. Bern/Frankfurt a. M./Las Vegas 1979.

Lockemann, W.: Lyrik, Epik, Dramatik oder die totgesagte Trinität. Meisenheim a.d.G. 1973.

Lorenz, K./Mittelstraß, J.: Die Hintergehbarkeit der Sprache. In: Kant-Studien 58 (1967). S. 187–208.

Lützeler, P.M.: Die marxistische Lessing-Rezeption. Darstellung und Kritik am Beispiel der „Emilia Galotti"-Interpretation in der DDR. In: Lessing-Yearbook 8 (1976). S. 42–60.

Lukács, G.: Die Kunst als ‚Ausdruck' und die Mitteilungsformen der Erlebniswirklichkeit. In: Neue Hefte für Philosophie 5 (1973). S. 1–32.
–: Goethe und seine Zeit. Bern 1947.
–: Schriften zur Literatursoziologie. Hg. P. Ludz. Neuwied 1961.

Marcal, A.C.: Das Problem einer transzendentalen Hermeneutik in „Wahrheit und Methode" von H.-G. Gadamer. Frankfurt a. M. Diss. 1977.
Marquard, O.: Frage nach der Frage, auf die die Hermeneutik die Antwort ist. In: Philosophisches Jahrbuch 88 (1981). S. 1–19.
Martens, W.: Bürgerlichkeit in der frühen Aufklärung. In: Jahrbuch für Geschichte der oberdeutschen Reichsstädte 16 (1970). S. 106–120.
–: Die Botschaft der Tugend. Die Aufklärung im Spiegel der deutschen Moralischen Wochenschriften. Stuttgart 1968.
Mathes, J. (Hg.): Die Entwicklung des bürgerlichen Dramas im 18. Jahrhundert. Tübingen 1974.
Mauser, W.: Lessings „Miß Sara Sampson". Bürgerliches Trauerspiel als Ausdruck innerbürgerlichen Konflikts. In: Lessing-Yearbook 7 (1975). S. 7–27.
Meier, G.F.: Versuch einer allgemeinen Auslegungskunst. Halle a.d.S. 1757. (Nachdruck mit Einleitung von L. Geldsetzer. Düsseldorf 1965.)
Mendelssohn, M.: Ästhetische Schriften in Auswahl. Hg. O.F. Best. Darmstadt 1974.
Menne, A.: Einführung in die Logik. München ^{3} 1981.
Meyer, R.: „Hamburgische Dramaturgie" und „Emilia Galotti". Studie zu einer Methode des wissenschaftlichen Zitierens, entwickelt am Problem des Verhältnisses von Dramentheorie und Trauerspielpraxis bei Lessing. Wiesbaden/Frankfurt a. M. 1973.
Michel, W.: Die Aktualität des Interpretierens. Heidelberg 1978.
Michelsen, P.: Die Erregung des Mitleids durch die Tragödie. Zu Lessings Ansichten über das Trauerspiel im Briefwechsel mit Mendelssohn und Nicolai. In: Deutsche Vierteljahrsschrift f. Literaturwiss. u. Geistesgesch. 40 (1966). S. 548–566.
–: Laurence Sterne und der deutsche Roman des 18. Jahrhunderts. Göttingen 1962.
Miller, N.: Der empfindsame Erzähler. Untersuchungen an Romananfängen des 18. Jahrhunderts. München 1968.
Müller, J.: Das Edle in der Freiheit. Schillerstudien. Leipzig 1959.
Müller, K.-D.: Das Erbe der Komödie im bürgerlichen Trauerspiel. Lessings „Emilia Galotti" und die commedia dell'arte. In: Deutsche Vierteljahrsschrift f. Literaturwiss. u. Geistesgesch. 46 (1972). S. 28–60.
Müller, L.: Die literarischen Gattungen und die ‚Leistungen der Sprache'. In: Festschrift für K. Ziegler. Hgg. E. Catholy/W. Hellmann. Tübingen 1968. S. 427–434.
Müller-Seidel, W. (Hg.): Historizität in Sprach- und Literaturwissenschaft. München 1974.
Mukařovský, J.: Kapitel aus der Poetik. Frankfurt a. M. 1967.

Nassen, U.: Klassiker der Hermeneutik. Paderborn/München/Wien/Zürich 1982.
– (Hg.): Texthermeneutik. Aktualität, Geschichte, Kritik. Paderborn/München/Wien/Zürich 1979.
Nicolai, F.: Abhandlung vom Trauerspiele. In: Bibliothek der schönen Wissenschaften und der freyen Künste 1 (1757). 1. Stück. S. 17–68.
Nietzsche, F.: Werke in drei Bden. Hg. K. Schlechta. München 1956.
Nolting, W.: Der totale Jargon. Die dramatischen Beispiele Ödön von Horváths. München 1976.
–: Die Sinngedichte an den Leser. Zu Theorie und Geschichte des Epigramms. In: Literatur für Leser. Zeitschrift für Interpretationspraxis und geschichtliche Texterkenntnis 1 (1979). S. 11–32.
–: Klassenbegriff und Literaturbegriff. Zur Verwendung von Begriffen in der Literaturwissenschaft – am Beispiel von Lessings „Minna von Barnhelm oder das Soldatenglück". In: Zeitschrift für Ästhetik und allgemeine Kunstwissenschaft 25 (1980). H. 1. S. 51–73.
–: Literatur oder Kommunikation. Anstelle fremder Wissenschaftsofferten. Orientierungen eines positionslosen Denkens. Münster 1982.
Novalis: Schriften. Bd. 2. Hgg. R. Samuel/H.-J. Mähl/G. Schulz. Darmstadt ^{3}1981.

Ohly, F.: Schriften zur mittelalterlichen Bedeutungsforschung. Darmstadt 1977.

Pannenberg, W.: Hermeneutik und Universalgeschichte. In: Zeitschrift für Theologie und Kirche 60 (1963). S. 90–121.
Pikulik, L.: „Bürgerliches Trauerspiel" und Empfindsamkeit. Köln/Graz 1966.
–: Romantik als Ungenügen an der Normalität. Am Beispiel Tiecks, Hoffmanns, Eichendorffs. Frankfurt a. M. 1979.

Platner, E.: Philosophische Aphorismen nebst einigen Anleitungen zur philosophischen Geschichte. 1. Teil. Neue durchaus umgearbeitete Ausgabe. Leipzig 1784.
Poppe, B.: Alexander Gottlieb Baumgarten. Seine Bedeutung und Stellung in der Leibniz-Wolffischen Philosophie und seine Beziehungen zu Kant. Nebst Veröffentlichung einer bisher unbekannten Handschrift der Ästhetik Baumgartens. Münster/Borna/Leipzig Diss. 1907.

Quine, W.V.O.: Ontologische Relativität und andere Schriften. Stuttgart 1975.
–: Wort und Gegenstand. Stuttgart 1980.

Racine, J.: Phädra. Übers. v. F. Schiller. In: F. Sch.: Sämtliche Werke. Bd. 3. Hgg. G. Fricke/H.G. Göpfert. München 1959.
Reenpää, Y.: Wahrnehmen, beobachten, konstituieren. Phänomenologie und Begriffsbestimmung der ersten Erkenntnisakte. Frankfurt a. M. 1967.
Rempel, H.: Tragödie und Komödie im dramatischen Schaffen Lessings. Berlin 1935. (Nachdruck Darmstadt 1967.)
Ricoeur, P.: Die Interpretation. Ein Versuch über Freud. Frankfurt a. M. 1974.
Ritter, J.: Subjektivität. Sechs Aufsätze. Frankfurt a. M. 1974.
Rorty, R.: Der Spiegel der Natur. Eine Kritik der Philosophie. Frankfurt a. M. 1981.
Ryle, G.: Der Begriff des Geistes. Stuttgart 1969.

Sartre, J.-P.: Die Transzendenz des Ego. Drei Essays. Reinbek 1964.
Sauder, G.: Empfindsamkeit. Bd. 1. Voraussetzungen und Elemente. Stuttgart 1974; Bd. 3. Quellen und Dokumente. Stuttgart 1980.
Sayce, O.: Das Problem der Vieldeutigkeit in Schillers ästhetischer Terminologie. In: Jahrbuch der deutschen Schillergesellschaft 6 (1962). S. 149–177.
Schaefer, H.: Divinatio. Die antike Bedeutung des Begriffs und sein Gebrauch in der neuzeitlichen Philologie. In: Archiv für Begriffsgeschichte 21 (1977). S. 188–225.
Schaer, W.: Die Gesellschaft im deutschen bürgerlichen Drama des 18. Jahrhunderts. Grundlagen und Bedrohung im Spiegel der dramatischen Literatur. Bonn 1963.
Scherpe, K.R.: Gattungspoetik im 18. Jahrhundert. Historische Entwicklung von Gottsched bis Herder. Stuttgart 1968.
Schilbach, E.: G.E. Lessing als Journalist. München Diss. 1953.
Schiller, F.: Werke. Bd. 5. Hgg. H.O. Burger/W. Höllerer. Weimar 1957; Bd. 20. 1. Teil. Hg. B.v. Wiese. Weimar 1962. (Nationalausgabe.)
Schings, H.-J.: Melancholie und Aufklärung. Melancholiker und ihre Kritiker in Erfahrungsseelenkunde und Literatur des 18. Jahrhunderts. Stuttgart 1977.
Schlegel, F.: Kritische Ausgabe. Bd. 12. Hg. J.-J. Anstett. München/Paderborn/Wien/Zürich 1964.
Schlegel, J.E.: Aesthetische und dramaturgische Schriften. Heilbronn 1887. (Nachdruck Nendeln/Liechtenstein 1968.)
Schleiermacher, F.D.E.: Hermeneutik. Nach den Handschriften neu herausgegeben und eingeleitet von H. Kimmerle. Heidelberg [2]1974.
Schmidt, M.I.: Die Geschichte des Selbstgefühls. Frankfurt/Leipzig 1772.
Schnädelbach, H.: Reflexion und Diskurs. Fragen einer Logik der Philosophie. Frankfurt a.M. 1977.
Schneider, H.J.: Moses Mendelssohns Anthropologie und Ästhetik. Zum Begriff der Popularphilosophie. Münster Diss. 1970.
Schneiders, W.: Die wahre Aufklärung. Zum Selbstverständnis der deutschen Aufklärung. Freiburg/München 1974.
Schröder, J.: Gotthold Ephraim Lessing. Sprache und Drama. München 1972.
Schulte-Sasse, J.: Literarische Struktur und historisch-sozialer Kontext. Zum Beispiel Lessings „Emilia Galotti". Paderborn 1975.
Schweizer, H.R.: Ästhetik als Philosophie der sinnlichen Erkenntnis. Eine Interpretation der „Aesthetica" A.G. Baumgartens mit teilweiser Wiedergabe des lateinischen Textes und deutscher Übersetzung. Basel/Stuttgart 1973.
Scott, A.: The rôle of Mellefont in Lessing's „Miß Sara Sampson". In: The German Quarterly 47 (1974). S. 394–408.
Seeba, H.C.: Die Liebe zur Sache. Öffentliches und privates Interesse in Lessings Dramen. Tübingen 1973.
Simon, J.: Sprachphilosophie. Freiburg/München 1981.
Stahl, E.L.: Lessing. Emilia Galotti. In: Das deutsche Drama. Vom Barock bis zur Gegenwart. Hg. B.v. Wiese. Bd. 1. Düsseldorf 1958. S. 101–112.
Staiger, E.: Grundbegriffe der Poetik. Zürich 1946.

Stegmüller, W.: Das Problem der Induktion: Humes Herausforderung und moderne Antworten. Der sogenannte Zirkel des Verstehens. Darmstadt 1975.

Steinmetz, H.: Aufklärung und Tragödie. Lessings Tragödien vor dem Hintergrund des Trauerspielmodells der Aufklärung. In: Amsterdamer Beiträge zur neueren Germanistik 1 (1972). S. 3–41.

–: Die Komödie der Aufklärung. Stuttgart ³1978.

– (Hg.): Lessing – ein unpoetischer Dichter. Dokumente aus drei Jahrhunderten zur Wirkungsgeschichte Lessings in Deutschland. Frankfurt a.M./Bonn 1969.

Stosch, S.J.E.: Kritische Anmerkungen über die gleichbedeutenden Wörter der deutschen Sprache. Nebst einigen Zusätzen, und beygefügtem Etymologischen Verzeichniße derjenigen Wörter der französischen Sprache, welche ihren Ursprung aus der deutschen haben. Bd. 4. Wien 1786.

Strehle, H.: Mienen, Gesten und Gebärden. Analyse des Gebarens. München/Basel ³1960.

Strohschneider-Kohrs, I.: Klopstocks Drama „Der Tod Adams". Zum Problem poetischer Form in empfindsamer Zeit. In: Deutsche Vierteljahrsschrift f. Literaturwiss. u. Geistesgesch. 39 (1965). S. 165–206.

Sukale, M. (Hg.): Moderne Sprachphilosophie. Hamburg 1976.

Szondi, P.: Die Theorie des bürgerlichen Trauerspiels im 18. Jahrhundert. Der Kaufmann, der Hausvater und der Hofmeister. Hg. G. Mattenklott. Frankfurt a.M. 1974.

–: Einführung in die literarische Hermeneutik. Hgg. J. Bollack/H. Stierlin. Frankfurt a.M. 1975.

–: Hölderlin–Studien. Mit einem Traktat über philologische Erkenntnis. Frankfurt a. M. 1970.

–: Schriften. Bd. 2. Hgg. J. Bollack u.a. Frankfurt a. M. 1978.

–: Versuch über das Tragische. Frankfurt a. M. ²1964.

Tarot, R.: Mimesis und Imitatio. In: Euphorion 64 (1970). S. 125–142.

Tetens, J.N.: Philosophische Versuche über die menschliche Natur und ihre Entwicklung. Bd. 1. Leipzig 1777. (Nachdruck Hildesheim/New York 1979.)

Timme, Ch.F.: Der Empfindsame Maurus Pankrazius Ziprianus Kurt, auch Selmar genannt. Ein Moderoman. 4 Teile. Erfurt 1781/82.

Tönnies, F.: Gemeinschaft und Gesellschaft. Grundbegriffe der reinen Soziologie. Berlin ⁵1922.

Trunz, E.: Die Formen der deutschen Lyrik in der Goethezeit. In: Gratulatio. Festschrift für Ch. Wegner. Hamburg 1963. S. 110–129.

–: Seelische Kultur. Eine Betrachtung über Freundschaft, Liebe und Familiengefühl im Schrifttum der Goethezeit. In: Deutsche Vierteljahrsschrift f. Literaturwiss. u. Geistesgesch. 24 (1950). S. 214–242.

Weber, H.B.: Vom Selbstgefühle und Mitgefühle. Ein Beytrag zur pragmatischen Anthropologie. Heidelberg 1807.

Weber, P.: Das Menschenbild des bürgerlichen Trauerspiels. Entstehung und Funktion von Lessings „Miß Sara Sampson". Berlin ²1976.

Weigand, H.J.: Fährten und Funde. Aufsätze zur deutschen Literatur. Bern/München 1967.

Weigand, K.: Situation und Situationsgestaltung in der Tragödie. Frankfurt a. M. Diss. 1941.

Weimar, K.: Enzyklopädie der Literaturwissenschaft. München 1980.

–: Historische Einleitung zur literaturwissenschaftlichen Hermeneutik. Tübingen 1975.

Werner, Ch.: Die Philosophie der Griechen. Freiburg 1966.

Wierlacher, A.: Das Haus der Freude oder Warum stirbt Emilia Galotti? In: Lessing-Yearbook 5 (1973). S. 147–162.

–: Zum Gebrauch der Begriffe „Bürger" und „bürgerlich" bei Lessing. In: Neophilologus 51 (1967). S. 147–156.

Wieser, M.: Der sentimentale Mensch. Gesehen aus der Welt holländischer und deutscher Mystiker im 18. Jahrhundert. Gotha/Stuttgart 1924.

Winckelmann, J.J.: Werke in einem Band. Hg. H. Holtzhauer. Weimar/Berlin ²1976.

Wittgenstein, L.: Philosophische Untersuchungen. Frankfurt a. M. 1967.

Wolff, Ch.: Psychologia empirica. Hg. Jean Ecole. Frankfurt/Leipzig 1738. (Nachdruck Hildesheim 1968.)

Wolff, H.M.: Mellefont: unsittlich oder unbürgerlich? In: Modern Language Notes 61 (1946). S. 372–377.

–: Die Weltanschauung der deutschen Aufklärung in geschichtlicher Entwicklung. München 1949.

Studien zu einer Geschichte der literarischen Empfindung

Von **Winfried Nolting** †,
aus dem Nachlaß herausgegeben von **Helmut Arntzen**

1. **Die Dialektik der Empfindung.** Lessings Trauerspiele „Miß Sara Sampson“ und „Emilia Galotti“. Mit einer Einleitung: Gemischte Gefühle. Zur Problematik eines explikativen Verstehens der Empfindung.
2. **Die Objektivität der Empfindung.** Hölderlin. Mit einer Einleitung zu Kant und Hegel.
3. **Die nahe und ferne Evidenz der Empfindung.** Musils „Vereinigungen“.

Franz Steiner Verlag Wiesbaden GmbH · Stuttgart